阅读成就思想……

Read to Achieve

再读经典系列
心理学

人格心理学

PERSONALITY AND PERSONAL GROWTH

第7版

人格与自我成长

[美] 罗伯特·弗雷格 (Robert Frager)
詹姆斯·法迪曼 (James Fadiman) 著
胡军生 译

中国人民大学出版社
·北京·

图书在版编目（CIP）数据

人格心理学：人格与自我成长 /（美）罗伯特 · 弗雷格（Robert Frager），（美）詹姆斯 · 法迪曼（James Fadiman）著；胡军生译 .-- 北京：中国人民大学出版社，2017.10

书名原文 : Personality and Personal Growth（7th Edition）

ISBN 978-7-300-23930-9

Ⅰ . ①人… Ⅱ . ①罗… ②詹… ③胡… Ⅲ . ①人格心理学 Ⅳ . ① B848

中国版本图书馆 CIP 数据核字 (2017) 第 007930 号

人格心理学：人格与自我成长

［美］罗伯特 · 弗雷格 詹姆斯 · 法迪曼 著

胡军生 译

Renge Xinlixue: Renge yu Ziwo Chengzhang

出版发行	中国人民大学出版社		
社　　址	北京中关村大街 31 号	**邮政编码**	100080
电　　话	010-62511242（总编室）		010-62511770（质管部）
	010-82501766（邮购部）		010-62514148（门市部）
	010-62515195（发行公司）		010-62515275（盗版举报）
网　　址	http://www.crup.com.cn		
	http://www.ttrnet.com（人大教研网）		
经　　销	新华书店		
印　　刷	天津鑫丰华印务有限公司		
规　　格	180mm×260mm　16 开本	**版　次**	2017 年 10 月第 1 版
印　　张	28.25　插页 1	**印　次**	2022 年 6 月第 5 次印刷
字　　数	640 000	**定　价**	99.00 元

译者序

成长是人们一生的主题。个体如何才能快乐生活、健康成长、不断完善自我以及获得人生幸福，则是心理学一直渴望实现的终极目标。本书虽然介绍了诸多重要的人格理论，但核心却始终围绕着如何帮助人们提升自我，获得成长。

目前中国图书市场的人格心理学教材和大众读物非常多，但我们特别要给高校学生和普通读者推荐这本《人格心理学》(第7版)，理由如下。

第一，《人格心理学》(第7版）涵盖的人格主题和理论非常宽广，横跨东西，纵贯古今。全书包含的主要人格理论有弗洛伊德的精神分析；荣格的分析心理学；阿德勒的个体心理学；霍妮的人本主义精神分析女性主义人格理论；埃里克森的生命周期理论；威廉·詹姆斯的意识心理学；斯金纳的激进行为主义；班杜拉的社会认知心理学与贝克的认知主义治疗；凯利的个人建构心理学；罗杰斯的以人为中心的观点；马斯洛的超个人心理学；瑜伽与印度教传统文化；禅与佛教传统文化；苏非与伊斯兰传统文化。可以说，很少有一本人格心理学的专业图书能囊括如此纷杂和深厚的人格主题，读完此书，我们就能洞悉人类文明对人格与个体发展思考的多样性和复杂性。

第二，《人格心理学》(第7版）结构清晰、脉络顺畅。全文如行云流水，明快清爽。每一章都基本遵循以下的写作顺序：首先，描述该人格理论提出者的个人经历，其次，依次介绍了其理论先驱、主要思想、动力学（包括心理的成长及阻碍因素)、理论结构（包括身体、社会关系、个人意志、情绪、理智、自我、治疗师或精神导师)、对该理论的评价、最新动态、理论原著选读；最后是章节重点、关键术语、推荐阅读材料（包括该理论倡导者的专著、其他人探讨其思想的专著)。这种由浅入深、由简单到复杂、由感性到理性、由现象到理论的写作风格，使整本书读起来就像小说一样酣畅淋漓和跌宕起伏，不仅引人入胜而且发人深思。

第三，《人格心理学》(第7版）自1974年第一版问世以来，历经40多年的不断更新再版，两位作者根据自己的教学经验以及学生的反馈坚持不懈地改写文本，增加新研究，提高可读性，目的是让本书更加实用，紧跟时代进步的步伐。每一章都侧重不同人格理论积极实用的方面，剖析其仍然得以广泛运用的原因，而不是过分强调理论的局限性。从而鼓励学生依据自己的人生经验和生活常识来检验每一种理论的可靠性或效度。力求让读者透过不同的理论来更好地理解自己与别人的人生。

第四，人格主题的内容与现实生活应用的完美整合是这本书的重要特色。本书的两位作者非常注重不同人格理论在现实生活中的应用，启发学生积极思考不同的人格理论对自己人生的启迪，而要将百年之前的理论与我们当今的现实生活结合起来，用不同的人格理论来指导和启发我们的现实生活，可谓相当困难。作者在每一章都设有许多小专栏“个人练习”，让读者学会思考当前理论与自己个人生活的联系，面对该理论的不同问题，自己又会学着作出什么反应。

第五，《人格心理学》（第 7 版）全书有着大量人格心理学家自己专著的节选和名言，透过这些心理学大师自己所写的文字，我们一定能更加深入和精确地理解他们的人格理论。

总而言之，《人格心理学》既可以作为普通大众了解和学习心理学、提升个人成长的入门图书，又可以作为心理学各专业的学生拓宽知识面和增加专业水准的重要工具书，更可以作为高校人格心理学或心理学流派的教学用书。读者通过明辨自己对各种人格理论问题的回答，自然能明了每种人格理论的价值所在。

在读完整本书之后，读者可以问问自己：能否从自己个人知识的角度来评价每种人格理论的优势与局限；能否把各种人格心理学的思想与自己或者身边其他人的现实生活密切联系并加以应用；以及能否理解一些心理学领域的最新研究进展及其对于当今的现实意义。

由于译者教学与科研工作繁忙，为了加快翻译工作进度，最终邀请了我的北大同窗、资深译者、心理学图书编辑王伟平先生一起完成翻译工作。我翻译了本书的序言、第 1~11 章、第 15 章；王伟平翻译了本书第 12~14 章；此外，武汉大学的郭怡博士在第 14 章的翻译工作中提供了重要的帮助。最后还得感谢中国人民大学出版社商业新知事业部的王立军老师、刘芳老师、周楠楠老师，以及编辑部的其他老师与工作人员，正是因为他们的辛勤付出，本书的中译本才能顺利出版。由于译者水平与知识背景的局限，译稿难免出现错漏，恳请读者斧正，谢谢！

胡军生

2017 年于武汉大学

序　言

在第7版中，我们努力增强本书的可读性，尽可能地让本书更有用。我们仍然继续保持突出理论，就如从第1版起就一直做的那样。我们希望你能够自己对每个理论进行评判。本书的每一章都可以让你从一个不同的理论视角来观察你自己与别人的生活。

本书第1版于1974年出版。在更新第7版时，我们仔细研究了以前的版本，希望能够加以改进。我们的主要目标一直是保持资料新颖的同时又强调可读性。我们希望本书能够对你有用，能够帮助你理解自己的生活，理解人性。我们希望你能够借助一些由世界上最伟大的心理学家开创的方法来探究人的本性。

本书每一章的内容都更为关注各理论积极的一面，而不是强调理论的不足。我们希望你能够根据自己的生活经验和常识去检验每个理论的效用。

你们中的大多数人不会成为职业心理学家。不过，那些已成了心理学家的读者告诉我们，本书在他们的研究生训练过程中是一本非常好的参考资料。而那些选择了其他路的学生也告诉我们，通过理解本书中所提到的一些问题，他们的生活变得更丰富多彩了。

对于作为作者的我们来说，这无疑是我们所希望得到的最好反馈了。

本版新变化

章节新内容

在第6版中，我们将阿尔伯特·班杜拉的研究成果增加到了认知心理学这一章；本版我们对这一章的内容再次扩充，新增了贝克的主要研究成果。在我的同事们看来，这两位认知心理学家是当今心理学领域的主要人物。

相关研究

在本版中，我们在各章中新增了“相关研究”这一部分。自从本书1974年出版以来，人格领域方面的研究规模与深度都获得了长足进展。对于本书各章节中所阐述的理论，如今已经涌现了许多令人印象深刻的研究，即使较为晦涩难懂的瑜伽、禅与苏非主义也是如此。

各章的变化

我们对每一章都做了较大的改动，增加了新的资料和“相关研究”。各章所做的改动主要包括以下方面。

第1章　弗洛伊德与精神分析理论

更深入地阐述了弗洛伊德“女性恋父情结”这一概念，并对他在焦虑方面的研究进行了更广泛的讨论。在对防御机制的论述中，我们也增加了一些内容：理智化、转移、隔离。在相关研究中，我们讨论弗洛伊德的案例研究方法、无意识过程研究、防御机制，以及精神分析的效力。

第2章　荣格与分析心理学

讨论了电影中原型的象征意义，并且对梦的运作这一荣格式治疗思路进行了更丰富的阐述。论述了荣格心理学方面新出版的重要著作，及其内外向理论、类型理论和原型理论方面的研究。

第3章　阿德勒与个体心理学

新增了一个个人练习来作为阿德勒早期

记忆的投射练习，并对他在出生顺序方面的研究进行了更丰富的讨论。另外，还新增加了一些与生活风格、社会兴趣、出生顺序和早期记忆有关的研究。

第 4 章　霍妮与人本主义精神分析

在霍妮的防御机制中新增了外在化这种应对策略。在相关研究中，还探讨了伴侣咨询、霍妮－库利奇类型指数以及完美主义方面的应用。

第 5 章　人格理论的女性主义取向

讨论了女性主义的发展历史，以及女性心理学中的种族和性取向这类多样性的问题。此外，更详细地探讨了女性化主义对人格理论的贡献。

第 6 章　埃里克森与生命周期理论

更详细地阐述了埃里克森的第八个阶段和个体发展的最后一个阶段，还探讨了个体发展过程中可能存在的第九阶段。在相关研究中介绍了同一性、第九阶段、心理传记学和人格等方面的相关研究。

第 7 章　詹姆斯与意识心理学

本版更详细地阐述了詹姆斯在宗教经验方面的研究，并增加了当代对他的注意概念和意识理论所做的反思。此外，在相关研究中还讨论了生物反馈、冥想、正念训练和意识等方面的有关研究。

第 8 章　斯金纳与激进行为主义

讨论了斯金纳的研究为人格理论以及心理学领域带来的影响，并阐述了如何应用他的学习理论。

第 9 章　班杜拉的社会认知心理学与贝克的认知主义治疗

我们对本章做了重大调整。如今本章包括班杜拉和贝克两大部分。我们讨论了与自我效能感及其积极效果方面的研究，并介绍了贝克的认知图式、认知扭曲、认知三联组。此外，我们还探讨了认知治疗在抑郁病人和其他人群方面的应用与理论研究。

第 10 章　凯利与个人建构主义心理学

在本版中，介绍了建构主义疗法在治疗悲伤、创伤后应激障碍，以及在治疗其他诸如焦虑、抑郁、过度紧张和精神分裂症等各种心理问题方面的研究。

第 11 章　罗杰斯与个人中心式理论

本版讨论了罗杰斯的个人中心式疗法在治疗创伤后应激障碍、边缘性人格障碍、老年性痴呆、焦虑、恐惧症、精神创伤、抑郁、愤懑和精神分裂症等方面的效果。

第 12 章　马斯洛与超个人心理学

在研究进展中，介绍了马斯洛需求层次论、自我实现、个人取向量表、巅峰体验，以及马斯洛思想在职业领域应用方面的研究。在超个人心理学中，我们介绍了由沃什伯恩对超个人心理学方面的观点所做的文献综述；此外还介绍了近来对超个人心理学所做的定义，对格罗夫全息呼吸法所进行的有关研究。

第 13 章　瑜伽与印度教

本版介绍了瑜伽在医疗方面的应用，讨论了练习瑜伽在缓解压力、精神紧张、恐惧、焦虑和创伤后应激障碍方面的效果。

第 14 章　禅与佛教

在新增的相关研究中，讨论了练习佛教冥想的效果，介绍了盛行的正念减压法对慢性疼痛病人的效果以及对大脑功能的影响。还讨论了正念认知疗法，以及该疗法在焦虑、抑郁、惊恐发作、双相障碍和其他心理问题方面的疗效。

第 15 章　苏非与伊斯兰教

讨论了苏非派中的各种修习方式所具有的效果，介绍了舞蹈冥想与动作冥想对健康的有利一面，以及击鼓、唱颂和其他各种“语音冥想”所具有的效果。

作者简介

罗伯特·弗雷格（Robert Frager）获得了哈佛大学的社会心理学博士学位，就学期间给埃里克·埃里克森做过助教，还给斯坦利·霍尔做过研究助理。他在哈佛大学、加州大学伯克利分校和圣克鲁兹分校讲授过心理学课，是索菲亚大学（Sofia University）的创办者和首任校长，索菲亚大学的前身是超个人心理学院。他现在是加州帕洛阿尔托市索菲亚大学的心理学教授和精神指导这一硕士课程的负责人。

我很幸运地与那么多杰出的理论家共事，他们的研究特色已经体现在了本书中。我也很幸运地亲自体验了荣格式的分析、完形治疗、赖希与新赖希疗法、罗杰斯式的互助小组，还在禅宗寺院、瑜伽静修处、苏非修行中心居住过，对这些教派的思想学习与修习了近 50 年。

除了讲授心理学课程外，我还教授日本武术合气道。我是非日本人中极少数获得合气道黑带七段中的一个。我是合气道创立者的亲传弟子，他是许多教授过我的优秀老师中的佼佼者，是属于那种被马斯洛称为"非常接近人类本性的人"。

我把我的第一位苏非老师的讲稿集结成了《爱如醇酒》（*Love is the Wine*，Holmes，2009），并写了一本关于苏非的心理学，即《心、自我与灵魂》（*Heart*，*Self*，*Soul*，Quest，1999），以及一本收录了我对苏非教义理解的文集《闲谈苏非》（*Sufi Talks*，Quest，2012）。

我娶了一位优秀的、富有创造力的蒙台梭利教师，有三个已经长大成人的孩子。

詹姆斯·法迪曼（James Fadiman）获得了斯坦福大学心理学专业的博士学位，曾在旧金山州立大学、布兰迪斯大学、斯坦福大学、索菲亚大学任教。他有自己的咨询公司，为美国以及美国以外的公司高管和教育家开设研讨班。他撰写或编撰的书籍涉及的领域有整体健康（holistic health）、目标设置和异常心理学。担任了两家杂志的编辑，是多个非营利机构的董事会成员。

我将我所掌握的心理学知识与临床技能应用在许多领域。虽然我在大学做咨询做了好几年时间，而且一直在给博士讲授课程，但我把更多的时间花在为各种组织提供咨询服务。早期对意识变体的研究为我打开了一扇门，让我发现蕴涵在本地与非西方文化中的高深智慧。令我高兴的是，我发现大多数的古老智慧都很高深，仍然具有广泛的应用价值。

本书让我有机会将那些我个人认为有用的思想整理在一起，即使这些提出者的观点可能会针锋相对。现今我服务的机构有媒体发行公司、医药公司、可再生能源公司和电动汽车公司。我已经写完了两本小说，现在还从事短篇小说的写作，同时还在主持两项与学生药物滥用有关的国家课题研究。

我与一位纪录片制作人结婚 40 多年了，有两个孩子，如今他们都当上了教师。

目　录

导　论

本书旨在借助跨文化的全球性知识体系帮助你了解人类的本性。在本书第 7 版的每一章中，我们都提供了许多方法，以便你能更好地了解自己、了解他人。

没有唯一的真理

在本书中，你会看到从不同角度进行论述的人格理论。由于有不同的理论假设、不同的研究资料，因此各种人格理论得出不同的结论也就不足为奇了。

有些人格理论是建立在还原论（reductionism）的基础上。研究者试图将某个心理活动简化，或还原成更基础的水平。比如，生物学家可能会持有工作假设，将生命活动还原成细胞水平的活动。因此，如果我们对细胞生物学有足够深的了解，我们就越发能够了解所有物种的行为。同理，弗洛伊德的信徒可能会将所有的人类行为都还原成本我、自我与超我的交互作用，斯金纳主义者则可能认为人类的行为就是强化与消退模式的结果。

还原论有时候能够帮助人格理论家将其理论应用到更广泛的方面，但是，还原论本身就是科学研究中的一个误区。尽管个体是由单个细胞构成，但生命不能还原成一个一个的单一细胞活动。同理，心理现象也不能简化为生物学上的生命活动。

人格理论的建构主义取向

我们尽可能地以积极、支持性的态度来对待每一种人格理论，尽量避免批判或轻视的态度。而且，我们尽量强调每个理论的优点和价值。在选材过程中，我们已经有针对性地选择了在心理学领域有重要影响和具有实用性的人格理论家的理论，省略了尽管著名但是作用较小或与本书旨意不符的理论家的观点。

本书中的每一位人格理论家都为我们了解人类行为提供了一个独特的、有效的视角。我们认为，每位研究者在其专业领域的研究都是准确的。当然，我们也阐述了不同人格理论家之间存在的分歧。这些分歧就如“盲人摸象”这个寓言所阐述的道理，即每个人在摸到大象的某一部位时，都认为他触摸到的部位就是大象。

在“盲人摸象”这个寓言的原始版本中，盲人们是一些哲学家，他们被一个聪明的国王送到了一个漆黑的房间中（这个聪明的国王很可能已经厌倦了哲学家们在学术上的争吵），结果这些两眼一抹黑的哲学家们都坚信自己摸到的才是事实的真相。

不过在本书中，我们是从一个完全不同的角度来看待每个理论。我们假定每个理论都有某些方面与我们有关。比如，时薪工作者可能会发现斯金纳的强化程序理论能够清楚地说明他们的工作行为，但是斯金纳的理论却无法较好地解释为什么会有人喜欢艺术或信奉宗教；相反，荣格关于象征（symbol）与自性（the self）的阐述却能够解释这点[①]。因此，对于人生不同时期或不同领域的行为，不同的人格理论可能具有不同程度的解释效力。

你可能比较欣赏本书中某位或某几位心理学家的人格理论。虽然每位人格心理学家阐述的都是人类经验中的某些基本模式，但他们的理论却往往来源于他们自己的生活经验。因此，你可能会更欣赏那些较为符合你个人经历的人格理论。

在本书中，每一章都会讲述某一个人格理论或某一种观点，这都有助于我们更好地了解人类的行为。我们相信，人类除了生理上具有先天性的发育与成长模式外，在心理的发育与成长上也具有一定的倾向。我们所设想的这种倾向被很多心理学家描述成“自我实现”的追求——渴望了解自己以及将自己的能力发挥到极限的需求，这也成为了本书的一大特色。

什么是人格

你的人格有可能会给你的生活带来一定的限制，也可能会使你的生活变得更丰富。有些人热情、温和、讨人喜欢，能成为他人的挚友；有些人则会令人不快、讨人厌，难于相处。人格中难于相处的部分是人们追求成功的阻碍，而积极方面却可能是人类创造性和成就的源泉。

我们每个人都可以看到自己和他人的**人格发展**（personality development），所有人都会随着时间的流逝产生变化和成熟。西格蒙德·弗洛伊德（Sigmund Freud）提出了涵盖儿童和青少年的**性心理发展阶段理论**（psychosexual stages），埃里克·埃里克森（Erik Erikson）对弗洛伊德的理论进行了扩展，提出了贯穿人的一生的**心理社会发展阶段理论**（psychosocial stages）。此外，其他理论也提出过阶段理论（比如本书的瑜伽、禅与苏非章节）。

当我们寻找他人行为规律的时候，我们的行动就类似于人格心理学家。比如我们说：“她遗传了她爸爸的性格。”我们也会对他人作出预测：“你可以相信他对你是真诚的。”我们甚至会建立起自己的人格理论：“红头发的人容易冲动，情绪化。”所以，对人格的关注已经成为我们日常生活中不可或缺的一部分。

有时候，不同的人在相同的情境下会有不同的反应，这就是所谓的**个体差异**（individual differences），或者说是人格的多样性。此外，同一个人在相同的情境的不同时间段也可能会表现出不同的反应，这就使得许多研究者致力于寻找那些会随着时间而改变的内部状态，即变化的发展模式。

《梅里亚姆－韦伯斯特词典》（Merriam-Webster’s dictionary，2012）对人格的定义为：“人格是辨别一个个体或一个民族或一个群体的特征联合体；尤其是个体行为与情绪特征的总和。”简言之，你的人格就是你特有的思考、感受和行为模式。然而，心理学领域对人格的界定还存在巨大的分歧，比如，斯金纳就宣称人格是一个不必要的概念，而弗洛伊德与荣格却各自构建了丰富而复杂的人格模型。

人格研究的发展历史

对人格的研究可以追溯到学院派心理学成型的好几百年之前。早在公元前400年，“西方医学之父”希波克拉底（Hippocrates）提出了基于四种人体“体液”的人格类型理论。他认为人格类型与人们的生理差异有关：抑郁质（melancholic personality）是黑胆汁

① 通常学者将荣格理论中的the ego翻译成自我，将the self翻译成自性，在本书中，除了荣格理论中将the self翻译成自性外，其他地方若无注明，都是将the self翻译成自我。——译者注

占优势，这类人容易忧伤；胆汁质（choleric type），是黄胆汁（或肾上腺素）占优势，这类人易怒、暴躁；黏液质（phlegmatic type）是黏液（淋巴液与黏膜液）占优势，这类人较为宁静、平和；多血质（sanguine temperament），是血液占优势，这类人乐观、热情。该理论的一个现代版本仍然被瓦尔多夫教育体系[①]（Waldorf school system）用来帮助老师了解他们的学生（Wilkinson, 1977）。

早在2300年前，柏拉图在他的《理想国》（*Republic*）一书中介绍了他的人格理论，描述了人格的三个主要方面：才智（intellect），情绪（emotion）和意志（will）。在柏拉图看来，意志［或者说是勇敢（spirit），正如俗话说的烈马］有助于才智克服来自情绪的影响。

公元前3世纪，亚里士多德的学生之一德奥弗拉斯特（Theophrastus）曾就个体差异问题进行了讨论。他问道："我们有不同的人格特点，但为什么所有的希腊人都在同一片天空下接受相同的教育？"（in Frager, 1994, p. 5）。德奥弗拉斯特详细说明了30种人格类型，认为每一种类型都具有一个核心特质，例如吝啬、狡猾或谄媚。他认为，个体的核心特质会对生活的所有方面产生影响。

现代人格理论

在弗洛伊德和其他主要的人格心理学家之前，19世纪的欧美人对人格理论并未表现出太大的兴趣。心理障碍被认为是"外星人"或者恶魔附体引起的莫名其妙的结果，认为那些理性、富有逻辑的人不会有心理障碍。事实上，早期治疗精神病人的医生被称为精神病医生（alienist）。

弗洛伊德最伟大的贡献之一就是，他主张研究那些支配人类心理活动的原理与因果关系。他着眼于病人所表现出来的非理性、无意识的思想和行为，并且注意到这些想法和行为都可以归结为特定的模式。就这样，弗洛伊德建立了一个"非理性学科"（science of the irrational）。他还发现大多数在神经官能症和精神病患者身上表现出来的行为模式，在正常人的心理活动中似乎也有所体现，只不过前者强度更大而已。

荣格、阿德勒以及其他许多人在弗洛伊德的灵感的基础上建立起了自己的理论。在荣格的理论中，个体的无意识不仅包括弗洛伊德观察的个体记忆，还包括人类整体的"集体无意识"。阿尔弗雷德·阿德勒（Alfred Adler）等人将注意力放在自我上，认为自我是一种对内外环境进行适应的复杂机制。

凯伦·霍妮（Karen Horney）研究了自我心理学（ego psychology），她还是女性心理学研究的首倡者。从某种意义上来说，她将精神分析的理论扩展到了对女性的研究上。霍妮发现，女性的发展模式与男性不同，她认为女性并不劣于男性。她还认为，传统的精神分析对女性存在非常大的偏见，因为传统的精神分析是一个男性天才（弗洛伊德）的产物，而这个男性天才又是生活与工作在一个男性支配的文化中。在霍妮之后，好几代女性理论学家都继承了她的研究，其中最著名的是斯通研究中心（Stone Center group）。在本书第5章，将详细介绍他们所取得的已被人们广泛接受的理论成果——人格理论的女性主义取向。

威廉·詹姆斯（William James）是与弗洛伊德和荣格同时代的心理学家。他感兴趣的是无意识本身，而非无意识的内容。他对思维活动的研究使之成为认知心理学的先

① 这是一种既不用分数统计学生成绩、也没有升留级制度的教育模式，被人们誉为"没有压力的学校"。——译者注

驱；同时，他还是意识研究领域的创立者。在意识研究领域，研究者主要考察诸如梦、药物使用、冥想和生物反馈等问题。

随后，美国很多的人格理论学家，比如乔治·凯利（George Kelly）、卡尔·罗杰斯（Carl Rogers）和亚伯拉罕·马斯洛（Abraham Maslow），重点研究了个体的心理健康和成长。就如马斯洛所写的："就好像弗洛伊德为我们提供了心理学的一半是病人心理学一样，现在我们必须以健康者的另一半来填满它。"（Maslow，1968，p. 5）

当代人格研究的两种取向：普遍性与独特性研究

人格研究的普遍性取向（nomothetic approach）是为了寻找行为的普遍性规律。其典型做法就是先对大量的被试进行测试，然后考察这些测试分数是否反映了行为上的某种规律。心理学的人格研究通常都是采用普遍性研究方法。大部分心理学家都致力于探求人类行为的规律或普遍性原理。荣格认为他的类型理论可以应用在每一个人身上，而最受欢迎的荣格类型测验，即迈尔斯－布里格斯类型指标（MBTI）每年都被大约 200 万人所使用。

人格研究的独特性取向（idiographic approach）则是通过对某一个体进行深入、详尽的研究来实现对人格的理解。该取向通常采用深入的个案研究来考察那些对个体造成影响的个人生活经历中诸因素之间的关系。比如，埃里克森开创了"心理传记学"（psychobiography），他对历史上的一些著名人物进行了详尽的心理研究，其中包括对马丁·路德和圣雄甘地所进行的心理传记学分析。弗洛伊德的研究也主要是他对病人进行的案例分析。但是，对个体生活史的研究难以进行比较，因为每个个体的生活经历都是独特的。尽管如此，通过对不同个体生活史的详尽研究，我们能够辨别出人类经验中的某些基本要素。

本书中的许多人格心理学家也是心理治疗学家，其理论建立在他们对自己病人所进行的详尽、具体、临床**个案分析**（case studies）的基础上。但是，临床个案研究存在两个主要不足。

1. 心理治疗学家并不能与别人分享其案例的所有详尽信息。这主要是因为心理治疗学家与病人之间确立了用以保护来访者个人隐私信息的保密协议。由于我们无法获得原始资料，因此难以评估心理治疗学家所做报告的细节或其结论是否有效。
2. 心理治疗个案可能会使我们将人性曲解为病态。毕竟，大多数来访者找心理治疗师都是因为他们的日常生活功能低于最佳水平。

当然，案例研究也有其以下优点。

1. 案例研究往往是纵向研究。而某些动力学机制只能通过对个体进行长期深入的观察才能获得。
2. 在检测普遍性理论时，案例研究可能更有效。一个宣称适用于所有人的观点可以通过单个案例来驳斥。就如科学哲学家卡尔·波普尔（Karl Popper）所指出的，如果看到了一只黑天鹅，那么就可以否证"天鹅都是白色"这一命题（Popper，1963）。
3. 案例研究在研究行为时是将行为放在丰富的真实生活情境中进行研究，这与大多数普遍性研究的实验室情境或课堂情境完全不同。

人格研究的科学取向

心理学这门科学在检测人格理论时采用的是科学方法。科学方法指的是对现象进行研究与获得新知识的技术。它还包含根据新资料纠正理论和假设的意愿。科学研究中所获得的资料是经验式的，也就是说，科学资料是建立在观察、测量和实验的基础上的。

理论指的是理解资料的方法。其中包含各种概念，以及对概念之间关系的陈述。例如，弗洛伊德提出的人类行为理论就是建立在本我、自我和超我概念，以及这三者之间关系的基础上。那些对弗洛伊德持批评意见的人认为他的理论无法检测，他的概念也无法测量；而那些弗洛伊德的支持者则反驳说他的概念与理论解释了许多之前没有充分解释的人类行为。

理想地说，理论性概念需要与可观察行为有关，这些可观察行为或者是根据**操作性定义**（operational definition）而产生，或者是与某个具体概念存在非常密切的关系。例如，阿德勒的自卑情结（inferiority complex）概念就可解释成较低的自信心或个体觉得自己不如别人胜任的信念。

- 一个好的理论，需要能够据之以产生可检测的研究假设。假设指的是对现象的推测性解释。而研究假设指的是可以被检测的假设。例如，我可以提出一个假设，认为人们如果被邪灵（它们是看不见、摸不着的）附体就会生病。但是，我无法检测这个假设，因为我没有任何办法来确定这些邪灵是否存在。不过，我可以检测“盘尼西林或类似药物能够降低感染”这一假设。我可以设置许多实验来检测这个假设。例如，我可以将患有相同疾病的病人分成实验组与控制组，给实验组病人盘尼西林，给控制组病人安慰剂（一种无害的物质，比如糖制的药片）。

好的人格理论应具备的特点

好的人格理论应该具备什么样的特点，心理学家们的看法基本一致。在你接下来阅读本书时，可以自己判断每个理论是否符合下面的标准。不过需要注意的是，即使有的理论不符合标准中的某些方面，它可能也能够有效地帮助你了解人的本性，帮助你认识自己。

可验证性

好的理论必须能够被检测。能够被验证的理论需要有明确界定的概念。比如，如果我们无法明确界定弗洛伊德理论中的本我概念，那又如何对它进行测量？相反，心理学家通过各种自我概念（self-concept）测量工具成功地评估了埃里克森的“同一性”（identity）概念。

其次，我们必须能够对一个理论的概念进行**操作性定义**。操作性定义指的是与某一特定概念有关的具体行为或经验。虽然操作性定义可能无法涵盖理论概念的全部内涵，但这却是将理论应用于现实的一种有效方法。比如，我们可以将“内向”操作性定义为喜欢孤独、逃避与人群的接触。

可验证性的另一个方面是可证伪性，也就是说，一个理论是否能够被证明是错误的。科学哲学家卡尔·波普尔（Popper，1963）认为，一个理论必须说明希望人们做什么、以及希望他们不做什么。在评价理论的时候，想想是否有人能够以任何方式证明这个理论是错误的。如果一个理论永远不能被证明是错误的，那我们又怎么会对其准确性和有用性有信心呢？比如，如果我声称一个人的出生经历是人格发展的主要因素之一，那么该如何证明呢？显然，我们无法找到还未出生的人作为对照组！然而，一些非常具有创造性的研究者考察了那些通过正常分娩出生与通过剖宫产出生的个体之间的差异。迪克（Dickie，1988）发现，那些通过剖宫产出生的成年人与那些通过正常分娩出生的成年人相比，更可能缺乏人际界限、更难制订计划，并且更有依赖性。

好的科学理论总是能够自我批判的，科学研究也总是想方设法检验假设的有效性。科学研究的典型特点就是先设立一个研究假设，然后力证假设的错误性。研究永远都不能证明假设的真实性，因为我们总能为肯定的结果找到另外的解释。然而，我们却可以证明某个研究假设的错误性。例如，如果我要研究弗洛伊德的压抑概念（在弗洛伊德看来，压抑的力量源于个体对能够诱发焦虑的事件、想法或知觉的意识），那么我将提出假设：在儿童时期遭受过性创伤的人可能会忘记给他们带来创伤的事件。然后，我开始研究那些自我报告遭受过早期创伤的人。如果我发现，这些人都能够清楚、详细地描述自儿童时期所遭受过的类似事件，那么我就否定了我的假设。

事实上，确实有研究支持这个假设。布瑞尔和康特（Briere & Conte，1993）研究了450名自我报告在16岁之前遭受过性侵犯的男女被试，结果发现，对于18岁之前遭受过的性侵犯，有59%的人表现出了遗忘。如果性侵犯发生得越早、越严重，他们就越可能表现出遗忘。这一结果虽然不能证明弗洛伊德的理论一定正确，但确实支持了弗洛伊德的压抑理论。

普适性

有些理论试图解释人类的许多行为，但有些理论则只希望能够解释人类行为的某些方面。如果一个理论能够用较少的基本概念就能解释较多的行为，那么我们就可以认为这个理论更有效、更准确。

有些理论只是建立在对有限范围内的行为进行观察的基础上，比如心理咨询师对神经症患者的观测，或行为主义者对小白鼠、猴子和迷宫的实验研究。如果我们用这些理论来解释人类的行为，那么这些理论没有阐述清楚的地方就可能会暴露出来。

直到最近，才有一些心理学家开始重视人格理论在不同人群中的适用性问题。事实上，几乎所有的人格理论学家都是来自欧美的白人，而且几乎都是男性。曾经有位美国的亚裔心理学家这样评论当代的心理学：“在美国，几乎所有的研究被试都是美国白人，而美国总人口还不及世界总人口的5%，但是我们却从这5%的人口中得出了普遍性的结论。”（Sue，in McGuire，1999，p. 26）

为保证本书的普适性，我们请女性心理学家撰写了本书中的两章，并阐述了心理学理论应用于女性和男性的情况。另外，我们还用了三个章节来阐述非西方的心理学研究，即从印度教的瑜伽、佛教的禅宗和伊斯兰教的苏非主义这三大传统宗教中发展出来的心理学思想。

理论的应用价值

我们还可以根据实践应用价值来评价人格理论。例如，罗杰斯的人格理论对当代心理咨询与治疗仍然有巨大的指导作用。当然，我们还需要考虑到人格理论的启发性价值，也就是说，某个人格理论可能能够为我们了解自己和他人提供启发性作用。

其实，人格理论的影响不仅仅局限于心理学领域。比如，荣格的人格理论对神学家、民俗学和神学专业的学生也有较大的影响，阿德勒的理论对当前教育与社会工作领域有影响，马斯洛的需求层次理论对现代商业社会也有巨大影响。

人格研究领域的扩展

近年来，认知心理学、女性心理学和非西方心理学这三种关于人以及人类活动的研究越来越受到人们的重视。将这些领域纳入本书的目的是为了打破传统人格理论的局限，扩展人格理论的研究领域。

女性心理学

在本书前两版的“女性心理学”中，我们试图重点突出过去40年中关注性别差异的研究与理论。尽管许多有较大影响的人格理论书籍仍然在回避这一重要话题（Madden & Hyde，1998），但关于女性心理学和性别差异的研究在人格的理论模型与研究中却已经越来越受到人们的重视，这一趋势的典型表现就如本章前面所提到的霍妮的女性心理学，以及诸如《心理学与女性季刊》（*Psychology of Women Quarterly*）、《标志》（*Signs*）和《性别研究杂志》（*Journal of Gender Studies*）等学术期刊会定期发表女性心理学方面的研究。我们很荣幸地邀请了一批杰出的学者与心理治疗学家为人格研究领域提供了许多原创性的女性研究。在本版中，我们还详细阐述了这些相关研究的历史与理论背景，当代女权主义运动的兴起及其对心理学研究的影响。在此，我们将之命名为人格理论的女性主义取向。女性主义这一角度说明了对人的研究需要考虑个体与其所处的外在环境的关系，说明无论是开展研究还是进行理论建构，都需要考虑个体的性别、种族、阶层，以及个人价值观等社会文化因素。女性心理学尤为强调“个体是在复杂的社会建构中得以成熟、发展”这一观点。在本书“女性心理学”这一章中，我们还额外增加了两部分的知识：一部分是强调女性心理学方面的研究以便突出多样性这一主题；另一部分是重点阐述女性心理学的研究方法。

东方的人格心理学理论

本书的最后三章，即第13章、第14章和第15章，讨论了从印度教瑜伽、佛教禅宗和伊斯兰教的苏非主义等三种东方心理精神领域发展起来的人格理论，这表明传统人格理论的研究领域得以扩展。随着心理研究的日益国际化，以及心理研究对美国和西欧的理论与哲学假设的依赖越来越少，其他文化也越来越被有效地融合到当前的教育体系中。

东方人格理论起源的社会和价值体系与欧美存在显著的差异，因此，这些理论极大地丰富了我们对人性的认识。

东方人格理论的潜在基础是印度教、佛教和伊斯兰教，这些宗教代表了全世界100多个国家、30余亿人的观点，其信徒超过世界人口的半数。在这些宗教信徒看来，这些宗教就是他们的生活现实。

东方人格理论的研究热点

我们知道，讲授人格理论的心理学课堂并不是学习东方宗教知识的适宜地方。虽然我们简要描述了这三个东方心理学理论的宗教背景，但本书最后三章的重点仍然是那些从这三个非西方心理学中衍生出来的、关于人性的心理学理论与概念。在数百年来许多致力于个人成长和发展的资深学者与学生的通力实践中，这些非西方的精神心理学已经得出了一些独特的心理学思想。

东方人格心理学理论既包括一些影响重大的心理学概念，还包括一些可以促进个人与精神成长的有效技术。同时，这些领域的实际应用与研究在西方也越来越受到重视。

人们越来越觉得西方心理学家低估了其他文化中的心理学家与心理治疗理论的作用。比如，亚洲有些理论就包含有完善的疗法，而且实验研究已证明其在心理、生理和在心理治疗中具有较好的疗效（参见本书最后三章对瑜伽、禅宗和苏非主义的论述）。因此，现在越来越多的西方心理学家，包括心理健康专家，已经开始在实践中运用发端于亚洲的治疗方法。心理学家也从其他文化的思想中得到了巨大的收益，比如获得了心理机能、潜能、病理机制等方面的不同观点，以及新的研究方法与思路。此外，对其他文化的研究与应用也有助于我们更深入地了解那些从未被怀疑过的、主要基于欧美白人研究基础所得出的理论假设与观点，从而有助于我们更好地认识人性与进行心理治疗。

亚洲心理学家的研究重点主要是存在性与超个人体验，较少关注心理的病态方面。他们详细记录了西方心理学研究领域之外的开悟体验时的意识状态、发展水平以及发展阶段。此外，他们还声称拥有诱发这些状态的技术（Walsh，1989，pp. 547-548）。

在阅读这些章节的时候，你恍若置身于比较心理学的课堂上，以批判性的眼光对这些人格理论进行分析、评价，从某种程度上说，你甚至是在亲身体验这些观点。我们有充分的证据表明，学生对这些问题非常有兴趣，并且也为之投入了大量的精力。

瑜伽、禅宗和苏非主义的产生都有一个共同的原因：它们都是为了解释人们日常生活与宗教体验之间的关系。无论是在东方、还是西方，精神导师都是属于最早的心理学家。他们不仅需要了解学生的情绪发展与个人发展，即个体的情绪动力论和人格动力论，还需要了解他们的精神需求。为了更好地了解学生可能面临的问题，这些心理学家首先求诸于自身的体验，这也是当今训练心理治疗师时被广为推崇的基本方式。

与大多数西方人格心理学理论相比，东方人格理论的研究重点是价值观、道德观，以及心理 – 精神的发展。他们认为，由于人们意识到了这个社会具有一定的社会道德规范，以及认识并体会到了这些规范对人类生活和福祉的重要作用，因此我们应该有一个规范的道德准则。然而，这三个领域的心理学理论都是从实用的角度来看待行为规范和价值观，甚至是到了打破传统习俗的地步。他们都认为，如果重视的是外在表现形式而不是价值观与道德观的内在功用，那么就是无用而且愚蠢的行为。

当然，与西方心理学理论一样，这三个理论也是源于对人类经验的仔细观察。而且，他们建立的基础是数百年来对各种看法、观点、行为和训练对人类心理、生理和心灵所产生影响的实际观察。

这三个传统心理学理论之所以那么重要并且经久不衰，是因为理论家们不断地对最初观点进行实验和完善，以适应新的人际环境和不同的文化背景。换言之，这些古老的心理学理论一直都在修正着、发展着，并且在当今仍然很有影响力。

卡尔·荣格（Carl Jung）曾写道：“东方的心理学思想……从一种客观和批判的角度来看，是西方心理学理论必不可少的基础。”（Shamdasani，1996，pp. x-xi）我们认为，心理学作为一个整体，也需要了解并研究东方的心理学思想。

评价东方人格理论和评价西方人格心理学理论一样，也需要你针对每个人格理论回答以下问题：这一理论是否有助于你了解自己和了解别人？怎么才能从这些理论中找到共鸣呢？

本书的篇章结构

在本书中，各章的结构主要包括以下几个部分。有的章节可能会增加一些与其主题有关的话题。另外，在每章都有一个如同导论中尾部介绍的个人练习。

个人简介
理论先驱
主要思想
动力论
  心理发展
  发展的障碍
理论结构

身体

社会关系

意志

情绪

理智

自我

治疗师/训导师

理论点评

原始手稿

章节重点

关键术语

推荐阅读

我们往往会发现，其实很难比较不同的人格理论，这不仅仅是因为每个理论都能够帮助我们更好地了解人，还因为每个理论都有其自己的发展历程，有自己的研究方法，以及对概念的界定。不同的心理学家常常对同一个词语或同一个概念（比如“自我”），会有不同的界定，甚至有的心理学家在其著作中还会用同一个术语来表达不同的内涵。为了便于大家理解，我们在阐述每个理论的时候，主要关注该理论是否能够帮助我们了解自己和了解他人。我们没有将自己当成一个研究者，也没有将自己当成一个心理治疗学家或心理病人，而是将自己当成一个希望了解自己和他人的普通人。幸运的是，很多理论都有相互重叠的地方，因此较容易对之进行比较。因此，除非某些特殊情况，我们的阐述都采用上述结构。

个人简介

在每一章中，我们简要叙述了每位人格理论家的主要生活经历，以及对其产生重大影响的先驱性人物。同时，我们还概述了对其思想产生重要影响的儿童时期，以及其他人生阶段的重要生活经历。

我们知道，如果我们对人格理论的提出者了解得越多，就越有利于我们理解他们提出的理论。因此，我们为每位人格理论家的生平提供了详实的资料，以便你在学习其人格理论之前就对其有充分的认识。你可能会发现，一旦你了解了斯金纳的生平（或者是弗洛伊德、罗杰斯等），就能够更容易理解他的理论。

理论先驱

每一个理论的提出或完善都或多或少地受到了其他理论的影响。因为每个理论都是在特定的历史时期和社会背景下发展起来的，研究者肯定会受到当时其他理论或观点的影响。每个观点实际上都与其他理论或概念存在一定的关联。如果我们能够了解某一理论所处时代的其他主要观点与理论，就可能更容易掌握这个理论。比如，达尔文的进化论、自然选择学说和适者生存学说对 19 世纪末期产生的绝大部分理论都有非常大的影响。

主要思想

在本书中，每一章的主要部分都是用来阐述某一理论，并且常常是以对该理论中主要概念的概述开始。其实，这些关键概念既是每个理论的基础与组成部分，也是一个人格心理学家区别于其他心理学家的所在，更是他们为人类了解自身所作出的最重要的贡献。

本部分的标题是“主要思想”，而不是“重要论据”。当然，如果本书中的主要思想都是建立在多年研究所获得的事实基础上，那就再好不过了。然而，事实并非如此。迄今为止，几乎没有客观的证据可以证明本我、原型、升华、自卑情结或者实际自我是否存在（接下来的几章中将介绍这些概念）。不过，也有些观点确实获得了实证研究的支持，比如埃里克森的同一性与毕生发展理论、马斯洛的自我实现概念。当然，除了有实证数据外，人格研究领域还包括许多天才般的想象、细致的观察、具有创造性的治疗方法，以及可以帮助我们了解人性这一复杂事实的精妙阐释。

也许你已经发现，我们在本书中很少引用实际研究。事实上，每一个理论家都对那些根据其理论所开展的研究的效度和价值持高度批判的态度（Corsini & Wedding，1989）。因此，我们尽可能用清楚、生动形象、简单易懂的语言来阐述每一个理论。

动力论

我们是活生生的生命，并非静止不变的个体。在每一章的“心理发展”部分，我们将探讨人们是如何追寻健康和知识的。至于成长过程中的发育延迟、发展障碍，偏离和误入歧途等现象，将在“发展的障碍”部分进行详细介绍。

每一个理论都形成了一套自己的干预方式，或者说心理治疗、心理咨询、修生养性等，以便帮助人们克服发展过程中的阻碍，回归到健康成长的轨道上来。虽然这些干预方法也是人格理论中非常出色的一部分，但我们对此并不会过多地介绍，毕竟本书的主题是人格理论，而非心理治疗。

理论结构

我们的目的主要是帮助你比较不同的人格理论，并尽可能避免过于严厉，以至于过于苛刻地对待那些理论。虽然本书中的每个理论都声称研究了人类机能活动的方方面面，但我们依然会发现每个理论都只是重点探讨了某些领域，而忽略了其他方面。因此，我们常常不说某个理论是研究某个领域，也不说这个理论没有涉及哪个方面。

身体

虽然本书讨论的是心理学理论，但所有的心理学理论都是建立在对会呼吸、会吃喝、有时轻松有时紧张的人的研究基础上。只不过有些心理学理论较为关注人类生理过程对心理过程的影响，有的理论则较少。

社会关系

当我们说“人是社会性动物”的时候，是指我们需要与家人、玩伴、朋友、同事、爱人，或群体中的人在一起，以满足我们的基本需要，实现人生的意义。有的理论特别重视个体的社会关系，有的理论则不大重视，而将重点放在个体的内心世界上。比如，凯伦·霍妮非常重视影响人格的社会文化因素，并且从社会关系的角度来界定神经症。她分析了三种典型的神经症模式：趋近他人、排斥他人和回避他人。虽然本书几乎每章都主要是讨论个体的发展，但女性心理学这一章的重点却是围绕个体关系这一主题。当然，其他章节也都会讨论这个问题。因此，在你阅读本书的时候，需要牢记这一点。

意志

在威廉·詹姆斯的心理学理论中，“意志”是一个核心概念。詹姆斯认为，意志是注意与努力的结合体。他认为，意志是使意识集中的关键。在詹姆斯看来，可以对意志进行强化与训练。相反，斯金纳认为意志是一个模糊的、并非实际的概念。因为他认为，即使我们现在还不能确定行为的原因及其运作方式，但人类的所有行为都是确定的。因此，在斯金纳的理论中，没有“意志”这一概念。

情绪

笛卡尔曾经写道：“我思故我在。”对此，心理学补充道：“我有感受，所以我是一个完整的人。”心理学理论有很多方法来考察人的情绪对心理和生理活动所产生的影响。

马斯洛和东方心理学家认为，人有两种基本情绪：积极情绪和消极情绪。在马斯洛看来，沉静、喜悦和快乐是积极情绪，并认为这些积极情绪促进了个体的自我实现。与之类似地，瑜伽将情绪区分为增进智慧和自由的情绪，以及加重愚昧的情绪。

理智

人格理论的研究重点常常是人格的不理性方面，但我们也很有必要看看人格理论学家如何解读人类的“理性”一面，以及他们是如何对待人类的“理性”的。

自我

“自我”（self）是一个晦涩难懂的心理学概念，几乎没有哪个心理学家能够完全抓住它的真正内涵。它不仅仅是自我（ego），也不仅仅是构成人这一整体的所有方面的总和；它的内涵不比“人格”小，甚至是涵盖了“人格”这一概念。自我的研究完全脱离了纯科学的范畴，他们反对过于强调客观的测量。这听起来是不是让你感到很迷惑？但事实就是如此。

再来看看自我的“感觉意识”。不管你感觉到自己的病有多严重、感觉多么地痛苦、你的年龄有多大，你都能够清晰地知道你是谁。我们有位同事曾问他那88岁的父亲，问他是否感觉自己老了。他父亲回答说，虽然自己能够明确地意识到自己的身体确实老了，但是他的感觉意识似乎依然还停留在儿童时代，从未变过。虽然他的态度、观点、行为、情绪和兴趣随着年龄的增长发生了变化，但是这个难以捉摸的感觉意识却并没有发生变化。由于感觉意识这一构念难以界定，以至有些研究者对其避而不谈，但是也有些研究者将其作为研究重点。

瑜伽和佛教的主要区别之一就是它们对“自我”这个概念的界定。瑜伽认为，自我是每个人永远不变的方面；而佛教则认为个体并没有永恒不变的核心自我。个体只是有限特质的暂时性集合体（斯金纳从另外一个完全不同的角度阐述了类似观点）。大我，或者说佛性，并非指个体，而是大如整个宇宙。

治疗师/训导师

所有人格理论的共同主旨之一就是帮助人们更好地成长，获得更多的快乐，以及更好地完善自己。与这一核心思想相对应，每个人格理论都发展出了一套训练体系，以便使人们成为专业的心理治疗师和训练有素的训导师。当然，不同理论之间的训练体系可能存在巨大的差异。美国的心理治疗师通常需要具有医生资格，而且在心理治疗方面必须经过多年心理分析方面的严苛训练。然而，禅宗训导师则需要亲身体验多年的冥想和修生养性指导训练。当然，每个人格理论都有其特定的训练要求，并且不断优化它们的技能。

理论点评

点评理论的巨大诱惑就是可以让我们站在一个批判性的角度来评判各理论的价值。但现在，我们尽量隐在一旁，把评价各理论的权利交给你。在评价这些理论的时候，你不仅可以依据传统的学术标准和心理学标准点评它，还可以根据各理论对你现在或将来会有什么作用来进行评价。

原始手稿

在本书中，如果某一理论中的某些方面对现在仍然有重大影响，那么我们将尽量提供各人格理论家的原著材料，以此作为扩展阅读资料。我们希望你能够亲身体会人格心理学家们的不同风格，希望你在阅读每位心理学家手稿的时候，能够聆听到他们的“声音”，体会到底是哪些方面影响了他们的研究方向。因为，不同学者阐述其观点的风格常常和他们的思想一样，具有独特而有意义的一面。除了包括对各人格心理学家著作的摘录外，我们在本书的页边还增加了一些引用，以便你更好地理解他们以及他们的追随者，甚至是批判此理论的批判者。

章节重点

在每一章的结尾部分，我们都会总结各人格理论的主要思想和核心观点，以便你更好地把握每一章的重点内容。

关键术语

体现本书教学特色的第二个方面是每章结尾处的“关键术语”。在其中，我们列举了各人格心理学家理论中的主要概念，并提供了他们对这些概念的详细界定。

推荐阅读

在每章的末尾，我们推荐了一些阅读材料，简单介绍了每个推荐材料。其实，每一章都只能算是复杂理论体系的初步介绍而已。我们希望你能够对自己感兴趣的或你觉得有价值的内容继续做深入了解。为此，我们提供了一些我们认为最能帮助你理解这些理论的相关书籍。

我们认为，一个老师能为学生做的最好事情就是引导学生去阅读某一特定领域最有用的或写得最好的权威书籍，而不是去看那些二流资料（为此，我们耗费了大量时间来挑选每一理论中的权威书目，所以我们认为你没必要再去挑选了）。如果你想对某些理论作进一步的了解，那么你会发现我们在每一章都有关于如何开始的建议。

个人练习

除了以上的体系结构外，在每一章中，我们都穿插有一些“个人练习”，以便你能够更好地学习。实践学习和理论学习应该是相互补充，而非互相矛盾的。与理论的亲身碰撞可以使你更好地理解它们。这些个人练习题已经经过了我们多次的测试、改善、再验证，直到我们的学生认为它们很有用之后，我们才采用的。

我们强烈建议你尽量去做本书的个人练习。我们的学生发现，这些个人练习不仅有助于他们更好地理解各人格理论，还能够增强他们对有关概念的记忆，更好地了解自己和别人。

问题思考

对每个人格理论，你都需要从以下角度来思考，回答以下问题。

- 此人格心理学家的理论思想有多大成分是源自于他/她自己的生活经历？这些生活经历与普通人的生活经历有多大程度的相似？
- 此理论是如何在现实生活中被研究和应用的？有什么证据能够说明其效果？在心理治疗、教育、组织管理或心理健康领域获得了证明吗？
- 此人格理论是否有助于你了解自己或他人？学习该理论是否有助于你更好地了解你自己的生活？更好地了解朋友或父母家人的生活？此理论是否能够反映你生活经历的真实一面？
- 此人格心理学家的价值观、宗教信仰、社会地位对其理论观点有多大程度的影响？
- 此理论是否具有文化或历史局限性？此理论是吸取了其他文化的观点，还是仅仅局限于某一种文化？此理论中的哪些方面具有文化普适性？哪些又具有文化特异性？
- 此理论是否考虑了性别差异？还是仅仅基于对男性被试的研究？此理论在多大程度上受社会和文化观的影响？
- 此理论在多大程度上是基于对病理心理的研究？抑或是基于对动物行为或大学二年级白人学生的研究？此理论主要研究的是人类的机能失调行为、正常行为还是超常行为？
- 此理论是否谈到了人类发展这一主题？是否探讨了儿童与成年人在经验与行为方面的差异？
- 此理论隐含着什么样的价值观？是决定论，

认为人类行为受外在或内在因素的控制？还是认为人类行为具有选择性，在一定程度上是自由意愿的结果？抑或是机械论，认为人类行为是对外在或内在刺激自动作出的被动反应？

- 此理论是否认为所有人都是内心充满冲突、存在神经官能症的人？抑或是认为人是健康的个体？这两种假设的隐含意义又是什么呢？

带着问题学习

以上这些问题既可以用于课堂讨论，也可以作为你在阅读本书时需要考虑的方面。请回顾以上问题，并认真思考下面三个问题。

1. 你认为上述问题中哪些最重要？为什么？
2. 哪些是你认为不重要的、可以被忽略的问题？
3. 是否有需要补充的问题？如果有，请列举出来。

关键术语

个案研究（case study）：个案研究是一种对单个被试进行深入研究的质性研究方法。

个体差异（individual differences）：个体差异是指将某一个体与其他个体区分开来的稳定的特征。

操作性定义（operational definition）：操作性定义是指用可观察的行为对某一理论术语所做的界定。

人格发展（personality development）：人格发展是指随年龄增长而发生的人格方面的转变或成熟。

性心理发展阶段理论（psychosexual stages）：性心理发展阶段理论，是弗洛伊德的人格发展阶段理论，认为不同时期个体的快乐来源于不同的身体区域，并依此将人的发展分为口唇期、肛门期、性器期、潜伏期和生殖期这 5 个阶段。

心理社会发展阶段理论（psychosocial stages）：心理社会发展阶段理论，是埃里克森对弗洛伊德性心理发展阶段理论的重新解释，此理论强调影响人格发展的社会因素。埃里克森的心理社会发展阶段涵盖了人的一生，从刚刚出生的婴儿直到老年，是一种毕生发展理论。

还原论（reductionism）：还原论是一种理论研究取向，试图将复杂的研究问题完全解释成更低级的、更基本的现象的集合体。比如，他们认为心理现象完全可以解释成生理变化，生理反应也完全可以用化学反应来解释。

第 1 章

弗洛伊德与精神分析理论

西格蒙德·弗洛伊德根据他在生物学、神经学和精神病学领域的见解，逐步提出了精神分析理论。此理论对人类精神生活提出了新的解释，对西方文化产生了深刻影响。

> 西格蒙德·弗洛伊德那神奇的想象、犀利的思想，是对当时社会生活、科学研究以及人们思想的一场革命……在人类思想的发展长河中，甚至是在整个宗教历史中，都难以找到有人具有如此巨大、直接、深远的影响力。（Wollheim，1971，p. ix）
>
> 弗洛伊德，与马克思、达尔文一起，被认为是对现代西方思想影响最大的人。（Nolan，1999）

弗洛伊德关于人类心理状态的阐释，为我们理解人类正常与异常心理功能提供了一个虽然复杂但却令人信服的综合解释，对当时的盛行观点产生了强烈冲击。他的观点像炸弹一样，从各个方面冲击了维多利亚时代后期人们对人性的理解。他对人类心理中黑暗面的探讨有助于人们理解第一次世界大战中的一些恐怖现象，以及战争对交战各国民众造成的心理创伤。他探讨了维多利亚时期的道德观和哲学观极力避免涉及的人类精神领域，开创了治疗精神疾病的新方法。他的工作挑战了当时文化、宗教、社会和科学观的禁忌。他的著作、他的风格，以及他宣扬其观点的决心，让他始终被狂热的朋友、信徒和批评者包围。弗洛伊德还坚持不懈地修正其早期观点。有趣的是，对他的观点批判最严厉的人中还包括他在不同时期亲自指导过的人。

要在短短的一章中，尽述弗洛伊德的贡献是不可能的。因此，本章内容是弗洛伊德复杂理论体系的一个精简版本。本章内容不仅有助于你更好地理解弗洛伊德学派中其他人的观点，还能够帮助你更好地掌握那些深受弗洛伊德观点影响的人格理论学家的观点。

》》个人简介

西格蒙德·弗洛伊德于 1856 年 5 月 6 日出生在摩拉维亚的弗莱堡（现为捷克共和国的一部分）。4 岁时，因家道中落搬到了维也纳，随后弗洛伊德在那里度过了他一生中的大部分时光。1938 年，德国人侵奥地利，为逃避纳粹迫害，弗洛伊德与家人逃到了英国。

在孩童时期，弗洛伊德是一个成绩优异的学生。尽管家庭经济困难，一家 8 口人居住在一个拥挤的小公寓中，但是弗洛伊德作为家中长子，拥有自己的房间，甚至还有一盏油灯以供其学习用，而家中其他人则只能用蜡烛。在大学预科学校（对学习要求非常严格的高级中学），他同样成绩优异。“7 年来，我始终是班上最好的学生。在那里，我享有特权，几乎不被要求参加任何考试。”（Freud，1925，p. 9）

身为犹太人，在当时盛行的反犹太人的社会风气下，除了医学和法律，其他职业几

> 他是一个十足的犹太人，不是在教义上，而是在道德观上，在他对理性的怀疑、对幻想的不信任，以及他犹如预言家般的天才构想上。（Bruner，1956，p. 344）

乎都对弗洛伊德关闭了大门。1873 年，弗洛伊德进入维也纳大学医学院学习，在那里度过了 8 年时光，这比通常情况多了 3 年。

那段时间里，弗洛伊德在厄恩斯特·布吕克（Ernst Brücke）教授的生理实验室工作。在那里，他独立研究了组织学，主要研究动植物组织的微细结构，并发表了解剖学与神经学方面的文章。在 26 岁的时候，弗洛伊德获得了医学学位。随后，他在布吕克的指导下继续工作了一年，但他还是住在家里。虽然他渴望能够成为实验室的继任者，但是在他之前布吕克已经有了两位优秀的助手。弗洛伊德后来总结道："1882 年出现了一个转折点，我最尊敬的老师考虑到我窘迫的经济状况，纠正了我父亲的观点，建议我放弃从事纯科学研究。"（1925，p. 13）此外，弗洛伊德还喜欢上了一位姑娘，他意识到，要想结婚，就需要一个收入较好的职位。

弗洛伊德很不情愿地开始了私人行医，但他的主要兴趣仍然是科学研究和观察。他先是一名外科医生，再进入综合内科，成了维也纳总医院的一名内科住院医生。他学习了精神病学领域的一门课程，这大大增强了他对于精神症状和生理疾病之间关系的兴趣。1885 年，他获得了颇有声望的维也纳大学讲师职位，他的职业生涯看起来一片光明。

> 不管是在当时，还是在我随后的职业生涯中，我都对成为一个医生没有特别的兴趣。我对人们关心什么的兴趣要远高于对自然现象的研究，我也没有领会到客观观察是一个重要的研究手段。（Freud，1935，p. 10）

1884 至 1887 年间，弗洛伊德首次研究了可卡因。起初，他醉心于可卡因的效能："我测试了古柯叶的功效，它不仅可以消除饥饿、瞌睡与疲劳，还使人的思维变得更活跃，这在我自己身上得到了多次验证。"（1963，p. 11）他详细记录了可卡因对生理疾病和心理疾病的潜在治疗作用。但后来他开始关注可卡因的成瘾特性，终止了之前的研究。（Byck，1975）

在布吕克的支持下，弗洛伊德获得了一项旅费补助金，得以在巴黎著名的神经学家让－马丁·沙可（Jean-Martin Charcot）的指导下工作。他在此期间学习了催眠术，同时还担任沙可课程的翻译工作（Carroy，1991）。后来，沙可允许弗洛伊德回到维也纳后将他的著作翻译成德文。

在法国的经历大大增长了弗洛伊德将催眠作为治疗手段的兴趣。在与年长的著名医生约瑟夫·布洛伊尔（Josef Breuer）的合作过程中，弗洛伊德研究了癔症的动力学机制（1895）。弗洛伊德总结了他们的发现："癔症病人的症状取决于过去生活中那些印象深刻但却被忘记的事件（创伤）。治疗的方法是通过催眠（宣泄）来引导病人回忆并在脑海中重现这些经历。"（1914，p. 13）然而，他发现催眠并没有他原来预期的那么有效，因为它并不能帮助病人或治疗师消除病人回忆创伤性经历时的阻抗情绪。最后，弗洛伊德彻底放弃了催眠，转而鼓励他的病人想到什么就说什么，而不去管那些内容是否与病人症状有关。

1896 年，弗洛伊德首次提出"精神分析"（psychoanalysis）这一术语，用以说明他的治疗方法，并从 1897 年起对自己进行分析。听了病人们对梦境内容的描述，弗洛伊德对人的无意识产生了浓厚的兴趣，并于 1900 年发表了《梦的解析》（*The Interpretation of Dreams*）一书。他这种重视梦的意义的治疗方法，在当时因显得过于激进而遭到冷

> 即使是粗略浏览我的研究，你也能够看出我是如何受惠于弗洛伊德的伟大发现。（Jung in McGuire，1974）
>
> 当我踏上伍斯特的讲台讲授精神分析时，这似乎是一个无法相信的白日梦：精神分析不再是幻想的产物，它已经成了现实中的重要部分。（Freud，1925，p. 104）

遇，但是现在，《梦的解析》被很多人认为是弗洛伊德最重要的代表作。继此书出版后的第二年，弗洛伊德出版了他的另一本著作——《日常生活中的心理病理学》（*The Psychopathology of Everyday Life*，1901）。这本书主要关注的是人们在日常生活中，在没有意识到自己做了什么或说了什么的情况下，表露出内心潜在欲望的情景。最终，弗洛伊德吸引了一些对其观点有浓厚兴趣的追随者，包括阿尔弗雷德·阿德勒、桑多尔·费伦齐（Sandor Ferenczi）、卡尔·古斯塔夫·荣格、奥托·兰克（Otto Rank）、卡尔·亚伯拉罕（Karl Abraham）和欧内斯特·琼斯（Ernest Jones）。他们成立了维也纳精神分析协会，撰写文章并创办发行了期刊。很快，在其他许多国家也逐渐建立了精神分析协会。1909 年，弗洛伊德应邀到位于美国马萨诸塞州伍斯特城的克拉克大学讲学。他的著作被译成了英文，越来越多的人对他的理论产生了兴趣。

弗洛伊德终其余生都在努力发展、推广和提炼他的精神分析理论。为了能够使精神分析运动按照自己的意愿发展，他要求别人必须忠于他的地位，并且驱逐那些不同意其观点的人。由于荣格、阿德勒和兰克等人与弗洛伊德在理论上和个人性格方面反复出现分歧，他们相继离开了弗洛伊德（Esterson，2002；Kuhn，1998），之后便各成一家。

弗洛伊德撰写了大量著作，他的所有著作加起来有 24 卷之多，既有临床治疗中需要注意的要点，也有概述其理论的一系列讲稿，还有关于宗教和文化问题的专著。他努力想建立一个能够适应所有精神疾病治疗的理论架构，他担心那些偏离他制定的程序的精神分析学家会削弱精神分析的效果，影响精神分析的发展。更为关键的是，他希望能够避免人们对精神分析理论的曲解与误用。例如在 1931 年，费伦齐突然改变了精神分析程序，允许更自由地表达情感，这可以说是极大地背离了弗洛伊德的方法。为此，弗洛伊德给费伦齐这样写道：

> 我发现我们俩在技术细节上的分歧已经到了非解决不可的地步了，你不仅吻了你的病人，还让他们吻了你，而且对此并不避讳……我确信我不是一个对这种一点点暧昧就会进行谴责的过分古板的人或世俗卫道士……但迄今为止，我们精神分析技术的一个定论就是不能对病人的性需求作出回应。
>
> 让我们想想，如果公开你这种做法将会有什么后果。显然，以后那些即使采取了更为激进的做法的人也不会被驱逐出精神分析领域。那些对精神分析技术有自己看法的人也会对自己说，为什么要停留在接吻上面呢？（Jones，1955，pp. 163-164）

尽管健康状况越来越差，弗洛伊德仍然坚持私人开业进行心理治疗，并且有紧凑的写作日程表，与他人的通信也越来越多，有时候甚至回复一些完全陌生的人的求助信件（Benjamin & Dixon，1996）。然而，随着弗洛伊德的著作越来越被大众所知，人们对他的批评也越来越多。1933 年，一些纳粹分子被弗洛伊德对性的直接讨论所激怒，在柏林焚烧了一堆他的书。弗洛伊德对此的评论是："看！我们取得了多么大的进步！若是在中世纪，他们会把我烧死的，但如今他们烧掉我的书就满足了。"（Jones，1957）

弗洛伊德在最后的著作《精神分析纲要》（*An Outline of Psycho-analysis*，1940）中，开篇

> 像我这样，没有人能够去推想植根于人性中的邪恶魔鬼并与之战斗，还能安然无恙地走出来。（Freud，1905b）

就用直言不讳的口吻警告批判者：“精神分析理论的要义是建立在无数的观察和体验基础上，也只有那些反复观察过自己或他人的人才有资格做出评判。”（p. 1）

弗洛伊德的晚年过得很艰难。从1923年起，他的健康状况就很不好，他患了口腔癌和咽喉癌（他每天要抽20支雪茄）。为了阻止癌细胞的扩散，他总共做了33次手术，深受病痛折磨。1938年，德国纳粹侵占奥地利，使他的女儿安娜处于危险境地，弗洛伊德和她逃难到了伦敦。次年，弗洛伊德在伦敦去世。

不幸的是，弗洛伊德的第一位传记作者是他的一个好朋友——欧内斯特·琼斯，他剔除了弗洛伊德的反面事例，对其仅作了正面描述（Steiner，2000），因此后人只能看到一个具有良好形象的弗洛伊德（Gay，1988）。但是，也有些人批评说弗洛伊德可能与他妻子的妹妹有染（O' Brien，1991）、缺乏职业诚信（Masson，1984；Newton，1995），说他明目张胆地漠视精神分析中的保密性（Goleman，1990；Hamilton，1991）。还有人批评说，他可能在一些著名案例中没有如实地报告所有信息（Decker，1991），甚至说他是“毒品世界的虚假先知”（Thornton，1984）。

不过，正是弗洛伊德著作的持久影响力保证了这些批判文章的发行量。弗洛伊德最重要的影响不仅在于人们始终对他的理论有浓厚的兴趣，不断地对其理论进行辩论，很大程度上还在于他的许多思想已经成为西方文化传统中的一部分。感谢弗洛伊德让我们初步了解了人类意识世界之外的领域。

理论先驱

弗洛伊德的精神分析理论是他在先哲思想的基础上通过创造性思考而产生的，也与他接受的严格科学训练以及与他自身对无意识的探讨有关。

哲学背景

当弗洛伊德还在维也纳大学上学的时候，他深受德国浪漫主义诗人克莱门斯·布伦塔诺（Clemens Brentano）的影响，同时也接触到了弗里德里希·尼采（Friedrich Nietzsche）的观点（Godde，1991a）。例如，尼采认为道德信念来源于内化的攻击。弗洛伊德的观点也与亚瑟·叔本华（Arthur Schopenhauer）相似。例如在对意志的看法、性本能在决定行为中的重要作用、情绪对理智的支配作用，以及重视压抑等方面，他们具有相似的观点（Godde，1991b）。

生物学背景

弗洛伊德相信意识有其生物学基础，这在一定程度上可能是受到了布吕克的影响。布吕克曾经正式宣誓要遵守下面这条观点，这一观点在当时广为人知，且为人所信服。

> 有机体内除了一般物理和化学的力之外，别无其他的力。（Rycroft，1972，p. 14）

沙可认为，催眠的暗示作用可以缓解癔症症状。与其他研究者一样，弗洛伊德也观察到了癔症患者身上用生理原因无法解释的症状。比如，客观感觉障碍者的手掌没有知觉，但是手腕和手臂却有正常的感觉。因为神经是从肩部一直延伸到手掌，所以这种症状不是由生理原因引起的。对此，弗洛伊德认为癔症症状需要从心理上解释。

无意识

其实，无意识并不是弗洛伊德发现的。古希腊人和苏非派教徒尤其注重对梦的

> 有时当我从他（沙可）的课堂里出来……对完美又有了一种全新的想法……从来没有任何人对我有过这样的影响。Freud in E. Freud，1961，pp. 184−185）。
>
> 上周有个晚上，我正忍受着痛苦工作，那种程度的痛苦似乎能让我的头脑进入最佳状态。当时，似乎所有的困难都迎刃而解，蒙着的轻纱被揭开了，一切都清晰可见，从神经的细节到意识如何产生。所有一切都联系起来，形成一个有机的整体，给人的印象就像是一架机器，能够马上自行运转起来……所有的一切都非常清楚。自然，我开心得无法自制。（Freud，letter to Fliess：in Bonaparte，1954）
>
> 精神分析理论中许多令人困惑、看似武断的部分……要么就是存在隐含的生物学假设，要么就是直接根据这些假设得到的结果。（Halt，1965，p. 94）

研究。就在弗洛伊德生活的时代之前，约翰·沃尔夫冈·冯·歌德（Johann Wolfgang von Goethe）和弗里德里希·冯·席勒（Friedrich von Schiller）就已经"在无意识中寻找诗歌创作的根源"（Gay，1988，p. 128），其他许多浪漫主义诗人，甚至是与弗洛伊德同时代的小说家亨利·詹姆斯（Henry James）也均如此。弗洛伊德的贡献是利用新型的科学分析方法观察了无意识的起源与内容。他的研究及其引起的关注使"无意识"成了一个众所周知的词语。

弗洛伊德的最终想法是试图建立以神经学为基础的心理学（1985），这种想法可能源自于他早期对可卡因进行的个人体验式的深入研究（Fuller，1992）。虽然弗洛伊德最终放弃了这个理论模型，但近年来这个模型又得到了人们的关注。在有些人看来，它被人忽视但绝妙非常，是那些用脑内的化学变化来解释情绪状态的当代理论的先驱。（Pribram，1962）

主要思想

弗洛伊德的所有思想都是建立在一个假设之上，那就是身体是所有心理能量的唯一来源。他期待有一天可以将所有的心理现象都用大脑的生理活动来解释（Sulloway，1979）。根据这一生物学模型，弗洛伊德试图建立一个能够涵盖所有心理活动的理论。在他的理论中，重要的概念包括人类心理的结构分析、它们各自的发展阶段、能量的影响，以及它们的驱力。

心理决定论

弗洛伊德认为，人们的精神生活是连续不断的，所有的思想和行为都有意义。他认为，没有什么是凭空出现的，更不用说人的心理活动。每一个想法、感受、记忆或动作都有一个原因，甚至是多重原因。每一个心理事件都是由有意识或无意识的意图所引发，被先前经历决定。虽然许多心理活动看似自然出现的，但弗洛伊德否定了这种看法，并开始探寻不同意识活动之间的潜在联系。

意识、前意识、无意识

弗洛伊德认为，人的心理可以分为三个部分。

意识

意识（conscious）是很明显的。正因为如此，在弗洛伊德之前，科学研究中考察的主要是人类心理的这一部分。但是，意识只是心理的一小部分，仅包括我们特定时间内所觉察到的那部分。虽然弗洛伊德对意识的机制很有兴趣，但是他对意识领域中更不为人所见、不为人所知的部分更有兴趣，他称之为前意识和无意识。（Herzog，1991）

> 没有必要去界定我们所谓的"意识"，哲学家所说的意识与日常观点并无区别。（Freud，1940，p. 16）。

前意识

严格说来，前意识（preconscious）只是无意识的一部分，是其中容易转变成意识的那部分。容易忆起的那部分记忆就属于前意识。前意识可能包括这样的记忆：比如一个人在前一天做的所有事情，姓名、街道地址、“诺曼底登陆”的日期、最喜欢的食物、秋天落叶燃烧的气味，以及你10岁生日聚会上那个形状古怪的蛋糕。前意识就像是一个储备区，用以存储需要用于意识的有关记忆。

无意识

虽然某些意识到的想法或感受与之前的想法或感受看似毫无关系，但弗洛伊德认为它们之间其实是存在联系的，不过是无意识（unconscious）的。一旦找到了这种无意识的联系，这种表面上的不连续问题就解决了。在无意识领域，所包含的是没有被人们觉察的、且不会被觉察到的本能成分。此外，还包括一些被意识禁止的——被抑制和被压抑的内容。这些内容既没有被忘记，也没有丢失，但是却想不起来；它仍会影响意识，不过是以间接的方式。

有一段对无意识内容所做的生动而直接的描述：“我们根据经验发现，无意识过程本身是‘不受时间影响的’。也就是说，它们不按时间排列，不受时间影响，不能将时间概念应用在它们身上。”（Freud in Fodor & Gaynor，1958，p. 162）数十年的过往记忆，如果被释放到意识中，它的情绪力量也不会失去分毫。

> 心理功能的某些失调和某些看似无意识的举动，如果用精神分析方法去研究，就会发现它们是有充分动机的。（Freud，1901）

驱力

在较老的教科书中，**驱力**（impulses，德语为trieb）常常被误译成“本能”（instinct）（Bettelheim，1982，pp. 87-88）。驱力或驱动力（drives）是一种推动个体在没有觉察到的情况下朝特定目标行动的力量。这种驱力是“所有行动的根本原因”（Freud，1940，p. 5）。弗洛伊德将驱力的生理方面命名为“需要”（needs），而将其心理方面的特性命名为“愿望”（wishes）。需要和愿望驱使个体采取行动。

> 毫无疑问，没有必要去讨论哪种基本驱力是指心理的哪个特定方面，因为处处都能看出基本驱力的身影。（Freud，1940）

所有的驱力都包括4个成分：来源、目标、动力和对象。驱力来源指的是需要的来源，可能部分、也可能全部来源于生理方面。目标指的是降低需要的强度，直到有机体无须采取行动，也就是满足机体的要求。动力指的是个体用以满足驱力的能量、影响力或压力的大小，取决于个体潜在需要的紧迫程度。对象指任何能够满足最初欲望的事物或行动。

现在让我们假想一下，如果驱力的这些成分出现在一个口渴的人身上会怎样。身体不断脱水直到需要补充水分；对水不断增长的需求就是驱力的来源。当需求达到一定强度时，他就会感到口渴。如果口渴没有得到满足，它就会变得越来越突出；随着口渴的强度增加，让他做些什么来缓解口渴的动力或能量也增加了。目标是降低口渴的强度。当然，解决方法并不仅仅指某种液体，如牛奶、水或啤酒，而是包括所有能够降低这种紧张感的行动。这可能包括站起来、走向厨房、选择一种饮料，再喝下去。需要注意的关键一点是，你可以通过不同的方式来实现驱力的完全满足或部分满足。通常来说，不同动物满足需要的能力取决于其刻板行为模式。人类的驱力只能引发个体的行动需要，它并不预先决定个体会采取哪个特定行动，或者说不会预先决定个体如何去完成这个行动。个体可以采取的解决方法的数量取决于最初生理冲动、愿望（可能意识到也可能没有意识到）、自身习惯、可选方案，以及众多先前想法的综合影响。

弗洛伊德认为，将紧张感降低到以往可接受的水平才是个体正常、健康的行为模式。一个有需要的人会不断地采取行动以便降低最初的紧张感。从放松到紧张状态、再到采取行动以达到再次放松，这一完整行为周期就是“紧张缓解模型”。因此，缓解紧张就是使有机体恢复到需要产生之前的平衡状态。

基本驱力

弗洛伊德认为存在两种基本驱力（basic impulses）。在早期的理论模型中，他提出了两种相互对立的驱力：一种是性驱力或生存驱力（通俗点儿说，就是追求性爱或肉体愉悦的驱力）；另一种为攻击驱力，或者说毁灭驱力。后来的描述则是从总体角度进行考虑，认为这些驱力或是促进个体生存，或是促使个体死亡（或自我毁灭）。无论是弗洛伊德的早期观点还是后期观点，都是建立在生物学的假设基础上，认为驱力是动态的、无法解决的一对矛盾体。

由基本驱力所引发的行为的复杂性与多样性给了弗洛伊德非常深的触动。“性驱力的影响非常显著，因为它具有可塑性，能够灵活调整其目标的灵活性，能够容易用其他愉悦方式来替代的可替代性，以及个体能够采取某种方式以延期满足等特性。”（1933，p. 97）不过，弗洛伊德特别指出“对象”涉及的内容非常广泛。比如说，性驱力可以通过性行为得以缓解，也可以通过看色情电影、色情图片、色情故事、幻想、吃东西、喝酒来缓解，甚至还可以通过体育锻炼的方式来达到缓解的目的。他认为驱力就是能量流通的通道，虽然这种能量需要遵从其本身的流动规律。

力比多与攻击本能

这两种驱力都各自有其能量来源。**力比多**［libido，来自拉丁语中的愿望（wish）或欲望（desire）］是生的驱力（life impulses）的能量来源。“力比多的产物，力比多的增强或降低、散发与转移，都为我们解释所观察到的性心理现象提供了可能”。（Freud，1905a，p. 118）

> 如果一个人的自我没有能力将力比多以某种方式进行分配，那么他就患上了神经症。（Freud，1916）

力比多的特性之一是“流动性”，即从一个关注点转向其他关注点的容易程度。比如，弗洛伊德将情绪性反应的易变特性描述成一种能量流，它能够随时从人们所关心的某一事情上轻易转移到其他事情上。

在弗洛伊德看来，**攻击本能**（aggressive energy），或者说死亡驱力（弗洛伊德并没有采用哪种特定称呼），具有和力比多一样的特性。

投注

投注（cathexis）是将心理中可用的力比多能量附着于或投注在某个人、某个想法或某一事情上的过程。力比多一经投注就不再具有流动性，无法再转移到其他的新客体上。投注取决于个体的心理被什么吸引或被什么占据。

> 肯定存在一定的病例特征让我们只能推测他们将那些本来分配给自己与其他对象的能量进行了抽取。（LaPlanche & Pontalis，1973，p. 65）

弗洛伊德所用的德语词“Besetzung”，

既有“占据”又有“投入”的意思。如果你将你的力比多仓库想象成一笔数额既定的金钱，那么投注就是投资的过程。一旦其中的一部分被投资或被投注，虽然它还在那儿，但是你能够用于投资到其他地方的金钱数量就要少得多。比如，在精神分析对悲伤的研究中，对个体在正常追求方面的兴趣缺乏以及过于沉浸在近期已故者身上的情况，解释成是从正常人际交往中抽离了力比多，然后投注在已故者身上。

精神分析理论着力于研究力比多可能会投注在哪些不合适的地方。如果力比多得到了释放，那么这些能量就可以重新利用，可以将这些能量用来满足个体眼下的其他需求。被束缚的能量需要得到释放，这一观点不仅仅体现在弗洛伊德的理论中，还出现在卡尔·罗杰斯、亚伯拉罕·马斯洛，以及佛教和伊斯兰教苏非派的理论中。虽然这些理论对心理能量的来源有不同的看法，但都赞同弗洛伊德认为“人格研究中的主要问题是需要对心理能量进行确认与引导”这一主张。

》》人格结构

弗洛伊德发现他的病人身上存在无尽的心理冲突和妥协。他看到了冲动与冲动之间的竞争、社会禁令对生理欲望的抑制，不同应对方式之间的冲突。不过，一直到他职业生涯的晚期，他才提出了心理的三个基本结构来整合这一看似很混乱的现象，它们分别是本我、自我与超我。这几个英文术语如今已经被广泛接受，但它们其实是人造的抽象概念，而且其内涵也与弗洛伊德当初的本意略有不同（Solms，1998）。弗洛伊德在使用这几个术语时，其意思简单而直接：Das es（id，本我）意指“它”（it），das Ich（ego，自我）意指“我”(I)，das uber-Ich（superego超我）意指“超我”（above I）。不过，要纠正当初将弗洛伊德著作翻译成英文时所带来的损失，似乎太晚了。弗洛伊德似乎是为了显得更有科学性而在著作中故意弄得晦涩难懂，这也符合当时美国的主流思想倾向（Bettelheim，1982）。

本我

本我（id）是个体人格的最初核心，人格的其他方面都由此衍生而来。本质上说，本我是生物性的，储存了整个人格结构所需的能量。本我也是最原始的、无序的。“本我没有逻辑性”（Freud，1933，p. 73）。而且，本我并不随着个体的成长或成熟而得以修饰，并不会因个体的经验而发生变化，因为本我与外在世界没有联系。本我的目的简单而直接：降低紧张、寻求愉悦，减少不适感。本我试图通过反射活动（比如打喷嚏、眨眼等无意识的活动）和其他心理活动来实现这一目的。

> 本我没有时间特性、无法辨别出时间的消逝，在时间序列上不存在心理过程的变化（这一点很不寻常，需要对此做更多的哲学思考）……从本质上说，本我不会分辨好坏，没有价值观、道德感和伦理信条的。（Freud，1933，p. 74）

可以将本我比作成一个拥有绝对权力和权威的昏庸国王，但他所信任的谋臣，主要是自我，会告诉他怎么去运用这些权力。本我中的内容几乎都是无意识的，包括个体从未被意识到的原始想法、被摒弃的以及不被意识所接受的思想。在弗洛伊德看来，被个体所否认或被压抑的经验仍然能够在无意识的状态下影响个体的行为，而且其强度并不会衰减。

自我

自我（ego）是个体心理与外在现实发生联系的部分，它起源于本我。不过弗洛伊德认为本我遵循的是快乐原则（pleasure principle），而自我遵循的是现实原则（reality principle）。在婴儿时期，个体对自己的身体开始有了意识，为了平息本我的重复需求而产生了自我。自我就像是树的树皮，既保护本我，又从本我中汲取能量。自我的任务就是要确保个体的健康、安全，以及人格的健全。弗洛伊德阐述了自我在与外在世界以及与内在心理之间关系上的作用，认为它会努力去满足内部心理世界的欲望。

自我的主要特性是对随意动作以及自我保护类活动的控制。它能够觉察到外在的事件，并将之与过往事件联系起来，然后通过回避情境或适应情境，以及改造外在世界以

> （我们）可以说自我代表了逻辑和理性，本我则代表了原始欲望。（Freud，1933）

达到让个体感到更安全或更舒适的目的。为了应对“内在事件”，它会努力控制“内在冲动的需求、决定是否允许这些需求获得满足，或将之推迟到环境和时间允许的情况下再获得满足，或者是完全压抑这些内在冲动”（1940，pp. 2-3）。自我的活动就是对那些由内外刺激引发的内心紧张程度进行调节。紧张程度的上升会让个体感到不舒服，而紧张程度的降低则会让个体感到愉悦。因此，自我的目的就是追求愉悦，避免或降低痛苦。

可以说，自我是本我为了应对紧张而创造出来的。然而为了实现这一目的，自我反过来又必须控制或调整本我的冲动，以便个体能够追求现实的生活道路。

下面以约会这一活动为例，让你了解自我是如何控制性冲动的。由于性唤醒没有得到满足，本我会感到紧张，如果没有自我的影响，那么若要降低这种紧张，就需要采取即时的直接的性活动。然而，由于约会活动本身存在一定的界限，自我就需要判定什么样的性表达是可以的，怎么去营造一个合适的情境以便最大程度地实现性接触。因此，本我因需要而产生，但是自我却创造机会来满足需要。

超我

超我（superego），作为人格结构中的最后一部分，由自我发展而来。超我的功能是对自我的活动和想法进行监察和判断。可

> （超我）就像是一个秘密警察部门，能够毫无遗漏地侦察出每个被禁止的内心冲动所表现出的迹象，尤其是攻击欲望，并且在其表现出来时就无情地对个体实施惩罚。（Horney，1939，p. 211）

以将超我理解成储存各种行为标准、道德规范，以及给人格带来约束的各种限制的仓库。弗洛伊德认为超我具有三个方面的功能：良心（conscience）、自我观察（self-observation），以及形成理想（the formation of ideals）。在良心方面，弗洛伊德认为超我主要是起限制和约束作用，以及对意识活动进行审查，当然，超我有时候也会无意识地产生作用。这种无意识的约束主要是间接的，常常以强制或禁令的形式出现。“患者……似乎表现为被一种他不了解的力量控制。”（1907，P. 123）

人们的道德标准是因超我而产生，并得到细化、完善和维持的。“儿童的超我实际上是在榜样的力量下形成的，但这榜样不是指他父母，而是指他父母的超我；他们的超我所包含的内容是相同的，而这就构成了历史传统的车轮……通过这种形式从一代传递到下一代。”（1933，p. 39）因此，儿童不仅

仅从各种现实环境的禁令中获得学习，同时还从其父母的道德观念中学习。

人格三结构之间的关系

个体心理的全部目标是降低紧张感、获得最大的愉悦，并将之维持在一个可接受的动态平衡水平上。当然，如果已经失去了平衡，则需要恢复平衡。其中所需的能量来源于原始的、充满各种欲望的本我；自我则从现实角度处理本我中的各种基本冲动，同时还要协调本我的各种欲望与外界现实、以及超我的各种限制之间的矛盾。超我，虽然起源于自我，但却是作为自我的道德监督员或自我现实取向的反作用力而出现，它会给自我设置一定的界限，从而限制自我的灵活性。

本我完全是无意识的，但自我与超我却仅仅在部分上是无意识的。“当然，自我与超我中的大部分内容可以保持为无意识状态，事实上，通常情况下也是无意识的；也就是说个体不知道它们的存在，因此，这就需要努力让人们意识到。”（Freud，1933，p. 69）

精神分析是弗洛伊德创立的心理治疗方法，其首要目标就是增强自我，以便它摆脱超我的过度限制，增强它的能力从而使它能够更好地觉察与控制本我中被压抑或潜藏的欲望。

> 在心理学史上，精神分析首次郑重地认为人们的身体是心灵的居所……精神分析是彻彻底底的生物学取向。（Le Barre，1968）

性心理发展阶段理论

当婴儿长大成儿童，儿童发育成青少年，青少年再成长为成人的时候，他们的欲望以及满足这些欲望的方式都会发生明显的变化。这种满足模式以及获得满足的生理区域的转变是弗洛伊德描述个体发展阶段时的基本要素。他使用**固着**（fixation）这一术语来表示一个人没有正常地发展到下一阶段、却停滞在某一特定阶段时的情况。固着于某一阶段的个体通常倾向于采用更简单或孩童式的方式来寻求满足。

口唇期

口唇期（oral stage）起始于婴儿出生，这一阶段个体的需要以及需要的满足都主要与嘴唇、舌头有关，后来还与牙齿有关。婴儿的主要欲望不具社会性，也与他人无关，仅仅是为了获得食物，消除因饥饿、干渴和疲劳引起的紧张。在进食和入睡时，婴儿需要抚慰、搂抱和轻轻地摇晃。结果就是，婴儿将快感和紧张的降低与这些情境联系起来。

嘴巴是婴儿能够控制的第一个身体区域，大部分可利用的力比多能量（性欲能量）主要是指向或集中在这一区域。随着婴儿的成长，身体的其他部位得以发育并成为获得愉悦的重要区域。不过，仍然有一些能量会永远附着于或集中于获得口腔满足的方式上。比如，成人就有许多的口腔习惯，并对寻求口腔快感始终表现出浓厚的兴趣。吃东西、吸吮、咀嚼、抽烟、用牙撕咬、用舌头舔、咂嘴等，都是这种兴趣的身体表现形式。不断吃零食的人、烟民，以及暴食者就可能是部分固着于口唇期。

在口唇期晚期，婴儿长出牙齿后，还会表现出寻求攻击本能的满足。婴儿用牙咬乳房，从而使母亲感到疼痛、放弃哺乳就是这种攻击行为的具体表现。成人对别人的嘲笑挖苦、让别人难过以及说人闲话，也被认为与这一发展阶段有关。

其实，成人对口腔快感留有部分兴趣是正常的。只有当口腔快感在获取快感中占据支配性地位的时候，才可以被认为是病态。

也就是说，如果一个人过分依赖于口腔方面的习惯来减轻焦虑或降低与饥渴无关的紧张，才可以被认为是病态。

肛门期

随着儿童的成长，他们会注意到新的紧张点与获得愉悦的区域。2 至 4 岁的儿童通常需要学习控制大小便的排泄；他们会对大小便的排泄保持格外大的注意力。父母对儿童大小便的训练推动了儿童自我探究的兴趣。对身体控制能力的提高往往伴随着儿童意识到这种控制是获得快感的一个新来源；此外，儿童也能够迅速认识到控制大小便可以引起别人的注意，可以得到父母的表扬。反之亦然，父母注重对儿童大小便的训练，也使得儿童无论是成功控制还是没有控制好都能够获得父母的关注。

成年人中，可能部分固着于**肛门期**（**anal stage**）的性格特征主要是过分讲究整洁、吝啬、顽固。弗洛伊德发现这三种人格特征常常一起出现，因此，他将之称为“肛门型性格”（anal character），认为肛门型性格者的行为可能与这一时期的痛苦经验有关。

在肛门期，儿童一方面因为对大小便的控制获得成人的赞赏与表扬，另一方面却又被大人教育成便溺是“肮脏的”，需要注意隐私，这就可能使儿童产生迷惑的感觉。儿童起初难以明白他们的大小便是没用的东西，年龄很小的孩子喜欢在给马桶冲水的时候盯着看，常常对着自己排出的大小便挥挥手，说“再见”。因此，你常常可以看到小孩子将自己的便溺行为作为送给父母的礼物。然而，小孩在排便后获得了父母的表扬，却又看到父母厌恶的表情，他们就可能会感到惊讶和迷惑。不过，在现代生活的其他领域，并没有哪个领域如同肛门期排便训练与便溺行为那样存在着这么多的禁忌与约束。

性器期

早在 3 岁左右的时候，儿童就开始进入**性器期**（**phallic stage**）。在这一阶段，儿童的注意力转移到了生殖器上。弗洛伊德认为，由于该阶段是儿童能够意识到自己是否有男性生殖器的阶段，因此这个阶段的最大特征就是阴茎崇拜，这也是儿童产生性别差异意识的第一个阶段。

弗洛伊德试图了解儿童体验性兴奋时的紧张感，也就是说，通过刺激生殖器部位获得的快感。儿童在意识中会将这种性兴奋和他们与父母的身体接触联系起来，但是，这种与父母身体接触的欲求会变得越来越难以满足。此外，儿童还会努力寻求父亲与母亲彼此之间所存在的那种亲密感。性器期的典型特征就是儿童希望与父母同床，并且会嫉妒父母彼此之间的那种关心。弗洛伊德根据他的观察指出，在这一阶段，无论是男孩还是女孩，都会对性产生恐惧感。

弗洛伊德发现，处于性器期阶段的儿童会将父母看成实现自己心理欲求的潜在威胁。比如，男孩希望与母亲亲近，那么父亲就具有其竞争对手的部分特性；同时，男孩还希望获得父亲的关心与爱护，而此时，母亲就又成为这个男孩的竞争对手了。因此，儿童处在一个前后为难的境地，既想获得父母的关心与爱护，同时又担心、害怕父母成为自己的对手。

参照古希腊戏剧作家萨福克里斯（Sophocles）的剧本，弗洛伊德将男孩的这种内心冲突称为**俄狄浦斯情结**（**Oedipus complex**）或恋母情结。关于这个传说大众最熟悉的版本是，俄狄浦斯（他不知道其父母是谁）杀了他的父亲，后来又娶了他的母亲。当他最后终于意识到他杀的是谁、娶的又是谁时，就自毁容貌、挖出了自己的双眼。弗洛伊德认为，每个男孩都会在内心中上演这个剧本，他们希望杀了自己的父亲，从而达到拥有自己母亲的目的。同时，他们又很害怕自己的父亲，担心他阉了自己。这种因担心被阉割而引起的焦虑，对父亲的爱与恐惧以及对母亲的爱与性欲望，永远都无法得到解决。在儿童时期，这个情结是被压抑的。弗洛伊德认为，超我建立后的首要任务之一就是将这种令人困扰的冲突排除出意识，以免儿童将之表现出来。虽然俄狄浦斯情结被认为是精神分析的基础，但如今的弗洛伊德主义者已经开始质疑弗洛伊德对此的论述。(Simon，1991；Ahbel-Rappe，2008)

女孩的情况类似，即表现为恋父情结(Electra complex)。女孩希望拥有父亲的爱，但却又害怕母亲。与恋母情结不同，弗洛伊德认为女孩一开始是依恋母亲的。一旦她发现自己没有阴茎，就会开始怨恨自己的母亲，将自己"被阉割了"的责任归结到母亲身上，由此开始依恋父亲。但又担心失去母亲的爱而开始与母亲保持一致，表现为对母亲的认同。

虽然人们常常将恋父情结与弗洛伊德联系在一起，但这个词语其实是荣格在1913年首次创造出来的。实际上，弗洛伊德自己非常抵制这个词语，觉得这个词语过分强调了男性与女性之间的相似。他用女性恋父态度(feminine Oedipus attitude)来表示恋母情结，即女孩希望拥有父亲，将母亲看成主要的竞争对手。然而，虽然男孩会因为害怕被阉割而压抑自己的情感，但是对女孩子来说，这种压抑就轻得多了，而且也并不会被全部压抑。这种强度的降低使得女孩子能够"在一段时间内停留在俄狄浦斯情境中，只是在后来才逐渐放弃了，而且放弃得也并不完整。"(Freud，1933，p. 129)弗洛伊德对女性以及女性心理发展的看法还存在许多争议，这将在本章以及本书后面的章节中进行讨论。

> 妙啊！如此看来你也意识到恋母情结是宗教信仰的根源。(Freud，Letter to Jung；in McGuire，1974)

潜伏期

不管儿童采用的是何种解决方法，在5岁之后，大部分小孩似乎都会调整他们对父母的依恋，会将他们的注意力转移到与同龄人的交往上，转移到学习、运动或其他技能上。从5岁或6岁开始直到青春期萌芽这段时期，被称为**潜伏期**(latency period)。这一时期也是性器期无法解决的性冲动被超我成功压抑住的时期。

> 从那时开始直到青春期发育……儿童在性方面的发展处于停滞状态。性冲动的强度有所下降，儿童似乎忘记了他们以前所了解的东西，放弃了那些用以满足性愉悦的行为。在性的快速发展停下来后，自我逐渐形成了对性的态度，认为性是不好的、羞耻的，需要遵守道德规范，这一态度的建立是为了顶住随后青春期在性方面的快速发展，以及为刚刚唤醒的性冲动指明路径(Freud 1926，p. 216)。

无论是对父母还是对儿童来说，这一时期都是一个相对平静的时期，在心理发展上没有特别重大的事件出现。

生殖期

个体身体、心理发展的最后一个阶段是**生殖期**(genital stage)，以青春期发育的开始为标志，并且力比多能量也回归到了性器官上。这一时期的男孩和女孩意识到了他

> 实证资料和方法都有力地质疑了女性存在俄狄浦斯情结的观点。当然，这些实证资料和方法在弗洛伊德时代并不存在。(Emmanuel，1992，p. 27)

们在性别上的差异，分别建立了自己的性别认同，开始寻求满足其性冲动和人际交往需求的方法。同性恋，尽管在现代被认为是属于性的正常发展，但是在弗洛伊德看来，同性恋就是因为这一时期没有得到充分发展所致，认为是该阶段需求仍然存在的表露。

个人练习

性心理发展阶段

下面的问题和练习可以让你感受每个发展阶段（如果弗洛伊德所认为的每一阶段的固着都与焦虑有关的观点正确，那么下面每个问题都会让你感到别扭和尴尬）。

口唇期（出生至 1 岁）

口唇是获得性愉悦的主要区域。买个婴儿用的奶嘴瓶，在里面装上牛奶、水或果汁。单独或与班上其他同学一起喝装在瓶中的饮料。那么，你在喝的时候，甚至是想喝的时候，是否勾起了你记忆中的某个感触？如果你喝了，那么什么样的姿势让你感到最舒服？别想太多，直接体会你头脑中当时的感受。将你的反应与班上其他同学一起分享。你是否发现男性与女性的反应有所不同？

肛门期（1 至 3 岁）

排便训练（外在现实的要求）与便溺时获得的愉悦相互干扰。看看公共卫生间以及你家浴室的隐私保护做得怎样？隐秘性对你在卫生间的行为有什么样的影响？你是否会避开别人的视线？在公共卫生间里，你是否会看别人？你能想象当众小便的情景吗？或者是在公园、高速路边、森林中小便？

许多人的排便行为都有明显的条件化特点。比如说，有的人坐在马桶上时一定要看书。这种行为的原因可能是什么？

与别人一起分享你的观察所得。在你和别人谈论本练习的过程中，注意它是如何影响你的感受的。玩笑和傻笑都可能是对这一话题感到不舒服的防御性反应。

性器期（4 至 5 岁）

恋母情结与乱伦幻想（incestuous fantasy）阶段，以及超我发展的阶段。你是否能够想起小时候，父母曾经与你谈论过你的生殖器吗？如果你是女孩，你是否能够回想起与男孩或阴茎有关的任何想法？如果你是男孩，是否能够回想起曾经担心被人阉割掉阴茎？如果你记忆中没有这种感受，是否就足以假定你那时候没有这方面的感受？

生殖期（青春期至成年期）

性别角色认同与成人社会关系的发展阶段。对于性，你是否曾经有一些错误的看法和认识，后来被纠正了？把它们写下来。（比如，你是鹳鸟[①]给叼来的或是在超市捡来的，故事中每次都是有人遇到了一个孕妇。）

以前的性经验是否影响了你现在对性的看法和态度？你的性经验是否使你更确信你以往对性的看法？你对自己的第一次性行为有什么感受？现在的感受是否有了不同？你现在对性的态度是否与以往的看法或态度有关？

弗洛伊德的女性观

弗洛伊德关于女性的观点最初是基于男女两性在生物学方面的差异，这使之遭受到越来越多的抨击。在本书的后面章节中，尤其是第 4 章（霍妮与人本主义精神分析）和

① 在西方，父母常常告诉小孩，亲生的弟弟或妹妹是由鹳鸟从天上送来，即“鹳鸟送子”的传说。弗洛伊德认为，“鹳鸟送子”的说法是父母对儿童掩盖性行为的常用手段。——译者注

第5章（人格理论的女性主义取向），详细论述了与之不同的观点。在此，我们只是阐述弗洛伊德的观点，以便你能够了解其他研究者争论的靶子是什么。女性主义学者，比如爱丽丝·米勒（Miller，1984）和艾力·萨根（Sagan，1988），对此所进行的充分、敏锐的驳斥，使弗洛伊德关于女性的观点几乎没有能站得住脚的地方。

阴茎嫉妒（penis envy）是女性心理发展过程中的一个关键点。所谓阴茎嫉妒就是女孩发现自己没有阴茎，希望自己也有一个。“发现自己被‘阉割’了是女性在发展过程中的一个转折点，由此可能出现三条完全不同的发展路径：其一是导致性的压抑和神经症；其二是导致女孩因为男性情结（masculinity complex）而发展出修饰后的男性性格；其三是发育成正常的女性。”（Freud，1933，p. 126）

这个理论认为女孩的阴茎嫉妒会以自卑感的形式长期存在，让她们容易产生嫉妒。她始终希望有一个阴茎，或希望自己有“优越天赋”。对于成熟女性来说，这种欲望就会转化为想要一个孩子，尤其是男孩，“他带来了渴望已久的阴茎”（1933）。由于女性不会如同男性那样因为有阉割焦虑而需要努力摆脱恋母情结，因此，女性的超我发展不如男性。

弗洛伊德认为小女孩会一直希望有个阴茎，但这却必定无法满足，从而就注定了女性会出现缺陷感、自卑感。尽管弗洛伊德提出了这些主张（无疑，这些观点受到了女性主义研究的强烈批判），他却经常说他从没有觉得自己真正了解女人或了解女人的心理。事实上，他反复声明自己对女性在性方面的发展和变化的描述只是尝试性的探讨。

弗洛伊德认为，女性的性心理并不是由独特的女性倾向发展而来，而是对男性性特征无望之后的结果。在今天看来，这些观点似乎是弗洛伊德理论中最薄弱的环节。

在早期的大部分精神分析著作中，这种观点被描述成一个小女孩因为没有阴茎，不仅出现了阴茎嫉妒和自卑感，甚至还表现出了实际上的自卑。这里的自卑感是指女性能否不考虑男性意见而独立表现出的公正感、求知欲和实施自己想法的能力。阴茎嫉妒可能是真实存在，在临床中也常常可以观察到，但这一观点越来越不被大家所接受，因为在普遍化女性自卑（generalized female inferiority）理论看来，它在许多人的心理中是密切交织在一起的。这令人感到遗憾，因为就如霍妮（1926）所说，阴茎嫉妒是女性的自然反应，就好像男性会嫉妒女性的怀孕、分娩、哺乳和母亲身份一样。更关键的是，即使有了阴茎嫉妒体验也并不注定小女孩一定会有长期的自卑感。再者，霍妮认为，阴茎嫉妒可能会使女性有机会体验到各种情绪感受，使女孩有机会经历与掌握为了成长为成熟个体而需经历的任务，而这显然不是自卑。

> 虽然从解剖学上可以明确地指出男性和女性的特征，但从心理上则不能。男女两性在心理上的差异已经逐渐淡化成主动性和被动性的区分了，我们可以非常容易地发现男性是主动，而女性是被动的。（Freud，1930）

早期的弗洛伊德传记作者欧内斯特·琼斯是第一个对此提出质疑的精神分析学家，他认为“小女孩对父亲的俄狄浦斯情结是因其内在固有的女性特质发展而来的，有其自己的成熟过程”（Fliegel，1973，p. 387）。同时，他还指出，阉割焦虑的产生是源于害怕失去自己的性特征，而这种恐惧的影响程度无论是女孩还是男孩都是一样的（Jones，1927）。

我们可以检测精神分析理论中遭受女性主义者严厉批评的经典概念，这不是要抛弃

“阴茎嫉妒”这一概念（这无法解释临床上的常见表现），而是可以驳斥“女性感到自卑是因为阴茎嫉妒”这一观点，可以深入探讨为什么有些女性确实说自己有自卑感，尤其是在她们十几岁的时候。女性主义研究对此的批判表明，弗洛伊德关于女性自卑感的研究是可以再次进行检测的，而不是需要被抛弃的（Richards，1999），即使他对自卑感起源的分析看起来似乎是有点儿空想。

》》动力论

精神分析是在多年对病人治疗的基础上发展起来的，这个理论存在一些核心的理论假设，其中之一就是焦虑在神经症（也就是说，适应不良、重复性的行为）产生过程中的关键作用。

焦虑

个体心理的主要问题是如何处理焦虑。**焦虑**（anxiety）的产生是因为个体产生了期望，或者是估计到紧张或痛苦程度会上升；只要对身体或心理的威胁大到个体无法忽视或无法掌控的时候，那么焦虑就能够在任何情况下产生（不管是真实的情境还是想象中的情境）。

可能引发焦虑的情况包括但不限于以下方面。

1. 心爱物体的丧失：比如，小孩不被允许与父母、好朋友和宠物接触。
2. 爱的丧失：比如，被生命中重要人物拒绝，或无法赢回重要人物的爱或者是支持。
3. 自我身份的丧失：比如，对失去自尊的担心。
4. 丧失对自己的爱：比如，超我对自身特质的否定，以及其他可能引起内疚或自责的行为。

弗洛伊德认为存在三种不同类型的焦虑，即客观性焦虑、神经性焦虑与道德性焦虑。**客观性焦虑**（objective anxiety）是对能够引发恐惧的外界真实性威胁刺激的反应。是因为自我害怕失去严密的控制。比如，在野外的徒步旅行者遇见了一只熊。**神经性焦虑**（neurotic anxiety）是因为本我与自我之间出现了冲突。比如，女性害怕自己给男性同事带来的性吸引力（本我）会越过她的意识控制（自我）。最后，**道德性焦虑**（moral anxiety）是因为自我与超我之间出现了冲突。比如，某个学生的超我要求他所有的作业都不能出错，必须做到完美，但是他的自我却达不到这个标准。总之，无论是在哪种焦虑中，自我都需要去平衡来自本我的冲动、现实世界的限制与超我要求之间的冲突。

个体降低焦虑的方式有两种。一是直接处理引发焦虑的情境，我们可以通过直接解决问题或绕过困难的方式来克服困难，直接解决问题或与环境达成妥协以便尽量降低它们的不良影响；通过这种方式，我们可以彻底解决问题，减少问题再次发生的可能性，并且还可以降低类似焦虑在将来发生的可能性。借用哈姆雷特的名言，就是我们要“奋起反抗人世中的无尽苦难，通过斗争把它们扫清”。

> 如果自我被迫承认自己存在不足，就会产生焦虑——面对外界环境的现实性焦虑、和超我有关的道德性焦虑，以及因本我冲动引发的神经性焦虑。（Freud，1933）

另外一种降低焦虑的方式是否定或歪曲引发焦虑的情境，自我通过歪曲引发焦虑的情境以避免人格受到威胁，这种成功达到扭转的方式被称为**防御机制**（defense mechanisms）。

安娜·弗洛伊德与防御机制

弗洛伊德的铁杆支持者是他的女儿安娜·弗洛伊德（Anna Freud），她不仅为精神分析的理论发展作出了巨大贡献，同时还首倡、鼓励以及教导他人将精神分析疗法用于失常年幼儿童的治疗。更为重要的是，她首度将精神分析的思想用于教育以及帮助那些处于不良生活环境中的正常儿童。

安娜·弗洛伊德对自我防御机制的描述为治疗学领域所接受，毫无争议地被广泛应用。在西格蒙德·弗洛伊德看来，人类因为先天素质、现实困难、家庭或社会等方面的原因可能会产生焦虑，那么为了避免陷入焦虑，我们每个人都会采用一些策略来达到避免的目的。如果个体是在有意识的、了解的情况下运用防御机制，就可以让生活变得更美好、更成功；但如果防御机制掩盖了现实、阻碍了能力的正常发挥，那就可能会损害个体本身的能力，使个体出现神经质。

安娜·弗洛伊德最初列出的防御机制包括压抑、否认、合理化、反向作用、投射、退行、升华、理智化和转移。后来的研究者据此又增加了一些人们用来应对生活困境的心理防御机制。比如下文谈到的隔离就是其中一个。

除了升华外，其余所有的防御机制都不利于个体本能需要的直接表达。虽然任何一种自我防御机制都能在健康人身上找到，但它们的出现仍然可能意味着是神经症。

压抑

压抑（repression）是个体将能够引起焦虑的事件、想法或知觉排除出意识，因此，也就不可能解决问题。“压抑的实质就是将之从意识中排除出去，使之远离意识”

> 即使只是粗略了解弗洛伊德的思想，你也可能会觉得我们的无意识之中充满的都是被压抑的肮脏东西，但很可能是因为压抑才让它们变得肮脏，而不是因为肮脏才被压抑。（L' Engle，1995，p. 131）
>
> 如果自我使用了压抑，那么症状的表现就说明自我没有承担好其控制内心冲突的任务。（A. Freud，1936，p. 52）

（S. Freud，1915，p. 147）。遗憾的是，虽然被压抑的内容进入到无意识领域，但仍然是在心理之中，仍然处于活跃状态。“压抑从来不是一次就能够完成的，而是需要不断地耗费能量来维持压抑，被压抑的内容也始终在寻求释放。”（Fenichel，1945，p. 150）

癔症通常源于早期的压抑。一些心身失调疾病，比如关节炎、哮喘、溃疡，都可能与压抑有关。经常性的无精打采、恐惧症、阳痿或性冷淡也可能源于被压抑的感受。例如，如果你对你父亲有非常强烈的并且是相互矛盾的感情，如你很爱他但同时又希望他死。这时，希望他死的欲望和伴随而来的想象，以及由此产生的内疚感和惭愧感都可能是无意识的，因为你的自我和超我会认为这种想法是不被接受的。假如你父亲真的去世了，这种相互矛盾的感受压抑的程度会更高。因为，如果你承认了自己的这种矛盾感情，就意味着你希望他死，这种想法与最初的不满和敌意相比，更难以被超我所接受。在这种情况下，你可能会对他的去世表现出冷漠或无动于衷，因为压抑使你不会对他的去世表现出真实的难受和亲人去世之痛，同样也使你不会表现出内心中那难以启齿的敌意。

否认

否认（denial）是指人们不愿意接受那些让自我感到烦恼的事件。成年人常常会幻

> 生命中总会有些我们必须直面现实、却被我们回避甚至否认的时候。（Keillor，1995）

想某些特定事情并不是那样，幻想事情并没有真的发生。这种幻想有很多种表现形式，有的常常看起来似乎很荒谬。下面这个经典的故事就是绝佳的例子。

有个女人被邻居起诉了，这个邻居控诉

她损坏了自己借给她的一只贵重花瓶。当轮到这个女人为自己辩护的时候，她从三个方面对自己做了辩护："首先，我从来没有借花瓶；其次，在我拿走的时候，花瓶就有了缺口；最后，尊敬的法官大人，在我还的时候，花瓶是完好无损的。"

在心理治疗中，否认的主要表现形式就是错误地回忆以前所发生的事情。有个例子说的是有个病人开始活灵活现地回忆了某个事件，但是后来又说出了截然不同的另外一个版本，这时候才突然意识到第一个版本是因为保护自己而编造出来的。

西格蒙德·弗洛伊德并没有说导致其理论产生的临床研究都完全是自己的原创，他其实是引用了查尔斯·达尔文、弗里德里希·尼采对他们自己所做的观察。达尔文在其自传中写道：

多年来，我一直遵循着这样一条黄金法则，具体说来，就是无论什么时候我看到了那些发表出来的与我的研究结果不一致的事实、观测结果或思想，就会马上记录在备忘录上；因为多年来的经验告诉我，同那些与我的研究结果一致的研究相比，它们更容易令人遗忘。（Darwin in S. Freud，1901，p. 148）

对此现象，尼采则从另外一个完全不同的角度进行了阐述：

我的记忆说："我做过这事。"我的骄傲说："我不可能做过这事。"并且顽强地坚持。最后，我的记忆屈服了。（Nietzsche in S. Freud，1901，p. 148）

合理化

合理化（rationalization）就是为那些不被接受的想法或行为寻找一个合理的、使之能够被接受的理由。人们找到的理由或者是在道德上能站得住脚，或者是在逻辑上能够与其他事情引起的态度、行为、想法和感受相一致。当我们的行动理由不被接受、甚至不知道为什么要行动的时候，就会运用合理化的方式来使自己认为自己的行动是合理的。下面这些话可以认为是合理化（括号中的内容是可能没有表达出来的感受）：

"我是为了你才做这个。"（我想对你做这个。我不想这事发生在我身上。我甚至希望你受一点儿苦头。）

"实验结果与我以前的研究在逻辑上一致。"（刚开始时是出错了，但幸运的是我解决了。）

合理化是个体接受来自超我压力的一种方式。它掩盖了我们的真实动机，使我们的行动在道德上能够被接受。它是我们发展与成长的阻碍，因为它使得那些采用合理化（或其他任何一种方式）的人无法理解和看到真正的、不大被接受的动机的力量，也使得他们不会被这种动机驱使去行动。就如下面这个故事所表现的，当我们看到有人使用合理化的时候，我们很容易看到其中的愚蠢。

"我已经选了，"耗子说，"我喜欢奶酪。不用说，这是一个重要的决定，不经过一番慎重考虑就没法得到。你没法否认这东西对你直接的、无可描述的吸引力。然而，这东西只有那些比较文雅的人才能得到，比如说，未开化的狐狸就没有敏锐的眼力来获得奶酪。"

"这个选择的其他方面并非不需要推理分析：当然，它是需要的。"

"那迷人的颜色、恰当的质地、足够的分量、与众不同的诱人外形、随处可见、容易消化、营养丰富、易于获得、便于运输、完全没有副作用——所有这些乃至我还能随便说出成百上千个理由，足以证明我在做这明智而又慎重选择时的良好品位、训练有素

和敏锐的洞察力。”（Shah，1972，p. 138）

反向作用

反向作用（reaction formation）就是所表现的行为和感受完全与内心的实际愿望相反，它是与内心愿望完全相反的外在表现，通常是无意识的。

与其他自我防御机制一样，反向作用也是在儿童时代发展起来的。“当儿童意识到他的性冲动无法满足的时候，这一性‘冲动’就会引发与之相反的心理能量，以便压抑这一令人不愉快的力量，构造起性是肮脏、羞耻、需要遵从道德标准的心理大坝。”（S. Freud，1905a，p. 178）不仅那些最初的想法会被压抑，其他任何因承认这些想法而引起的羞愧或自我谴责也会被排出意识之外。

遗憾的是，反向作用的副作用可能会对人的社会关系产生消极影响。可以鉴别反向作用的主要特征包括极端、固执，以及奢侈。被排斥的欲望会不断地以隐晦的形式出现。下面这段文字是一个反对动物实验手术的人写给一位研究者的信，其中清晰地表明了用一种感受——对所有有生命物体的同情，来掩饰另外一种感受——伤害与虐待的欲望。

> 我看到（杂志上的一篇文章）……在你对酒精中毒者的研究中……我很奇怪，像你这样受过良好教育的人不应该堕落到为了找到治疗酒精中毒的方法而去折磨那些可怜的猫……有喝酒习惯的人不想进行治疗——酗酒的人都是脑袋生锈的白痴、是无耻的人，应该就让他们那样。你去折磨那些可怜的猫，为什么不让那些酗酒者难受呢，为什么不将你那高贵的精力用来推动根除酗酒法案的通过呢……我最大的愿望就是你曾经带回家的是那些醉鬼，那将比你现在做的更有价值一千倍，希望你不要去折磨那些可怜的小动物……如果你是那些知名精神病医生的典型代表，那么很庆幸，我只是一个名不见经传的普通人。我希望自己能做到无愧于良心、不去伤害小动物，在睡觉的时候不会做噩梦，不会梦到那些可怜的死去的猫——因为我知道，在你研究完后它们一定会死的。惩罚你已经是对你最好的了，我希望我在有生之年能看到你以后会百病缠身、天天受罪——到时我会大笑一场的。（Masserman，1961，p. 38）

反向作用在一些过度的行为中表现得更为明显。一个不断做清理家务的女主人可能实际上希望与灰尘在一起、希望与灰尘打交道；不愿承认自己讨厌小孩子的父母“可能在关心他们、爱护他们的借口下经常介入孩子的生活，这种过度保护实际上成了一种惩罚”（Hall，1954，p. 93）。反向作用掩盖了人格中的某些部分，限制了个体应对事件的能力，可能会使个体变得固执、不够灵活。

投射

投射（projection）就是个体将自己身上的特征、感受或想法认为是其他人、动物或物体所具有的。这种自我防御机制其实就是个体将自己人格中的某些特点转移到外界环境上，这样个体就会将这种威胁看成外界压力，从而不用承认是自己的，也不会意识到这些可怕的想法和行为其实都是自己的，继而从容地去处理它们。下面的句子就是投射的表现（括号中的内容可能是无意识中的实际感受）：

> 1.“所有的男人 / 女人想要的其实都是同一东西。”（我经常想到性。）
>
> 2.“你无法相信一个美籍意大利人 / 美籍西班牙人 / 美籍黑人 / 美籍英国人 / 白人 / 大学生 / 女人 / 神父。”（我想更多地利用别人。）
>
> 3.“你对我发火了。”（我对你很火。）

个人练习

自我防御机制

请回忆一下过去让你心理感到痛苦的时候或某个让你烦恼的事情——比如说，好友或亲人的去世或是让你感到丢脸、受打击、犯错被人抓到的时候。首先要注意的是，你可能会不愿意去回忆这一事件，你甚至会抗拒去想。你可能会说："我不想做这个，我可以跳过这个练习。为什么我还要去再想一次呢？"如果你能够用内心的意志力去克服内心的阻碍进行回忆，那么你就可能会再次体会到强烈的情绪。如果你难以将注意力集中在记忆上，那么你就需要特别当心别让注意力分散。你能看出人们在逃避精神紧张的情况下所运用的自我防御机制吗?

那些已经建立了反向作用防御机制的人在遇到先天的危险性刺激时，不会再形成可利用的防御机制。因为他已经改变了自己的人格结构，已经将这种威胁看成是始终存在的。那么在威胁真正来临时，他可能已经有了准备。（Fenichel，1945）

当我们说某些事情是邪恶的、有害的、不正当的，不承认我们自己可能也有这些特征的时候，我们可能就是在投射。同样，当我们觉得别人很有权力、有魅力、能干，但不认为自己也有时，也可能是在投射。投射的关键特征是，你能从别人身上清楚地看到，却认为自己没有。

对偏见的动力学研究表明，那些容易对别人产生刻板印象的人也难以意识到他们自己的感受。否认自己具有某一人格特质的人在看到别人身上这一人格特点时，显得更为批判，或者是将之投射到别人身上（Sears，1936）。

退行

退行（regression）是个体的行为表现退回到更早期的发展阶段水平上，或表现出更简单和孩子气的行为。这是一种不考虑现实而采用曾经能够减轻焦虑的行为来缓解焦虑的方式，连环画《花生漫画》（*Peanuts*）中的故事人物莱纳斯，每当他感到压力的时候，就会抱着他的毛毯，从而让他回到一个安全的心理状态下。具有退行防御机制的人喜欢的冰激凌口味可能是小时候别人给他吃过的那种，或者是重读喜欢的书，将之当成逃避现实的方法。

个人练习

退行行为

退行（regression）是较为原始的应对方式。虽然它可以减轻焦虑，但是却没有解决焦虑产生的根源。仔细阅读下面由卡尔文·霍尔（Calvin Hall）所列出的众多退行行为，然后看看其中哪些是你所具有的。

即使是一个健康的、适应良好的人也可能会时不时地运用退行来缓解焦虑，或者用他们的话说，是花掉多余的精力。他们抽烟、喝酒、暴食、发脾气、咬指甲、挖鼻孔、违法、孩子气说话、毁坏财物、手淫、看神话小说、看电影、离奇的性行为、嚼口香糖或烟草、孩子气穿着、乱开快车、相信好的或坏的神灵、打盹、与人打架、赌马、做白日梦、反抗或服从权威、赌博、对影自怜、率性而为、代人受过、做了许多孩子气的事情。这其中的一些退行行为很普通，甚至有的被认为是成熟的表现。事实上，他们都是成人所表现出来的退行行为。（1954，pp. 95-96）

你认为上面霍尔列出的所有行为都是真正的退行吗？

升华

升华（sublimation）就是将本来指向性冲动或攻击冲动的能量转移到新的目标上，新目标通常是艺术类、文化类或学习类活动。升华也被称为“积极防御机制”（successful defense，Fenichel，1945）。如果我们将本源能量看成周期性爆发洪水，会毁坏家园与财物的河流，那么升华就是构建大坝和泄洪渠道。然而，洪水反过来也可以用来发电、灌溉干旱的土地、建公园，以及开发其他的休闲设施。河流的本源能量被成功地引导到社会所能接受的或认可的渠道中。升华与其他自我防御机制不同，它实际上是在解决或消除紧张感。

> 通常来说，人们对于性这种事是不会坦白的。他们不会直接表现出自己的性，而是给它穿了一件厚实的外衣，就好像是性的世界中天气很差。（S. Freud in Malcolm，1980）

西格蒙德·弗洛伊德认为，由内在欲望而产生的巨大能量以及厚重的文化，都是在为被压抑的能量努力寻求足够的、能够被接受的释放渠道。文化传统鼓励将原本能量引导到更崇高的方向，有时还能够营造出比满足原始冲动更好地满足本我需求的目标。这种转化“将大量的能量投注到文化所认可的活动中，能够做到这点是因为升华具有不用降低心理紧张强度就可以改变能量目标的特性”。（S. Freud，1908，p. 187）

> 文化类活动的力量很大程度上是源于对性冲动里面“下流”成分的压抑。（S. Freud，1908）

理智化

理智化（intellectualization）是通过解释让自己脱离事实。这种防御机制的重点是强调用思维来排除感受。它是个体用过度的解释来避免自己清楚、明确地认识到原本潜在的冲动。一个强迫性过度工作的人可能会说出很多原因，比如“我家正为准备出去度假存钱”“我老板逼我做完这项工作”，等等。

酸葡萄心理就是理智化的表现。小女孩在拼字比赛上失败了，然后告诉她朋友说自己不想赢得比赛，说自己不想成为老师的宠物。这个女孩的反应就是一种防御，因为她并没有在意识中承认自己的失败。

转移

转移（displacement）是个体将自己的感情从一个危险或不被接受的对象上转到一个安全或可接受的对象上。它包括情绪、想法或愿望的转移。采用这种防御机制的个体认识到冲动是自己的；只不过是歪曲了能量的目标而已。比如，一个非常恼火自己老师的青少年可能会对自家的狗撒气。

其他例子可能没这么清楚、明确了。不过，我们可以通过思考以下问题来确认是否存在转移。“这个反应正当吗？”“这个反应太强烈了吗？”许多情绪都可以转移，比如愤怒、依赖、性冲动。

隔离

隔离（isolation）就是在心理上将情境中能够引发焦虑的方面分隔开来。这是一个将感受隔开的行动，从而导致很少或几乎没有情绪与事件联系起来。在描述的时候不带任何感情色彩，就好像事情是发生在别人身上。这种不带感情的方式就会成为其应对的主要风格。人们可能会沉浸在想法中，越来越不带有自己的感受。

小孩子有时候也会表现出隔离，他们会将自己区分成好的与坏的方面。他们可能会用一个动物玩具玩，然后让这个玩具说或做各种不允许做的事情。这个动物玩具的人格特点可能是残暴的、粗鲁的，不讲理和爱挖苦人。这样一来，儿童就可能会通过动物玩具表现出这些在正常情况下父母难以忍受的“分裂”行为。

弗洛伊德认为，隔离的正常先兆表现是逻辑思维，因为它也努力从情绪性情境中分离出内容。当然，只有在将隔离用来保护自我，不去接受情境或关系中能够引发焦虑的方面时，它才属于自我防御机制（S. Freud，1926）。

自我防御机制小结

以上所述都是心理为了保护它免受外在或内在刺激所采用的防御方式。这些防御方式能够帮助个体逃避现实（压抑）、拒绝承认现实（否认）、重新界定现实（合理化）或颠倒现实（反向作用），将个体的内心感受置于外界物体的身上（投射）、从现实中退回来（退行），或者是改变现实的方向（升华）、通过解释脱离现实（理智化）、掩饰现实（转移），或割裂现实（隔离）。不管是哪一种防御，都歪曲了现实，从而使知觉发生了转变，缓解焦虑。虽然紧张感得到了降低，但是维持自我防御机制的力比多能量不能转而他用，个体的自我灵活性与能力也会受到限制。

> 迄今为止，由分析而发现的所有自我防御方法全部是为了一个目标而服务——帮助自我与本能冲动作斗争……在所有的冲突斗争中，自我都是在努力压制本我的某些冲动。（A. Freud，1936，p. 73）

“一旦某种自我防御机制的作用很大，占了主要地位，它就能够对自我起到支配性作用，降低自我的灵活性和适应能力；如此一来，如果自我防御机制不再起作用，那么自我就会变得无所依靠、充满焦虑。”（Hall，1954，P. 96）因为，每种自我防御机制都是将那些能够较好满足自我的活动的心理能量给抽掉了。

精神分析理论

从弗洛伊德的早期著作中可以看出，他的意图是希望能够更好地理解隐秘而又难以了解的人类精神生活。他将他的理论和治疗方法都称为**精神分析**（**psychoanalysis**）。

> 精神分析是（1）研究人类精神过程中，其他任何方式都难以企及的一种程序；也是（2）一种治疗神经症患者的方法（以调查为基础）；还是（3）通过以上方式所收集的各种心理方面的资料集合，这些心理方面的资料能够积累起来，形成一门新的学科。（1923，p. 234）

弗洛伊德认为，除非力比多能量被不断地大量消耗，否则无意识中的内容始终是处于无意识状态下的。当无意识中的内容被意识到的时候，能量就会被释放，被自我运用到更合理、更有益的事务中去。那些被压抑的无意识内容通过释放，就可以减少自我毁灭式的想法。个体会有被惩罚的需要或让自己产生无能感的需要，一旦个体意识到那些曾经引起他产生这些需要的事件或幻想，那么这些需要也就能够被缓解。比如，有许多美国人非常关心自己性方面的魅力：阴茎是否太细了、是否太短了，乳房是不是太小了、太大了，形状是不是不大好，等等。大部分这种想法都是在之前的青少年时期甚至是更早期出现的。这些想法的无意识残渣表

> 精神分析越有名，涉入这一领域的不合格医生就越多，他们实际上是在搞混这一潭水。然而，人们只会将责任怪在你和你所提出的理论上。（Jung，letter to Freud；in McGuire，1974）

现在他们担心自己性方面的满足能力，以及担心自己是否性感、是否早射、是否性冷淡等诸多类似的问题上。如果去挖掘这些没有表现出来的担心，将它们暴露到意识层面，并且将它们释放出来，那么个体就会觉得可供利用的性能量有所增加，同时紧张感也会得到降低。

精神分析理论认为，个体虽然能够与本我的需求达成妥协，但却较为艰难。精神分析的任务就是去克服个体内心的阻抗，去将本我中痛苦的、被压抑的记忆和想法提取到意识层面（Freud，1906）。“正如你所知道的那样，精神分析的任务之一就是掀起那些掩盖早期儿童时代记忆的面纱，以便让隐藏在面纱之下的儿童时代的性活动进入到意识中。”（Freud，1933，p. 28）正如弗洛伊德所描述的那样，精神分析理论认为，如果一个人能够摆脱无意识的压制，那么自我就能够将心理各方面的满足水平提高到一个新的高度。如此一来，曾经根植于早期儿童时代的焦虑得到了缓解，就可以将被阻碍或被转移的能量释放出来，并将之用到更现实和更能满足个体需要的地方。

梦和梦的运作

弗洛伊德根据病人的自由联想以及他对自己的分析，研究了梦，他仔细研究了病人对梦的记忆以及关于梦境内容的报告。在《梦的解析》一书中，他分析了梦是如何起到保护心理的作用以及是如何给予个体满足感的。日常生活中的人们充满了各种欲望，并且经常会遇到各种困难；梦，不管是从生理上还是从心理上来说，都能够在一定程度上平衡内在本能欲望与现实生活的要求。梦，是个体对无法满足的欲望进行释放的方式，并且是在不会唤醒生理紧张的情况下通过意识来进行的。

> 人类的大多数想法是极其复杂的，是日常生活中那些没有得到解决的问题的反映——白天生活的残留物，这些残留即使是在晚上，也能够紧紧地黏附住与其有关的能量……如此一来，这种内心的威胁感就可能会扰乱人的睡眠。这些白天生活残留能够通过梦的运作转化为人的梦，并无损于睡眠。（Freud in Fodor & Gaynor，1958，pp. 52-53）

梦，对人类来说具有非常重要的生理作用，但是比这更重要的是梦的运作的心理效用。**梦的运作**（**dreamwork**）是“是转化梦境材料——生理刺激、白天生活残留、梦念的整个过程，并因此产生显梦”（LaPlanche & Pontalis，1973，p. 125）。梦，并不是简单地显示，而是为了满足个体的某些特定需要，虽然这些特定需要并不能从显梦中清楚地看到。

> 我们承认欲望满足理论具有一定的价值，但是其作用被高估了。在我们看来，它无法完全解释梦的意义。（荣格给弗洛伊德的信，见：McGuire，1974）

几乎可以将每个梦都看成个体**欲望的满足**（**wish fulfillment**），梦是个体满足本我需要的替代方式。在清醒状态下，自我始终在寻求愉悦、降低紧张。但是在睡眠状态中，没有得到满足的欲望会被重新组织、组合与排列，如此一来，梦境内容就能够使个体获得额外的满足，或者是降低个体的紧张。本我并不关心满足感是出现在生理的实际感觉上，还是出现在内在想象的梦境中。在这两种情况下，个体积蓄起来的能量都能够得到有效释放。

如果日常生活事件引发了某种焦虑，并且这种焦虑和曾经的梦有关，那么相同的梦境内容就可能会重现。比如，一个积极主动、婚姻幸福的女人在她60岁的时候仍然可能时不时地梦到要去参加大学考试。在她梦

> 梦是一种精神疾病，它是荒谬的，是幻想，是对现实的错误看法。但无疑，这种精神疾病存在的时间很短，它是无害的，有时甚至还有益处。（Freud，1940）
>
> 不能将梦比作乐器在乐手之外的其他力量敲击下所发出的杂乱无章的声音，它们并不是无意义的，并不是荒诞可笑的……可以将它们插入日常清醒状态下的意识活动链条中，是由人类高度复杂的心理活动构建起来的。（Freud，1900）
>
> 梦是个体意愿的真实反映，若想真正理解、澄清它们，这需要一定的艺术。（Montaigne，1580，Essays）

到自己来到考场的时候，发现考试已经结束了，她来得太晚了。当她在现实生活中遇到困难的时候，她就可能会做这个梦。然而她的焦虑与大学考试都没有关系，因为这都是很多年前的事情了。

许多梦是令人不快的，有的梦让人感到压抑，有的则让人烦恼、害怕，还有许多梦让人不明白其中的意思。有些梦似乎是以往经历的重现，但也有些梦似乎带有预言性质。弗洛伊德对许多梦进行了仔细分析，并将它们与做梦者的日常生活事件联系起来，最后他认为梦的运作其实就是对原本欲望的选择、扭曲、转化、调换和转移，以及其他各种改变原本欲望的过程。这些变化使得本来在清醒意识状态下完全无法接受的原本欲望在被修饰后，也能够被自我接受。弗洛伊德指出，我们在梦中是自由的、随意的，不受清醒状态下那么多的道德限制。在梦中，我们可以杀人，可以伤害别人，或者是消灭我们的敌人、亲戚、朋友；可以体验到人们难以接受的性行为方式，可以与各种各样的人发生性关系。总之，在梦中，我们可以将人、地点、场景进行随意组合，而这在我们的清醒世界是完全不可能的。

梦希望能满足人们的各种欲望，但并不能总是做到。“在有些情况下，梦只能以不完整的形式或完全放弃的形式来达到它的目的；对创伤的无意识固着是阻碍梦实现其功能的首要因素。”（Freud，1933，p. 29）

个人练习

研究你自己的梦

下面请你做一个梦的日记。首先在你的床边放一叠便笺纸，每天早上起来做的第一件事，就是记录下你所能记住的与梦有关的任何内容，即使在记录之前不记得梦的内容也要记，因为这样做可能能够帮助你更好地回忆。事实表明，那些被布置此作业的学生在短短的几天时间中就能够有规律地回忆出他们晚上做过的梦。

在接下来的日子里，请尽可能详细地记录下你的梦，包括与梦中内容有关的任何联想，看看这些联想是否具有特别的意思。比如说，你的梦是否在满足你的某些愿望？努力去推测一下梦境内容是否和你的日常生活存在关联，注意那些似乎与你“白天生活残留”有关的梦境片段。你是否发现，你的梦反映了你的内心欲望或你对别人的态度？

请在接下来的几周中坚持记录。在你继续学习本书的后面章节时，你还能学到其他一些分析梦的方法。在有空的时候，不时地看看你记录下来的梦，看看是否能对它们作出新的解释，尤其要注意看看这些梦是否存在一定的模式、是否存在相同的主题（在关于荣格的章节里面，我们将讲述另外一种记录梦的方法）。

精神分析理论认为，治疗师的作用就是帮助病人对梦进行解释，以便恢复对无意识中内容的意识。弗洛伊德对某些具有特殊内

> 只要还在做，梦就是人生——我们还能对人生说些什么呢？（Havelock Ellis）

容的梦进行了总结（比如，坠落的梦、逃跑的梦、游泳的梦，以及与火有关的梦），但他明确指出，这些概括出来的一般规则并不总是有效的，他认为人们自己对梦的联想比总结出的规则更重要。那些对弗洛伊德的批评常常认为，他为了迎合自己提出的理论而夸大了梦境内容中性成分的作用；但弗洛伊德的反驳也非常明确："我从来就没有像别人说的那样，认为所有的梦都和性有关，或者是来源于性冲动。"（Freud，1925，p. 47）他认为梦既不是随机的，也不是偶然的，而是满足未满足欲望的一种方式。

对弗洛伊德的另外一个批评是认为他没有关注欧洲以外的社会，从而使他的理论具

> "我听到的和弗洛伊德有关的第一件事就是在维也纳有个男人，有个神经科医生很认真地说，如果一个女孩梦到一个电灯泡，那么就意味着她实际上想要一个阴茎。"（Wittels，1995，p. 28）

有非常大的局限。比如说在印度，"自我（和它的梦）就绝没有像我们这样有明显限制"（O'Flaherty，1984，p. 22）；再比如，美国土著人群对梦以及梦的作用的理解与弗洛伊德的解释不一致。"在大部分16岁以上的土著美国人的生活中，现实生活与梦中生活没有明显的区别……相反，西方人的梦与现实生活存在明显的界线，他们将梦看成由生理因素驱动的，是意识的改变形式；在训练有素的分析者看来，这依然能够提供有用的信息"（Krippner & Thompson，1996）。桑德（Sand，1999）反驳弗洛伊德除了在与性有关的内容外禁止使用象征，认为这会限制精神分析者自由解释人们的梦。但直至今日，弗洛伊德的观点仍然一点儿都不过时，他对梦中世界的突破仍然具有重要的意义，仍然是人们关心和争论的焦点（Kramer et al.，1994）。

理论结构

弗洛伊德几乎探讨了人类心理和社会生活的各个方面。然而，对一些重要问题，他在不同的人生阶段有不同的看法，比如能量、身体、社会关系、情绪、理智、自我，以及治疗师的特殊作用。下面我们尝试着梳理他那复杂的思想体系。

能量

可利用的能量是弗洛伊德无意识、心理发展、人格和神经症等诸多概念中的核心部分。"在他的理论中，驱力概念处理的主要就是心理能量的来源问题，性心理发展和自我防御机制解决的是能量的转移，而本我、自我与超我所涉及的是能量冲突以及这些冲突所带来的影响。"（Cohen，1982，p. 4）

身体

身体是经验的核心。正如弗兰克·萨洛威（Frank Sulloway）所指出的："正因为弗洛伊德强调生物学假设，才为他的个人想法提供了基础，从而使得他最终创立了一个关于人类思想与行为的通用而又有根据的理论。"（1979，p. 419）

> 身体自我是最早、也是最重要的自我。（Freud，1937）

此外，对能量的重视也主要是通过性能量的不同表达形式来实现的（口唇、肛门、生殖器）。成熟在某种程度上也被定义为"个体能够成功实现生殖器性交的能力"。遗憾的是，许多对弗洛伊德进行批判的人从来就没有对他的全部理论进行系统的考察，而是纠缠于弗洛伊德将生理和性欲望引入到心理机能的解释上。

尽管弗洛伊德承认身体的核心地位，但他在与治疗有关的著作中却极少对此进行分析。也许是他那个时代不重视身体的文化传统，导致了他没有报告病人所表现出来的手势、体态和身体表情。许多后来的弗洛伊德主义者，比如埃里克·埃里克森、弗里德里克·佩尔斯（Frederick Perls），以及其他诸如卡尔·荣格、威尔海姆·赖希（Wilhelm Reich）等与弗洛伊德分道扬镳的心理学家，对人的身体表现出了更多的关注，而对生物学方面的理论却关注较少。

社会关系

成人的社会交往以及社会关系，在很大程度上会受儿童时代的经历所影响。人们的第一份人际关系出现在核心家庭中，这通常来说是已经被确定了的。这一人际关系形成与维持的模式，会影响到人生随后所有的人际关系。母子关系、父子关系，以及兄弟姐妹关系的基本模式，是个体后来所有人际关系的原型，个体会无意识地将后来所形成的人际关系与之进行比较。从某种程度上说，人们后来所形成的人际关系都是小时候个体与家人之间的互动、紧张与愉悦满足模式的翻版。

我们在人生中的各种选择——爱人、朋友、老板，甚至是我们的对手，都是由孩童时代的亲子关系模式衍生而来。自然界的选择与竞争同样出现在性别角色塑造、我们如何满足他人需求的方式上。在与他人交往时，我们会不断地重演那些始于孩童时代与家人的互动模式，常常会被对方唤醒那些在儿童时代没有被满足的需求。当然，其中有些选择会被我们有意识地进行，但还有些选择却是在我们没有意识到其潜在互动模式的情况下实现的。

> 心理学家还没有准确理解性能量包容一切的特性。实际上，生殖（reproductive）或性能量（sex energy）的说法是用词不当。生殖只是生命能量的一个方面，生命活动的另外一个场所是人的大脑。（Krishna，1974）
>
> 我承认在理论研究和应用实践中强调性并不符合我的口味，但让我感兴趣的是那些看似是、又看似不是之中的哪个才是？（布洛伊尔，见：Sulloway，1979，p. 80）

通常，人们羞于谈及弗洛伊德理论中的这一方面，因为弗洛伊德认为人们无法控制自己对未来的选择。但是这同时也提出了一个新的问题，就是儿童时代的经历到底能够在多大程度上影响成年人的选择。比如，在人际关系形成的关键时期——性器期，男孩和女孩都会第一次产生对父母的性冲动，但同时又无法满足它们。在弗洛伊德理论看来，即使是能够顺利解决俄狄浦斯情结问题，这一动力机制仍然会影响个体随后的社会关系。

早期的特殊经历会影响个体随后的社会关系。少年期、成年早期、成年期的恋爱、婚姻模式，甚至是交友模式，无一例外会在某种程度上受儿童时代未解决问题的影响。

个人练习

生活中的模式

通过以下方式，你能够检测出你与父母的关系模式和你现在哪些人际关系有关。

第一部分

列出你所喜欢或所爱人员的名单——不包括你的父母；将女性和男性分开来列。

写出每个人身上你所喜欢与所不喜欢的方面。

检查、分析或标明其中的异同点。你所喜欢的女性和男性人员名单中是否存在某些相同的方面？

第二部分

列出你父母身上你所喜欢与不喜欢的方面。

列出你小时候看到的、你父母所表现出来的你喜欢与不喜欢的方面（这两个列表可能有重叠，也可能没有）。

第三部分

将你父母的特征列表与你生命中其他重要人物的特征列表进行对照和比较，看其中是否存在什么异同。

情绪

弗洛伊德所处的时代崇尚理性，否定情绪的价值和作用，但他却揭示出人类并不是一种理性动物，而是受强大的情绪力量所驱动，认为人们心理的起源常常是无意识的。情绪不仅是人们释放压力的通道，也是体会愉悦的方式。情绪有时能够帮助个体将某些记忆排除出意识，从而起到保护自我的作用。强烈的情绪反应可以掩盖儿童时代的创伤。比如说，一个人非常厌恶某种食物，多年来都不愿意去尝试，那么这就可能隐含着这一食物出现会伴随不愉快的记忆。恐惧性反应能够使人们有效地避免接触某个或某一类可能引发焦虑的物体。

弗洛伊德通过观察病人表现出来的适当与不适当的情绪，从而找到了理解人类无意识中起动机作用的关键。

理智

理智是自我所能使用的工具之一。在需要的时候能够自由使用推理的人通常都是自由的，他们的情绪也是处在意识的监控下。这样的人不受过往事件中未满足的残余力量的驱动，而是能够面对具体情境直接作出反应，能够平衡个人喜好以及社会文化力量等带来的限制。

弗洛伊德身上最突出，也可能是最强烈的情绪力量就在于他那追求真理的激情，以及他对人类推理能力所具有的坚定不移的信心。他认为，推理可能是人类身上所具有的、唯一能够帮助人们解决现实问题的能力，或者说至少能够减轻人类生命中与生俱来的苦难。

弗洛伊德以及他所处的那个时代的人们还不了解达尔文工作的巨大价值。在那个时代，其中一个无可争议的目标就是去证实正是理性思维才让人类成了万物之灵。事实上，许多反对弗洛伊德观点的人就是源于许多关于“人们实际上并不是那么理性”的证据，对情绪的控制也并不比人们所认为的高。弗洛伊德本人的期望以及个人信念就在于，他认为人类意识中所具有的能够控制内心阴暗面的工具主要是推理能力，而理智即使不是唯一的工具，也是其中最重要的。

> 推理，正如弗洛伊德所认为的那样，是我们能够理解生命、不被错觉所蒙蔽的唯一工具——或武器……使我们不受权威的羁绊，从而建立起对自己的信心。（Fromm，1959）

弗洛伊德认为，无意识中的任何内容一旦进入到意识领域，就能够被人们理性地处理。“只要有本我在的地方，就会让自我进入”（1933，p. 80）是他这一观点的简略表达。只要是有非理性、本能在起主要作用，那么就能将它们暴露出来，让自我对它们进行调整、控制。如果原始驱力没有被压制，那么自我就必须要运用理智来构建起安全且有效的手段，以便让个体获得愉悦。

自我

自我是一个整体性概念，不仅包括身体和本能，还包括意识和无意识。自我既不受限于身体，同时又离不开身体，不过在弗洛伊德的生物学观点中却并没有体现出这一思想。弗洛伊德认为自己作为一名科学工作者，不会将自我这种存在于人类身上的非物质（或者说纯精神的）的形而上学方面，作为自己的研究领域。不过，后来的精神分析学者超越了弗洛伊德，对自我进行了深入的论述。

治疗师 / 心理治疗

前面我们关注的主要是弗洛伊德理论中和人格有关的总体性观点，然而弗洛伊德自己关心的却是其理论在实际生活中的应用——精神分析理论的实践。精神分析理论的目标是为了帮助病人尽可能将自我功能提升到最好水平，因为外界环境、超我、本我中不断产生的本能欲望会不可避免地引发个体的内部冲突。精神分析训导师肯尼斯・科比（Kenneth Colby），将精神分析技术的目标描述如下：

> 在谈及精神分析治疗的目标时，"治愈"（cure）这一术语……需要进行明确的界定。如果"治愈"指的是病人神经官能症症状的消除，那么毫无疑问这是我们的目标；如果"治愈"指的是终生不会再有情绪冲突和心理问题，那么这就不可能是我们的目标。正如一个人会感染肺炎、会骨折、会患糖尿病那样，对不同的疾病需要采用不同的药物和不同的治疗方法。同样，另外一个人在不同时期也可能会分别患上抑郁，阳痿或恐惧症，而每个都需要进行心理治疗……（1951, p. 4）

由于本书中的所有学者都使用了治疗（therapy）一词，因此牢记治疗不是"治愈"过去的问题，而是有助于预防未来。

精神分析师的作用

治疗师的任务是帮助病人回忆、找到并重整无意识中的内容，以便使病人的现实生活变得更令人满意。弗洛伊德如此说道：

> 我们确保他能够遵守精神分析的基本原则，让他在今后能够按照我们的要求来控制他的行为。他不仅要将那些他愿意和有意对我们说的事情告诉我们，将那些就像忏悔一样说出来能够让他放松的事情告诉我们，而且还要将任何出现在他头脑中的东西也告诉我们，即使是他不愿意说出来的，或那些他觉得根本不重要甚至是荒谬的想法。（1940, p. 31）

> 为了能够有效应对病人对此的诘难，就要求精神分析师首先对自己进行深入而彻底地分析……精神分析师自己……必须要了解和控制那些即使是埋藏在自己性格当中最深处的弱点；如果不进行深入而彻底地自我分析，就根本无法做到这点。（Ferenczi, 1955）

之后的弗洛伊德主义者，虽然仍然在精神分析理论的框架下研究，但是从许多方面拓展了来访者的界定，以及精神治疗的范围。比如在第 4 章霍妮的理论中，她就说过自己并没有和弗洛伊德决裂，尽管后来的许多评论者认为霍妮的研究工作就如同弗洛伊德的反对者那样，严重背离了弗洛伊德的思想。

个人练习

早期记忆

弗洛伊德发现，早期儿童时代的记忆常常预示了人们后来的生活。通过以下练习，你可以检测一下他这个假设。

首先找一个搭档，你们中的一个人回忆早期记忆中的事情，另一个人则负责在纸上记录（你们可以调换角色轮流进行，谁先谁后都没关系）。

1. 回忆者不要与记录员面对面就座。尽量去回想你记忆当中最早的记忆，或者是那些比较早的记忆，然后告诉记录员。记住，说的过程不要超过 5 分钟。在回忆的时候，说得越详细、越生动越好，那样你就能从本练习中获得越多。在你描述记忆中内容的时候，可能会有一些记忆内容穿插进来，你同样需要将它们说出来。你需要明白，记录是记录员的事情。记录员别打断回忆者，只需要将注意力集中在回忆者重点描述的内容上即可。
2. 回忆者在回忆了 5 分钟后就需要停下，不要进行任何讨论，直接与记录员互换角色。原来是回忆者的人现在需要担任记录员的角色，记录对方的回忆。同样在 5 分钟后就停下来。然后安静地想 1 分钟左右，想想你自己所说的和对方所说的记忆内容。
3. 最后你们再讨论记录下来的内容，找出其中你们所能看到的联系以及其中蕴涵的意义。注意你们表达的感情是否存在差异，再尝试将这些最早期的记忆与现在生活中的实际事件联系起来。

> 精神分析，看起来特别像是第三种“不可能的”职业，因为人们事先就可以断定这难以达到令人满意的结果。另外两个……是教育和管理。（Freud，1937）
>
> 精神分析是中产阶级腐朽意识中的最本质部分。（Volosinov，1987，p. 132）

相关研究

案例研究方法

弗洛伊德所做的主要研究就是他对病人进行的案例研究。虽然他在报告中对治疗过程提供了极为详尽的信息，但他在治疗过程中却并没有做详尽的记录。他的案例记录都是在每天工作结束时才写下来，毫无疑问，他的资料几乎都不完整。此外，他还倾向于报告那些支持其理论的信息。比如，凯尔斯德姆（Kihlstrom，1994）指出，虽然弗洛伊德宣称他的大多数女性病人都说曾经遭受过父亲的诱奸，但他的案例记录中却没有任何与此有关的证据。

无意识过程

神经科学在过去 5 至 10 年中得到了迅猛的发展，这在一定程度上是因为脑成像技术中核磁共振成像（Magnetic resonance imaging，MRI）技术的使用。例如，即使恐惧脸图片的呈现时间对于意识觉知来说太快，但研究者还是测到了被试脑部的杏仁核活动，这是恐惧与焦虑的反应迹象（Etkin et al.，2004）。神经科学家安东尼奥·达马西欧（Antonio Damasio）写道：“我觉得我可以说弗洛伊德关于意识本质的睿见与当代最前沿的神经科学观点是一致的。”（Solms & Turnbull，2002，p. 93）。在 1999 年，成立了神经精神分析学（Neuro-Psychoanalysis）的学术刊物与协会。

一篇对当代认知心理学研究进行了综述的文章总结认为，人类行为中大概有 95% 的行为是由无意识过程决定的（Bargh & Chartrand，1999）。

防御机制

对弗洛伊德防御机制所开展的实证研究已经持续了几十年。一篇对近年来研究进行了综述的文章发现（Baumeister et al.，1998），在许多研究中都出现了反向作用、隔离与否认的防御机制。也发现了投射，但它可能是其他防御机制的副产品。不过，还没有发现升华这种防御机制的证据。关于压抑这种防御机制的实证研究的讨论，可参见拉尔森与巴斯的研究（Larsen & Buss，2005）。

精神分析的效力

在一篇对精神分析研究进行了全面总结的文章中（Robert Wallerstein，2002），作者将这些研究分成了 4 代。每一代都代表着资料分析与方法上的巨大进展。

第一代研究的时间跨度是从 1917 年到 1967 年。这些早期研究发现精神分析对神经官能症患者和心身疾病患者有较大的作用，而在被诊断为精神病患者的身上效果较差。当然，这一时代的研究缺乏统一的定义与标准，只是进行简单的统计总结，没有对不同治疗技巧之间的差异进行测量。而且，对于治疗前后变化的测量也仅仅是根据治疗师的判断，而不是客观的测量。

第二代研究，从 1959 年到 1984 年。这些研究强调对结果进行正式与系统的测量，改善了第一代方法学上的简单性。有几个研究采用的数据来自精神分析治疗中心，并且包含了明确、具体的定义，以及对结果进行了操作性测量。比如，来自波士顿协会（Boston Institute）的两项研究就分别包含有 100 个和 193 个病人（Knapp et al.，1960；Sashin et al.，1975）。不过，这两项研究都没有得出显著的结果。最大的研究项目是哥伦比亚大学精神分析训练与研究中心（Columbia University Center for Psychoanalytic Training and Research）所做的研究（Weber et al.，1985a，b），差不多有 1 600 个病人，其中 40% 的病人接受了精神分析治疗，另外 60% 的病人接受的是精神分析取向的心理治疗。这些研究发现心理治疗的效果总是明显超过了精神分析治疗的效果。

第三代研究，从 1954 年到 1986 年。这一代的研究是既考察治疗结果又考察治疗过程的纵向研究。比如，波士顿协会采用面谈与投射测验追踪了 22 个病人（Kantrowitz et al.，1990a，b，c）。门宁格基金会（Menninger Foundation）项目追踪研究了 30 年，其中包含有 42 个病人，一半接受精神分析，另外一半接受精神分析取向的心理治疗（Wallerstein，1986）。该研究项目得到了以下总体性的结果：1. 精神分析与心理治疗的效果倾向于融合而不是各自独立；2. 这两种治疗方法对人格机能结构性变化的影响都微乎其微。

第四代研究，从 1970 年到现在。由于可以采用现代技术，比如对整个治疗过程录音并进行计算机分析，因此这一代的研究都是精确的过程研究（process studies）。其目的是考察病人的人格差异、治疗过程，以及治疗结果之间的相互影响。美国精神分析学会（American Psychoanalytic Association）至今还在开展的一个研究项目就涉及了不同的治疗地点，并包含了庞大的样本。

一项对短期心理动力取向心理治疗（short-term psychodynamically oriented psychotherapy，STPP）效果的研究考察了 1970 年至 2004 年间发表的 17 项研究（Leichsenring et al.，2004），结果发现与那些控制组相比，治疗组表现出了显著而稳定的疗效。然而 STPP 治疗与其他形式的治疗并不存在显著的疗效差异。研究者对长期心理动力取向心理治疗（long-term psychoanalytically oriented psychotherapy，LTPP）的研究也进行了类似分析，他们考察了 1960 年至 2008 年的 LTPP 研究（Leichsenring & Rabung，2008），纳入该研究的 LTPP 研究必须是精神分析治疗时间至少持续一年，或 50 个疗程，这样总共有 23 个研究，1 053 个病人。结果发现，与较短期的心理治疗相比，LTPP 在总体疗效、目标问题的解决以及人格功能上，都有更显著的积极效果；具有综合性心理障碍（complex mental disorder）的 LTPP 病人平均好转状况要比 96% 的对照组人员强（P = .002）。

一项探讨了精神分析治疗效果的自然主义研究（naturalistic study）考察了 23 个病人，结果发现在症状、生活质量、幸福感，以及病人所认为的目标问题上都取得了显著的改进（Leichsenring et al.，2005）。在为期一年的跟踪研究中，发现所有方面的改进都是稳定或逐渐增长的。布拉特和沙哈尔（Blatt & Shahar，2004）根据门宁格基金会研究项目（Wallerstein，1986）的数据，对比了精神分析与心理治疗的效果，结果发现，如果病人的自我反省（self-reflective）能力越强，那么精神分析的效果越好；而对于那些不反省的、具有依赖性的病人，心理治疗则更有效。此外，精神分析取向的心理治疗对于恐惧症（Milrod et al.，2007）与人格障碍（Leichsenring& Leibing，2003）的治疗效果较好。

此外，一篇更早的文章对临床文献进行了综述，分析了 7 000 多个案例记录，结果发现完成治疗的病人中有 66% 的人有了很大改善或者是痊愈。同时也发现，在没有治疗的病人中有 72% 的人也有了很大改善或者是痊愈（Eysenck，1952）。其他在 20 世纪八九十年代所进行的综述也得到了类似结果（Erwin，1980；Grossarth-Maticek & Eysenck，1990；Stunkard，1991）。

对弗洛伊德的评价以及弗洛伊德理论对现在的影响

我们前面简单介绍了弗洛伊德建立的宏大而复杂的理论体系，但本章并不想全面阐述其理论为他的追随者、弟子、批判者、评论者以及病人所带来的巨大贡献。相反，就像本章开头那样，我们只是简要说明他的理论所带来的根本性变革。弗洛伊德扔出了一只挑战的手套[①]，几乎所有的思想家都会对此进行质疑。本书中的大多数人格心理学家，不管是支持还是反对他的人，都承认自己受益于弗洛伊德。

> 在当今这个时代，除了伟大的宗教，没有哪个思想体系能够被那么多的人用来解释人的行为。（Kazin，1956）

只有到了精神分析理论提出之后 100 多年的今天，弗洛伊德的巨大影响才真正体现出来。现在，我们只是将他当成一个历史人物，而不是当成一位令人尊敬，或令人害怕、令人讨厌的长辈。他的理论影响了许多学术领域，并且已经成为现在我们用来理解人之所以成为人的生活常识。但是在他的理论提出之后的许多年中，那些弗洛伊德的传记者们要么是他的狂热崇拜者，要么是一些必须揭露的虚假权威人士。只有到了现在，弗洛伊德才能够被较为相对公平地对待。在精神分析提出 100 多年后，我们有更多的机会可以清楚地看到弗洛伊德给当时社会带来的巨大进步，同时也看到他的理论反映了那个时代的局限。由此，现代理论就能够吸收他的理论精华，而不需要去声讨其不足，也不需要去赞美他那天才般的思想所带来的巨大贡献，我们只需要承认他的初创思想还需要修正和改进即可。

弗洛伊德的理论仍然影响着现代的心理学、文学、艺术、人类学，社会学和医学。他的许多观点（比如重视梦和强调无意识过程的活跃性）已被民众广泛接受。其理论中的另外一些方面，比如本我、自我和超我的关系，或强调俄狄浦斯情结在青少年发展中

① 在欧洲文化中，向对手扔出手套意味着向对方提出挑战。——译者注

的重要性，则仍然存在着巨大的争议。还有些方面，比如他对女性在性方面的分析以及文明起源的论述，则广受人们的批判。

那些追随弗洛伊德传统的人也并不是恪守不变，如今的精神分析形式多样，有了许多发展。在过去的一个多世纪中，出现了许多新弗洛伊德主义分支。举个简单例子，梅兰妮·克莱恩（Melanie Klein，1957）是受到弗洛伊德影响的人之一。她在死亡本能（death impulse）和内在的幻想世界（internal world of fantasy）方面发展了弗洛伊德的理论，其研究激发了后来许多著名研究者，其中包括温尼科特（Winnicott，1971），梅尔扎（Meltzer，1973）、约瑟夫（Joseph，1983），罗森费尔德（Rosenfeld，1987）和比昂（Bion，1962），其中比昂的工作导致了后来比昂分析学派的出现。此类的影响不胜枚举。同时，还出版了许多与弗洛伊德思想有关的书籍与文章，以及发行了许多与精神分析治疗有关的杂志与专题著作。每年出版的与弗洛伊德及其思想有关的著作，甚至比本书中所提到的所有其他西方人格心理学家有关的论述还要多，而世界范围内与弗洛伊德主义有关的杂志、组织、出版机构的增长，也使他们形成了自己的世界。不过，其中大部分组织都是闭关自守，只在自己圈子里面活动。但是，弗洛伊德主义的众多继承者仍然时不时地向社会公众重申他们的主张。比如在 1993 年，弗洛伊德就登上了美国《时代》（*Time*）周刊的封面。随后，美国国会图书馆计划就弗洛伊德的影响开办一项展览，但此后不久，由于它引发了当时民众对弗洛伊德的强烈批判，这一计划也被束之高阁。不过，后来这个计划又重新获得了启动，并大受欢迎。

现在的分析学包括许多影响重大的精神分析学派，这足以自豪；虽然这些流派之间有既相互认同又存在激烈争论的地方，但是他们都承认弗洛伊德的理论给他们带来了重要的先驱性影响。在法国，拉康（Lacan）的研究具有举足轻重的地位。在英国和南美洲，克莱恩和比昂都是有着巨大影响力的名人。温尼科特将自我的萌芽与母亲的抚养联系起来，导致了精神分析“中间学派”的出现。在美国，精神分析的所有流派都与美国两个重要的组织有联系，即美国自我心理学和美国关系心理学。

虽然我们不知道将来人们会如何评价弗洛伊德，但是我们可以断定，现在对弗洛伊德的关注一点儿都不比他在那个时代所受到的关注少（S. Freud，1998）。只要是研究人类心理的，或者是想了解别人行为的人，通过检测自己的内心体验，都会承认弗洛伊德的基本主张。弗洛伊德的基本假设就是他认为人们所有的行为都是相互关联的，人们的心理事件没有哪个是偶然出现的——你对人、食物、乐器的选择，都是来源于你能够回想起的经历，或者是你无法回想或不愿意回想的经历。人们所有的想法与所有的行为，都具有一定的心理意义。我们可以看到，在人生的某些特定时段，弗洛伊德关于意识与无意识作用的描述似乎展现出了一个人的心路历程。他这一天才般的观点能够解释你自己或他人性格中的某个方面，从而促使你去阅读他的更多著作。但有些时候，他的理论看起来似乎毫无用处，他的观点看似遥远、难以理解，与你毫无关系。

在上述两种情况中的任何一种情况下，弗洛伊德都是一个需要慎重对待的人物。我们不能漠视他，也不能认为他已经过时了。无论你对他的观点持什么态度，他的建议都值得我们重视，他认为个体的反应是内心状态的体现，因此，我们需要对他的理论持一种理性的态度。

精神分析在进行个人分析（personal analysis）的时候有一整套方法，包括长时间的自我分析、反省、分析梦，以及对反复出现的行为和思想模式进行记录。弗洛伊德详细记录了他是如何使用这些方法，他发现了些什么，以及他从这些发现当中得到了一些什么结论。虽然人们现在对他的这些结论仍然存在争议，但这些方法却是其他许多体系的核心，这也可能是他对人格心理学研究所做的贡献中保持时间最长的一点。

现代的精神分析越来越意识到了分析者的主观性，认为这会不可避免地影响治疗过程。但那些较传统的精神分析流派，则越来越觉得分析者是无法成为一个中立和客观的观察者。在这种观点的影响下，他们认为不带任何思想的分析者会对治疗过程产生潜在的不利影响。但也有越来越多的人认为，治疗师对病人的情绪反应，即“反移情”（countertransference），不仅无法避免，而且还是治疗师了解病人内心世界必不可少的渠道（Carnochan，2001）。虽然现在的精神分析师已经不再是以前电影中所描绘的那样叼着烟斗、穿着夸张的衣服的人了，但精神分析仍然可能是今天要求最严格、影响最为广泛的治疗手段。

弗洛伊德的影响

虽然弗洛伊德所作的伟大贡献已经不仅仅停留在对当代心理治疗的影响上，但是这么多年以来，也有无数的分析学者与精神分析圈子发生了决裂。在精神分析学派最早的圈子中，荣格、阿德勒（见第3章）和赖希（见网络章节），一开始都是弗洛伊德最喜欢的学生，但后来都与弗洛伊德发生了决裂，建立了他们自己的心理治疗学派。这种情况一而再地出现，但是，正是在弗洛伊德传统思想的影响以及与他们的碰撞下，现代心理治疗才得以产生、发展。而在不久之前，精神分析学家们提出了人本主义治疗思想，以期能够更好地推动心理治疗领域的发展。罗洛·梅（Rollo May）、卡尔·罗杰斯（见第11章）等另外一些人本主义者就受到了弗洛伊德传统理论的影响。当然，他们也对弗洛伊德的某些观点持反对意见。

在心理治疗之外的众多学术领域，弗洛伊德也有非常大的影响。不仅文学评论家、哲学家从他的研究工作中获得了灵感，在许多大学英语系的学生接触弗洛伊德的思想甚至比心理学系的学生还要早。基于弗洛伊德理论对人们性格和个体成长的描述，使得我们看小说的方式也发生了一定的改变。例如，在我们看哈姆雷特的时候，就会去考虑他对其父亲和叔父的俄狄浦斯情结。在政治领域，弗洛伊德学说的思想也对许多政治理念产生了影响。弗洛伊德与马克思，都是站在所处时代的思想最前沿。在电影学领域，许多导演都受到了弗洛伊德学说的影响，如阿尔弗雷德·希区柯克（Alfred Hitchcock）。例如，电影《惊魂记》（*Psycho*）中的人物诺尔曼·贝茨就对他的母亲有病态的恋母情结，即俄狄浦斯情结。公道地说，没有哪个学术或文化领域不受弗洛伊德学说思想的影响。一开始的时候，这种影响很明显；但是在第一波的兴奋劲过后，这种影响也就变得越来越自然了，逐渐融入到了骨子里。比如说，我们在最近的电影《傀儡人生》（*Being John Malkovich*）中就可以看到这点。这部电影的关键情节是办公室墙壁上有一个暗门，

> 毫无疑问，我得不到诺贝尔奖。精神分析在学术界有一些非常强大的反对声音，而他们决定了奖项的获得……虽然奖金是好事……安娜和我都认为一个人不可能拥有所有的东西，因此决定由我公开宣布放弃，而由她去斯德哥尔摩收集信息[弗洛伊德1938年给阿诺德·茨韦格（Arnold Zweig）的信，引自Benjamin，2003，p. 738]。弗洛伊德曾经有11次被提名为诺贝尔医学奖，一次被提名为文学奖。

能够让电影中的人物进入到约翰·马尔科维奇（John Malkovich）的脑袋中。投射、嫉妒、自我是这部电影的主题，但显然又与弗洛伊德学说没有什么直接联系。

在很多方面，我们甚至都还没意识到他的影响，就都成了弗洛伊德主义者。如果你听过别人聊天，那么你就很可能会听到有人说某个人很自我，或者说某个人的自我保护意识很强，或者说某个人很自恋。所有这些想法，从现代社会的角度来看，已经普遍被人们接受，但是其源头都是弗洛伊德的思想。人们在日常生活中遇到困难或情绪产生困扰的时候，不是去向传教士或牧师告解，而是去寻求治疗，这就是弗洛伊德影响现代人思想意识的铁证。再有，“情商对幸福的影响比智商更重要”这一理念之所以能够如此容易被大众所接受，就是因为弗洛伊德学说所带来的思想革命已经影响了我们那么长时间。

我们不能不知道弗洛伊德给我们留下的伟大遗产。对于弗洛伊德，奥登（W. H. Auden）在他的诗篇中这样写道：“他，不时犯错，有时荒谬；对我们而言，他已不再是个凡人，而是不可触及的思想之巅。”（1945, p. 274）

原始手稿

◆《癔症研究》节选

下面内容选自弗洛伊德的早期著作之一——《癔症研究》（*Studies in Hysteria*）。里面大部分内容浅显易懂，但是却能够让我们从中窥见弗洛伊德是如何从少许信息中拼凑出产生某个症状的原因的。

在公元 1895 年的暑假——我去霍亚陶恩游玩（Hohe Tauern，阿尔卑斯山脉东部的最高区域之一），希望自己能暂时忘记药物，尤其是忘记神经症。有一天，当我从主干道转而去爬一座位置稍偏、但以风景和一家生意兴隆的山野旅舍出名的小山时，我几乎成功做到了这一点。当我经过艰难跋涉爬到山顶时，感到精神焕然一新、心情宁静，坐在那里深深地沉浸在远处那迷人的景色当中。我看得非常入神，以至于在听到“您是一位医生吗，先生”时，并没意识到是在问我。显然是在和我说话，这可以从这个 18 岁左右女孩子相当不高兴的神情上看出来，她曾经给我送过饭，也和女房东说过话，名叫凯瑟琳。从她的衣着和举止来看，她不可能是一个服务员，相反，一定是女房东的女儿或亲戚。

回过神来的我回道：“是的，我是，但你是怎么知道的？”

“你在来宾登记簿上写了名字，先生。我想，如果你能抽一点儿时间的话……事实是这样的，先生，我有比较严重的神经过敏。我曾经为此去 L 看过医生——他给了我一些东西，但我到现在都没好。”

这样，我又和神经症在一起了——不为别的，只为这个坚强、漂亮的女孩一副不开心的样子。我很想知道，在这样一个海拔 6 000 英尺[①] 以上的地方，神经症是怎么产生的。因此，我和她谈了谈，深入地问了她一些问题。下面就是我们的对话记录，这是在我记忆还很清楚的时候记录下来的，而且我对她的方言也没有更改。

“哦，你有什么不舒服？”

“我喘不过气来，但不是一直都这样，有时我觉得自己都快要窒息了。”

乍一看，这似乎不是神经症的症状，但很快我就觉得这是焦虑症的最好描述。因为，在焦虑引发的复杂感觉症状中，她只说了“喘气”，而且过于强调这一点。

“坐下吧。那么在你喘不过气来的时候，你有什么感觉呢？”

“它突然就出现了。一开始的时候，好像有什么东西在压着我的眼睛，我的脑袋变得很重，耳朵中好像出现了“嗡嗡声”，我感到头很晕，

① 1 英尺 =0.3048 米。——译者注

有一种要摔倒的感觉。然后，就好像有什么东西在挤压我的胸，让我喘不过气来。”

“你注意到喉咙中有什么东西吗？”

“我的喉咙挤在一起，就好像是快要窒息了。”

“头有什么问题呢？”

“有，就好像有什么东西在猛敲我的头，都快要爆炸了。”

“在发作的时候，你一点儿都不感到害怕吗？”

“我一直觉得我快要死了。通常我胆子很大，自己去处理所有的事情——我自己去地窖，去山上的任何地方。但是，有一天在发作的时候，我不敢去任何地方。我一直觉得有人站在我后面，会突然走上来抓我。”

因此，这实际上就是焦虑发作，这也是从癔症“早期症状”中引发而来的（癔症或癫痫发作之前的主要感受）。或者更确切地说，焦虑是癔症发作的主要表现。那么，这其中是否还有其他的症状?

“那么，在发作的时候，你头脑中想的是什么呢？一直想到的是否都是同样的事情？或你是否看到了什么？”

“有。我一直看到一张非常恐怖的脸用一种很可怕的眼神看着我，因此我感到非常害怕。”

也许这为我们了解问题的本质提供了一条捷径。

“你认出这是谁吗？我的意思是说，你以前是不是真的见过这张脸？”

“没见过。”

“你知道是什么原因引起你的问题吗？”

“不知道。”

“你是什么时候才有这种感觉的？”

“两年前，那时候我和姑妈住在另外一座山上（以前她在那儿也有这样一个山野旅舍，我们是 18 个月前才搬到这里的）。但是，这种感觉不断地出现。”

我可以对此进行分析吗？在这么高的海拔高度，我不敢冒险使用催眠。不过，也许我可以通过简单的谈话来成功做到这点。我应该侥幸地猜测一下。过去我常常发现女性引发焦虑症是因为第一次看到性而使纯洁心灵受到打击从而极度恐惧的结果①。

因此我问道：“如果你不知道你是怎么得上的，我可以告诉你我的看法。在两年前，你一定看到或听到过一些你觉得非常尴尬的事情，而且你宁愿自己从没看见。”

“啊，天哪，是的！”她答道，“我看到我姑父和一个女孩在一起，那个女孩就是我表姐弗郎西斯卡。”

“他和这个女孩发生了什么事？你能全部告诉我么？”

“我想，在面对医生时是不需要有什么顾忌的吧。好吧，你知道的，我姑父——你在这儿看过的那个姑姑的丈夫——在科吉尔（‘另外’一座山的名字）——经营了一个小旅馆。现在他们离婚了，而他们之所以离婚完全是我的错，因为正是我才使得他与弗郎西斯卡调情的事情传出去的。”

“你是怎么发现的？”

“这个嘛。两年前的一天，有一群男人爬到山上来，他们想吃一些东西。由于我姑姑不在家，平时做饭又一直是弗郎西斯卡负责，但是到处找她都找不到，同样也找不到我姑父。我们到处寻找，最后我的表弟亚洛斯说，‘什么呀，弗郎西斯卡一定在我爸爸的房间里！’我俩大声笑了起来，都没有往那方面想。然后，我们去了姑父的房间，但是发现门锁上了。这让我感到非常奇怪。然后亚洛斯又说，‘走廊上有个窗子可以看到房间里面。’我们来到走廊上，但是亚洛斯没有去，说他害怕。

“因此我说，‘你个傻小子！我去。’我可一点儿都不怕。我心里也一点儿都没往坏处想，我

① 在此我引用一个案例，通过这个案例我看到了其中的因果关系。我正在治疗一个已婚的年轻女人，她正遭受综合神经症的痛苦。同样，她不愿意承认她的病是因为她的婚姻生活。她反对说，在她还是小女孩的时候，就曾经有过焦虑发作，最后就突然晕过去。但是我的立场很坚定。在我们了解更深后，有一天她突然告诉我说：“现在我可以告诉你我是如何在女孩时患上焦虑的了。那时候，我常常睡在我爸妈隔壁的房间；门是开着的，在桌子上通宵有个夜明灯。因此，我不止一次看到我爸爸妈妈上床睡觉的情况，听到他们的声音，这对我是个非常大的刺激。就是在那时我才发作的。”

从窗子向里面看。虽然房间里的光线还很暗，但是我仍然可以看到我姑父和弗郎西斯卡，他就压在她的上面。”

“哦？”

“我马上离开了窗子，靠在墙上，没法正常呼吸——这就好像是发生在我自己身上一样，我大脑一片空白，眼睛不自然地紧紧闭在一起，头就好像被东西锤打一样，‘嗡嗡’作响。”

“那天你将这件事告诉你姑妈了吗？”

“哦，没有，我什么都没说。”

“那么，为什么你看到他们在一起时会感到这么害怕呢？你了解这点吗？你知道发生了什么吗？”

“哦，不知道。那时候我还一点儿都不明白。那时候我只有 16 岁，我一点儿都不知道我在害怕什么。”

“弗洛琳·凯瑟琳，如果你现在能回想起第一次发作的时候在你身上发生了什么，你是怎么看待这件事的——那么这将对你有很大的帮助。”

“好吧，只要我能想起来。但是我很害怕，我担心什么都不记得了。”

[转化成我们“初步交流”（Preliminary Communication）一书中的术语……意思就是：“事情的影响引起了似睡状态，其结果就是切断了与自我意识的联系。”]

“告诉我，弗洛琳。在你喘不过气的时候，你看到的脸是弗郎西斯卡的脸吗，就如你那时看到的那样？”

“哦，不是，她看起来没有那么的可怕。而且，那是个男人的头。”

“那，也许是你姑父的脸？”

“我没有那么清楚地看过他的脸。那天房间里的光线很暗，他为什么要做出那么一副可怕的脸来呢？”

“你说得完全正确。”

（这条路似乎行不通了，也许她在故事中遗漏了什么东西。）

“那么，随后又发生了什么事呢？”

“哦，他们两个一定是听到响声了，因为他们很快就出去了。我的感受一直非常差，心里老想着这件事。两天以后，那是个星期日，有许多事要做，我就整天都在做事。在周一的早上，我又感到头晕了，有点儿不舒服，就躺在床上，我病了三天。”

我们（布洛伊尔和我）常常将癔症的症状与图形文字（pictographic script）进行比较，因为随着一些双语碑铭（bilingual inscription）的发现，图形文字也能够被我们理解了。从那个符号来看，“生病了”的意思就是厌恶。因此我说道：“如果你后来病了三天，那么我认为这意味着在你看到房间里的情况时，你觉得很反感。”

“是的，我确信我感到反感，”她若有所思地说道，“但是我反感什么呢？”

“也许你看到一些赤裸的画面？他们那时候是什么情况呢？”

“光线太暗了，什么都看不清楚。在他们的旁边有他们的衣服。哦，要是我知道我反感什么就好了！”

我也不知道。但是我告诉她继续想，让她告诉我到底在她身上发生了什么。而且我深信，她一定能够清楚地想起我需要用来解释这个案例的东西。

于是，她继续说她最后是如何告诉她姑姑这件事的，她姑姑发现她已经变了，并且怀疑她隐瞒了一些事实。随后，她姑姑与姑父之间出现了一些非常不愉快的场景，期间小孩也过来听到了许多事情，这些事情令他俩大开眼界，但他们最好还是没听见的好。最后，她姑姑决定带着小孩和侄女离开她姑父和弗郎西斯卡，接管了现在这家旅社。那时候，弗郎西斯卡已经怀孕了。但接下来让我奇怪的是，她不再继续往下讲了，而是转而告诉我另外两件更早的事情，那还是这病患发作两三年之前的事情了。第一个事情还是与她的姑父有关，是姑父性骚扰她，当时她还只有 14 岁。她说，有一个冬天她陪姑父去山谷玩，然后在那里的小旅馆过夜。他坐在酒吧喝酒、玩牌，但是她觉得有点困，于是就先回到楼上他们俩一起住的房间睡觉。在他回来的时候，她还没睡熟。然后她就继续睡觉，但是突然就醒了，因为在床上“摸到他的身体”。她马上跳起来，责备他说："姑父，你要干吗？为什么你不去自己的床上睡觉？"他安慰她说："继续睡吧，你这个傻姑娘，别动，你不知道这是多么美妙的事情啊？""我不喜欢你说的'美妙'事情，你让别人没法安心睡觉。"她仍然站在门边，时刻准备逃到走廊去，最后他妥协了，回到他自己的床上去睡觉了。然后，她回到自己的床上，一直睡到早上。从她说的保护自己的方式来看，似乎她没有明确将这一事件当成一件和性有关的事情。当我问她，她是否知道她姑父想对她做什么的时候，她回答说："那时候不知道。"她又说，过了很长一段时间才明白。不过她不让自己去想这个，因为睡觉被打扰很不舒服，还有就是"因为这个不大好"。

我不得不深入理解她所说的细节，因为这对理解后面所说的事情很重要。她继续告诉我随后那段日子里面的经历：当她姑父在那个旅馆中完全喝醉的时候，她是怎么再三保护自己的，以及其他一些类似的事情。当我问她这些经历中的感受是否和她后来喘不过气有什么类似之处的时候，她确定地说每次都会感到胸口和眼睛有一种压力感，但是这都和她所看到的场景没有关系。

然后她马上停止了这一段记忆的回忆，而是开始对我说第二个故事，这一故事主要是她所看到的她姑父与弗郎西斯卡之间的事情。有一次，全家都没脱衣服就睡在干草阁楼里面，她突然被一阵声音吵醒了。她认为，她看到本来躺在弗郎西斯卡和她中间的姑父正在翻身，而弗郎西斯卡正好躺下来。另外一次，他们在一个名为 N 山谷中的小旅馆过夜，她和她的姑父住一个房间，弗郎西斯卡住在隔壁房间。晚上她突然醒了，看到门边有一个高高的白色身影，正在转动门把手。"天哪，是你吗，姑父？你在门边干吗呢？""别吵，我正在找东西。""但出口是另一扇门啊。""哦，我弄错了。"等等。

我问她那时候是否已经起了疑心。"没有，我根本没想过这件事。我只是注意到这个，并没有去想太多。"当我问她是否被这些事情吓着了的时候，她回答说她觉得是，但是她现在还不能肯定。

在说完这两个故事的时候，她停了下来。这时，她好像变了一个人。那张闷闷不乐、悲伤的脸已经变得欢快了起来，她的眼睛充满了光彩，变得容光焕发、情绪高昂。同时，我也清楚地明白了她的情况。她对我说的最后一段话，虽然似乎是漫无目标，但却给她在事件现场的行为提供了良好的解释。从那时候起，她就一直带着这两段虽然记得却不明白的经历，她也没有去分析其中的意味。当她看到别人的性行为时，就马上将看到的东西与这两组记忆联系了起来，开始明白其中的意思，同时将它们排除到意识之外。然后，就是一个短暂的"酝酿"（incubation）过程。随后，症状出现了转换，呕吐感便作为道德上的反感和生理呕吐的替代物出现。那么，谜团就解开了。她并不是反感自己看到他们两个人的事情，而是因为这些记忆中的场景刺激到了她。另外，综合各种情况来看，很可能是那天晚上她觉得"摸到了她姑父的身体"这段记忆。

因此，在她说完之后我对她说："现在，我明白你看到房间中事情的时候在想什么了。你在想，'他正在对她做那天晚上和其他几次想和我做的事情。'那就是你厌恶的东西，因为你清楚地记得那天晚上你醒过来时和摸到他身体的感受。"

"可能确实是这样，"她回答道，"那就是我所反感的，也是我心中所想的。"

"再告诉我一件事吧，你现在是一个成年的女孩了，懂得各种事情了……"

"对，我是。"

"那么就告诉我一点吧，那天晚上你碰到他身上什么地方了？"她给了我非常明确的答案。她有点儿不好意思地笑了，就好像被人发觉了一样，或人们被弄得无话可说的样子。我能想象得出她后来所解释的那种触摸感受。在我看来，她脸上的表情表明她认为我的猜想是对的。不过，我没有进一步地深入下去，而且无论如何，我得感谢她，她让我们之间的谈话变得这么顺畅，这比我在城里诊所中与那些古板的女人沟通起来要容易多了，她们总是将那些看起来很自然的事情认为是羞耻的。

如此看来，这个案例已经很清楚了——等等！发作时那些经常出现在她头脑中、让她感到惊骇的幻觉是怎么回事？它们是从哪儿来的？我继续询问她这方面的问题。她好像受到我们的谈话启发了，马上回答说："是的，我现在知道了。那张脸是我姑父的脸——我现在认出它来了——那个时候还没有。后来，当全面爆发吵架的时候，我姑父让步了，但是对我非常地生气。他不停地说这全是我造成的——如果不是我多嘴，那么就不会导致离婚。他不停地威胁我，说要对我不客气。只要他远远地看到了我，他的脸就愤怒得变形，挥舞着手走向我。每次我都是迅速跑开，一直担心会不经意被他抓住。现在始终在我脑海中的脸，就是他那张愤怒时的脸。"

这个信息让我想起了她起初的那些癔症症状，呕吐，已经消失了；但是焦虑仍然发作，并且有了新的内容。如此看来，我们需要处理的是极需发泄的癔症了。而且事实上，在事情出现之后不久，她就将她的发现告诉了她姑姑。

"你跟你姑姑说了其他的事情么——他早前对你做的那些？"

"说了，但不是当时说的，而是后来说的，是在他们已经说到离婚的时候。我姑姑说，'我们先留着以防万一。如果他在法庭上找麻烦，我们还可以说这个。'"

我能够清楚地了解那个时期是什么样的了——那时候家里面再三出现这种令人不安的场面，她不再能引起忙着吵架的姑姑的注意——明白正应该是这段时间的蓄积和记忆才使得它们成了记忆符号（mnemic symbol）——幻想中的脸的。

我希望这个在这么小的年龄就在性感受力（sexual sensibility）方面受到了伤害的女孩，能够从我们的谈话中受益。不过，后来我再也没有看到过她。[①]（Breuer & Freud，1895，pp. 125-134）

章节重点

- 身体是所有意识的唯一来源。
- 任何现象都不是偶然出现的——尤其是个体的心理过程。所有的想法和行为都具有一定的潜在意义。
- 意识只是人类心理的一小部分，而个体意识中的另外两部分是无意识和前意识，它们更隐蔽，人们对它们的研究也更少。心理过程中所谓的无意识，是从其影响推测其存在的；前意识是无意识的一部分，其中包括一些可以提取的记忆。
- 人类的内在驱力并不能预先决定某个具体行为的结果。性驱力（维持生存），以及攻击或破坏驱力（促使个体死亡），是人类的两种基本驱力。
- 个体的人格结构包括本我、自我和超我三个部分。人类心理的最高目标就是在降低紧张和获得最大愉悦的动态平衡之间保持一个可接受的水平。
- 精神分析治疗的首要目标是增强自我的能力，使它免受超我过高要求的影响，同时以便处理那些从前被压抑或隐藏的潜在欲望与冲动。
- 弗洛伊德从性心理发展的角度描述了个体的发展阶段。个体满足欲望的方式和生理快感区域因发展阶段的不同而不同，个体首先需要经历口唇期、肛门期和性器期；俄狄浦斯情结就出现在性器期；随后是潜伏期，然后个体进入生殖期这一发展阶

---

① （附加脚注，1924）事隔多年以后，我还冒险去证实我的推断，结果发现凯瑟琳不是女房东的侄女，而是她的女儿。这个女孩病了，在一定程度上是由她父亲对她的性骚扰造成的。在案例报告的时候，像本案例中这样对信息进行加工的做法也应该避免。从案例理解的角度来看，这种形式的加工并不是将一个地方换到另一个地方那么不重要。

段。当个体过于陷在某一特定发展阶段的时候，就出现了固着。

- 弗洛伊德在承认自己没有完全搞明白女人之后，又从生物学角度解释了女性在精神分析过程中所报告出来的自卑感。他的假设，尤其是女性的性特征其实就是对男性性特征“无望”之后的结果这一点，在一提出来之后就受到了猛烈地抨击。
- 在精神分析理论当中，梦被用来辅助挖掘无意识领域中的内容。梦既不是漫无目的，也不是偶然发生的，而是满足个体未满足欲望的一种方式。
- 焦虑是个体心理用来应对困难的主要手段。如果没有立即处理心理和身体上的威胁，个体就会启动防御机制。为了维持防御机制的效果，就需要消耗能量，而这就会限制自我的灵活性、削弱自我的力量。
- “能量流”这一概念在弗洛伊德的理论中处于核心地位，将无意识、心理发展、人格与神经症联结在一起。
- 个体面对压力的反应既有心理上的又有生理上的。力比多能量来源于生理能（physical energy）；基本的驱力起源于身体。
- 早期儿童经历对青少年、成年早期以及成年人的人际交往模式有巨大的影响；核心家庭的人际关系决定了个体随后一生的人际关系模式。
- 我们并不是理性动物，相反，我们常常无意识地被强大的情绪力量所驱动，这种情绪力量既提供了释放压力的渠道，也是我们获得愉悦的方式，还能够将某些特定的记忆排除在意识之外。
- 外在环境、超我，以及本我中不断追求满足的需求不可避免地会给个体带来冲突，心理治疗的目的就是帮助个体将自我功能提升到最好的水平。
- 心理治疗就是为了帮助病人回忆、提取和重组无意识中的内容，以便病人能够获得更满意的生活。

关键术语

攻击能量（aggressive energy）：攻击能量是与力比多有共同特性的能量，也被称为死亡驱力的能量。

肛门期（anal stage）：肛门期是处于2岁至4岁的个体发展阶段。个体意识到肛门括约肌和膀胱是消除紧张和获取愉悦的身体部位；排便训练推动了个体自我探索兴趣的自然成长。

焦虑（anxiety）：焦虑是个体心理用来应对困难的主要手段。一旦个体预期或预见到痛苦或紧张强度的增加，不管是真实的还是想象的、身体的还是心理的威胁，只要强度大到了无法忽视、无法解除或无法掌控的时候，就会引发焦虑。

基本驱力（basic impulses）：弗洛伊德早期的驱力模型包含有两种相互对立的驱力，一种是性驱力或生存驱力（通俗点儿说，就是追求性爱或肉体愉悦的驱力）；另一种为攻击驱力，或者说毁灭驱力。

投注（cathexis）：投注是将心理中可用的力比多能量附着于或投注于某个人、某个想法或某一事情上的过程。一旦这些能量得到释放，它们就可以重新利用，从而可用来满足个体当下的其他需求。

意识（conscious）：意识只是人类心理的一小部分，是人们在某一特定时刻所能够觉察到的内容。

防御机制（defense mechanisms）：防御机制是自我用来保护个体人格免受威胁的方式。

- **否认**（denial）：否认是一种自我防御机制，指人们不愿意接受那些让自我感到烦恼的事件。

- **转移**（displacement）：转移是一种自我防御机制，指个体否认自己驱力所指向的对象，或将能量从一个对象或活动上转到另一个威胁较小的对象上。
- **理智化**（intellectualization）：理智化是一种适应性的防御机制，指的是通过解释让自己脱离事实。这种防御机制的重点是强调用思维来排除感受。它是个体用过度的解释来避免自己清楚、明确地认识到原本潜在的冲动。
- **隔离**（isolation）：隔离是一种自我防御机制，指人们在心理上将能够引发焦虑的方面隔离或分离出去。这种防御机制能够使个体对事件几乎不再有或没有情绪方面的反应。
- **投射**（projection）：投射是一种自我防御机制，指人们将自己身上的特征、感受或想法认为是其他人、动物或物体所具有的。通过这种防御机制，被投射的对象就会被当成一种外界压力。
- **合理化**（rationalization）：合理化是一种自我防御机制，指个体为那些不被接受的想法或行为寻找一个能够被接受的理由。它能够帮助人们掩饰自己的真实动机，让我们的行动变得在道德上能够站得住脚，从而缓解超我所带来的压力。
- **反向作用**（reaction formation）：反向作用是一种自我防御机制，指人们用完全相反的方式来表达自己的行为或感受。这种防御机制通常是人们内心欲望的无意识体现，而且使之变得明确可见。
- **退行**（regression）：是一种自我防御机制，指个体的表现退回到更早期的发展水平，或做出更幼稚和孩子气的表现。
- **压抑**（repression）：压抑是一种自我防御机制，指个体将能够引起焦虑的事件、想法或知觉排除出意识，因此，也就不可能解决问题。
- **升华**（sublimation）：升华与弗洛伊德其他的防御机制不同，因为这种自我防御机制能够真正地消除个体的紧张，能够将心理能量引导到别的渠道来达到释放的目的。通常，可以将原本指向性或攻击目标的能量转移到艺术、学习或文化类目标上。

梦的运作（dreamwork）：梦的运作是一个对原始欲望进行选择、扭曲、转化、调换、转移或其他各种使原始欲望发生改变的过程，从而使那些原本不为自我所接受的原始欲望能够被自我所接受。

自我（ego，或 I）：自我是心理的一部分，其任务是确保个体的健康、安全，以及人格的健全，能够协调本我需求与外界现实之间的关系。自我善于抓住时机，而本我则只对欲望需求产生反应。

女性恋父态度（feminine Oedipus attitude）：女性恋父态度又称恋父情结。与恋母情结一样，但女性的恋父情结有不同的表现与解决方式。女孩希望拥有她的父亲，将母亲看成主要的竞争对手。虽然男孩在一定程度上会因为害怕被阉割而压抑他们的情感，但女孩压抑自己欲望的强度要小得多，且不会全面压抑。

固着（fixation）：固着是指个体的反应过于沉浸在某个特定的发展阶段。如果个体出现了固着，那么他们就常常倾向于以更简单或更孩童式的方式、而不是以一个成年人的方式来获得愉悦的满足。

生殖期（genital stage）：生殖期是个体从青春期发育开始，一直到成为成年人时的发展阶段。在这一时期，力比多能量重新集中到了生殖器区域。这一时期的男孩和女孩开始各自意识到他们的性别身份，开始寻求满足其性冲动和人际交往需求的方法。

本我（id，或 it）：本我是个体人格的生物学起源，人格的其他方面都由此衍生而来。虽然本我是原始、无序的，但其中储存了整个人格结构所需的能量。它既不会随着个体经历的变化而变化，也不与外在世界发生关系。本我的目的就是降低紧张、寻求愉悦，减少不适感。本我中的内容几乎都是无意识的。

驱力（impulses，或 drives）：驱力是一种推动个体在没有觉察到的情况下朝向特定目标行动的力量。生理方面的驱力是需要，心理方面的驱力是愿望。所有的驱力都有四个基本成分：来源、目标、动量和对象。

潜伏期（latency period）：潜伏期是从5、6岁开始，一直到出现青春期萌芽的人生发展阶段。这一时期个体的注意力开始从与父母的关系上转移到与同龄人的交往上，以及转移到学习、运动或其他技能的发展上。这一时期的超我成功压抑住了性器期无法解决的性冲动。

力比多（libido）：力比多是生存驱力中的能量，其特点是能量具有流动性，能够轻易地从一个关注点转到另外的关注点，转移的时候具有情绪反应的易变特性。攻击能量，或者说死亡驱力，具有和力比多一样的特性。

道德性焦虑（moral anxiety）：道德性焦虑是因为自我与超我之间出现了冲突而产生的焦虑。学生为了不让自己蒙羞或内疚，他那强大的超我就会压迫他的自我，要求他将所有的作业都做到完美，不出任何错误。

神经性焦虑（neurotic anxiety）：神经性焦虑是因为本我与自我之间出现了冲突。比如，女性害怕自己给男性同事带来不为世俗所接受的（来源于本我）性吸引力会越过她的意识控制（她的自我）。

客观性焦虑（objective anxiety）：客观性焦虑是自我害怕不能做到严密控制而产生的焦虑。是对能够引发恐惧的外界真实性威胁刺激的反应。比如，在野外的徒步旅行者被一只保护小熊的母熊追出森林。

俄狄浦斯情结（oedipus complex）：俄狄浦斯情结是在性器期这一发展阶段出现的一种冲突。对于男孩来说，他们会将父亲看成吸引母亲注意的竞争对手；但是，男孩同时还希望获得父亲的爱和关心，这时母亲就被看成竞争对手了；男孩会由于害怕被阉割而将这种感情压抑起来。女孩面临的问题类似，但是表现形式和解决方法不同；因为她们对欲望压抑更少、程度也更低，她们可以长时间停留在这种情况下，详见前面的女性恋父态度。

口唇期（oral stage）：口唇期是个体的人生发展阶段之一，时间跨度从个体出生一直到2至4岁；这一时期个体的需求与快感主要集中在嘴唇、舌头部位，之后是牙齿。他们的基本驱力主要是用在食物上，以便减轻或消除因饥饿和干渴引起的紧张感。

阴茎嫉妒（penis envy）：在弗洛伊德看来，阴茎嫉妒就是女孩知道自己没有阴茎，以及希望自己拥有一个阴茎而带来的自卑感。女性成年之后，这种渴望阴茎的欲望就会转化为希望自己能够生一个男孩，因为他一出生就带有阴茎。在霍妮（第4章）看来，阴茎嫉妒就是男性嫉妒女性能够怀孕、生育和为人母的补充。

性器期（phallic stage）：性器期是从3岁至5岁这一期间的个体发展阶段。这一阶段儿童的注意力停留在生殖器上，他们意识到自己是否拥有阴茎；处于这一阶段的儿童开始意识到男孩和女孩之间存在的性别差异。

前意识（preconscious）：前意识是心理的一个组成部分，也是无意识的一部分，但只是无意识中容易转变成意识的那部分。容易忆起的那部分记忆就属于前意识。前意识就像是记忆的储备区，用以存储需要用于意识的有关记忆。

精神分析（psychoanalysis）：在弗洛伊德的理论中，精神分析是一个研究程序，是一种治疗方法，也是指积累下来的、有助于理解人类精神中那些隐秘、表面上看来难以触及的方面的心理知识。精神分析理论认为，个体虽然能够与本我不断产生的需求达成妥协，但却是一个困难的过程。

超我（superego，或 above I）：超我是个体心理的一部分，由自我发展而来，里面充满了各种道德规范、行为标准和约束，它们具有良心、自我观察和形成理想的作用。个体的道德标准因超我而产生，并得到细化、完善和维持；超我还会给个体设置一系列的行为规范，这就会约束和限制自我的灵活性。

无意识（unconscious）：无意识是人类心理的一部分，是人们从来没有觉察到以及根本觉察不到的内容。里面包括一些被意识禁止的——被抑制和被压抑的内容，以及本能欲望。这些内容既没有忘记，也没有丢失，但是却想不起来；它仍会影响意识，不过是以间接的方式。

欲望满足（wish fulfillment）：欲望满足是梦的一个特性，可以将梦看成满足本我需求的一种替代方式。

推荐阅读

弗洛伊德的著作

Freud，S.（1953-1966）. The Interpretation of Dreams. In J. Strachey（Ed. and Trans.），*The Standard Edition of the Complete Psycho-Logical Works of Sigmund Freud*（Vols. 4，5 of 24）. London：Hogarth Press.（Originally Published，1900.）

弗洛伊德在 1931 年说道："即使在今天的我看来，它所包含的内容是我有幸能够做到的全部发现中最有价值的部分。"对此，我们深有同感，本书是弗洛伊德的精华所在。在你阅读本书的时候，不仅有机会欣赏他的天赋才华，还使你有机会体会他的写作风格。弗洛伊德的大部分著述都可以在许多廉价版中找到。

Freud，S. Introductory Lectures on Psychoanalysis. In *Standard Edition*（Vols. 15，16）.（Originally published，1916.）

本书是弗洛伊德在维也纳大学总共两个学期的讲稿。书的第一部分假定听众完全没有精神分析的相关知识背景，第二部分在一定程度上也是基于这种假定。本书既可以供学生阅读，也可以作为老师的讲稿。

Freud，S.（1957）. *A General Selection From the Works of Sigmund Freud*（John Rickman，Ed.）. New York：Doubleday.

本书是从弗洛伊德的不同著作中所挑选出来的精选集。其他一些精选集可能也比较好，不过我们更喜欢本书。

Freud，S.（1963）. *Three Case Histories*. New York：Collier Books.

本书是弗洛伊德曾经分析过的三个案例。在书中，弗洛伊德报告了他从病人身上获得的信息，以及他是如何构建他的理论的。本书能够让你从他的作品中近距离地观看到工作中的弗洛伊德。

弗洛伊德及其思想的相关著作

Crews，R.（1998）. *Unauthorized Freud：Doubters Confront a Legend*. New York：Viking Penguin.

如果你想驳斥弗洛伊德，想驳斥他曾经写过和思考过的任何东西，那么本书会让你觉得如获至宝，因为它会为你提供你可能需要用来支持你观点的任何论点。

Erwin，E.（Ed.）（2001）. *The Freud Encyclopedia：Theory，Therapy，and Culture*. New York：Routledge.

这本新近著作讨论了弗洛伊德主义理论的各个方面，其中还包括其理论在25个国家的发展、传记、以及……你明白我们的意思啦。总之，这是一本宏伟而重要的著作。

Gay，P.（1988）. *Freud：A Life for Our Time*. New York：W. W. Norton.

本书是可以看到的关于弗洛伊德最好的传记。作者在写作的时候，既没有为弗洛伊德辩护，也没有对他进行攻击，不带任何主观色彩，而这是其他传记作者所犯的最大错误；就好像本书作者是生活在那个时代的人一样。

Hall，C. S.（1954）. *A Primer of Freudian Psychology*. New York：New American Library（Mentor Books）.

本书简要、有趣、浅显易懂地阐述了弗洛伊德学说的理论要点，既准确无误，又简洁紧凑，是能够看到的最容易理解的介绍弗洛伊德理论的书籍。

Hall，C.，& Lindzey，G.（1968）. The Relevance of Freudian Psychology and Related Viewpoints for the Social Sciences. In G. Lindzey & E. Arronson（Eds.），*The Handbook of Social Psychology*（2nd ed.）. Menlo Park，CA：Addison-Wesley.

这是一部中等水平的概要性著作，简要介绍了精神分析理论的思想，其重点是讨论了精神分析理论与社会心理学的关系，重点在于理论而不是临床。

Rapaport，D.（1959）. The Structure of Psychoanalytic Theory. In S. Koch（Ed.），*Psychology：The Study of a Science：Vol. 3. Formulations of the Person and the Social Context*. New York：McGraw-Hill.

本书是对精神分析理论最完整的阐述，同时又包括精神分析理论中最复杂难懂的内容，如果你的意志不坚定、动机不强，那么不建议你阅读本书。

Roazen，P.（1993）. *Meeting Freud' s Family*. Amherst：University of Massachusetts Press.

如果你对奇特而又傻傻的故事有兴趣，那么本书可以让你获得极大的乐趣；本书谈论的主要是精神分析核心圈子中的一些奇闻逸事，还包括一些与弗洛伊德家庭有关的故事。

Sulloway，F.（1979）. *Freud，Biologist of the mind：Beyond the Psychoanalytic Legend*. New York：Basic Books.

本书主要是从生物学角度而不是从心理学角度介绍了弗洛伊德，更多的是将弗洛伊德看成一个人，而不是一个英雄，主要根据历史文献撰写。书中也不同意欧内斯特·琼斯的观点与其所谓的事实，最后还附带有大量的参考文献。

精神分析理论的相关著作

Bergman，M.，& Hartman，F.（Eds.）.（1976）. *The Evolution of Psychoanalytic Technique*. New York：Basic Books.

本书是第一波弗洛伊德运动时期的论文集，其思想来源于弗洛伊德，既有继承，又有修正。收集的主要是作者认为值得收集的文章，包括埃里克森、费尼谢尔（Fenichel）、费伦齐、亚历山大和赖希。

Bergman，M.，& Hartman，F.（Eds.）（1972）. *The Fallacy of Understanding：An Inquiry Into the Changing Structure of Psychoanalysis*. New York：Basic Books.

一部令人愉快的著作，在多年后从跨文化角度解读了弗洛伊德的思想。本书对弗洛伊德的基本观点做了富有智见的反思，说明了如何才能更好地表达与理解弗洛伊德的思想，强调实用，让人耳目一新。

Levenson，E.，& Mitchell，S.（1988）. *Relational Concepts in Psychoanalysis：An Integration*. Cambridge，MA：Harvard University Press.

大胆而又令人佩服地尝试着整合经典精神分析理论中的几个著名分支流派，包括自我心理学（self psychology）、存在主义精神分析（existential psychoanalysis）、客体关系理论（object relations theories），以及人际精神分析理论（interpersonal psychoanalysis），意志不坚定、动机不强的人不适合阅读本书。

Schafer，R.（1983）. *The Analytic Attitude*. New York：Basic Books.

本书是哥伦比亚大学精神分析训练与研究中心的精神病学教授根据自己多年心理治疗实践所撰写的一部著作，探索了精神分析师的心理过程，为许多专业人士阅读与使用，获得广泛好评。

与女性有关的精神分析书籍

Jordan，J.，Kaplan，A.，Miller，J.，Stiver，I.，& Surrey，J.（1991）. *Woman's Growth in Connection*. New York：Guilford Press.

本书中的作者都是后弗洛伊德主义者中在女性研究方面的最好学者，适合精神分析研究领域之外的人阅读。

Mitchell，J.（1974）. *Psychoanalysis and Feminism*. New York：Pantheon.

米歇尔深入探讨了精神分析理论对理解处于西方男权社会下的女性心理所具有的贡献。米歇尔是一位彻底的、思想开放的女权主义学者，她考察了由弗洛伊德首倡，以及其他后继者们发展的精神分析理论。书中还包括一些女性主义学者对这些理论，尤其是精神分析理论的批判。

Ruitenbeck，H.（Ed.）.（1966）. *Psychoanalysis and Female Sexuality*. New Haven，CT：College and University Press.

本书是从精神分析学说角度对女性性心理研究的论文集，包括琼斯、汤普森（Thompson）、霍妮、弗洛伊德、格林纳克（Greenacre）、瑞维尔（Riviere）等著名学者的文章，其中还有如马斯洛这样的知名人士。

第2章

荣格与分析心理学

卡尔·荣格是所有心理学家中影响最大、最难让人理解，以及最富有争议的人之一。荣格心理学理论的重点是探讨意识与无意识过程之间的关系。他认为，意识与无意识之间的对话推动了个体的成长，如果没有这种对话，无意识就会削弱甚至会危害个体的人格成长。

本章我们将深入探讨荣格心理学理论的基本概念，以及简要了解支撑其理论思想的哲学基础。同时还将讨论荣格心理学中的一些基本理论构念，比如个体化、原型、象征、心理结构等；在荣格看来，个体的心理包括自我、阴影、阿尼姆斯/阿尼玛和自性。

个体化（individuation）是荣格心理学理论中的一个核心概念。在他看来，个体化是个体人格的发展过程，包括在自我与自性之间建立联系；自我是意识的中心，自性则是个体全部心理的核心，不仅包括意识，还包括无意识。在荣格看来，自我与自性之间会持续不断地相互影响；它们虽然是不同的心理结构，但却属于同一体的两面。个体化就是个体心理达到统一的过程，而这一过程是通过整合心理的各个部分来实现的。

> 无意识中的所有内容都在努力寻求外在的表达，个体的人格也希望能够脱离其无意识状态，达到圆满的境地。（Jung，1961，p. 3）

荣格在分析人类本性的时候，还考察了东方和西方的宗教传统、炼金术、超心理学（parapsychology）与神话传说。最开始的时候，他的思想对哲学、民俗学和文学的影响还要高于对心理学或精神病学的影响；不过到了现在，随着人们对人类意识和人类潜力的兴趣越来越大，也使得人们又重新关注了荣格的理论思想。

个人简介

荣格于1875年7月26日出生在瑞士的康斯维尔。在他9岁的时候，有了一个妹妹，因此，荣格度过的是一个较为孤独的童年。他主要是独自玩游戏，不过内心世界却比较丰富："（游戏的时候）我不想被打扰。我深深地沉浸在游戏当中，无法忍受有别人在我身边。"（1961，p. 18）他的父亲是瑞士改革宗教会（Swiss Reformed Church）的牧师，也是一位亚洲语学者。在还是小孩子的时候，荣格就对宗教和精神问题非常感兴趣。在《回忆、梦、反思》（*Memories*，*Dreams*，*Reflections*，1961）这一自传中，荣格提到了对他的宗教态度产生巨大影响的两个早期经历。在他三四岁的时候，他梦见一个恐怖的男性生殖器矗立在地下宫殿的宝座上。这个梦一直萦绕在他的头脑中，直到多年以后他才意识到那个图像是一个仪式用的男性生殖器，它象征着一个隐秘的"地下神灵"。虽然它比传统教堂中的耶稣像恐怖，但是它对荣格的影响却更真实、更有力（Jung，1961）。

第二个经历发生在荣格11岁的时候。有

一天中午离开学校时，他看到阳光照耀在巴塞尔教堂屋顶上的样子，突然想到了美丽的世界、宏伟的教堂、高高地坐在天空黄金宝座上的上帝。突然，一阵恐怖感袭来，他不敢再让自己的思绪延续下去了，这在他看来是在亵渎神灵。在随后的几天里，他拼命压制这个不被社会所接受的念头。最后，他终于放弃了：他看到了美丽的大教堂，看到了高高矗立在宝座上的上帝，看到从那宝座下涌出一大片的粪便，这些粪便流淌到大教堂的屋顶上，砸坏了教堂的墙壁，教堂也随之轰然倒下。

> 我的人生就是一部对无意识进行自我认识的故事。（Jung，1961，p.1）

在回顾这段经历的时候，荣格写道：

> 现在我渐渐明白了以前许多无法理解的事情。上帝在考验人类勇气的时候，不会去遵循什么传统，不管它是多么地神圣……人们必须彻头彻尾地服从上帝，只要忠实执行他的意愿就行了，其他的一切都不重要；否则，一切都是华而不实的，是毫无意义的。（1961，pp. 38-40）

当然，对于今天的我们来说，确实难以领会荣格想象力的巨大力量。但是在1887年时，人们对宗教虔诚，并且缺乏深厚的心理学知识，这种想法不仅不能说，而且连想都不能想。然而，荣格在想象之后，却感觉到了极度的放松，并感到收获了巨大的恩赐，而不是预期中的罪恶感。他认为，他所看到的是上帝所给予的暗示，正是因为有了上帝的旨意，他才去违反宗教传统。从那时候起，荣格感到自己离他父亲那种传统的宗教虔诚以及与他的神职亲戚越来越远了。他发现，有许多人由于恪守对宗教经典文字的遵守而无法获得直接的宗教体验，也从没有将上帝当成一个生命实体（living reality）。

> 我确信，我更喜欢按照上帝的旨意做事，而不是做我自己想做的事情，没人能够改变这点……我常常感觉在所有的关键问题上，我不是和别人在一起，而是在孤独地陪着上帝。（Jung，1961，p. 48）
>
> 归根到底，我们遇到的大部分困难就是源于我们失去了与内心本能的联系，以及失去了与深藏于我们内心当中那些古老却又无法忘记的智慧的联系。（Jung in McGuire & Hull，1977，p. 89）

在一定程度上，由于内心体验的原因，荣格将自己与别人孤立起来，有时候他会产生难以忍受的孤独感。他讨厌去学校，但是，却培养出了对阅读的狂热兴趣，是一种“无限渴求……阅读我手中拿到的每一张印刷纸片”。（1961，p. 30）

还是从孩童时候起，荣格就意识到自己身上的两个人格：一个人格是当地牧师儿子的身份，缺乏安全感、难以琢磨；另外一个身份则是睿智的老人，“多疑、不轻易相信别人、远离人群，但是亲近大自然、大地、太阳、月亮、天气，所有有生命的东西，其中最是喜欢晚上、梦，以及‘神灵’等能够直接影响他的任何东西”（Jung，1961，pp. 44-45）。牧师的儿子生活在现实世界中，是一个在特定时间、特定地方成长中的小孩；智慧的老人则是生活在一个没有具体时间和空间的世界中，这个世界充满了智慧、意义，具有历史连续性。荣格说，这两个人格的相互影响在每个人身上都存在，只不过大部分人没有意识到第二个人格而已。这个人格身份在荣格的生涯中具有非常重要的意义。荣格人格理论中的许多方面，尤其是他的个体化和自性概念，都是他长期对这一内心智慧世界进行探索的结果。

在荣格进入大学的时候，由于他对自然科学与人文科学都有兴趣，因此他在最后作为妥协，选择了医学。在学习“人格疾病”的时候，他开始对精神病学产生了兴趣。虽然那时候精神病学还没有发展起来，也不出名，不过在他看来，精神病学与自然科学和人文科学都有关系。他对灵魂现象也产生了兴趣，并且开始研究他从表妹那儿获得的信息——他表妹是当地的一位灵媒。这一研究后来也成了他的论文基础：“论所谓神秘现象的心理学与病理学”（On the Psychology and Pathology of So-called Occult Phenomena）。

1900年，荣格在苏黎世的伯戈尔茨利精神病院担任助理医师，这是当时欧洲最进步的精神病院之一。后来，苏黎世也成了他永久的家乡。

4年后，荣格在精神病院建立了实验室，并开发了字词联想测验（word association test）以便对精神疾病进行诊断。在测验中，被试需要对标准清单上的刺激词作出反应。被试看到刺激词再作出反应的这一段间隔时间为反应时，反应时的延长表示该刺激词在某种程度上与情绪应激（emotional stress）有关。对于被试的联想，荣格也变得越来越善于解释其背后蕴藏的心理意义。1905年，荣格30岁，他升任苏黎世大学的精神医学讲师以及精神病院的资深医师。也是在这一时期，荣格发现了他人生中的重要老师和人生导师——西格蒙德·弗洛伊德的著作。

尽管当时弗洛伊德遭受自然科学界和人文科学界的强烈批判，但是荣格却认为弗洛伊德的著作具有巨大的价值。他将自己的文章和第一部著作《早发性痴呆心理学》（*The Psychology of Dementia Praecox*，1907）的复本邮寄给了弗洛伊德，而弗洛伊德则邀请他到维也纳以作为对他的回应。在第一次会面的时候，这两个人几乎不停顿地聊了长达13个小时。自此以后，他们每个星期都会通信，而弗洛伊德也开始考虑把荣格作为他的接班人。

> 弗洛伊德是我在现实生活当中遇到的第一个重要人物。（Jung，1961，p. 149）

尽管他们之间有着亲密的友谊，但是这两人之间却存在根本性的分歧。荣格从来都没有接受弗洛伊德认为“性创伤是压抑的原因”这一观点；而弗洛伊德，也非常不喜欢荣格对神话、灵魂和神秘现象的兴趣。在荣格1912年发表《变形的象征》（*Symbols of Transformation*）一书时，他们在学术上和私交上的联系也走到了终结。在这本书中，荣格挑战了弗洛伊德理论中的一些基本思想。比如，荣格认为力比多是一种更为普遍化的心理能量，但弗洛伊德则固执地坚持力比多就是性能量。

在《变形的象征》序言中，荣格写道：“所有的一切，似乎就像山崩一样无法阻挡……这是那些在弗洛伊德心理学思想体系和其狭窄视野中找不到空间、无法呼吸的心理内容的爆发。”（1912，p. xxiii）当然，对于荣格来说这是非常不容易的，因为他要冒着失去弗洛伊德的友谊，以及失去这位人生导师的危险。“两个月来，我一直都被这种矛盾的心理折磨着，都不敢去碰我的笔。”（1961，p. 167）与弗洛伊德的决裂对于荣格来说是一个痛苦的、影响极大的创伤，但是他仍然决定坚持自己的信念。

与弗洛伊德的决裂让荣格能够更好地去面对无意识。由于长期承受这些强烈的内心体验以及伴随之成长，荣格将它们写出来并发表在自己的刊物上，以之作为一种自我分析。

荣格慢慢建立起了他的无意识过程理论和梦的象征分析理论（dream-symbol analysis）。他开始认识到，他分析病人梦的象征的程序，也可以用在分析其他的象征性符号上——这让他觉得自己已经掌握了解

> 梦还揭示出一些记忆，这些记忆既不可能来源于梦者的成年生活，也不可能来源于他已忘却的童年记忆。我们不得不把它们当作随孩子一起带到这个世界来的古老遗产的一部分，也就是在他获得任何自己的经历以前，祖先经历给他带来的影响。在最早的人类传说和残存的风俗习惯中，我们能找到这种系谱材料的翻版。（Freud，1964，p. 177）

释艺术、神话、民间传说以及宗教象征的钥匙。

对基本心理过程的兴趣使荣格开始研究西方早期历史传统中的炼金术和诺斯替教派（gnosticism，一种古希腊式的神秘主义和哲学思想），同时也开始考察世界各地的非西方文化。他认真学习了印度语、汉语和藏语。曾经两次去过非洲，到过印度，并且去新墨西哥参观过普埃布洛的印第安人。

1944 年，69 岁的荣格由于患上了严重的心脏病，他几乎处于死亡的边缘。在医院里，他又体验到一种强烈的幻象。他看到自己漂浮在 1 000 英里[①] 以上的高空，脚下是锡兰[②]，头边是印度，阿拉伯沙漠在他的左手边；然后他看到自己进入了一块同样漂浮在天空的巨石当中。他看到在这块巨石的中间被挖出了一个寺庙，当他走在入口阶梯上的时候，感到所有的一切都离开了自己。他以往生活中留下来的，只有他自己所有的人生体验和人生经历。第一次，他觉得自己的人生是巨大历史框架中的一部分。在他正要进入寺庙的时候，遇见了他的医生。医生对他说，这个时候他还没有资格离开地球。这时，幻象结束了。

随后的几个星期里，荣格逐渐从疾病中恢复过来，虽然他白天觉得很虚弱、很沮丧，但每个午夜都会从一阵狂喜的感觉中醒来。他感觉自己似乎漂浮在一个极乐世界中，这种幻象大约会持续一个小时左右，然后他才继续睡着了。

在康复之后，荣格进入了一个高产时期，在此期间他写下了一生中的许多重要著作。他的幻象给了他勇气，让他敢于提出许多独到的思想。这些体验也改变了荣格的世界观，让他对自己的历史使命有了更坚定的态度。

> 我可以确定地认为事情本来就是这样：不去反对，无条件地说“是”——正如我所看到和听到的那样去接受它们的存在状态，也正如我偶然遇到的那样去接受我自己的本性……通过这种方式，我锻造了我的自我，使它在面临无法理解的事情时不会崩塌，能够接受事实，能够面对这个世界，以及接受命运的挑战。（1961，p. 297）

在荣格去世之前的几天里，他又做了一个梦。他看到在一座神殿，空无一物的广场上有个巨大的圆石，石头上刻着一行字：“这是你进入圆融一体的标志。”然后他看到许多脉管……看到一个长满树的四方院落，树根满地都是，将他包裹了起来，树根之间满是闪闪发光的金丝。（von Franz，1975，p. 287）

荣格于 1961 年 6 月 6 日去世，享年 86 岁。他的著作对心理学、人类学、历史学和宗教学的研究都产生了重要影响。

理论先驱

在荣格的一生中，他既是一名学者，又是一个狂热追求知识的人。他阅读了大量的书籍，包括当时的科学与哲学，古希腊和拉丁古典著作，以及东方的理论思想，还研究了炼金术和诺斯替教派等晦涩难懂的西方传统思想。然而，早期对他影响最大的人是西格蒙德·弗洛伊德。

① 1 英里 =1.60934 千米。——译者注

② 现更名为斯里兰卡。——译者注

弗洛伊德

虽然在遇到弗洛伊德之前，荣格就已经是一名从业的精神科医生，但毫无疑问的是，弗洛伊德的理论对荣格的思想体系影响最大。《梦的解析》（1900）启发了荣格采用自己的方式去分析梦和象征。弗洛伊德的无意识理论同样让荣格第一次窥见到可以系统地分析心理机能的动力学特征，而不是如当时精神病学领域盛行的那样，仅仅对此进行表面分类。

虽然荣格也承认弗洛伊德在精神病理学领域作出了巨大贡献，但是荣格认为，自己可以在积极发展和个体化问题上付出更多的努力。荣格写道：

> 弗洛伊德的最大成就可能在于他对神经病患者的治疗，以及进入了他们独特的个人心理世界。他敢于让案例材料说出其中的内涵，从而探入病人的心理世界……他将梦看作获取无意识信息的最重要通道，从而将那把已经永远遗失的工具归还给了人类。（1961，pp. 168-169）

荣格提出了一个包括个人无意识和集体无意识的理论。个人无意识中包含了被遗忘的记忆、被压抑的体验，以及升华了的感知，类似于弗洛伊德的无意识概念。

> 无意识绝不是一个空空的口袋、不是装满了被意识所拒绝的东西……而是是人类心灵的另一部分。（Jung，1973，p. 143）

集体无意识，也被称为非个人无意识（impersonal unconscious）或超个人无意识（transpersonal unconscious），其包含的内容是普遍性的，不是来自我们的个人经验。这一观点可能是荣格与弗洛伊德最大的分歧所在，同样也可能是荣格对心理学领域所作出的最出色的贡献（详见本章的“主要思想”）。

歌德与尼采

由于对父亲藏书中一边倒的神学书籍非常失望，荣格几乎很早就对理解神与神的创造物不抱希望。他母亲建议他去看看歌德的《浮士德》。这一著作对荣格理解人类的心灵产生了非常巨大的影响，让他了解到邪念的巨大力量，认识到邪念与个体成长和自我洞察的关系。出于对知识的渴求，荣格开始疯狂地阅读哲学和文学方面的书籍。

尼采同样对荣格产生了极深的影响。荣格认为，虽然尼采对权力的强调容易使他在描述成熟而独立的人类时出现歪曲，但他的著作仍然充满了与心理学有关的真知灼见。在荣格看来，尼采和弗洛伊德是西方两大主流文化——权力与性——中的代表性人物，只不过他们不幸过于沉浸在这两个重要领域中，以至被迷住心窍了。

炼金术与诺斯替教派

荣格很想了解与意识发展有关的西方历史文化传统，尤其是想了解描述这一过程的象征与概念。他在诺斯替教派、早期基督教的神秘主义运动中找到了许多非常宝贵的思想（Segal et al.，1995）。他也考察了西方的炼金术文献，这些文献因长期以来被认为是巫术、前科学时代的咒语而被抛弃。他认为这些文献就是内心变化与净化的表现，只不过是用化学和巫术的象征来掩饰了而已：“直到我熟悉炼金术之后，我才意识到无意识是一个过程，认识到自我与无意识中内容的关系会影响和改变人的心灵。”（Jung，1936b，p. 482）荣格认为，普通金属转变为

> 当人们说我博学、睿智的时候，我无法接受这点。弱水三千，只能取一瓢饮。我哪有那么大的分量。我不是那三千弱水，我只是处在那三千弱水之中而已，什么都没做。（Jung，1961，p. 355）

黄金的过程象征着个体化过程中人格与意识的改善。

东方思想

在研究神话传说和象征的过程中，荣格逐渐建立起了他的个体化理论，或人格整合理论（personality integration）。后来，各种东方宗教传统深深地打动了他，这也使他的许多理论第一次获得了外部证据的确认。

荣格发现，东方文化中对精神成长、心灵发展和整合的描述与他在西方病人身上所看到的个体化过程高度对应；尤其是他认为曼陀罗（Mandala）就是自性和个体化过程的象征（在梵语中，曼陀罗代表着经常在冥想过程中或其他宗教仪式中所用的圆，或圆形图样）。他发现，即使那些病人一点儿都不了解东方艺术或东方哲学，也常常会自发地画出曼陀罗式的图样。当病人在个体化过程中取得重大进展的时候，病人就可能会画出曼陀罗图样。图画的中心表示自性，它取代了受限的自我而成了人格的核心。圆形图作为一个整体，代表着在个体化过程中，个体心灵秩序与平衡的构建。

印度与印第安文化对荣格的理论也有巨大的影响（Kakar，1994）。然而，在谈及东方和西方实现个体化过程中的主要差异时，他非常慎重。东西方个体成长过程中的社会文化背景存在巨大的差异，同样，对个体化理论以及那些实际追求个体化的人的态度也有所不同。在东方社会，人们普遍追求内心世界的成长与开悟，因此，他们有明确的、公认的方法与技术以促进这一过程实现。而在西方，人们对个体成长与内心发展的兴趣正在形成中。可参见本书第 12 章的超个人心理学。荣格强烈地认为，应该让东方与西方那些最好的宗教传统成为个体化过程中的固定模式，而不是让每个人去寻找自己心灵成长的独特道路。

> 达到圆融境地的道路注定是曲折的。（Jung，1961，p. 325）

主要思想

本节以荣格的人格类型学理论作为开始——两种基本态度类型：内向与外向；四种机能类型：感觉、思维、情感、直觉。接着讲述荣格的无意识模型和原型概念，再讲述个体的人格原型：自我、人格面具、阴影、阿尼玛、阿尼姆斯和自性。最后，再讨论荣格对象征的探索以及象征的两个应用——积极想象与梦。

态度类型：内向型与外向型

在荣格所提出的概念中，内向（introversion）与外向（extraversion）可能是应用最为广泛的概念。荣格发现，人们基本上可以被分为内部导向（inward-oriented）为主和外部导向（outward-oriented）为主两大类。内向型的人更喜欢内心世界的思考与感受，而外向型的人却更喜欢与他人和外在世界打交道。

> 在自己的意愿之下行事，那么这种体验就可以确认为是你自己的体验——也就是说，是你自己个体化的真实表现。（Jung in Serrano，1966，p. 83）

没有谁是纯粹的内向型或外向型。荣格研究了这两类人的心跳、周期性收缩（内向型）和周期性扩张（外向型）的节律变化情况。结果发现，每个人都偏好于其中的某一种类型，而且通常也是按照该偏好类型行事。内向型的人注重外部世界对自己的影响，而外向型的人则更加关心自己是如何影响外部世界的。

在个体的意识与无意识领域中，也会表现出这种平衡的特性：

如果你分析一个外向型的人，就会发现他的无意识之中具有内向型的特质。因为所有的外向型特质都表现在他的意识之中，而那些内向型特点则会被留在无意识里面。（Jung in McGuire & Hull，1977，p. 342）

在某些情况下，内向型可能较为合适，但是在某些情况下，外向型则可能更为恰当。这两种类型是互相排斥的，你不能同时既是内向型又是外向型。当然，我们也不能说哪个类型更好。最为理想的情况就是能够灵活调整，能够在特定的环境之中表现出较为适当的类型——也就是在这两种类型之间表现出一种动态平衡，而不是面对外部世界时表现出不变、呆板的模式。

内向型的人更喜欢关注他们自己的感受和想法，关注他们的内心世界，他们喜欢自我反省。这种类型的潜在危险之一就是当他们沉浸在自己的内心世界时，可能会失去与周围世界的联系。陷入沉思、心不在焉的教授就是这种情况的典型反映。

外向型的人则积极地参与到周围世界的人和事当中。他们喜欢社交，熟悉周围世界所发生的事情。但是，他们需要警惕过于沉浸在外部世界当中，以至于疏远了与自己内心世界的联系。公务繁忙的商业行政主管不了解自己的感受与人际关系，就是这种极端外向的典型代表。

机能类型：思维、情感、感觉、直觉

荣格对心理学最伟大的贡献之一就是他的类型理论。他发现，不同个体的思维、情感，以及体验这个世界的方式存在根本性的差异。他的这一类型理论是帮助我们理解人类行为活动的有力工具。

荣格认为人的心理存在四种基本机能：思维、情感、感觉和直觉。每种机能都既可以以内向的形式，也可以以外向的形式表现出来。通常，这四种机能中的某一种发展得更好，处于支配地位，也能够更好地被主体意识到，荣格将之称为“优势机能”（superior function），它是从占支配地位的态度（内向或外向）中发展而来的。其余三个机能中，通常有一个发展水平最低，处于无意识的最深层，荣格将之称为“劣势机能”（inferior function）。

思维（thinking）**和情感**（feeling）指的是决策与判断的方式，个体必为其中之一。思维关注的是客观事实、判断和客观分析。思维型的人（思维机能占优势的人）问的问题通常是“这说明了什么？”他们非常重视一致性和抽象的原理。思维型的人是最好的计划制订者；但是，他们在新环境、甚至是面临完全矛盾的证据时仍然会坚持他们的计划和抽象理论。

情感关注的是价值。它包括了好与坏、对与错的判断（这与思维型的人根据逻辑与效率标准进行决策完全相反）。情感型的人通常会问“这有什么用”。

除了思维和情感这对决策方式外，荣格认为个体收集信息的方式存在**感觉**（sensation）和**直觉**（intuition）这两种类型。感觉型关注的是直接的感觉经验、对细节的直觉，以及具体实在的事实：个体看到、摸到的与闻到的。与对经验进行分析与讨论相比，他们更看重直接的、实实在在的经验。感觉型的人常问的问题是“我看到了什么”，他们善于处理紧急情况，能够有效地应对各种危机和突发事件，比其他任何类型的人都要善于处理工具和材料。

直觉是一种领悟式的感知方式，他们关注的是各种可能性、过去的经历、未来的目标，以及无意识的心理过程。直觉型的人常常问的问题是：“会出现什么情况？”“有什么可能”？对于他们来说，经历的潜在意义比经历本身更重要。具有强烈直觉的人常常在他们还没有将原始感觉材料与自己的解读分隔开来的时候，就给感觉材料赋予了一定的意义。直觉型对新信息的整合非常迅速，会自动地将眼前情况与过去经历和相关信息整合起来。由于其中经常涉及无意识过程，因此直觉型者的思维常常具有跳跃性。

荣格将个体身上发展最弱的机能称为“劣势机能”，它们被意识关注得最少，是最原始的，或者说是处于未分化状态。对许多人来说，它们似乎是受到了恶魔的影响，因为人们几乎不知道它们，也无法控制它们。比如，那些从不关注感觉机能的极端直觉型，就可能将性冲动看成是不可思议、甚至是危险的。由于劣势机能较少受意识关注，因此它可能是探察无意识的一条通道。荣格曾经说过，通过我们身上发展最弱的劣势机能，就能看到上帝。正视我们内在心灵的阻碍并与之斗争，我们就会离上帝越来越近。

对于我们每个人来说，综合这四种机能才是成熟的行为方式。

> 为了让我们能够更好地适应，首先我们必须具有确定发生了什么事的机能（感觉）；其次是确定到底是什么的机能（思维）；再次是确定它是否适合我们、我们又是否愿意接受的机能（情感）；最后需要说明它从哪儿来、将到哪儿去的机能（直觉）。（Jung，1942，p. 167）

遗憾的是，没有哪个人能够将这四种机能都发展得很好。每个人都会有一个居于支配地位的机能，而另外一个机能则成为辅助性；其余的两种机能通常是无意识的，其效果也是要差很多。支配性机能和辅助机能发展得越好、越能够被个体意识到，那么相应地，另外两个机能则越难以被意识到、越是处于无意识的底层（见图 2–1）。

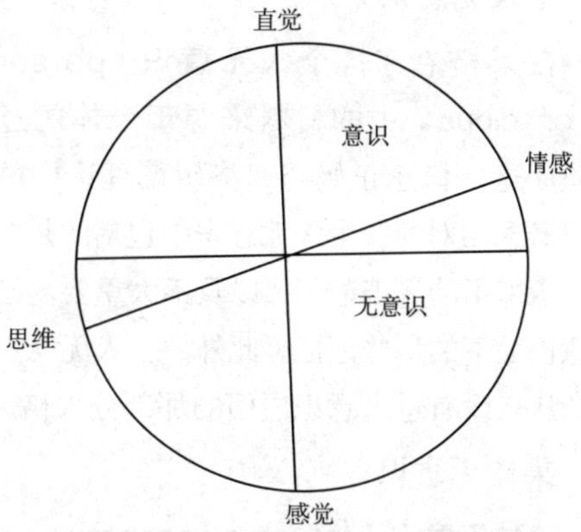

直觉—情感型（直觉发展很好，情感其次）

图 2–1　荣格的机能类型案例

水平线之上的机能发展更好、更多被意识到；水平线之下的则是发展较差、更少被意识到的机能。

个体的机能类型说明了他的优势与不足，说明他喜欢什么类型的活动。荣格的类型理论在我们了解社会关系的时候作用更大，它能够说明人们是如何在两种不同的方式之间感知，在决策与行动的时候又是如何应用不同的标准的。例如，直觉—情感型的演讲者不会像思维—感觉型的演讲者那样在演讲的时候有逻辑、有条理，摆事实、讲证据。他们在演讲的时候很可能是天马行空的风格，喜欢讲故事，从不同的角度让听众逐步理解，而不是系统地讲述自己的观点。

无意识

荣格认为，由于无意识本身的固有特性，它是无法被识别的，只能从它与意识的关系角度才能描述它；但是从理论上来说，

> 我们的无意识，如同我们的身体一样，是一个仓库，里面装的是过去时光的记忆与残迹。（Jung，1968，p. 44）

了解意识则没有什么限制。

此外，荣格将无意识划分为个人无意识和集体无意识。

个人无意识

在荣格看来，**个人无意识**（personal unconscious）中的材料来源于个体的过去经验。这一概念正好与弗洛伊德理论中的无意识概念相对应。个人无意识中包括的是个体已经压抑了的痛苦记忆，以及不大重要、已经被意识丢下的那些记忆。此外，个人无意识还包括从来没有进入意识层面的那部分人格。

集体无意识

集体无意识（collective unconscious）是荣格提出的最大胆、也是最受争议的概念。荣格认为，集体无意识，或超个人无意识是所有非个人经验的心理内容的核心，认为集体无意识中的内容和影像是所有时代、所有文化中的人们共有的，反映了人类的进化历史。不过有些心理学家，比如斯金纳，则强调人们出生的时候就像是一块白板（tabula rasa），所以，个体心理只能从自己的经历中才能得以发展。但荣格的基本假设是，婴儿生来就已经具备了一定的心理结构，这些心理结构是个体将来发展与行动的模式。从本质上说，这一基本心理结构是所有婴儿共有的。虽然成年后的个体存在差异，表现出各自独特的风格，但任何人的集体无意识都是一样的。因此，在所有人身上都表现出相同的基本模式（Jung，1951）。

下面这段文字是从荣格给他病人的信中摘录的，从中我们可以看到他是如何探测集体无意识的：

> 你可以信任你的无意识，把它们当作你至爱的父亲那样。但它们是未开化的，无法将它们当成一个可信赖的人那么使用。它们是原始的，需要人的心灵根据自己的目的去有效地使用它们……它追求的永远是它的集体目标，而非你的个人命运。你自己的命运是意识与无意识共同作用的结果。（Jung，1973，p. 283）

> 它（集体无意识）更像是我们赖以生存的空气，而不是从我们身上找到的东西；它的数量到底有多少，我们根本无法确定。（Jung，1973，p. 433）
>
> 我们……认为存在无意识是非常合理的。我们无法直接观察到它——否则它就不会是无意识了。（Jung in Campbell，1971，p. 28）

在荣格看来，人们生来就有心理方面的遗传，就好像是生来就有生物性遗传一样。他认为生理遗传和心理遗传都是人类行为和体验的重要决定因素："人类身体就好像是所有器官的博物馆，每个器官背后都有着漫长的进化历史；人类的心理也一样，它们可能具有同样的形成方式。因此，人类心理不是存在于身体中，也不可能是没有历史的产物。"（Jung，1964，p. 67）

荣格认为，来源于人类共同经验的集体无意识，还包括前人类时期，以及前人类物种的经验，认为集体无意识是人类身上最有力的思想与体验的来源。

原型

> 原始的意思是"最初"或"原创"，因此原始意象指的是心灵中发展最早的那部分。人类从祖先那儿遗传了这些意象，这里的祖先既包括了人类的所有祖先，还包括前人类或前人类物种这些祖先。（Jung in Hall & Nordby，1973，p. 39）

原型（archetype）可能是荣格理论中最难理解的概念，它是一种遗传而来的素质，让我们以特定的方式作出反应。它们是原始意象，是集体无意识本能能量的表现。

荣格从病人报告的体验中提出了"原型"这一概念，这些体验指的是梦与幻想，而且这些梦与幻想中的内容包含了不平常的、值得注意的想法与意象，且这些想法与意象的内容与病人以往的经历完全无关。他认为，人们无意识中的意象水平都是一样的。他还发现，病人的梦境内容与许多文化中的神话传说和宗教观念有着高度的对应。

个人练习

从他人身上认识自己

首先，列出你最喜欢或最尊敬的人身上你羡慕的特质；其次，列出你最不欣赏者身上具有的你不喜欢的特质。第一张清单上可能包含了你投射的阿尼玛或阿尼姆斯——你内心拥有且能够发展的那些特质；第二张清单包含了你阴影的投射——那些你必须去面对的特质。

在荣格看来，原型是无意识领域中的结构形成元素，这些元素促成了原型意象的产生。他认为，这些原型意象不仅决定了人们的幻想，即使是整个文化的神话传说也是由这些原型意象决定的。原型会表现出“一种准备状态，这种准备状态导致反复出现相同或相似的神话传说”。（Jung，1917，p. 69）它们常常表现为一种特定的模式——比如出现相同的情境或人物。原型情境包括英雄的历险、夜晚在大海中航行，以及为了脱离母亲而战斗；原型人物如超凡的孩子、双胞胎、智慧老人、魔法师、阴阳人、万物之母。

一个具体原型可能有许多的象征。比如，母亲原型指的不仅是每一个人自己的母亲，还指所有的母亲形象以及养母形象。这一原型群不仅包括一般意义上的女人，还包括神话或虚构中的女性，比如维纳斯、圣母玛利亚、大自然母亲，以及与养护有关的象征，比如教堂与天国。另外，母亲原型不仅包括一些正面的人物，还包括一些反面人物，比如凶恶的、专横的，或令人窒息的母亲。举例来说，在中世纪时期，原型的消极面被定型成了女巫形象。

> 有必要说明，原型不仅仅是一个名字，也不仅仅是一个哲学概念，它们是生命本身的片段——是一些借助情绪而完好地与活着的人联系在一起的意象。（Jung，1964，p. 96）

人格中的每个主要结构都是一个原型，这些结构包括**自我**、**人格面具**、**阴影**、**阿尼玛**（anima，男性）、**阿尼姆斯**（animus，女性）和**自性**。

原型本身只是形式，并不包含具体的内容，它们只是组织和引导心理内容。在某种程度上，它们就像是干涸的河床，一旦有水流经过，它们的形状就会决定水流的方向。原型是能量的载体。一旦某个原型被激活，通常就会释放巨大的能量。因此，所有的创造性活动都具有一个原型成分。

一般来说，原型意象的表现形式可能存在时代性。比如，现代人更可能会梦到自己与岳父母争论，而不会梦到自己去宰杀一头巨龙。然而，现代小说与电影又常常以古代原型为主题，比如乔治·卢卡斯（George Lucas）轰动全球的电影《星球大战》（*Star wars*，1977）。该电影中描绘了英雄卢克·天行者（Luke Skywalker）、少女丽亚公主（Princess Leia）、阴影或恶魔达斯·维达（Darth Vader），以及智慧老人欧比－旺·肯诺比（Obi-Wan Kenobi）的原型。

原型是人类心灵的基础结构。原型模式与其他固化组织中的模式一样。虽然没有两片完全相同的雪花，但是每一片雪花都有基本的晶体结构。同样，虽然每个人的心灵内容、经验都是独特的，但是，这些经验的共同模式却是由普遍原理和基本法则确定了的，或者说是由原型决定的：“无意识中的原型是身体器官与诸神的外在表现，原型具有生物遗传基础。”（Campbell，1988，p. 51）

约瑟夫·坎贝尔（Joseph Campbell）是

一名荣格主义者，他在《千面英雄》（*Hero with a Thousand Faces*，1949）一书中，概括了历史上的文学和传说故事中所有英雄的基本原型主题和模式。有一些出色的研究清晰地概括了英雄原型包含的方面，比如孤儿、勇士、智者、智障者（Pearson，1989，1991），或者是国王、勇士、魔法师和情人（Moore & Gillette，1990）。俄狄浦斯就是儿子爱上母亲并与父亲斗争的原型情境的绝佳说明。同样的情况在许多神话传说的主题中也有反映，另外还有许多人的心理模式上也会出现这种情况。你自己就可以识别出很多这样的情境，比如女儿与其父母的关系、父母与孩子的关系，以及男人和女人、兄弟姐妹之间的关系，等等。

> 人们常常将原型这一术语误解为是具体的、特定虚构的形象或作品主题……原型只是一种倾向，是促使这些主题形成这些外在表征的倾向——这些外在表征在细节上可能千差万别，但是却保留了它们的基本模式。（Jung，1964，p. 67）

斯芬克斯狮身人面像

有些著作将古希腊的诸神和女神作为反映人格不同层面的原型进行了讨论，比如琼·史娜达·博伦（Jean Shinoda Bolen）的著作和《内心的女神》一书（*The Goddess Within*；Woolger & Woolger，1989）。

> 自我一直希望通过解释来证明它的存在。（Jung，1973，p. 427）

个人练习

生活中的原型

你的生活中的主要原型意象是什么？

它是通过什么方式影响你以及你的生活的？请给出生活中的具体实例，说明它们是如何表现在你的生活中的？

请注意，第一个出现在你头脑里面的原型不一定是最重要的原型。寻找重要原型的方法之一就是，想想你最喜欢什么样的文学或电影主题？你是否迷恋上了哪个角色？或者你是否特别喜欢某种情景——比如，悲惨的爱情或去探究未知的危险旅程？

需要牢记的是，只有原型的内容能够进入意识。原型本身只是一种模式，通过它来引导心灵能量的走势。我们无法完全意识到这些内在的模式，正如即使我们研究千千万万片的雪花，也无法找出使这些雪花具有相同结构的内在模式一样。如果想了解关于原型的更多知识，请查阅我们的网站。

自我

自我（the ego）是意识的核心，也是主要的人格原型之一。自我为我们提供了一致感，同时还能指引我们的意识。它能够阻止任何可能给我们脆弱的一致感带来威胁的东西或事物，以及让我们明白必须有意识地制订计划和分析各种经历。

在荣格看来，个体心理在最开始的时候只有无意识。与弗洛伊德的观点类似，荣格也认为自我是从无意识中发展而来的，是组合了个体的各种体验和记忆，建立了划分无意识和意识的分界线。自我不包含无意识方面的内容，包含的都是那些从个人经验中发展而来、能够被意识到的内容。由此导致我们觉得自我是心灵的核心成分，而忽略了心灵的另外一部分，即无意识（见图 2–2 和图 2–3 所描述的人格结构）。

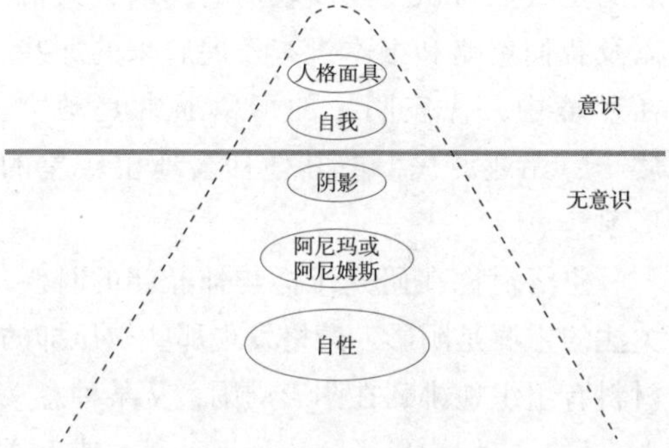

图 2–2　人格结构示意图

本图展示了荣格分析心理学理论中常常出现的主要原型体系。不过，采用二维图来展示荣格的理论肯定会有遗漏，甚至是出现不准确的地方。比如说自性，是无意识中最深层的人格结构，而它同时又是整个人格的核心。（改编自：Thomas Parker）

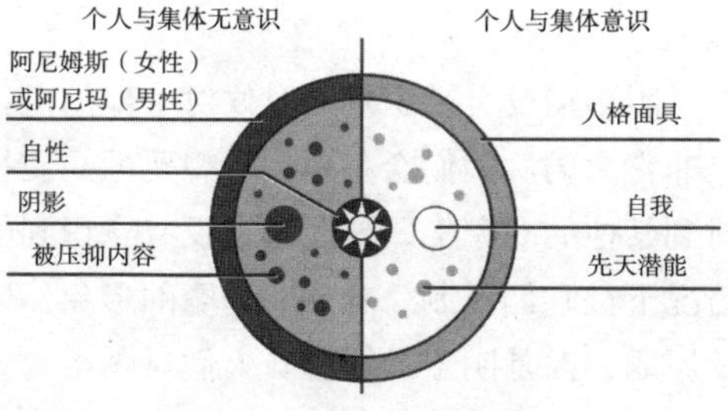

图 2–3　心灵的一般模型

资料来源：The “I” and the “Not-I”（Diagram 1，Appendix）by M. E. Harding. 1965. New York：Bollingen. Copyright 1965 by Bollingen. Adapted by permission.

人格面具

人格面具（persona）就是我们在外部世界中展示出来的形象。它是我们表现出来的特征，通过它与他人交往。人格面具的内涵既包括我们的社会角色、所穿的衣服款式，还包括自我展示时的个人风格。人格面具的英文词“persona”来自拉丁语，意思是“面具”（mask）或“假面具”（false face），就好像古罗马舞台上的演员在表演时戴的面具。为了让自己表现得更社会化，我们有些时候不得不根据角色界定的方式去做。即使有些人不喜欢这种适应性的机制，他们也不会总是拒绝去表现出自己不喜欢的角色。

人格面具既有积极一面，也有消极的一面。具有支配性地位的人格面具会对个体产生逼迫感，那些认同自己人格面具的人可能会只从自己的外在社会角色和表面情况来认识自己。事实上，荣格将人格面具称为“求同原型”（conformity archetype）。不过，人格面具也具有积极的功能，其中之一就是它能够保护自我和心灵免于受到个体遇到的各种各样的社会压力和态度的危害。此外，人格面具还是促进人际沟通的重要工具。在古罗马戏剧中，如果角色有一些重复的话，那么有些演员就会大胆地摘下他们的面具，以便让所有观众清楚地看到角色的人格与思想。再有，人格面具对于人们的健康发展也有至关重要的作用。在刚刚承担某一角色的时候，我们的自我会逐渐地认同它，这个过程在人格的发展中处于核心地位。

然而，这个过程并不总是正面、积极的。在人们自我认同这一人格面具的过程中，他们会开始相信自己就是这个自己在假装成为的人。按照荣格的说法，我们在这一个体化的过程中，最终会不得不从这种认同中退出来，并去了解自己。尤其是少数民族和社会边缘人，由于对他们的人格面具存在文化偏见和社会排斥，因此会导致他们在这种认同的过程中更可能出现问题（Hopcke，1995）。

人格面具也可能表现在我们所使用的物体当中，比如我们用来覆体的东西（如衣服或围巾），再比如我们所使用的工具（如铁锹或公文包）。因此，日常用品就成了个体身份的象征。地位象征（比如汽车，房子或学历）这一术语就表达了这些象征物在民众心目中的重要程度。所有这些象征都能够在人们的梦境中找到，这也是人格面具的表示。比如，一位有着强硬式人格面具的人可能会梦到自己穿得过于正式，或被太多的衣服压得喘不过气来；有着软弱式人格面具的人可能会梦到自己是赤裸的；而一个具有不够格式人格面具者则可能会梦到自己没有皮肤。

个人练习

人格面具

列出你平常喜欢的物品，比如衣服、珠宝、钱包，或背包；再从中选出你觉得最能够代表你、能够说明你自我形象的那个物品。在选择的时候，可以选择携带或佩戴时间最长的那个。

尝试一星期不带这个物品出门，然后记下你的反应。

将此物品送给朋友。当你看到别人佩戴或使用你最喜欢的东西时，你有什么样的感受呢？

> 我们如何才能变得没有阴影而有实力呢？如果我想成为一个完整的人，就一定会有阴暗的一面；在意识到我的阴影后，我再一次想起我和别人一样，也是一个人。（Jung，1931c，p. 59）

阴影

阴影（shadow）是一种原型形式，它是那些被意识压抑的内容的中心，它能够让我们了解到意识压抑了哪些因不符合人格面具或不符合社会道德标准而被个体排斥的想法、欲望和记忆。阴影包括所有我们不愿意接纳的负面想法，其中包括我们身上遗留的动物本能，以及未得到充分发展的积极和消极特质。

人格面具发展得越强大，我们越认同它，就越难以接受身上的其他方面。阴影代表的是我们自认为发展较弱的那部分人格，以及我们忽略和根本没有发展起来的那些。在梦境中，代表阴影的形象通常是动物、矮子、无业游民，或其他社会地位较差的形象。

弗洛伊德在研究压抑与神经症的时候，关注的主要是阴影。荣格发现那些被压抑的材料有组织地排列在阴影周围，从某种意义上来说，它们构成了一个消极自我，或者说是自我的阴影。阴影在梦中常常以一种原始的、有害的或令人厌恶的形象出现，原因可能在于阴影包含的内容完全不符合意识中的价值观，由此被意识强硬地排斥在外。如果阴影中的内容被允许进入意识，那么就表示其中大部分原始、令人恐惧的特性已经消除了。

阴影在没有被识别的时候对个体的危害是非常大的。人们会将他们不想要的品质投射到其他的对象上，或者是在没有意识到的情况下被它们控制。邪恶、恶魔的形象，以及原罪，都是阴影的原型。人们对阴影内容觉察得越多，受它们的影响就越小。不过，阴影是构成人类本性必不可少的一部分，永远不可能完全被消除。那些声称要成为没有阴影的人并不是一个完整的人，而是一个没有深度的人，他们否认了善与恶都是我们每个人身上必然具有的东西。

现代荣格主义者提出了“轻度阴影”（light shadow）的概念，指的是人格中与自我意识不相吻合的积极品质。这些特性常常包括魅力、美貌、智慧，以及我们常常投射到其他人身上的特质。

阴影研究的荣格主义取向吸引了许多其他的研究者，是许多畅销书籍和文章探讨的主题（比如 Abrams & Zweig，1991；Abrams，1994，从中可以略窥美国学者对阴影的研究）。

个人练习

阴影

阴影的特性之一就是可能化身为小魔鬼，从而给你带来危害或者是破坏你精心准备的计划。它们就像是一个毫不留情的批评家，或是一个要求苛刻的裁判员。请认真回答下面这些问题，这将有助于你更好地理解阴影的这一特性。

1. 请认真想想，你会如何具体描述你人格中的不好一面，它对你有什么样的影响？你是什么时候具有这一特点的？是不是有什么触发因素？

2. 如果要你将这一阴影进行拟人化，你觉得它像什么？它有名字吗？它的穿着打扮如何？它喜欢以什么样的形式出现呢？

3. 请和这一拟人化形象对话。与它讨论其良好一面。它是如何给你带来好处的？然后再检验一下它是如何促进或阻碍你人格的变化或发展的。

4. 这一拟人化恶魔的反面形象可能是什么？再将注意力放在这一积极形象上，重复第一至第三步。

中国古代的大思想家庄子也曾经探讨过阴影这一问题，他的方式与荣格的思路高度类似。

> 人有畏影恶迹而去之走者，举足愈数而迹愈多，走愈疾而影不离身，自以为尚迟，疾走不休，绝力而死。不知处阴以休影，处静以息迹，愚之甚矣！

阴影中被压抑的任何一部分都代表了我们自己的某个方面。由于把这些内容压抑在了无意识中，使我们限制了自己。当个体对阴影的意识程度增加时，我们就又能够找回原来被压抑的那部分自己。但是，阴影并不仅仅是心灵的消极影响因素，它还是储存本能能量、自发行为，以及个体生命力的仓库，是人们创造性能量的主要来源。和其他所有原型一样，阴影也是植根在集体无意识当中，这就使我们能够接触到那些被自我和人格面具排斥，但却极为宝贵的无意识内容。

下面这段话是从荣格的一封信中摘录下来的，这可以让我们从总体上清楚地了解到荣格的阴影和无意识观点。

> 你所说的阴影处理方法是一个非常困难但却极为重要的问题。事实上，根本就没有所谓的方法，因为方法意味着它有广泛的知名度，能够说明处理某一具体问题或难题的具体方式。这是一个相当复杂的问题，就好像外交和政治一样。比如，没有什么特殊的方法能够帮助我们调和相互敌对的两个政党……如果一个人说到某个方法，那么这指的仅仅是一种态度。首先，他必须承认并且慎重思考阴影的存在；其次，必须明了阴影的性质与意图；最后，还需要长期而且艰苦的协商……
>
> 没有谁知道这种协商会有什么结果。人们唯一知道的就是通过紧密合作可以使问题

本身发生变化。阴影中某些看似难以接受的意图被认为是对个体的威胁，这通常都是因为自我不愿意认真去对待阴影。一旦得到了认真对待，阴影的威胁强度就会降低。(Jung，1973，p. 234）

一旦我们认为自己理解了阴影，它就可能会以其他的形式出现。对阴影的处理是我们一生的任务，这需要我们内省并真诚地反思自己从中明白了什么。（von Franz，1995）

阿尼玛与阿尼姆斯

荣格构想出了一个用以补充人格面具的无意识结构，即男性的**阿尼玛**与女性的**阿尼姆斯**。这个基本心理结构，储存的是那些个体觉得不符合自己作为一个男人或作为一个女人的所有心理内容。从此观点来看，女性在意识中是从女性气质这一角度来界定自己的，她的阿尼姆斯可能包含那些她以为是反映男性气质、从而不愿意接纳的脾性和经历。

对女性来说，心理发展的过程需要她在自我与阿尼姆斯之间进行对话。阿尼姆斯可能病态式地受控于个体所认同的原型意象（如中了魔法的王子、浪漫的诗人、幽灵般的情人，或劫掠为生的海盗），或者是极端的父亲固恋。

阿尼玛或阿尼姆斯在开始时就像是一个完全分离的人格。随着个体越来越认识到阿尼玛/阿尼姆斯以及它对自己的影响，它就充当了意识与无意识的联络者，直到它最终被整合到了自性中。荣格将这种融合对立面（在此即为男性气质与女性气质）的特性看作个体化的主要步骤。

只要阿尼玛或阿尼姆斯是处于无意识状态、没有被接纳为自性的一部分，那么我们就可能将之投射到异性身上：

> 每个男人的内心都有一幅永恒的女性图像，当然，这不是哪个具体的女人图像，而是一个具有明确女性气质的图像。这幅图像是……一个所有女性祖先的烙印或“原型”，是一种沉淀，就好像它是所有女性留下来的印记……由于这幅图像是无意识的，因此它就一直会被无意识地投射到个体所爱的人身上，这也是狂热迷恋或极度厌恶的主要原因之一。（Jung，1931b，p. 198）

在荣格看来，孩童的异性父母对其阿尼玛或阿尼姆斯的发展具有重要的影响作用。孩童与异性的所有关系，包括与异性父母的关系，都会强烈地被阿尼玛或阿尼姆斯幻想的投射所影响。这个原型也是重要的行为调节能力之一。它在梦中或白日梦中常常以异性的形象出现，是意识与无意识过程的主要协调人。它主要作用于个体的内部加工过程，就如人格面具是作用于外界一样。（比如，我们可能会在男性艺术家身上看到阿尼玛的创造性力量，而他们也常常将他们的灵感归结到希腊的缪斯女神身上——半神半人之女性。）荣格还将这种原型称之为“灵魂意象”（soul image）。由于它能够让我们接触到无意识的力量，因此它通常也是打开创造能力的钥匙。

> 个体的原型就是自性。自性是包容万象的。上帝是个圆，圆心到处可见，圆周无处可寻。（Jung in McGuire & Hull，1977，p.86）

自性

自性（the self）是最重要、也是最难理解的人格原型，荣格将之称为核心原型（central archetype），认为它是所有心理秩序和人格整体结构的原型。自性是一种核心原型，是意识与无意识的结合体，使心灵的各相互对立成分达到平衡、和谐相处。自性使整个心灵作为一个整体单位来运作。在荣格看来，“意识与无意识不一定是相互对立的，而是相互补充的，构成一个整体，那么，这就是自性”（Jung，1928b，p. 175）。荣格是在研究完了其他所有的人格结构之后，最后才发现了自性这一原型。

荣格认为自性在梦境或图像中显示为非人的意象（比如一个圆、曼陀罗、水晶球，或一块圆石），或显示为人的形象（比如国王和王后、神子或其他神圣的象征）。历史上一些著名的精神导师，比如救世主耶稣、佛陀等宗教性的人物形象，也都是自性的象征。所有这些象征都是圆融合一的、一体的，是不同部分的和谐统一，达到了一种动态平衡——这也是个体化的终极目标（Edinger，1996）。荣格曾经这样来解释自性的功能：

> 自性照亮了自我，由此，我们知道了自性的存在，但是，它是不可知的……虽然我们知道因为自性，意识才给了我们光亮，虽然我们知道它就是我们所有照明的来源，但是我们不知道它到底包含了哪些我们认为是意识的东西……如果自性能够被完整地经历到，那么它就是有限的经历，因为实际上，它的经历无边无际、无始无终……如果我是一个具有自性的人，那么我就是一个全知，我会说梵文、看得懂楔形文字，知道史前发生的所有事情，知道宇宙万物，等等。（Jung，1975，pp. 194–195）

自性是深藏于内、具有指导作用的心灵结构，看起来与自我和意识完全不同，甚至看起来是心灵分离的一部分。“自性不仅仅是心灵的中心，同时还是整个圆周，将意识和无意识都囊括在内；它是心灵整体的核心，正如自我是意识的核心一样。”（Jung，1936b，p. 41）它首次出现在梦境中的时候可能是微弱的小人物，因为大多数人都不熟悉，还没有发展起自性。自性的发展并不意味着自我会解体。自我仍然是意识的中心，是心灵的重要结构。只不过，在经过长期艰苦地了解与接纳无意识过程之后，它才开始与自性联系在一起。

> 就如植物孕育了花朵一样，人类心灵也创作出了它的象征。（Jung，1964，p. 64）

象征

荣格认为，无意识主要是通过象征的形式表现出来。虽然没有什么特定象征或图像能够充分代表一种原型（这是一种没有具体特定内容的形式），但是如果一个象征与某一原型的无意识内容越吻合，它就越能够激发起强烈的情绪化反应。

> 象征具有非常复杂的含义，因为它无法用逻辑推理去解释；它常常包含许多内涵，而这无法用某一个逻辑概念来说明。象征是会发展变化的，以往的事实不足以对它进行解释，因为未来的种子就蕴涵在现在的每一个情境中。这也就是为什么在解释一个问题的时候同时可以采用象征主义的原因，因为它包含着未来。（Jung in McGuire & Hull，1977，p. 143）

荣格关心的主要是两种象征，即个体和集体的象征。荣格认为个体象征是“自然的”象征，是伴随个体心灵产生而自发产生的，并不是图像或由哪个艺术家创造出来的图案。除了在个人梦境或幻想中发现的个人象征外，还有重要的集体象征，这主要是一些宗教图像，比如十字架、佛教的生命之轮、大卫六芒星[①]。

① 又名大卫星、大卫之盾、所罗门封印，现今犹太人的象征图形，作为男性和女性能量的象征——女神 Shekina 结合的标志，被犹太人理解为“神”和自己的女性一面 Shekina 完全结合的神圣标志。——译者注

象征与象征图像表示的是我们还不能完全界定或还没有完全理解的概念。象征始终包含着我们不清楚或隐藏的潜在内涵。在荣格看来，一个符号会代表着其他别的东西；但是一个象征，比如说一棵树，就是它本身而已——一个动态的、有生命的物质。一个象征可能表示的是个体的心灵状态，是某一特定时刻的状态。

积极想象

荣格非常重视积极想象的作用，认为它是一种能够帮助个体通过象征来促进自我认识的方法。他鼓励病人将绘画、雕刻或其他艺术形式作为探索深层内心世界的方法。积极想象并不是一种被动的幻想，而是借助象征与自我对话，从而去探索无意识世界。

积极想象（active imagination）指的是通过意识努力去制造与无意识过程直接相关的材料，以便日常状态下的自我控制得到放松，但又不会让我们完全被无意识控制。不同个体的积极想象过程是不同的。有些人用画图或绘画的方式最有效，而有些人可能是借助有意识地想象或幻想效果最好，还有些人则可能喜欢其他的表达方式。

荣格曾使用过许多方式来探索他自己的无意识世界。他在波林根隐居的房子就是他根据自己内心的想法而亲自设计的。在他动手建造的时候，他还给房子加了两个翅膀；在墙壁上漆上了壁画，将他的手稿用拉丁语和高地德语[①]配上图文说明，镌刻在墙壁的石头上。

梦

在荣格看来，梦在个体的心灵中具有非常重要的补充（或补偿）作用。日常生活中的各种影响因素会让我们觉得烦恼、使我们以不符合自己人格和个体化的方式去思考。荣格曾经写道："梦的普遍性作用就是以一种微妙的方式通过重构来产生梦境内容，帮助我们恢复心理平衡，以便获得整体的心灵平静。"（Jung，1964，p. 50）

个人练习

积极想象

画画

首先请你用画图的形式来记日记，可以是草图，也可以是绘画。当你记图画日记的时候，你可能会在图画中慢慢看到自己心理状况的变化。画画的时候，你可能会发现某些特殊的颜料或特殊的图形常常与某些特定的情绪或特定的人联系在一起。因此，你的图画就变成了能够清晰表达出你自己的媒介。

你还可以采用另外一种画图方法：准备好一叠纸和颜料笔，然后坐下来。坐好后对自己的无意识提一个问题。然后让自己在想象中找到一幅图像，迅速在纸上画下来。记住，不要让自己去想这个问题的答案。

借助其他媒介

任何可以帮助你进行积极想象的技术或工具都可以。照相机或摄像机可能更好，它们具有许多特殊效果。录音机也是积极想象中容易使用、容易获得的一个不错工具。选好一种，再用它来实验。记住，要让你的无意识在你所选择的形式中自由地表达出来。

有意识地想象

首先找到一个你梦境中的图像，或其他任何一幅对你有特殊意义或有重大影响的图片。然后将你的注意力集中在这幅图上面，仔细观察它是如何开始变化或图是如何展开的。你什么都不需要做，只需要仔细观察伴

① 原为德意志南部和中部使用的德语，现为标准德语。——译者注

> 图像是心灵作为一个整体的浓缩表达，不仅仅是、甚至主要不是纯粹的无意识表现。（Jung，1921，p. 442）

随这幅图的出现发生了什么。始终将你的注意力集中在这第一幅图上，避免跳到其他的主题上。最后你可以选择走进这幅图中去，可以和这幅图对话，听听它对你说了什么。

荣格把梦当成是一种生活现实，认为如果要理解它们，就必须认真去体验、研究它们。他努力去分析梦的内容和形式，希望能够揭示梦境中的象征意义，这一做法使他慢慢地不再对梦做自由联想来进行心理分析。“自由联想能够揭示出我的所有情结，但是几乎无法说明梦境的内涵。为了理解梦境的意义，我必须将我的注意力尽可能地放在梦境意象上。”（Jung，1934，p. 149）在进行分析的时候，荣格会不断地将他的病人带到梦境意象上，会不断地询问它们，“这个梦说明了什么？”（Jung，1964，p. 29）

梦境中的象征可能不会只有一个内涵，在对梦进行解释的时候不能采用简单、机械的方式，而是必须要考虑到梦者的态度、经验，以及梦者的生活背景。梦境分析是分析师和被分析者共同参与的任务，在分析师的指导与帮助下，梦者对梦境进行解释。分析师可能具有极为重要的辅助作用，但是归根结底，只有梦者才知道梦境代表了什么。

杰里米・泰勒（Jeremy Taylor）是荣格梦的运作方面的权威，提出了几条梦境方面的基本假设（1992，p. 11）：

> 所有的梦境都是为了促进我们的健康，让我们更圆融。
>
> 没有哪个梦仅仅是为了告诉梦者他已经知道的东西。
>
> 只有梦者才能确切地明白梦境承载了什么内涵。
>
> 没有哪个梦只会有一个内涵。
>
> 所有的梦境说的都是一种通用语，这种语言就是隐喻和象征。

虽然从认知上理解梦境很重要，但是更重要的是要在行动上去体验梦境内容，并认真地对待这些内容。荣格希望我们能够成为我们自己梦境的朋友，希望我们不是将它们看作孤立的事件，而是将它们作为沟通无意识的纽带。这样一来，就为意识与无意识的对话提供了一个沟通平台，而这也是使意识与无意识达到整合的重要一步。（Singer，1972，p. 283）

个人练习

梦境日记

将你每天晚上做的梦记下来，然后在每一周结束的时候仔细查看一下这些梦，看看其中是否有重复出现的模式或象征。你也可以将梦境中的象征和图像画个草图。记住，梦境中的语言也是一种象征和隐喻，同一个梦境可能有不同的意义。在你研究这些梦和梦境意象的时候，要记得询问自己：“这个梦对我说了什么？”

》》动力论

心理发展

个体化

在荣格看来，每一个人都会自然而然地追求**个体化**，或者说是寻求自我发展。他认

> 想搞明白是我最大的一个爱好。但是，我还有医生的本能，我希望我能够帮助别人。（Jung，1961，p. 322）

为，心灵对达到圆融有一种本能的冲动。这一观念有点儿类似于马斯洛的自我实现（self-actualization）概念，但是它的理论基础比马斯洛的要复杂多了，它是建立在一个复杂的心灵理论的基础上。“个体化意味着成为一个唯一的、同质的存在；在这种情况下，‘个体化’包括了我们内心最深处的、持续存在的、独一无二的独特方面，它还意味着成为我们自己的自性。因此，我们可以将个体化称为‘回归自性’或‘自性的实现’。”（Jung，1928b，p. 171）

个体化是一个自然的、有机的过程。它是人类天性的自然展开，是我们每个人身上都具有的基本驱力。就如荣格所写的：“它是使树转变为树的过程。”（Jung in McGuire & Hull，1977，p. 210）和其他的自然过程一样，它也可以被阻断或被干扰，就好像树在不良环境中会长得很矮小一样。

个体化是一个实现圆融的过程，由此使个体获得更大的自由。这一过程包括自我与自性之间动态关系的发展，以及心灵各个部分，即自我、人格面具、阴影、阿尼玛或阿尼姆斯和其他原型之间的整合。随着人们个体化程度的提高，可看到这些原型会以一种更精细的复杂方式表现出来。

> 如果能够恰当地理解发生在我们身上的每一件事，那么我们就能回归自己；就好像它们是我们没有意识到的导师，其目的是拯救我们，并使我们学会依靠自己。（Jung，1973，p. 78）

我们通过自知（self-knowledge）对自己的觉察程度越高并据此行动，就越能消除植根于集体无意识上的个人无意识。由此，就会生成一个意识，这个意识将不再困锁于那些微不足道、过分敏感于追求实际利益的个人世界。这一被扩展的意识世界不再是充满着容易被激发的、自我本位的个人欲望、恐惧、希望、野心……相反，它是和外界发生关系的通道，使个体能够与外周世界实现真正、彻底、不可分割地联合在一起。（Jung，1928b，p. 176）

作为一名分析师，荣格发现那些来找他的病人，在前半生关心的问题都主要是外在的成功，以及是否实现了自我的目标。而那些较好实现了这些目标的年纪较大的病人，则是倾向于追求个体化——不是追求外在的成就，而是争取内心世界的整合，以及追求内在心灵整体的和谐。

从自我的角度来看，成长与发展包括将新经验融合到个体的意识中。这个过程包括学习与这个世界有关的知识，还包括获得与自己有关的知识。成长对于自我来说，必然要扩展意识的觉察能力。相比之下，个体化指的是自性的发展，以及将自性的目标转变为将意识与无意识联接起来。

揭开人格面具的面纱

在个体化过程的开始，我们必须首先揭开已经发展起来的人格面具的面纱，学会将它看作一个有用的工具，而不是将它当成我们自己必不可少的一部分。虽然人格面具具有重要的保护作用，但它同时也是掩盖自性和无意识的面具。

在我们分析人格面具的时候，首先要剥掉这个面具，要去寻找在集体无意识的底层有什么反映个人独特的东西。换句话说，人格面具只是掩盖心灵中集体无意识的面罩。从根本上说，人格面具并不是真实的存在，它只是个体与社会在一个人应该如何表现这一点上的妥协产物。它可以是获得名声、赢得头衔、拥有地位，它可以是这个也可以是那个。在某种程度上来说，这些都是现实，然而，从个体内心真正在乎的角度看，它仅仅是次要的现实，是妥协的产物。妥协之后，别人得到的比我们还多。（Jung，1928b，p. 156）

在我们了解到人格面具的局限和它的扭曲特性之后，我们就能够变得越来越不容易受身处的文化与社会的影响。

正视阴影

通过正视阴影，我们能够摆脱阴影的影响，接受我们每个人身上都存在阴暗面这一现实，同时还能意识到我们并不仅仅是具有阴影的存在。

正视阿尼玛或阿尼姆斯

个体化的更进一步是正视阿尼玛或阿尼姆斯。我们必须将这个原型当作一个真正的人物形象来处理，或者将它们看作可以沟通、可以从中学习的人。比如，荣格就向出现在他身上的阿尼玛形象询问如何解释梦境象征，就好像病人向分析师咨询一样。我们也可以认识到阿尼玛或阿尼姆斯形象具有相当大的自主能力，意识到它们对我们的可能影响，意识到如果我们忽略它们或盲目地把它们的图像和投射当作我们自己，那么我们可能会受它们的支配。

> 即使一个人的意识被蒙蔽、被削弱了，他的无意识心理也能够准确地看到事情。（Jung，1952，p. 386）

发展自性

个体化过程的目标和发展顶点就是自性的发展。“自性是我们的人生目标，因为它是被我们称为‘个性’这一关键融合体的最完整表达。”（Jung，1928b，p. 238）自性取代自我成了心灵的中心。对自性的觉察促使心灵实现统一，并且有助于融合意识与无意识中的内容：“个体化的目标就是一方面剥掉人格面具的不当伪装，另一方面是消除原始意象的诱发力量。”（Jung，1945，p. 174）自我虽然仍是意识的中心，但它已经不再是整个人格结构的核心。荣格曾写道：

> 人必须做自己。必须找到自己的个性，找到人格的核心，这个核心居于意识与无意识之间。我们必须以找到这个理想的点为目标，借此让本性给我们指引道路。只有从这个点出发，我们才能满足自己的需要。（Jung in Serrano，1966，p. 91）

虽然可以按照阶段来描述个体化的过程，但实际上的个体化进程比上述的单一进程要复杂得多。前面所说的几个过程是相互重叠的，我们每个人都会不断地回到原来的老问题上（我们希望有其他的角度）。虽然荣格没有像弗洛伊德那样采用连续的发展阶段来描述，但荣格（Jung，1933）对发展有更长远的视野，他按照发展出现的特定时期把发展分为不同的阶段，包括儿童期、成年早期、中年期和老年期。如此一来，随着我们不断地向前进步，我们的个体化就好像是一个螺旋式上升的进程，在这一过程中，我们需要不断地面对相同的根本性问题，但每一次都有所进步（这一概念非常类似于禅宗的开悟，虽然人们没有解决任何的个人公案或精神问题，但这个寻找过程本身就是修行目标）。

穆罕达斯·甘地（Mohandas Gandhi）：个体化了的领导人

发展的障碍

个体化过程需要意识的参与，这是一项艰巨的任务，要求个体的心理健康必须达到足以处理这一过程的程度。而且，自我必须足够强大，才能够经历这些巨大的转变，才能够在个体化过程中进行彻底的自我搜查：

> 人们可能会将个体化过程描绘成一个充满混乱、痛苦的世界。但人们不了解它，这就是唯一的区别所在……毫无疑问，个体化绝不是出现在少数人身上的一件罕见或难得的奢侈事情，但是那些知道自己正处于这一过程中的人都被认为是幸运的。如果他们对此有足够的意识，那么就能从中获得收获。（Jung，1973，p. 442）

> 将理想的观念填充在意识中是西方通灵学派的一个典型特征……一个人永远不可能只通过想象毫无瑕疵的人物就可以使自己变得明悟，要做到这点，就必须让阴暗面进入自己的意识。（Jung，1954a，pp. 265-266）

这个过程之所以特别艰难是因为它是每个人的私事，常常会遇到他人的排斥或遭到他人的漠视。荣格曾经写道：

> 我们的天性根本就不关心高层次意识中的事情，而是完全与之相反。我们所处的这个社会也根本不重视心灵的功绩。这个社会只会因为你的成就而不是因为你的人格给你颁奖。在绝大多数情况下，人也只有在死后才会因为人格而获奖。（Jung，1931a，p. 394）

人格面具

在个体化的过程中，每个阶段都有其阶段的困难。第一个困难就是对人格面具的认同问题。那些能够认同其人格面具的人可能会变得“完美”，他们不接受自己的不足、失误，不接受任何与其理想自我概念不相符的方面。完全认同自己人格面具的人习惯于压抑任何不符合其自我形象的方面，并且会对这样的行为进行外在归因，会将那些需要压抑、不符合其自我形象的工作分配给别人。

阴影

阴影也可能会成为个体化过程中的主要障碍。那些没有觉察到自己阴影的人，容易在会带来危害的本能冲动下采取行动，而根本不会意识到这是有害的、不对的，也没有意识到它们可能带来的消极感受。对于这些人来说，破坏和违反规则的冲动会被迅速合理化，因为他们并没有承认自己存在这种欲望。对阴影的忽视也可能使个体产生道德优越感，使他们将阴影投射到别人身上。比如，那些强烈坚持严格审查色情作品的人中，很可能有一些人是极度迷恋这些他们想禁止的东西；他们甚至使自己相信，一定需要认真“研究”这些色情产品，才能更有效地审查。

阿尼玛与阿尼姆斯

正视阿尼玛或阿尼姆斯的同时也会带来另外一个问题，那就是它们与集体无意识的关系。对于男性来说，阿尼玛可能会使他们突然出现情绪变化，或让他们变得喜怒无常；而对于女性来说，阿尼姆斯则可能会让她们表现得缺乏理智、固执。当然，荣格所谓的阿尼玛与阿尼姆斯并不是通常意义上所说的男性气质和女性气质。阿尼玛或阿尼姆斯中的内容是我们意识中的男性气质或女性气质的补充，对于绝大多数人来说，这在很大程度上是由文化价值观和社会性别角色决定的。

人们如果经常接触到与集体无意识有关的信息，就可能会过分陷于其中。在荣格看来，结果只有两种可能：第一种是自我膨胀，这时个体就会要求自己具有集体心灵中的所有知识和美德；另一种完全相反的结果是自我失能，这时候个体就会觉得自己完全无法控制集体无意识，由此对无意识中那些不被接纳的方面特别敏感，如非理性、消极的冲动与欲望等。

自我膨胀

正如许多神话传说与童话故事中所说的那样，最大的困难往往是在马上就要到达目标的时候（von Franz，1995）。当人们处理阿尼玛与阿尼姆斯的时候，会释放出巨大的能量。这些能量会被用来增强自我，而不是用来发展自性。荣格认为这是对神力人格[①]原型的认同。自我会努力对智者原型或通晓一切的人表示认同（比如，这种症状在大学老教授中并不少见）。神力人格是有害的，因为它错误地过分夸大了力量。陷于这一阶段的个体可能不仅会低估自己，同时还会高估自己。高估自己的原因在于他们可能认为自己能够变得完美、神圣，甚至认为自己可以和上帝一样；低估是因为他们失去了与自己真正本性的接触，不知道任何人都无法成为完美、无暇、永远不犯错的贤人。有研究发现，自我膨胀与职业倦怠有关（Garden，1991）。

荣格认为，人们在个体化的时候，几乎不可避免地会暂时性认同自性原型或神力人格。防止自我膨胀的最好方法就是要牢记自己的本性，要立足于现实，知道自己能做什么和必须做什么，而不是应该做什么或应该是什么。

> 不是期望你做到完美，而是期望你达到完整、统一。（Jung，1973，p. 97）

> 心理与身体并不是两个各自独立存在的实体，而是一个整体，享有同一生命。（Jung，1917，p. 113）

理论结构

身体

荣格一生写了很多著作，但是在他所有的著作中，都没有明确地阐述身体的作用，而是将他的全部精力放在研究人的心理上。他认为，只有当生理过程能够体现在心理上的时候，它才和我们有关。物质上的身体以及外周世界，只有在我们进行心理体验的时候，才能够被我们认识。“我关心的主要是心理本身，因此，我略去了身体与灵魂……在我看来，身体与灵魂仅仅是心理现实的一个方面，心理体验才是唯一的直接体验。身体和灵魂一样，都是形而上学的、超感觉的。”（Jung，1973，p. 200）在荣格看来，身体的体验才是关键。（Conger，1988）

社会关系

荣格特别强调，人们的个体化过程实质上是一项个人的奋斗事业。不过，他也认为这个过程是在与他人的相互交往中才得以发展的。

> 除非与身边的人交往，否则我们就无法觉察到自己的个人特性。我们认识自己的过程并不意味着就是要隐遁到自己的天地中。只有当我们深入地、无条件地与他人交往，去接触各种各样的人，接触那些能够与之比较的、能够让我们辨别自己的人，我们才能够真正找到自己。（Jung in Serrano，1966，pp. 83-84）

在主要人格结构形成和发展的过程中，社交活动具有至关重要的作用，比如人格面具、阴影、阿尼玛或阿尼姆斯。社会经验能够帮助我们确定每个人格结构的具体意象和

① 神力人格（mana-personality）在美拉尼西亚语中指的是由人、物或其他超自然存在所发出的能量和力量，这种力量有不可思议的超自然威力或具有魔力性质。——译者注

> 离群索居实现不了个体化，而是需要与别人交往。我从来没有看到在无意识的情况下就能够建立良好的人际关系网。（Jung，1973，p. 504）

象征；同时，这些基本的原型结构又会对我们的社会关系产生塑造和指导性作用。

意志

荣格认为，个体意志是人类发展到后来才有的。在原始文化中，仪式性活动（比如狩猎舞）可以促使部落成员进入行动状态，这个状态就是我们现在所说的意志力（willpower）。

意志实际上是不存在的，它需要种种仪式来引发，这些仪式就好比我们现在从原始部落中看到的那样，而仪式引发的东西实际上就等同于我们现在所说的“决心”。慢慢地，随着时代的变化，我们逐渐获得了一定的意志力。我们能够从先天能量中、从原始无意识中、从事件的原本流程中分离出我们能够控制的一部分能量。（Jung in McGuire & Hull，1977，p. 103）

> 在我的行医生涯中，以及我自己的生活中，我不断地看到爱情的神秘，但我从来就无法解释它到底是什么。（Jung，1961，p. 353）

在荣格看来，意志就是意识或自我能够支配的能量，认为意志的发展与文化价值观、道德标准等诸如此类的学习有关。他认为，只有在有意识地思考和行动的情况下，意志才能够发挥作用，认为意志虽然能够通过意识过程间接作用于本能等无意识过程，但是它无法直接产生影响。

情绪

荣格特别重视对情绪的研究，认为情绪研究必须在心理学中处于核心地位。

心理学是唯一考虑了价值观（即情感）的科学，因为它是联接心理事件和日常生活的桥梁。也正是因为这一点，心理学常常被诟病为不够科学，但是那些批判者并没有真正理解情感研究的科学与实践需要。（Jung，1964，p. 99）

那些直接与原型有关的心理内容常常会唤起强烈的情绪反应，具有令人恐怖的特性。当荣格在论述象征的时候，他并不是在写一些没有生命的文字，也不是在毫无感情地描述形状，而是在写一些具有影响力的生命实体，人们借助它们过自己的生活，也有很多人为它们而死。在荣格看来，情绪是个体化过程背后的强大力量，“情绪是意识的主要来源”。（Jung，1954b，p. 96）人们出现的所有内在变化都离不开情绪的存在。

> 患有神经症的治疗师配不上“治疗师”这个称号，因为他不可能帮助病人取得进步。（Jung，1973，p. 95）

理智

在荣格看来，理智指的是有意识的、指向性思维过程。他认为理智与直觉不同，后者只是从无意识中获取材料，而理智在心理活动中的作用非常重要，但却有限，只有理智上的理解还不够完整。“只研究理智的心理学永远不可能具有实用性，因为仅仅研究理智永远无法真正把握心理这个整体。”（Jung，1917，p. 117）在他看来，理智很好地充当了情感与直觉之间的纽带。

治疗师

分析心理学（analytic psychology）是用来描述荣格治疗取向的专业术语。分析心理学家重视集体无意识中的力量，帮助病人去平衡那些潜藏在心理或人格中的各种相互

> 如果以前在别人那儿治疗时所产生的偏见不会影响到你，那么我的任何一个学生都能够帮助你获得领悟、理解，使你能够自我治疗。其实，在实在没有办法时，每个人都能够独自赢得战斗，没有任何人能够为他做到这点。（Jung，1973，p. 126）

对立的力量。在荣格看来，心理治疗就是分析师与病人平等地、共同从事的一项活动。由于他们之间是一种动态的相互作用关系，因此分析师必须要有开放的心态，要能够根据沟通情况作出调整。荣格认为，治疗就是分析师与病人主要在无意识层面进行相互作用的过程，但是只有在分析师能做到这点的时候，病人才能够取得进步。

> 心理治疗中值得注意的一点就是：如果只是熟记，那么你无法学到任何能在适当的时候运用的解决办法；但如果你能做到关键的一点，那么就能治愈病人——即你必须将病人当作一个心理完整、统一的人来理解，你必须用对待正常人的方式来对待他们，你必须抛开所有的理论，去认真聆听他们说了些什么。（Jung，1973，p. 456）

在治疗的过程中，荣格极力避免自己去依赖哪个理论或哪个具体技术。他认为，对理论与技术的依赖会让分析师变得机械，会使他们失去与病人的接触。治疗师不能像技工对待只需要换一个新的回气管或化油器的汽车那样，只是对心理的某些部分进行处理。心理治疗需要通过分析师与病人之间建立真诚的关系，需要将病人当成健康完整的个体来对待。

荣格特别强调分析师在治疗的时候需要高度投入，既需要意识也需要无意识的投入。他非常重视分析师与病人在无意识层面上的互动。同时，他也是在治疗中使用梦境、幻想、隐喻的先驱，这都是基于他的无意识理论。在他看来，无意识的特点是原始的、本能的，充满活力和具有目的性。（Sedgwick，2000）

> 人生中的重要问题是永远不可能真正获得完满解决的。如果哪天真的出现了这样的情况，那么肯定是漏掉了什么。问题的目的和意义不在于它的解决，而在于那个不断解决的过程。（Jung，1931a，p. 394）

通常情况下，荣格每周接见病人一次或两次。为了促进病人的自我管理，他常常会给他们布置家庭作业。比如，他可能会要求病人分析他们自己的梦境。在他的坚持下，他的病人可能会偶尔去休假而不是分析，这样做的目的就是为了防止病人产生对他以及对治疗日程的依赖。

荣格在谈到他的心理治疗方法的时候，常常将之称为“始于自性的分析”，认为这是一种直接处理病人内心最深处问题的方法。他将自己的方法与“权威分析方法”进行了比较，认为权威分析方法的基础是人格面具，是“自我中心式分析”，认为这是因为他们害怕无意识中的内容。（Haule，2000）

荣格将他的治疗过程概括为两个主要阶段，每个阶段又有两个部分。第一个阶段是分析阶段（analytic stage）。这一阶段的首先是承认（confession），病人需要将隐藏在无意识中的材料找回来，对治疗师的依赖关系可能就是在本阶段形成的。其次是阐释（elucidation），也就是对病人所承认的材料进行解释、说明。在这一过程中，病人对心理过程会越来越熟悉，理解程度也会越来越高。然而在本阶段，病人一直是依赖于治疗师的。

治疗的第二个阶段是整合（synthetic）。在本阶段，一开始是训练（education）。荣格认为，需要从洞察心理转移到实际的新体验中，只有这样才能够帮助个体成长，帮助他们形成新的习惯。然后是转化（transformation），这时候，分析师和病人的关系是一体的，而且随着他们关系的发展变化，病人对分析师的依赖程度也会逐渐减弱。虽然这时候还不一定会碰到原型方面的内容，但是个体的体验高度集中在个体化过程上。这是一个自我教育的阶段，通过这一过程，病人就会越来越对自己的发展负责。

相关研究

与弗洛伊德类似，荣格也是根据他自己的梦以及最初在伯戈尔茨利精神病院与病人接触的经历基础上建立了自己的理论。通过持续不断地分析自己的梦以及对私人病人的深度分析，他不断地完善自己的想法。他的思想还来源于他对历史、人类学、宗教、神话传说与哲学的研究。现在有研究者认为，荣格的原型是来源于大脑中基本的认知与情绪结构。（Cambray，2006；Saunders，Skar，2001）

荣格的类型学理论

迈尔斯－布里格斯类型指标（MBTI）是建立在荣格类型学理论基础上的心理测试，也是大受欢迎的应用最广泛的心理测试。每年有 300 多万人做 MBTI 测试（Cloninger，2008）。迈尔斯与布里格斯在荣格的 4 种类型上增加了两个类别，即判断（judgment）与知觉（perception）。判断指的是偏好于明晰的结构与决策（Myers et al.，1998）。知觉则是指偏好于信息的收集，以及开放性与自发性。关于 MBTI 做了大量的研究（Myers & McCaulley，1985）。有三篇文献综述总结认为 MBTI 的信度与效度是可靠的（Carlson，1985；Carskadon，1979；Murray，1990），与其他许多心理测试的结果存在相关（Campell & Heller，1987）。研究发现，MBTI 与人格障碍之间存在显著的相关（Coolidge et al.，2001）。该测试在研究、辅导以及商业领域非常受欢迎（Bubenzer et al.，1990；Gardner，Martinko，1996；McCrae，Costa，1989）。

许多研究支持了荣格类型理论的有效性。比如，直觉型有更高水平的创造性与直觉（Myers & McCaulley，1985；Tegano，1990；Berr et al.，2000）。

内向与外向是荣格所有概念中应用最为广泛的两个概念。艾森克（Eysenck）研究了人格基本维度及其相关因素，虽然他的界定与荣格并不完全相同（Eysenck，1967；Eysenck & Eysenck，1985），不过迈尔斯等认为 MBTI 测试能够更准确地测量到荣格的内外向概念（Myers et al.，1998）。

有研究表明，外向者更喜欢穿装饰性的衣服，而内向者则更喜欢穿舒适的衣服（Sharma，1980）。外向者更喜欢欢快的、传统的、充满活力的音乐（Rentfrow & Gosling，2003）。销售行业中外向者更多（Sundberg，1965），外向者把自己的办公室布置得更有利于社交，给办公室更多的装饰，更喜欢把门打开，他们喜欢在房间中放一些额外的椅子，在办公桌上更可能摆上一盘糖果（Gosling，2008）。此外，声称自己幸福的人中，外向者也比内向者多（Myers，1992；Pavot et al.，1990）。

理论点评

荣格的著作有时候看起来似乎不切主题，没有采用合乎逻辑的、系统的方式来展现他的观点。另外，他在不同的阶段对于同一术语可能会采用完全不同的定义。他自己在写作的时候也意识到了这个问题，但是并没有把它当回事。荣格认为，生活很少会遵循那种被科研与学术写作奉为标准的、符合逻辑的、条理分明的模式。他认为，自己的这种风格可能更接近于高度复杂的心理现实。

荣格故意建立了一个松散、开放的理论体系，你可能发现，某个新发现的资料似乎无须改变就能很好地套在他这个理论框架中。荣格从来就不认为他知道所有的答案，或某个新发现的资料恰好就能够支持他的观点。因此，他的理论不够严密，缺乏逻辑结构，没有采用少数几个理论概念来系统阐述他的思想。

有人认为，荣格的理论仍然非常适合我们现在的情况，他的著作与当代文化中的后现代主义评论也高度相似（Hauke，2000）。虽然荣格是一种抽象式风格，但是他的经验主义认识论使他成为威廉·詹姆斯心理学传统中的一员（Kotsch，2000）。

宗教与神秘主义

在荣格看来，神秘的传统与信仰是人类理想和愿望的重要表现形式。但是，他将那些没有关心人类思想与行为的精神体验和修炼行为当作应该忽视的资料。显然，荣格一直就是一个研究者，而不是一个信徒或门徒。

> 我不是一个预言家，而是一个研究者。我所关心的是那些能够被经验证实的东西；对没有任何证据、只根据经验做出的推测根本就不感兴趣。（Jung，1973，p. 203）

我是并且永远都是一位心理学家，我不关心人类体验中心理内容之外的任何东西……我会研究宗教体验中的心理层面，因为其中存在可以解释的结构与象征。在我看来，宗教体验是具体、真实的。我发现，通过这样的宗教体验，我的心灵得到了“拯救”，整合的步伐获得了加快，并且实现了精神平衡。（Jung in McGuire & Hull，1977，p. 229）

荣格清楚地看到生活中的宗教与心理健康之间的密切关系。

在我所有的病人中，那些处于后半生阶段的人，也就是说，超过 35 岁的人，没有哪个人的问题不是因为他们的宗教观念出了问题。我完全可以说，他们会生病完全是因为他们把宗教灌输给信徒的东西给丢失了，除非他们能够重新找到自己的宗教观念，否则是不可能真正得到痊愈的。（Jung，1932，p. 334）

荣格认为，我们每个人都有宗教方面的本能，都希望达到圆融合一。他认为，上帝是每个人身上的一部分（Dyer，2000）。他还认为我们的心理与精神发展对于人类与地球上的所有生命来说，都是生存的关键要素（Burns，2006）。

荣格认为，精神实践具有非常重要的意义，这一点很明显地体现在他给比尔·威尔逊（Bill Wilson）的一封信里面，比尔·威尔逊是戒酒者互助协会（Alcoholics Anonymous，AA）的两名创始人之一。在信中，荣格谈到了嗜酒病人罗兰多（Roland H.）的问题，他认为罗兰多已经没有希望了，除非“他能够去感受精神或宗教的体验——简单来说就是转化信仰”。荣格不仅极大地影响了威尔逊的信仰转变过程，影响了威尔逊对病人的治疗，还对威尔逊于 1934 年与他人共同创办 AA 协会产生了巨大的影响。下面这些话是从荣格给威尔逊的信中摘录的。

我没有罗兰多的任何消息，我常常想知道他将来的命运会如何……他对酒精的渴望

> 我工作的主要研究兴趣不是治疗神经症，而是达到神圣合一（numinous）的方法（圣洁的感觉）。实际上，实现神圣合一的过程就是真正的治疗，因为当你体验到神圣合一的时候，你就不会再受病状的困扰了。（Jung，1973，p.377）

程度相当于我们精神渴望中的低水平，我们的灵魂渴望圆融合一，用中古语言来说，就是与神灵合一。

人们怎么才能够用我们不会误解的语言勾画出这样一个有见识的观点呢？

唯一能够合法而又合理解释这种体验的原因就在于，它确实发生在你身上，而且它也只能发生在你身上。当你在小径上散步的时候，它可能会带你走入更高层次的领悟。你可能会因为做了一件好事，或与朋友进行了一次真诚的沟通，或心灵在不受理性限制的情况下进行了一次更高水平的训练而达到这一境界。

你知道，“酒精”（alcohol）在拉丁语中是“醣剂”(spiritus)[①]。你可以用这个词来表示至高的宗教体验，也可以表示颓废、堕落的药物。较为有益的做法就是，用精神战胜酒精。(Jung，1984，pp. 197–198）

荣格在戒酒者互助协会的创立以及12步戒酒方案设置上的启发性作用可能是他对现代社会最伟大的贡献之一。

对象征的分析

荣格认为象征具有重要的意义，他对象征的详尽分析和解释是他为心理学作出的最伟大贡献。他非常清楚象征的复杂特性，并且知道在分析的时候不能过于简单。他考察了神话、民间传说、炼金术，因为这些方面的知识能够为他在分析的时候提供不同的知识背景，有助于他了解这些复杂象征的产生过程。

> 心理发展不是说有了目的、有了意志就可以实现，它需要的是象征的吸引。(Jung，1928a，p. 25）

虽然荣格的著作极为难懂，但是这可能比更简单、更富有逻辑的平凡写作更有价值，因为它传达出了荣格的丰富思想。他那变通、开放的心态，从更深层次对人类存在本质的关注，使得他的研究不仅具有广度，还具有深度，这在心理学领域无人可与之匹敌。

近年来的发展：荣格理论的影响

荣格理论的影响力与普及程度一直在不断地增长。瑞士苏黎世荣格研究院（Jung Institute）仍然在训练来自世界各地的分析师们，美国大城市和其他国家的荣格研究院都提供了丰富的研究材料、讲义，以及开办周末工作坊，或进行荣格式分析的长期培训。在荣格去世后，荣格式分析的实践应用也获得了发展（Stein，1995，1998）。对荣格生平的研究著作也在不断地出版中。最近出版的书中，其中一部的作者就是人物传记奖的获得者迪尔德丽·布莱尔（Deirdre Blair，2003）。

在荣格性格类型理论基础上发展而来的迈尔斯－布里格斯类型指标（MBTI），现在已成为当今世界上最受欢迎的心理测试之一（Myers，1980）。该量表在企业界和教育界获得了广泛应用，已经有数百万人做过这个测验。每个人都会获得内向—外向、思维—情感、直觉—感觉，以及知觉—判断4个维度的得分。其中，知觉—判断维度是后来才在荣格的理论结构基础上增加的。知觉型指的是对新信息和新经验的开放度，判断型则指的是不接纳新的感知信息、习惯迅速做出决定。曾经有项研究使用MBTI来提高多样

> 我唯一的希望和愿望就是不要有人成为“荣格主义者”……我反对俗套的教条主义者，痛恨“盲目的追随者”。我希望每个人都能按照自己的方式自由地研究，因为我也在为我自己争取自由。(Jung，1973，p. 405）

① 指含有芳香、挥发性药物的乙醇溶液。——译者注

化培训的效果。研究表明，大多数白人男性的测试结果是偏向思维型，但实际上每个人用的较多的却是情感型功能（Sheil，1999）。

许多著名的作家和学者都在荣格理论的基础上做了非常出色的研究，比如约瑟夫·坎贝尔将荣格的理论运用到神话学（1985，1988）和英雄原型（1949）的研究上；詹姆斯·希尔曼（James Hillman，1975，1989）受到荣格的强烈影响，创立了原型心理学（archetypal psychology）；琼·史娜达·博伦（1984，1989）写的最畅销的两本书，其主题就是女性中的女神原型和男性中的男神原型；罗伯特·摩尔（Robert Moore）和道格拉斯·吉列（Douglas Gillette）在他们合著的《国王、战士、魔法师、情人》（*King，Warrior，Magician，Lover*，1990）一书中，详细列举了"男性气质的原型"；男性运动的创始人之一罗伯特·布莱（Robert Bly，1990），也曾受到荣格思想的巨大影响。

完整展示了荣格心理学和精神思想的作品主要是那些从基督教视角开展的研究，比如凯西（Kelsey，1974，1982）、桑福德（Sanford，1968，1981）的著作。卡佩罗和赫德伯格（Caprio，Hedberg，1986）合著的《回家：寻找内心圣殿的指南》（*Coming Home：A Handbook for Exploring the Sanctuary Within*），就是一本基督教传统精神修炼的实际操作手册，其中包含了许多引人入胜的个人故事、出色的图文说明，以及能产生良好效果的练习。

> 人们对上帝的所有断言都是在胡说八道，因为没人认识他。（Jung，1975，p. 377）

如果想清楚地了解荣格的心理学思想和佛教的关系，最好是看看斯皮格尔曼和美由纪（Spiegelman，Miyuki，1985）的著作。斯皮格尔曼还研究过荣格心理学与犹太神秘主义（1982），以及与印度教之间的关系（Spiegelman & Vasavada，1987）。此外，还有研究者考察过荣格心理学与卡巴拉教（Kabbalah）之间的关系（Drob，1999），以及与现象学领域其他许多主题的关系（Brooke，2000）。

荣格著作《红书》（*Red Book*）（2009）的出版是荣格主义心理学史上的一个重大事件。这是荣格在 1914 至 1930 年亲笔撰写与绘图的手稿，全书 205 页。在荣格去世后，该手稿被保存在瑞士银行的保险库里。在出版之前，只有非常少的学者被允许对此进行检查。这是荣格追求强大内在图像的重要记录，而这些图像就好像是从他的无意识中爆发出的。

《象征：对原型意象的思考》（*The Books of Symbols：Reflections on Archetypal Images*，2010）是另一部关于荣格的重要出版物。这部著作有 800 页，里面包含的 350 个原型象征都附带有心理学、宗教学、艺术、文学和神话学领域的学者撰写的评论。这些象征都选自于《原型象征研究档案》（*Archive for Research in Archetypal Symbolism*，*ARAS*），该档案是一部收集了 17 000 个附有评注的图片的特辑。荣格那丰富、深奥、复杂的理论思想逐渐赢得了人们的普遍接受，这也是它应得的。

原始手稿

◆ 分析心理学节选

字词联想

荣格在介绍深层心理学[①]的时候，一开始就是介绍他的字词联想实验。他设计了高超的联想解释技术，他的天才直觉常常令人惊叹。

① 即精神分析学，荣格学说被归为深层心理学（depth psychology）或超心理学范畴。——译者注

多年以前，当我还是一名非常年轻的医生时，一位刑事学老教授问我实验上的问题（字词联想中的实验），并告诉我说他根本就不信这个。我说："教授您不相信？您随时可以尝试一下。"他邀请我到他的家里，然后我就开始了。在做了10个词语之后，他烦了，说道："你能从中解释什么呢？这什么都说明不了。"我对他说，你不能只做10个或12个词语就希望可以得到一个结果，你需要100个词，我才能从中看到东西。他问道："你能从这些词中得出结果？"我回答说："还不够，不过从中我能对你说一些。最近，你在为钱而烦恼，你的钱太少了。你担心会死于心脏病；你一定在法国求过学，你曾经在那里恋爱过，而且你常常想起它；通常来说，当一个人关心起死亡的时候，曾经的甜蜜记忆就会浮现出来。"他说道："你怎么知道？"随便哪个小孩都能看得出来！他都72岁了，而且他还将"心脏"（heart）与"痛苦"（pain）联系在一起——害怕会死于心脏问题。他还将"死亡"（death）与"死"（to die）联系在一起，这是自然反应；将"钱"（money）与"很少"（too little）联系在一起，这是非常常见的反应。然后，事情就让我觉得非常吃惊了。对于"工资"（pay）一词，他花费了很长一段反应时，然后说出了"播种女神"（La Semeuse）[①]。虽然我们在交流中用的是德语，但那是法国硬币上的知名人物啊。那么，这位老人为什么会说出播种女神呢？在他做"接吻"（kiss）一词的时候，又有很长一段反应时，然后他的眼睛发亮，说出了"美好"（beautiful）一词。这时候，我当然明白整个故事了。如果不是和某个特殊的感受有关，他根本就不会说出法语来，因此，我必须搞明白他为什么这么做了。是他在法郎方面遭受过损失吗？那时候没有听说过通货膨胀和贬值啊。不可能是这个原因的。我拿不准到底是因为金钱还是爱情，但是当他作出"接吻"与"美好"反应的时候，我就知道这肯定是因为爱情了。他不是那种会在这么大年纪还去法国的人，那么他肯定曾经是在巴黎做过学生，他是一名律师，很可能是在索邦神学院[②]（Sorbonne）。我轻松地就串起了全部的故事。（Jung，1968，p. 57）

梦境分析

以下引文说明了荣格分析梦境的方法。

我记得有一个年轻女孩的案例，她在来我这儿之前已经看过了两位分析师。在她来我这儿的时候，告诉我说，她去看那些医生时曾经做过相同的梦。每次开始进行分析的时候，她都会做一个很特别的梦：她到了海关想要出境，但是她找不到要去报告自己携带物品的海关。第一次的梦中，她在找边境处，但是她甚至到不了那个地方。这个梦给了她一种感受，就是她根本无法和她的分析师建立一种适当的关系；但是因为自卑，她不相信她的判断，她仍然去咨询了，最后当然什么结果都没有。她在他那儿咨询了两个月，最后离开了（然后她与另外一位分析师相处了三个月，最后同样也离开了）……

当她来到我这里的时候——她曾经在一次演讲中见过我，并决定要来找我——她梦见她到了瑞士边境，这是一个白天，她看见了海关。她过了边境处，进入了海关，在那儿站着一名瑞士海关检查官。她前面是个女人，检查官让那女人过去了，然后轮到她。她只携带了一个小包，觉得自己不需要检查就能够通过。但是检查官看着她，并对她说道："你包里装了什么？"她回答道："什么也没有。"然后打开包。检查官将手放进去，然后拉出一个东西，那东西越来越大，最后有两张床那么大。她的问题是她对结婚有抗拒。她在恋爱，但是因为某些原因还不想结婚，那些床就是房事。我将她的情结抽了出来，然后让她认识到这个问题，不久之后，她结婚了。

这些开始时的梦通常是最有启发意义的。因此，我常常在病人第一次见我的时候就问他们："你之前知道你要来找我吗？你以前见过我吗？最近你做过梦吗，也许就是昨天晚上？"——因为，如果他做过，那么就能够给出和他心态有关

① 法文，法国的硬币上有这个图案。——译者注

② 巴黎大学的前身。——译者注

的最宝贵信息。如果你能够与你的无意识保持紧密联系，那么你就能够渡过很多难关。（Jung，1968，pp. 168-169）

章节重点

- 建立与促进意识与无意识之间的联系是实现个体圆融完整的根本。
- 个体化是个体通过发展实现圆融完整的过程；包括建立自我与自性之间的联系，整合心理的各个结构。
- 自我是意识的核心，自性是整个心理的核心，包括意识和无意识。
- 思维、情感、感觉、直觉是心理的 4 种基本功能。我们可以在内向或外向的模式下体验它们。优势机能的意识程度更高、发展得更好；劣势机能是最原始的、意识程度最少的机能；劣势机能可能会让我们探测无意识。综合所有这 4 种机能才是最好的行为方式。
- 遗忘的记忆、压抑的经验、升华的知觉构成了个人无意识。集体无意识并不是建立在个人经验的基础上，而是具有跨时空、跨文化的普遍特性。
- 原型意象在很多历史时期、许多文化中都能够看到；世界各地的神话、民间传说与传奇故事存在着共同的主题就是其证据。
- 人格的主要结构也是原型：人格面具、自我、阴影、阿尼玛与阿尼姆斯，以及自性。
- 象征是无意识的主要表现形式。与无意识过程一样，象征也有两类形式：一类为个体的，另一类为集体的。
- 梦有助于恢复心理平衡，重建心灵的完整和谐。我们应该将梦当作一种生命实体来对待，要深入研究、充分理解它们。
- 人的心灵天生就渴望实现圆融完整，每个人都有自我发展或实现个体化的倾向。
- 荣格认为人类的全部思想与行为包含了精神体验的所有信息；认为宗教信仰是人类理想与愿望的重要表现。
- 荣格对心理学作出的最伟大贡献就在于他认识到象征在心理方面的意义，以及他对此进行的详尽分析。

关键术语

积极想象（active imagination）：积极想象包括画画、涂色、有意想象、幻想、雕刻或其他表现形式，是一种运用象征的方式来促使无意识与自我进行对话的行为。

阿尼玛 / 阿尼姆斯（anima/animus）：阿尼玛 / 阿尼姆斯是无意识中的一个基本心理结构，是人格面具的补充，对不符合自己意识中的男性形象或女性形象的内容特别关注；起初表现为一个完全分离的异性人格，然后成为意识与无意识之间的联络纽带，最后逐渐被整合到自性中。

原型（archetypes）：原型是没有特定形式的、原始的重要心理结构，是无意识中的结构形成元素。

集体无意识（collective unconscious）：集体无意识是所有来自非个人经验的心理内容的核心，具有跨时代、跨文化的特性。它是一个先天存在的心理结构，决定了个体的发展。集体无意识包含了人类心理演化过程中的所有遗产。

自我（the ego）：自我是一组观念，是所有个体的意识核心。

外向（extraversion）：外向指的是人们的态度倾向，外向型的能量主要指向外部世界，更喜欢与他人和物打交道。

情感功能（feeling function）：情感功能是指情感型的个体在决策的时候偏好于根据

感情、价值观和当事人的需要。

个体化（individuation）：个体化是在自我与自性之间建立动态关系的过程，并同时整合心理的不同组成部分。在意识与无意识之间建立联合是个体化的目标。

内向（introversion）：内向指的是人们的态度倾向，内向型的能量主要指向于内，即自己的内部世界，更喜欢关注内在的情绪感受、思想等精神世界。

直觉功能（intuition function）：直觉型的个体偏好于抽象的、理论性的信息，偏好于领悟和建立与理论或其他模式的关系。

人格面具（persona）：人格面具指的是在与他人交往时表现出来的特征。包括我们的穿着，以及表达时的个人风格。

自性（the self）：自性是核心原型，是心理组织者，它使个体心理以一种整体的方式运转，使心理的不同对立成分达到和谐、平衡。

感觉功能（sensation function）：感觉型的个体偏好于通过我们的五官所收集到的实际的、切实的具体信息。

阴影（shadow）：阴影是原型的一种形式，能够反映出被意识压抑的内容；包括所有不符合社会道德标准的内容，以及被个体排斥的欲望、想法、记忆和经验；它同时还是个体储存本能能量、自发行为，以及个体生命力的仓库，是人们创造性的主要来源。

思维功能（thinking function）：思维型的个体在决策时偏好于依据事实资料，注重逻辑、法则与公平。

推荐阅读

首要资源

Jung，C. G.（1961）. *Memories*，*Dreams*，*Reflections*. New York：Random House（Vintage Books）.

本书是荣格的自传，良好地展示了荣格思维的多面性，同时也为人们了解荣格的思想提供了非常好的初步介绍。内含术语表，并探讨了荣格的主要概念。

Jung，C. G.（Ed.）.（1964）. *Man and His Symbols*. New York：Doubleday.

本书包含了那篇被荣格称为“走近无意识”的文章，该论文文笔非常清晰。书中包含有丰富的图文说明，是心理学领域内文字和插图结合得最好的书籍之一。戴尔（Dell）出版公司出版的平装版价格便宜，而双日出版社（Doubleday）出版的精装版有更多的图片，而且有许多是彩图。

Jung，C. G.（1967）.*Collected Works of C. G. Jung*（H. Read，M. Fordham，& G. Adler，Eds.）. Princeton，NJ：Princeton University Press.（Published under the Sponsorship of the Bollingen Foundation；English Edition，London：Routledge & Kegan Paul；American edition，volumes issued 1953-1967，Pantheon Books.）

本书比较适合那些想深入了解荣格思想的人，它其实包括了荣格的所有著作。

Jung，C. G.（1968）. *Analytical Psychology*，*its Theory and Practice*. New York：Pantheon Books.

本书是荣格理论的最好展示，包括他在伦敦讲稿的副本。现在的平装版中包含了荣格的许多论文。值得特别关注的是其中分析心理学的两篇论文，以及他对理论体系的概述和心理类型章节；尤其值得关注的是第10章“心理类型的基本描述”，第11章“定义”，这两章都重点讨论了荣格的主要理论构念。

次级资源

Dry，A.（1961）. *The Psychology of Jung*. New York：Wiley.

Fordham，F.（1953）. *An Introduction to Jung' s Psychology*. London：Penguin Books.

Hall，C.，Nordby，V.（1973）. *A Primer of Jungian Psychology*. New York：New American Library（Mentor Books）.

本书清晰、完好地概述了荣格主义的心理学思想。

Hopcke，R.（1999）. *A Guided Tour of The Collected Works of C. G. Jung*. Boston：Shambhala.

本书是荣格 20 卷著作选集的指南，文笔清晰，是一本非常有帮助的指南性读本。

Jacoby，J.（1959）. *Complex，Archetype，Symbol in the Psychology of C.G. Jung*. New York：Pantheon Books.

Serrano，M.（1966）. *C. G. Jung and Hermann Hesse：A Record of two Friendships*. London：Routledge & Kegan Paul.

本书列有荣格与塞拉诺之间的精彩对话。塞拉诺是智利的诗人、小说家，在印度居住了好几年。

Singer，J.（1972）. *Boundaries of the Soul：The Practice of Jung' s Psychology*. New York：Doubleday.

本书从一位现代荣格主义分析师的角度，详细介绍了荣格主义的动力学理论和治疗方法。

第 3 章

阿德勒与个体心理学

阿尔弗雷德·阿德勒认为每个人都是与社会系统不可分割的完整个体，他也因此成为从整体角度来系统考察人类心理的创始人。他将自己的研究取向称为个体心理学（individual psychology），因为他强调的是个体的独特性，而不是弗洛伊德描述的行为普遍性。因此，他也成了第一批离开弗洛伊德精神分析核心圈子的人。

阿德勒的追随者们在世界各地建立了阿德勒研究中心，遍及欧美多国，他的许多原创观点如今在心理学和心理治疗领域获得了广泛接纳。心理学领域为公众所了解的单个概念中，也许阿德勒提出的自卑情结（inferiority complex）最广为周知。与研究弗洛伊德或荣格的理论相比，研究阿德勒的观点相对来说较为容易，因此，他的许多核心概念引发了许多学者对其进行实证研究。

> 人类最难做到的事情就是认识自己、改变自己。（Adler，1928，p. 11）

阿德勒的理论体系有 4 条基本原则，即注重个体的整体性、生活风格的统一性、社会兴趣或社群感，以及强调目标导向行为的重要性。阿德勒认为目标与期望对行为的影响要高于个体的过去经历，这一点也是导致他与弗洛伊德决裂的主要原因。阿德勒还认为，个体主要是由追求优越的目标或是受环境要求所驱动。他既重视社会对个体的影响，也重视个体社会兴趣的作用。社会兴趣是指个体的社群感、合作感，以及个体对他人的关心。在阿德勒看来，人类生活的本质就是更好地适应环境，与他人进行更多的合作，以及表现出更多的利他行为。

阿德勒的个体心理学强调个体的外显行为及其所带来的影响，强调研究的概念必须具体，必须和实际行为有关，这方面有点儿类似于行为主义的观点。与本书中的大多数心理学理论不同的是，个体心理学并不是一种深层心理学。也就是说，阿德勒并没有对人类心理提出一些关于无形的个体发展动力和深层结构的假设，而是建立了一门情境心理学。他认为在理解个体行为的时候，必须考虑个体的生理和社会环境等背景因素，并认为人们在通常情况下不会觉察到这一背景。1920 年，阿德勒提出了家庭治疗，并在实践中应用，他是首次在实践中应用家庭治疗的心理学家。阿德勒学派对团体治疗、短期治疗（brief therapy）的发展作出了巨大贡献，并推动了心理学在教育、家庭养育和社会工作等领域的应用。

个人简介

阿德勒于 1870 年 2 月 7 日出生在维也纳郊区的一个中产阶级家庭，是一名犹太商人的儿子。这是一个音乐世家，阿德勒的姐姐是一名非常出色的钢琴演奏家，有个哥哥成了一名小提琴教师，他自己也有一副好嗓子，这导致经常有人鼓励他去找一份唱歌剧的工作。小时候他经常生病，甚至患上了佝偻病。另外，他与哥哥经常处于一种互相竞争的状态。他曾经说道："我哥哥……他一直比我强——他如今依然比我强！"（Adler in Bottome，1957，p. 27）

对于身体孱弱，阿德勒一直都非常努力地去改变，只要一有机会，他就去跑步，去和那些喜欢跟他玩的孩子玩。他似乎想从朋友那里获得在家里面无法获得的平等感和尊重感。这些体会可以从后来阿德勒强调情感和价值观的社群共享上看出来，他称这是社会兴趣（social interest），他认为，通过社会兴趣，个体就能够发掘他们的潜能，能够成为一个对社会有益的人。

阿德勒在多病的少年时代，如饥似渴地阅读了大量书籍。正是由于他在文学、《圣经》、心理学和德国哲学方面所具有的渊博知识，使得成年后的他在维也纳协会大受欢迎，也使他后来赴世界各地演讲。

小时候，阿德勒有好几次直面死亡。在3岁的那一年，他弟弟死在他们一起睡觉的床上。还有两次，他在街上差点儿被车撞死。5岁的时候，患上了严重的肺炎，甚至连他的家庭医生也对他绝望了，但是另外一名医生仍然努力想法子救他。基于这些经历，阿德勒想做一名医生。

在18岁的时候，阿德勒进入维也纳大学学习医学。但是他对社会主义运动非常感兴趣，经常参与政治集会。一次集会中，他遇到了后来成为他妻子的瑞伊莎·蒂诺菲佳娃娜（Raissa Tinofejewna）——一名来自俄国的留学生。

阿德勒在1895年获得了医学学位，成为一名眼科医生，后来是做普通内科医生。由于他对神经系统的功能和适应方面的兴趣越来越大，导致他的研究兴趣后来转移到了神经病学和精神病学上。1901年，阿德勒这名非常有前途的内科医生，公开撰文为弗洛伊德出版的新书《梦的解析》做辩护。虽然弗洛伊德还从来没见过阿德勒，但是被阿德勒为他做辩护的勇气深深地打动了，因此他写信给阿德勒表示感谢，并邀请阿德勒参加他新成立的精神分析讨论小组。

阿德勒进入了这个讨论小组[这个小组后来成了维也纳精神分析协会（Vienna Psychoanalytic Society）]，这时的他已经是一名才华出众并且已经有了自己理论倾向的年轻学者了。他不是弗洛伊德的信徒，也从来都不是弗洛伊德的"学生"，更是从来没有接受过分析训练。不过，1910年，阿德勒成了精神分析协会的主席，并成为该协会主办的其中一份刊物的主编。

然而仅仅在一年之后，弗洛伊德以及协会的其他许多成员就无法接受阿德勒日益分歧的理论倾向。其中最主要的两个分歧是阿德勒认为个体发展的主要驱动力是权力而不是性，此外阿德勒还强调社会环境的作用，而不是强调无意识过程的作用。最终，阿德勒辞去了主席一职，和其他9名有类似观点的同事离开了协会，这些同事同样认为精神分析过于死板，不能接受成员的独立思维。最后协会中只剩下了14名成员追随弗洛伊德。离开之后，阿德勒建立了自己的组织，即个体心理学学会（Association for Individual Psychology），后来这个组织遍及欧洲各地。

阿德勒及其追随者们在教育领域特别活跃，尤其是在教师的培训方面，因为他们的研究重点是探讨那些会对年轻人的思想和性格产生影响作用的因素。在教育部长的批准下，阿德勒和他的同事在公立学校建立了儿童辅导中心，儿童和家长可以在那儿接受咨询。到20世纪30年代，仅在维也纳就建立了30个这样的咨询中心。从1921年到1927年，阿德勒应邀到美国执教，他不仅讲授课程，每个月还给同事、教师、家长等人进行两次案例示范。此外，他常常在听到别人一点点关键性证据的时候，或者听到早期记忆、梦等方面的信息，就会对别人的生活风格进行分析。

有一位非常杰出的医生同僚曾经这样评价他：“维也纳医学院的整个思路都发生了变化……在阿德勒的教导下。我相信维也纳任何一名在职医生都曾经听过他的课，都从他那里受过益。”（Bottome，1957，p. 209）

任何一位接触过阿德勒的人都能明显感觉到他的智慧和他对人性的深邃理解。阿德勒常去的一家宾馆的接待员曾经跟阿德勒的一个同事提起过他：“你几乎没办法让男服务生和搬运工离开他的房间，他们会找任何一个理由去和他聊天，一旦出现了这种情况，我就麻烦了！”（Bottome，1957，p. 54）

阿德勒发表了大量的论文和专著，同时他还抽了许多时间去欧洲和美国各地演讲。在第一次世界大战和第二次世界大战之间，在美国和 20 个欧洲国家都建立了阿德勒学会。1927 年，阿德勒担任美国哥伦比亚大学教授；1928 年，他转而到位于纽约的社会研究新学院（the New School for Social Research）执教；但是一年之后，他又回来讲授了一系列的课程并进行临床示范。1932 年，由于纳粹主义的兴起，阿德勒永远地离开了维也纳。他移民到了美国，接受了纽约长岛医学院医学心理学客座教授一职。1937 年，阿德勒应聘赴欧洲讲学。后在苏格兰去世，享年 67 岁。

理论先驱

阿德勒的理论吸收了许多学者的思想，对他影响较大的主要有达尔文的进化论、弗洛伊德的精神分析理论、尼采的权力意志（will to power）、汉斯·费英格（Hans Vaihinger）的虚拟目标（fictional goals），以及整体论思想。

> 个体心理学坚定地站在进化论的基础上，并依据进化论的观点认为所有人都是为追求完美而奋斗。（Adler，1964a，pp. 36-37）

进化论

和当时绝大多数人一样，阿德勒也受到达尔文进化论的强烈影响。他的个体心理学思想正是建立在达尔文认为“生命的本质就是适应环境”的假设上。

绝大部分心理学理论探讨的重点基本都是心理的内部动力问题，但阿德勒的兴趣却是在个体与环境之间的关系上。他早年写的关于器官缺陷引起的自卑感与补偿作用的书，大部分都是达尔文医学思想的应用，这也被认为是给精神分析理论带来了医学方面的补充，被弗洛伊德认为是对精神分析理论的一大贡献。不过，阿德勒后来的研究被认为是对社会达尔文主义的背离，因为社会达尔文主义的思想是适者生存、优胜劣汰。但阿德勒认为，机体缺陷也可能会促使个体达到更高的目标，而不一定会导致个体成为生活竞争中的失败者。另外，他还认为在人类的进化过程中，合作与社群感比竞争的作用更大。

精神分析理论

阿德勒在遇见弗洛伊德之前，就已经在社会医学与教育领域开始了自己的研究，并发表了相关论文。虽然他从来就没有真正接受弗洛伊德的力比多或俄狄浦斯情结观点，但是精神分析理论仍然对他产生了非常深远的影响，尤其是精神分析理论强调儿童早期经验和亲子关系的重要性，强调神经症症状的目的性以及强调梦境的意义。

弗洛伊德认为阿德勒是自己的学生，但这一直被阿德勒否认。阿德勒不是在精神分析理论的基础上开展的研究，而是形成了自己的理论见解，这些见解常常是对弗洛伊德观点的回应。在对人性的探索上，这两个人之间存在根本的分歧。弗洛伊德的兴趣是进行局部分析，强调部分；阿德勒则认为个体的“整体性”（wholeness）才是理解人类的关键，认为只有将症状当成个体人格的一部分，它才有意义。

阿德勒与弗洛伊德在几个重要的问题上存在分歧。他从不赞同弗洛伊德认为儿童时代那些被压抑的、与性有关的无意识内容是神经症的核心，认为性只是个体人格的表达，而不是个体发展的根本动力，反对弗洛伊德将力比多放在核心地位。阿德勒认为，追求权力才是个体发展的根本动力，认为儿童会努力使自己变得更强大，使自己能够对别人施加权力。阿德勒理论体系中的主要生物学因素不是儿童的本能性行为，而是儿童在成人世界中的弱小与无助。按照他的观点，儿童早期适应环境的努力可能会导致他们将支配他人作为赢得自尊和获得成功的手段。

阿德勒对弗洛伊德式分析非常不满，他认为那种分析缺乏道德取向，会产生反社会、自私的人：“这是一种摧毁孩子的心理学，当别人问‘为什么我要喜欢我的邻居’时，我们能给出什么样的回答呢？”（Adler in Bottome，1957，p. 256）阿德勒坚决认为，心理健康必须建立在健康的人际关系上。

> 所有的神经症症状都是那些觉得自己能力不足，或感觉自己还没有为生活中的困难做好准备的人的自我保护装置。（Adler，1964b，p. 95）

尼采

与当时的知识分子一样，阿德勒也被弗里德里希・尼采那极具煽动力的著作所影响。然而，他和当时的一些评论家不一样，他并不在表面上模仿尼采。虽然他早年提出的攻击本能确实在很大程度上类似于尼采的权力意志，但是他后来提出的追求优越（striving for superiority）是一个比追求权力（striving for power）内涵更广的概念，他强调个体创造性的成长与发展。此外，阿德勒的社会兴趣思想与尼采的个人主义视角完全是两个极端，根本不一样。

虚拟目标

汉斯・费英格的著作对阿德勒也有相当大的影响。费英格是一位哲学家，他提出了虚构（fictions）的概念，认为虚构虽然没有现实的基础，但却是人类行为的决定性因素。费英格认为人类在混乱的事实与经验面前，会对各种现象创立各种解释，并且会将这些解释当作事情的真相。这些虚构对我们的行为有非常重要的作用。按照费英格的说法，人们更多的是受期望的影响，而不是受以往实际经验的影响。他将这种情况称为“虚构主义”（fictionalism），或“仿佛”哲学（philosophy of “as if”）。阿德勒在《神经症的性格》（*The Neurotic Constitution*，1912）一书中指出，人类所有的行为、思想、情感都是在“仿佛”的指引下进行的。早在儿童时期，我们就努力适应周围的环境，克服我们感觉到的任何不足。我们为自己创造了一个理想主义目标，希望自己做到完美适应，然后努力为之奋斗，仿佛这个目标就意味着成功、幸福、安全。

整体论

在受了费英格 15 年的影响后，阿德勒的思想又受到了简・斯穆茨（Jan Smuts）整体论哲学思想的影响。斯穆茨是南非的军事家、政治家和哲学家，他的整体论（holism）影响了当时的许多学者。他们两个人通信交流，在阿德勒的帮助下，斯穆茨的著作得以在欧洲出版。斯穆茨认为，整体所具有的特性常常与其所属部分具有的特性存在差异——我们每个人都有提升自己、实现自身完整的冲动。阿德勒常常说：“你不仅需要问自己病菌对身体会有什么影响，同样重要的是，你要知道身体对病菌会有什么影响！”（Adler in Bottome，1957，p. 72）。他发现，整理论哲学思想证实了他的许多观点，并认为这为他的个体心理学提供了重要的哲学基础。

个人练习

权力

阿德勒曾对人们产生权力感和掌控感的情境做了大量说明。

1. 在你的生活中，你在何时何地曾有过无能为力的感觉？情况如何？你现在还有这种无力感吗？怎么才能改变这点呢？

2. 请给出一个你追求优越而不是自我改善的具体例子。结果如何？有什么样的感受呢？

3. 想象一下，如果你有权力做好你想做的任何事，你会做什么？如果真有权力改变你的生活，你觉得会怎样？你的朋友将会更多还是更少呢？你会觉得更幸福吗？还是更痛苦？体现在哪些方面呢？

主要思想

阿德勒对心理学的伟大贡献之一就是他提出了自卑情结概念，并认为人们有补偿自卑感的需要。阿德勒理论体系中的追求优越是对尼采权力意志概念的重要改进，生活目标、生活风格、个体的创造性力量是在整体论方面为心理学所作出的贡献，强调社会兴趣、合作、社会对性别差异的影响，使他的理论始终植根在社会环境的基础上。

> 从头的角度说有逻辑，从心的角度上来说也有逻辑，从整体来看有更深的逻辑。（Adler in Bottome，1957. p. 80）

自卑与补偿

阿德勒在1907年发表的**机体缺陷**（organ inferiority）专论中，尝试解释为什么身体缺陷在不同的人身上会有不同的影响方式。当时，他还是以一位内科医生的身份主要从生理学角度来阐述。他认为，对每个人来说，某些较弱的器官都特别容易感染某些疾病。同时他还指出，可以通过刻苦的训练和锻炼来克服机体的虚弱。事实上，虚弱的器官也能够发展得很好，甚至能够成为这个人的最大优势。阿德勒写道：“在几乎所有的杰出人物中，我们都找到了某些不完美的器官。我们收集了他们的感想，发现他们开始都非常痛苦，但都努力奋斗并克服了他们的不足。”（Adler，1931，p. 248）

> 重要的不是你生来就有什么，而是你从中利用了什么。（Adler，1964b，p. 86）

阿德勒将他在机体缺陷上的研究扩展到自卑感的心理研究中，提出了自卑情结这一新概念。在阿德勒看来，儿童受自卑感的影响特别大，这也是儿童的身体以及儿童缺乏权力的必然结果。阿德勒自己童年时代的经历使得他特别强调这个概念的作用。

> 我记忆中最早的事情之一就是坐在凳子上面——由于佝偻病，我被绑在凳子上，而我那健康的哥哥就坐在我的对面。他能跑、能跳、可以毫不费力地走来走去，但是对我来说，做任何动作都是痛苦而又费力的。（Adler in Bottome，1957，p. 30）

阿德勒认为，所有小孩子的生活经历都会有虚弱感、无力感，都充满了挫折感。在成年人的世界里面，儿童相对来说比较弱

> 自卑感本身并不是不正常的，它是推动人类所有进步的原因。（Adler，1956，p. 117）

小、比较无助。对儿童来说，控制自己的行为和摆脱大人的控制是他们主要关心的事情。从这一观点来看，权力是最好的，虚弱则是最大的不幸。努力追求权力就是为了补偿儿童时代的自卑感。

适度的自卑感能够促使个体去获得一定的成就，而过度的自卑感则会阻碍个体的健康成长与发展。

> 他（儿童）在很早的时候就认识到有些人能够更好地满足他们自己的需要，能够为他们自己做出更周到的准备……他过高估计了能够开门、搬东西、能够发布命令、要求别人服从所需要的个子。快快长大，变得和别人一样强壮，甚至是比别人更强壮的欲望，在他们的心中变得越来越强烈。（Adler，1928，p. 34）

阿德勒认为，我们所有的发展过程实际上都是补偿自卑感的结果，认为这些感觉在那些我们认为是重要的事业中具有推动的作用。

攻击与追求优越

在阿德勒的早期著作中，他非常强调攻击与追求权力的作用。他没有将攻击等同于敌意，但是却将其重要性等同于困难克服过程中的主动性——比如在进攻性销售中（aggressive marketing）。阿德勒认为，人类的攻击倾向在个体与物种的生存中具有至关重要的作用。“攻击”的英文“aggression”的拉丁词源是“举步”或“前进”的意思，它在人身上就可能以权力意志（will to power）的形式体现出来，权力意志是阿德勒从尼采那儿借用的概念。与弗洛伊德认为“性是所有行为的根源”不同，阿德勒认为不管是男性还是女性，都会运用性来满足他们的权力欲望。

阿德勒在后来的研究中，将攻击与权力意志看作一种更普遍的动机，认为它是追求优越或完美的表现，也就是说，会促使个体提高自己、发展自己的潜能。他认为，所有健康的个体都会努力去追求完美，会不断地寻求完善。“追求完美是人类一种与生俱来的需要，是人类生活的一部分，没有了它，生活就无法想象。”（Adler，1956，p. 104）

追求优越可能会使人走在积极或消极的大道上。如果这个优越性目标体现了社会关怀和对别人福利的关注，那么它就是走在建设性的健康发展方向上；被这种目标驱动的个体会努力发展自己的能力与技能，会形成有益的生活方式。然而，如果个体追求的是个人优越，也就是通过支配别人而不是变成一个对他人有用的人来实现优越感，那么这在阿德勒看来就是一种神经症的表现，他认为这是极度自卑和缺乏社会兴趣的结果。这不仅无法让个体获得他们希望得到的、别人给予的承认，也无法让他们得到满足感。

> 个体的价值感只能来源于成就，来源于能够战胜困难的能力。（Adler，1964b，p. 91）
>
> 生活就是发展。（Adler，1964b，p. 31）

追求优越目标的根源在于适应环境的进化过程。所有的物种都必须使自己更好地适应，否则将遭受灭种之灾，因此，个体会努力与环境保持更和谐状态：“如果这种追求不是有机体的本能需要，那么就没有任何形式的物种能够留存下来。希望能够更好地掌控环境，或者说追求完美，成了人类发展过程中的一大特点。”（Adler，1964b，p. 39）

阿德勒曾对一个病人说道：

在你学游泳的时候你首先做了什么？你会犯错，不是吗？然后又发生了什么呢？你又犯了别的错，在你犯了所有的错之后，你可能就不会呛水了——有时候可能会呛很多次水，你发现了什么呢？你学会游泳了？对，生活就和学游泳一样！别担心犯错误，因为除此以外，你没法学会生存！（Adler in Bottome，1957，p. 37）

在阿德勒看来，生命的“最好法则”就是“不让自我价值感降低”（Adler，1956，p. 358）。每个人都需要成就感，都希望感到自己有价值。

生活目标

阿德勒认为，“掌控环境的目标”这个概念太宽泛了，难以从逻辑角度解释人类在生活中的选择。因此，他提出了**生活目标**（life goal）的概念，认为个体会形成一个具体的生活目标来作为努力的方向。个体的生活目标受个人经历、价值观、态度，以及人格等诸多因素的影响，生活目标并不是意识选择的结果。

> 每个人的优越目标都是自己的、独特的，这取决于他对生活意义的理解。这也意味着不是说说而已，而是建立在他的生活风格上，建立在他的实际做法上。（Adler，1956，p. 181）

生活目标早在儿童时代就形成了，是儿童在成人世界中的自卑感、不安全感和无助感的补偿。生活目标能够保护个体不受无力感的影响，在不如意的现实与光辉、灿烂、充满希望的未来之间架起了一座桥梁。身为成年人，我们可能会有明确、合理的理由来选择职业。然而，指引和激励我们的生活目标早在儿童时代就已经形成，而且是潜藏的、不为我们的意识所知晓。比如，阿德勒曾经提到，很多医生就和他自己一样，在还是小孩子的时候就选择了将来长大了要当医生，认为这就可以不用惧怕死亡的威胁。

生活目标具有不切实际的特点，而且如果自卑感太强烈，还可能变成神经质式的极度膨胀。神经症病人意识中的目标与无意识中的自我挫败式生活目标之间常常存在着巨大的差距。追求个人优越感和高自尊的幻想比追求实际成就更容易获得人们的关注。阿德勒对病人常问的一个问题是：“如果你现在没有这毛病，你会做什么？”在病人给予的回答中，他常常可以发现病人的症状到底使这些人逃避了什么。

生活目标为我们的行为提供了指引，为我们的努力提供了目标，也便于别人根据这些目标来理解我们的思想与行为。阿德勒认为，我们的性格特点既不是天生的，也不是不可改变的，而是被整合到了我们的目标中，成为其中不可分割的一部分：“它们是次要、而不是首要的方面，被个体内心中的目标所影响，我们必须从目的角度来理解它们。”（Adler，1956，p. 219）举例来说，一个将追求个人权力作为实现个人优越感的人，可能会发展出为达到此目标所需具有的许多性格特质，比如雄心、嫉妒和不信任。

> 人，就是一滴水……一滴极度自以为是的水。（Adler in Way，1950，p. 167）

个人练习

了解生活目标

阿德勒比较强调未来对个体的拉力作用，而不是过去给个体带来的压力（目的论）。在阿德勒看来，我们希望达到的目标比我们现在的状况更加重要。如果你想了解你当前的日常生活和你的生活目标之间有什么关系，那么请做下面的练习。

本练习大约需要花费你 15 分钟。首先准备好四张纸和一支笔，然后坐下来。在第一张纸的顶部写上：“我的生活目标是什么？”然后用两分钟回答这个问题，再写下答案。记住，你只要如实记下出现在你头脑中的内容即可，不管它看起来是太抽象还是太具体，过大还是过小，都记下来。你可能想将个人方面、家庭方面、职业方面、社交方面、所处群体方面或精神方面的目标都包含进去，那么就再给自己两分钟的时间，对刚才写下的内容进行修改或增加。然后将第一张纸放在旁边。

在第二张纸的上面写下：“在接下来的三年时间中我将怎么度过？”同样给自己两分钟回答这个问题。另外再给自己两分钟检查记录下来的答案。这个问题可能会帮助你明确第一张纸上所写下的目标。同样，将这个列表放到一边去。

接下来，换个角度来考虑你的目标，在第三张纸上写下：“如果我只有 6 个月的寿命，那么我怎么来度过？”这个问题的目的是帮助你了解你最重视的方面，是一些你还没有做过、甚至是想都没想过的方面。同样，用两分钟写下答案，再花两分钟检查，之后再放到一边。

在第四张纸上写下前面列表中你认为最重要的三个目标，然后再对比一下你在这四张纸上写下的东西。有什么主题能够贯穿你所写的这些目标吗？你的大部分目标是否属于同一类型的，比如和个人有关或与人际关系有关？在前面三张纸上是否有一些目标是相同的？你所选出的重要目标是否和其他目标不同？

虽然这种方法不一定能够完全揭示阿德勒所认为的无意识中的生活目标，但它却是一种有效的方法，能够帮助你发现日常生活与生活目标之间的关系。如果你每隔 6 个月左右重复一次本练习，再看看出现了什么变化，那么它就是一套非常有价值的练习工具。（改编自：Lakein，1974）

生活风格

阿德勒强调，必须从整体角度来分析人、理解人。**生活风格**（lifestyle）就是个体追求个人生活目标的独特风格，是个体适应生活的一种整体方式。

个体身上那些表面看起来互不统一的习惯和行为特质，可能反映了他的生活风格和生活目标，因此，在解决心理问题和情绪困扰的时候，必须在这个大背景下进行。在治疗中必须考虑个体的整体生活风格，因为某个具体的症状或特质都是个体整体生活风格的表现。

莫萨克（Mosak，1989）列举出了生活风格的四大维度。

自我概念（self-concept）：关于自己是谁的观念。

自我理想（self-ideal）：关于自己应该成为什么样的人的观念（阿德勒于 1912 年首次提出这一概念）。

世界观（image of the world）：人们对世界的根本看法，包括对世界、人类、世界的本质以及世界对我们的要求等方面的信念。

道德观（ethical convictions）：个人的道德准则。

个人练习

回想早期记忆

下面，请试试阿德勒的早期回忆投射技术。你先找个同伴，然后你们俩一个担任记录员，一个担任回忆者。其中一个回忆完毕后就交换角色，之前担任记录员的人再进行回忆。回忆的时候遵照以下的指导语来进行，当第一个人的回忆出现重复的时候，然后你们就交换角色。

回忆开始之前，记录员大声宣读以下指导语：

"尽量回想你小时候的事情，越早越好。现在你头脑中出现的最早记忆是什么？它可能很简单，可能就只有几个字，但它肯定有一个明确的开始以及发展过程，然后有一个结尾，就好像一部微型小说。以正在发生的方式来讲述，比如："我正在后院中，天空阳光灿烂……" 边回忆边大声说出来，不过尽量慢一些，这样可以保证我将你说的每个字都记录下来。现在，你想起了某个记忆吗？"

早期记忆

按照阿德勒的看法，理解他人行为的关键是要找到调动他所有能量的潜在目标。阿德勒发现，人们的潜在目标可以在他们的早期记忆或回忆中找到（见"个人练习：回想早期记忆"）。虽然早期记忆常常不准确（Eacott & Crawley，1998），但阿德勒将早期记忆看作事实上的嫌犯，认为是潜在目标在心理上的展示。

> 个体心理学的首要目标就是去证实每个人身上都存在这种整体性——在他的思想、情感、行为中；在所谓的意识与无意识中——在他们人格的每个表现中。（Adler，1964b，p. 69）

这些目标揭示的信息要远远多于外在事实或情境揭示的信息。例如，如果我认为我父亲对我就像是对小孩子那样责骂，认为他在责怪我，说我过得很失败，那么我就需要与这种失败保持协调。实际上，我受到什么样的对待并不重要！"我被责骂了"的看法就是我真正的心理。如此一来，我会将这种责骂变成一种现实，以便符合我所选择的失败的生活风格。

> 就如我们所知道的那样，人们在四五岁之前会建立起心理的统一性，在身体和心理之间构建起稳定的关系。他们身上既有遗传，也有环境的影响，他们会对这些方面进行改编，以便符合他们所追求的优越目标。大约在五岁末的时候，他们的人格就已经固定下来了。他们对生活意义的理解、所追求的目标、追求方式，以及情绪表达方式都已经稳定下来了。当然，这些方面将来也可以改变，但只有在他们摆脱了儿童时代形成的稳定模式后才能发生变化。就如他们之前的所有表现都与他们对生活的理解保持一致一样，如果他们想矫正这个错误，那么所有的新表现就必须与他们对生活的新理解保持一致。（Adler，1931，p. 34）

个体的创造性力量

阿德勒认为，对那些影响了我们生活的各种因素，我们会创造性地给予主动反应。我们并不是没有生命力的物体，不会被动地承受外界各种因素的影响；我们会主动地去获得某些经验，并拒绝另外一些经验。对各

> 将心理学只建筑在驱力的基础上而不考虑孩子的创造性力量是徒劳无用的，因为创造性力量会给驱力指明方向，将之塑造成型，并且为之提供有意义的生活目标。（Adler，1956，p. 177）

种经历，我们会进行选择性的解释，建立起个人化的统觉模式（schema of apperception），会形成自己的独特风格。

> 个体心理学致力于理解人类生命中那神秘的创造性力量，这种力量表现在人们希望获得进步、获得成功，以及努力奋斗的过程中……这种力量是目的导向的，它体现在人们努力实现目标的过程中；在这种努力追求的过程中，个体身体、心理上的每一部分都会协同合作。因此，在研究个体的身体和心理活动的时候，如果不考虑它们与个体整体之间的关系，就是荒谬可笑的。（Adler，1956，p. 92）

阿德勒没有去探寻行为的原因，而是信奉**目的论**（teleology）。在理解与解释行为的时候，他根据的是这些行为所指向的目标。他问道："这个人的行为目标是什么呢？"

阿德勒认为，每一个人都有一个让他感到自由的核心方面。因为我们自由了，所以我们就能够对自己的行动和生命负责。他认为，许多人在儿童时期所形成的"仿佛"观念的基础上，多年来反复进行重复性的日常事务，从而使他们觉察不到自己当下的自由，不能有意识地选择自己的行为。

阿德勒一直非常重视人们身上积极、健康的、创造性的力量。如果有病人找他，他内心不会想"她有什么病"，而会思考"她的健康状况如何"。他认为，任何治疗的基础都不是在于病有多重，而是在于个体的抵抗力有多大（Bottome，1957）。

阿德勒认为人性的核心就是创造力，即设置目标（有意识或无意识的）与选择方法来实现此目标的能力。这是个体生活计划发展的顶点，能使个体的生活风格保持一致。

在阿德勒看来，个体生活目标、生活风格以及统觉模式的形成，实质上都是一种创造性活动。这是人格或者说是自我的创造性力量，能够指引个体对环境的反应。他认为，每个人都有自己的独特性，有意识、能够控制自己的命运，认为弗洛伊德没有给予这些人性品质足够的重视。"每个人都既具有人格的整体特征，又具有自己独特的风格。人，既是一幅画，又是一名画家，是画他自己人格这幅画的画家。"（Adler，1956，p. 177）在阿德勒看来，你不是外界力量控制下、毫无反抗力的俘虏，而是你自己制造出了你的人格。

> 每个人都是通过他们的创造性力量来实现自己的具体目标，由此实现与自我的统一。（Adler，1956，p. 180）

社会兴趣

许多对阿德勒持批评意见的人认为，阿德勒理论中关于攻击与追求权力的观点过于简单，认为他过于强调了它们的重要作用。在阿德勒的后期著作中，社会兴趣成了他著作中的核心概念［阿德勒原来用的是德语 Gemeinschaftsgefühl，可能另外一个更合适的翻译是"社群感"（community feeling）］。

> 社会兴趣意味着……在永恒的相下［sub specie aeternitatis，拉丁语，即英文中"从永恒的角度"（under the aspect of eternity）］、从整体的角度来感受。其意思是指努力建立一个社群，把这个社群看成会永久存在、看作人类达到了完美目标的样子。它不是指一个现在的社群或团体，也不是指某个政治或宗教形式。确切地说，它的目标是一个完美的目标，可以说这个目标表示的是全人类达到最终进化后的理想社会（Adler，1964b，p. 34）。

社群感意指我们不会简单地把别人看作实现我们自己目标的工具，而是关心全体的利益。

阿德勒从自己的整体论观点出发，认为

> 所有的失败……都是社会兴趣准备不足的结果。他们是不合作的、孤僻的人，或多或少地背离了这个世界；是一些不是具有反社会性格就是多少有点儿不与别人来往的人。（Adler，1964b，p. 90）

个体不仅是一个统一的整体，还属于另外一个更大整体的一部分，比如家庭、社区、社会、人类。我们的生活以及我们的所有活动都是在这个社会背景下进行的。

> 任何一个人的价值都取决于他对自己伙伴的态度，取决于他承担了多少社会分配给他的任务。来自社群的肯定使他成为一个对其他成员有用的人，使他成了那条巨大的社会链条中的一个链环，这根链条是我们无法破坏的，除非我们可以同时破坏整个人类社会。（Adler，1928，p. 121）

总而言之，人类的所有行为都具有社会性，正如阿德勒所认为的那样，我们在社会环境中成长，我们的人格也是社会塑造的。社会兴趣不仅仅是指关心我们所处的群体和社会，从最广泛的意义上来说，社会兴趣是重视“所有人类达到最终进化后的理想社会”（Adler，1964b，p. 35）。社会兴趣包括与所有人建立一种血缘般的感情，并将之融入到整个生活中。

个人练习

三个愿望

假设你在沙滩上看到一个古老的密封瓶子。当你打开它时，有位神仙飘了出来，然后说可以让你实现三个愿望。在你考虑自己的愿望时，需要记住这些愿望必须是普通人可以做得到的。当然，这是神话，但如果你愿意，这种游戏还是很令人激动的。

1. 将你的三个愿望写下来。
2. 选出你认为是最重要的愿望。
3. 将这个愿望写得更具体、明确一些，把这个愿望当作你的核心生活目标。
4. 如果要实现这个目标，你准备做什么或打算做什么呢？
5. 在实现这个目标的过程中，可能会遇到什么样的困难？
6. 在你写下目标以及认真考虑这些目标的时候，你有什么感受？
7. 如果你愿意，可对其余两个愿望也这样做一下，重复步骤 3~6 即可。

合作

毫无疑问，由于在感情关系中获得了成功，社会兴趣的一个重要方面就是合作行为的发展。从进化论的观点来看，觅食、狩猎以及防御天敌方面的合作，是人类得以留存下来的一个关键因素，也是适应环境的最有效方式。

> 只有在自己追求目标的过程中让别人也受益的人，才能够做到真正地掌控生活。（Adler，1956，p. 255）

阿德勒认为，我们只有成为社会中一名合作、奉献式的成员，才能克服自卑感或自身存在的实际不足。另一方面，缺乏合作以及由此导致的无能感与失败感是导致所有神经症或适应不良生活风格的根源。“如果一个人能够合作，”阿德勒写道，“他就永远不可能患上神经症。”（Adler，1964b，p. 193）历史上对人类社会作出过巨大贡献的人都是最善于合作的人，那些伟大人物的丰功伟绩也都全部与他人有关（Adler，1931）。

阿德勒理论的基本原理

阿德勒心理学的基本原理主要有以下方

面（Mosak，1989；Grey，1998）。

所有行为都有特定的社会背景。不能孤立地对人进行研究。

合作是一种生物性需要。因为人类是一个相对弱小、成长缓慢的物种，所以合作是一种生物性需要，而不仅仅是社会性需要。我们会面临许多不同的生活选择。我们可以选择健康、社会性的有益目标，也可以选择神经症式、妨碍社会性发展的目标。

归属感是人的一种本性。这是人际关系心理学的研究重点。对人类来说，最重要的方面是建立归属感，让自己成为更大群体中的一分子。

整体论比还原论重要。所有的机能都服务于个体的目标和生活风格。每个人的核心动机都是追求完美或追求优越（这等同于霍妮的"自性实现"或马斯洛的"自我实现"）。

"无意识"是一个形容词，而非名词。无意识过程与意识过程一样，也具有目的性，为个体的目标服务。它们的区别只是觉察程度不同而已。

行为取决于我们所知觉到的现实，而非实际的现实。要了解他人，就必须知道他的生活风格或认知结构。这是一面透镜，通过它，人们不仅可以看到自己，也可以看到自己的生活。

我们相信我们想要什么，而非我们是什么。记住要寻找隐藏在具体行为背后的目标，而不是寻找某个标签。

所有的行为都有目的。人们被自己选择的目标所驱动，他们认为这可以给他们带来成功与幸福。

治疗就是再教育。无论生活意义是什么，它们都是我们所赋予的，治疗就是让我们遗忘不当的知觉方式的过程。健康的生活观念还包括个体能够认识到帮助别人和为社会作贡献的重要意义。个体的生活风格和长期目标具有相对稳定的特点，除非是他们的根本信念发生了转变，否则不容易改变，而这也是治疗的主要任务之一。

个人练习

合作实践

为了便于你更深入理解阿德勒所说的合作与社会兴趣，请在接下来的一周中尽量抽出更多的时间去尽可能地帮助别人。记住，要将你的行为和感受都记录下来。当然，你要下定决心，不能拒绝别人对你的合理请求，即使这些请求会占用你的一些宝贵时间，会耗费你的精力甚至是钱财（如果你想这个练习变得更苛刻点儿，就让你所有的朋友都知道你要做这个练习，然后你就需要为他们服务一周啦）。别只是坐在那儿等别人找你帮忙，你要主动去寻找机会帮助别人。

结束的时候，回顾一下你这一周的经历。别人给了你什么样的反应？你对帮助别人有什么样的感受？从本练习中你学到了什么？

动力论

心理发展

心理发展的主要任务是将实现个人优越的自我中心式目标转移到建设性地掌控环境以及形成公益心上。建设性地追求优越，再加上强烈的社会兴趣以及合作，这是一个健康个体必须具有的基本特质。

出生顺序

个体如何在社会上有效地发展是未成年人需要解决的任务，而他们的解决方式则在很大程度上取决于被阿德勒所称的**出生顺序**

（birth order，Adler，1956）。阿德勒发现，某些特定的人格与行为特征常常因病人的出生顺序不同而发生变化。

“家庭星座”体系（family constellation）中的一个重要成分就是手足排行（sibling constellation），或兄弟姐妹彼此之间的关系。比如，每个兄弟姐妹都会追求优越或者是让自己显得重要，那么这就意味着存在着不同程度的竞争或者说手足竞争（sibling rivalry）。在兄弟姐妹这些手足之间，如果一个较幼小的手足在某个领域超过了年长的手足，比如在学习或运动方面，他就会使自己离年长手足的距离更近了。阿德勒以及随后的其他一些学者在年龄相差在5岁之内的手足之间观察到了这种竞争，但如果年龄之间的差异超过了5岁，则年龄差太大了，这种竞争有太多的原因可以解释，就不能包含在里面了。

阿德勒概括出了5个与独特心理和行为特征有关的手足排行位置。由于独生子女常常在娇惯的环境中长大，较少有机会与他人分享，没有竞争对手，因此对同龄人很好奇，而不是将他们看作竞争对手。在非独生子女的家庭里，老大会觉得自己有权威，常常是成就取向。由于他曾经是地位最高的，现在也喜欢成为最好的人；老二生来就在追赶，他们看起来就好像被赶着往前追。排行中间的孩子，前后都是竞争者，既追寻排行在前的手足，同时又是后面手足的追赶对象，在让自己显得重要的过程中可能会产生“被挤压”的感觉；老幺，即排行最后的孩子，通常向相反的方向发展，不会有被赶下排位的危险，然而为了“赶上”，他们通常有着漫长的距离需要跋涉。（如果想更深入了解出生顺序方面的资料，请参见：Shulman & Mosak，1995，pp. 29–33）

随着每个新生命的到来，家庭环境也会发生一定的变化。因此，重要的不是实际上的出生顺序，而是心理情境（psychological situation）。“不是……孩子的出生顺序影响了他的性格，而是他出生的环境以及他在该环境中的解读方式。”（Adler，1956，p. 377）不过，无论是排行在哪位，都有各自的优点与不足。

最后，出生顺序只是个体行为的一个影响因素（虽然在阿德勒看来这是影响生活风格的一个主要因素），而不是个体行为的决定性因素。所谓的出生顺序性格也仅仅是概率而已。关于出生顺序方面的研究，可参见本章后面的“相关研究”部分。

人生任务

阿德勒认为每个人都需要面对三大**人生任务**（life tasks）：工作、友谊和爱情。这是由人类存在的基本环境所决定的。

> 人类需要面对这三大任务，是因为我们生活在这个宇宙的一个特定环境中，必须在环境给我们限定的范围内尽可能地成长；是因为我们和其他同类生活在一起，必须从他们身上学习以便让自己更好地适应；是因为我们生活在一个只有两性的世界中，我们的后代必须依靠两性关系才能得以繁衍。（Adler，1931，p. 264）

工作不仅仅是指我们可以获得收入的职业活动，还包括对社会、群体有用的活动。阿德勒认为，只有在对别人有益的情况下，工作才能够为我们提供满足感和自我价值感。工作是我们的一项重要任务，根本原因仍然是因为我们需要依赖物理环境。

> 我们生活在这个星球上，这个星球有资源、有肥沃的土地、丰富的矿产，有大气层、有气候。在这种环境中找到正确的生存方式一直是我们的任务……人类一直需要努力去改善自己的生活，获得更大的成绩。（Adler，1956，p. 131）

友谊，表示我们是人类中的其中一个个体，同时也是我们与他人交往的一种反映，是我们为了更好地适应环境而永远存在的需要。与其他成员的友谊关系使我们能够真正与社群联系在一起，因为我们不可能只是在抽象意义上和社会发生关联。在阿德勒看来，友好、合作都是确保实现建设性工作的重要因素。

> 人类精神生活的关键不是“目前状态”，而是“变化”。（Adler，1929，p. ix）

阿德勒从异性爱的角度分析爱情。认为它包括两性之间在身体与灵魂上的紧密结合，也是男女两人之间合作的终极形式。爱情来源于亲密感，这是人类延续下去的必要条件。阿德勒曾经写道，婚姻这种紧密联结的形式就是我们与别人合作的最大挑战，认为成功的婚姻为我们创造了一个良好环境，能够让我们更好地合作，促进我们形成对孩子的社会兴趣。

在阿德勒看来，工作、友谊与爱情这三大人生任务是相互交织在一起的。任何一方面的实现都能够促进另外两方面的成功实现。事实上，这三大任务是所有问题的共同点，即我们如何在环境中积极、健康地生活。

> 没有哪一种残忍的行为不是因为他们内在的软弱，真正强大的人是不会有残暴欲望的。（Adler，1956，p. 390）

发展的障碍

在阐述影响个体成长与发展的主要不利因素时，阿德勒首先强调了三种不良的儿童经历，即机体缺陷、纵容与忽视。他强调说，成人神经症的根源就在于他们想努力去克服自卑感，结果导致他们越来越脱离人类社会。他认为，不仅是神经症，事实上所有的心理问题都是因为人们不是去努力追求健康、有益的目标，而是去追求个人优越。

机体缺陷、纵容与忽视

机体缺陷、纵容与忽视这三种儿童时代的经历可能会使人们成为一个缺乏社会兴趣、孤僻的人，可能使他们形成一种不合作的生活风格，使他们定下不切实际的个人优越目标。

遭受病痛折磨的儿童常常可能变成一个以高度自我为中心的人。由于缺陷以及无力与其他健康儿童竞争，他们可能表现得退缩、不与他人交往。不过，也有些儿童由于对天生缺陷的过度补偿，从而使他们的能力发展到了一个非常高的水平。

对儿童的纵容或溺爱同样也不利于社会兴趣与合作的发展。由于别人帮他们做到了他们本来自己就能够做到的事情，因此使他们对自己的能力缺乏信心。他们不是倾向于与别人合作，而是单方面提出对家人、朋友的要求。他们的社会兴趣水平通常很低，阿德勒发现，那些被纵容的孩子，通常很少会对那些把他们照顾得非常好的父母有真正的感情。

忽视是妨碍儿童健康发展的第三个童年期因素。一个被忽视或不受欢迎的儿童在家庭中感受不到爱、体会不到合作，因此，他们也极难发展出这些能力。这样的孩子对自己的能力、对自己从他人那里获得感情与尊重都没有信心，成年后的他们容易变得冷漠而无情。

> 我们从那些人类公敌的传记中可以看到，如果一个儿童不被关爱，那么他们的人格特质发展到了极端形式会是什么样。这些资料中非常突出的一点就是他们在儿童时代都曾经遭受过非常不好的对待，由此他们形成了无情、嫉妒和仇恨的性格，他们对别人的幸福无法忍受。（Adler，1956，p. 371）

机体缺陷、纵容和忽视常常会导致儿童产生扭曲的世界观，由此使他们形成不健康的生活风格。此外，阿德勒还强调说，不是儿童的“经历”，而是儿童对这些经历的知觉与推断，才是决定他们生活风格的关键。

神经症的基本发病机制

1913 年，阿德勒和他的组员发表了一篇文章讨论了阿德勒学派对神经症的研究取向

> 必须逐步揭示出无法达成的优越目标，揭示出隐藏在这些目标中的目的，揭示出目标中那统御一切的指向性力量；病人对人类的敌意以及缺乏自由感，都是因为这些目标而产生的。（Adler，1956，p. 333）

（Bottome，1957）。其中的主要观点可以总结为以下 10 个方面。

1. 可以将神经症理解成个体克服自卑感以及获得能力感的一种努力。

2. 神经症之所以会使个体孤立于人群，是因为它使人们舍弃了社会功能，使人们没有去解决现实生活问题。

3. 神经症个体与别人的交往具有很大的局限性，因为他们过于敏感、缺乏耐心。

4. 神经症个体脱离现实，常常生活在幻想与想象世界中，逃避社会责任和义务。

5. 神经症个体追求的是不健康、有害的优越目标，而不是创造性、健康的目标。

6. 神经症反映了个体通过形成逆反心理（counter-compulsion）来达到摆脱所有社会限制的努力。它们可能表现为焦虑、失眠、强迫、幻想、忧郁症，等等。

7. 所有的逻辑思维都被逆反心理所控制。

8. 理性、爱情、同情，以及生存欲望等，都来源于人们的社交生活，神经症远离人群、追求权力的特点使得他们与此背道而驰。

9. 神经症个体不断地追求个人权力与声望，努力为没有解决的现实生活问题寻找借口，而且从不发展社会兴趣。

10. 在治疗神经症的时候，治疗师需要帮助他们彻底改变早期养育阶段所形成的价值定向问题，从而帮助他们成为一个主动、积极参与社会事务的人。

以上这些论述形象地说明了如何应用阿德勒的主要理论去理解以及去解决人类所面临的问题，他明确指出人们在社会中应该建立一种健康、合作的生活方式。

追求个人优越

当个体被自卑感支配或社会兴趣发展不充分的时候，就可能会转而去追求**个人优越**（personal superiority），因为他们缺乏有效行动以及与他人共同工作的信心。在这些人看来，追求成功、声望或赢得尊重变得比获得实际成就更重要。“他们不再去解决现实生活问题，而是陷入了与阴影的战斗中，以便重拾对自己能力的信心。”（Adler，1956，p. 255）这些人对社会没有任何实质上的贡献，而是表现为自私自利的行为模式，毫无疑问，这会使他们体会到失败感。

》》理论结构

身体

在阿德勒看来，身体是儿童自卑感的主要来源，因为儿童身边都是更高大、更强壮、身体更有力量的人。然而，重点在于我们对自己身体的态度（Adler，1964b）。许多极富魅力的男人和女人就从没有解决童年时期所形成的丑陋感和不受喜爱感，他们的表现就好像他们仍然缺乏魅力一样。然而，有些存在身体缺陷的人则可能通过补偿，在努力之后将他们的身体发展到了一个远高于平均水平的程度。

社会关系

社会关系在阿德勒的理论中居于核心地

位。它们是个体社会兴趣的直接显示，是建立充实、有益的生活风格的必要条件。阿德勒从没有忘记我们是社会性动物。人们如果脱离社会，不进行社会交往，就不可能学会语言，他们的思维和能力就可能极为有限。

意志

在阿德勒看来，意志是追求优越与实现生活目标的另一种说法。如此一来，意志就在他的理论中占有非常重要的位置。阿德勒认为意志的重要之处在于，个体可以凭借意志来促进自我的发展和社会合作。如果个体将意志用在自私自利、自我扩张式目标上，那么就是用错地方了。

情绪

阿德勒谈到了两类情绪：分离性情绪与联结性情绪。**分离性情绪**（disjunctive emotions）与个体目标的实现有关，而**联结性情绪**（conjunctive emotions）则会促进个体的社会交往行为。诸如愤怒、恐惧、厌恶之类的分离性情绪，其目的是让自己的处境发生积极的转变，虽然有时候需要损害他人的利益。它们常常是源于个体的失败感或无力感，其作用是希望借助调动个体的力量以作出新的努力（Adler，1956）。联结性情绪属于社会性定向，希望与别人分享自己的快乐。同情这种情绪就是“社会兴趣的最完美表达”，它说明了我们对他人关心的程度（Adler，1956，p. 228）。

理智

阿德勒对理性（reason）与智力（intelligence）进行了区分。神经症者、罪犯以及社会上那些不是正常行使其功能的人常常都是非常聪明的人。通常来说，他们给出了逻辑非常完美的判断，为自己找到了行动的合理理由。阿德勒将这种智力称为**个人智力**（personal intelligence），或者说这是一种只考虑个人优越目标而非社会利益的思维。理性是“一种包含社会兴趣、考虑大众利益的智力”（Adler，1956，p. 150）。理性是符合常识的，来源于文化中的基本价值观和基本常识。

阿诺德·施瓦辛格（Arnold Schwarzenegger）的健美生涯。许多健美运动员就是因为无力、暗淡的童年而进行了过度补偿。

自我

自我是个体的生活风格，是完整统一的人格。

> 在现实生活中，我们总是希望找到人格的诸多方面能够实现和谐统一的、拥有完整自我的人。如果我们认为所有一切的根基都存在于性格特质、驱力、反射动作中，那么自我就可能被忽略了。那些只关注整体里面某一部分的研究者，可能会将个体的所有倾向，将所有与自我或与个体有关的观测资料都归于这一部分上。他们展示出了“某个东西”，认为“这个东西”具有谨慎、果断的特点，有意志、有创造力，但他们不清楚的是他们实际上描述的是自我，而不是驱力、性格特质或反射动作。（Adler，1956，p. 175）

阿德勒将自我看作一个动态、完整统一的准则，而不是将其看作存在于心理的一个结构。“(在阿德勒学派的心理学理论中)自我不是被看成一个实体……准确地说，没有哪个自我不是通过与外界的交往来实现的。”(Ansbacher，1971，p. 60)阿德勒对自我的理解极为类似于佛教心理学中的无我(selflessness)。

治疗师

阿德勒学派心理治疗的目的是为了帮助人们重新建立具有更大社会效用的目标和责任感。他提出在治疗中需要做到以下三个方面：分析病人的生活风格；帮助病人认识自己；增强社会兴趣。

> “地图不等于疆域。”[阿尔弗雷德·科基布斯基(Alfred Korzybski)，普通语义学创始人]

分析生活风格

治疗需要合作。在治疗过程中，首先需要做的一件事情就是要了解每个病人的目的和期望。患者常常会预期自己从治疗师那里可能得到的反应，会和别人给自己的反应一样。病人可能会觉得被误解了、不被喜爱或觉得受到了不公平对待。因此，治疗师必须小心，避免让自己做出符合病人这些无意识预期的行为。

由于生活风格反映了人们稳定的整体生活方式，因此，治疗师需要找到一个主题或主线将患者的行为串起来。为了能够确定患者的生活风格，阿德勒常常会了解他们的早期记忆、印象很深的事件。“不存在‘偶然的记忆’，在无数的经历当中，他就记住了这件事；他只会记得自己感受很深的事情，即使这种感受不那么愉快。”(Adler，1931，p. 73)

阿德勒还认为患者的外显行为具有非常重要的作用，包括姿势和语调。“我发现，将自己当作在看哑剧也是非常有价值的，也就是说，暂时不去注意患者说的话，而是去了解他在这个特定情境中表现出来的举止与动作所代表的含义。”(Adler，1956，p. 330)

> 即使病人说谎了，在我看来仍然有价值……因为谎言是他的而不是别人的！他无法掩饰他的创造性。(Adler in Bottome，1957，p. 162)

阿德勒认为，病人的生活计划是在一种不良环境下形成的，因此，治疗师应该注意去了解他们在儿童时代是否存在机体缺陷、纵容与忽视的情况。

推动自我认识

阿德勒认为大多数病人的主要问题在于有一个错误的知觉模式，而这是因为他们有一个难以达到、不切实际的、要超越别人的目标。治疗师的主要任务之一就是要帮助病人认识到他们的生活风格，包括他们的基本生活方式。只有在他们实现了自我认识之后，他们才能够改变这种适应不良的生活风格。“需要将病人带入一个他喜欢听、想去理解别人的感受状态，只有在那种状态下，才能使他按照他所理解的那样去生活。”(Adler，1956，p. 335)**自我认识(self-understanding)**的意思是学会了解自己在处理日常事情时所犯的错误。它包括更好地认识这个世界，以及认识自己在这个世界当中的位置。

在阿德勒看来，治疗是否成功始终取决于病人。

> 病人本质上的实际变化只有他自己才能做到……人们永远不要将治疗和治愈视为咨询师的成功，而应该看作病人的成功。咨询师只能指出错误，只有病人才能使它成为现实。(Adler，1956，p. 336)

阿德勒觉得更为重要的是要理解行为的

结果，而不是去了解我们的内在体验。在他看来，见识（insight）不仅仅是智力上的理解，而是那种可转化为建设性行动的理解。

增强社会兴趣

心理治疗是治疗师和病人之间共同合作完成的一项事业，而支持性治疗关系能够帮助患者建立合作感与社会兴趣。“医生与心理学家的任务就是要让病人去经历与一个人的交往，然后使他们将这种被唤醒的社会兴趣转移到别人身上。”（Adler，1956，p. 341）

> 心理治疗就是一个通过合作来开展的练习，是一个关于合作的实验。我们能够成功是因为我们对别人真的有兴趣。（Adler，1956，p. 340）

> 只有在我们对别人真的有兴趣的时候，我们才能够成功。我们必须能够从他的角度去看他所看的东西，去听他所听的东西。他必须将他那部分贡献出来，让我们能够共同理解……即使我们觉得理解了他，我们仍然没有证据能够说明我们真的理解了他，除非他自己也这么看。（Adler，1929，p. 340）

阿德勒指出，治疗师通常需要让病人感受到关心、支持以及合作的感觉，而这些感觉是病人从来没有在其父母那儿获得的。阿德勒认为，只关注自己而不是关注别人，是绝大多数心理问题的核心。他认为，治疗师的主要任务就是逐渐引导患者从完全只关注自我转移到积极地帮助别人、让自己成为对群体有用的一员上来。治疗师在关心患者的过程中，其实就是起到了社会兴趣者的示范性作用。

治疗师的作用

作为一名治疗师，阿德勒努力与病人建立一种平等的关系。他喜欢面对着病人，而不是如弗洛伊德那样坐在躺着的病人后面。他喜欢采用自由讨论，而不是自由联想。他在治疗关系上的观点与态度似乎给了卡尔·罗杰斯的来访者中心式治疗一定的启发作用。

> 我告诉（病人）：“如果你照这个处方做，14 天后你就会好。这个处方就是，你每天努力去想怎么才能让别人开心。”（Adler，1956，p. 347）

阿德勒坚信要赋能他人。他认为，病人必须自己改变自己。治疗师可以提供看法与支持，但他们“不能强按着牛头喝水”。阿德勒解释道：“病人就像是身处黑屋子中的人，他向我抱怨‘我出不来’，我打开灯，指出门的把手在哪儿。如果他仍然说他出不来，我就知道，他是不想出来！”（Adler in Bottome，1957，p. 101）

阿德勒学派的心理学对心理治疗与咨询进行了区分。按照他们的观点，治疗就是要让病人的不健康生活方式发生根本性的改变，而咨询的目的则是在现有的生活方式下改变一些行为。

相关研究

生活风格

艾克斯坦与肯恩（Eckstein & Kern，2002）将生活风格定义为：“这是一簇人格特征，个体在很早的年龄阶段就从主观上将这些特征组合成了一个系统的模式。”（p. 68）似乎可以对这些人格特征簇进行测量。阿德勒认为，生活风格从儿童期到成年期都是一致的，这也得到了纵向研究的证实（Pulkkinen，1992）。肯恩等人（Kern et al.，1993）编制了一套包含 65 个项目的生活方式测量问卷，即 BASIS-A 问卷（Basic Adlerian Scales for Interpersonal Success-Adult Form）。随着信度与效度的证实，该问卷不断地被应用在研究、临床上，此外也在其他许多领域被当作教育工具来使用（Eckstein & Kern，2002；Peluso et al.，2004）。

社会兴趣

虽然至今人们对社会兴趣的定义还没有一个统一的看法，但是研究者都认为它是一个有用的概念（Cloninger，2008）。

社会兴趣的主题或维度包括移情、合作、社会支持、控制感、精神、宗教成熟、宗教未成熟、婚姻适应、自恋、抑郁、焦虑、竞争（Bass et al.，2002）。有研究者发现，婚姻适应与社会兴趣之间存在显著的相关（Markowski & Greenwood，1984；Logan et al.，1993）。还有研究者对 124 个与社会兴趣有关的实证研究进行了元分析（Bass et al.，2002），在这个研究中，差不多有 19 000 个被试，其分析结果为社会兴趣这个构念提供了明确的实证支持。

社会兴趣研究的一个应用就是将之用来预测爱情关系的满意度。有研究者以 52 对背景不同的已婚夫妇作为研究样本，结果发现社会兴趣可以解释婚姻适应中 19% 的方差（Markowski，Greenwood，1984）。与此类似，在一个以 129 对夫妇为被试的研究中发现，夫妇的社会兴趣水平越高，他们的适应状况越好（Logan et al.，1993）。其他还有研究发现，女性的社会兴趣水平高于男性（Joubert，1989；Kaplan，1991）。

出生顺序

研究已表明，父母对待子女的不同方式取决于子女的出生顺序。艾克斯坦等人（Ecksteinet al.，2000）对 200 篇认为其结果与出生顺序有显著关系的文章进行了综述，结果他们发现，独生子女有更高的成就需求，出生顺序排行第一的儿童有更多的成功，排行中间的儿童交际能力最好，而排行最末尾的儿童有更高的社会兴趣。

阿德勒学派的临床学家常常会发现出生顺序与家庭系统排列非常有用（Ansbacher & Ansbacher，1956；Hoffman，1991；Paulhus et al.，1999；Manaster，1977；Marshall，Fitch，2006）。在与出生顺序有关的研究中，出生顺序与危险行为（Argys et al.，2006）、智商（Bjerkedal et al.，2007；Kristensen & Bjerkedal，2007）和婚姻模式（Ward et al.，1974）之间的关系最为明确。

父母通常比较担心他们的第一个孩子，对他们比较苛刻，更加敦促他们达到自己的期望（Falbo，1987；Hoffman，1991；Newman et al.，1992）。在美籍华人儿童中，老大多是 A 型性格，即紧迫感、具有竞争性的工作狂（Cheng & Kuo，2000）。关于出生顺序的研究还在继续（Leman，2004；Herrera et al.，2003；Mancillas，2006；Sulloway，2007），其中包括手足关系（Kluger，2006）和危险行为（Kristensen，Bjerkedal，2007）的研究。

理论点评

阿德勒的理论对人本主义心理学、心理治疗及人格理论都有巨大的影响，他的许多概念都被整合到了其他学派的思想中。他对社会兴趣的强调让心理治疗具有更多的社会取向。同样，他对意识、理性的关注让他成了历史上首个自我心理学派（ego psychology）的创始人。有人认为，将诸如埃里希·弗洛姆（Erich Fromm）、凯伦·霍妮、哈里·斯塔克·沙利文（Harry Stack Sullivan）这些新弗洛伊德主义者（neo-Freudian）称为新阿德勒主义者（neo-Adlerian）可能更为准确（Wittels，1939）。有位学者曾经说过："阿尔弗雷德·阿德勒的许多思想与研究已经潜移默化地渗透到了现代心理学思想中，以至于现在的问题不是问一个人到底是不是阿德勒主义者，而是问阿德勒主义的程度到底有多大。”（Wilder，1959，p. xv）阿德勒对其他许多杰出的心理学家都有巨大的影响，然而令人奇怪的是，在心理学领域之外，他却鲜为人知。

罗洛·梅和维克多·弗兰克（Viktor Frankl）是著名的存在主义心理分析师，认为阿德勒心理学是存在主义心理治疗的重要先驱（Frankl，1970；May，1970）。阿德勒对整体论、目标导向以及价值观在人类行为中的作用的重视，对人本主义心理学的发展起到了巨大的启发作用。亚伯拉罕·马斯洛写道：

> 我越来越觉得阿尔弗雷德·阿德勒的观点有道理。随着越来越多的事实出现，越来越说明他是伟大的人……在这点上，尤其是在时代还没有理解他的时候，我指的这点是他对整体的强调。（Maslow，1970，p. 13）

然而，阿德勒并没有获得他应该获得的荣誉。源于他的许多概念常常被认为是精神分析理论衍生而来的概念，或被认为是无须证明的，或被认为是价值不高。艾伦伯格（Ellenberger）在一次对主要心理治疗流派的调查中指出：

> 在被借用了那么多的思想却没有被获得承认的学者当中，除了阿尔弗雷德·阿德勒外，很难找到另外一个人了。他的学说已经成为……任何人都可从中汲取、想汲取的东西，却不会感到内疚的理论了。人们在从其他地方引用任何句子时都会小心翼翼注明来源，但当来源是个体心理学时，这种情况就不会出现在他身上。就好像没有什么原创性的东西是属于阿德勒的。（Ellenberger，1970，p. 645）

理性情绪疗法（rational-emotive therapy）的创始人阿尔伯特·艾利斯（Albert Ellis）在评价阿德勒的贡献时做了更进一步的肯定：

> 我有面见、聆听和观察阿尔弗雷德·阿德勒医生的特权……由于我已习惯于协会中那种非常刻板的弗洛伊德式取向——75 页的案例历史资料、详尽的系列测试，甚至是在对一个小孩进行“治疗”的考虑之前——我被阿德勒医生迅速将儿童与父母联系起来的这种极为直接、不靠谱的简单方式给震惊住了。我花费了一段时间才认识到我从他身上学到了多少东西。（引自于：Ansbacher，1990，p. 47）

阿德勒声望相对较低的原因之一是他的写作风格。他是一名出色的演讲大师，他更喜欢演讲，而不是写作。除了《神经症的性格》（*The Neurotic Constitution*，1912）一书外，他后期的大部分著作都是写给外行人看的。他的写作有时候不够严谨，常常以一种简单的、通俗的风格来阐述他的理论，导致它看起来显得很肤浅、不够有深度。他对治疗实践而不是理论研究有兴趣。他更善于处理实际的案例资料，因此他的研究在教师、社会工作者、临床医生，以及其他在工作中需要实际心理技能的人群中有非常高的知名度。他对现代心理学发展的独创性贡献主要有自卑情结、人格整体性思想，以及强调权力与攻击对行为的重要作用，强调性以外的因素在个体发展中的作用等方面。

近年来的发展：阿德勒的影响

阿德勒的许多先驱性思想如今已被人们广泛接受，被当作常识。他在机体缺陷领域的心身交互作用观点对心身医学的创立产生了巨大的影响作用（Sperry，2011），他的著作为父母养育领域的普及奠定了基础。比如有研究发现，为孩子设置目标、与青少年子女进行开放性交流的父母，他们的青少年子女有积极的认同感和自信心（Gfroerer et al., 2011）。现在，几乎所有关于父母养育的书籍都利用了阿德勒的儿童训练原理，但却通常没有给他足够的荣誉。阿德勒的学生鲁道夫·德瑞克斯（Rudlof Dreikurs）在这一领域具有非常大的影响。他的著作《面对孩子就是挑战》（*Children*：*The Challenge*，1964）成了该领域的经典著作。

阿德勒学派的训练机构、家庭教育中心、学习小组、职业协会的数量与影响力与日俱增（Mosak，1989）。阿德勒学派的第一本心理学教科书《个体心理学》（*Individual Psychology*）是用英文写的（Manaster & Corsini，1982），受到了广泛关注；《阿尔弗雷德·阿德勒，被遗忘的先知》（*Alfred Adler*，*The Forgotten Prophet*）对阿德勒的生平与思想进行了总结（Grey，1998）。《阿德勒心理学派文献目录》（*A Bibliography of Adlerian Psychology*）总共两卷本，列举了上万条阿德勒学派的参考文献（Mosak & Mosak，1975a，1975b）。

阿德勒学派正处于繁盛时期，阿德勒对著名心理学家，比如对马斯洛、罗洛·梅的影响已经见诸报端（Ansbacher，1990）。阿德勒曾经为罗杰斯的实习期做指导，他的社会兴趣概念对罗杰斯治疗理论中的关键性条件作用产生了很大的启发（Watts，1998）。关于阿德勒的主要传记在 1994 年（Hoffman）和 1998 年（Grey）出版发行。阿德勒学派中的许多思想被认为是认知心理学的先驱（Scott et al.，1995），并对教育心理学（Carlson，1995；Pryor，Tollerud，1999）、心理咨询（Kern，1993；Nystul，1995；Sweeny，1998）、跨文化咨询（Roberts et al.，1998）、儿童治疗（Mosak & Maniacci，1993；Kottman，1995）等领域都有广泛的影响。同时，阿德勒学派理论还获得了跨文化的应用，比如对本土美国人（Kawulich & Curlette，1998）、墨西哥美国人（Martinez，1998）和伊朗人（Khodarahimi & Ogletree，2011）的研究。

原始手稿

◆家庭系统排列

每一个排行老大的儿童都有一段时间是家庭中的唯一孩子，在老二出生后，都会被迫去适应这个新的环境。老大常常会获得大量的关心与溺爱……他们时常发现自己突然就被从自己的位置上赶下来了。另外一个孩子的出生，让她 / 他不再是家中唯一的孩子。现在的她 / 他必须与竞争对手分享自己的父母。这种变化始终有巨大的影响……

老二处在一个完全不同的位置……自从她 / 他出生的那一刻起，她 / 他就在与另外一个孩子分享父母的注意……这一位置最明显的一点就是，在她 / 他的整个童年时代，她 / 他前面始终有一个领跑人。不管是在年龄上还是在发展上，始终有一个孩子比她强，她 / 他不断地推动自己去追赶。典型的排行第二的孩子是很容易辨认出来的。他们的表现就好像他们是在赛跑过程中，有人比她领先了一两步，而她急于超越前面这个人……

排行末尾的孩子……永远没有被赶下台的可能。她 / 他后面没有追赶的人，但在她 / 他前面却有许多领跑的人。她 / 他始终是家里的小孩，可能是最受纵容的孩子。她 / 他会面临任何一个被纵容孩子可能出现的问题，但由于竞争对手众多，她 / 他会受到很大的激励，最末尾的孩子常常发展得特别好，比其他任何一个孩子的进步都快，并超越其他所有孩子。老幺的这种情况在整个人类历史中都始终存在，不会有变化。我们在最古老的传说中可以看到老幺超过他们的哥哥、姐姐的记录……

独生子女有他们自己的特殊问题。她 / 他有一个竞争对手，但是她 / 他的竞争对手既不是哥哥，也不是姐姐。她 / 他的竞争是指向父亲。独生子女会被母亲纵容。母亲害怕失去孩子，希望将她 / 他置于自己的羽翼之下。独生子女会发展出所谓的“母亲情结”（mother complex），她 / 他被系在母亲的围裙带子上，希望把父亲从家庭中心的位置上推开（pp. 116，119，121，122）。

章节重点

- 阿德勒对现代心理学的主要贡献是强调性之外的环境因素，强调权力与攻击对人类行为的影响，以及提出了人格的整体性和自卑情结等概念。
- 阿德勒重视个体的独特性，强调从整体上理解人，强调社会这一环境的影响。
- 人们的主要目标是征服环境，但是这种动机会受到社会兴趣（或社群感）、合作的重要性影响。
- 与行为主义类似，阿德勒学派中的概念是具体的、实际的行为，他们强调外显行为以及行为的结果。
- 个体心理学研究的是环境与个体的关系，而不是关注个体内部的发展动力。
- 个体对机体缺陷或自卑感的补偿努力是所有发展的基础，也是人类取得重大成就的基础。
- 追求权力是一条基本原则，阿德勒后来将这一原则表述为追求优越，其内涵包括发展与创造性成长。
- 有意识地适应环境的进化过程是个体追求优越或追求完美的基础，或是人类更好地征服环境的基础。
- 追求优越或追求完美的目标能够促使健康的个体不断地寻求进步与成长，如果这种目标中包含了社会关怀与对他人福利的关注，就是积极的；如果个体追求的是通过支配别人来实现个人优越，就是消极的。
- 个体的目标是成为一个有价值的人。生命的最高法则是尽量不让自我价值感降低。
- 个体的行为取决于个体对这个世界的看法，即世界观。
- 在对心理与情绪问题进行研究与治疗时，必须考虑到个体的生活目标和生活风格。个体的整体生活风格体现在每个人格特质、每种症状中。
- 创造力是构建生活目标以及制定目标的手段的能力，它是个体的核心。生活目标为个体提供了一个前后一致的组织结构，它是对环境的创造性反应。
- 社群感或社会兴趣，是对较大社会群体的情感，是个体对自己与家庭、群体、社会或人类联系的感觉。
- 合作是社会兴趣中的一个关键成分。自卑感只能通过个体积极主动参与到社会中，成为对社会有用的一员来克服。
- 适应不良或神经症式生活风格的根源是缺乏合作，是失败或无能感的结果。
- 健康的个体是合作性的，有强烈的社会兴趣，建设性地追求优越。
- 每个神经症都是个体努力获得胜任感、努力克服自卑感的表现。神经症使个体脱离人群生活，使他们不能发挥社交功能，不去解决现实生活问题。在治疗神经症的时候，治疗师需要帮助病人彻底改变他的价值定向，引导他回归社会。
- 不相信自己能够有效生活或与他人交往的人追求的是个人优越目标，他们被自卑感控制。
- 重要的是了解行为的结果，而不是关注对行为的内心体验。见识不是仅仅从智力上理解，而是要将理解转化为建设性的行动。
- 绝大多数心理问题的核心是因为人们只关心自己，而不是关心他人。

关键术语

出生顺序（birth order）：出生顺序是个体形成他自己独特生活风格的一个主要影响因素。某些特定的心理与行为特征会因儿童出生的实际地位以及心理环境不同而有所不同。阿德勒概括出了5种主要的出生顺序，即独生子女、老大、老二、排行中间、老幺。

联结性情绪（conjunctive emotions）：比如感激与同情，这种情绪属于社会性定向，希望与别人分享自己的快乐。个体的联结性情绪反映了人们对他人关心的程度。

分离性情绪（disjunctive emotions）：分离性情绪是指诸如愤怒、恐惧、厌恶等情绪的目的是使个体的处境发生积极的转变，尽管有时候需要损害他人的利益。它们常常源于个体的失败感或无力感，其作用是希望能够调动个体的力量以便做出新的努力。

虚构主义（fictionalism）：虚构主义即“仿佛”哲学，借自于费英格的著作，认为人们会创建个人的真理系统，然后据此生活——行为、思想、情感——就好像有事实依据一样。起源于儿童早期时期在适应环境过程中对任何所感受到的虚弱感的克服。阿德勒认为我们为自己创造了一个理想主义目标，希望自己做到完美适应，然后努力为之奋斗，就仿佛这个目标意味着成功、幸福、安全。

整体论（holism）：整体论是阿德勒个体心理学中的一个基本概念，以斯穆茨的哲学思想为基础。该观点认为整体所具有的特性常常与其所属部分具有的特性存在差异——我们每个人都有提升自己、实现自身完整的冲动。

见识（insight）：见识不是仅仅从智力上理解，而是要将理解转化为建设性的行动。阿德勒认为重要的是要了解行为的结果，而不是关注对行为的内心体验。

自卑情结（inferiority complex）：自卑情结是儿童因自己身体弱小与力量不足产生的无力感。阿德勒关注的是缺陷的心理方面，他认为这会影响到所有的童年生活经历（见机体缺陷）。

生活目标（life goal）：生活目标是个体对成就的关注。它形成于童年时代，是对自卑感的补偿，帮助个体防止出现无力感。

人生任务（life tasks）：每个人都需要面对的三大人生任务，即工作、友谊与爱情。

生活风格（lifestyle）：生活风格是个体与人交往以及适应生活的独特模式，是追寻个人目标过程中的总体生活风格。

机体缺陷（organ inferiority）：机体缺陷指的是个体身体中某些器官比较弱小，或比别人更容易生病的情况。通过训练与锻炼，人们能够使这些较弱小的器官转变成自己的最大优势（见自卑情结）。

个人智力（personal intelligence）：个人智力与理性和常识不同，指的是一种只考虑个人优越目标而非社会利益的思维。

个人优越（personal superiority）：当个体被自卑感支配或社会兴趣发展不充分的时候，就可能会转而去追求个人优越，因为他们缺乏有效行动，以及缺乏与他人共同工作的信心。这些人对社会没有任何实质上的贡献，而是表现为自私自利的行为模式，毫无疑问这会使他们体会到失败感。

自我认识（self-understanding）：自我认识指的是学会了解自己在处理日常事情时所犯的错误。它包括更好地认识这个世界，以及认识自己在这个世界当中的位置。只有通过个体自己的行动，才能导致变化的出现。

社会兴趣（social interest）：社会兴趣指的是与群体成员共享价值观与感受。社会兴趣最广泛的含义指的是将所有人，甚至是将所有的生命物种都当成亲属来对待。

目的论（teleology）：目的论指的是在理解行为与解释行为的时候，根据这些行为所指向的目标，而非去探寻行为的原因。阿德勒问道：“这个行为或这个症状要把他推到哪儿去呢？”

推荐阅读

Adler，A.（1929）. *The Practice and Theory of Individual Psychology*. London：Routledge & Kegan Paul.

本书是一本论文集。主要是神经症和心理问题方面的内容，书中有大量的案例资料。

Adler，A.（1931）. *What Life Should Mean to You*. Boston：Little，Brown.

本书清楚介绍了阿德勒的基本概念，适合没有知识背景的人阅读。

Adler，A.（1956）. *The Individual Psychology of Alfred Adler：A Systematic Presentation in Selections From His Writings*.（H. L. Ansbacher & R. R. Ansbacher，Eds.）New York：Harper & Row.

本书是对阿德勒理论的最好介绍。书中有许多在其他英文书籍中找不到的资料。本书有两个主题，即人格心理学和变态心理学。

Adler，A.（1964）. *Superiority and Social Interest：A Collection of Later Writings*.（H. L. Ansbacher & R. R. Ansbacher，Eds.）New York：Viking Press.

本书主要介绍了个体心理学的理论、案例研究、宗教以及个体心理学的应用，另外还有阿德勒的个人传记、代表作列表，以及人们越来越认识到其价值的讨论。

Dreikurs，R.（1957）. *Psychology in the Classroom：A Manual for Teachers*. New York：Harper & Row.

本书是阿德勒理论在教育领域的应用，内有大量的案例资料。

Manaster，G. J.，Corsini，R. J.（1982）. *Individual Psychology*. Itasca，IL：F. E. Peacock.

本书是阿德勒学派的第一本英文教科书。其中包括了阿德勒学派心理治疗的一个完整案例，另外还有一些该学派的研究。

第 4 章

霍妮与人本主义精神分析

伯纳德·派里斯（Bernard J.Paris）[①]

凯伦·霍妮的学术生涯可分为三个截然不同的阶段，因此她的理论思想对不同的人来说可能具有不同的意义。有些人可能主要是对她在 20 世纪 20 年代至 30 年代初期发表的女性心理学文章感兴趣。在此期间，她主要是在正统理论框架下修正了弗洛伊德思想中的阴茎嫉妒、女性受虐论（female masochism），以及女性发展理论（feminine development）。这些文章中的思想由于在当时那个时代太超前，因此没有获得应有的重视，但是，当这些文章在 1967 年的《女性心理学》（*Feminine Psychology*）一书中得以再版的时候，却获得了广泛关注。这导致大家越来越公认霍妮就是史上第一位伟大的女权主义精神分析学家。

那些对霍妮第二阶段的研究感兴趣的人认为她主要是社会文化学派中的新弗洛伊德主义者，这个学派还包括埃里希·弗洛姆、哈里·斯塔克·沙利文（Harry Stack Sullivan）、克拉拉·汤普森（Clara Thompson）、阿伯拉姆·卡丁纳（Abraham Kardiner）等人。在《我们时代的神经症人格》（*The Neurotic Personality of Our Time*，1937）和《精神分析的新道路》（*New Ways in Psychoanalysis*，1939）这两本书中，霍妮背离了传统的弗洛伊德主义，提出了精神分析的新范式，认为神经症产生的主要因素不是生物学因素，而是文化与痛苦的人际关系。《我们时代的神经症人格》一书，使霍妮在学术圈内的名声大噪。这使人们逐渐意识到文化因素在心理疾病中的作用，并启发人们从精神分析这个新角度去研究文化。由于对弗洛伊德的批判，《精神分析的新道路》使霍妮受到正统精神分析的排斥，导致她在传统精神分析理论者中声名扫地，也使她受到了精神分析组织的排斥。虽然霍妮认为受到了弗洛伊德思想的启发，承认弗洛伊德的伟大贡献，但是她反对弗洛伊德的一些基本假设，将精神分析的重点从早期经验转移到了当前的人格结构上来。这就为现在越来越受到人们重视的现在导向治疗（present-oriented therapy）奠定了基础（Wachtel，1977）。

在 20 世纪 40 年代，霍妮提出了她的成熟理论（mature theory），这也被很多人认为是霍妮所作的最突出贡献。在《我们内心的冲突》（*Our Inner Conflicts*，1945）和《神经症与人的成长》（*Neurosis and Human Growth*，1950）这两本书中，她认为个体主要是通过否定自己的真实感受、建立防御

> （大卫·莱特曼的话）神经症现在已经受到了高度重视。最近我凑巧在看霍妮医生的《我们时代的神经症人格》，（除了其中几页让我想到自己外）几乎每一章都在呐喊，戴夫，戴夫，戴夫……就如霍妮所描述的这个夸张的失败主义者，“他总是觉得自己一无是处，但是又恼恨别人不把他当天才看”。（Wolcott，1996，p. 82）

① 本章部分材料改编自 *Karen Horney: A Psychoanalyst's Search for Self-Understanding*，by Bernard J. Paris（1994）。

机制来应对焦虑，认为不安全感、缺乏被爱感，以及缺乏价值感都能够引发个体的焦虑。在《我们内心的冲突》中，霍妮重点阐述了人际防御，认为人们会采用趋近他人、排斥他人和回避他人三种形式来进行人际防御，并且发展出顺从、攻击和退缩三种神经症应对方式。在《神经症与人的成长》一书中，她主要关注的是个体内心的防御机制，讨论了自我理想化（self-idealization）是如何促使个体去追求荣耀的，她将之称为荣耀系统（pride system），认为荣耀系统包括神经性自负（neurotic pride）、神经性索求（neurotic claims）、专横式应该（tyranny of the shoulds）和自我憎恨（self-hate）。霍妮成熟理论的影响范围和影响力度不仅体现在该理论的实际临床应用中，还体现在文学评论、人物传记，以及文化与性别的研究上。

霍妮的治疗目标是帮助人们放弃已有的防御机制，认为这些防御机制会使个体无法体会到内心真正的喜好、欲望、愿望，以及恐惧，认为只有放弃防御机制才能真正接触到她所谓的真实自我（real self）。霍妮非常强调自我实现（self-realization），认为自我实现是健康价值观和生活目标的源泉，这也使她成为人本主义心理学的先驱人物之一。

个人简介

凯伦·霍妮于 1885 年 9 月 15 日出生在汉堡附近一个名叫卡伦·丹尼森的地方，她父亲是一名远洋轮船长，挪威人，而母亲是一个具有荷兰和德国血统的荷兰人。霍妮有一个哥哥，名叫伯恩特（Berndt），比她大 4 岁。她的父母无论是年龄还是背景，都不匹配。当父母之间发生激烈冲突的时候，她总是站在母亲的一边。她母亲不顾她父亲的反对，认可并支持霍妮想去读书的想法。

凯伦 13 岁的时候，决定要成为一名医生，她也是德国第一批进入医学院学习的女性之一。她在弗赖堡大学、哥廷根大学和柏林大学接受了医学教育。1909 年与奥斯卡·霍妮（Oskar Horney）结婚，奥斯卡是一名社会科学家，他们是在弗赖堡大学上学时认识的。1910 年，她接受弗洛伊德的嫡传弟子卡尔·亚伯拉罕的分析，卡尔是弗洛伊德精神分析核心圈内的成员，也是第一位在德国实施精神分析实践的人。由此，凯伦决定要成为一名精神分析师。1920 年，她成为柏林精神分析研究所（Berlin Psychoanalytic Institute）的 6 名创建人之一，并在此任教。直到 1932 年，她受弗朗茨·亚历山大（Franz Alexander）的邀请赴美，担任

> （霍妮在 17 岁那年写的）今天早上我问自己可否去上动物解剖课，结果被拒绝了……好啦，我可以有其他选择的：我可以解剖自己。这可能会更难，但可能会更有趣呢。（Horney，1980，p. 58）
>
> 如果她也很崇拜她的妈妈，那么她就不会再感到孤单、感到被排斥了，而是可以希望获得一些爱护，或者至少能够被接受了……（她）不再是一只被忽视的丑小鸭，而是成了优秀母亲的美丽女儿……（但是）通过崇拜那个自己实际上很怨恨的母亲，她远离了自己的真实感受。她不再知道自己喜欢什么、想要什么，也不知道自己害怕什么、讨厌什么。（引自于克莱尔案例，Horney，1942，pp. 50−51）
>
> 神经症女孩不可能爱上一个“软弱的”男人，因为她们鄙视任何软弱。但是，她们也无法妥善应付一个“强大的”男人，因为她们希望自己的同伴始终能够妥协。所以，她们内心中真正在寻找的是一个英雄，是一个超人，是一个软弱但同时又能够满足她们任何需要的人……（Horney，1937，p. 170）
>
> 难道我永远不能康复吗？不能完全康复吗？我开始对它绝望了……我常常觉得自己没用……每当早上醒来的时候，我就希望这一天已经结束了。（霍妮在接受卡尔·亚伯拉罕两次分析之后，写给卡尔的信，见：Horney，1980，p. 270）

新成立的芝加哥精神分析研究所（Chicago Psychoanalytic Institute）副所长。1934年，她加入了纽约精神分析研究所（New York Psychoanalytic Institute）。但由于她发表了《精神分析的新道路》一书，于1941年被赶出了纽约精神分析研究所。同年，她创办了美国精神分析研究所（American Institute for Psychoanalysis），自任所长，直到1952年去世。另外，她也是《美国精神分析杂志》（*American Journal of Psychoanalysis*）的创办人。

凯伦·霍妮在青年时期喜欢内省和自我分析，部分是因为她的性情，也有一部分是源自她那不愉快的童年。她觉得自己不被喜爱，认为哥哥更被大家喜欢，并且认为哥哥更受宠的原因主要在于他是男孩。她不喜欢她的父亲，认为他就是一个信奉宗教的伪君子，而母亲对哥哥偏心，她在家里觉得很孤单，在家中不能获得支持。为了对此进行补偿，她努力想对哥哥产生依恋，在5岁到9岁期间，她似乎会和她哥哥玩一些性游戏。在她哥哥进入青春期后就疏远了她，凯伦觉得自己遭到了拒绝，于是在学校疯狂地学习，以便让自己感到有价值。

童年时期的凯伦充满敌意、爱生气、叛逆。在她进入青春期后，她无法继续忍受自己在家中的孤立感。为了在家中赢得地位，她也成了母亲追求者中的一员。在13岁的时候，她开始写日记（Horney，1980），在日记中表达了对母亲和哥哥的爱慕之情。她将自己对他们的敌意埋葬了起来。但是在21岁的时候，这股敌意爆发了出来，她和他们之间的关系随后又变得紧张起来。这些日记是凯伦在压抑自己愤怒的时候写的，可能会使人们误解她与家人之间的关系，阅读的时候最好是参照《自我分析》（*Self-Analysis*，1942）中的克莱尔（Clare）案例，这个案例非常像是她的自传，能够解释凯伦在青春期的行为。

虽然凯伦的日记可能会让人们误解她与家人之间的关系，但是却非常清楚地揭示了她的情绪问题。她感到抑郁、怯弱、身体虚弱，她难以忍受没有男朋友，觉得自己天资愚笨，感觉自己就像是一只丑小鸭，觉得没法和漂亮的妈妈比。她很难集中精神做事，能够获得学术上的如此成就，完全是因为她超常的天资。

凯伦的日记内容主要谈的都是她和男性的关系，都是那些她极度希望获得对方关注的男性。这些关系的基本模式都是一开始她遇到了理想中的男性，然后紧接着就是失望、抑郁，努力了解关系破裂的原因。由于失望，她从一个男人转移到另外一个男人身上，常常同时和几个男人保持关系，因为他们每个人都可以满足她的不同需求。她希望找到一个出色的男人，能够满足她那矛盾的需要，既能够让她有支配感，同时又能对她顺从；既能粗鲁，又能体贴——但她最终失望了。由于感到自己非常不幸，因此她努力想了解自己的苦难根源。这起初表现在她的日记中，随后又出现在她的精神分析著作中，还有许多则是隐秘地体现在她的自传中。

一开始的时候，凯伦认为奥斯卡·霍妮就是自己要找的那个出色男人，但是他不够强大有力，因此，他们的婚姻很快就出现了问题。为此，她求助于卡尔·亚伯拉罕对她进行分析。但是在接受了两年的分析之后，她的症状依然和开始时一样，没有好转。精神分析治疗的失败成为她开始质疑传统精神分析理论的原因之一，尤其是其中对女性心理的描述。

凯伦和奥斯卡共同生育了三个小孩，但是他们在1926年分手，并且在1938年离婚。自此之后，凯伦没有再结婚，但是她有许多混乱的关系，就如同她在女性心理学方面的文章中所描述的以及在《自我分析》中的克莱尔的案例所阐述的那样。

虽然凯伦在 20 世纪 20 年代的著作中就开始强调文化的重要性，但是直到 1932 年她到美国之后，才真正意识到弗洛伊德太过于强调生物因素，而对社会因素关注得太少。她先后在芝加哥、纽约工作，她发现病人的问题和她在德国时遇到的情况截然不同。这些经历，再加上她阅读了当时刚刚萌芽的社会学和人类学著作，使她对俄狄浦斯情结的普遍性产生了怀疑，并促使她探究文化对个体心理的影响。1935 年，她在社会研究新学院（New School for Social Research）开设了这方面的课程，并且被诺顿出版公司（W. W. Norton）邀请就此写本书，这就是后来的《我们时代的神经症人格》。由于凯伦越来越难以接受弗洛伊德的观点，因此她觉得有必要系统地将自己与他的想法进行对照，这使她最终写就了《精神分析的新道路》。

霍妮的第三本书是《自我分析》（1942），这本书是她与埃里希·弗洛姆关系破裂后的副产物。她在柏林精神分析研究所时认识了当时还是学生的弗洛姆（弗洛姆比她小 15 岁），后来（1933 年）她在芝加哥大学讲课时又遇见了他。1934 年他们都到纽约后，双双堕入了情网。他们的关系既有学术上的，又有情感上的，弗洛姆给霍妮讲社会学，霍妮则教他精神分析。他们的关系在 20 世纪 30 年代末期出现了恶化，也就是在霍妮将自己学精神治疗的女儿玛丽安（Marianne）送到弗洛姆那里接受分析训练后。当玛丽安对母亲的敌意表现在了精神分析的课程中时，正如所预料的那样，霍妮责怪了弗洛姆。他们的关系破裂对霍妮来说是一个非常痛苦的打击，使她对自己进行了非常极端的自我分析，这导致了《自我分析》一书的出版。在书中，霍妮将她和弗洛姆虚拟成了克莱尔和彼特（Peter）。尽管他们之间的关系已经疏远了，但弗洛姆还是在 1941 年霍妮成立美

> （霍妮的传记作者所采访过的人）对她的描述完全不同，相互矛盾，既软弱又坚强，既开通又寡言，孤僻又“合群”，亲密而冷淡，有同情心、慈爱而又冷漠，有爱心又无情，专横又谦让，支配欲强又顺从，是个领导者，又是个追随者，公正又卑鄙……给人的印象就是她……需要包容和整合这些相互冲突的特质，显然这需要不断地挣扎、努力。（Rubins，1978，pp. xiii-xiv）
>
> 尽管自己有问题，她仍然埋头创作；而她也正是因为这些问题去创作。（Harold Kelman in Paris，1994，p. 176）
>
> 公平地说，她将自己的所有创作性能量都投入到了工作、研究中；部分原因是真正对创作有兴趣，另有部分原因是逃避……逃避人际问题。她是一个内心充满极度冲突的人，但是她成功找到了一个满意的创造性生活方式。我觉得她一直是在用自己的书代表自己说话，就好像是要证明她的存在一样。（Mariann Eckardtn[①] in Paris，1994，p. 178）

国精神分析研究所时加入了进来，不过，霍妮在 1942 年以他是一位外行分析师为借口将他赶出去了（他是哲学博士，而不是医学博士）。

20 世纪 30 年代对霍妮来说问题层出不绝。其中最为关键的事是因为她批判弗洛伊德而遭到了纽约精神分析研究所同事的排斥，以及她与弗洛姆关系的决裂。然而，到了 20 世纪 40 年代同样不得安宁，因为当时有许多杰出的同事离开了美国精神分析研究所，其中有一组人（包括弗洛姆、沙利文和克拉拉）创立了威廉·阿伦逊·怀特研究院（William Alanson White Institute），另外一组人加入了纽约医学院（New York Medical College）。导致分裂的部分原因是因为霍妮的控制需要，以及她无法给予别人学术上的自由就如她当时希望纽约精神分析研究所能够给予她自由一样。在她的爱情生活中同样是困难重重，这也常常引发了研究所内的分

① 玛丽安·埃卡尔特（Marianne Eckardt）是霍妮的女儿。

歧，因为她常常喜欢将那些与自己有关系的男人放在权力的位置上。尽管这会引发办公室的政治混乱，但是能够领导自己的研究所，仍然让霍妮感到兴奋。因为这给了她一直希望获得的学术自由，同时也推动了她去建立自己的成熟理论。在20世纪40年代末期，霍妮开始对禅宗感兴趣，在她1952年去世之前不久，她和当时在美国进行著述和讲学的禅宗大师铃木大拙（D. T. Suzuki）去了一趟日本，参观了禅宗的寺院。

虽然霍妮是一位出色的临床医生，但在其一生中却饱受折磨，没有哪个分析师能够真正帮得了她。她遭受了痛苦的经历，在20世纪20年代，卡尔·亚伯拉罕和汉斯·萨克斯（Hanns Sachs）都让她感到失望，在此之后，她转而求助于自我分析，希望能够摆脱情绪上的痛苦。她的临床经历再加上她的自我分析，使她对精神分析有了许多自己的见解。长期与痛苦情绪的搏斗使她的洞察力变得更加敏锐，这也是她不断改进自己理论的主要原因。霍妮拥有了解自己的非凡能力，也非常残酷地正视自己的问题。除了在最开始时所写的一些文章，后来她就再也没有构建一个理论来普遍化或常态化自己的问题。

虽然霍妮在自己的问题上没有什么进展，但是却在其他方面获得了巨大成功。在她还很年轻的时候，就遭受了抑郁、虚弱，以及无力工作的痛苦，但后来却成了一个具有非凡创造力、精力充沛、成果丰硕的女性。就如《自我分析》中的克莱尔一样，她是一个大器晚成者，在40岁之前仍然写得很少，但是她在生命的最后15年却爆发了：她出版了5本极富创造性的著作，成了一名广受欢迎的分析师、督导和演讲家；她创立并主持美国精神分析研究所的工作，还创立了《美国精神分析杂志》并担任主编；她经常去新学院讲课，阅读广泛，学会了画画，有许多出色的朋友，丰富的社交生活；暑假的大部分时间都和女儿们在一起，游历了很多地方。没有成功解决自己的问题反而使她变得很现实，而她的成功也是她出名乐观的源泉。她认为人类具有成长的潜力，能够成功战胜困难，这些信念都是建立在她自己的经历基础上。

理论先驱

弗洛伊德与精神分析理论

虽然有位评论者认为《精神分析的新道路》是“‘新法’（霍妮）与‘旧法’（弗洛伊德）的14回合大战”（Brown，1939，p. 328），但霍妮仍然认为自己受到了弗洛伊德的很大影响，认为弗洛伊德为她后来所有的精神分析思想提供了基础。不难看出为什么年轻的霍妮会对精神分析感兴趣——她遭受了许多不可思议的病痛折磨，无法正常生活。由于性格上喜欢反省，使得她习惯于通过审查自己的感受和动机以便寻求解脱，而精神分析就是当时最有效的方法；此外，她常常从弗洛伊德对女性问题的描述中看到自己。她的痛苦经历、她的性格，再加上她对自我理解的追求，而精神分析既是一门理论，同时又是一种治疗方法，这似乎恰好就是她所要寻找的东西。

虽然弗洛伊德理论中的某些方面与霍妮的经历很吻合，但也有些方面并不是如此。在20世纪20年代早期，基于自己身为女人的亲身体验，再加上她对女病人的观察，她就已经开始对弗洛伊德的理论提出了一些修正意见。不过，真正导致霍妮持不同意见的重要原因，可能是她开始明白精神分析理论强调了女性地位低下这一事实，而她在童年时期就曾为此饱受折磨。

由于对精神分析中的男性偏见不满，霍妮开始致力于从女性的角度来看待两性差异，以及探究两性关系中的问题，这最终使

> 心理学发展到现在，绝大部分都是从男性角度进行的研究，这就好像是上天分派给我这个女性心理学者的任务——至少我觉得这是我的任务——去更好地理解人，尤其是理解女性的想法和态度。（Horney in Paris，1994，p. 55）

她建立了一个与弗洛伊德理论完全不同的新的精神分析范式。然而，霍妮始终将自己的荣誉归功于弗洛伊德思想的影响，比如：“心理过程是被预先确定了的，个体的行为和感受都取决于无意识的动机过程，而驱动我们的动机则是情绪力量。”（Horney，1939，p. 18）她极为重视弗洛伊德对压抑、反向作用、投射、转移、合理化和梦的论述，并且认为弗洛伊德在移情、阻抗和自由联想方面的论述为心理治疗提供了不可或缺的工具（Horney，1939，p. 117）。

阿德勒

弗里兹·维特尔（Fritz Wittels，1939）曾经说道，如同霍妮这样的新弗洛伊德主义者的思想，其实更近似于阿德勒的观点，而不是类似弗洛伊德的思想，认为他们其实更应该被称为“新阿德勒主义者”。早在 1910 年，霍妮就阅读了阿德勒的著作，尽管她并不太认同自己受了阿德勒思想的影响，但其实阿德勒与霍妮的观点、尤其是与霍妮晚期的思想有很多重要的共同点。

阿德勒影响力的首次体现是在霍妮写于 1911 年的日记中。那时霍妮与卡尔·亚伯拉罕在一起，她努力想理解自己的虚弱感，她在日记中记录了亚伯拉罕假设的各种解释，其中大部分都是与无意识的性欲望有关。然而其中有一篇，霍妮是从阿德勒学派的角度来看待自己，并得出了一个结论，这个结论很像是 30 年之后她在书中对克莱尔的分析。她很惊讶自己对工作的恐惧不仅源于自己的无能感，还因为自己想做到最好的需要，而这被阿德勒认为是神经症的典型特征。

霍妮对阿德勒认为“每个女人在面对自己弱于男性的身体时都会产生男性钦羡（masculine protest）”这一主张特别感兴趣，她很快就确定自己存在男性钦羡。她“妒忌伯恩特能够站在树边小便”（Horney，1980，p. 252），她喜欢穿男式短裤，在游戏中扮演王子，并且在 12 岁那年剪掉了自己的头发。作为对自己身体弱于男性的补偿，她的学习成绩特别优异，她为自己的成绩能够比哥哥好而自豪。从她所属文化的角度看，她的行为就像是一个男孩，她选择了学医，崇尚性自由。根据霍妮所做的阿德勒式自我分析，她需要获得优越感是因为她不漂亮、有女性自卑感，而这促使她在男性的领域中去追求卓越。但是她那低水平的自尊又让她害怕会失败，因此她逃避工作，就如“平凡女人”那样（Horney，1980，p. 251），并且对考试非常焦虑。她的虚弱就是焦虑的产物，是避免同男性竞争的借口，是掩盖自卑的手段，并且可以为她唤起别人对她的关心。

> 由于自己觉得没有把握、自卑，我担心自己没有什么事情能做到最好，甚至还做不到平均水平；这样的话，还不如根本就不去尝试，也许通过这种极端的拒绝方式能够为我赢得一个特殊的位置。（Horney，1980，p. 250）

在随后的 20 年中，霍妮抛弃了这种阿德勒式的思维，但是在 20 世纪三四十年代又重新捡起来了，那时候她的精神分析思路已经非常符合阿德勒学派的观点。虽然她倾向于认为阿德勒的理论是肤浅的，但是她也承认阿德勒作为理论先驱的重要地位，承认阿德勒是第一位将追求荣耀看作“一种复杂的现象，指出了它在神经症中的关键作用”（Horney，1950，p. 28）。

其他理论先驱的影响

霍妮还在德国的时候，已经开始引用民

> 格奥尔格·西美尔（Georg Simmel）说……从历史的角度来看，两性关系可以简单地说成是主人与奴隶的关系。在这里面，一直存在这种情况，那就是，“主人的特权之一就是他不必老想着自己是主人，但奴隶的地位却是奴隶永远不会忘记的。”（Horney，1967，p. 69）
>
> 根据威廉·詹姆斯的看法：（真实自我）……是内在兴趣与能量的源泉，“是注意力与精力的产生源泉，意志由此而得以产生”……是我们自己的一部分，它追求成长、发展和完善自我。它引发了我们对自己情感与思维的自发反应，是“欢迎或反对、同意或否认、努力争取或努力避免、对或不对”。（Horney，1950，p. 157）
>
> （尽管处于绝望中，一个男人可能）仍然能够很好地生活下去……也许不会有人注意到他已经深深地失去了自我……因为自我是这世界上最不容易了解的东西……失去自我时的最危险情况，就是它静悄悄地消失了，好像什么都没发生一样；失去任何东西，比如说失去一只手、一条腿，或者是5块钱，失去妻子，等等，都肯定会被注意到。（Kierkegaard in Horney，1945，p. 185）

族志和人类学方面的研究，同时还参考了哲学家和社会学家格奥尔格·西美尔（Georg Simmel）的著作，同西美尔建立起了亲密的友谊。她移居美国之后，由于敏锐地察觉到了欧洲与美国之间的差异，她开始吸收那些具有社会学、人类学、文化学等取向的心理分析师的思想，比如埃里希·弗洛姆、麦克思·霍克海默（Max Horkheimer）、约翰·多拉德（John Dollard）、哈罗德·拉斯韦尔（Harold Lasswell）、爱德华·萨皮尔（Edward Sapir）、鲁思·本尼迪克特（Ruth Benedict）、拉尔夫·林顿（Ralph Linton）、玛格丽特·米德（Margaret Mead）、阿伯拉姆·卡丁纳、哈里·斯塔克·沙利文等人，其中大部分人还与她有私人联系。在他们的影响下，霍妮认为，在神经症的产生过程中，文化是比生物学更重要的因素；还认为导致疾病产生的个体与社会之间的冲突是不良社会的产物，认为这些冲突并不是弗洛伊德所认为的那样无法避免。受布罗尼斯拉夫·马林诺夫斯基（Bronislaw Malinowski）、菲力克斯·贝汉姆（Felix Boehm）、埃里希·弗洛姆等人的影响，霍妮将俄狄浦斯情结看作一种文化性条件作用下的产物；而在哈里·斯塔克·沙利文的影响下，使她认为在解释人类行为的过程中，追求“安全与满足”的需要是比性本能更重要的因素。

最初，霍妮将心理健康看作与文化有关的概念，但是到了20世纪30年代后期，她对健康的本质进行了更通用化的解释。借鉴特洛特（W. W. Trotter）《战争与和平时期的群体天性》（*Instincts of the Herd in Peace and War*，1916）一书中的思想，她将“情绪安宁”（emotional well-being）描述成“是一种内心自由的状态，‘在这种状态下，有足够的能量可以使用’”（Horney，1939，p. 182）。她认为神经症的特点就是当前状态下的自我疏离（self-alienation），是个体失去了与“本能自我”的联系（Horney，1939，p. 11）。她认为这个新思路的产生主要是受到了弗洛姆的巨大影响，但是另外还对她产生了重要影响的人物有威廉·詹姆斯和索伦·克尔凯郭尔（Søren Kierkegaard）。在她对“真实自我”的描述中，她受到了詹姆斯在《心理学原理》（*The Principles of Psychology*，1890）一书中对“精神自我”（spiritual self）论述的启发。而她在论述失去自我的时候，又借鉴了克尔凯郭尔《致死的疾病》（*The Sickness unto Death*，1849）一书中的思想。霍妮还引用了奥托·兰克（Otto Rank，1978）的“意志”（will）概念，认为她在真实自我方面的看法就是受到了兰克的影响；在她晚年的著作中，她还援引了禅宗里面的“全心全意”（wholeheartedness）概念。

很难确定霍妮为什么会从强调过去转

移到强调当下上来，但她认为这是受了在柏林时期所认识的两位分析师影响，即哈罗德·舒尔茨－亨克（Harald Schultz-Henke）与威尔海姆·赖希。不过，她在日记中应用的分析模式以及她后来又回归了的阿德勒模式也是属于关注当下的精神分析理论。

主要思想

由于霍妮的思想经历了三个阶段，因此，针对各个阶段分别讨论她理论中的主要思想可能是最好的方式了。我们首先来看看她在女性心理学方面的观点，然后再考察一下她在20世纪30年代建立的精神分析新范式，最后重点讨论她的成熟理论。

女性心理学

南茜·乔多罗（Nancy Chodorow）认为，凯伦·霍妮是精神分析女性主义“政治与理论上的创始人”，认为她的理论具有奠基式作用，“为当代大部分学者修正精神分析的性别理论提供了基础，同时也为许多早期就对性别理论产生质疑的精神分析学家提供了基础”（Chodorow，1989，pp. 2–3）。虽然霍妮的理论多年来一直被人忽略，但现在看来，她的视角是惊人的敏锐。

> 迄今为止，女性心理学被认为是只从男性的视角进行了研究。毫无疑问，男性的优势地位会影响到研究的客观性，因为这会受到他们的主观态度以及他们与女性的情感关系的影响。在戴留斯（Delius）看来，迄今为止的女性心理学里面所充斥的其实就是对男性的欲望与失望。（Horney，1967，p. 56）

男性的女性观

霍妮在早期论述女性心理学的文章中，极力表明女性有自己内在的生物学解剖结构，有自己的发展模式，认为女性不是她们身上所具有的那些与男性不同的差异下的产物，也不是那些假想中的劣于男性的方面的产物。她认为，精神分析将女性看作有缺陷的、不完善的男人，原因就在于精神分析本就是男性天才人物（弗洛伊德）和男权社会文化下的产物。男人对女性的看法被融入到了精神分析理论中，并且被当作对女性本质的科学阐述。

对霍妮来说，其中的一个重要问题就是男人为什么会那样看女人呢。她声称，那是因为男性对女性怀孕、生育、哺乳、乳房、给孩子喂奶的嫉妒，从而使男人无意识中产生了贬低女性的倾向，而男性对创造性工作的冲动就是他们对自己在繁育后代过程中只赶到很小作用的过度补偿。她提出了**子宫嫉妒**（womb envy）这一概念，认为男性的子宫嫉妒肯定比所谓的女性**阴茎嫉妒**要强烈，因为男性贬低女性的需要比女性贬低男性的需要高得多。

霍妮在后来的文章中，继续分析了男性的女性观，以说明它缺乏科学基础。她在《两性之间的不信任》（*The Distrust Between the Sexes*，1931）中指出，女性被看作“二等公民”，因为“在任何时代，强势的一方都会创造出一个有助于保持他们地位的意识形态……在这个意识形态下，弱方与强势一方的差异之处就会被解释成为劣势，并且会去证实这些差异是根本性的、不可改变的，或者是上帝的旨意”（Horney，1967，p.

> 据说，她只有在性的领域才是无拘无束的，精神上的事情并不是她灵魂深处所关心的问题，她并没有紧跟文化的脚步。因此她就如亚洲人所坦承的那样，是二等公民……（她）无法取得真正的成就，因为她很不幸有月经、要生育。所以，每个男人都默默地感谢他的神灵，感谢神灵没有将他创造成一个女人，就像是犹太人的虔诚祷告一样。（Horney，1967，p. 114）

116）。在《害怕女人》（*The Dread of Woman*，1932）中，霍妮将男性对女人的恐惧追溯到男孩时期，认为是男孩子担心自己的生殖器无法胜任与母亲的关系。认为来自女性的威胁并不是阉割，而是羞辱，是那些可以影响到他男性尊严的威胁。长大后，男性始终会有生殖器大小或性能力方面的潜在焦虑，而女性就没有与之对应的焦虑，她“只按照本来存在的方式去扮演自己的角色”（Horney，1967，p. 145），不会被迫要证实她们的女性身份。如此一来，也就不存在相对应的女性对男性的恐惧。而男性是通过树立一个有效的理想形象，通过寻求性的征服或贬低爱慕对象来应付这种焦虑。

文化因素

在霍妮的女性心理学方面的文章中，她逐渐从信奉弗洛伊德的“生理构造即命运”转移到对文化因素的强调上来，认为文化因素是女性问题和性别认同问题中的根源。她认为，对男性可以站着小便这一问题，小女孩确实会产生嫉妒，但这在心理意义上没有什么价值。女性嫉妒的是男性的特权，她们需要的是有更多机会来发展她们的能力。父权制下的女性理想形象不一定符合她们的天性，但是这种理想形象的文化力量却会导致女性照此行事。

在《女性受虐狂问题》（*The Problem of Feminine Masochism*，1935）一文中，霍妮对“受虐狂是天生的，或至少与妇女的天性相近，这是女性最本质的天性”观点提出了质疑（Horney，1967，p. 214）。认为这种精神分析立场反映了男性文化的刻板印象，她识别出了一些使女性比男性更容易成为受虐狂的社会环境因素。而且，比较研究表明这些社会环境因素确实不具有普遍性，有些社会比别的社会更不利于女性的发展。

男性情结

霍妮并不否认女性常常会嫉妒男性，不否认女性会对自己的女性角色感到不快。事实上，她在许多文章中都讨论过男性情结（masculinity complex）这个问题（近似阿德勒的男性钦羡概念），她将男性情结定义成“女性感到被歧视、嫉妒男性，希望能够摆脱女性身份、希望成为男性的感受与幻想的一种复杂情感”（Horney，1967，p. 74）。虽然她最初提出女性一定会有男性情结，因为她们需要逃避因俄狄浦斯处境产生的焦虑与罪恶感，但很快她就发现男性情结并不是不可避免的，认为这种情结是男性支配文化和某些家庭中特定的互动方式下的产物。事实上，“女孩从一出生就被或小心或粗暴地暗示她劣于男性”，这种体验“不断地激发她的男性情结”。（Horney，1967，p. 69）

> （男人）在做那些他们要做的事情——驻守边境，保卫家园。男人是有远见的，他们建造了桥梁，若是没有他们，我们现在仍然要坐在河流边上。但是，2000 年来的二等公民身份已经够了！够了！（Lauren Hutton in Sherrill，2003，p. 44）

在讨论家庭互动方式时，霍妮一开始是重点分析女性与男性家庭成员之间的关系，但是后来她从女孩与家庭女性成员之间的关系、尤其是与母亲的关系中得出了男性情结的观点，并发现这些现象都能够与传统上的阴茎嫉妒联结起来，比如自卑感、报复感以及与男性的竞争。在《母亲的冲突》（*Maternal Conflicts*，1933）中，她归纳了以前论文中所提到的各种能够引发男性情结的童年时代特征：“一个女孩可能很早就有理由讨厌她所处的女性世界，也许是因为她的母亲吓唬她，或者是经历过对父亲兄弟的彻底失望，也可能是早年有过令她恐惧的性经历，或她发现自己的兄弟比自己更受宠爱。”

（Horney，1967，p. 179）所有这些情况都曾经发生在霍妮的幼年时代。

过分追求爱情

“过分追求爱情”（the overvaluation of love，1934）是霍妮从女性心理学角度对自己进行分析的极致。该论文的来源是 7 个女病人案例，她们的家庭背景、症状和社会背景都与霍妮极为类似，因此，霍妮能够很好地在这些案例中展示自己。论文主要讨论的是为什么这些女人都有对男性的强迫式需要，但是却又无法与男人建立令人满意的关系。这种强迫式需要可以追溯到她们的儿童时代，那时候，“她们在追求男性的竞争中总是处于次要位置”（Horney，1967，p. 193）。通常来说，女孩在对父亲的爱方面，注定会遭受挫折，但是这些女案例的情况不是一般地严重，因为在这个与性有关的情境中，她们的妈妈或姐姐总是处于支配地位。

> 就如大家所知的，我们的文化是一种男性文化，因此基本上不利于女性的发展、不利于女性展示自己的个性……不管女性如何被重视，被尊称为伟大的母亲还是亲密的爱人，但男性总被认为价值更大，女孩就是在这种氛围下逐渐长大的。（Horney，1967，p. 82）
>
> 我们不应该再为女性特征是什么而烦恼……男性特征和女性特征的标准本就是人为的标准……两性之间的差异本就确实存在，但只有在我们发展自己能力的时候，我们才注意到了这之间的差别。这听起来似乎很荒谬，因为我们只有在忘记它们的时候才能看到这种差异。（Horney，1935，in Paris，1994，p. 238）
>
> （儿童时代的性愉悦）经历留下了一丝痕迹……带来了无可比拟的快乐，给身体带来了奇异的感受。我认为，正是这些痕迹才导致这些女人变成了这个样子……我想，这种性快感是生活中只有男人才能提供的灵丹妙药，如果一个人少了它，就会凋谢、枯萎。（Horney，1967，p. 204）

面对这种挫折，女孩通常有两种反应方式：一是退出这场男人争夺战；二是形成一种强迫性的竞争状态努力与其他女人争夺，在此过程中她会努力展示自己的性魅力。征服男人不仅可以为女孩提供后来霍妮所称的“复仇成功”（vindictive triumph），而且还是女性应对焦虑与自我憎恨的方式。缺乏安全感的女孩会产生一种觉得自己不正常的焦虑，常常会使自己陷入恐惧当中，担心自己的生殖器出了问题，或者是担心自己很丑、无法吸引男人。作为自我防御的方式，她可能会将大量的时间放在自己的容貌上，或者是希望自己变成一个男人。最重要的防御就是，尽管自己有不足，但可以证明自己能够吸引男人。没有男人是很丢脸的事，但是只要有一个就能证明自己是“正常的”——“因此疯狂追求”（Horney，1967，pp. 197–198）。

这些女人的处境是悲惨的，因为这些女人虽然极为重视与男人的关系，但却永远得不到满足。在她们征服一个男人之后，可能很快就会对他失去兴趣，因为她们“担心自己陷入爱情之后会产生失望和耻辱感”（Horney，1967，p. 205）。由于在儿童时期被父亲或兄弟拒绝过，她们既想通过性征服来证实自己的价值，同时又避免自己陷入感情关系以尽量保护自己。因此，她们可能会不断地更换男朋友，在得到一个男人时，她们需要在受到伤害之前就脱离这种关系。不管她们多么有魅力，都不相信男人会真正爱她们。而且，她们有“根深蒂固的复仇欲望”，这源于她们早年的挫折：“这种欲望就是要打败男人，拒绝他、抛弃他，就好像她自己以前被抛弃、被拒绝的感觉一样。”（Horney，1967，p. 206）

性别中立

尽管霍妮将她大部分的职业生涯都投入到了女性心理学的写作中，但是她还是在 1935 年放弃了这一主题，因为她认为，文化在女性心理形成过程中的作用让她难以确定哪些是女性特有的心理特征。她在一次名为“女性害怕行动”（Woman's Fear of Action，1935）的演讲中指出，只有当妇女从男性统治文化所定义的女性观中解放出来，我们才能真正地区分女性与男性在心理上究竟有什么不同。我们的首要任务不应是探讨女性特征到底是什么，而应推动“所有人的人格达到充分发展”（Paris，1994，p. 238）。从此之后，霍妮开始致力于发展她所认为的性别中立理论，即对两性都同样适用的理论。

个人练习

哲学问题

在《神经症与人的成长》（1950，pp. 14–15）的开头，霍妮从人性的三种观点角度区分了三种道德观念。

1. 如果人性真是本恶，是受本能欲望驱动，那么道德的目标就一定是约束它们、驯化它们、克服它们。

2. 如果人性中既有善又有恶的一面，那么道德的目标就一定是要通过意志、理智、力量来压制恶的一面，引导或加强善的一面以保证善最终能够获取胜利。

3. 如果人性注定是朝自我实现方面发展，并且不是因为意志而是因为本能倾向，那么道德的目标就是排除发展过程中的障碍，以便为人的自然发展提供最好的条件。

看完了霍妮所写的这三种道德观，请做做下面的练习。

1. 首先成立一个小组，小组成员至少为三个人，然后讨论上面三种观点，最后选择支持其中的哪种观点。

2. 霍妮支持的是第三种道德观，请讨论她所支持的这种哲学观对她的精神分析治疗来说有什么意义。

3. 不管你们选择的是哪种观点，都问问自己，你实际上是不是以这种观点为支柱。如何才能在自己的行为当中展现出自己的选择呢？将自己的答案说出来在小组中进行讨论。

霍妮的精神分析新范式

霍妮在《我们时代的神经症人格》和《精神分析的新道路》这两本书中，对弗洛伊德的精神分析理论进行了系统的批判，并且建立起了她自己的精神分析思路。霍妮思想的突出特点就是更加强调文化的作用，强调个体当下的人格结构而不是注重儿时经历，认为神经症其实就是个体建立起了应对基本焦虑的防御机制。

> 那些罹患神经症的人似乎都曾经历过文化导致的困扰，而且这种困扰非常突出，并且大多是儿童时代的经历，因此他们无法将之解决，或解决的时候在人格方面付出了很大的代价。对此，我们可以将这些人称为文化的继子。（Horney，1937，p. 290）

文化的作用

霍妮认为，弗洛伊德由于过分强调人类行为的生物学意义，导致他不恰当地认为自己所处文化中的情感、态度和人际关系具有普遍性。他没有认识到社会因素的重要作用，将神经症的自我中心归因于自恋力比多[①]，将敌意归因于破坏本能，将对金钱的痴迷归因于肛门力比多，将贪婪归因于口淫欲。不过，人类学研究表明，不同的文化在

① 自恋力比多（narcissistic libido），有些资料中翻译成自恋欲力。——译者注

这些性格特点以及俄狄浦斯情结的形成过程中具有非常重要的作用，而霍妮到美国之后所体验到的文化差异更是证实了这一点。

> （基本焦虑的形成是在）环境让人感到恐怖的时候，因为这会让人产生不可靠、虚假、不满意、不公平、不公道、令人嫉妒和无情的感受……小孩子……会认为环境在威胁他的成长，影响到他的合理需要与努力。他担心自己的存在会被消除，自由会被剥夺，幸福会受到妨碍。这和阉割焦虑不同，它不是幻想，而是实实在在地存在于现实中。（Horney, 1939, p. 75）

霍妮摒弃了弗洛伊德提出的“神经症是来源于文明与本能之间冲突”的说法。在弗洛伊德看来，我们要生存就必须要有文明，要有文明就一定要压制或升华我们的本能。霍妮不相信这种个人与社会之间的冲突是不可避免的，认为发生了冲突是由于不良环境阻碍了我们的情感需求，导致了恐惧和敌意。弗洛伊德认为人类天生就无法满足，具有毁灭性和反社会性。但是在霍妮看来，这些特征只是对不利环境的神经症反应，而不是本能的流露。

神经症的结构

霍妮并没有否定童年经历在情绪发展过程中所具有的重要意义，但正如有些人所想的那样，她强调致病的原因不是力比多欲望受挫，而是家庭中那些让儿童感到不安全、不被喜爱、不被重视的因素。这些因素导致儿童产生了基本焦虑（basic anxiety），令他们在这个潜藏敌意的世界里感到无助。为了降低这种无助感，他们就会采取追求爱、追求权力或离群索居的方式来作为防御策略。

> 简单来说，我的理念就是认为精神分析应该超越本能和遗传心理学的界限。（Horney, 1939, p. 8）
>
> 简言之，力比多理论是没有确实根据的……所提供的证据是无法保证的，常常是对一些观测资料的简单概括。类似情况也存在于生理功能和心理现象之间，在说明的时候常常说成是前者决定了后者。而且，草率地认为性方面的特性会导致性格中出现相应的特性。（Horney, 1939, p. 68）

霍妮认为，这些防御机制注定是无效的，他们会导致恶性循环（vicious circles）的出现，因为个体用以降低焦虑的方法恰恰会使之增长。比如，人们对爱的需求受到阻碍时，会使这种需求变得更难以满足，随之而来的苛求与嫉妒甚至会使他比以往更难得到爱。得不到爱的人会产生自己不可能被别人爱的想法，从而使他们不相信爱的表示。丧失爱会使他们变得依赖别人，但是他们又害怕这种依赖，因为这会使他们分外脆弱。霍妮将这种情形比作“一个饿汉因为害怕食物有毒，所以不敢吃任何东西”（Horney, 1937, p. 114）。

虽然霍妮在《我们时代的神经症人格》中用了大量篇幅讨论对爱的神经症需求，但是也着重讨论了人们因感觉无望获得爱而产生的对权力、名望和财富的渴求。

霍妮的神经症结构理论认为，人际关系的困扰会引起基本焦虑，焦虑又会导致防御策略的形成，而防御策略不仅是自我损害性的，还经常处于相互冲突中，因为人们不会只用一种防御策略。这一范式构成了霍妮成熟理论的基础。

构成观与起源观

也许，霍妮精神分析新观点中的最伟大之处就是她重视的是当下，而非过去，这不仅体现在理论上，还反映在她的临床实践中。她试图用构成观（structure）来替代弗洛伊德的起源观（genesis），认为精神分析不要太注重婴幼儿期的起源，而应该多关注个体当下的防御策略与内心冲突。这一点也是霍妮与传统精神分析的最大分歧所在，因为传统精神分析的做法是努力恢复过去的记忆以便能够解释当下。

霍妮在《精神分析的新道路》一书中，将她的“进化论”思想与被她称为“机械进化论”的弗洛伊德思想进行了区分。进化论观点认为：“事物今天的存在方式不与它们最初的存在方式完全相同，但却是从早期阶段演变而来。早期阶段与现阶段的形式可能并无多少类似之处，但如果没有早期形态，今天的形态也就无从而来。”机械进化论思想主张“发展过程中不会产生任何新东西”，“我们今日所见只是新瓶装旧酒”（Horney，1939，p.42）。在霍妮看来，早期经历的深刻影响并不会妨碍后来的继续发展，但是弗洛伊德则认为5岁以后就没有任何新东西，后来的反应和经验都只是早期经历的重复而已。

在弗洛伊德的理论中，童年期经历与成年后行为之间的关系核心是无意识的永恒性。儿童时期被压抑的恐惧与欲望乃至整个经历，都不会受到后来经历或成长过程的影响。这也就是所谓的固着，这种固着使个体在心理上联结到早期环境中的某个人身上，比如父亲或母亲，或者是联结到力比多发展过程中的某一阶段。从固着的角度来看，后来的依恋或其他行为仅仅是过往经历的重复而已，而且这些在无意识中的过往经历不会发生任何改变。

霍妮从来都没有尝试去驳倒无意识永恒性以及与之有关的其他概念，但是却从另外一个不同的假设前提下建立起了自己的理论：“非机械论观点认为，生物体在发展过程中绝对不是前期阶段的简单重复或倒退。”（Horney，1939，p. 44）当下总包含着过去，但这却是发展的过程，而非重复的过程。霍妮说道，生命能够“真正发展”的方式就在于“每一步骤都为下一步骤提供了条件”。因此，“那些将当前问题与儿童时期影响联系起来的说法在科学上只是真伪参半，在实践上更是毫无用处”（Horney，1935，pp. 404-405）。

在霍妮的理论模型中，早期经验对我们的深刻影响并不是产生固着，由此使我们不断重复早期的行为模式，而是认为早期经验会影响到我们处世方式的形成。但是，这反过来又会被后来的经验影响，最终演化成我们成年后的防御策略和性格结构。早期经验可能比后来经验的影响程度更大，因为早期经验能够决定发展的方向，但成年人的性格是心理结构与环境因素之间的所有相互作用演化成的产物。

霍妮与弗洛伊德的另外一个重要区别就是，弗洛伊德认为起决定作用的儿童期经历在数量上相对较少，且大多与性本能有关；但是霍妮则认为儿童期所有经历都是神经症发生的缘由。由于其生长环境中的人与事出了一些问题，比如儿童与同伴的关系，尤其是家庭让儿童感到不安全、不被喜爱、不受重视，因此会引起基本焦虑。这种焦虑会促使个体形成各种防御策略，从而构成了神经症的性格结构，这种性格结构又会引发日后的问题。在霍妮看来，性方面的问题只是人

> 精神分析理论希望通过获取儿童时代的记忆来推动治疗的进展，其中包括使用难以令人信服的解释与重构，或者是利用那些模糊的记忆，但是却无法说明这到底是隐藏了真实经历还是仅仅是幻想。一旦对儿童期的描述很模糊，那么刺探这迷雾的努力就反映了这是对尚未被人知的个体实际特性的解释，而且解释的时候采用的还是我们知之甚少的童年期记忆。（Horney，1939，p. 146）
>
> 驱动人们手淫的焦虑同样也可能会促使人们离群索居，而在后期分析中将离群索居归因于他在追求不被认可的性快感则一点儿也不明显了。比如说，如果他最在乎的是自己在别人面前的表现，那么这种自我放纵和缺乏自制力就足以让他产生自责感了。（Horney，1939，p. 61）

格方面问题的结果，而不是人格问题的原因。

霍妮的成熟理论

按照霍妮的观点，人们都有一个真实自我，这个真实自我只有在良好的环境下才能表现出来。如果人们的行动不是因为自己内心的真正感觉而是因为防御机制，那么他们就远离了他们的真实自我。霍妮将防御策略分为两类：一类为人际间的防御策略，我们用来处理与他人的关系；另一类则是内心的防御策略，用来处理自己内心的问题。她在《我们内心的冲突》中重点论述了人际防御策略，而在《神经症与人的成长》中着重讨论了心理防御策略。

真实自我

霍妮认为，神经症的核心特征就是因为环境中的不良因素导致个体疏离了真实自我。治疗的目的就是“帮助病人恢复自己，重获自发性，并找到自己的重心”（Horney，1939，p. 11）。真实自我并非是一成不变的存在，而是一组内在的潜能，包括气质、才智、能力、禀赋等，所有这些都是我们基因构造的一部分，需要在有利的环境下才能培养、发展。它不是学习的产物，因为没人可以被教育成怎么去做自己；但它并非不受外部世界的影响，因为它是与能够提供多种发展途径的外部世界进行相互作用而得以实现的。

> （真实自我）指的是我们真正的自己，我们说要找到自己，其实找的就是真实自我……它是一种可能自我，而不是理想自我，因为理想自我是不可能实现的。（Horney，1950，p. 158）

在不同的条件下，人们能够以不同的方式实现自我，尽管如此，婴幼期的某些特定条件是每个人实现自我必不可少的。能使儿童表达自己思想与情感的“温暖氛围”，他人在满足儿童各种需要时表现出的善意，以及与周围其他人“愿望和希望的正常摩擦”都属此类。如果孩子的神经症导致父母不再爱他们，甚至不将他们看作“具有独立个性的人”，那么孩子就会产生基本焦虑，阻碍他们“根据自发的真实感受与别人交往”，迫使他们去建立防御策略（Horney，1950，p. 18）。

个人练习

真实自我

霍妮曾经说道，儿童会在基本焦虑的影响下变得离真实自我越来越远，因为这种焦虑会让他不禁感到危险，由此形成疏离自我的防御策略。做做下面的练习，用你的生活经历来验证这个观点。

1. 请闭上眼睛，然后全身放松，让你的思绪回到十三四岁时的某个平常日子。从早上醒来时开始回忆，慢慢回想你在家或学校做了什么、玩了什么，回想下午、晚上与家人、朋友的交往情况。将这一天的情况写下来，尤其是要写下特殊的感受、想法，以及这一天的基本情绪状况。

2. 然后以同样的方式进行练习，但这一次是回忆四五岁时的某个平常日子。当然，在进行本部分练习之前先休息几分钟时间，以便你能够更好地回忆。

3. 比较一下关于这两天的记录。在自发性方面是否存在差异呢？随着你的成长，你对自己的兴趣是增加了还是降低了？你的生活是不是受到了那些相互矛盾的应该式想法的限制？或者说，你都是真心喜欢自己所做的那些事情吗？你喜欢自己吗？喜欢自己身上所发生的变化吗？

4. 组成一个至少 6 个人的小组，每个人都要比较一下自己关于这两天经历的回忆，然后再说出来给小组同学听。

人际防御策略

在霍妮看来，人们为了克服基本焦虑，可能会采取顺从或谦让的方式来趋近他人，也可能以攻击或自负的方式来排斥他人，或者是变得超脱、与世无争、回避他人。健康的个体能够根据具体情况灵活地运用这三种应对方式，但对于神经症患者来说，他们对待别人的方式是刻板的、不加区分的，是强迫性的。每种应对方式其实都是行为模式与人格特质的集合，是对人性、人类价值观以及人类处境的总体看法；其实都是个体与命运的“交易”，是个体觉得通过这种方式能够获得相应的回报。神经症患者采用的第 4 种主要的适应策略是外在化，通过这种防御机制，个体将内在的冲突投射到自我之外。以上所提到的 4 种解决焦虑的方式在所有的神经症患者身上都有体现，只不过程度不同而已。神经症患者似乎在努力“创造一种人为的和谐”（Horney，1945，p. 16），但实际问题却根本没去解决。

> 让我惊讶的是，我不得不承认我不知道自己到底是谁，甚至连最模糊的看法都没有……远在我有记忆时起，我就是个听话的、顺从的、温顺的人……在我还很是个小女孩的时候，曾经有过一两次自作主张的事情……但是母亲对所有这些不符规矩的行为都给予了极为严厉的惩罚、以儆效尤，我的姐妹们和我全都是在这种旨在把我们培养成一个讨人喜欢的人的氛围下长大的。[玛丽安，见英格玛•伯格曼的电影《婚姻生活》（*Scenes from a Marriage*）]

顺从式策略。以顺从趋向（compliant solution）为主导的人用来克服焦虑的主要方法是获得别人的爱、赞许，通过依赖以控制他人。他们的价值观“是善良、同情、爱心、慷慨、无私、谦恭、鄙视自私、野心、冷酷、不择手段、使用权力”（Horney，1945，p. 54）。他们笃信基督教的价值观，但却是在一种强迫性的方式下，因为这种价值观是他们的防御系统所必需的。他们信奉的必定是若有人打你的左脸，就将右脸伸过去；他们必定是认为在这世界上，上苍自有安排、好人有好报。他们的交易法则就是，如果他们是好人、有爱心、不骄傲、不求名利，那么命运和他人就会善待他们。如果没有得到相应的回报，那么他们可能就会对神圣的正义感到绝望，认为是自己的错，或转而去信仰超越人类可以理解的公正。他们不仅相信世俗的公平原则，而且相信人性本善，也恰是这一点，会令他们特别容易感到失望。不喜出风头的人为了获得回报，一定会压抑自己的攻击欲望，而且他们特别容易对生活奢侈的人感兴趣，通过这些人来实现对生活的掌控。他们常常会对别人产生“病态依赖”。

> ……我们的朋友威廉•杜宾，就他个人而言，性情是非常地顺从，即使他父母对他压迫得再厉害，他最多也是到厨房去摆弄厨具；不过出于兴趣，他会克服最难克服的困难跑上街……[萨克雷，《名利场》（*Vanity Fair*），第 23 章]

自负式策略：自恋、完美主义、自大报复型采用自负式策略的人与自我谦恭型的人有着完全相反的目标、特质与价值观。他们最重视的不是爱，而是掌控。他们憎恨无助，耻于不利地位，需要成功、声望与赞誉。在《神经症与人的成长》中，霍妮将自负策略分为三类：自恋型、完美主义型与自大报复型。如此一来，总共就有 5 种主要的解决策略。

> 当雨点淋湿了我，风吹得我牙齿打颤，当雷声不肯听我的话平静下来的时候，我才发现了她们，嗅出了她们。算了，她们不是心口如一的人；她们把我恭维得天花乱坠；全然是个谎，我仍然会发烧、冷颤。[莎士比亚，《李尔王》（*King Lear*），第四幕，第六场]
>
> 只要是不该承受的命运，不管是好的还是坏的，都与完美主义背道而驰。他的成功、顺利，或健康的身体，都比不上证实了他的美德更令他开心。相反，任何降临到他身上的不幸……都可能让这个看似明智的人陷入到崩溃的边缘。（Horney，1950，p. 197）
>
> 还有一种人，尽管表面上装出一副鞠躬尽责的样子，骨子里却是为他们自己打算；看上去好像替主人做事，实际却靠着主人发展自己的势力，等捞足了油水，就可以知道他所尊敬的其实是他本人；像这种人还有几分头脑；我承认我自己就属于这一类。[莎士比亚，《奥赛罗》（*Othello*），第一幕，第一场]

自恋式策略（narcissistic solution）的人通过“自我欣赏和运用魅力”来驾驭生活（Horney，1950，p. 212）。他们通常是受到宠爱与赞美的孩子，天赋高于常人，在成长过程中觉得周围世界就好像是充满爱心的母亲，自己则是命运的宠儿。他们对自己的能力极有信心，以为自己战无不胜。他们可能会不断地谈论自己的功绩和优秀品质，不断地需要别人的羡慕和崇拜来验证他们对自己的评估，事实上，这正是他们缺乏安全感的体现。这类人的交易法则是，假如他们能固守自己的梦想和对自己的自负式评价，就能从生活中获得自己想要的东西。当然，如果事情并非如此，他们就可能会出现心理崩溃，因为他们没有能力面对现实。

完美式解决策略（perfectionistic solution）是那些在道德和学识方面有极高标准者的庇护所，并据此藐视别人，他们为自己的操行端正而深感自豪，生活中追求“完美无瑕”。由于要达到这一标准十分困难，因此他们常常将“懂得道德标准”与“做个好人”混为一谈。他们不仅以此方法欺骗自己，同时还要求别人也遵守这种完美标准，甚至在别人做不到的时候而鄙视他们，从而将他们的自我谴责进行外在化。完美主义者的交易原则是条文主义，公平、公正、尽职，由此使他们觉得自己有资格要求获得“别人以及生活同样公平的对待，这种对生活中绝对正义的信念给了他们掌控的感觉”（Horney，1950，p. 197）。他们通过这种高标准要求来实现对命运的掌控。然而，噩运或他们自己所犯的错误可能会对这种交易产生威胁，由此使他们陷入无助感或自我憎恨当中。

自大报复型解决策略（arrogant-vindictive solution）的人主要动机是，他们需要报复性的胜利。自恋的人在很早的时候就获得了别人的赞赏，完美主义者成长在严苛的标准之下，但是自大报复型的人却在童年时代曾经受到过粗暴的对待，有为自己所受伤害进行报复的需要。对他们来说，“世界就是一个角斗场，套用达尔文的话来说，就是适者生存、优胜劣汰”（Horney，1945，p. 64）。在他们看来，唯一的道德法则就是强权即公理。在与别人的关系中，他们显得富有竞争心、冷酷无情、愤世嫉俗。他们希望自己能够变得坚毅、强壮，将感情的流露看作软弱的表示。他们的交易法则实质上是与自己进行交易。他们从不指望上天的恩赐，认为只要坚信“生活就是战斗”这一观念，避免受到传统道德观和自身软弱情感的影响，就一定能实现自己的目标。如果他们这种自负式的解决策略无效，就可能会表现出自我谦恭的倾向。

退缩策略。以退缩策略（detachment）为主导的人既不追求爱也不追求掌控，他们向往自由、安宁与自立。他们不屑于追逐世俗的成功，对成就有强烈的反感。他们具有非常强烈的优越感需要，对待别人常常会表现出居高临下的态度，不过，他们自己也意识到这只是他们自己的想象而非已经实现。在面对这个充满危险的世界时，他们的处理方法是回避并将他人拒于自己内心世界的门外。为了避免被环境左右，他们试图克制内心的欲望，要求甚少。他们通常不会抱怨生活，而是听命于现状，就好像是禁欲主义者那样坚守他们的尊严，接受他们的命运。他们的交易法则是：如果不向别人索取，别人就不会来烦他们；如果不去尝试，就不会失败；如果对生活一无所求，就不会有失望。

外在化。人们在应对基本焦虑的时候，还会采用被霍妮所称的外在化（externalization）过程。这种防御机制类似于传统精神分析所界定的投射，即个体将自己身上不被接受的方面认为是他人所具有。通过这种防御策略，个体将内部冲突投射到自我以外。当然，个体也能够将他们的感受外在化到其他人或物体上。比如，顺从型神经症患者可能会将自己的自卑感外在化为别人看不起他们（内在驱力的投射），而自负或攻击型患者则可能会直接鄙视别人（不被喜欢方面的置换）。不管是以上两种情况中的哪种情况，应用这种防御策略都会阻碍个体去觉察那些隐藏于内心深处的自卑感。

> 我的住处就是我的私人隐居之所，是我的壳、我的套，藏身其中，我避开了所有人。[陀思妥耶夫斯基（Dostoevski），《地下室手记》（Notes from the Underground），第二部分，第八章]

表 4-1 列举了我们在神经症驱力基础上所产生的各种行为。作为一个了解自己的练习，请你看看哪些神经症需求与神经症解决策略是你现在就有或曾经表现出来的。其实，绝大部分人都会表现出其中的某个或某几个方面。

表 4-1　神经症需求——神经症解决策略

神经症需求	人际关系的主要模式	神经症解决策略
1. 追求友爱与赞许的需要	TO	总是希望能够取悦他人，满足他人的期望。
2. 追求他人控制自己生活的需要	TO	过度依赖他人，以他人行为为主，担心被同伴拒绝。
3. 追求个人成就的需要	AG	表现为强迫式地要超越别人，主要是因为缺乏安全感。
4. 追求权力的需要	AG	为了自己而追求个人权力，不尊重他人，推崇实力与优势。
5. 利用他人的需要	AG	坚信只有利用别人才可能取得成功。
6. 追求声望的需要	AG	将自尊仅仅建立在他人的评价与认可基础上。
7. 追求个人崇拜的需要	AG	具有美化的自我形象，希望他人崇拜的是自己的表现而非实际上的自己。
8. 将生活限制在狭窄范围内的需要	AW	对生活无所求，没有野心。
9. 追求自立与自足的需要	AW	对建立满意的人际关系感到失望，远离他人，避免做任何形式的承诺。
10. 追求完美无缺的需要	AW	害怕批评，努力想做到没有缺点，会在别人发现之前掩盖自己的不足或弥补错误。

* 人际关系的主要模式：TO 表示趋近他人（顺从），AG 代表排斥他人（敌意），AW 表示回避他人（退缩）。

心理防御策略

人际交往中的问题可能促使个体表现出趋近他人、排斥他人和回避他人，这些解决策略之间的冲突以及个体的内心困扰可能会促使个体形成自我防御策略。自我理想化会导致个体形成霍妮所说的荣耀系统，即神经性自负、神经性索求、专横式应该，以及增长的自我憎恨。

理想化形象与追求荣耀

为了补偿软弱感、无价值感和无能感，我们会借助想象的翅膀构造出一个关于自己的理想化形象（idealized image），认为自己具有“超强能力和无限力量”（Horney，1950，p. 22）。由于理想化形象建立在我们的主导防御策略及其包含的品质基础上，因此需要联系人际防御策略才能理解它的形成过程。自我谦恭型的理想化形象是“‘讨人喜欢’品质的综合体，如无私、善良、慷慨、谦恭、圣洁、高尚、同情”。同时，也推崇“无依无靠、忍受痛苦与磨难”，以及对艺术、大自然和他人的深厚情感（Horney，1950，p. 222）。自负报复型的人将自己看作能够掌控任何情况的无敌主宰者。他们比别人更机敏、更坚强、更现实，因此可以胜过别人。他们对自己的警惕性、先见之明和计划性引以为豪，认为没有人能够伤害到他们。自恋的人是“救世主、命运之子、先知、伟大的施与者、人类的造福者”（Horney，1950，p. 194），认为自己拥有无限的精力，不用努力就能够获得巨大的成功。完美主义者将自己看作品行端正的楷模，以为自己无论做什么都可以表现出色，能够做出完美的决定，在人际事务的处理上能够公正、尽职。退缩型或与世无争型者的理想化形象是“自立、自足、独立、不受外界影响，不为欲望和激情所困”，对残酷命运的枪林弹雨坦然处之（Horney，1950，p. 277）。他们渴望不受约束，不为压力所扰。不管是以上哪种类型，个体的理想化形象都或多或少地受他的宗教信仰或其所处社会文化推崇的理想形象的影响，或者是受人类历史或个人经历中的榜样人物的影响。

> “你知道，就是这样；就是这样，我想让自己是拿破仑，这就是为什么我要杀她的原因……现在你明白了？”［拉斯柯尔尼科夫（Raskolnikov），见：陀思妥耶夫斯基，《罪与罚》（*Crime and Punishment*），第五部分，第四章］

从根本上来说，理想化形象不会使我们对自己的感觉更好，相反，它会导致自我憎恨程度的加深以及额外的内心冲突。虽然我们给自己赋予的品质由主导的人际防御策略决定，但是其他的次要防御策略仍然会有所影响；再加上每种防御策略推崇的品质可能存在差异，因此我们努力想实现的理想化形象可能存在相互矛盾的方面。此外，只有当我们成为理想化形象时，才会觉得自己有价值，那么，任何不足都可能让我们产生无价值感，从而形成“厌恶式形象”（despised image），由此使之成为自卑的焦点所在。霍妮认为，很多人“一会儿有自负的无所不能感，一会儿又觉得自己不过是尘世间的一颗小小尘埃”（Horney，1950，p. 188）。

> 有个病人，在他的自我形象中，把自己看作人类的造福者，不为外界动心的智者，是一个心安理得地屠杀自己敌人的人。所有这些方面都出现在他的意识中，既没有自相矛盾，也没有彼此冲突。但是在文学作品中，斯蒂文森在《杰基博士与海德先生》［即《化身博士》（*Doctor Jekyll and Mr. Hyde*）］中将他们分离开来，以便消除这之间的冲突。（Horney，1950，p. 22）

随着理想化形象的形成，我们会走上追

> 我们有理由感到奇怪，为什么文学作品和虚构的人物不是出于荣耀才作出了更大的牺牲。（Horney，1950，pp. 29–30）

求荣耀之路，以便实现理想化的自我。当然，对荣耀的理解会因防御策略的不同而存在差异。对荣耀的追求构成了个人的信仰，其戒律由我们特定的神经症决定，但是仍然会受我们所处文化对荣耀的主要看法的影响。其中包括宗教、团体认同的各种形式、战争与军事组织，以及各种形式的竞争、奖励和等级制度等。

个人练习

我有神经症索求吗

霍妮认为，我们可以通过考察自己的反应来了解自己的神经症模式。她说："当我们为自己遭遇的不公而心事重重时，或当我们注意到他人身上表现出来的不良品质时，或当我们产生报复别人的冲动时，那么这个时候就是我们检测自己反应的良好时机了。"（Horney，1950，p. 57）

下面这些问题可能能够帮助你了解自己的行为模式。

1. 你有过不现实的要求吗？当没有达到你的目标时，你感到很痛苦吗？

2. 你是否有过自己内心不赞同但却表示了同意的经历？

3. 你是否因为别人没有达到你的标准而对其进行了严厉的批评？

4. 你是否有过自尊心受到伤害的时候？

荣耀系统

理想化形象的形成不仅会促使个体走上追寻荣耀之路，还会促使个体产生**荣耀系统**，即神经性自负、神经性索求、专横式应该与自我憎恨，它们会因个体主导防御策略的不同而存在差异。

神经性自负的产生不是因为自己实际拥有了信心与自尊，而是因为理想自我所具有的特性。那些能够威胁到自负的因素会引发焦虑与敌意，而自负的崩溃又会引发个体的自我轻视与绝望。在自负的基础上，我们会表现出**神经性索求**，要求别人对待我们的方式需要符合这一美化了的理想自我。这些索求"都是一些不可思议的美好期望"（Horney，1950，p. 62）。神经性索求使我们变得更加脆弱、更容易受打击，因为要求一旦受阻，就会打击我们的自负感，使我们不得不面对一直企图逃避的懦弱感和无力感。

理想化形象不仅会引发神经性自负和神经性索求，还会引发霍妮所说的**专横式应该**，这些"应该"会迫使我们按照头脑中完美

> 从本质上来说，"应该"具有自我破坏的特性……它给人套上了一副精神枷锁，使人心灵不再自由。即使人们努力表现出完美的行为，也仅仅是在付出了内心真实想法与感受的情况下才能做到。实际上，"应该"就与专制政治一样，是泯灭个性的。（Horney，1950，p. 118）
>
> 我喜欢的是小猫咪，她的皮毛是如此温暖。
> 只要我不伤害她，她就不会伤害我。
> 我坐在火炉边，喂她一些吃的，
> 猫咪喜欢我，因为我是和善的。（鹅妈妈）①
>
> 追求无限荣耀之路必然会导致人们走向自卑与自我折磨的地狱。人们一旦走上这条路，实际上就是在逐渐丢失自己的内心——他的真实自我。（Horney，1950，p. 39）

① 鹅妈妈（Mother Goose），传说中的英国童谣集作者。她的童谣集于18世纪在英国首次发表。——译者注

的自我那样去生活。在霍妮看来，这些应该在很大程度上是由与主导防御策略有关的性格品质和价值观所决定；但是，由于次要防御策略也反映了一定的理想化形象，我们就常常会为“相互矛盾的应该”而烦恼。比如，一个自我谦恭的人希望能做到善良、高尚、讨人喜欢、宽容、慷慨，但是他同时也有攻击性的一面，这一面告诉他要“一切为了自己”“对冒犯自己的人给予反击，鄙视自己表现出任何的懦弱、无能与顺从。因此，他的内心会时刻充满困扰，他会因为做了什么受到谴责，同时也会因为没做而遭受谴责”（Horney，1950，p. 221）。这也是对哈姆雷特（Hamlet）的最佳描述（See Paris，1994）。霍妮说道：“（在专横式应该的）背后隐藏着惩罚性的自我憎恨，从而使人们对它们充满了恐惧。”（Horney，1950，p. 85）

“应该”是我们**与命运交易**（bargain with fate）的基础。不管人们采用的是哪种防御策略，交易规则都是一样的，即如果我们达到了“应该”，要求就会得到兑现。我们通过遵从内心的指令来寻求对外部世界的掌控。当然，我们不会认为自己的要求不合情理，而是认为有权得到，并且由于存在被美化的自我，那么一旦期望没有得到满足，就会认为生活不公。我们的**公平感**（sense of justice）既取决于主导的防御策略，又取决于与之有关的交易。

自我憎恨（self-hate）是人们心理内部防御策略的最终产物，它会加剧我们的无能感与失败感。自我憎恨本质上是因为实际自我没有达到“应该”的要求而产生的愤怒。霍妮认为，自我憎恨是“人类的最大苦难，人类在开始追求无限与绝对之时也是在开始毁灭自己。在他与承诺给予他荣耀的魔鬼签约时，他就注定要走入地狱——走进他心中的地狱”。（Horney，1950，p. 154）

动力论

霍妮的理论具有动力学特性：防御策略之间的组合与冲突一旦变得越来越强或越来越弱，就需要进行防御，由此产生恶性循环，而一旦出现崩溃又需要用其他的方式来替代。防御策略之间的冲突导致个体不停地来回变化、缺乏一致性，并导致自我憎恨。荣耀系统又使人们陷入到理想自我与厌恶式自我的拉锯战，以及相互矛盾的“应该”之中。

基本冲突

每一种人际防御策略都是过度强调了某个与基本焦虑有关的成分：顺从策略中的无助感、攻击策略中的敌意、退缩策略中的孤立感。当个体处在致病性环境下的时候，这些感受都可能会出现，由此导致个体表现出这三种防御，从而引发霍妮所说的基本冲突（basic conflict）。

为了获得一定的整体感，个体采用的防御策略主要是某一种，由此使他们主要表现出自我谦恭、自大或退缩。不管人们的主导防御策略是哪种，都是他们自己的特性和当时环境因素共同作用的结果。其他的次要防御策略仍然会起作用，但却是在无意识层面上发生，而且是以一种伪装、迂回的方式产生影响。基本冲突无法得到彻底的解决，只能转入地下。这些潜伏在地下的冲突一旦因为某些原因上升到表面，个体内心就会出现巨大的困扰，导致个体什么都做不了。在外界强力因素的影响或主导防御策略失效的情况下，个体可能会转而采用被压抑的防御策略。他们可能会觉得这是一种转变或训练，但这仅仅是用其他的神经症防御策略来替代而已。

人际防御策略与内部心理防御策略之间的关系

在《神经症与人的成长》一书中，霍妮

警告需要避免出现“片面地重视人际方面或内部心理方面”，认为神经症的产生机制可以理解为“人际冲突导致个体产生了独特的内部模式，而这反过来又取决于旧有的人际关系模式，并改变已有的人际关系模式”（Horney，1950，p. 237）。虽然霍妮有时候会更加关注自己的内部心理，但从整体上来说，她的理论强调在这两者之间需要保持平衡。

霍妮在《神经症与人的成长》一书的末尾，回顾了自己理论的发展历程。一开始的时候，她将神经症看作人际关系的紊乱。认为这种紊乱导致了基本焦虑的出现，由此促使我们采用人际防御策略来保护自己。在她的早期著作中，就已经意识到了个体的内部心理因素，只是还没有认识到它们的重要性。然而，她已经意识到了理想化形象的形成是个体发展的转折点，认识到能量从发展真实自我转移到了实现美化自我的过程中。理想化形象引发了荣耀系统的出现，而这就变成了弗兰肯斯泰因怪物[1]，最终会导致自我受到损害。神经症不仅是我们与他人的交往出现了问题，还是我们与自身的交往出现了问题。

内部心理问题使得我们难以与他人建立良好的关系，即使我们能做到这一点，也无法消除其固有的不良影响。荣耀系统是先前发展的必然结果，同时又是新的开端。只要荣耀系统存在，它就有自己的变化发展模式，在很大程度上不受外部世界所影响。荣耀系统会影响我们与他人交往的方式，会对我们的人际关系产生破坏性作用，使它难以成为自我成长与自我改善的源泉。若要处理好荣耀系统，分析师就必须要弄清楚它的发展变化，了解它的结构与作用。

> 虽然人际关系很重要，但对那些在人际交往中不投入真实自我的人来说，它无法拔除他们身上根深蒂固的荣耀系统。在这个关键性问题上，再次证实荣耀系统其实就是妨碍我们成长的敌人。（Horney，1950，p. 308）

核心内部冲突

在成功的治疗过程中，荣耀系统与真实自我之间的内部冲突会转变成自我憎恨的对象，霍妮称之为**核心内部冲突**（central inner conflict）。活在真实自我中就意味着我们需要接受这个世界的不确定性，承认这个世界是发展变化的，存在一定的局限，意味着不再去追寻荣耀，接受自己不是活得那么优秀等事实。因此，荣耀自我会将真实自我看作具有威胁的存在，并以蔑视的方式将之排除在外。

虽然核心内部冲突是在心理发展的较晚阶段才会出现，但却非常难以消除。那些沉浸在荣耀之梦中的人根本无法彻底从他们对自我的理想化中摆脱出来。如果他们的治疗能够取得一定进展，他们就会将这种改善当作“荣耀之路上实现理想自我的最后机会”（Horney，1950，p. 358）。他们可能由于神经症而看不起别人，促使自己按照所认为的完美标准行事，而且一旦意识到自己总是存在问题或自己不完美时，就会情绪激动。霍妮希望这些病人会对他们自己产生“同情”，希望他们能够感到自己“既不是特别优秀也不是特别卑劣，而是一个充满纠结与困扰”的人（Horney，1950，p. 359）。

> 我认为，将真实自我从荣耀系统中释放出来是平凡取得的伟大胜利……只要做自己就够了，既有自己的优点又有自己的不足，人们认识到不需要为了让自己显得有价值而不得不去成为一个非凡的人。（Westkott，1986，p. 211）

[1] 弗兰肯斯泰因怪物（Frankenstein’s monster），喻自作自受者，脱离创造者的控制并最终毁灭创造者的怪物。——译者注

个人练习

自我分析

请做下面这个自我分析练习。选择一个安静、不易被打扰的地方，准备一本笔记本，然后带上本书。本练习大约需要花费你半小时时间。

1. 首先挑选一件你的私人事情，在你做出决定之后，尽量简洁地写下来。

2. 尽量客观地从旁观者角度描述你在这件事上的行为，可以写一段，也可以写两段。

3. 重新阅读“人际防御策略”中的趋近他人、排斥他人和回避他人内容。看看是否存在这些防御策略以及与之有关的“应该”。

4. 这一事件只是在特定情况下才会出现的小麻烦吗？还是经常存在、现在就有的、与其他冲突交织在一起的？

5. 列出这一事件可能带来的收益与损失，既包括心理上的也包括实际上的收益与损失。

6. 想象你自己正处于这一问题当中，以前你有过这种感受吗？如果回忆起了一些什么，马上记下来。

7. 如果可能，将你写下来的东西念给别人听。在你告诉别人的时候请注意：当你念到不同部分的时候分别有什么感觉？哪些部分你进行了删减？哪些部分你觉得需要进一步解释？

霍妮理论的非临床应用

已证明，凯伦·霍妮的理论不仅对临床实践具有非凡的价值，在其他学科领域也被当作一个解释性的体系。近年来，她的理论越来越多地被应用到性别研究中，另外，她的研究也被应用到文学、传记与文化领域。

此外，霍妮的理论还广泛应用于宗教（Huffman，1982；Paris，1986；Rubins，1980；Wood，1980；Zabriskie，1976）与哲学（Mullin，1988；Paris，1986；Tigner，1985）领域。

性别研究

近年来，霍妮又重新被女性主义研究者提了出来，她的许多见解也如同她期望的那样获得了重视。虽然人们主要关注的是她的早期著作，但她的成熟理论对性别认同、男性心理学和女性心理学的研究也都具有重要的意义。沿着这一思路取得重大进展的是霍妮主义分析师亚历山德拉·西蒙兹（Alexandra Symonds）和社会学家玛西亚·韦斯科特（Marcia Westkott）所做的研究。此外，有些通俗读物在阐述性别问题的时候，比如海伦·德·罗西斯和维多利亚·佩利格里诺的著作（Helen De Rosis & Victoria Pelligrino，1976），以及克劳德特·道林的著作（Claudette Dowling，1981），也采纳了霍妮的成熟理论。

西蒙兹的研究（Symonds，1974，1976，1978，1991）主要是基于她对女病人的临床实践，这些女病人或者是正为女性角色而痛苦，或是想摆脱女性角色却发现难以实现，或者是已经摆脱了女性角色却发现难以应付所带来的后果。不管是在哪个案例中，病症的起点都与文化有关，在这些文化中，女孩都被鼓励成要具有依赖性、要谦让，而男孩则被鼓励为要独立自主、要有进取心。在西蒙兹将重点放在女性面临的困境上时，她还注意到男孩也会因文化刻板印象而出现发展上的困难。

玛西亚·韦斯科特在《凯伦·霍妮的女性主义遗产》（*The Feminist Legacy of Karen Horney*，1986）一书中论述了成熟理论对女性心理学的重要意义，讨论了该理论对性别研究、女性自我评价较低，以及由此而产生的依赖、愤怒和退缩感的影响。此外，她还对主流的女性理论进行了霍妮式的批判。珍·贝克·米勒（Jean Baker Miller）、南茜·乔多罗、卡罗尔·吉利根（Carol Gilligan），以及韦尔兹利学院斯通中心的研究人员考察了女性特有的人格特质。认为这些特质主要包括有对亲密关系的需要、养育的天性、对他人的责任感，以及关系式身份感（relational sense of identity）。韦斯科特发现，虽然人们从积极的角度来看待这些特质，但这些特质的产生是在“一个更加重视男性的历史文化背景中”（Westkott，1986，p. 2）。她认为，这些特质是女性对从属地位、被轻视，以及无力感的防御性反应，不管这些特质在社会的眼光中看来是多么地合意，都会阻碍女性的自我实现。因此，韦斯科特打破了赞美女性关系的神话，认为这种赞美是“当代理论为传统的理想女性形象提供了合法性”（Westkott，1989，p. 245）。与霍妮一样，她主张要消除的不是这种推崇，而是要打破人们的观点，认为许多女性为了应对被轻视而建立起来的自我谦恭特质都具有破坏性。

相关研究

霍妮的思想被成功地应用在伴侣咨询中（couples counseling，Horwitz，2001），她所提出的三种人际应对方式，即顺从式、攻击式（或自负式）和退缩式，可以用霍妮－库利奇类型指数（Horney-Coolidge Type Indicator）来进行测量（Coolidge et al.，2001；Coolidge et al.，2004）。比如，有研究发现，攻击式策略与冠状动脉心脏病有关（Milleret al.，1996）。

在霍妮看来，完美主义的产生原因在于个体从真实自我转向了理想自我。有关研究表明，完美主义是潜存于好几种人格障碍中的一个小类（Bieling et al.，2004；Shafran，Mansell，2001），然而，伴随有高自尊的完美主义者可能会取得较高的成就（Rice et al.，1998）。在有些文化中，完美主义被认为是一种美德，有助于个体获得被社会认可的成就（Chang，2003）。

理论点评

凯伦·霍妮对女性心理学的发展作出了巨大贡献，虽然多年来被人遗忘，但是自1967年《女性心理学》再版后，就逐渐获得了人们的高度重视。其中尤其值得称道的是从女性的角度探讨了女性的发展问题，以及

> 霍妮是第一位、可能也是对弗洛伊德女性理论进行了最佳批判的心理学家。她早期的女性心理学著作做出了贴切说明，真令人感到惊讶……霍妮其他那些在1941年激怒了纽约精神分析研究所的思想，也被整合到了精神分析理论当中……（Quinn，1987，p. 14）

强调文化因素在性别构建中的重要作用。与她的女性心理学论文不同，她最早的两本著作在出版时就产生了巨大的影响，其案例中强调的文化因素以及神经症结构的影响力一直保持到现在。越来越被人重视的现在导向治疗（present-oriented therapy）也得归功于霍妮。她的第三本著作《自我分析》促使了伦敦自我分析协会的成立（Institute for Self-Analysis），该著作讨论了自我探索的可能性与技术，至今仍然是关于这方面最透彻的论述。还应该指出的是，霍妮认为进行自我分析的最好方法是结合治疗，或者是将之作为治疗结束后的后续工作。

虽然霍妮在其人生每一阶段提出的理论思想都很重要，但其中贡献最大的是她的成熟理论。除了成熟理论外，早年她提出的其他观点后来大多获得了完善与修正，有些是

她自己做的，有些是别人做的，也有些早期思想被他人吸收或者被后人重新发掘出来进行了研究。《我们内心的冲突》和《神经症与人的成长》就为人类行为从现代人身上随处可见的防御机制与内心冲突角度提供了解释，这在其他地方是看不到的。霍妮与其他理论家一样，并没有研究人类的所有心理现象，只是探讨了其中的一部分现象，但是成熟理论对人类行为的说明却与人类经常出现的行为模式高度吻合。虽然霍妮反对弗洛伊德主义的本能理论，但是她的理论也有生物学基础，因为她描述的趋近他人、排斥他人和回避他人等人类行为，其实就是动物战斗、逃避与臣服行为的改良版。这些防御策略几乎在所有的文化中都存在，但不同文化对这些防御策略的态度可能存在差异；防御策略的形成与变化取决于文化；同样，个体的内部冲突也在不同文化中可能有不同的表现。虽然霍妮常常被人认为是描述了她那个时代的神经症人格，但是就如在跨学科领域的应用一样，她的成熟理论也被广泛应用。

小结

大多数精神分析理论都继承了弗洛伊德将早期经历当作解释与治疗手段的思想。然而，早在近期那些批判精神分析理论的人之前，霍妮就认为这种做法会导致循环论证，是将类比当成因果，认为这种做法会导致其他的认识论问题。此外，她还认为这种思路在治疗上是无效的。她对能否准确揭示儿童时代的早期经历持怀疑态度，因为我们在推想过去的时候必然会受现在的需要、想法以及防御机制的影响。虽然我们天生就会根据早期经历来解释事件，但霍妮在做分析的时候看到了许多对过去经历的虚构。她认为，更为有益的方式是“重点关注那些实际推动与阻碍个体发展的影响因素，即便是不大了解儿童时代的经历，这也才是理解人类行为的合理方法”（Horney，1939，p. 146）。霍妮从行为的功能角度出发，考察它们在个体当前的防御策略中有什么作用，以期能够解释人类行为；她将个体身上那些相互矛盾的态度、行为和信念当作个体内部冲突的一部分，由此对其进行解释。

凯伦・霍妮可能是第一位人本主义精神分析师。她的理论思想与亚伯拉罕・马斯洛的理论高度类似，对马斯洛产生了重要影响。他们的理论都建立在个体要实现真实自我的基础上。霍妮关注的是人在致病性环境中远离了真实自我之后可能会发生什么，而马斯洛重点考察的则是怎样才能实现健康发展，以及自我实现者具有什么样的特性。霍妮描述了人们在安全、爱、归属等基本需要以及自尊受到阻碍而转变成无法满足的神经性需要之后所采用的防御策略。总的来说，霍妮与马斯洛的理论是相互补充的，将它们综合起来就能够更全面地解释人类行为。

> 阿尔贝特・施韦泽（Albert Schweitzer）用“乐观主义”和“悲观主义”来描述“人类世界的积极方面”和“人类世界的消极方面”。从这个角度上来看，弗洛伊德的哲学观是悲观主义，而我们，虽然认识到了神经症中的悲惨一面，但却是乐观的。（Horney，1950，p. 378）

原始手稿

◆女性心理学

回顾女性在过去几百年中的地位，我们会发现一个惊人的事实，那就是即使是在郑重承诺要给女性所有发展机会的时代，比如发生在法国大革命之前的所谓启蒙运动时期，也对女性心理的独特特征没有丝毫的关注……

自卑感是我们这个时代、这个文化中最常见的不幸。我们固然不至于因其而死，但是我却认为它给个体发展与个体幸福带来的灾难性影响要远甚于癌症或肺结核。当自卑感出现的时候，人们常常会说“男人也有自卑感”。没错，但其中却存在一个非常重要的差异：通常来说，男人不会因为他们是男性而自卑，但是女人却常常因为自己是一个女人而产生自卑感。

我们应该彻底地不要再为什么是女性化特点、什么又不是而烦恼……男性化和女性化的标准都是人为的标准。现在我们能够确切了解到的性别差异，其实就是我们根本就不知道它们是什么。当然，从科学角度上来说，两性之间确实存在差异；但是在我们将自己作为人类的潜能发展起来以前，我们根本无法判定它们是什么。听起来似乎自相矛盾，但只有当我们忘记它们是什么的时候，我们才能真正了解到这些差异。

在这期间我们能够做的，就是为了全人类的福利而团结起来为人类的充分发展而共同奋斗。（pp. 232，236，238）

章节重点

- 霍妮的理论思想可明显区分为三个发展阶段：（1）早期在女性心理学方面的研究；（2）认识到文化与不良人际关系是比生物学更重要的神经症致病因素；（3）研究了个体用以应对焦虑的人际防御策略与内部心理防御策略。
- 霍妮是人本主义心理学的奠基者之一，她对个体自我实现过程中发展起来的健康价值观与生活目标的强调是人本主义心理学的基础。霍妮根据自身的经历，相信人类有发展的潜力，同时又认识到了实现这一目标的困难。
- 霍妮承认自己受到了弗洛伊德理论的巨大影响，然而，她看到了精神分析理论中的男性偏差，看到了这种偏差加剧了对女性价值的低估，并且使这种情况得以延续。
- 她对两性关系问题以及两性差异问题提出了一种女性观，认为女性有自己的发展模式，认为在研究的时候需要从女性角度出发，而不仅仅是根据女性与男性的关系。
- 霍妮认为女性嫉妒的是男性特权，而不是男性的阴茎，认为无论是男性还是女性都需要更多的机会来发展他们的潜力。
- 霍妮提出了精神分析的新思路，将神经症看作个体应对基本焦虑的防御策略组合。这一思路将重点从弗洛伊德关注的早期经历转移到了文化的作用上。
- 无论是在理论还是临床实践上，霍妮都是结构取向，强调从个体当前的内部冲突与防御策略来解释他们的现在，而不是通过考察他们的过去来进行解释。
- 弗洛伊德认为人们在 5 岁之后就不会再有新变化，霍妮对此并不认同，她认为人们并不是从那个时候起就不再发展了，认为个体后来的反应与体验都是从先前的经历中发展而来。
- 过去事件不是通过重复而是通过发展过程融入到了现在。早期经验对个体的深刻影响主要是通过决定发展的方向以及强化我们的行为方式来起作用，而不是通过固着使我们重复过去的模式。
- 霍妮认为人们应对基本焦虑主要有三种基本策略：趋近他人以及表现出自我谦恭或顺从策略，排斥他人以及表现出攻击或自负策略，回避他人和变得退缩、超脱。自负型策略还包括三个子策略：自恋、完美主义与自大报复型策略。
- 霍妮提出了荣耀系统，认为它包括神经性自负、神经性索求、专横式应该与自我憎恨，认为它们是因对自我的理想化而产生。
- 霍妮的理论具有动力学特性，认为各冲突之间有自己的运转模式，导致个体不停地来回变化、缺乏一致性，并导致自我憎恨。认为在荣耀系统内部，也存在相互矛盾的应该，存在理想自我与厌恶式自我之间的拉锯战。

- 由于我们的能量不再是用来发展自身潜力，而是去实现美化了的自我，我们的行为也被理想化形象左右，而这又导致了荣耀系统的出现。
- 霍妮理论在非临床领域也得到了广泛的应用，她的理论为文学、文化学、传记学、性别研究，以及宗教和哲学等领域的研究提供了一个有效的解释体系。
- 霍妮从行为的功能角度出发，考察它们在个体当前的防御策略中有什么作用，以期能够解释人类的行为；她将相互矛盾的行为、态度和信念看作个体内部冲突的一部分，以期对此进行解释。

关键术语

自大报复型解决策略（arrogant-vindictive solution）：自大报复型解决策略是一种应对基本焦虑的自负型人际防御策略。个体采用此种策略的主要动机是他们需要报复性的胜利，他们的交易法则实质上是与自己进行交易，这种人认为生活就是战斗，认为只要他们避免受到传统道德理念和自身软弱情感的影响，就一定能实现自己的目标。

与命运交易（bargain with fate）：与命运交易是一种来源于应该的信念，认为不管我们采用的是哪个防御策略，只要我们做到了应该，要求就需要得到兑现。认为只要遵从内心的指令，就能实现对外部世界的掌控。

基本焦虑（basic anxiety）：基本焦虑是儿童因生存受到威胁，或期望与努力受到威胁时发展出来的反应。由于儿童在这个充满敌意的世界里感到无助，因此会采取追求权力、爱或以离群索居的退缩方式来作为人际防御策略。

基本冲突（basic conflict）：基本冲突是个体在三种防御策略中选择以哪种为主导策略，也就是会表现得自我谦恭、自大还是退缩。这种选择取决于他们的个人特性和当时环境因素的共同作用。虽然主导策略只有一种，但是其他两个防御策略也会转入地下从而在无意识层面产生影响，而且是以一种伪装、迂回的方式产生作用。

核心内部冲突（central inner conflict）：核心内部冲突是荣耀系统与真实自我之间产生的内部冲突。荣耀系统将真实自我看作一种威胁，会以蔑视的方式将之排除在外。这种冲突在心理发展的较晚阶段才会出现。

顺从策略（compliant solution）：顺从策略是一种应对基本焦虑的人际防御策略，其主要方法是获得别人的爱、赞许，让别人依赖自己以达到控制别人的目的。他们的交易法则是只要他们是好人、有爱心，不骄傲、不求名利，那么命运和他人就会善待他们。

退缩策略（detachment）：退缩策略是一种应对基本焦虑的人际防御策略，其主要方法是回避他人。他们的交易法则包括三方面的含义：如果不向别人索取，别人就不会烦扰自己；如果不去尝试，就没有失败；如果对生活一无所求，就不会有失望。

自负式策略（expansive solutions）：自负式策略是一种应对基本焦虑的人际防御策略，其主要方法是拒绝别人或表现为攻击姿态。他们重视的不是爱，而是掌控。由于他们耻于苦难，因此憎恨无助。这种策略可区分为三类：自恋型、完美主义型与自大报复型。

外在化（externalization）：外在化是一种应对基本焦虑的人际防御策略，其主要方法是将内在的冲突投射到自我之外。通过这种防御机制，个体能够将他们自己没有意识到的感受外化到其他人或物体上。

理想化形象（idealized image）：理想化

形象是一种自我概念，是建立在个体主导人际防御策略及其推崇的品质基础上。是人们为了补偿软弱感、无价值感和无能感，借助想象的翅膀创造出来的，认为自己具有超强的能力和无限的力量。它会导致人们对荣耀的追求，以及神经性索求、神经性自负、专横式应该和自我憎恨。

男性情结（masculinity complex）：男性情结是女性感到被歧视、嫉妒男性，希望能够摆脱女性身份、成为男性的一切感受与幻想的复杂情感。霍妮认为这种情结是男性支配文化里面特定的家庭互动模式的产物。

自恋式策略（narcissistic solution）：自恋式策略是一种应对基本焦虑的自负型人际防御策略。采用自恋式策略的人通过自我欣赏和运用魅力来驾驭生活。他们的交易法则是，假如他们能坚持自己的梦想和那些言过其实的要求，就能从生活中获得自己想要的东西。

神经性索求（neurotic claims）：神经性索求指的是在自负基础上产生的一种需求，要求别人对待自己的方式需要符合这种自负的、美化了的自我。这些索求是一些不可思议的要求，会使我们变得更加脆弱、更容易受打击。

神经性自负（neurotic pride）：神经性自负指个体的自负不是因为自己实际拥有的信心与自尊，而是因为理想自我具有的特性。

阴茎嫉妒（penis envy）：阴茎嫉妒是经典精神分析理论提出的女性自卑感，认为这是女性意识到自己没有阴茎而产生的自卑、与男性竞争以及内心潜藏的报复感。详见第 1 章“弗洛伊德的女性观”。

完美式解决策略（perfectionistic solution）：完美式解决策略是一种应对基本焦虑的自负型人际防御策略。完美式解决策略者在道德和学识方面有极高标准，他们感觉自己处于优势地位，据此标准藐视别人。他们的交易法则是，只要自己能做到公平、公正、尽职，就能得到别人和生活同样公平的对待。

荣耀系统（pride system）：荣耀系统是理想化形象的产物，包括神经性自负、神经性索求、专横式应该与自我憎恨。荣耀系统会影响我们与他人的交往，损害所有的人际关系，使人际关系难以成为我们自我完善与成长的源泉。它是因理想化的自我形象而产生，是早期发展的必然产物，有自己的发展变化模式，在很大程度上不受外部世界影响。

真实自我（real self）：真实自我是可能自我，是相对于理想自我而存在的我。它是一组内在的潜能，包括气质、才智、能力、禀赋等，是我们基因组合的一部分，需要在有利的环境中才能得到培养、发展。它不是学习的产物，因为没人可以被教育成怎么去做自己，但它并非不受外界影响，而是需要与外部世界相互作用才能得以实现。

追求荣耀（search for glory）：追求荣耀是个体以实现理想化自我为目标的追求。它在理想化形象形成之后而产生。我们自己的特定神经症决定了这一私人信仰的标准。每种文化都有其独特的荣耀系统。

自我憎恨（self-hate）：自我憎恨指的是理想自我因为实际自我没有达到“应该”式要求而产生的愤怒。由于我们必然无法实现理想自我的要求，因此会产生厌恶式形象，使之成为自我轻视的焦点，由此引发内部冲突和加剧自我憎恨。

公平感（sense of justice）：公平感是指个体在与主导防御策略进行交易时的内心期望。

专横式应该（tyranny of the shoulds）：专横式应该是指个体希望自己能达到美化的理想化自我的强迫式冲动。专横式应该具有自我毁灭的特性，它的目的是要完全扼杀人的个性。这些专横式应该在很大程度上由与主导防御策略有关的性格品质以及价值观决定。

恶性循环（vicious circles）：恶性循环指的是我们用来降低焦虑的防御策略恰恰会使之增长。

子宫嫉妒（womb envy）：子宫嫉妒指的是男性对女性怀孕、生育，以及母性角色的嫉妒，从而使男性在无意识中贬低女性。男性的创造性工作动机可能是他们对自己在繁育后代过程中只起到微小作用的过度补偿。

推荐阅读

霍妮的大部分著作都是写给外行人看的，这和她的论文不同。她的所有著作都已经出版了，并且有平装版。

Horney，K.（1937）. *The Neurotic Personality of Our Time*. New York：Norton.

本书主要讨论了文化对人格的影响，并为神经症结构提出了一个新范式。

Horney，K.（1939）. *New Ways in Psychoanalysis*. New York：Norton.

本书对弗洛伊德的理论进行了系统的批评，尤其是弗洛伊德理论对生物学因素的重视以及对婴儿期经历的强调。提出应该重视环境因素的影响，重视眼前的性格结构，将自我实现作为治疗的目标。

Horney，K.（1942）. *Self-Analysis*. New York：Norton.

本书讨论了自我分析与对偶分析（dyadic analysis）的优势、难点与技术。本书包括了霍妮的许多完整案例，其中的克莱尔案例极像是霍妮的自传。

Horney，K.（1945）. *Our Inner Conflicts*. New York：Norton.

本书重点讨论了顺从（趋近他人）、攻击（排斥他人）和退缩（回避他人）等三种人际防御策略，以及这些策略之间的冲突（基本冲突）。本书是了解霍妮理论的最佳入门读本。

Horney，K.（1950）. *Neurosis and Human Growth*. New York：Norton.

本书重点讨论了个体自我理想化的内部心理防御策略，比如追求荣耀、神经性自负、神经性索求、专横式应该，所有这些策略都既能够防止又会增强自我憎恨。这些策略和人际防御策略整合成一个完整的系统，但却常常是以一种混乱的形式。本书是霍妮最复杂也是最重要的一本书。虽然是写给学习精神分析的新手看的，但是行文浅显易懂，也适合外行人阅读。

Horney，K.（1967）. *Feminine Psychology*.（*H. Kelman*，*Ed.*）. New York：Norton.

本书中的论文主要是与女性有关的问题，以及女性与男性之间的关系，重点讨论了文化对性别建构的影响。这些论文的思想领先于当时那个时代好几十年。

Horney，K.（1999）. *The Therapeutic Process*：*Essays and Lectures*.（B. Paris，Ed.）. New Haven：Yale University Press.

本书是霍妮临终时还准备写成书的讲义，是霍妮在心理治疗实践方面的思想的最完整记录。

Horney，K.（2000）. *The Unknown Karen Horney*：*Essays on Gender*，*Culture*，*and Psychoanalysis*.（B. Paris，Ed.）. New Haven：Yale University Press.

本书包括 18 篇霍妮从来没有发表过的文章，以及 4 篇没有英文版的文章，还有其他一些较难找到的论文。本论文集是霍妮著作的重要组成部分。

Paris，B.（1994）. *Karen Horney*：*A Psychoanalyst's Search for Self-understanding*. New Haven，CT：Yale University Press.

本书既有对霍妮人生经历的叙述，同时又详细阐释了她的理论思想。认为霍妮思想的发展演化是源于她为了努力解决自身问题而去了解自己。与其说本书是霍妮的人物传记，不如说这是对她性格的描绘。

Quinn，S.（1987）. *A Mind of Her Own: The Life of Karen Horney*. New York：Summit Books.

本书非常详细地介绍了霍妮的社会和文化背景，以及她人生中的重大事件。但是对她的思想和心理活动描述较少，尤其是她的成熟理论。

Weiss，F.（1991）. Karen Horney：A Bibliography. *American Journal of Psychoanalysis*, 51，343-347.

内有奎因（Quinn）、派里斯（Paris）等人的书目信息。

Westkott，M.（1986）. *The Feminist Legacy of Karen Horney*. New Haven，CT：Yale University Press.

本书主要论述了霍妮的成熟理论是如何阐释女性问题的。

第5章

人格理论的女性主义取向

女性主义心理学自诞生以来的40年中，已获得了巨大发展。本章旨在对西方的女性主义做一个总体性的介绍，介绍那些与人格有关的主要的女性主义理论，以及这些理论是如何应用到实践中的。在本书的那些早前版本中，本章名称是“女性心理学”（The Psychology of Women）。不过，现在版本中这一名称能够更贴切地体现本章内容。

女性心理学

女性主义理论超越了心理学学科中人格研究领域的传统范畴，以往的人格研究考察的通常是个体。相反，女性主义理论认为，在考察个体的时候必须结合个体所处的社会政治环境：社会环境对个体认识“自我”的影响程度要远远高于传统心理学所认为的影响程度，本章将从不同角度对此进行探讨（Brown，1994；Jordan & Hartling，2002；Suyemoto，2002）。

虽然女性心理学的首要任务是希望能够更好地了解女性经历以及性别给个体生活带来的影响，但这绝对不是女性主义心理学考虑的唯一方面。受20世纪六七十年代美国政治与民权运动的影响，女性心理学在研究人的时候也试图联系个体的实际生活状况。“通过考察性别以及其他重要的个体差异变量……在研究我们是谁、做了什么，以及为什么做的时候，就不再需要排除个体的背景影响了。”（Walker，1992，p. vii）如此一来，女性主义心理学的核心重点就是认为必须将人放在其与外部世界的关系背景中来进行考察，包括个体的家庭关系、社群关系、民族关系、宗教关系，以及其他个体与之发生关系的群体。

精神治疗师和女性主义理论家劳拉·S·布朗（Laura S. Brown）在评论中就特别强调关系的内在力量。她写道：

> 过去30多年来，女性主义研究已经获得了巨大的发展。在早前美国第二波女性主义运动的基础上，女性主义研究越来越深入、复杂。当时的“个人问题即政治问题”“性别主义”的盛行、重视“提高觉悟”的生活体验，以及将性别当成研究的一个重要变量，都对女性主义研究起到了巨大的推动作用。举例来说，“个人问题即政治问题”最初是用来强调个人经历的重要性，以及在研究中需要考虑的、会受外界影响的一个因素。但是，当代的女性心理学将这一点当成是研究影响社会文化结构形成因素的起点，以及将之当成是影响个体自我感的因素。因此，原来的说法就变成了“政治问题即个人问题”（Brown，1992，p. xii）。

女性主义的简要发展史

早期的女性主义与心理学

美国与英国的早期女性主义，通常指的是19世纪末以及20世纪初的第一波女性主义运动，包括女权运动以及争取女性在社会与政治领域具有与男性同等权利的运动。早期阶段主要关注的是诸如女性拥有财产权、拥有受教育权的问题（Freedman，2002）。第一波运动的主要成就是随着1922年第22次宪法修正案的通过，为女性争取到了投票权（DuBois，1998）。在20世纪前半叶，第一次世界大战与第二次世界大战将整个世界的目光都集中在了战争上，延缓了女性权利运动的发展，直到20世纪50年代晚期，这种情况才得以改变（Freedman，2002）。

通常所说的妇女解放运动（Women's；Liberation）及其与之同名的第二波女性主义运动（second wave feminism），在很大程度上受到了20世纪60年代美国的反战运动、民权运动，以及青年激进主义运动的影响。参与这些运动的女性开始意识到需要为女性开展这种形式的运动。这一运动是"因女性关心的诸多问题而引发，包括性别歧视、女性有限的工作机会、缺乏生育自由、家庭暴力、性侵害，以及女性的无酬劳劳动"（Biaggio，2000，p. 3）。

20世纪50年代晚期、60年代以及70年代早期的几部关键性著作奠定了早期女性主义运动的基础，其中主要有西蒙娜·德·

> 当一个女人成为学者之时，她的性器官准是出了毛病。（尼采）

波伏瓦（Simone de Beauvoir，1953）的《第二性》（*The Second Sex*）、贝蒂·弗里丹（Friedan，1963）的《女性的奥秘》（*The Feminine Mystique*）、凯特·米利特（Millett，1970）的《性别政治》（*Sexual Politics*），以及罗宾·摩根（Morgan，1970）的《女性团结有力量》（*Sisterhood is Powerful*）。这些著作都再次对女性的政治、文化和社会地位进行了剖析。传统文化对女性"地位"的看法以及给女性赋予的性别角色开始被摒弃（Ruth，1990）。随着这些著作的广泛传播，拥有了大量读者，女性主义运动也获得了广泛的群众基础，尤为引人注目的是成立了许多"提高觉悟"小组。这些小组是女性团结在一起的集体组织。"提高个人意识是这场运动的核心理念：个人问题即政治问题。"（Biaggio，2000，p. 6）

> 整个美国就好像火山同时爆发一样，女人们凑在一起讨论她们自己遇到的问题，并且得到了一致结论：她们的问题不是特殊的、孤立的现象，而是反映了歧视、压制女性，将女人当成从属地位的社会政治环境……这就是这场运动爆发的原因。女人们开始认识到，她们其实是被当成二等公民来对待，她们意识到在自己成长过程中已经被教育成习惯于这种境地，并且自己还被蒙蔽在鼓里。这种认识以及女性需要团结起来的想法开始充斥整个运动。（Biaggio，2000，p. 6）

> 我很庆幸自己是在第二波女性主义运动盛行的时候就进入了成年。因为它加深了我觉得自己生来就是一个错误性别的认识。女性主义非常清楚地说明了那些需要终生面对的问题："我是谁？这个世界是什么？我身上现在发生了什么？我现在对自己做了什么？"（Vivian Gornick）

米妮·布鲁斯·普拉特（Minnie Bruce Pratt）[①]在《身份：皮肤、血、心脏》（*Identity：Skin，Blood，Heart*，1988）一书中描述了她自己的觉悟提高过程，以及展示了女性要如何去获得自身权力。

> 女性解放的理念冲进了我的脑海，透过女性主义著作和女同性恋团体冲进了我们这个小镇……通过每个女人……她们参与到了

① 美国联合学院妇女研究教授，得过1989年美国诗人学会大奖的女同性恋兼离婚妈妈诗人。——译者注

民权运动中……她们知道了要从家庭中解放出来的思想，知道了要站在黑人女性、年长、年幼的人身边，她们是这个社会的政治组织者。

当我来到镇上的时候，我的生活圈子正变得越来越小：我觉得自己就好像是被砖头圈住了，这是我早前形成的观点……别的女人和我有了来往。通过邻居与乡村俱乐部中认识的朋友，我开始感受到了我身为女人的各种约束，知道了我应该怎样成为一个妻子……

我感到了作为一个女人受到的各种限制。觉得自己所在的地方就好似在家：虽然在那儿长大但却不想待在那儿：晚上不许出门、白天有人注意你，被镇子上比女性多两万五千多人的男性注意。我感觉自己被包围了，我想去一个能够做我自己的地方，我得了思乡病，却发现无处可去。（Platt，1988，p. 24）

像普拉特的这种觉悟提高常常也会导致她们或私下或公开质疑那些长久以来就存在的种族、阶层和社会不公问题。

第二波女性主义运动与心理学

当第二波女性主义运动在 20 世纪 60 年代已经取得了重大进展时，心理学家开始承认大多数心理学研究确实忽略了女性：既包括女性研究者也包括女性被试（Constantinople，1973；Gilligan，1982；Marecek & Kravetz，1977；Rice & Rice，1973；Tennov，1973；Weisstein，1968/1993）。心理学研究者开始怀疑，完全以男性被试为研究对象所得到的研究结果是否也适用于女性。本章末尾将详细讨论这一问题。如今，不管是在理论层面还是应用层面，性别差异问题都已成为女性心理学领域的研究重点。

传统心理学研究在心理治疗的界定和标准制定上，很少考虑性别这一问题。弗洛伊德的著名语句“生理决定命运”（Biology is destiny）就直接指出了心理学赖以建立的科学与实证主义的深层根源。心理学一直被当作一门硬科学，即自然科学，需要采用实证的研究方法，对数据进行定量化分析。在这种传统研究范式下，自我是孤立的、个别化的存在；由于个体化过程，人们的最终生活目标也被从他们的母体中隔离了出来。人类的发展标准是建立在大部分研究者选择的被试上——受过良好教育的白人研究者去研究另外一些受过良好教育的白人被试。在那个时候，这些发展标准看起来似乎是恰当的、无可非议的，因为男性就等于所有人。然而，这种对个体的研究没有考虑社会文化因素对人类发展过程的影响。女性心理学家在质疑传统标准的时候，致力于阐明人格发展过程中的各种影响因素。他们所得到的一个共识就是：发展是有机的、千变万化的，是建立在每个人的经历上（Maracek，2002；Suyemoto，2002）。

> 只要男人看到女人心情不好，而又不知道原因时，就会觉得她是不是累了。（乔治·简·纳森）[①]

第二波女性主义运动包含了一组运动，其中比较著名的主要有以下 4 个女性主义分支：**自由女性主义**（liberal feminism）、**激进女性主义**（radical feminism）、**社会女性主义**（socialist feminism），以及**文化女性主义**（cultural feminism）。这些女性主义分支关注女性解放的独特方面，强调为女性解放这一目标服务。当然，这些分支之间没有固定的界限，许多女性主义者秉持的观点往往从一个分支转到另外一个分支上，而且就如

① 乔治·简·纳森（George Jean Nathan），1882—1958，美国作家、编辑、著名戏剧评论家。——译者注

同下面将具体讨论的，他们在关注这些社会与政治问题的过程中产生了其他一些额外的观点。

自由女性主义

自由女性主义的工作通常是关注法制与社会变革，包括“反歧视行动、生育权立法、教育改革、机会均等立法”（Enns，1997，p. 44）。全国妇联组织（the National Organization for Women）、女性主义基金会［the Feminist Majority Foundation，《女性杂志》（*Ms.* Magazine）的主办方］基本上可认为是自由女性主义的阵营。这两个女性主义组织都积极地通过社会和政治运动寻求变革、立法，为女性争取权利。

激进女性主义

激进女性主义的理论主要是建立在西蒙娜·德·波伏瓦的著作的基础上，她认为与男性相比，女性属于从属地位，是二等公民。“激进女性主义的观点认为，女性受压迫是最根本、最普遍的一种压迫，它的根源在于男权制，这个男权制的特点就是男性占支配地位、崇尚竞争与异性恋。”（Enns，1997，p. 61）一些广为重视的文化习俗，比如婚姻、生育、照料他人，也被激进女性主义批判成是男性支配与控制的产生机制（Firestone，1970；Rich，1980/1989）。 然而，激进女性主义最突出的社会活动和政治活动主要与女性遭受的暴力以及性问题有关（Dworkin，1981；MacKinnon，1982/1993）。激进女性主义自产生之日起，就站在推动反暴力犯罪立法的前沿，并且首次建立了强暴危机处理中心和受虐妇女避难所（Echols，1989）。

社会女性主义

社会女性主义也认为传统上那些根深蒂固的性别角色规范压制了女性。然而，她们认为女性受压制的根本原因是这个社会的组织结构，包括工作、教育、家庭结构、性等方面的社会制度。比如，社会女性主义认为，“资本主义在性别、种族和阶层上将人分成三六九等，使他们居于从属地位，从而推行压迫性的经济政策。资本主义制度通过剥削广大毫无权力的劳动人民来为一小撮有权者服务”（Biaggio，2000，p. 8）。社会女性主义运动的先驱性人物包括第一个倡导计划生育的玛格丽特·桑格，以及认为婚姻是“束缚”女性链条的艾玛·高德曼（Enns，1997）。

文化女性主义

文化女性主义运动的核心观点就是认为女性拥有独特的特质，比如直觉、富有感情、注重社会关系，这些特质在传统上是被压制了的。他们倾向于从生物学和心理学角度来解释男女两性之间的差异。在他们看来，“女性所遇到的社会问题并不在于男女两性之间的差异，而在于社会对这些差异所赋予的不同评价”（Whalen，1996，p. 23）。文化女性主义的主要贡献包括以下三个方面：

1. 对母性的赞美与颂扬；
2. 使女性心灵的研究得以复兴，包括复苏传统文化中的女神与女性偶像形象；
3. 对一些传统的哲学思想，如对重视客观与经验证据的逻辑实证主义或“科学”方法进行了重新评价与构建（Alpert，1973；Lips，1999；Starhawk，1979/1999）。

本质论。文化女性主义者被批评为“本质论者”（essentialist），意指她们坚信“由于男性和女性在婴幼儿与早期儿童时代有相同的经历，导致女性和男性之间存在相同的本质特点。也就是说，早期的亲子关系联结强度不存在性别上的差异。这种观点被人批判

> 男性和女性，实际上是两种完全不同的文化，他们生活的世界也是完全不同的两个世界。（Kate Millett）①

为是一种普遍性假设，认为她们忽略了人类经验的多样性”（DeLamater & Hyde，1998）（Bohan，1993；Lorber & Farrell，1991）。

然而，女性主义学者强调对女性因为自己是女性而遭受到压制的生活现实以及真实世界进行考察。由此，有些研究者对性与性别这两个概念进行了区分。认为性是生物学上的性，即男性与女性；而性别描述的是与生物学上的性相对应的社会角色，即女性气质与男性气质（Kessler & McKenna，1978；Unger，1979）。

性差异（sex difference）或性别差异（gender difference）问题至今仍然是心理学领域中一个存在争议的问题，关于是否存在两性差异的问题，既有许多研究支持该观点，但也有许多不支持的研究（Bohan，1993；Halpern，2000；Hines，2004；Hyde，2005；Katz et al.，1993；Maracek，2001）。其中有些研究从生物学或认知角度来解释这些差异，但是也有些研究认为将性别差异彻底归结到生物学方面是将问题简单化，是一种还原主义。“人们对差异所给出的各种解释……都是既有对、也有不对的方面……我们不能奢望对这一非常复杂的问题给出一个简单答案。”（Diane Halpern①，引自：Kersting，2003，p. 55）。当今对差异研究的分析表明赫尔本的观点是对的：支持与反对的资料都有很多，因此到底是生理还是环境导致了性差异或性别差异，仍然缺乏这方面的决定性证据（Hines，2004）。

> 女性平等了，因为她们不再和别人不同了。（Erich Fromm）

性别差异方面的争论是女性主义心理学领域的一个重要问题，因为它反映了刻板印象这一问题。刻板印象指的是根据个体的所属群体而认为他们可能会具有某些行为或品质，比如性别、种族、性取向或其他可识别的类别。研究显示，人们相当一致地将具体的人格特质归结为女性和男性（Crawford，2011）。早年有项研究发现，与男性气质有关的特质“所反映的核心是胜任”，而“女性气质反映的则是热情－富有表情”（Broverman et al.，1972）。克劳福德（Crawford，2011）最近指出，近来仍然有这类发现，在跨文化研究中也出现了这种结果。然而，她也提到“大多数跨文化研究主要是建立在对大学生样本进行研究的基础上，而他们可能会受到西方文化的影响，并不能作为他们所在国家国民的代表……在有更多的跨文化研究以前，性别刻板印象的普遍性仍然是一个悬而未决的问题”（Crawford，2011，p. 77）。

多样性问题

初步了解女性主义旗帜下各分支流派的基本观点，有助于我们把握女性主义研究者自运动时起直至今日所提出的理论思想、观点，以及更好地理解它们的实践应用。然而，正如对本质论的批评一样，即使是在女性主义阵营内部，也对女性主义研究进行了批判，因为早期大部分的女性主义理论与研究都基本上是对中产阶级白人异性恋女性进行的研究，并且研究者也大多是一些中产阶

> 在任何一个特定的国家，女性主义如果还在争取成为一个运动，那么它必定是处在社会变革的最前沿。（Audre Lourde）②

① 戴安娜·赫尔本（Diane Halpern）是美国理协会前主席。——译者注

② 奥德丽·罗德（Audre Lourde，1934—1992）是美国黑人女同性恋者、女性主义者、社会活动家、诗人。——译者注

级白人异性恋女性（Yoder & Kahn，1993）。当代的研究与知识开始对这些早期问题进行解释。下面，将探讨人种与种族、性取向这两个问题，以说明在女性主义心理学的研究与理论构建中需要不断地完善与发展其所包含的概念。

人种与种族

帕特里夏·希尔·科林斯（Collins，1990）、贝尔·胡克斯（Hooks，1981，1989）、简妮特·科尔（Cole，1986）等学者认为，女性主义理论在创建过程与研究过程中完全没有考虑有色人种的女性。科尔（Cole，1986，p. xiii）认为这种情况的出现是源于“白人女性的沙文主义”[①]，即“所秉持的态度与行为是忽视或不考虑阶层、人种、年龄、性别、种族、生理能力，将它们当作不重要的因素”。在亚斯宾和高瓦列科（Espin Gawelek，1992，p. 91）看来，这种**特权**（privilege）：

> ……会导致白人女性将自己的体验当作普遍的、常见的、能够反映其他人的体验，在这方面，那些积极进取的白人中产阶级女性主义学者已经错将“主流”女性的体验当作判断的标准。因此，那些研究者不仅忽略了有色人种女性在种族、文化、阶层等因素上可能存在的差异，同时也忽略了这些因素对白人女性的影响。

科林斯对当前女性主义心理学理论中的母女关系研究进行了批判，认为它们仅仅是对某一种族或人种进行了研究，这就可能使研究结果出现偏差。在科林斯看来，这种情况其实就如同女性主义者以前批判只用男性为被试进行研究时所犯的错误一样。正如恩斯（Enns，1997，pp. 251-252）在对心理学与人格理论中的多样性这一问题所进行的深入分析：

> 绝大部分情况下，有色人种女性的思想和行为是通过与白人女性的比较来进行解释的。这种二分法的比较方式不仅会掩盖不同群体女性之间可能存在的差异，还会形成一些新的刻板印象。换句话说就是，女性主义心理学家有时候无意中犯了严重的种族中心主义错误，而这点是她们一直在指责那些男性心理学家的。

> 我们的座右铭不应该是彼此宽恕；而应该是相互理解。（Emma Gldmam）[②]

性取向

研究者与实践工作者也早已开始探讨异性恋是如何影响研究者对女性的性所做的研究。异性恋这一概念来源于学术领域开展的奇异性行为研究，被用来将异性性行为这一社会建构描述成性行为方式的规范（Warner，1991）。这一术语也有早期女性主义的根源。艾德里安娜·里奇（Adrienne Rich，1980/1989）首度采用“强制性异性恋”（compulsory heterosexuality）来描述传统婚姻中固有的将女性划归为个人所有、从属于男性的文化约束与压迫。异性恋的社会建构对所有人的性都会产生影响：“习惯化的、合乎规范的异性恋会使人处于此界限内，同时也会对那些不在此范围内的人进行处罚与边缘化。”（Jackson，2006）如今，异性恋是那些涉及西方女性主义与男同性恋、女同性恋、双性恋、变性人、异常性行为等泛同性恋群体（lesbian，gay，bisexual，transgender，queer，LGBTQ）时的常用术语，而异性恋这一未明言的规范也获得了跨文化研究的确证。跨文化研究表明，人们对

① 白人女性的涉沙文主义，即白人女性的偏见。——译者注

② 艾玛·高德曼（Emma Goldman）是美国社会女性主义者。——译者注

异性恋之外的关系模式普遍存在消极的看法（Crawford，2011）。

此外，心理学长期以来一直将泛同性恋（LGBTQ）取向与行为当成是病理症状。早在第二波女性主义运动开始之前以及 20 世纪 70 年代同性恋解放运动之前，同性恋常常被认为是一种心理疾病。然而，20 世纪五六十年代积累的大量实证资料表明，同性恋行为比人们通常认为的要多得多（Kinsey et al.，1948；Kinsey et al.，1953）。此外，这一时期的研究也反映出了一个事实，那就是同性恋并不比异性恋者有更多的病状（Herek，n.d.）。不断积累的证据以及社会潮流的变化，最终使得同性恋于 1973 年从美国精神病学会的《精神疾病诊断与统计手册》（*Diagnostic and Statistical Manual*）中得以剔除。

> 我们不应该相信那些告诫我们说“让事实说话”的人。如果你想找一个会说话的事实，那么你应该立刻去找一个口技表演者。（Laura Sabatini and Faye Crosby）

自那时候起，对 LGBTQ 的规范化研究获得了大踏步的发展，如今在心理学领域已经积累了许多研究。在同性恋还被心理学认为是病态的时候，该领域的研究者通常关注的是诱发这种“状态”的原因。如今，研究者从各种不同的角度对 LGBTQ 进行探讨，比如自我认同的形成（Cass，1979，1984；Troiden，1988），导致心理痛苦的压力（Herek，Garnets，2007），父母养育（American Psychological Association，2005），以便更好地理解 LGBTQ 个体在当今大多数社会中仍然盛行异性恋模式的情况下所体验到的积极与消极方面。

女性主义对人格理论的贡献

先驱：20 世纪初的女性

在第一波女性主义运动时期，女性主义还没有成为心理学领域中代表该运动及其工作的常用术语，这一时期的人们还仍然在努力寻求创立一个更具包容与代表性的学科。霍妮被认为是当代女性心理学理论的主要启蒙人物，关于她的研究在本书第 4 章已经有了详细介绍。霍妮的女性心理学研究是首次透过女性视角来研究个体的发展与人格，这也是至关重要的一步。尤其值得一提的是，帕卢迪曾经说道：“尽管弗洛伊德认为女性是社会环境的产物，但是霍妮却认为社会环境是女性行为的原因。”（Paludi，1998，p. 80）霍妮从影响个体发展的社会文化角度来研究个体的自我感，这是一种早期尝试。

克拉拉·汤普森是人际精神分析学家，认为“关系在个体的发展中具有核心地位”，并鼓励“女性要根据自己的优势来界定自己”（Enns，1997）。这两位女性心理学家都致力于研究女性的独有特点以及考察女性所面临的发展问题。由于社会和文化价值观都是以男性为主，因此传统心理学将男性置于理论中的核心地位——男性就是标准。任何与这一标准不同的情况都会被视为正常发展的偏离。因此，如果一个正常、健康女性的发展表现为有所差异或者表现出了不同行为，就会被认为是病态或不正常。这些早期学者认为原来的那些早期研究缺乏逻辑，因此，她们开始将女性也纳入到心理学中，并且从另外的角度说明了女性描述自己的

> 女性主义——我从来就不知道什么是女性主义。我唯一知道的就是当我表现出的情绪不像是一个受气包时，人们就会叫我女性主义者。（Rebecca West，1913）

方式。

第二波的贡献：女性主义心理学学科的发展

在第二波女性主义运动的早期阶段，研究者与理论家的主要精力是致力于揭示女性不平等、对女性的偏见，以及心理学研究领域对女性的忽视等方面。许多研究者（Carlson，1972；Chesler，1972；Doherty，1973；Gilligan，1982）开始质疑心理学传统理论的普遍性问题，几乎所有心理学领域的结论都遭到了这种质疑，其中特别值得一提的是人格与发展理论。女性主义理论家开始质疑西方发展理论的核心假设，比如埃里克森（Erikson，1968；见第6章）、莱文森（Levinson，1978）的发展理论，这两个理论都强调正常人的发展过程具有分离与个体化的特点。此外，女性主义心理学家开始专门研究女性，以说明心理学领域的男人中心式理论（male-centered model）并不是对所有的人都适用。南希·乔多罗（1978）考察了核心家庭的组织结构及其对个体自我知觉的影响，其结果明确指出，男性和女性都是他们各自的社会、经济和文化环境作用的产物，并且有各自不同的发展模式。这一早期研究是最早认为可能存在两种发展模式的研究之一，他们认为男性的发展是分离－个体化模式（separation / individuation model），而女性则是关系－联结模式（relational/connection model）。

紧随着乔多罗研究成果出版之后，卡罗尔·吉利根（1982）也对女性在道德发展过程中可能存在的特殊性进行了全面而深入的研究，并公开出版了其研究成果，她的研究被认为是对科尔伯格道德发展阶段理论（Kohlberg，1981）的修正。科尔伯格在对男孩进行研究的基础上，提出了他的“正义与公平的道德”理论（morality of justice and fairness）。但是，吉利根（Gilligan，1982，p. 19）提出了另外一种道德发展模型，即关系道德发展理论（connected moral development），或者说“命令式关怀”理论（injunction to care），这种理论认为，女性不仅在乎自己的行为对别人有什么影响，而且在决策的时候也在乎带给他人的可能影响。吉利根的研究对文化女性主义的影响尤为深远，比如后文将详细讨论的关系文化理论。

除了提出原创理论外，女性主义心理学家还对现有理论的构建过程进行了批评与修正。1986年，汉娜·勒曼（Hannah Lerman）提出了构建女性主义人格理论的6条核心原则。

1. 该理论必须以女性为主要被试（其他理论或将女性作为可有可无的被试，或用男性被试来替代），并且必须是从积极的角度来看待女性。
2. 理论必须建立在女性经验的基础上，即该理论构建的方法必须能够体现出观点的差异性与多样性。
3. 在构建好理论之后，还必须使理论贴近其赖以存在的经验事实。换句话来说，就是理论必须是来源于研究中所获得的资料。研究者重点要关注的不是对理论进行普遍化使之能够“适用”于所有的女性，而是要让理论能够反映研究对象的实际生活。
4. 所构建的理论必须能够反映出研究对象所处的内外环境因素，必须考虑到这些因素对研究对象的复杂影响。
5. 理论必须是以一种具体的特定语气来阐述。应该尽量避免概括化的或普遍性的假设、性别歧视、种族歧视或阶级歧视性的语言。
6. 所构建的理论必须是支持女性主义，或者说是非性别歧视的，能够应用于心理治疗。任何理论都应该能够应用在实际治疗环境中的病人治疗上。

勒曼（1986）认为，以上 6 条标准是保证女性主义人格理论能够真正反映女性实际生活的根本性标准。后来亚斯宾和高瓦列科（Espin & Gawelek，1992，p. 103）提出，一个具有包容性、可变通的人格理论还必须具备以下 4 个条件。

1. 必须考虑到所有女性的经验，并且要对此进行充分的理解与重视。
2. 必须认识到背景因素的实质性影响（必须考虑到社会阶层、种族，或其他可能影响个体身份地位的因素）。
3. 必须承认女性心理学是多元化的。
4. 必须承认平等关系是个体心理发展理论的基础。

上面这些原则表明，女性主义理论如果要真正成为一个全面性的运动，就必须从各个角度考虑各种影响因素，这也是后面即将讨论的关系文化理论所关注的问题。然而，要同时考虑多个方面确实存在较大的困难，但该领域的有关研究表明这种努力还是非常值得的（Ballou et al.，2002；Brown，1994；Espin & Gawelek，1992；Hooks，1989）。

当代女性主义的贡献

当代女性主义心理学家考虑的核心问题之一就是，女性主义人格理论是否可以修正或改造经典的心理学理论，比如精神分析理论、荣格的分析心理学理论和客体关系理论（object relations theory），或考虑是否要重新建立一个更具包容性的理论框架。女性主义对传统理论框架进行了批判、改进，甚至是重构，这方面的经典研究可查阅恩斯（Enns，1997）、布朗与巴罗（Brown & Ballou，1992；Ballou & Brown，2002）的研究。劳拉·S·布朗（1994）建议，女性主义心理学家应该摒弃传统心理学理论，以便建立一个全新的理论。

> 心理学家在描述女性真正本质的时候用的是一种世间少有的、无可辩驳的肯定语气……但实际上，心理学对女人是什么、她们想要什么、需要什么，却完全没有说；因为，从本质上说，心理学还根本就没弄清楚这些。（Naomi Weisstein[①]，1968）

> 我认为，我们可以在没有办法的时候才去借助主流的发展理论。女性主义心理治疗家与理论家雷切尔·赫尔－马斯汀（Rachel Hare-Mustin）曾经明确指出，女性主义者在构建自己的人格理论时仍然“完全是建立在白人的基础上”（个人通信，1993 年 7 月）……建立女性主义人格理论要求我们一切从头开始，需要避免受传统中父权制知识的影响，要站在我们女性自己的角度，让我们的人格理论能够反映出我们的政治取向。（Brown，1994，pp. 231–232）

布朗致力于建立一个“不再有支配与压迫的公正社会”，为此不断地对现有的理论与临床实践，乃至那些“潜藏在我们内心的父权制思想”进行质疑与改造（Brown，1994，pp. 233–234）。布朗富有激情的发言反映了激进女性主义将理论与政治混杂在一起的典型特征。至于人格理论，凯伦·苏伊莫托（Karen Suyemoto）质问传统心理学家：“谁做的决定？谁断定……我有没有那些特点……什么是健康的、什么又是病态的人格？”（2002，p. 74）

社会建构论

社会建构论（social constructionism）是一种对心理学研究中严格遵守科学方法进行质疑的认识论。与强调实证和客观的资料收集方式相比，建立在社会建构论上的研究与理论更重视认识他人的方式，比如直觉、诠释学（一种解释方式）和现象学（Anderson，

① 纳奥米·韦斯坦因（Naomi Weisstein）是美国心理学家、神经科学家和作家，也是美国心理学会女性心理学分会创始人之一。——译者注

2000；Ballou，1992；Gergen，2001）。女性主义心理学家玛丽·格根（Mary Gergen）秉持社会建构主义的观点，指出需要对“心理学研究中的5个方面”进行批判与“改革”（Gergen，2001，p. 2）：不卷入，即做一个没有偏见的搜集资料的科学家；普遍化，即对实验研究结果进行推论；科学是价值中立的；客观性，即不对研究报告进行解释；科学方法是最好的积累知识的方法。因此，社会建构论的主要价值在于它提醒了研究者“对已被公认的事实与理论持怀疑态度……知识并不是永远无害的，而是始终具有价值导向，是能够被某些特定的社会政治团体用来证明其合法化的工具”（Maracek，2002，p. 6）。简言之，通过社会建构范式开展的研究与建立的理论始终要将研究者、研究对象的立场，以及那些能够对研究结果产生影响的社会因素考虑进去。

苏伊莫托（2002）以社会建构论为基础，认为个体的人格并不是固定不变的；相反，她借用认同（identity）发展理论的观点，认为个体的人格是可变的，具有可塑性。

> 认同是个体在特定的社会、文化、政治和历史背景下对意义事件的连续构建与整合过程。认同总是在特定社会文化背景下产生，因此必定会受内群体与外群体的影响，群体的价值观、对事件的看法、群体规则，以及群体之间的比较，都会影响个体……
>
> 选择对认同而不是对人格进行理论化，这是在挑战自我组织理论（人格或认同）的确定性与个体主义化，挑战将外在判断与解释强加到个体身上，挑战那种认为所有人都有同等机会选择个人发展与组织结构的神话。（Suyemoto，2002，pp.92–93）

女性主义质疑普遍化的人格构念是否具有可行性，坚持认为认同是在特定的社会政治背景中形成的；此外，他们还探讨了那些影响认同发展的人际过程或关系过程。关系文化理论的创立不仅对现在的女性主义人格理论产生了巨大影响，而且还对当代的心理治疗实践产生了深远影响。

关系文化理论

关系文化理论（Relational-Cultural Theory，RCT）的最初提法是关系理论（relational theory），“认为所有的成长都是在关系中得以发展的，并且所有人都渴望与他人交往，认为利于成长的关系需要通过相互共情、相互赋能才能营造出来”（Jordan，Hartling，2002，p. 49）。该理论是由位于韦尔兹利学院（Wellesley College）的斯通中心研究小组（Stone Center group）于1981年提出来的，创始人之一是珍·贝克·米勒，她在1976年出版的《女性新心理学》（*Toward a New Psychology of Women*）被认为是女性主义人格理论的经典教材。关系文化理论是斯通中心进行咨询治疗与训练时采取的理论取向，而位于韦尔兹利的珍·贝克·米勒训练学院（Jean Baker Miller Training Institute）开展的研究与进行的临床训练项目也一直是以本章阐述的核心概念为基础。接下来对RCT理论的阐述就是由该理论的创立者们专门为本书撰写的。

主要思想

关系主义取向

在修正后的女性心理学中，珍·贝克·米勒阐述了关系主义取向的三条核心思想：文

> 女人天性之中就非常喜欢坦诚地与别人述说现实问题。（Adrienne Rich）[1]

[1] 艾德里安娜·里奇（Adrienne Rich）是美国诗人和女性主义作家。——译者注

化、关系、成长路径。

文化。关系主义取向的首要原则是重视**文化情境**（cultural context）对女性生活的重要影响。如果在一个特定的文化中，女性权力低于男性，那么女性通常需要适应这种不平等的、没有实质交流的关系。如此一来，女性经常会感觉到自己对生活中的重要关系没有足够的影响能力，甚至会感觉自己在社会中也没有足够的影响能力。在这样的背景下，弱势群体表现出来的与支配性群体存在的差异，以及他们迎合优势群体的行为就很可能被忽视或误解。这种相互作用的过程就会导致弱势群体缺乏权力的状态得以永远存在。

作为本章的作者，我们一直在努力纠正大家认为我们早期理论中存在的偏见。虽然我们致力于更好地理解女性，希望能够更好地说明女性独特的发展方式，但是，我们自己的背景主要是白人、中产阶级、异性恋、受过良好的高等教育的人，这一个人背景可能会对我们的工作产生影响。为了避免将某个群体所反映的现实（its reality）当作真正现实（the reality），我们尽力去了解我们自己身上可能存在的盲点。我们不能声称代表了“所有的女性”，我们还需要加强对多样性的理解。近来有些组织，诸如女同性恋组织和有色人种女性组织，已经开始研究这些重要问题（例如参见：Eldridge et al., 1993；Jenkins et al., 1993；Mencher，1990；Walker & Robb，2011）。

虽然所有的女性都会因我们这个男权制的社会而遭遇不幸，而这并没有体现在我们的主要研究中；此外，许多文化或少数民族中的女性还会额外遭遇被边缘化的境地，这些边缘化有可能是基于种族、年龄，也可能是基于性取向、社会经济地位，甚至是强壮的身体。被边缘化的女性发展出的特征可能是那些白人、异性恋、享有特权的女性所不具有的。和不同的人交往是个体发展与成长的源泉。然而，如果不同人群的差异被优势群体给系统地等级化，明确界定哪些是“正常”“可取”的品质，哪些是“不正常的”“不可取的”特点，那么这种差异性就可能是痛苦与失去权力的根源。就如亚历山德拉·卡普兰（Alexandra Kaplan，1991，p. 6）所写的，那些处于优势地位的人常常“认为自己有权决定哪些特征是关键的，哪些特征是能够得到尊崇的……人们只有符合主流文化认定的那些专横的价值体系，才能够得到他人承认”。

斯通中心提出的关系理论强调关系在女性生活中具有关键性的作用，认为关系的断裂是人类最大苦难的根源。具体来说就是，我们认为女性只有在利于关系发展的环境中才能够获得发展。但由于我们的社会对差异的等级化与忽视，导致了关系断裂的情况时有发生。种族主义、性别歧视、异性恋者对同性恋者的歧视、阶级歧视，以及年龄歧视等因素都会阻碍人们的交流，导致关系的断裂。本是促进发展与成长的差异如今只会导致人们感到挫败、退缩、害怕、羞耻、不与人交往。保持对差异的理解与共情，可能是促进个体成长与关系发展的最好方法。

> 虽然相互共情有时候需要认可别人身上存在的共同点，但是能够欣赏别人身上的不同点同样也很重要。事实上，认可他人身上的不同点对关系的发展具有关键性作用，能够使彼此产生强烈的认同感。因为，一旦我了解并理解你的经历，我就已经开始认可你的某些方面了，或者是我已经获得一定的成长了。（Jordan，1986，p. 89）

个人练习

关系的核心作用

为了帮助你更好地了解关系在生活中的重要作用，请做下面练习。

想出 5~7 种你认为重要的人际关系，或者生活中与关系有关的情境（比如，父母、爷爷奶奶或外公外婆、兄弟姐妹、朋友、老师、群体成员、同学、俱乐部成员或小组成员）。

描述一下各种人际关系对你的成长造成的影响。在每种关系中，你发生了什么变化？是积极的还是消极的？在每种关系中，你作出了什么贡献？

你觉得这些关系对你的将来可能会带来什么样的影响？具体来说就是，你觉得这些关系对你的自我感、自尊、职业发展、社交能力以及价值观会有怎样的影响呢？

关系。关系主义取向的第二条核心原则是强调**关系**（relationships）在女性成长过程中的核心作用与组织功能。女性在成长过程中追求的是与他人分享或与他人交往，而不是大多数成熟与发展理论所认为的追求独立与自主。这些关系在传统中被认为是为了促进他人的成长，具体来说就是促进孩子的成长，当然也包括其他成人。关系主义取向认为：

> 人们对人性的认识是扭曲的、有限的，从我们最熟悉的人类情感，到我们难以想象的人类潜能，而这些严格来说都是因为女性是居于从属地位。（Miller，1976）

关系不仅是我们发展的源头，也是我们发展的媒介、发展的目标；

女性尤其需要与别人交往，这是她们获得心理幸福感的核心条件；

只有在生活中与别人相互共情、相互关心、帮助别人成长，以及积极与他人交往，才能发展出亲密的关系。（Jordan，1983；Miller，1984，1986；Stiver，1984；Surrey，1985）

交往需要与情感交流是人类的根本性需要，人类的许多痛苦就是因为孤立与缺乏交往而产生的。米勒（1986）用惩罚式孤立（condemned isolation）来表示被孤立者的自责与无助的痛苦。乔登（Jordan，1989）论述了被孤立者无法与他人建立共情的感受，也就是说，被孤立者无法期望他人与自己建立相互共情。如果一个人不能走出隔绝、无法与他人交往的处境，那么其后果就会使之出现无助感和孤立感，这就像是一个牢笼，使人们产生极大的心理痛苦。通常，被孤立者还会产生羞耻感，觉得自己不配与别人交往，但他们同时又非常渴望与他人交往。当一个人希望与他人交往却又担心无法同他人建立关系时，内心就会感到紧张，会产生不真实感、崩溃感，以及影响与情感有关的能力。如今，女性的关系模式与合作取向也受到了职业领域的广泛关注（Godfrey，1992；Helgesen，1990；Rosener，1990）。

成长路径。米勒认为关系主义取向的第三条核心思想，是强调女性的关系质量与交往活动能够促进她们的健康发展与成长。这一看法与当时盛行的观点形成了鲜明对比，在关系主义者看来非常有价值的女性品质却被传统观点认为是不足或缺陷。在传统理论中，女性容易表现出情绪感受、注重关系的特点常常被认为是病态的，并被冠以“神经质”或“过度依赖”的名号（Chesler，1972；Houck，1972）。研究者分析了美国精神病协会正式出版的《精神障碍诊断与统计手册》（*Diagnostic and Statistical Manual of Mental Disorders*）中的“精神疾病”诊断标准，结果表明，这些诊断标准有许多是对女性不利的。对于这些偏见，卡普兰（1983）幽默地建议可以增加独立型人格障碍（independent personality disorder）和限制型人格障碍（restricted personality disorder）两条，认为这样就更适合男性主义的精神病理学了。

近来，我们开始探讨传统发展理论在解读男性经验的时候也可能存在的不当方式。伯格曼（Bergman，1991）发现，社会压力会导致男性离开人际往来较多、关系较亲密的环境，然后进入到一个更具竞争性、重视权力以及人际往来不多的情境中。

吉利根指出，女性的自我感与道德感主要是和对他人的责任心与关怀有关。这一观点的提出反映了对关系的深厚理解。虽然女性注重关系，但是男性却偏向于与人保持距离。吉利根还刻画了女性在关系中遇到的困境，即女性希望能够找到一种既能维持良好的人际关系又能保留自己的观点与愿望的方式。

这些年来，吉利根的研究已逐渐扩展到探讨人际关系给不同年龄女性带来的重要影响上（Brown，Gilligan，1992；Gilligan et al.，1990），特别是揭示了青少年女性可能面临的危机。她的研究显示了青少年女性在保持自我与内心“声音”上遭遇到的巨大困难，因为如果女孩这么做了，就意味着她可能会遭遇到人际问题，由此使她难以满足女性的关系需要（Gilligan，1982）。

研究范式的转变

对女性心理学的核心思想进行重新界定，这对我们理解女性、了解女性在社会中尤其是家庭与职场的地位有着非常深远的意义。女性在职场常常会体验到内心冲突，一方面是女性内心的关系需要，另一方面是大多数职场对独立与等级化的要求（Stiver，1991c）。在家庭中，虽然母女之间常常发生冲突，但是母亲与女儿仍然有强烈的交往需要。在弗洛伊德看来，这是女性的俄狄浦斯情结，但如今关系理论为我们提供了另外一种视角来看待这种现象以及家庭中的其他关系（Lewis，Herman，1986；Stiver，1991a）。

女性心理学领域另外一个常常被曲解的现象是关于权力追求问题。米勒（Miller，1982）考察了女性在多大程度上认为自己不应该有权力。但是她也指出，女性在促进他人成长时会使用非常巨大的权力。在女性看来说，赋权于他人是为了帮助别人成长，而不是为了自己。这种看法与传统理论中认为权力就是“对他人施加权力”、控制和指挥他人的观点不同（Jordan，1991）。换句话说就是，关系理论认为给别人授权是为了帮助这个人建立自信心、培养自我价值感，由此使他生活得更有活力、更有创造性。

个体在“对他人施加权力”的时候，目的是为了确保自己的控制与支配性地位。他们关心的是自己的目标，很少考虑他人的需要与利益。通常来说，要达到这种状态就需要运用一定的影响力，既有社会方面的影响，比如让弱势群体沉默或感到羞辱，还有心理方面的影响，如让别人害怕或自我怀疑，当然也有身体方面的影响，比如采用威胁手段或用武力去攻击对方。

> 当你不再作出贡献的时候，你就开始迈向了死亡。（Eleanor Roosevelt）

关系主义理论的提出，为我们重新考察心理学对女性的所有论断提供了一个非常有价值的思路。比如，依赖型人格障碍（dependent personality disorder）以及使用更普遍的依赖（dependent）在以前常常被认为是不好的现象，或被认为是不正常的现象，现在则重新得到了阐释（Stiver，1991b）。类似的例子还有，比如女性的需要与烦恼通过人际交往、人际关系得以缓解的现象，也被传统理论认为是依赖，被认为是退缩、幼稚的神经症表现。关系主义理论强调关系对女性具有重要的价值，这使得人们开始将依赖看成是个体健康发展与成长的积极表现。这也是一种赋能模型（empowering mode），而不是以往那种带有价值评价意味的责备模型（blaming mode）。责备模型高估了个体自立与独立性的价值，低估了关系具有合作与相互赋能的重要作用。

个人练习

检验你的亲子关系

如果你想了解自己与父母的关系，请做下面练习。

1. 对另外一个人详细描述你最近某次与父亲（或母亲）交往的具体情况；然后在头脑中想象你的父亲（或母亲）在房间中听你叙说，由此再描述一遍。你的说法会有不同吗？有什么不同？为什么两次的说法不一样呢？

2. 找一个拍档或参加一个小组，让别人扮演你的父亲（或母亲）。然后你站在你父亲（或母亲）的角度说说他 / 她的人生经历，特别是要记得说出一些重要的生活事件和人生转折点。你所说的这些事件或转折点会影响你对父亲（或母亲）的了解与感受吗？有什么影响呢？

自我理论

关系主义理论对自我概念也重新进行了界定，在这里，他们讨论的自我不再限于女性自我，而是针对所有人的自我。传统发展理论强调自主性自我（autonomous self）的发展，认为自主性自我具有严格的界限，独立于情境，个体能够越来越自立、越来越进行抽象的逻辑推理（比如第 1 章弗洛伊德、第 3 章阿德勒和第 6 章埃里克森的论述）。但是有许多学者认为（Miller，1976；Gilligan，1982；Jordan et al.，1991；Ballou et al.，2002），可以用情境性的关系式模式来探讨以往研究中考察的自我体验（self-experience）。他们认为，与其将重点放在“界限分明的”自足性自我上，还不如重点考察人类经历中的关系与交往活动。人际之间的活动、互相来往与关心不是静止不变的现象，而是具有不断发展变化的特性，是女性的核心发展动力。正是由于这种研究思路的转变，人们的研究兴趣与重点就不再是自我了，而是放在关系的发展上（Jordan，1989）。

> 在主张共情的海因茨·科胡特（Heinz Kohut）[①] 建议对精神分析进行“改良”之后，遭到了人们的强烈反对，比如路德（Luther）……（Grotstein，1999，p. 123）

相互共情与相互赋能是能够促进发展的关系的核心。**共情**（empathy）具有动机性成分（了解别人的欲望）、知觉性成分（知觉言语与非言语线索的能力）、情感性成分（与他人感受进行共鸣的能力），以及认知性成分（理解相互共鸣的能力）。

① 海因茨·科胡特（1913—1981）是自体心理学创始人，芝加哥大学教授，前美国精神分析协会会长、前国际精神分析协会副会长。——译者注

共情涉及理解的过程。不过对他人的经历，我们永远无法真正给出完美的相应反应，或“共情反应”（mirroring）。同感（mutuality），是“良好”人际沟通的另外一个典型特征，需要双方对彼此的变化与成长保持开放性的态度。在乔登看来，只有对别人的经历保持尊重才能实现同感（Jordan，1986）。我们的研究兴趣并不仅仅是考察自我的发展，同时还探讨关系的发展变化。

关系主义取向有助于我们理解更多与文化有关的现象。比如，关系主义理论对依赖的重新界定就为我们了解日本文化的典型特征提供了新的思路（Kobayashi，1989）。特纳（Turner，1987）运用关系主义理论考察了非裔美国妇女，并由此证实了关系主义理论的有效性。此外，关系主义取向还能够很好地解释女同性恋发展过程中的某些问题。比如，该理论就为我们看待女同领域中的融合（fusion）现象提供了一个新的视角。在传统强调独立的个体发展理论看来，女同关系中的融合是不好的病态现象；但是在关系主义者来看，融合的具体表现，即亲密接触与平等、重视沟通，以及彼此的情感支持等，能够帮助他们在这种关系中获得较高水平的满意度（Mencher，1990）。孟切尔认为，融合的这些指标反映了密切的人际交往活动，因此是健康的，而不是病态的表现。

动力论

心理发展与成长的关键特征：联结与共情

本处主要阐述个体人格发展过程中的三个关键性问题，即个体与他人的联结经历、共情能力，以及联结断裂所带来的影响。

联结。联结（connection）指的是个体与他人的交往活动，并且双方都觉得这种交往活动有益。个体的健康发展取决于人类这一固有能力的形成与发展。

共情。联结来源于共情。乔登等人（Jordan et al.，1982）认为，共情是一种复杂的情感认知能力，这种能力不是神秘的直觉，也不是实际去体验他人所说的经历。后来，乔登（1986）考察了共情对心理成熟的影响，以便与内涵已被扩展的同感概念保持一致。

从经验来看，相互共情（mutual empathy）能够改变个体感受到的分离性自我。在真正共情的交往活动中，交往双方既会影响对方，又会被对方影响；既在了解对方，又在被对方了解；都在努力地帮助对方澄清问题，更好地阐述问题。史瑞（Surrey，1991b）指出，心理发展的潜在过程就是双方在相互参与、相互共情，并且还在相互赋能。心理发展的目标就是使个体拥有相互共情、相互赋能的人际关系，而不是与别人保持距离。下面这个故事是两位女性的交往活动，显示了在相互共情的过程中她们是如何进行相互赋能的。

安刚刚得到消息，她的朋友艾米丽可能得了重病。于是，她将这个消息告诉了另外一个朋友贝丝。安的眼中噙着泪水，声音中带着悲伤与担心。贝丝说道：“唉，真让人难过。”安跟着说道：“是啊，真让人难过，但是我还感到担心、害怕，就好像这事发生在我身上。”贝丝回应道：“我也是这种感觉，这个消息让我很害怕。也许在我们听到这种事情的时候，我们都会感到事情好像就是发生在自己身上。”

随着她们交流的深入，安与贝丝能够越来越深地体会到艾米丽可能产生的感受。如此一来，她们就能更充分地理解艾米丽的感受。

这个例子看起来似乎很普通，就好像是在描述人们经常遇到的经历。然而，这种沟通确实是经常发生，尤其是在女性之间。而且，这种沟通的价值不可小觑。此外，人们常常认识不到安与贝丝这类沟通中蕴涵的价值。我们认为，这类交流包含着能够促进儿童与成人健康成长与发展的关键特征。

心理发展

心理发展的过程要求人际互动的双方能够对彼此的行为给予共情反应。因为只有双方都感受到了共情反应，他们才能感受到对方的想法与感受，并且将自己的新想法与新感受再次表达出来。这个再表达就构成了相互影响，由此生生不息。当然，共情的相互影响过程需要双方一起来营造，通过这个过程，双方都获得了新的心理体验，也就是说，彼此都获得了发展。

相互共情对个体心理发展的影响至少表现在以下 5 个方面（Miller，1986）。

1. 双方都觉得与对方的联结能给自己带来兴奋的感觉，或者是让自己更有活力。处于相互共情状态下的个体通常能够感觉到与对方的联结，但是反面情况也很常见，当人们觉得无法与对方产生联结的时候，就会产生沮丧的感觉。
2. 双方都主动地参与到这种直接接触的关系中，都觉得自己在这种关系中获得了成长。
3. 双方在了解对方的同时，对自己的了解也更多了；而随着对自己的感受与想法了解程度的加深，他们就越能更多地促进对方的成长。
4. 双方都觉得自己的自我价值感水平获得了提升。
5. 双方都希望以后进行更多的交往并建立联结。

需要重点说明的是，这个相互影响的过程并不是简单的给予与获得、帮助与被帮助、或依赖与被依赖的问题，而是双方是否积极参与、是否获得成长，以及双方是否都希望更进一步发展的问题。

联结断裂

由于女性在心理发展过程中对关系的依赖程度非常深，因此使得**联结断裂**（disconnections）给她们的生活带来非常严重的影响。不管是儿童时代还是成人后的女性，联结断裂都会妨碍个体建立相互促进、相互关注的关系。显然，如果在儿童期或成人期遭遇过虐待，比如性虐待、身体虐待，或者是她们发挥了重要作用但别人却没有给予相应的反应，那么就可能会出现联结断裂。对女性来说，联结断裂通常多会出现在儿童时代或成年期。不过，大多数时候联结断裂不一定会带来严重的后果，尤其是双方的关系对彼此都有非常大的帮助的时候。如果具备以下两个关键条件，那么即使出现了联结断裂，也不会给她们的成长带来不良后果：一是儿童期或成人期的女性能够在这段关系中采取反映自己经历的行动；二是对方表现出了使关系重新联结的迹象（Miller，1988）。

举个大家熟悉的例子，假如一个 9 个月大的婴儿正在玩耍，突然在没有任何明显征兆的情况下大声哭喊。如果这个婴儿的父母一开始没有处理好这种情况，并且很生气地批评了这种行为，那么这个婴儿除了开始的那种紧张外，现在还可能会有容易受惊和害怕的反应。然而，如果这个婴儿能够重新亲近他的父母，那么通过这种再次努力，就可能会发现父母会对这种紧张给出更多的反应，这个婴儿就会感觉到与父母的沟通比较有效。事实上，是这个婴儿促成了这种相互影响，当然，父母也在其中起了一定的作用。研究者（Gianino，Tronick，1985；Stern，1985）通过考察婴儿的行为，发现三个月大的婴儿就已经具备了这种能力。

如果我们将前面的艾米丽、安与贝丝的事例改变一下，就可以将之改成一个程度较为严重的联结断裂事件。假如故事中的角色不是安的朋友贝丝，而是将之改成她的丈夫汤姆。如果汤姆对安悲痛的语调给出的反应是："哦，这真是一个不幸的消息。她会努力好起来的，最好是再去诊断一下。你给她打电话了吗？对了，你给我姐海伦电话了吗？她为我妈下周的生日聚会安排得怎样了？"

当然，类似这样的个别事件并不会导致心理问题，但如果不进行调整，让这种联结断裂持续下去，那么无论是对现在还是对将来，都可能会产生严重的后果。还是采用这个例子，假如汤姆对这个消息的反应也是难过和担心。那么，汤姆与安在反应上的差异就是汤姆不知道该怎样向别人表达自己的感受。事实上，如果有人引发了他这种感受，他就会变得很生气。安可能会感觉到他的部分感受，但是，相比于她与贝丝的交往，她与汤姆之间无法达到感受与想法上的分享。相反，她开始觉得他不能理解自己的感受。

此外，安现在觉得很生气。首先，她感觉到了汤姆的担心，但同时也对汤姆的反应感到很生气。这种愤怒与其他感受交织、混杂在一起，于是她现在变得更加难过了。确切地说，由于她更加难过，因此更想与其他人交流。假如在这个事例中，她尝试向汤姆表达一些自己的感受。于是相应地，汤姆就会变得更生气，就可能会做出攻击或退缩的行为。如此一来，安就会变得越加烦恼，他们的关系也可能变得越加紧张了。

在这个事例中，安的丈夫对安的感受没有给予相应的回应，安也没能成功影响或改变她与丈夫之间的互动。她原以为自己的感想有助于建立更好的联结，由此可以使自己获得更好的成长。但是现在，她开始认为自己的感受是不是出了什么问题，因为它们让安感到烦恼了。安开始觉得问题是出在自己身上。

与相互赋能的联结可能带来的积极后果

> 我认为，本世纪的女性反抗其实就是人类对威胁其存在以及破坏地球行为的反应。（Sally Miller Gearheardt）

不同，这个事例中的安觉得自己的精神更差了（更虚弱了），更没有自我价值感，更不明白自己的感受与想法了，同时觉得自己更难以去采取行动，更不愿意与别人交往了。其中最为关键的是，她觉得自己的感受、行为以及想法使自己与生命中最重要人物之间的联结变得更不好了，她不仅觉得自己与丈夫之间的联结变得更差，同时还会觉得产生了联结断裂的烦恼感觉，并且产生了隔离感（isolation）。

临床实践认为，心理隔离（psychological isolation）可能是人类体验中最麻烦的情况。这种隔离不仅仅会让人产生孤独感，更重要的是会让人在心理上觉得自己无法与别人建立联结。这种令人绝望的隔离感通常会导致个体觉得被排斥的原因是出在自己身上。认为正是由于自己的问题才导致了无法与他人建立联结，他们感到无助，觉得自己缺乏能力，无力去改善自己的状况。一旦个体陷入这种心理隔离与无力的状态，就需要付出非常大的心理努力才可能从中摆脱出来。

多次联结断裂对心理的影响。当个体遇到安这样的隔离与无力情况时，可能会付出更多的努力以便与他人建立联结。这种努力会对个体产生一定的影响，而且这种影响常常会持续多年。

如果一个女人找不到合适的方式去改变这段关系，她就很可能会采取另外一个行动，也是她唯一可以采取的行动——去改变自己能够改变的那个人，即改变自己。具体而言，就是她会努力改变关于自己以及他人的内心意象，改变对自己与他人这段人际关系的认识。而且，她必须独自去做出这种改变，因为她现在的关系已经使她无法通过与他人交流来达到改变的目的。

其实，儿童或成人都会在内心构建起关于自己以及他人的意象，从而使她能够与他人交往，建立联系。为了与自己的这段“不满意”关系相吻合，个体必须调整对自己的看法，即扭曲自我意象，因此她需要对自己以往的大部分经验进行重新界定，也就是要重新评价那些她自己觉得不被接受的经验。（见第4章“人际防御策略”部分。）

我们可以想象一下，假如一个儿童在家庭中遇到这种问题，那么情况会怎样呢？当然，这种问题的复杂程度可能不一样，这取决于儿童的年龄。当儿童处在始终得不到回应的环境中时，这种环境就会破坏儿童的体验，使她们认为与生命中重要人物建立联结的唯一方式就是，成为她们所认为的别人希望她们成为的人。比如，她们可能会认为只有不好的人才会有诸如痛苦、恐惧之类的感受。因此，她就会努力不让自己成为这样的人，从而使自己避免有这样的感受。一旦某些情境可能会引发这种不被接受的情绪，她就可能会变得非常痛苦；她无法确定自己正在体验的到底是什么，除非她永远不会体验到她当时正感受的这些情绪。

在诸多使个体产生困扰的感受中，有一些情绪会随着时间的持续而变得越来越突出。其中一个就是焦虑。如果儿童在焦虑触发性情境（anxiety-provoking settings）中长大，她们就会越来越害怕与他人接触。因为任何人都可能会诱发她们内心中“不被接受的”想法与感受，而这就可能会威胁到她们内心中已经形成的自我意象和他人意象。对这些意象能够产生威胁的其中一种感受就是愤怒，没有人能够在扭曲体验以及长期害怕联结的情况下而最终不产生强烈愤怒的。

其中最为重要的是，这个过程会引发**联结与联结断裂悖论**（paradox of connection-disconnection）这一矛盾体的出现。为了与身边唯一可以建立关系的人建立联结，儿童就会在这段关系中逐渐隐藏自己的本真自我（authentic self），也就是在不表现真实体验的情况下来维持这种关系。在此过程中，她就越来越远离自己的真实体验，也就是她丧失了与他人交往这个心理发展的主要源泉。她所排斥的那部分自我无法随着体验的增长而发生变化。也就是说，她所构建的自我意象和他人意象无法从她与他人的关系中获益，具体而言就是她的自我意象与他人意象无法从她与别人的关系中获得发展所需的知识，同时别人也无法对她的意象进行澄清与确认。由于从交往中获得的信息越来越少，因此她可能会构建起一些可能存在、也可能不存在的关系意象。特别值得指出的是，布朗和吉利根（Brown & Gilligan，1992）对女孩进入青春期后进行了研究，阐述了这种类似矛盾的现象。

多次经历联结断裂（虽然不会始终导致）偶尔会使个体出现焦虑、抑郁性活动缺乏（depressive immobilization），以及彻底的联结断裂（Hamilton & Jensvold，1992）。在男权社会中，几乎每个女性都可能存在一定程度的活动缺乏。这可能是许多女性存在心理困扰的潜在原因，比如恐惧症、上瘾、饮食失调、抑郁、解离状态、妄想症，以及另外一些被称为人格障碍的心理问题（Brown，1992）。无论是在其中哪种状态下，她们都会使自己那些具体的行为模式、自我意象以及他人意象变得越来越精细，这似乎是她们的关系模式中唯一可能出现的情况了。

个人练习

体验联结与联结断裂

回想一下，在某个重要关系中你曾经感受到联结的事例，以及某次你感到联结断裂的情况。然后针对这两个事例分别思考下面的问题：

1. 是什么促使你产生了这种感觉？

2. 你有什么样的感受？

3. 结果怎样？

这种感受对你以及你的关系带来了什么样的影响？

对人格发展的意义

我们发现，采用这种悖论的方式来讨论心理发展与心理问题不仅有助于我们更好地理解男性和女性，同时还有助于我们解释个体心理问题的产生。其中尤为重要的是，它有助于我们找到个体澄清问题的方式与赋能方式。也就是说，心理问题反映了个体构建既追求建立联结又避免建立联结的内在机制。

史迪华（Stiver，1990a，1990b）阐述了这一悖论是如何在功能失调家庭中发展起来的（比如，酗酒、乱伦，以及灾后余生家庭）。其他一些研究者也阐释了这一悖论在另外一些心理问题中的发展情况。比如，史瑞（Surrey，1991a）、史丹纳－艾达尔（Steiner-Adair，1991）、默金（Mirkin，1990）等人考察了青少年的饮食障碍问题，并揭示了这种联结与联结断裂模式在个体与家庭治疗中是如何表现出来的。此外，对亲人之间的同感（mutuality）进行测量可作为诊断饮食障碍者的预测因子，在家庭功能中，感知到的同感（perceived mutuality）水平与饮食障碍发生风险之间为负相关关系（Sanftner et al.，2006）。

杰克（Jack，1991）、卡普兰（Kaplan，1984）、史迪华与米勒（Stiver & Miller，1988）等人从关系角度阐述了对抑郁的治疗。桑德斯和阿诺德（Saunders & Arnold，1990）重新考察了患有边缘性人格障碍女性的特征，所提出的治疗方法也不同于以往那种带有贬抑和危害的治疗方式。与此类似，亲密关系中的同感是癌症女性患者生活质量较高与抑郁发生率较低的预测因子（Kayser et al.，1999）。

此外，格里森（Gleason，1992）、基尔伯恩与史瑞（Kilbourne & Surrey，1991）从关系主义角度探讨了上瘾的发生、预防，以及如何对之进行矫正的问题；卡普兰和克莱恩（Kaplan & Klein，1990）考察了女性的自杀与企图自杀问题，发现她们的表现与男性不同，并根据男性与女性的关系经历对此进行了解释。鲍曼等人（Baumann et al.，2010）对拉丁美洲青少年女性的企图自杀、母女之间的同感和家庭主义（familism）进行了探讨，结果表明母女之间感知到的同感水平能够减少那些在体验上与企图自杀高风险有关的行为，不管是内在还是外在的行为都是如此。

除了以上从临床角度所做的论述外，关系主义理论还改变了我们对一些概念的认识，比如冲突、愤怒、羞耻。研究者认为，所有的人际关系中都必然存在冲突与愤怒这一特性（Jordan，1990；Miller & Surrey，1989）。乔登（1989）认为羞耻是个体被排斥联结时的内心感受，或个体认为无法达到共情时的感觉。对这些研究者而言，关系主义取向使他们对女性治疗中的某些核心概念重新进行了界定（Miller & Stiver，1991）。

个人练习

编制关系清单

和你的恋人或某个朋友一起讨论一下你的人际关系质量，然后列出一个关系清单。

重点考虑你人际关系中的一些特殊情况，然后再讨论本章列出的那些与关系有关的概念，比如共情、本真、相互共情、相互赋能、联结、联结断裂、重新联结、愤怒、冲突与隔离。

> 如果我们对希望创建的未来没有严谨而可靠的评估，对我们打算融入自己全部关系的权力表现没有严谨的考察，那么我们就不是在进步，而是仅仅在那部令人烦闷的老剧中担任了个新角色而已。（Audre Lourde）

近年来的神经科学研究（Schore，1991，1994，2001，2003；Siegel，1999；Banks，2010）表明，联结与联结断裂会对大脑产生一定的影响。班克斯（Banks，2010）通过考察母婴之间的联结，以及通常受羞耻影响的早期社会化对儿童大脑发展所产生的影响，强调大脑神经具有可塑性，或个体具有构建新神经通路的能力，认为它们能够改变我们的行为。在早期婴儿身上，神经元结构与婴儿对其照料者的安全依恋有关（如果是不良环境，则是不安全依恋）。然而就如班克斯所指出的，早在14个月大的婴儿中，婴儿与照料者的联结是从一个极为快乐的联结转到了早期社会化的一端，这是“因羞耻而导致的”（Banks，2010，p. 5），或者说是对学步儿童行为的控制。由于照料者行为上的这种剧烈转变，学步儿童的体验就形成了早期的联结断裂，这就如同前面所阐述的那样，会导致个体出现心理困扰。班克斯认为，对于这些早期不良境况的灵丹妙药就是建立联结，认为联结会使个体心理产生韧性，联结能够促进个体在关系中成长和提高个体的自愈能力。班克斯在神经科学研究的基础上提出了强有力的证据：“人类被赋予了适应能力、改变能力，以及其他一些强大的能力，这些能力使我们会受早期环境的影响，使我们能够在人生中的任何时刻都可以重新学习与重塑自己。”（Banks，2010，p. 7）

理论点评

关系主义取向对联结与联结断裂的强调涉及了人类境况中的核心问题，传统心理动力学理论对此并没有给予重视。虽然传统的心理学理论也确实谈到了“关系”这一主题，但是，它们仍然没有阐述清楚其中的关键问题，因为这些理论即使采用了诸如分离（separation）、个体化（individuation）之类的术语来对此进行阐述，但其实它们都是建立在认为个体有追求愉悦与权力的潜在假设基础上。这种假设曲解了人类的总体境况。一旦我们对人类处境进行更深入的研究，就会发现我们需要承认人类有与他人建立联结的需要，以及我们需要了解联结断裂的起源与影响。

我们认为，人类行为并不是一个自我发展的过程（self-development），而是一个关系发展的过程（relational development），是能量与生活意义（meaning）在人与人之间的不断流动过程，个体就是在与他人建立关系的过程中得以发展的。从这个角度来看，个体的更高级目标是追求关系的促进，而不是追求个人的愉悦，而这就很可能促使个体获得更高层次的自我实现（Jordan，1987）。说得更确切些，就是与他人建立关系的需要是人类的最根本需要。

章节重点

女性心理学：发展历史与贡献

- 女性心理学承认性别、种族、阶层、个人价值观等社会文化因素对个体经历的影响。
- 在理解个体的时候必须从个体与外部世界的关系来理解他们：个体之间是相互依

赖、相互联系的，个体与外部世界的关系会对他们的“自我”概念产生影响。

- 女性心理学理论致力于阐明影响人格发展的各种内在因素。他们的观点之一就是认为发展是建立在个体体验基础上的有机过程，认为这个发展过程可能不符合传统心理学理论界定的通用标准。
- 现在女性心理学的研究主题主要是与性/性别差异有关，不管那些研究是支持还是否定男女两性存在先天差异，它们都对该领域的发展起到了一定的推动作用。
- 帕特里夏·希尔·科林斯、贝尔·胡克斯、简妮特·科尔是女性主义运动中关注女性多样性问题的先锋，她们指出女性主义理论还在走过时的老路，在试图根据受过良好教育的白人异性恋女性这一群体的经历去创建通用的理论模型。
- 对多样性问题的研究拓展了心理学的研究领域，强调了建立理论的重要性，在亚斯宾和高瓦列科看来，就是需要建立一个能够适用于所有人的理论。
- 早期的第二波女性主义心理学致力于揭示心理学研究中对女性的不公平和偏见问题，以及传统上对女性的忽视，既包括女性研究者的少见，也包括研究被试对女性的忽视。
- 汉娜·勒曼提出了女性主义人格理论必须具备的 6 个关键条件，其中包括必须将女性作为研究的主要被试，必须用独特的语言来验证个体的实际生活经历。
- 当代许多女性主义者正在寻求建立与传统心理学普遍性理论不同的人格与认同理论模型。苏伊莫托认为个体的人格是可变的，具有可塑性，认为个体会直接受其所处的环境影响。
- 南希·乔多罗是最早指出男女两性人格发展模式存在差异的研究者之一，认为男性的发展是分离—个体化模式，而女性的发展模式则是关系—联结模式。
- 卡罗尔·吉利根开创性地考察了女孩的智力与人际思维发展过程，对关系文化理论（RCT）的诞生起了巨大的推动作用。

关系文化理论

- 珍·贝克·米勒认为，关系主义研究取向主要包括以下三个相互联系的核心主张：重视文化背景对女性生活的影响；承认关系在女性成长过程中的重要作用；强调女性的关系质量与交往活动能够促进她们的健康发展与成长。
- 关系不仅是女性发展的源头，也是女性发展的媒介、发展的目标。
- 与他人之间的联结对女性心理幸福感有非常重要的影响作用。
- 传统的发展理论对男性也有一定的危害，比如强调竞争、不与他人联结、追求权力，强调男性不要选择共情与联结性的人际环境。
- 女性心理学的关系主义理论模型强调联结与联结断裂对各个年龄女性都有重要的影响，这一观点对于我们理解女性在家庭与职场中的角色作用具有重要意义。
- 依赖对个体的健康成长与发展具有积极的促进作用。这种对依赖的重新阐述使得人们开始抛弃以往过于强调独立与自足的责备模型，而接受赋能模型。
- 女性发展中的主要动力是人际交往、相互回应，以及交往中的主动性。
- 利于个体成长的关系能够增强个体的兴趣与清楚表达自己的能力，提高个体的行动能力和促进价值感的增长。在这样的关系中，每个人都会感到与对方的联结强度增强了，内心更愿意与其他的人建立联结。
- 人格发展的关键是个体在联结与联结断裂方面的经历。之所以这样重视联结，是因为其理论基础源于共情。

- 个体心理发展的目标不是要与他人分离，而是要与他人建立相互赋能和相互共情的关系。
- 不管是儿童还是成人，只要无法同他人建立相互赋能和相互共情的关系，就可能会导致联结断裂。
- 寻求治疗的各种问题中，都或多或少地存在联结与联结断裂这对矛盾体。
- 心理困扰反映了个体形成的既想与他人联结，同时又避免联结的内在心理机制。
- 关系主义理论对冲突、愤怒与羞耻给予了全新的阐释。认为冲突与愤怒是建立关系的必经之路，羞耻是在联结中被拒绝接纳时的内心感受，或个体无法达到共情时的感觉。
- 在功能失调家庭中成长起来的儿童会发展出各种建立联结的策略，包括角色扮演、模仿等，但同时他们在联结中又不会投入感情，会隐藏自己的内心。
- 治疗需要在一种安全、共情的氛围中进行。这种氛围需要治疗师能做到共情、真诚，与患者建立积极的关系，这与经典的弗洛伊德主义者倡导的治疗师需要保持中立立场的观点不同。
- 经验的核心是建立关系，而不是分离。

关键术语

女性心理学

自由女性主义（liberal feminism）：自由女性主义是女性主义流派之一，其核心主张是致力于在现存的社会结构中寻求变革，争取女性能够进入被传统排斥的领域。

激进女性主义（radical feminism）：激进女性主义是女性主义流派之一，该学派认为我们社会的男权制在本质上就会对人的发展产生压制作用，认为要废除男权支配、竞争与歧视同性恋的文化习俗。

社会女性主义（socialist feminism）：社会女性主义是女性主义流派之一，该学派认为女性受压制的根本原因在于社会政治与经济制度，主张要改变现存的经济和社会制度。

文化女性主义（cultural feminism）：文化女性主义是女性主义流派之一，该学派致力于重新评估女性的独有特质和女性气质的价值。

认同（identity）：认同不仅仅是一个概念，更主要是指认同的过程，个体的认同是在文化、社会、家庭、心理和历史环境的背景下不断发展的。

特权（privilege）：特权是指一种无形的社会文化现象，具有特权的群体认为自己的生活经历能够反映他人的生活经历，认为“主流”文化就是社会的常态，却没有明确说明主流其实就是受过良好教育的中产阶级白人。

社会建构论（social constructionism）：社会建构论是一种理论模型，认为人类经验必然会受社会文化结构的影响，并且必须从社会文化结构上来理解人、分析人。这一模型是许多女性主义研究的主要理论基础。

关系文化理论

联结（connection）：联结是个体体验到的与他人的交往过程，在这一过程中双方都能获益。联结是个体心理发展的基础。从广义上来理解共情有助于把握联结的内涵。联结包括增强了的同感、投入与赋能。

文化背景（cultural context）：文化背景指的是男权社会中对男性和女性的生活与人格发展具有影响作用的一些力量，这些力量对男性和女性的影响程度不同。

联结断裂（disconnection）：联结断裂指的是在个体不能参与到相互促进、相互回应的关系时所出现的一种体验。联结断裂的反复出现对个体会有巨大的影响，会导致个体越来越回避与他人建立联结。

共情（empathy）：共情指的是对他人感受的敏感能力，其中包括有动机、知觉、情感和认知成分；共情不是说你在心理上将自己当成一面镜子去反映对方的想法或感受，也不是你在心理上出现与之相匹配的想法或感受，而是一种追求理解他人的活动。

联结与联结断裂悖论（paradox of connection–disconnection）：联结与联结断裂悖论指的是儿童或成人既想建立联结、又隐藏本真自我的矛盾状态。治疗中的所有问题都或多或少地反映出这种矛盾。

关系（relationships）：关系指的是女性寻求各种方式与他人建立联结。关系在女性的发展过程中具有关键性作用。关系主义理论与其他大多数强调独立与自主的发展理论不同。

推荐阅读

女性心理学

Ballou，M.，Brown，L.S.（Eds.）.（2002）. *Rethinking Mental Health and Disorder*：*Feminist Perspectives*. New York：Guilford Press.

本书是一本论文集，反映了当代女性主义研究与理论对传统理论中那些所谓正常与不正常现象的重新解构。其中一个杰出的例子就是心理学如何运用女性主义理论去创建一个更有适应性和更有包容性的心理健康理论模型。

Biaggio，M.，& Hersen，M.（Eds.）.（2000）. *Issues in the Psychology of Women*. New York：Kluwer Academic/Plenum Publishing.

本书详细回顾了女性主义运动的发展历史以及女性心理学领域的一些重要主题，其中包括对认识论和方法论的介绍。

Brown，L.S.，Ballou，M.（Eds.）.（1992）. *Personality and Psychopathology*：*Feminist Reappraisals*. New York：Guilford Press.

本书是《心理健康与异常的反思》（*Rethinking Mental Health and Disorder*）的先行版本，收集了迄今为止女性主义理论中的一些重要研究成果，是关于女性主义如何推动心理学家克服建立僵硬的普遍化理论、转而寻求建立一个新的人格与心理学理论的最好入门读本之一。

Enns，C. Z.（1997）. *Feminist Theories and Feminist Psychotherapies*：*Origins*，*Themes*，*and Variations*. Binghamton，NY：Hayworth Press.

本书客观而又详细地全面介绍了女性主义的 4 个主要流派，及其对女性心理学的主要贡献，对于那些希望深入了解该领域的读者来说是一本较好的入门读本。

Bohan，J. S.（1993）. Regarding Gender：Essentialism，Constructionism，and Feminist Psychology. *Psychology of Women Quarterly*，17，5-21.

本篇论文论述了如何将社会建构主义范式融入到女性主义心理学的理论中。

Cole，J. B.（Ed.）.（1986）. *All American Women*：*Lines that Divide*，*Ties that Bind*. New York：Free Press.

本书是一本论文集，主要收集的是种族歧视以及不同种族、不同阶层女性的生活经历和美国文化中的性别问题。

Collins，P. H.（1990）. *Black Feminist Thought*：*Knowledge*，*Consciousness*，*and the Politics of Empowerment*. Boston：Unwin Hyman.

本书主要探讨了种族、性别和阶层的影响。科林斯根据她的个人经历，运用她所受到的学术训练、专业的社会分析方法，提出了一个非常具有深度的理论框架，通过这个框架可以对排外、接纳和多样性问题进行深入地分析。

DeLamater，J. D.，Hyde，J. S.（1998）. Essentialism Versus Social Constructionism in the Study of Human Sexuality. *Journal of Sex Research*，35（1），10-18.

本论文是一篇较为重要的讨论社会建构主义的文章，重点讨论了如何在实际研究中应用社会建构理论。

Espin，O. M.，Gawelek，M. A.（1992）. Women's Diversity：Ethnicity，Race，Class，and Gender in Theories of Feminist Psychology. In L. S. Brown & M. Ballou（Eds.），*Personality and Psychopathology*：*Feminist Reappraisals*（pp. 88-107）. New York：Guilford Press.

本篇论文提出了在女性研究中需要考虑的种族、阶层等 4 种必须考虑的多样性背景因素。

Hooks，B.（1989）. *Talking Back*：*Thinking Feminist*，*Thinking Black*. Boston：South End Press.

本书作者是一位美国黑人女性，也是女性主义运动的核心人物。作者根据第一手资料对多样性问题进行了精彩而又富有争议性的论述，将多样性问题引入到了人们的日常生活中。

McIntosh，P.（2002）. White Privilege：Unpacking the Invisible Knapsack. In A. Kesselman，L. McNair & N. Schneidewind（Eds.）. *Women*：*Images*，*and Realities*（3rd ed.）（pp. 358-361）. New York：McGraw Hill.

本篇论文探讨了普遍存在于美国文化中的特权产生机制，在作者看来，公众大多觉察不到自己将之作为运用权力和影响他人的工具。

关系文化理论

Belenky，M.，Clinchy，B.，Goldberger，N.，Tarule，J.（1986）. *Women's Ways of Knowing*. New York：Basic Books.

本书在对 100 位女性访谈的基础上，探讨了女性的基本认知模式以及女性与外部世界的相互作用模式，详细勾画了这些模式是如何被男性的认知模式标准所掩盖的。

Brown，L. M.，Gilligan，C.（1992）. *Meeting at the Crossroads*：*Women*，*Psychology and Girls' Development*. Cambridge，MA：Harvard University Press.

本书详细描述了青少年女性认为的必须克制真实自我来与他人交往的困境，此外也展示了女孩在努力达到女性气质标准的过程中，由于压制自己的真实想法而导致她们常常丢失了她们应有的本真与活力。

Gilligan，C.（1982）. *In a Different Voice*. Cambridge，MA：Harvard University Press.

本书是对女性心理学反思的一部经典著作，重新考察了男孩与女孩的不同道德发展道路，探讨了正义道德与关怀道德之间的差异。对于那些希望对女性发展有新的认识的人来说，本书是必读书籍。

Jordan，J.（Ed.）.（1997）. *Women's Growth in Diversity*. New York：Guilford Press.

本书不仅延续了《在联结中成长的女性》（*Women's Growth in Connection*）一书中所提出的理论观点，还重点关注了女性发展中的多样性。

Jordan，J. V.，Kaplan，A. G.，Miller，J. B.，Stiver，I. P. Surrey，J. L.（1991）. *Women's Growth in Connection*. New York：Guilford Press.

本书是韦尔兹利学院斯通中心的早期论文集，初步介绍了关系主义理论中的一些核心概念，主要有同感、共情、相互赋能、女性自我感和依赖。

Miller，J. B.（1976）. *Toward a New Psychology of Women*. Boston：Beacon Press.

本书是一部开创性的奠基式著作，阐明了影响女性发展的社会背景因素，认为有许多影响因素通常都被低估了，强调要将女性放在关系与文化中来进行研究，这也构成了斯通中心女性研究取向的核心。本书对于那些希望了解女性、希望了解文化如何影响女性的人来说，这是一部必须阅读的著作。

Stone Center Working Paper Series（*1982—1997*）. Stone Center Works in Progress（Nos. 1-78）.（Available From Stone Center，Wellesley College，Wellesley，MA 02181-8268.）

本论文集收集的论文涉及许多主题，包括权力、勇气、女同性恋、有色人种女性的发展、心理治疗等各种主题。许多人认为这反映了女性心理学研究的最高水平。

第6章

埃里克森与生命周期理论

不管是在心理学领域还是在通俗读物领域，埃里克·埃里克森都是影响最大、读者群最多的后弗洛伊德主义者。他的著作销售高达数十万册，他也成了1970年《新闻周刊》（*Newsweek*）与《纽约时报》（*The New York Times*）的封面人物。他于1965年出版的针对穆罕达斯·甘地（Mohandas Gandhi）的性格分析著作获得了普利策奖和美国国家图书奖。

埃里克森考察了不同文化下的儿童抚养行为，对著名人物生平进行了心理分析，并提出影响个体发展的心理与社会因素存在交互作用等观点，拓展了精神分析理论的研究领域。他在自我发展方面的生命周期理论（life-span theory）不仅对心理学领域，还对其他领域产生了巨大的影响。他也是现代心理历史学的奠基人。

埃里克森的研究工作完全是以精神分析理论为基础。在弗洛伊德之后，就再也没有哪个人的研究如同弗洛伊德那样完全基于精神分析理论，以及将之应用在新的研究领域和用以解决现实问题。在精神分析理论的基础上，埃里克森通过研究开创性地提出了自己的理论，他所提出的理论与精神分析理论无论是在研究领域、概念还是在研究重点上，都存在明显的差异。他被人称为“非教条的自由弗洛伊德主义者”。他所提出的“同一性”（identity）与“同一性危机”（identity crisis）概念，对整个社会科学领域的研究都产生了巨大影响，如今这也成了家喻户晓的通用词。

埃里克森不仅是一名才华横溢、思想敏锐的心理学家，还是一位杰出的作家。他所进行的研究工作，都是以他建立的人类生命周期理论为核心，这个理论是个体的毕生发展理论，涵盖了个体从出生到死亡的整个人生过程。埃里克森在人格理论的发展方面主要作出了三大贡献：（1）他认为个体除了有弗洛伊德所认为的不同的性心理发展阶段，还会经历不同的心理社会发展阶段与自我发展阶段；（2）他认为个体的人格发展贯穿着人的一生；（3）他认为在个体所经历的每个发展阶段，都既会带来积极的后果，也会带来消极的后果。

个人简介

埃里克森有一个与众不同，甚至可以说是卑微的出身。他生于1902年6月15日，母亲是犹太族丹麦人，在埃里克森还在她肚子里的时候就离开丹麦到了德国，并嫁给了犹太族德国医生洪伯格尔（Homburger）。尽管出身于丹麦，但是埃里克森一直把自己当作德国人，但他的德国同学们却因为他是犹太人而拒绝接纳他，他的犹太族朋友又因他金色头发、具有北欧风情的外貌特征而称他是异教徒（非犹太人）。

埃里克森一直使用埃里克·洪伯格尔（Erik Homburger）的名字，他发表第一篇著作时用的就是这个名字。后来，他在写作时将使用的名字改成了埃里克·洪伯格尔·埃里克森（Erik Homburger Erikson），最后固定使用埃里克·埃里克森。[从字面上看，埃里克森（Erikson）是埃里克（Erik）的儿子（son of Erik）]——不过埃里克森并不是他生父的名字。尽管他出身于丹麦，在德国长大，但是他后来却选择加入了美国籍。他在犹太族家庭长大，却娶了一位信仰基督教的妻子，并且他最终也成了一名基督徒。

埃里克森自 18 岁起就没有再接受正规的学校教育，那时候他刚刚大学预科毕业（即中学毕业）。在中学阶段，他学了拉丁语、希腊语、德国文学和古代史。埃里克森并不是一个特别用功的学生，毕业后在欧洲游历了一年，后来回到家中选了一所位于慕尼黑的艺术学校。他在慕尼黑求学，却住在意大利的佛罗伦萨。艺术家的生活对于那些还没有准备安顿下来的年轻人来说是一个很不错的选择，让他有很多时间与空间进行自我探索。

埃里克森在 25 岁的时候又回到了家中，准备找一份教授艺术的工作。有人邀请他到维也纳一所新成立的儿童学校工作，这所学校学生的家长都是到维也纳寻求精神分析治疗的人。埃里克森在那儿教授艺术、历史以及一些其他的科目，并且有充分的自由按照自己的想法来制订讲授课程。

到 20 世纪 20 年代，精神分析领域已经没有以前那么拘泥于形式了。精神分析师、病人，他们的家人和朋友可能会一起去野餐或进行其他的社交活动。通过这些活动，埃里克森与安娜·弗洛伊德以及其他杰出的精神分析师逐渐熟悉了起来。在经过非正式的考核后，埃里克森被认为是具有做一名精神分析师的潜质。1927 年，他开始在安娜·弗洛伊德与她父亲所居住的房子里接受安娜对他的精神分析训练。

当埃里克森表露出身为艺术工作者的自己能否成为一名精神分析师的疑问时，安娜回答说精神分析职业需要的是那些能够帮助别人进行自我理解的人。埃里克森漫长而丰富的职业经历可以被看成是在做这样一项工作——绘制各种包含新思想与观点的精美图画。

> 让人感到奇怪的是，这竟然是对临床医生的训练。（Erikson，1963，p. 100）

埃里克森也在蒙台梭利教师学会（Montessori Teachers' Association）接受过蒙台梭利教育理念的训练，是当时仅有的从该学会毕业的两名男性之一。虽然他对游戏疗法和儿童分析的兴趣是来源于他的实践教学经历，但这与蒙台梭利教育经历的影响也密不可分。

在 1929 年狂欢节的最后一天，埃里克森在维也纳一座城堡的化装舞会上遇到了年轻姑娘琼·塞尔森（Joan Serson），并对她一见倾心。几个月之后，他们结了婚。塞尔森与埃里克森两个人有着基本相同的兴趣，她虽然是一位现代舞教师，但是却拿了教育学的学士学位和社会学的硕士学位，并且也接受过精神分析训练。

虽然塞尔森仅仅在埃里克森的最后一本著作中才被列为名誉上的合著者（Erikson et al.，1986；Erikson & Erikson，1997），但这已表明琼·埃里克森（Joan Erikson）实际上是埃里克森的学术研究伙伴，积极地参与到了他的研究工作中。"在 20 世纪 40 年代晚期，**我们**……被邀请作一个关于人生发展阶段的学术报告……**我们**一起写的文章……是《健康人格的发展与危机》（*Growth and Crises of the Healthy Personality*），当时我们是带着饱满的热情进行写作。"（J. Erikson in Erikson & Erikson，1997，p. 2；黑体字是另加的）。

埃里克森在 1933 年完成了他的精神分析训练，并成了维也纳精神分析协会（Vienna Psychoanalytic Society）的正式会员。当时欧洲日益加剧的法西斯主义，使得埃里克森以及其他许多精神分析学家迁往美国。由于他的妻子是加拿大籍美国人，因此这使得他们的乔迁行动变得容易了许多。到美国后，他们全家住在波士顿，并且成了该城的首位儿童精神分析师。他获得了在哈佛医学院以及享有崇高声誉的马萨诸塞总医院[①]工作的机会。此外，他还以儿童精神分析家的身份私人开业，并加入了由亨利·默里（Henry Murray）主管的哈佛心理诊疗所。在这些年中，他结识了许多出色又非常有影响力的学者，包括默里、人类学家鲁思·本尼迪克特和玛格丽特·米德，以及社会心理学家库尔特·勒温（Kurt Lewin）。

1936 年，埃里克森到了耶鲁医学院工作。在耶鲁工作期间，他首次进行了人类学意义上的实地考察，到美国南达科他州考察了苏族印第安儿童。他在苏族印第安人方面的论文既富含人类学报告的文化意味，又反映了他这个受过专业训练的临床心理学家的敏锐视角。在与苏族印第安人的接触中，埃里克森注意到了一个新的现象：他发现有些心理问题——比如缺乏清晰的自我形象和同一性，与对文化传统的失去感有关。后来，埃里克森在第二次世界大战退伍军人出现的情绪困扰中发现了类似的同一性混乱。埃里克森自己的同一性危机以及他毕生想了解的到底谁才是他的父亲的疑问使他对这一概念特别敏感（Friedman，1999）。

埃里克森于 1939 年迁往加利福尼亚，在旧金山度过了 10 年时光。在那儿，他继续对儿童进行精神分析，并在加利福尼亚大学伯克利分校开展研究工作。

埃里克森第一本、也是他最有名的一本著作是 1950 年出版的《儿童和社会》（*Childhood and Society*）。这本著作几乎包括了埃里克森理论中的所有重要思想，比如同一性、生命周期、跨文化研究和心理传记学。这本书后来被翻译成十余种文字，被精神病训练中心、心理学，以及其他许多学科用来作为本科生和研究生的教材。埃里克森提出的反映个体发展的心理社会发展阶段的 8 阶段理论，就是源于他第三个儿子的出生，这个儿子具有先天性发展障碍。

在《儿童与社会》出版的同一年，埃里克森离开了伯克利，因为他拒绝在效忠宣誓书上签字。[②]在埃里克森与其他崇尚自由的学者看来，强迫性宣誓反映了极端爱国主义对共产主义的政治迫害，是一种妄想狂。离开之后，埃里克森重返马萨诸塞州，到奥斯汀－瑞格斯中心（Austin Riggs Center）工作，这是最出色的精神分析训练与研究机构。在奥斯汀－瑞格斯中心工作期间，他对马丁·路德进行了心理分析，并于 1958 年出版了《少年路德》（*Young Man Luther*）一书。这本著作开创性地将精神分析、传记学、历史学进行了综合，是一部令人激动的著作，受到了众多精神分析师、心理学家、历史学家以及其他社会科学家的广泛关注。

1960 年，埃里克森获得了哈佛大学的教授职位。两年之后，他到印度旅行，并拜访了一些认识甘地的人，以及那些亲自参加过第一次印度非暴力抵抗运动的人。他对甘地这位精神领袖和政治革命者的兴趣越来越浓厚，认为印度原本是一个柔弱无力的消极形象，但是甘地却使这个身份形象发生了改变，使之转变成一个活跃、有效的政治工具形象。1969 年他还在哈佛大学工作的时候，发表了对甘地所做的研究。

从哈佛大学退休后，埃里克森和妻子于 1975 年回到了旧金山。他们一起进行研

① 美国哈佛大学医学院的教学医疗所。——译者注

② 美国参议员麦卡锡强迫公民进行的反共宣誓。——译者注

究、写作，直到他于 1994 年去世。在这期间，他们的研究重点主要是关注老年人与毕生发展理论的最后一个生命周期。1997 年，琼·埃里克森去世。

理论先驱

在埃里克森的理论形成过程中，曾经受过两个方面的重要影响：一个是精神分析理论；另外一个则是他对其他文化中的生活以及儿童养育行为的研究。

精神分析理论的影响

埃里克森在其整个学术生涯中，一直把自己看作一名精神分析师。他将精神分析理论运用到了新的领域，此外，他还吸收了人类学、心理学以及其他社会科学的最新思想，这就使得他所提出的理论必然会与弗洛伊德的精神分析理论存在明显不同。然而，我们从埃里克森的著作中可以看到，他本人仍然觉得自己承惠于弗洛伊德。与“新弗洛伊德主义者”（neo-Freudian）这个名称相比，他更喜欢称自己是一名“后弗洛伊德主义者”（post-Freudian），因为这是一个较为中性的称呼。

> 精神分析是独一无二的。这是一种治疗情境，是一个根据技术规则而进行了严格设计的情境，在这个情境中，治疗师的学术见识被迫转变为情绪洞察力；但是一旦离开了这个严格设定的环境，那些原本能够发挥效用的解释就失去它应有的效用了。（Erikson in Evans，1969，p. 91）

埃里克森在心理传记、儿童与成人发展方面所进行的深入研究，实质上仍然属于精神分析。“我不是将之称为知识（knowledge）或事实（fact），而是称之为‘见识’（insight），因为实在是很难将我们对人类境况的研究称为知识（Erikson in Evans，1969，p. 89）”。由于埃里克森接触到了许多新的资料，因此这使得他对精神分析的理解发生了转变，并拓展了他对此的认识。

> 当我在 25 年前开始写作的时候，真的觉得自己只是在为我从安娜与弗洛伊德那里所学到的东西提供一些新的阐释。后来我才慢慢意识到，任何一个原创性的发现都意味着理论上出现了新的变化。不同时代的研究者由于面临着不同的科研环境，因此如果在研究者的研究领域中已经有了一个重要理论，那么研究者就必然会在该理论的基础上开展研究，将之发展。即使像同弗洛伊德这样伟大的开创者，在解释那些“萦绕着他”的各种念头时，也因为他自己以及当时时代的各种原因，运用了达尔文的理论。研究者只有做类似的研究才能跟上这类人的脚步；一旦研究者这么做了，就意味着他是一个不同的人。我说这个是因为有些研究者想超越弗洛伊德，希望自己能做得更好或者想成为一个更出色的研究者，就好像弗洛伊德的理论是专家意见一样。（Erikson in Evans，1969，p. 13）

从某种意义上来说，埃里克森推动精神分析理论进入到了 20 世纪的第二个发展阶段。

对其他文化的研究

1937 年，埃里克森前往南达科他州考察苏族印第安学生感情冷漠症的产生原因。他发现，苏族儿童面临着两种相互冲突的价值观：一是部落中的传统价值观，这是在他们早期儿童时代就已经形成了的；二是白人中产阶级价值观，这是他们后来在学校教育过程中所受到的教育。苏族的文化传统是既不重视财产，也不强调竞争。在苏族印第安人的传统中，那些成功猎杀野牛的人会无偿地与其他村民共同分享猎物。

几年之后，埃里克森又考察了居住在克拉马斯河下游加利福尼亚西北地区的尤罗克族印第安人（Yurok Indians）。尤罗克族是一个渔民部落，与埃里克森早前研究的居住在平原地区具有打猎传统的苏族不同，因此他对比较尤罗克族的儿童教育和人格模式与苏族的生活方式非常感兴趣。他发现在尤罗克族中，私人会拥有个人财物，这种占有财物的观念在儿童还是很小的时候就被灌输了。尤罗克族的儿童很早就被教育成要节俭，要为了将来的收益而克制眼前的内心需要，要敢于想象去捕猎大马哈鱼，要积攒金钱。他发现，尤罗克族与苏族之间存在明显的差异；与苏族相比，尤罗克族的文化更接近于美国中产阶级的文化价值观。

埃里克森在尤罗克族和苏族儿童方面进行的研究，对他的思想发展产生了非常重要的影响，这些实地研究同样也显示了他具有研究其他文化中的思想和世界观的出色能力。埃里克森在去这两个部落的时候，都是和一些人类学者同行，这些人类学者已经与部落长者建立了长久的友谊关系。在他们的帮助下，埃里克森调查了许多人，收集了丰富的第一手材料，而在此之前，绝没有哪个精神分析学家获得过类似资料。埃里克森在去实地调查之前，曾深入研究过人类学者对这两个部落的研究报告。在这些报告中，他没有看到具体描述儿童教育方面的信息。埃里克森研究中的一个亮点就是经常询问那些祖母辈的人，比如“在那些白人来之前，你们是怎么教育小孩的”。埃里克森发现，其实这些老人很喜欢谈论这个话题，而且她们很奇怪为什么之前从来没有人问过这种问题。

从某种程度上来说，埃里克森后来的发展理论就是源于他的跨文化观察。他发现，弗洛伊德的性心理发展阶段理论实际上与西方文化中的科技和世界观有关；而他自己的理论则非常重视健康人格的发展，这明显反映出他对其他文化第一手资料的掌握。

主要思想

埃里克森的主要研究就是他提出了毕生发展理论，他认为个体的发展要经历 8 个发展阶段。这一理论是对原来精神分析理论的发展，将原本只讨论了童年期的发展理论扩展到了个体的整个一生。他认为，个体在每个发展阶段都有生理、心理和社会方面的发展任务，而且每个发展阶段都建立在前一阶段的发展基础上。

埃里克森的另外一个杰出贡献就是他在心理历史学和心理传记学方面所做的开创性研究，在这些研究中，他将自己在临床方面的见识用来研究著名历史人物的人格，以及这些人对社会造成的影响。

个体发展的渐进论

埃里克森将其提出的个体发展阶段理论称为渐进论（epigenetic），它是第一个详细探讨个体从婴儿至成年、再到老年，从而贯穿整个人生发展周期的心理理论。埃里克森认为，个体的心理发展类似于胚胎的发育过程。渐进论的意思就是每一部分的发展都是建立在其他部分发展的基础上（渐进论的英文是 epigenesis，epi 的意思是“在……之上”，genesis 意味着“出现”）。埃里克森的发展理论在结构上类似于胚胎的发育过程，因为他认为每个发展阶段都是在前一个阶段的基础上进行的。

> 每当个体从一个发展阶段进入到下一个发展阶段，我们都会褪去一个保护性结构。我们会将一些不足、弱点和危机遗留下来，但是它们仍然存在，还可能再次爆发，可能以我们未曾了解的方式爆发出来。（Sheehy，1977，p. 29）

身体的每个器官系统都有各自特定的发展时间表，都遵照着各自先天预定的发展程序。埃里克森认为，渐进论就是“有自己的初步发展计划，但有些方面也会在发展计划之外，每个方面都有发展速度特别快的特定发展时期，直到所有方面都发展起来形成一个机能整体（functioning whole）”。（Erikson，1980，p. 53）

> 埃里克森的个体发展理论有两个潜在的基本假设：（1）人格发展原则上是按照个体内在的发展程序进行的，只有在个体的机体成长到一定程度、为个体的发展作好了准备，能够让个体更好地觉知、更好地与外界相互作用时，个体的人格才能得到发展；（2）外界社会原则上是适合个体发展的，能够引发个体与外界相互作用的潜在发展可能性，能够确保和推动个体的发展速率，以及使个体按照相应的发展程序发展。（Erikson，1963，p. 270）

每个发展阶段都有特定的发展任务或发展危机，为了使个体能够顺利进入下一发展阶段，这些任务或危机必须得到解决。顺利解决各个发展阶段的危机之后所形成的优势与能力，会对个体的整体人格产生影响，这些优势与能力不仅会受之前发展阶段的事件所影响，而且随后发展阶段内的事件也会对它们产生影响。然而，对这些心理能力影响最大的发展阶段就是这些心理能力刚刚出现的阶段。每个发展阶段都与其他所有发展阶段有关，但是却必须遵守既定的发展程序。

表 6-1 是埃里克森首次在《儿童和社会》一书中对个体人格发展八个阶段的讨论。它阐释了个体是如何按照时间序列从一个阶段发展到下一个阶段的，以及个体的每个特质在其关键期之外的不同阶段会有哪些不同的表现形式。以信任为例，在青春期是一种表现形式，而在老年期则可能是另外一种形式，但这两个表现形式都是建立在信任发展的关键期，即婴儿期的发展基础上。

表 6-1　埃里克森心理社会发展理论的八个阶段及其相关品质

8. 老年期 55 岁以上								自我整合 VS 失望 **智慧**
7. 成年期 35 ~ 55 岁							创生 VS 停滞 **关怀**	
6. 青年期 18 ~ 35 岁						亲密 VS 孤独 **爱**		
5. 青春期 12 ~ 18 岁					同一性 VS 同一性混乱 **忠诚**			
4. 学龄期 6 岁 ~ 青春期				勤奋 VS 自卑 **能力**				
3. 游戏期 3 ~ 5 岁			主动 VS 内疚 **意图**					
2. 儿童早期 1 ~ 3 岁		自主 VS 羞怯与怀疑 **意志**						
1. 婴儿期 出生 ~ 1 岁	基本信任 VS 基本不信任 **希望**							
	1	2	3	4	5	6	7	8

资料来源：Erikson，1982，pp. 56-57.

发展危机

每个阶段都会面临一段**发展危机**（crisis in development），在此期间，构成这一阶段本质成分的优势与能力就能得到发展，并获得检验。在埃里克森看来，危机就是转折点的意思，是一个关键时刻，这就像是人们发高烧时的危险期，如果能够得到顺利解决，那么烧就会退，人也会复原。危机是个体生命中的特殊时段，是“前进与倒退、整合与迟滞的决定性时刻”（Erikson，1963，pp. 270-271）。然而，每个发展阶段又都是一个进行学习的危机——可以获得新的技能与态度。个体可能不能够将危机看成是戏剧性或关键性的剧烈转变；相反，个体常常是在后来才明白自己已经到了、通过了这个重要转折点。

> 在汉语里，“危机”这个词包含了两个字，即“危”与“机”。

埃里克森认为，如果能够顺利解决人格发展每一个阶段的危机，那就会增强个体的心理社会优势（strength）或品质（virtue）。在此，埃里克森使用的是品质这一词语的古老用法，就类似于药物的品质，指的是潜能而不是道德层面上的意义。理论上，个体每度过一个危机，内心的和谐感就会获得增强，同时也会变得更有判断力，具有更强的现实行动能力。

个体发展的八个阶段

埃里克森人格发展理论中的前三个发展阶段实质上是对弗洛伊德研究工作的扩展。弗洛伊德在性心理发展阶段理论中曾讨论过个体发展的四个主要阶段——口唇期、肛门期、性器期和生殖器期，并认为每个发展阶段都与特定的器官以及特定的文化模式有关。在弗洛伊德的基础上，埃里克森将个体的发展阶段扩展到了个体的整个生命周期，认为这是人类发展中所要面临的普遍性问题。此外，在本部分末尾，我们还将讨论对埃里克森理论模型具有增补作用的第九阶段方面的理论与研究。

1. 基本信任 VS 基本不信任。第一个阶段是**基本信任 VS 基本不信任**（basic trust versus basic mistrust），是个体无论是在身体上还是情感上都属于最无助、最需要他人的时期。婴儿出生以后，会对周围世界形成一种信任与不信任感。儿童是会形成安全感还是不安全感的关键因素，取决于婴儿与母亲的关系。强烈信任感的形成“不仅意味着儿童了解到可以持续依靠同一个外界的抚养者，还意味着他们可以信任自己，相信自己的身体能够处理好自己的需求”（Erikson，1963，p. 248）。如果母亲或其他的主要抚养者能够及时对婴儿的需求给予相应的回应，就能够增强婴儿的安全感，就会使婴儿觉得饥饿与不舒服是可以忍受的。

> 父母对婴儿进行了多少控制与训练，婴儿就会对父母反作用多少控制与训练。（Erikson，1963，p. 69）

这一阶段的母婴关系主要取决于照顾者对婴儿的喂养行为以及其他的护理行为，这种关系在咬人阶段（biting stage）可以得到检验。咬人阶段就是婴儿有能力开始制造疼痛的阶段。婴儿的破坏冲动、表达愤怒与不满的能力，都与出牙时带来的疼痛有关。这种疼痛是婴儿必须学会忍受的，因为它不像饥饿那样可以得到缓解。在埃里克森看来，这种身体内部的不舒服以及婴儿制造痛苦能力的不断增长是婴儿对有害与恶意行为的首次体验。

婴儿信任感的形成主要取决于母性照料（maternal care）的质量，而不是对婴儿的关怀以及满足他们的饥渴需要。那些感觉有能力照顾好自己孩子，以及认为自己孩子能够健康发展的母亲，会将这种感受传达给孩子，由此让孩子建立起对自己以及对这个世界的信任感。

信任与不信任之间达到平衡之后所形成的优势或品质是希望（hope）。“希望是一种持久存在的、个体相信愿望能够实现的信念，不过，它的初期表现形式主要是欲望与本能。”（Erikson，1964，p. 118）希望是信心（faith）产生的基础。

希望是一种基础性的优势，与具体的期望、目标和愿望没有多大关系。随着个体的不断成熟，这个优势也不断被各个发展阶段所证实，希望的实现又会激发个体产生新的希望。同时，个体也会慢慢知道如何去面对失望，知道什么时候该放弃。由此，个体就会建立起较为符合现实的期望与梦想。

希望这一优势的根本来源主要有三个：首先是母亲与婴儿的关系，即蕴含在母亲希望中的愿望与要求，这些愿望与要求是母亲传承于她的母亲（即外祖母）或文化传统；其次是母子关系本身，即健康的母子关系能够促进亲子之间的同感与敏感性；最后，在某些社会风俗的影响下，婴儿的希望得以维持，因为有些社会风俗能够证实这些希望，或者某些社会习惯能够促使希望得以恢复，比如宗教仪式、他人的鼓舞性意见，等等。希望的成熟表现形式是信心。宗教仪式与宗教行为的目的就是为了给人们的信心以支持作用，或深化与恢复人们的信心。

个人练习

信任

找一个同学朋友，体验“信任下的行走”。将你的眼睛蒙上，然后在搭档的指引下行走，至少要走 15 ~ 20 分钟。你的搭档需要让你做各种活动，比如走不同的路面，摸不同的物体，闻一些气味，甚至是让你尝各种不同的味道。然后，你们互换角色再进行游戏。

在你们俩都做完游戏之后，花点儿时间讨论一下你们各自的感受。是不是有时候很难信任你的搭档？这样去依赖一个人有什么感觉呢？

2. 自主 VS 羞怯和怀疑。第二个阶段是**自主 VS 羞怯与怀疑**（autonomy versus shame and doubt）。这时候，儿童的肌肉系统已经发育成熟，并具备了抓握物体的能力。在这阶段，儿童的生理与心理能力都在飞速发展。儿童学会走、爬、抓握物体，交流能力也变得更有效。儿童在排便训练以及抓与丢物体的过程中掌握了与外界打交道的新方法。他们不仅开始学着去控制自己，而且开始尝试去控制身边的世界。

这个阶段的基本特征就是憋住（hold on）与释放（let go）。弗洛伊德肛门期的论述只是强调了其中的一个方面。憋住与释放既有积极也有消极的意义。憋住可能会变成是一种严酷的约束，或者说这也是一种养育模式；而释放，是破坏性驱力的释放形式，或者说这是一种宽松的许可，是不干涉。

自主感是在儿童感到自己能够自由选择的基础上产生的。当儿童觉得自己能够自由地选择要什么、不要什么的时候，就能够促进自主感的形成。儿童在第一阶段建立起来的基本信心，也就在本阶段儿童所表现出来的那些突然出现而又执拗的选择中获得检测——幼儿突然做出的抢夺或者不恰当地拒绝等行为。养育专家称这个年龄的儿童是“麻烦的两岁儿”（terrible twos）。两岁儿童最喜欢说的话就是“不”，这也是他们自主性不断增长的明确反映。

有些儿童会将这种控制冲动转移到自己身上，形成僵化的、苛求的道德意识。他们不是去控制外部世界，而是对内控制自己，这就常常会使他们产生强烈的羞耻感或自我怀疑。

羞耻来源于自我表露（self-exposure），这是一种觉得自己将不足暴露在他人面前时的感受，或通常所说的“被别人脱了裤子”时的感受。羞耻也与儿童第一次站立时的体验有关，在那时候，儿童感到自己在成人世界中是那么地渺小、无力和柔弱。

怀疑与儿童对前、后的意识有较为密切的关系。在我们面对外部世界的时候，我们的前面是可接受的一面。由于儿童看不到他们身体的背面，因此对他们来说，背面就是一个未知和没有探索过的世界。然而在排便训练的时候，儿童的身体背面受他人的意志所支配。除非能够减弱前与后之间的界限，否则儿童的自主性就会带上自我怀疑的色彩。

儿童在本阶段能够获得的优势或品质是意志（will）。有意志并不是说可以随心所欲，而是说儿童具有判断力，能够根据具体情境来控制自己的欲望。人们学习怎么去做决策，学会有意识地去行动，尽管他们也必然会遭遇挫折。“因此，意志是个体自由选择、自我节制的决心，尽管人们不可避免会体验到羞耻与自我怀疑。”（Erikson，1964，p. 119）

婴儿的意志会逐渐发展到成年人那种能够控制欲望与冲动的水平。从理论上来说，即使有规则与理智的限制，个体的意志在与他人意志相遇时，也能够以一种容许自己与他人都保持权利感的方式来进行运作。

意志构成了我们愿意接受法律与外界要求的基础，这源于个体觉得父母的养育行为是在公平、公正的精神下实施的。法律是一种社会制度，它是我们控制内心冲动的具体要求。我们的意志会屈从于法律的权力之下，尽管会带有矛盾的心态，以及不可避免地会有一些小小的犯规。

个人练习

自主

与你的搭档做个约定，约定你至少半天时间内会完全服从他 / 她的指示。也就是说，你的搭档扮演“父母”角色，而你则扮演一个听话的“孩子”（当然，你们需要做出明确的限制，比如你不会听命于去做任何违法、不道德或给他人带来麻烦或使自己尴尬的事情）。

在这种完全听命于别人指挥的情况下，比如要吃多少、什么时候坐下、什么时候站起来、如何做等，你有什么感觉呢？其实，从某种意义上来说，你是在重演两岁左右儿童的经历，因为他们对自己的生活基本没有发言权。

接下来，同你的搭档谈谈你的感受。不过，你们最好不要互换角色再进行这个游戏。因为如果你的搭档一开始就知道要调换角色玩，那么他就可能不会随意给你下命令了，这样就可能会妨碍搭档的真正表现（毕竟，很少会有父母愿意与自己的孩子互换角色）。

3. 主动 VS 内疚。在**主动 VS 内疚阶段**（initiative versus guilt），儿童有更强的活动能力、更大的好奇心、更强的支配欲和责任感，以及显著增长的语言能力和想象能力。游戏是这个阶段儿童的主要活动。他们想跟“任何东西”玩，通过对周围环境的攻击与征服来获得快乐。这个阶段相当于弗洛伊德的性器期。儿童迫切希望自己能做得更好，想了解更多东西。他们有非常强烈的好奇心，对新的学习保持开放性，最喜欢说的话是“为什么”。他们开始知道了事先制订计划的价值，开始有了意图和方向感，并且开始学会对未来事件进行规划。

内疚感会对这种新产生的支配欲起到调节作用。儿童对自由和支配的需要几乎必然会引发焦虑。在这个阶段，儿童开始形成道德感，形成如同他们父母那样的能够肯定和鼓励他们进行自我探索、自我指导与自我惩罚的观念。这一阶段儿童的活动能力比以前强了许多，因此他们必须学会给自己做出限制。

这个阶段形成的优势或品质是意图（purpose），它来源于儿童的游戏与想象。对儿童来说，游戏就是对成人的所思所想进行模仿。它让儿童明白了意图的基本原理，即具体活动的重点与方向。“意图，就是去幻想与追求那些有价值的目标的勇气，这些有价值的目标并没有被婴儿期那些被挫败了的幻想，以及他们的内疚和担心受到惩罚所影响。”（Erikson，1964，p. 122）意图为儿童提供了目标与方向，虽然被幻想所激发，但是却植根于现实。虽然会受内疚所限，但是却不会被压制。幻想的发展是成人世界里面那些舞蹈、戏剧与习俗惯例的产生基础。

个人练习

主动

本练习与之前的自主性游戏基本一样。同样，你告诉搭档说会听从他 / 她的指令。不过在本次练习中，你还可以说不。你的搭档首先对你详细说明可能要进行的活动。然后你对他 / 她的要求可以说“是”或者“不”，不过你不能提出任何建议。

比如，如果你俩在一家饭馆里，你的搭档可能会点一些你可能喜欢的菜。你可以同意，也可以否定，但是不能自己点。或者你俩去看电影，你的搭档可以建议看某些影片，你同样可以同意或反对，但不能说自己想看哪部电影。

在游戏完成之后，请你们讨论一下这种主动性被剥夺后的感受。

4. 勤奋 VS 自卑。勤奋 VS 自卑阶段（industry versus inferiority）的儿童开始进入家庭以外的世界，这相当于弗洛伊德的潜伏期。在我们的文化中，这个阶段的儿童开始进入学校生活。当然，在其他一些社会中，儿童也可能已经成了学徒或父母的工作帮手。

这个阶段的儿童开始接受系统的教育，生活重心也从玩乐转移到学习或工作上来。早先，儿童在活动中进行游戏的时候，不会去关心活动的结果。但是到了现在，儿童希望能够把事情做好，在把工作做好之后会觉得开心。在这个阶段，儿童需要掌握一些必须的能力与技能。别人的想法与意见也变得特别重要。做不到这点的儿童由于得不到父母、老师、同伴的注意或尊重，因此可能会产生自卑或无能感。

这个阶段所形成的品质是能力（competence），它建立在技艺、实际技能以及一般能力发展的基础上。“能力是不受婴儿期自卑感所影响，能够自由运用智力与才智完成任务的能力。”（Erikson，1964，p. 124）能力是技术发展的心理基础。在这个阶段，我们开始掌握文化所要求掌握的技术，开始成为一个对社会有用的人。

个人练习

埃里克森的发展阶段：自我评估

对你来说，埃里克森发展阶段理论中的哪个阶段显得最明显（或影响最大、最麻烦）？有什么证据表明这个阶段对你很重要？在你的人格特征、家庭事件、环境或其他社会影响因素中，哪个因素对你的影响最大？

你在这个阶段的经历与你在此阶段之前和此阶段之后的发展阶段有什么关系？它们与你现在有什么关系？与你现在所遇到的成长危机又有什么关系呢？

> 对大多数20多岁的人来说，美妙的神奇故事需要再过20年才能谱写完成。这段时光充满了激情、危难……使我们走在寻觅迷失自我的道路上。（Sheehy，1977，p. 166）

5. 同一性VS同一性混乱。儿童期结束后，青少年就进入到**同一性VS同一性混乱**（identity versus identity confusion）阶段。在此阶段，青少年需要将以往的经验整合起来，形成一个新的完整自我。他们质疑以前建立起的角色和同一性，并会去尝试新的角色。这一阶段个体最重要的问题是“我是谁”，通过对这一问题的回答，他们就逐渐形成了新的自我同一性。

> 成年人也有他们的儿童与青年时代，但他已经永远无法回到过去了。不过，如果没有曾经的经历，他也永远无法变成一个成年人。（Erikson，1987，p. 332）

同一性还包括个体的能力，这些能力能够将过去所认同的身份与当前的欲望、想法、态度、技能，以及社会能够提供的潜在机会整合起来。“自我同一性，指的是个体那不断增长的自信，这个自信能够将过去所形成的内在一致性与连续性（sameness and continuity）与当时的社会要求匹配起来。”（Erikson，1963，pp. 261-262）

埃里克森认为，青春期是处于儿童期与成人期之间的一个关键发展阶段。处于人生这一阶段的青少年常常被称为处于心理的延缓偿付期（psychological moratorium），他们需要停下来尝试各种角色。在这一时期，社会规范与社会压力对他们有非常大的影响。青少年如果不能获得同一性，出现角色混乱，就无法在头脑中找到适合自己的职业角色，或难以觉得自己是个有意义的人。这个阶段的青少年还常常会怀疑自己的性魅力（sexual attractiveness），或出现性别认同（sexual identity）困难。如果青少年不能给自己建立起一个角色身份，或不能为自己建立起具有启示与指导作用的社会角色，就可能会出现不安全感和混乱感。青少年在自我认同的过程中，还常常会对部落酋长或青少年文化中的英雄人物表现出过度认同（overidentification），也就是明显失去了对自我身份的认同。青春期的青少年还常常会感到孤独、空虚、焦虑，或看不到前进的方向。在需要做出一些重大人生决定的时候，他们会觉得自己没有能力做到，甚至是会出现抗拒心理。

这个阶段形成的优势或品质是忠诚（fidelity）。作为成人期的开端，青少年需要为自己确定未来的职业发展方向，需要形成稳定的价值观。“忠诚是一种虽然可能不符合价值观标准，但却忠于自己承诺的能力。”（Erikson，1964，p. 125）忠诚是认同形成的基础，它的产生需要个体合乎社会要求的社会意识能够获得有效证实，以及需要能够获得那些做出过类似选择的同伴的支持。

在这个阶段，我们会吸收本文化的道德伦理和价值观。与此同时，文化本身也在一代代的传承中获得新生，这是因为青少年会选择性地接受本文化的价值观和风俗习惯，他们既会拥护其中的某些传统，又可能会改变某些风俗。而那些不认同本文化传统的人或成为离经叛道者，或忠实于他们自己的价值观，献身到他们的革命性事业中。

同一性的形成可以理解成是个人生命故事的构建。与儿童不同，青少年能够对他们的价值观与生平经历进行有意识的反省（Barresi，1999；Habermas & Bluck，2000）。

6. 亲密 VS 孤独。埃里克森理论中的亲密 VS 孤独（intimacy versus isolation）阶段通常是在成年早期出现。在这个阶段，我们开始离开学校和家庭、获得独立，开始和别人建立友谊、发展出亲密的关系，并且开始建立成人的责任感。

我们只有在建立了相对稳定的同一性的时候，才能够与他人建立亲密而又有意义的关系。只有到了这时候，我们才能使自己对一段关系作出承诺，才能与另外一个人建立起亲密的关系。人们在这个阶段通常会作出这种重要的承诺，但是这种重要承诺的产生基础是与爱人做到真正的同感。不过，这种亲密程度不同于早先的性探索以及对性别认同的急切追求。对许多成年早期的人来说，这个危机在婚姻中体会得最深。然而在这一阶段，配偶之外的重要他人可能具有重要的作用。

如果个体不能够建立起亲密感，无法对一段关系作出承诺，那就可能变得孤独，无法与别人建立有益的人际关系。如果我们的同一性不够牢固，并且面临着与他人建立亲密关系，我们就可能会避开这些具有威胁作用的亲密关系，甚至是对那些意同与我们产生亲密关系的人做出攻击行为。

这个阶段形成的优势或品质是爱（love）。埃里克森认为（Erikson，1964），爱是一种最伟大的品质。“爱，是两个人始终克服彼此的内在差异而作出的相互奉献。”（Erikson，1964，p. 129）他认为，爱有许多不同的表现形式。在生命的早期阶段，爱的表现是婴儿对母亲的爱、儿童对父母的爱，以及出现在青少年身上的迷恋。在成人之间建立起真正的亲密感之后，爱就包括两个人之间存在共有同一性（shared identity），以及双方对彼此的确认。这种品质既可能表现在浪漫的爱情关系中，也可能表现为对理想、家庭和国家的奉献。爱，包括真正的同感与亲密感。

个人练习

生命周期中的晚期阶段

请你去租一下英格玛•伯格曼（Ingmar Bergman）主演的经典电影《野草莓》（*Wild Strawberries*）（Wilmette，IL：Janus Films，1957），然后再分析一下博格医生（Borg）的梦境。在分析的时候，请你站在人生后半段的视角来思考，尤其是人生中的最后三个阶段，即亲密 VS 孤独、创生 VS 停滞、自我整合 VS 失望。

接着，你再认真阅读一下埃里克森（Erikson et al.，1986）在《老年研究报告》（*Vital Involvement in Old Age*）一书中对此所做的分析，并与之前你自己所做的分析进行对比，这可能是你将自己的分析与杰出咨询师对同一案例的分析进行比较的唯一机会。因为你们就如同电影中所展示的那样，分析的是相同的材料。[许多年以来，埃里克森在哈佛大学“人类生命周期”（Human Life Cycle）课程中也给他的学生布置了这项作业。]

7. 创生 VS 停滞。通常来说，**创生 VS 停滞**（generativity versus stagnation）阶段包含了人生中的一大段中年时期。个体对亲密关系的承诺会使他们的注意力扩展到对后代的培养与关怀上。在埃里克森的理论中，养育子女是创生的核心。不过，创生不仅包括人们对自己子女的培养与关心，还包括人们对所产出的思想与物质产品的关注。因此，创生包括了人们在生活与工作中的产出与创造。

> 并不是有了孩子和想要孩子，就意味着成功地实现了创生。（Erikson，1963，p. 267）

我们既是一种能够学习的动物，同时也会将自己的知识传授给他人。创造很重要，因为它能够将现有的知识、思想与创造物延续下去。除非我们所关心的方面以及产出能力得到了扩展，否则我们就会出现厌倦与停滞的状态。病态性的创生缺失是自恋，是妨碍我们关心别人或关爱别人的病态式的自我陶醉。

埃里克森（Erikson，1982）曾在其著作中提出，社会制度具有强化创生的作用，为知识在代与代之间的延续提供了可能。那些具有良好创生感的人会积极、主动地参与到现行的制度中，努力推行和促进它们在下一代中的发展。

研究创生的学者这样总结："具有创生的个体非常关心自己的工作以及年轻人的成长，对许多社会事务都很关心；他们能够对不同的传统与观念保持宽容的心态，能够在自己与他人的利益之间寻求平衡。"（Bradley，Marcia，1998，p. 42）

这个阶段所形成的优势或品质是关怀（care）。"关怀是个体去关心那些因为爱、义务或意外而产生的后代；个体会认为这是自己不可推卸的责任，因此会克服内心的不情愿心态。"（Erikson，1964，p. 131）关怀的核心是对子女的养育。这种关怀不仅仅是指关心自己的后代，还包括关心我们的精神产品，比如我们的知识、思想等精神产品。人类这个物种是独一无二的，因为人类会在很长一段时间内关怀与教育后代。

作为一名成年人，我们希望自己能够被他人需要，否则就可能会变得自恋、自私自利。从人类心理演化的角度来看，我们实际上是一个好为人师的物种。我们不仅会将自己的性格特点传授给下一代，还会让我们的技能与知识延续下去。

个人练习

对创生的反思

以下列出了一些信念与行为，你觉得其中哪些是有价值的？

1. 我喜欢将知识传授给别人。
2. 我喜欢让自己尽可能地与别人不同。
3. 我喜欢做一名老师。
4. 社会应该对病人与无家可归者负责。
5. 我希望自己有小孩，如果没有，我就会去领养。
6. 我觉得自己的行为能够对别人有益。
7. 人们会征询我的建议。

8. 自我整合 VS 失望。埃里克森理论中的最后一个人生阶段是**自我整合 VS 失望**（integrity versus despair），即人生中的晚年时期。这个阶段也是埃里克森所说的终极关怀（ultimate concerns）阶段。自我整合（ego integrity）指的是个体能够接纳自己的独特人生经历，既能够接纳自己的成功，也能够接纳自己所有的失败；它能够让我们感觉到自己的人生所具有的意义。具有自我整合感的人承认各种生活方式都有一定的价值，即使是那些与自己完全不同的生活方式。自我整合能够给人们带来一种圆融感（wholeness），使人们有能力将自己的生活看作一个统一体，有能力以一种综合的方式来看待人类的困难与不幸。自我整合是“后自恋之爱”（postnarcissistic love）能力的发展形式（Sheehy，1995）。

个人练习

埃里克森发展阶段示例

列出三个你认为他们分别处于埃里克森理论中不同发展阶段的人。当然，你可以列出你的父亲或母亲、你自己，以及另外一个比你更年轻的人。你觉得所列的这三个人都符合他/她的发展阶段吗？他们各自的生活中都有哪些主要的事件？他们各有什么优缺点？他们每个人的现在与过去是如何关联在一起的？过去的事件与品质对他们的现在有什么影响？

你能够用什么方式将他们的优点、关心的事情，以及他们各自经历过的重要事件组织起来，由此帮助你更好地理解他们三个人以及他们之间存在的差异，以及帮助你了解同他们交流时可能存在的困难？

如果我们没有达到自我接纳的水平，就很可能会陷入失望，会觉得人生很短，短的好像还没开始就结束了。那些陷入失望的老人可能常常会为自己的过去而痛苦，不断地哀叹“如果……”。对人生的失望可能会表现为害怕死亡，或表现为蔑视和排斥其他的风俗习惯、生活方式与价值观。

埃里克森（Erikson，1982）在其著作中指出，“老年人”这一角色已经出现了转变。在 1950 年他的《儿童和社会》首次出版的时候，当时社会对老年人的看法与如今截然不同。当时社会上的大部分老年人，很少能够活到具有正直、值得尊敬与智慧品质的很大年纪。但如今随着人类寿命的延长，我们有越来越多健康、活跃的老年人。随着人们进入老年期的年龄越来越高，老年理论也应该做出一定的改变。埃里克森的伟大贡献之一就是推动了老化理论的发展（Weiland，1994），丰富了我们对老年阶段心理社会发展的理解。他概括了老年期的主要发展主题，考察了老年人内心各方面的动态平衡，对人生失望的整合，以及老年人的思维加工过程和他们对社会的积极参与（Kivnick，1998）。在 84 岁的时候，埃里克森这样评论人生第八阶段的产物：“……并不由个体之前的生活方式所决定，也并不会受这些生活方式所阻碍。”（Erikson et al.，1986，p. 40）

这个阶段所形成的能力是智慧（wisdom），来源于个体面临终极关怀时对失望的成功整合。“智慧，是个体面对死亡时对生命的超然关怀。”（Erikson，1964，p. 133）智慧能够帮助个体整合不断增长的知识与经验。那些具有智慧的人是成功实现圆融与达到完整的典范，可以鼓舞那些具有类似价值观和生活方式的年轻人。这种圆融与意义感同时还能够减低作为老年人标志的无助感与依赖感。

随着年龄的增长，埃里克森对人生最后这一阶段的观点进行了重新思考。他将整合（integrity）改成了完整（integrality），意指个体面对老化时仍然能够保持圆融感的能力。此外，他还将这一阶段的品质智慧（wisdom）替换成了“信心”（faith）。（Erikson，1982）。

9. 第九阶段？ 为了帮助人们更好地认识 80 至 90 岁这一人生阶段的独特特征，有些研究者给埃里克森的发展阶段理论增加了一个第九阶段。迅猛发展的老年学（gerontology）致力于研究老化的社会、心理和生物因素。老年心理学家（geropsychologist）主要研究那些年纪最大的老人。如今已经有研究对这一群体所面临的无数独特挑战以及相关的职业进行了说明。

表 6-2 人类发展的八个阶段

阶段	性心理发展阶段与模式	心理社会性危机	主要人际圈	主要品质	主要病理学要素	相关的社会法则	信仰的准则	信仰
1. 婴儿期 出生至 1 岁	口腔 – 呼吸，感觉 – 运动（合并模式）	基本信任 VS 基本不信任	母亲般的人	希望	退缩	宇宙法则	超自然主义	偶像崇拜
2. 儿童早期 1 ~ 3 岁	肛门 – 生殖器，肌肉（保持 – 排泄模式）	自主 VS 羞怯与怀疑	父母般的人	意志	强制	“法律与秩序”	判断式的	条文主义
3. 游戏期 3 ~ 5 岁	运动（闯入，包罗模式）	主动 VS 内疚	家庭成员	意图	压制	理想原型	戏剧般的	道德主义
4. 学龄期 6 岁 ~ 青春期	“潜伏期”	勤奋 VS 自卑	“邻里”、学校	能力	惰性	技术法则	正式的（技术的）	形式主义
5. 青春期 12 ~ 18 岁	青春期	同一性 VS 同一性混乱	玩伴与其他同龄人、领导人员的典范	忠诚	批判	空想式的世界观	理想的	极权主义
6. 青年期 18 ~ 35 岁	生殖	亲密 VS 孤独	朋友、性伴侣、竞争对手、合作伙伴	爱	排外	合作与竞争模式	亲和力	精英主义
7. 成年期 35 ~ 55 岁	（生育）	创生 VS 停滞	部门同事与合租者	关怀	拒绝	传统与当代教育	传承的	权威主义
8. 老年期 55 岁以上	（感觉模式的普遍化）	自我整合 VS 失望	“人类”“类人物种”	智慧	轻视	智慧	贤明的	教条主义

资料来源：Erikson，1982，pp. 32-33.

琼·埃里克森（Erikson，1998）在埃里克·埃里克森的经典遗著《生命周期完成式》（*The Life Cycle Completed*）一书中增加了对第九阶段的讨论。她在著作中写道，八九十岁的老年人遇到的困难包括不断地同健康与力气作斗争，以及经常去面对失望。每一天都可能是一个巨大的挑战，是“……可能回顾失望对他们来说都是一种奢侈”。（p. 113）她在书中补充说，如果老年人有机会面临第九阶段的挑战，他们就可能能够成功地走向汤恩斯坦（Tornstam，1996）所称的“超越老化”（gerotranscendence）。

与环境的关系模式

与弗洛伊德从特定器官区域来描述个体的发展阶段不同，埃里克森的发展阶段理论更注重个体与环境的关系模式。虽然在埃里克森看来，这些行为风格也是起始于某个特定的器官，但实际上指的却是宽泛的活动模式。比如，在埃里克森理论中的第一个发展阶段，个体所习得的模式是基本信任 VS 基本不信任，指的就是获得（to get），即在被给予的时候，个体进行接收与接受的能力（这个阶段相当于弗洛伊德发展理论的口唇期）。这一时期，口部区域就是婴儿与外界环境进行交流的主要器官。然而，固着于获得的成年人可能会表现出与口部无关的依赖形式。

> 在人们只希望能从感官容器中多获取一些实实在在的汁液时，他们还可以吸取到“智慧的养分”。（Erikson，1963，p. 62）

个体在第二阶段的发展任务是自主 VS 羞怯与怀疑，习得的模式是憋住与释放。如同弗洛伊德理论中的肛门期一样，行为模式主要与大小便的排泄同憋住有关；然而，儿童也可能表现出对父母、心爱玩具等物品的占有或拒绝。

第三阶段的个体发展任务是主动 VS 内疚，埃里克森称之为制造（make）。从某种意义上来说，儿童就处于“制造中”，他们的注意力集中体现在对环境的征服上。对儿童来说，游戏是非常重要的，他们通过玩泥巴来模仿大孩子的复杂游戏。

第四阶段的发展任务是勤奋 VS 自卑，包括劳作（work）与做好（do well）模式。这个阶段不对应某个特定的器官，但是高效地劳作与成功地完成具有重要的意义。

埃里克森并没有详细论述后面几个发展阶段的行为模式。后面几个阶段也与弗洛伊德理论中的发展阶段不具备紧密的联系，看起来似乎并不是建立在特定活动模式或器官的基础上。

同一性

埃里克森在论述发展阶段理论的相关概念时，对其中的同一性概念讨论得最为详细。20 世纪 40 年代，他在旧金山的锡安山退伍军人康复中心（Mt. Zion Veterans Rehabilitation Clinic）时，第一次创造出了同一性危机这个词，用这个术语来描述许多在他那儿接受治疗的士兵的精神状态。他发现，一点点突发刺激或强烈刺激会使那些退伍军人变得心烦意乱。这些士兵的自我似乎已经失去了承受打击的能力，他们的感官系统处于持续的“惊吓”状态，受到外界刺激就会运转不灵。此外，他们还出现了一些躯体感觉症状，比如潮热、心悸、剧烈头痛和失眠。“最重要的是，这些退伍军人觉得他们‘不知道自己是谁’——很明显，他们失去了自我同一性（ego identity）。他们已经失去了一致性、连续性，失去了对自己的社会角色的意识。”（Erikson，1968，p. 67）

实现同一性的途径

同一性这一术语综合吸收了深层心理学、认知心理学与自我心理学的理论思想（Erikson，1993）。早期的弗洛伊德主义理论忽视自我的重要性，用埃里克森的话来说就是，忽视了自我“在人格中的选择、整合性作用，以及使人格保持连贯性和稳定性的关键作用”（Erikson，1964，p. 137）。此外，同一性还涉及心理学、社会学与历史学方面的理论知识。因此，鉴于同一性的复杂特性，埃里克森明智地没有对它做出一个单一的界定。

> 只有从多个角度来进行说明，我才能把同一性解释得更明白一些……有时候，同一性可能指的是意识中的个体认同感（sense of

individual identity）；有时候，它指个体追求人格连续性（continuity of personal character）的无意识努力；有时候，同一性是指自我整合（ego synthesis）的标准；最后，它还使个体与群体理念和群体认同（group identity）保持了内在一致性（inner solidarity）。（Erikson，1980，p. 109）

埃里克森从以下几个方面对同一性作了明确的说明（改编自：Evans，1969，pp. 218-219）。

1. **个性**（individuality）。个性是个体对自己的独特性的意识，以及自己是一个具有独特特点的、独立存在的实体的意识。
2. **一致性与连续性**（sameness and continuity）。一致性与连续性是个体在内心觉得自己具有一致感，认为不管是在过去、现在，乃至将来，自己都不会有多大的变化，具有连贯性，觉得自己的生活方向稳定而又有意义。
3. **圆融性与整合性**（wholeness and synthesis）。圆融性与整合性指内在的和谐、整体感，是个体将整体的自我形象与过去孩童时期的认知整合成一个有意义的整体，从而让自己产生内心的和谐感。
4. **社会融入**（social solidarity）。社会融入是个体在内心觉得自己能够与社会或群体的理念、价值观保持一致的内在感受，这种感受源于个体的身份对于他人来说具有重要的意义，源于个体的行为符合这些重要人物的看法与期望。

此外，埃里克森还认为同一性是从儿童期到成人期的过渡，下面内容节选自他对此的论述。

与杂技演员的表演类似，精力充沛、朝气蓬勃的少年能否放下孩童期的安全杆子、伸手紧紧抓住成年期的吊杆，就在联结过去与将来的短暂刹那，在于他能否放下那些他必须放下的，在于有哪些方面能够“支撑”住他。不管少年时期内心欲望与防御机制的斗争结果是什么，也不管少年时期发展了什么能力，这些方面都必须从现有的工作与爱中获得新的意义……他（还）必须从对自我的认识中，以及他所知觉到的他人对自己的评价和期望中找出有意义的共同点。（Erikson，1964，p. 90）

同一性这个概念如今已经变得家喻户晓，因为它常常被用来形容当今美国人所经历的主要生活危机——也许所有的现代化社会中都是这种情况。现代社会要求人们接受教育的时间越来越长，大多数职业变得越来越复杂，由此使得现代人越来越难以建立同一性。人们追求建立健康、清晰的同一性的努力，常常在青春期结束了以后仍然在继续，而且到后来的中年危机中才会表现为猛烈地爆发。

很早以前，绝大部分儿童都会继承他们父母的职业。由于父母的职业通常也会反映在家庭生活中，因此他们很早就从生活中学习到了父母的技能、思想与行为方式。而到了今天，由于社会角色与价值观的转变，儿童不仅不可能再继承父母的职业，并且也不再可能有一个明确的成人角色榜样以供学习。因此，青少年在儿童时期的认知与经历就不足以使他们预期未来的职业，也就难以帮助他们确定未来的职业发展方向。

埃里克森发现，同一性的形成通常是发生在某个“心理社会延缓偿付期”（psychosocial moratorium）之后，这是一个心理暂停发展的时期，个体可以在这段时期内学习、旅游，或从事一个临时性工作，由此使他们有时间去反思，建立新的发展方向、价值观与生活目标。当然，这个延缓偿付期可能是几个月，也可能持续数年。

同一性的发展

埃里克森（Erikson，1980，pp. 120-130）认为，同一性的发展包括心理和社会两个方面。

1. 一定程度上，个体产生一致性与连续性的感觉是源于个体认为自己与他人具有相同和一致的世界观。
2. 虽然人们很多时候是有意识地去寻求同一性，但是无意识动机也可能在其中起到重要作用。在这个过程中，强烈的脆弱感与对成功的殷切期望可能会交替出现。
3. 如果没有具备特定的生理、心理和社会等前提条件（埃里克森发展阶段理论中概括的那些），个体就无法建立起同一性。个体也不能过度延期建立同一性，因为后来的发展阶段是建立在这一阶段的发展基础上的。心理方面的因素可能会使同一性危机变得更长，因为人们会希望在自己的独特天赋与社会提供的机会之间找到结合点。此外，社会因素与时代变化也可能会使个体在成年期的承诺推迟出现。
4. 个体同一性的发展建立在过去、现在和将来的基础上。首先，个体必须对儿童时代有明确的认同感；其次，个体成年时期对职业的认同必须建立在现实的基础上；再次，个体必须确信自己所选定的角色在未来生活中是可行的，尽管他们的内心和外部世界不可避免会发生一定的变化。

埃里克森指出，虽然与以前相比，同一性问题更为常见了，但这却并不是一个新的问题。许多创造性人才在探索自己的新职业道路或寻找自己的社会角色时，就会纠结这个同一性问题。有些特别富有想象力的人推动了职业的创新，并且为他人树立了新的角色榜样。比如，弗洛伊德在进入职业生涯之初是一名普通医生和神经科医生，直到职业生涯中期才为自己（以及为别人）设计了一个新的角色，成为历史上第一位精神分析师。

表 6-3 总结了个体在同一性建立之前各发展阶段中的角色发展情况，它们是个体形成健康同一性的先决条件（表 6-3 纵列中的内容）。这个表还说明了同一性危机在各个发展阶段的变化情况（见表 6-3 横行中的内容）。

表 6-3　同一性与埃里克森毕生发展理论的八个阶段

8. 老年期 55 岁以上								自我整合 VS 失望
7. 成年期 35 ~ 55 岁							创生 VS 停滞	
6. 青年期 18 ~ 35 岁						亲密 VS 孤独		
5. 青春期 12 ~ 18 岁	时间透视 VS 时间混乱感	自我肯定 VS 自我意识	角色尝试 VS 角色固着	职业意识 VS 工作无力	同一性 VS 同一性混乱	性别分化 VS 性别混淆	主从分际 VS 权威混淆	价值定向 VS 价值混淆
4. 学龄期 6岁~青春期				勤奋 VS 自卑	工作识别 VS 徒劳感			

（续表）

3. 游戏期 3 ~ 5 岁			**主动 VS 内疚**		角色预期 VS 角色抑制
2. 儿童早期 1 ~ 3 岁		**自主 VS 羞怯 与怀疑**			成为自己 VS 自我怀疑
1. 婴儿期 出生 ~ 1 岁	**基本信任 VS 基本不信任**				相互认可 VS 孤僻隔离

资料来源：*Identity，Youth and Crisis*（p. 94）by E. Erikson，1968，New York：Norton. Copyright 1968 by Norton. Reprinted by permission.

个人练习

同一性

如果你想了解自己的同一性是如何形成的，请尝试下面的练习。

1. 放松，想想某个你觉得自己所认同的身份感觉最强烈的时候，然后详细描述一下那个时刻。那个身份指的是什么（比如，中学足球队队长、长女、好学生）？

2. 接下来，用 10 个词语来描述当时的你：你的自我、主要生活事件等。

3. 你会如何来描述你现在所认同的身份？列出第二张词单。

4. 你是否有明显的变化？在这期间你感觉到了自我的变化吗？有什么变化呢？

5. 从一个认同的身份到另外一个认同的身份是平稳、逐渐地过渡，还是突然过渡？

6. 你认为你现在所认同的身份能够保持相对稳定吗？或者你是否预知到将会出现较大的变化？如果你觉得可能会出现较大的变化，为什么会出现这些变化呢？

心理历史学

埃里克森探讨了一些重要历史人物的人格，由此拓展了传统精神分析理论的研究领域。他通过分析那些历史人物的心理发展与成长过程，尝试了解他们给当时那个时代的人的心理所带来的影响。

心理传记学

埃里克森将精神分析理论中的个案史研究方法用来重新解读历史名人的生活经历，由此对历史学的研究作出了巨大贡献。他吸收了历史学和社会学的分析方法，并结合他在临床方面的认识，由此建立了心理传记学（psychobiography）。埃里克森在将个案史发展到生活史的过程中认识到，精神分析师在分析他人的时候必须打开自己的眼界，必须根据个体生存的外部世界来考察研究对象的行为。对社会因素与心理交互作用的认识，反过来也对埃里克森的理论研究产生了影响。除了对马丁·路德和穆罕达斯·甘地进行了心理传记分析之外，埃里克森还分析了马克西姆·高尔基（Maxim Gorky）、阿道夫·希特勒、乔治·伯纳·萧（George Bernard Shaw）、西格蒙德·弗洛伊德、托马斯·杰斐逊，以及伍德罗·威尔逊

（Woodrow Wilson）[①] 等历史名人。

心理传记学与个案史之间的明显区别之一就是在个案史研究中，分析师通常感兴趣的是想探明病人心理或情绪问题的产生原因；而研究者在生活史研究中感兴趣的则通常是想了解研究对象的创造性贡献，尽管这些人常常也存在严重的心理困扰、冲突，甚至是心理危机。

"历史名人"研究

埃里克森在心理传记学的研究中，将他从精神分析训练中获得的知识用来研究那些对社会产生过重大影响的历史人物的人生中的重要生活时段。他对那些同一性危机反映了其所处时代背景的伟人尤为感兴趣，认为他们的伟大之处就在于他们为自己找到了解决同一性危机的方法，这个方法为他人树立了解决个人危机的典范。通常，这些名人内心充满了挣扎，而时代危机又似乎加剧了他们内心的这种冲突，使他们迫切希望去解决这些冲突。

> 伟人之所以被称为伟人，正是因为他们的同一性远远地超出了社会赋予他们的角色；他们的远见开拓了新的现实，他们带来的思想使现实焕发了新的活力。（Erikson，1987，p. 335）

埃里克森在他第一次对历史人物所做的心理传记分析中，详细展示了他的分析思路。在埃里克森看来，马丁·路德之所以如此受人尊敬，主要是因为"他将个人问题上升到了普遍性水平，并努力去为所有的人寻找解决方法，而如果他只为自己考虑，就无法解决这个问题"（Erikson，1958，p. 67）。

从某种意义上来说，埃里克森在分析甘地的时候，又回到了早年对弗洛伊德的那种尊敬状态。他觉得，甘地和弗洛伊德都是在想方设法让别人获得自由，他们都创立了新的社会形式、新的角色与同一性，并且这都是源于他们内心中渴望追求真理的冲动。

虽然他们都是充满活力、有影响力的创新型人才，但并不表示他们没有恐惧、焦虑和烦恼。这些人的生活都是受他们儿童时期的感受所支配，他们都想要解决或忘记某些东西。他们通常都用某种方式依恋着他们的父亲，以避免自己对父亲做出公开的反抗，他们也从自己的父亲身上学到了许多东西，他们还觉得自己是父亲所选择的、是父亲所需要的。这些人很早就有了高度发展的道德感，很早就关注人类的终极价值观问题，有时候还觉得自己为人类承担了一定的责任。这些极富创造力的人如果不是他们具有超凡的能力、能量，以及他们在思想上作出了伟大的贡献，可能在世俗眼中，他们纯粹就是一些不合时宜的怪人。

动力论

积极发展

埃里克森的毕生发展阶段理论强调每个阶段可能产生的积极品质，这使他明显不同于弗洛伊德以及其他许多人格心理学家。埃里克森认为，人们的基本能力或品质不是消极的心理品质或精神问题的心理防御机制，也不仅仅是可贵的品质或道德。这些品质是个体生来就具有的能力，是个体积极发展的潜在能力。就如本章前面所提到的，个体在基本信任 VS 基本不信任这一发展阶段形成的品质或能力是希望，在自主 VS 羞怯与怀疑阶段形成的能力是意志，主动 VS 内疚阶段形成的能力是意图，勤奋 VS 自卑阶段形成的品质是能力，同一性 VS 同一性混乱阶段形成的品质是忠诚，爱来源于亲密感的建立，关怀来源于创生，而智慧这种能力则来源于个体在自我整合 VS 失望这一阶段中对

① 伍德罗·威尔逊，美国第 28 任总统。——译者注

危机的成功处理。

发展的障碍

个体既可能成功解决在每一个发展阶段遇到的危机，也可能在危机还没有得到解决的时候就进入到下一阶段。埃里克森认为，在某种意义上来说，所谓的成功解决其实永远都是一个动态的平衡过程；而没有成功解决的明显例子就是个体的消极认同感。

比率与平衡

个体在每一阶段其实都是在两极之间的某个点上进行动态的变化，过与不及都不合适。埃里克森这一对立两极的说法可能会让人误解，因为其中的一极看起来像是人们想要达到的，而另外一极则是不受欢迎的。但其实，处于每个发展阶段的任何一极都不合适，因为它们可能会让人显得过于刻板、僵化，不切实际。

埃里克森常常被人误解为只关注每个发展阶段中的积极一端。他认为："人们常常不希望具有不信任、怀疑、羞怯等所有这类不大好的、'消极'方面，希望达到埃里克森比率量表中的成功一端，据此看来，第一阶段的'成功'就是信任。"（Erikson in Evans，1969，p. 15）然而，如果一个人建立了一种不平衡的信任感，他就可能会变成一个"盲目的乐观者"，他们就如同那些非常不信任他人的人一样不切实际。我们必须有能力辨别那些能够信任别人的场合，能够辨别值得信任的人，或者是有能力预料到危险或麻烦。在这个从非常不信任到非常信任的两极比率量表中，健康的比率范围从比较信任到比较怀疑，因此在这其中的任何一点上都既有信任也有不信任的成分。

同样，类似的情况还有，不平衡的自主可能会变得不可理喻的顽固，不平衡的主动可能会变得只关注自己利益和目标的自我中心，毫无限制的勤奋会导致自信心的过度膨胀，过度发展的同一性是刻板、僵化、缺乏灵活性，可能使自己与外界脱节，等等。

消极认同

同一性既含有积极的成分，也包含有消极的成分。这些成分有一些是我们想要具备的，也有一些是我们不想有或不应该具有的。在极端不利的社会环境中，大多数正常人都不可能秉持积极的社会价值观，德国的纳粹时代就是一个典型例子。

缺乏健康的同一性可能会表现为对现有社会目标和价值观的敌意。这种敌意可能指的是角色的任何一面，比如性别、民族、阶层，或家庭背景。移民家庭的孩子可能会轻视他们父母的背景，相反，常住居民的后裔则可能会抵制美国本土的任何东西，而过于追崇那些国外的东西。

许多内心冲突的青少年宁愿自己成为一个坏人，也不愿意成为一个无名小卒。因此，这种消极认同所认同的角色对象是不受欢迎或具有危险的角色。如果一个青少年觉得无法建立积极的同一性，他就很可能选择一个消极的角色来建立同一性。比如毒贩、妓女，或其他任何一个社会所不喜欢的角色。

消极认同所认同的对象还可能包括个体以往为之受到惩罚的或感到内疚的行为或想法，或者在现实中，他们身边有一个消极认同的角色榜样，比如有个被称为"酒鬼"的叔叔或朋友，等等。

理论结构

身体

身体在埃里克森的毕生发展理论中具有特别重要的作用，尤其是那些早期阶段。而在随后的生涯中，个体在身体与智力上的发展情况决定了他们能否建立起对自己能力的自信，决定了他们是否有能力在复杂的社会

> 个体的经历是建立在身体发展的基础上。（Erikson，1963，p. 108）

中选择自己想要的职业。比如，随着儿童变得越来越强壮、高大，变得越来越灵敏、越来越有能力学习复杂的技能时，他们就更可能建立起对自己能力的自信。

作为一名心理社会取向的心理学家，埃里克森清楚地认识到了身体、心理和社会三个方面的相互作用。他认为，个体身上的生物本能确实如同传统弗洛伊德理论所认为的那样具有一定的作用，但是却强调这些本能冲动也会受到社会的调节。

社会关系

埃里克森的渐进论认为："人格……可以说成是按照个体身体先天内在的发展程序而发展的，只有在个体的机体成长到一定程度，为个体的发展做好了准备，能够让个体更好地觉知、更好地与他人以及外界社会相互作用时，个体的人格才能得到发展。"（Erikson，1968，pp. 92–93）

> 个体在每一个发展阶段都有一个新的结构，这个结构综合了个体的过去与将来，是内心欲望与防御机制的重新组合，这时候个体就有了新的能力去迎接新的机遇与挑战。（Erikson，1964，p. 166）

其实，不管是在人生的哪个发展阶段，社会关系都是处于核心地位。在个体发展的前 5 个阶段，个体与父母、家庭成员和同伴交往的作用最为关键。个体能否建立同一性在很大程度上取决于他们能否获得同龄人的肯定。亲密感的建立也为他们与别人建立更深层的社会关系提供了机会。个体的社会关系在创生阶段会出现质的变化，在这时候，个体需要学会怎么去关怀和教育那些年幼的、弱小以及知识不如他们的人。

意志

埃里克森在探讨自主 VS 羞怯与怀疑的时候，详细阐述了意志的发展过程。他认为，个体的一生都在努力建立健康而平衡的意志（与善意）。

传统精神分析理论关注的主要是人们对现实的认识，关注他们的思想、情绪，尤其是他们的一些私隐行为。在此基础上，埃里克森还重视意志的作用，强调人们在现实世界中的行动。精神分析的目标之一就是努力去恢复"在心理现实和历史事实之间那种具有建设性作用的相互影响过程"（Erikson，1964，p. 201），也就是说，需要将个体内在的主观体验与外部世界中的事件与行动联系起来考察。在埃里克森看来，现实指的是"个体主观体验到的现象世界，多多少少都会带有一些扭曲"。虽然不可避免会带有扭曲和误解，但是埃里克森仍然强调需要去理解外界事实，要去了解"个体所处的、与他人所共有的世界"（Erikson，1964，p. 165）。

埃里克森重新考察了弗洛伊德对多拉（Dora）所做的经典的案例分析，认为弗洛伊德虽然对多拉的人格发展和人格问题作出了非常精彩的分析，但他没有从维也纳中产阶级家庭出身的角度来考察多拉身为年轻女孩的无力感。一开始，多拉接受了弗洛伊德 3 个月的分析，那时候她 19 岁。多拉 16 岁那年被家族中的一个朋友 K 先生求欢，她父亲希望弗洛伊德能够"让她恢复理智"。事实上，多拉的父亲与 K 先生的夫人有染，而他也似乎允许 K 先生去接近他的女儿。更为复杂的是，每个人似乎都将多拉当作朋友，比如她的父亲和母亲、K 先生与他太太。

多拉努力与她的父母对抗。弗洛伊德认为这是一种出格的行为，但埃里克森并不这样认为。在埃里克森看来，多拉是在积极地寻求诚实与忠诚——这些品质是她身边的成年人极度缺乏的。

成功的行动不仅需要一定的社会、历史条件，还需要意志。能够准确地看清现实并不能确保一个人就能够有效地去行动。

情绪

作为一名精神分析师，埃里克森强调心理过程中的情绪成分。他对情绪所起作用的认识隐含在他的整个理论中。作为一名人格理论家，他重视吸收认知科学、历史学和社会科学等领域的新发现，将之整合到精神分析框架中。然而，埃里克森并没有直接将情绪作为单独的心理过程来论述。

理智

与情绪一样，埃里克森也非常重视理智的作用，认为它是心理过程的一个基本成分。虽然埃里克森并没有专门关注理智的作用，不过他确实指出，理智能力的发展是能力感发展的关键条件。只有这样，人们才能掌握现代科技社会所需要的技能，选择社会所认可的职业与社会角色，也只有这样人们才能形成同一性。

自我

在埃里克森看来，个体同一性既包括自我整合（ego identity）的发展，还包括它的产物自我感（sense of self）的形成。

> 如果将自我理解成一个重要的、部分为无意识的心理组织结构，那么在任何特定的人生阶段，自我都必须处理处于变化中的我（self）……如此一来，在将混乱的、不同层面的自我（selves）整合成一个社会认可的整体的过程中，就会产生所谓的自我同一性（self-identity）。因此，个体的同一性既有自我整合的成分，也有自我同一性的成分，即包括自我整合和自我同一性两个部分。（Erikson，1968，p. 211）[①]

因此，自我同一性来源于个体对自己过去、现在的社会角色和自我意象的整合。

治疗师

埃里克森认为，称职的心理治疗师能够敏锐地感受到病人的成长与发展潜力。治疗师的工作不是将自己的期望或过往经验强加给病人，而是要促进病人的发展。这种思想不仅隐含在对治疗师的训练要求中，还体现在精神分析时对移情与反移情的重视中。移情（transference）指的是在心理治疗过程中，病人所产生的对治疗师的积极或消极情感。这些感受通常是一种强烈的非理性情感，其根源是病人在儿童时代与父母的关系。治疗师有意识地去理解移情在治疗过程中的动态变化，对于心理治疗来说是非常有价值的一部分工作。反移情（countertransference）指的是治疗师对病人产生的积极或消极情感。荣格曾经说过，每个去他那里的病人都是自己把握自己的命运。埃里克森对此的评论为："确实如此，不过还必须说明，既然他来找我而没有去找别人，那么自此之后情况就不同了——他不再是他自己，而我也不再是我了。"（Erikson in Evans，1969，p. 103）

> 精神分析是第一个系统的、能动的"意识膨胀"（consciousness expansion）心理学，这种膨胀是必须的，因为人们需要解决问题，并且要能够善于对此进行过度认同。（Erikson，1969，p. 98）

相关研究

有人质疑埃里克森同弗洛伊德和荣格一样，将自己的理论建立在临床资料上（Chess，1986）。如果对埃里克森的发展阶段进行充分研究则需要开展耗资巨大、花费时间较长的纵向研究。不过，如今已经有人在开展这类研究。此外，他所提出的发展阶段理论中的某些方面仍然刺激着有关的研究者对之进

① ego identity，有些地方翻译成自我整合。ego identity 指的是自我作为一种整合人格的功能，主要是对自我各个方面的整合，个体不一定能够觉察到它，只能通过这种功能产生的内在连续一致的感受来体验到它。Self-identity 更多地带有社会环境影响成分，指的是整合后的自我这个整体能否被社会所接受，主要是个体在特定社会环境中的自我定位和自我意识。——译者注

行实证研究。

同一性

同一性是埃里克森思想中最为人所知、使用最为频繁的研究概念。同一性发展较好的大学生更容易确定职业生涯道路（Cohen et al.，1995）。建立了同一性的个体有更为成熟的防御机制（Cramer，1998），在压力下会有更好的表现（Marcia，1966），此外还可能有更好的成绩（Cross & Allen，1970）、更高的自我概念（Lobel & Winch，1988）、更高水平的道德判断（Podd，1972）。处于延缓偿付期的学生由于同一性还不成熟，更不大可能确定自己的职业道路（Blustein et al.，1989）。他们有更高的焦虑水平（Podd et al.，1970）、更强的权威主义倾向（Marcia，1966）、更高的冲动性水平（Celia et al.，1987），而对大学的满意度水平却更低（Waterman & Waterman，1970）。

如今，有些研究已经开始针对某些发展阶段内的特定问题，比如青少年期同一性的发展（Marcia，1980）、成人发展过程中某一性别特有的概念（Levinson & Levinson，1996）。有报告指出，在心理社会发展阶段测量中得分更高的个体有更高的机能水平（Protinsky，1988）。此外，还有研究者对同一性的发展进行了跨文化的调查，比如有研究考察了种族在非裔美国人同一性发展中的重要性（Aries & Moorehead，1989），还有研究发现青少年种族认同的发展模式明显是建立在埃里克森发展阶段的基础上（Phinney，1992）。

创生

《洛约拉创生量表》（*Loyola Generativity Scale*）是一种用来测量创生的量表。其中包括的项目诸如"我努力将我从经验中获得的知识传授给别人"（Peterson，2006）。采用该量表所进行的研究发现，有孩子的男性比没有孩子的男性得分更高（McAdams & de St. Aubin，1992）。在该量表上得分更高的人会有更好的养育行为，比如他们不是强调对孩子进行控制与惩罚，而是更加强调对孩子的成长予以支持与培养他们的自主性（Pratt et al.，2001）。正如埃里克森理论所预期的那样，中年人的创生得分更高（McAdams et al.，1993）。而创生的表达也存在许多方式，比如有些人通过工作来表达创生，有些人则是通过养育行为来表达，还有些人是通过社会活动或政治活动来表达（Peterson et al.，1997；Peterson & Steward，1996）。对年轻人来说，创生常常与对宠物的依恋有关（Marks，Koepke，1994）。

超越创生

汤恩斯坦不仅提供了量化证据，还提供了质性证据，以说明还存在比第八阶段更高级的心理社会发展阶段（Tornstam，1989，1992，1996）。他认为，个体若想成功地度过第九阶段就既要看到自我之前，也要看到自我之外。在这一阶段，自我中心水平有所降低，而思考与反思则会增强（Nilsson et al.，1996；Johnson & Barer，1993）。有研究者研究了 80 多岁和 90 多岁的女性（Brown & Lowis，2003），结果发现年龄与成功解决第九阶段的危机存在显著相关。在这个人生的最终阶段，疼痛以及由此导致的抑郁和情绪不适是该阶段个体所面临的主要挑战（Cipher & Clifford，2004；Clifford & Cipher，2005）。

理论点评

埃里克森被人批评为表达含糊，不够清楚。他的语言更像是一位艺术家，没有注重逻辑的严密。他的论述优美、富有才气，更像是在构造一个理论框架，而不像是在进行逻辑分析。比如，埃里克森用了一组完全不同的概念来阐述同一性，不仅没有论述清楚，反而常常让人更困惑。就如有位批评家曾经说过的那样：

> 读埃里克森的著作就好像是走在一个有着无数岔路的美丽丛林中，无数的林木让人感到困惑。这种情况到处都是……埃里克森从没有想到去简化他的论述。感谢上帝！它们（他的著作）虽然晦涩难懂，但却优美、引人入胜……他的著作需要一读再读，需要归纳、深思。它们的影响将会永远存在。（Gross，1987，p. 3）

此外，哈姆柴克认为，“埃里克森的许多结论主要是建立在他个人的主观推论上，缺乏确切的实证资料来为他的直觉提供支持的证据。”（Hamachek，1988，p. 36）哈姆柴克（Hamachek，1988，1990）尝试为埃里克森的每个发展阶段去寻找具体的行为证据，以此作为埃里克森理论实证化的第一步。

另外有一些研究者（比如，Appadurai，1978；Roazen，1976）对埃里克森的理论是否具有普遍性也提出了质疑。他的渐进理论在非西方文化社会中是否也适用？举例来说，将青春期看作一个具有独特特点的发展阶段就是最近才有的看法。此外，诸如自主、主动以及同一性等问题，就不是印度或部落社会成员所要面临的主要发展问题。

甚至还有一些人质疑埃里克森的发展理论在西方文化中的适用性。比如埃里克森认为，创生始于个体为人父母时，但如今许多社会中越来越普遍的青少年怀孕现象表明这种说法并不一定准确。这些年少的父亲与母亲，通常还处于同一性的建立阶段，甚至还处于父母照料下的成长时期。此外，也有人质疑埃里克森的研究主要关注的是男性，并没有明确阐述女性成长中的具体问题（Gilligan，1982）。

精神分析理论也给埃里克森带来了一些限制。他所采用的方法也是临床心理医生所用的那些方法，目的是为了治疗那些有问题的病人。将这些方法用到健康人身上并不总会产生令人满意的结果，这些不足在他对伟人的研究中就有明显的体现。比如，在埃里克森分析甘地的时候，他就巧妙地应用了精神分析师的敏锐洞察力和精神分析方法。但是，他并没有认真地探讨甘地的精神理念和精神训练所带来的重要作用。他主要是从功能失常，而不是从心理与精神的转变角度来论述甘地的生活与思想之间的相互影响。甘地的内心，由于经过多年禁食与禁言的精神修炼，可能与那些接受治疗的普通病人截然不同。此外，还有人批评埃里克森低估了印度文化传统与当时社会重大事件对甘地所造成的影响（Appadurai，1978）。

埃里克森在研究当中所用的精神分析方法也并不总是适合他所面临的研究任务。不过在应用这些方法的过程中，他推动了精神分析理论的发展，尽管他在同时也揭示了其中的不足。从某种程度上来说，埃里克森将“人类精神”（human spirit）引入精神分析理论，这也是他鲜为人知的重大贡献之一。他不仅是一位富有创造力的社会科学家，还是一位跨学科研究者（Smelser，1998）。

埃里克森对精神分析理论做出了精彩、中肯的修正，成功地将弗洛伊德的伟大理论发展到了一个新时代。他重视文化、社会因素对个体行为的影响，以及将心理学、社会学、人类学的思想结合到精神分析理论中，预示了人格心理学的未来发展方向。

近年来的发展：埃里克森的影响

埃里克森一生发表了 120 多篇研究论文与著作。他的发展阶段理论也启发了其他学者在此基础上开展自己的研究或构建自己的理论（Hoare，2002）。正因为他作出的贡献，才使得今天任何一本讲述人类发展的教科书都会包含成人发展这一部分。在 1974 到 1977 年间，就有 100 多篇关于他的思想的综述发表。

直到今天，埃里克森仍然具有很大的影响，对现今的理论与研究仍然起着刺激性作用。目前，已经出版了一些优秀的埃里克森传记（Coles，1970；Friedman，1999）和一流的论文选集（Coles，2000），他的研究在跨文化（Arcaya，1999）和历史学（Lifton，1998）的研究中得以广泛应用。埃里克森关于创生的论述也被广泛应用到各方面的研究中，比如对中年女性（Peterson，1998）和中年男同性恋者（Cohler et al.，1998）的研究，以及对许多著名人物所做的心理传记分析，比如对著名的现代女舞蹈家玛莎·葛莱姆（Martha Graham）（Lee，1998）、著名建筑师弗兰克·劳埃德·赖特（Frank Lloyd Wright）（de St. Aubin，1998）、阿道夫·希特勒（Langer，1972；Waite，1993）、弗里德里希·尼采（Safranski，2002），以及《彼得潘》（*Peter Pan*）的作者詹姆斯·马修·巴利（James Matthew Barrie）[①] 所做的心理传记分析（Ogilvie，2004）。如今，心理传记学研究正处于方兴未艾的时代。在该领域具有重要影响力的著作，比如《生命史与心理传记学：理论与方法的探索》（*Life Histories and Psychobiography*）（Runyan，1982）和《心理传记学手册》（*Handbook of Psychobiography*）（Schultz，2005），就不仅介绍了心理传记学的理论与方法，还对一些公众人物进行了心理传记分析，涉及的历史名人众多，包括埃尔维斯·普雷斯利（Elvis Presley）[②]、西尔维娅·普拉斯（Sylvia Plath）[③]、文森特·威廉·梵高、伊迪丝·华顿（Edith Wharton）[④]、乔治·沃克·布什、奥萨马·本·拉登。

麦克亚当斯（McAdams，2001a）在埃里克森的基础上，把生命周期当作个体的完整生命故事。个体的早年阶段就给自己的生命故事定下了乐观或悲观的基调。而晚年的生活则是围绕着独立与权力、亲密与联合这些主题来进行组织。成年早期面临着同一性的发展问题，由此我们开始意识到自己是自己故事的制造者。通常来说，我们对这一期间的经历能够记得更多的细节（McAdams，2001b）。

麦克亚当斯提出了他自己的创生理论模型。他在著作中写道，创生并不是一个阶段，我们之所以关注创生是因为我们的文化希望我们这么去做。在他看来，创生性活动就是个体生命故事的高潮（McAdams，2001c）。

麦克亚当斯等人以埃里克森的研究为主要基础，提出了一个对人格进行研究时所应遵循的模式（McAdams，Pals，2006）。他们认为，对人格进行理论研究的时候应该遵循以下 5 条原则。

1. 人类生命都是建立在人性的进化基础上。
2. 个体差异起初是因为遗传而来的先天特质存在不同。
3. 个体差异的原因还包括个体对社会与文化环境的适应。
4. 不同个体生命叙事（life narrative）中的意义感和同一性也各有不同。

① 詹姆斯·巴利（1860—1937），英国著名小说家、剧作家，《彼得潘》后来被迪士尼改编成动画电影《小飞侠》。——译者注

② 埃尔维斯·普雷斯利（1935—1977），绰号“猫王”，美国摇滚歌手及演员。——译者注

③ 西尔维娅·普拉斯（1932—1963），美国女诗人，自白诗人的代表，在住宅内开煤气自杀身亡。——译者注

④ 伊迪丝·华顿（1862—1937），美国女作家。——译者注

5. 文化对每个个体的影响方式、影响程度也各有不同。

原始手稿

◆心理社会认同理论

同一性危机。在历史上的某些时期、某些阶层、某些年轻人当中，同一性危机可能静寂无声；但是在有些时候、有些阶层以及有些人当中，这一危机被明确地当作一个关键阶段，是一种“重生”，这一危机可能是由集体仪式和传统教化来对之进行有意识的强化，或者是因个体的内部冲突而自然加剧了。

在这个过度关切精神疾病的时代，必须要强调说明的是危机并不意味着它就是一个致命的弯道，它其实是（就如在戏剧中和医学中）一个关键期或一个无法逃避的既可能变更好也可能变更坏的转折点。这里的“更好”指的是将个体与社会的建设性能量汇集到了一起，这时候可以看到他们身上有优雅的举止、敏锐的思维、直白的情绪流露，以及“真实的”社交生活。而“更坏”不仅意味着青年人的同一性混乱会持续更长的时间，同时还意味着妨碍青年人应用自身能量的社会也会变得更长。然而，更坏最终能够导致变得更好：那些杰出的个体，在反复体验过危机后，能够创造出未来以供他人认同的元素（Erikson，1958）……

忠诚。不管是早还是晚，功能正常运转的社会与年轻人迟早需要协力构建起一个综合了胜任与忠实的联合体，对这个联合体的最佳命名是忠诚（Erikson，1963）。要实现这一点，就必须要求年轻人将自己视为传统的继承人与复兴者、技术的应用者和革新者、生活方式与思维逻辑的倡导者与批评者，要求他们的反抗必须建立在那些反映时代本质的核心要素出现了问题的基础上。但是在现今这个时代，通常难以辨别清楚一个崭新且范围更广的同一性的美好未来，也难以评价每个历史时期所固有的特定的疏离：不管是在哪个时代，都存在预言般的声音宣称人类的自我疏离是因为时代的罪恶。

章节重点

- 埃里克森的生命周期理论将个体从出生到老年的整个发展与成长过程区分为八个发展阶段。
- 每个发展阶段都可能同时出现积极和消极的结果。人格发展贯穿着人的一生。
- 每个发展阶段都预示了下一阶段的发展。这个发展过程类似于胚胎的发育过程。
- 人格的发展是按照先天预成的发展程序进行的，只有当个体成长到一定程度、为个体的发展做好了准备，能够让个体更好地觉知、更好地与外界相互作用时，个体的人格才能得到发展。各个发展阶段有机地联结在一起，人格必须按照既定的程序依次从一个阶段发展到下一阶段。
- 每个发展阶段都有特定的发展任务或心理社会危机，个体必须将之解决才能顺利进入到下一个发展阶段。
- 每个阶段的关键能力或品质只有在危机中才能得到发展，也只有在危机中才能得到检验，而这又会促进新的能力与心理品质的发展。随着对每一阶段危机的顺利解决，个体的判断感、内心整合感，以及行动能力就会越来越强。
- 埃里克森理论的著名之处在于他强调每个发展阶段中所形成的积极品质，表现为他强调个体的积极发展与发展潜力。他认为，这些品质是个体先天就具有的能力。
- 每个发展阶段都是处在一个两极之间的点上，并且会动态地发生变化（比如，信任VS不信任）。两极是极端情况，健康发展的落点在两极之间，并且会动态地发生变化。
- 同一性概念综合了认知心理学和自我心理学的思想。同一性的主要成分有个性、一致性与连续性、圆融性与整合性，以及社会融入感。

- 自我发展与成熟的产物就是同一性。
- 缺少健康的同一性可能会导致个体敌视现存的社会目标和社会价值观。内心冲突的青少年由于无法认同正面的社会角色，就有可能会选择一个负面的社会角色去建立同一性。
- 心理传记学和心理历史学综合了精神分析与历史学的方法来研究个体与集体的生活。

关键术语

自主 VS 羞怯与怀疑（autonomy versus shame and doubt）：自主 VS 羞怯与怀疑是埃里克森毕生发展理论的第二个发展阶段。在本阶段，儿童与外界的作用方式发生了新的变化；在自由选择的基础上，他们发展出了自主感；本阶段形成的心理能力或品质是意志，它是成人期正义感的产生基础，具体的表现就是法律这一社会制度。

基本信任 VS 基本不信任（basic trust versus basic mistrust）：基本信任 VS 基本不信任是埃里克森毕生发展理论的第一个发展阶段。在本阶段，婴儿在成人的高质量养护下，会建立对自己以及对外部世界的信任感。希望是本阶段产生的能力或优势，它是信心的产生基础。

发展危机（crisis in development）：发展危机是每个发展阶段都会出现的转折点；每个发展阶段的能力与品质只有在危机中才能得到发展和获得检验。

渐进论（epigenesis）：渐进论是埃里克森用来解释心理发展的一种生物学理论，意指个体的发展类似于胚胎的发育过程，每一部分的发展都是建立在其他部分发展的基础上。具体来说就是，每个发展阶段都可以从前一个得到了成功发展的阶段来进行预测。

创生 VS 停滞（generativity versus stagnation）：创生 VS 停滞是埃里克森毕生发展理论的第七个发展阶段，包括对工作与个人生命中的创造与生产的关心，比如对自己的孩子、思想、产品、准则的关心。关怀是本阶段所形成的能力或优势。

同一性（identity）：同一性的成分主要有个性、一致性与连续性、圆融性与整合性，以及社会融入感；同一性构念包含心理和社会两方面的成分。

同一性危机（identity crisis）：同一性危机指的是个体无法达到自我整合的状态，在这种状态下，个体的连续性、一致性以及对社会角色的信念减弱或消失了。

同一性 VS 同一性混乱（identity versus identity confusion）：同一性 VS 同一性混乱是埃里克森毕生发展理论的第五个发展阶段，在本阶段，青少年会质疑以往所建立的身份或同一性。在这个从儿童到成人转变的过渡时期，青少年的主要问题是“我是谁”；忠诚是本阶段所形成的主要品质，因为青少年需要确定自己的价值观和职业发展方向，以此作为同一性发展的基础。

勤奋 VS 自卑（industry versus inferiority）：勤奋 VS 自卑是埃里克森毕生发展理论的第四个发展阶段。在本阶段，个体的重心从游戏转移到了工作上。能力是本阶段形成的品质，它建立在实际技能、技巧与一般能力的发展基础上。

主动 VS 内疚（initiative versus guilt）：主动 VS 内疚是埃里克森毕生发展理论的第三个发展阶段，个体在本阶段的主要活动是游戏。意图是本阶段形成的品质，它建立在想象与游戏的基础上，而这也是成人生活中戏剧、舞蹈和宗教仪式产生的基础。

完整（integrality）：埃里克森用来取代“整合”（integrity）的新术语，意指个体面对老化时仍然能够保持圆融感的能力。

自我整合 VS 失望（integrity versus despair）：自我整合 VS 失望是埃里克森毕生发展理论的第八个发展阶段，也是个体处理终极关怀的时期。在本阶段，个体会有越来越强的展望感、充实感与完善感，将自己的一生当作一个完整整体的能力也会逐渐发展。当然，如果个体无法获得一定程度的自我接纳，就可能会产生失望。智慧是本阶段形成的品质，来源于个体从终极关怀角度对失望与整合危机的解决。

亲密 VS 孤独（intimacy versus isolation）：亲密 VS 孤独是埃里克森毕生发展理论的第六个发展阶段，随着从父母与学校那儿独立出来，个体在本阶段会发展出成人的责任感，并与他人建立亲密的关系。在本阶段，个体通常会作出人生的重大承诺，即与他人建立亲密关系，而与爱人的真正同感是建立这一重大承诺的基础。爱是本阶段形成的基本能力，具体表现为真正的亲密关系与相互同感。

心理传记学（psychobiography）：心理传记学指的是从精神分析角度来研究历史人物的生活。本方法不同于个案史研究，治疗师进行个案史研究的目的是为了找出病人心理困扰的原因；而生活史研究则强调去理解一个人是如何作出了那么大的创造性贡献，尽管这些人常常也存在严重的心理困扰、冲突，甚至是心理危机。

心理历史学（psychohistory）：心理历史学指的是综合历史学与精神分析的方法来研究个体与集体的生活。

推荐阅读

Coles，R.（2000）. *The Erik Erikson Reader*. New York：Norton.

本书收集有埃里克森整个职业生涯中的重要著作，并且简要概括了他的理论对儿童发展、毕生发展、道德发展和领导力等研究领域的重要影响。

Erikson，E.（1963）. *Childhood and Society*（2nd ed.）. New York：Norton.

本书是埃里克森第一部、也是最重要的一部奠基性著作。书中详细探讨了人生发展的八个发展阶段，收集了他对苏族和尤罗克族印第安人的研究报告。本书还包括他对希特勒和高尔基进行的心理传记学分析，这有利于我们窥见德国和俄国文化具有的心理学意义。

Erikson，E.（1964）. *Insight and Responsibility*. New York：Norton.

本书是一部精彩的论文集，其中包含有对弗洛伊德的心理传记学分析，对心理社会力量、心理现实和历史史实的分析，以及讨论了当今社会中的黄金法则。

Erikson，E.（1969）. *Gandhi's Truth*. New York：Norton.

本书是一部史诗般的心理传记学著作，书中对甘地进行了心理传记学分析，树立了从心理学角度研究历史著名人物的典范。本书也为我们展示了精神分析理论中的不足，因为它没有关注甘地生命中的超个人与精神方面。

Erikson，E.，Erikson，J.，& Kivnick，H.（1986）. *Vital Involvement in Old Age*. New York：Norton.

本书生动地刻画了老年人的生活，作者对一群 30 多岁的人进行了长达 50 多年的跟踪研究，一直到他们 80 多岁。本书还从老年人的角度对生命周期进行了评述。

第 7 章

詹姆斯与意识心理学

威廉·詹姆斯认为心理学虽然受限于哲学与生物学，但却是研究人类各方面经验的学科。他将心理学引入美国，开设了美国第一门心理学课程，并建立了美国第一个心理实验室。早在布洛伊尔和弗洛伊德（Breuer，Freud，1895）发表对意识的初步看法之前，他就出版了一套完全成型的意识理论。起初，他的观点并没有受到人们的重视，但后来人们逐渐认识到他对心理学发展所作的巨大贡献。由于当时的心理学领域主要是精神分析流派和以还原主义为基础的行为主义流派，因此他对个体内部经验的强调就显得不合时宜。此外，虽然詹姆斯对人类心理进行了杰出而富有智见的主观推论，但在日益重视客观数据的心理学领域中却没有多少立足之地。

然而，从 20 世纪 60 年代起，对意识本质的探讨又重新获得了心理学家的关注。研究者对意识的各种变体、超自然现象，以及直觉状态的研究，主要是建立在詹姆斯理论以及对其发展的基础上。他的思想是否需要作为教育课程中必不可少的一部分又重新成了人们讨论的话题；他的情绪理论被认为是心身发展的核心过程，这一阐述也被认知神经科学采纳。同时，他在哲学领域的伟大贡献之一，即实用主义（pragmatism）哲学影响也非常巨大，获得了人们的普遍认同，已成为人们的主流思想。

詹姆斯探讨了人类经验中的许多细小问题，而这也成了当今许多心理学理论的基础。他更喜欢去透彻地探讨一个个的问题，而不是去建立一个完整的理论。他认为，对于不同的现象，需要用不同的理论去解释。

> 威廉·詹姆斯是美国思想史上的巅峰人物——毫无疑问，他是这个国家最伟大的心理学家。他对人类精神世界的描述极为透彻、重要，被奉为经典。他的思想所具有的活力在历史上无人可及。（Allport，1961，p. xiii）

詹姆斯的探索性研究工作基本奠定了 19 世纪末、20 世纪初的心理学发展框架，他的研究是后来许多心理学理论的发展基础，比如斯金纳的行为主义、存在主义心理学（existential psychology）、认知心理学、格式塔心理学、罗杰斯的自我概念等。

詹姆斯认为自己是一名道德心理学家（moral psychologist），道德意味着有良心（conscience）、有觉悟（consciousness），不过现在这种说法几乎已经从词典中消失了。他十分清楚科学难免会带有价值取向，因此他提醒其他教师说，任何科学都需要由人来解释，即使是纯科学研究也具有一定的道德伦理意味。他对其他老师说道，只有当学生相信你说的并且遵照你说的去做，教学才可能会有真正的效果。詹姆斯对自己的言行十分负责。

> 虽然有许多人能够假装看不到各种丑恶现象，并对此进行美化，但我做不到。它们就和美好事物一样是如此地真实，如果要对此进行否认，那么也需要否认那些美好的方

面。我们可以接受、憎恨，甚至是抵制它们，但它们始终存在于我们的心中。（James in H. James，1920，Vol. 1，p. 158）

詹姆斯的一生中写了许多影响非常深远的著作，至今仍然被广泛研究的主要有《心理学原理》、《信仰的意志》（*The Will to Believe*，1896）、《宗教经验之种种》（*The Varieties of Religious Experience*，1902）和《实用主义》（*Pragmatism*，1907）。唯一有点儿遗憾的是，心理学家在1890年之后几乎都是对他的《心理学原理》感兴趣，而根本不看其他著作；与此类似，宗教思想家的兴趣都在于《宗教经验之种种》，而哲学家的兴趣则是《信仰的意志》和《实用主义》。因此，对于詹姆斯所提出的许多问题至今还未有解答就一点儿都不奇怪了，甚至有许多问题越来越成为当代心理学界和哲学界争论的焦点，尤其是关于人的意识问题。

> （威廉·詹姆斯）对使心理学成为一门现代科学作出了巨大贡献，而且他还是我们现在称为变态心理学、超心理学、宗教心理学领域的先驱性人物……是美国实用主义哲学思想运动的主要代言人……这是一种根据结果来对思想进行检测的方法。（Taylor，1995，p. 435）

詹姆斯的理论模型具有非常大的包容性，可能还要超过现在的大多数理论。我们可以从时间和理论发展角度将他的理论分为6个阶段。在1861至1875年间，他在达尔文进化论的基础上论述了人的意识问题。在1875至1890年这段时间内，由于当时生理心理学的影响，他将意识问题的研究变成了一门实验科学。此外，尽管当时社会达尔文主义者认为个体在物种发展中属于从属地位，认为对个体研究没什么价值，但他仍然主张对个体差异心理进行研究。1890年，他的兴趣转移到从认知角度来考察意识问题，不过在1896年他又开始对各种潜意识状态所具有的动力作用问题非常感兴趣。从1902年起，他认为意识的各种神秘状态并不是杂乱无章，而是具有至高无上的统御地位。1904年之后，由于实用主义思潮在全世界的兴起，他建立了激进经验论（radical empiricism）思想，用以解释人们瞬时间的纯粹经验（pure experience in the immediate moment）。这个瞬时间的纯粹经验指的是人们在区分客体与主体之前的那一刻——这是一种认识论思想，是一种说明我们是如何在几乎同时间内观察和体验到意识的方式。这种实用主义哲学思想贯穿在他此后的整个学术生涯中。不过，尽管激进经验论始终是他的核心哲学思想，但他始终没有对其进行完整的说明。

个人简介

威廉·詹姆斯于1842年1月11日出生在美国新英格兰的一个富有家庭中。小时候，他随父母到过很多地方旅游，比如纽波特、纽约、伦敦、日内瓦、波洛尼亚[①]、波恩。詹姆斯接受的是折中的、跨大西洋的教育，由此精通德语和法语。他学了一年多的绘画，但后来在他父亲的逼迫下转学科学（Lewis，1991）。由于他父亲与先验论者在文学方面存在联系，他到哈佛大学学习，但不知道自己应该学习哪个专业。起初，他攻读的是化学，后又改学比较解剖学。在这期间，他认识了植物学家亚萨·格雷（Asa Gray）身边的许多达尔文主义者，还认识了乔西莱·莱特（Chauncey Wright）和查尔斯·桑德斯·皮尔斯（Charles S. Peirce），并且在达尔文的理论框架下开始研究意识问题。1864年，詹姆斯转入哈佛医学院学医；

① 意大利中北部城市。——译者注

次年，他请假随同博物学家路易斯·阿加西（Louis Agassiz）到巴西亚马孙盆地进行自然考察。考察过程中的各种危险以及不适让詹姆斯相信自己更适合进行科学思考和写作，而不大适合去进行实际的科学探险。

这次我跟着来完全就是一个错误的决定……现在我已经完全确信，适合我的是需要进行思考的工作，而不是积极、刺激的生活……出发前对此我还存有疑虑。我对探险充满了激情，觉得那是如此浪漫，这些念头完全压制了那些想法。但现在，那些浪漫已经彻底消失不见，所有的疑虑也都被抛到了九霄云外。（H. James，1920，Vol，1，pp. 61-63）

1866 年，詹姆斯回到哈佛大学继续学医，但后来又前往德国和法国留学。在德国的那段日子对他的学术生涯产生了很大影响，他在那里学习医学的时候开始对哲学与心理学产生了浓厚的兴趣。“起初我学的是医学……我从来没有学过哲学，我所听到的第一堂心理学课是我能够听到的第一次心理学课。”（Perry，1935，p. 228）

在返回哈佛大学之后，他的身体很不好。他于 1869 年获得了医学学位，但他并没有从事医生工作（Allen，1970; Feinstein，1984; Perry，1935）。在毕业后的那段日子里，他患了严重的抑郁症。他觉得自己的生命毫无意义，好几次甚至想到了自杀。在这期间，一个偶然的事件对他的人生产生了深远而巨大的影响。

在那段对前途感到悲观、处于抑郁状态的日子里，有一天傍晚我去更衣室取一些东西，突然，我产生了一种非常可怕的恐惧感，就像是从黑暗中冒出来的一样——这种恐惧感就是对我自己存在状态的恐惧。同时，在我脑海里出现了一个癫痫病人的形象，我以前在疯人院里见过他，他是一个长着黑头发的年轻人，皮肤发绿，完全是个傻子。他整天或是坐在凳子上，或是坐在靠墙的架板上，双手抱着膝盖坐在那里，把下巴搁在膝盖上。他的身子盖在粗糙的灰色衬衫下，那是他唯一的外衣。坐在那儿一动不动，就像是一座埃及猫神[①]雕像或一具秘鲁木乃伊，他的眼睛看起来完全不像是一个人的眼睛。这个形象与我的恐惧彼此交缠，混杂在一起进入我的脑海中。我觉得，可能将来我就是那个样子。没有什么能够改变我的命运，我将来就会如同他这样。我对他的样子感到非常害怕……似乎有块石头压在我心上，我陷入强烈的恐惧中，害怕得发抖。这之后，我的世界发生了翻天覆地的变化。几乎每天早晨我都在恐惧中惊醒，感到肚子不舒服，并且有一种以前从不知道、也从没有体会过的不安全感……我一天天衰落下去，几个月之后，我已经不敢晚上一个人出门。

基本上我不敢一个人待着，我会不断地思考别人是怎么生活、我自己以前又是如何生活的，我会对隐藏在生活表面之下的不安全感产生无意识的恐惧。尤其是我母亲，她是一个快乐的人，但是在我看来，她意识不到危险，她看起来似乎是一个完全充满了矛盾的人。因此，你很容易明白我非常小心地不让自己的精神状态打扰到她。（James，1902/1958，pp. 135-136）

至于詹姆斯的复原过程，在他的日记与信笺中也有相应的记录。

1870 年 2 月 1 日：今天我已经做了最后的打算，决定必须面对自己的选择——我是违背自己的天性、彻底地摆脱道德束缚，还

① 埃及猫神（egyptian cat），也叫贝斯特神。古埃及人起初是把猫驯化为家养宠物，而最终猫也成为他们宗教崇拜的对象。其崇拜的中心在尼罗河三角洲，在这一地带，贝斯特变成一些家庭中很重要的神像。——译者注

是就此不管、完全遵从于它，用别的东西来填满它？我打算给第二个选择一个公平机会。（Perry，1935，Vol. 1，p. 322）

> 我想，没有谁会比我更讨厌看到《心理学原理》这本书了，因为没有任何一个问题值得用 1 000 页的篇幅去讨论！如果能再给我 10 年时间，我可以将它改写到 500 页；但它就是现在这个样子——冗长、啰唆、臃肿、令人作呕，花费了这么长的篇幅只是证明了两件事情：第一，没有科学心理学这种东西；第二，威廉·詹姆斯是个无能的人。（詹姆斯对其出版商所言，1890）
>
> 我单独与威廉·詹姆斯度过了两个愉快的晚上，他清晰的思维、毫无偏见的学识给了我非常深刻的印象。（Jung in Adler & Jaffe，1978）

詹姆斯的抑郁症状一直持续到 1870 年的 4 月 30 日，那时他有意地决定自己不再为此烦恼。他决定让自己信仰自由意志（free will）："我第一个根据自己的意志自由选择的行动就是打算相信自由意志。在这一年中余下来的日子里，我将有意地去培育道德自由。"（H. James，1920，Vol. 1，p. 147）詹姆斯明白，自由的本质并不是行为上的任性或反复无常。自由的产生不受其他条件决定，也不受其他条件影响。因此，自由的行动就是根据他的意愿去行动——鉴于他的成长经历，他要这么做并不容易。

康复之后，詹姆斯在哈佛大学谋到了一个教学职位。起初他在解剖与生理学系任教。到了 1875 年，他开设了美国第一门生理心理学课。

1878 年，詹姆斯结婚，并开始撰写《心理学原理》。这部巨著长达 1 200 页，总共两卷，耗费了詹姆斯 12 年的时间。这是一本革命性著作，将心理学作为一门科学来进行研究，这本书也使詹姆斯成了美国人的象征。在书中，詹姆斯主要关注了如今被我们称为认知心理学的意识问题，尽管他也附带提及了人的下意识状态。

此外，詹姆斯出色的演讲风格以及他对道德与知识应用的关注，使他成了一名受人欢迎的教师。他在哈佛大学拥有许多非常知名的学生，比如西奥多·罗斯福①、乔治·桑塔耶拿②、W. E. B. 杜波瓦③、斯坦利·霍尔④、格特鲁德·斯泰因⑤、沃尔特·李普曼⑥。詹姆斯的两本演讲集，即《信仰的意志及其他论文》（*The Will to Believe and Other Essays*，1896）和《对教师讲心理学》（*Talks to Teachers on Psychology and to Students on Some of Life's Ideals*，1899），进一步提升了他在美国的威望。1896 年，詹姆斯开展了一系列的讲座，最后汇总成了"特殊精神状态"（Exceptional Mental States）（Taylor，1982）。詹姆斯对意识的各种内部状态都很感兴趣，既包括病态的意识，又包括正常和超常的意识状态，这不仅推动了临床心理学的诞生，同时也推动了超心理学和宗教心理学的发展（Taylor，1996，1999，2000）。1902 年，他出版了 500 多页的《宗教经验之种种》，这本著作首次探讨了人格产生变化时的超然体验（transcendent experience），而

① 西奥多·罗斯福（Theodore Roosevelt，1858—1919），人称老罗斯福，美国军事家、政治家，第 26 任总统。——译者注

② 乔治·桑塔耶拿（George Santayana，1863—1952），生于西班牙，1872 年移居美国，哲学家、文学家，批判实在主义和自然主义主要代表。——译者注

③ W. E. B. 杜波瓦（W. E. B. DuBois，1868—1963）是美国民权领袖。——译者注

④ 斯坦利·霍尔（G. Stanley Hall，1844—1924）是美国心理学家、教育家，他也是美国第一位心理学哲学博士，美国心理学会创立者，发展心理学创始人，曾任美国心理学会首任主席。——译者注

⑤ 格特鲁德·斯泰因（Gertrude Stein，1874—1946）是美国作家与诗人，她后来主要在法国生活。——译者注

⑥ 沃尔特·李普曼（Walter Lippmann，1889—1974）是哲学家、普利策新闻奖获得者，美国第 28 任总统伍德罗·威尔逊（Woodrow Wilson）的顾问。——译者注

这对后来的诸如临床牧关教育[①]和戒酒者互助协会等运动都产生了巨大的影响。下面是詹姆斯提出的一些基本假定。

1. 宗教体验应该是研究宗教时的重点，而不是研究宗教制度时的核心。
2. 那些最为强烈的体验（宗教或其他类似方面的）应该由心理学家来研究，因为他们能够把基本的心理过程以一种放大了的形式展现给我们。
3. 我们每个人都必须信奉一些虽然无法证实但却能使我们生活得更好、更充实的信念，这有助于我们了解人们的日常行为。

在詹姆斯对神秘主义进行经典论述的章节中，提出真正的神秘体验存在有4个标志（James, 1902）：第一标志是难以言说性（ineffability），这种体验是表达不出或无法解释的；第二个标志是知悟性（noetic quality），也就是真正领悟或明了真理的复杂感觉。第三个标志是暂时性（transient quality），即所有的神秘状态通常都只持续短暂的时间；第四个标志是被动性（passivity），也就是说个体明确地意识到自己根本控制不了这些状态的到来或消失。

这些状态的出现频率要远高于心理学家所认为的那样。盖洛普民意测验进行了数十年的神秘体验调查。他们对美国人提出了以下问题：“你是否曾经意识到有个存在或有个超能力，不管你是把它称为‘上帝’或者别的什么，总之它不同于平时的你，或者你曾经受到过它的影响？”结果显示，人们关于神秘体验的报告急剧上升。而且，有一半以上的人报告说有过这种体验。如今它已不再是罕见的现象，而是一种常态了。

1973：27%
1986：42%
1990：54%
（Gallup，1987，1990）

> 天生的理性主义者和天生的实用主义者永远都无法说服对方。他们认为我们是垃圾，而我们将他们看成是妖魔鬼怪——他们都不可能改变！为什么我们不能说得更积极点儿呢？去相信他们能够相互取代。（H. James，1926，Vol. 2. p. 272）

2002 年，盖洛普请调查者按 0 到 5 这 6 个等级来评估这个问题：“我有过改变了我的生活方向的深刻神秘体验或突然的醒悟。”0 表示“一点儿都不符合”，5 表示“完全符合”，结果表明 41% 的美国人认为这一说法完全符合他们的情况（Gallup，2003）。

在人生的最后 10 年中，詹姆斯主要针对哲学上的形而上学问题进行讲演和著述，其中最为著名的思想是实用主义。虽然实用主义成为一项世界性的哲学运动是建立在查尔斯 •S• 皮尔斯的工作基础上，但该思想却是由詹姆斯首创，并由约翰 • 杜威（John Dewey）发展起来的。实用主义思想认为，真理应该根据其实际功效来评价，信念也必须通过其实际效果来检验。这种观点与那种认为存在绝对真理的观点截然不同。不过，詹姆斯提出的实用主义哲学非常符合美国当时的主流思想。在当时的美国，非常强调应用和实用，在理论上也是如此。现在还经常能够听到的诸如“开门见山”“最后是什么结果”“这有什么用”“有道理，但有什么用呢”等实用主义话语。

詹姆斯在斯坦福大学讲了一学期课后（因 1906 年的大地震而中断），就又返回了哈佛大学。此后不久便退休了，不过他仍然坚持四处旅游、撰写著作和进行讲学活动，

① 临床牧关教育（clinical pastoral education，CPE），这是一门神学及专业的教育，也是一门结合神学、心理学、伦理学、社会学和辅导理论与技巧的临床教育。它采用“行动、反省、再行动”的临床学习模式，以发展学员的教牧形象及教牧关顾技巧。——译者注

直到1910年去世。

詹姆斯曾经于1894年和1904年先后两次当选为美国心理学会主席，并且积极推动心理学成为一门独立于生理学和哲学的学科。他在1890年对心理学所作的界定是："对意识状态的描述和解释。"（James，1892a，p. 1）这为心理学的发展指明了方向，直到后来被心理物理学、精神分析和行为主义的思想所取代。不过，后人仍然继承了他的思想，最为典型的就是美国机能主义心理学的出现。

理论先驱

詹姆斯出身于一个不寻常的家庭，家中有许多人都是才华出众。父亲亨利·詹姆斯（Henry James）是瑞典科学家、神秘主义者伊曼纽·史威登堡（Emanuel Swedenborg）的著名信徒，也是19世纪政治和宗教领域最有争议的作家之一（Habegger，1994）。詹姆斯的家庭是一个非常适合新思想诞生的温床——从社会主义、反奴隶制、妇女选举权问题到高品位或低俗艺术，以及辨别作品好坏的能力。这个家庭几乎知道每个值得了解的人，而家族还非常重视独立求知精神的培养，要求家族中的男孩子必须有自己的见解。

詹姆斯能够成为一名激昂、才艺出众的讲演者，这和他的家庭是分不开的，他的家庭不仅鼓励而且要求家里的子女必须具备这些才能。他弟弟小亨利·詹姆斯（Henry James Jr.）比詹姆斯还喜欢内省，是现代心理小说的大师之一，在全世界享有崇高声誉。另外两个弟弟加思·詹姆斯（Garth James）和罗伯逊·詹姆斯（Robertson James）都不是作家，而是农场主；妹妹爱丽丝·詹姆斯（Alice James）虽然身有残疾，却奠定了日记体这种艺术风格。威廉和亨利都是世界知名人物，始终是各自工作领域中的讨论焦点，他们都既有许多忠心的追随者，也各自遭受到了严厉的批评（Matthiessen，1980; Taylor，1992b）。

随着詹姆斯在学术生涯中的日渐成长，他也逐渐认识了许多当时著名的哲学家、学者、作家和教育者。他不仅与许多人都有信笺往来，还经常互换照片。他的通信对象包括他的教父拉尔夫·沃尔多·爱默生（Ralph Waldo Emerson）、伯特兰·罗素（Bertrand Russell）、马克·吐温、亨利·柏格森（Henri Bergson）、约翰·杜威，以及西格蒙德·弗洛伊德。虽然詹姆斯常常将自己的功劳归功于别的思想家，但他始终都不像是哪个人的弟子。

主要思想

詹姆斯全方位探讨了人类心理，从脑干的功能到宗教的入迷状态，从空间知觉到如今被称为超感官知觉（extra sensory perception，ESP）的心灵研究（psychical research）。有意思的是，对于那些存在争论的问题，詹姆斯会从正反两方面做出精彩的论述。他的好奇心似乎没有疆界，似乎没有哪个理论他没有探讨过，不管那些观点看起来是多么地生僻（MacLeod，1969）。不过，詹姆斯把精力投放得最多的地方还是理解和阐释思想的基本成分。他的注意力主要放在对一些基本概念的探讨上，比如知觉、注意、习惯、意志、情绪等，以及一些更宏观层次的问题，比如意识的本质是什么，以及如何才能对意识进行科学的研究。

在詹姆斯看来，人格起源于本能、习惯与个人选择的不断相互作用。他认为，个体之间的差异、发展阶段、精神疾病，以及人格的其余部分，都是个体那些先天就具备了的基本结构的组织与再组织，并在进化过程中逐渐获得改善。

> 在我看来，心理学就像伽利略之前的物理学——连一个初步的基本原理都没有。（James，1890）

詹姆斯的理论也存在一些相互矛盾的地方，而詹姆斯自己也敏锐地察觉到这一点，并清楚地知道自己的某些观点在另外一些条件下可能并不适合。他不是在致力于建立一个通用的普遍理论，而是沉浸在他所称的多元思维中（pluralistic thinking）。也就是说，在同一个时刻接受多个理论。詹姆斯认为，心理学还是一门不成熟的科学，还缺少足够的资料来构建起关于感觉、知觉，以及意识的具有一致性的理论。因此，他能够接纳各种不同的理论，即使其中有些理论还与他的理论相矛盾。詹姆斯在为一本质疑其观点的著作作序时写道："我并不认同席德斯（Sidis）博士的观点，但我还是真诚地向各位读者推荐这本书，这是一部极具趣味性、教育性和原创性的论著。"（Sidis，1898，p. vi）

詹姆斯在其著名的教科书《心理学原理》缩减版——《心理学简编》（*Psychology: Briefer Course*，1892a）一书的结尾部分，指出了心理学存在的局限性——这些局限到今天都仍然存在。

> 那么，当我们将"心理学当作一门自然科学"来说的时候，我们一定不能认为心理学已经有了坚实的基础；相反，我们的意思是心理学还特别不发达，还到处都存在着对此的哲学批判。它还只是一些原始的资料，是对一些观点所做的闲谈和争论，只是初步的分类，以及仅仅在描述性水平上所做的概括，是一些还没检测的不成熟判断，这个判断认为我们存在意识，并且这些意识受限于大脑。它还不是科学，只是一门科学的希望而已。（James，1892a，pp. 334-335）

詹姆斯从许多方面——甚至是相互矛盾的方面——对心理学进行了探讨，以期能够更好地理解心理学。本部分所讨论的主要概念都经过慎重选择，主要包括自我、意识的成分，以及意识的选择性。

自我

自我（self）指的是个体的连续性（personal continuity），使我们在清醒状态下始终如一地辨认出自己。它不仅仅是个体认同，还是我们所有心理过程的发源地，是我们所有人生经历的过滤器。詹姆斯认为自我如同意识一样，存在不同的层次。此外，自我还存在着分离性和连续性这一对貌似矛盾的特点（Knowles，Sibicky，1990）。

生理自我

生理自我（biological self）指的是我们的身体、躯体。它是我们通过遗传而来的先天身体组织，是我们的身体特征和生理活动，是与生理功能有关的所有方面。它使我们在自然世界中得以存在，是我们从生到死的载体。我的心脏是独一无二的，我的头、手、脚，我的舌头，以及个体认同的所有身体方面都是我的，而不是别人的。可以将之看成是物质自我（material self）的一部分。

物质自我

除了生理自我外，物质自我还包括我们在自然世界中进行自我认同的其他一些具体方面。它指的是我们在客观世界中所拥有的一切东西，包括我们的家、财产、朋友和家属。

> 从最广泛的意义上来说，一个人的自我指的是所有他能够称之为"他"的方面，不仅仅是他的身体、他的精神力量，而且还包括他的衣服、房子、妻子、孩子，他的祖先、朋友、声望、产品，他的土地、马匹、游船和银行户头。所有这些方面都会让

他产生相同的情绪感受。只要这些方面获得了增长或提高，他就会感到得意洋洋；一旦缩水或减少了，他就会感到沮丧；虽然程度不一定相同，但是作用的方式却完全一样。（James，1890，Vol. 1，pp. 291-292）

从某种程度上说，人们会将某个人或某个物体看成是自己的。比如说那些帮派中的青少年，就会为了保护属于自己的一件衣服或一条街道而相互残杀。

> 个体的社会自我指的就是他人对他的赏识。（James，1890，Vol. 1，p. 293）

社会自我

不管是否愿意，我们都需要接受自己所承担的任何一个社会角色。每个人都或多或少地拥有一些社会自我（social self），这些社会自我之间可能是一致、和谐的，也可能是相互矛盾的。但不管是哪个社会自我，都是与特定情境有关。詹姆斯说道，就和我们所拥有的人际关系一样，我们也可能拥有许多个社会自我。他认为，适宜行为就是挑选出一个适当的自我，然后尽量按照这种自我在大多数情况下的模式来进行行动。“于是，其他的社会自我就不再显示出来，但是这个被选中的自我的命运却是真实的；它的失败就是实实在在的失败，它的成功也是真正的获胜。”（James，1890，Vol. 1，p. 310）。这种现象被詹姆斯称为心理选择性（selective industry of the mind）（Suls & Marco，1990）。虽然有些研究者将这一观点简化为介于私我（private self）与公我（public self）之间的本能（Baumgardner et al.，1990; Lamphere & Leary，1990），但显然，这是对詹姆斯原本思想的过度简化。

社会自我由个体的习惯模式构成，这些习惯模式是我们拥有的所有人际关系的支柱。在詹姆斯看来，社会自我是人格中具有可塑性的表层部分，就好像是面具一样，能够根据具体情况进行灵活调整，以适应不同的对象或情境。他认为，个体必须具有一定的社交习惯，因为这些习惯能够让生活变得有序。习惯就好像是一个缓冲器，可以为个体的人际关系提供保护作用，并使之具有可预测性。在詹姆斯看来，个体对文化习俗的遵奉与展示自我之间的不断相互作用不仅对个体有益，对社会文化的发展也有很大促进作用。

精神自我

精神自我（spiritual self）指的是个体内在的、主观的存在，是所有意识中最活跃的成分。在詹姆斯看来，精神自我是“自我里面最坚强、最本质的部分”（James，1890，Vol. 1，p. 296）。它不是负责体验痛苦或愉悦的部分，而是受愉悦或痛苦所影响的部分。它是个体努力、注意和意志的来源。

詹姆斯努力想阐述清楚“体会”（felt）这种对感觉的感受，这种感受不只是指我们的人格，还包括所有我们称之为“我”的方面。精神自我与自我的其他部分属于不同的层次，它很难界定，但是却能够被体验到。这种自我的表现例子之一就是宗教体验，在詹姆斯看来，这种自我来源于比思想（idea）或才智（intellect）更核心的方面。对于个体灵魂（personal soul）的存在性，詹姆斯并没有清楚地说明；但是，他相信确实有比个体更宏大的存在。“在我们的经验之外……有个固有的说法……一直就有一个宇宙意识，借此我们构建起自身，虽然有时偶尔会遭受阻碍；心灵的不同部分融入于其中，就好像是进入到一个母亲海（mother-sea）或蓄水池中”（James in Murphy & Ballou，1960，p. 324）。

詹姆斯认为，虽然自我的所有方面能够在神秘醒悟（mystical awakening）的体验中获得整合，但是这个整合过程是永远都无法完成的。我们确实存在整合的可能性，但实

> 放下虚荣就是一种解脱，能够让人感到舒适……当我们不再努力让自己显得年轻或更苗条的时候，那是多么美妙的一天啊！感谢上帝！不会再有幻想了。所有附加给自我的东西都是一种负担。（James，1890，Vol. 1，pp. 310-311）

现它却是一生中的最大任务。人格整合始终是自我各个方面的核心任务，终极目标是将自我的各个方面整合成所谓的“我”。诚然，我们确实有整合的体验，但始终“不完整”，总有一些松散的部分永远没有融入到人格这一整体画卷中。虽然我们常常很容易抓住那些比较大的方面，但是千万不能忽略那些特殊的方面，因为这其中蕴涵了使我们独特于他人的方面。“人与人之间的差异非常小，”詹姆斯说道，“但不管是什么差别，都非常重要。”完整、圆融、保持连贯性是人格的首要方面，但变化、分离和部分人格松散的特性却是保证个体内部以及个体之间存在多样性的前提，也使其能够更好地适应现实。

个人练习

我是谁

下面让我们来检验一下詹姆斯关于物质自我的观点。想象某个人正在嘲笑你的某个观点或你的某个东西，或嘲笑某个与你有关的人。你能够客观地评判这一事件吗？你会不会表现出就如你本人受到侮辱一样的反应？如果有人侮辱你的兄弟，或侮辱你的父母、祖国、发型、衣服、信仰，你是否能够清晰地意识到这中间的差异呢？通过深入把握“物质自我”这个自我的延展概念，你就可能能够更好地辨别拥有（ownership）与认同（identification）之间的区别。

思维的特性

本书中其他大部分学者喜欢探讨的都是思想（thought）的内容，但詹姆斯却强调我们需要退回一步去考虑思维（thinking）的实际性质。他认为，如果不这样，我们就可能会错失机会去了解人的心理到底是如何运转的。

个人意识

没有哪个方面会如同个人意识那样表现出明显的个体独特性。所有的思想都是个人的。因此詹姆斯认为，个体只能体验或观察到思想的过程。意识永远都是与某个人有关，不可能脱离实体存在，也不可能是某个抽象的事件。他在《心理学原理》一书中指出，为了保持科学性，我们就需要坚持“思考者就是思想”这一观点。后来，他又说多重人格是没有排除另外一个个体的侵入，认为这就是碎裂自我（fragmented self）的主要成分（Taylor，1982）。最后他又提出，没有什么东西会如同意识那样存在，意思就是说没有独立于个体经验之外的非实体意识（disembodied consciousness）（James，1904）。

> 心理学在发展之初唯一可以做出推测的方面就是思维。（James，1890，Vol. 1，p. 224）

意识的变化

我们永远不可能拥有两次完全一样的思想。在看到某个特定物体、听到某个特定声音，或者是品尝到某个特定味道的时候，我们的意识可能会重复发生，但是，如何感知这些感觉却是每次都不一样。粗略一看，似乎是重复出现的思想，但实际上是一系列改变了的思想。每个思想都是这一系列思想中独特的一个，此外，每个思想都会在原来基础上发生一定的变化，而这个思想又能在一定程度上影响随后出现的思想。

我们常常会惊讶于自己对同一事情竟然会有前后不同的观点，常常会为之前对某件事情的看法而感到奇怪，比如为上个月对某一具体事情的看法感到奇怪……随着时间的流逝，我们会从新的角度来看待事情。以往不现实的事情可能到了如今会变得现实了起来，以往为之激动的事情在今天可能会让人觉得乏味，可能让人不再为以往所关心的朋友而费神；曾经为之心动的女人、明星、森林、湖泊，如今看起来却是如此地平淡、无趣……至于著作，曾经享有赫赫声名的歌德或约翰·米尔（John Mill）的作品如今还有那么重的分量吗？（James，1890，Vol. 1，p. 233）

个体意识里的思想始终处于变化之中。（James，1890，Vol. 1，p. 225）

詹姆斯极其敏锐地强调了意识的关键事实——常变性，事实上，它不可能重复出现。

思想的连续性与意识流

对思想进行观察的话，会使我们进入到一个看似矛盾的境地：思想是不断变化着的，但同时我们又清晰地感受到了个体连续性（personal continuity）。对此，詹姆斯提出了一个解决办法，他认为每个思想都能够对随后的思想产生影响作用。

每一波意识、每一个思想都是对意识之中刚刚逝去部分的觉察。每个思想冲动在渐渐消失时都会将其内容传递给下一个思想。（Sidis，1898，p. 190）

个体心灵中当前所出现的，无论是否被意识到，都是人格（不过，罗杰斯、佩尔斯、斯金纳，以及禅宗，却从类似观察中得出了其他结论）。

每一个新出现的思想都会占据前一个思想的能量、关注点，承袭它的内容与方向。

那么如此一来，人的意识看起来就不会被切成一段段。“链条”或“串列”之类的字眼并不能很恰当地描述它……因为它没有结合点：它是流动的。它的本质非常类似于一条“河流”或“溪流”。因此在后面讨论的时候，让我们将之称为思想流、意识流，或主观经验流。（James，1890，Vol. 1，p. 239）

意识流（stream of consciousness）是一种直觉式写作手法，是按照思想意识的流动进行写作，特点是跳跃、无逻辑性。这种写作方式兴起的部分原因就在于詹姆斯。格特鲁德·斯泰因是这一流派的主要代表。她在哈佛大学读书的时候，曾经在詹姆斯的教授下学过无意识写作（automatic writing），后来在这种方法盛行时，她曾发表过两篇关于这方面研究的文章，随后她将这种方法应用到文学创作中，作为其文学创作的一门技术。

意识流是连续的。詹姆斯和弗洛伊德一样，他对心理功能的许多看法都是建立在思想具有连续性的假设基础上。我们的感觉、意识具有间隙，但即使我们能够感知到意识之间的间隙，我们也不会体验到一连串的不连贯感觉。比如，当你早上醒来的时候，你不会去想这是谁醒了，不会冲到镜子前面去看看这还是不是你自己。你无须在醒来后确认一下这个意识还是不是睡觉之前的那个意识。

意识的选择性：意识边缘、注意、习惯与意志

詹姆斯认为，意识的一个基本特征是意识具有不断选择的特性：“意识总是对某个事物或事物的某个特征更感兴趣，总是不断地选择某个事物或事物的某个方面，同时，又排斥其他事物或事物的其他方面。”（James，1890，Vol. 1，p. 284）那么，个体选择什么？如何选择？哪些因素会影响这些选择？这是其他大多数心理学家感兴趣的主要问题。

个人练习

意识流

请做一下下面这些关于意识流的练习。你可以只做其中一个，但最好是全部都做，这对你有非常大的好处。做完之后，再和其他同学讨论讨论你的发现。

1. 找个安静的地方坐下来，让你的思绪自由飞翔 5 分钟。然后，再仔细回忆刚才出现在你头脑中的东西，尽量都写下来。
2. 让你的思绪漫游 1 分钟。然后仔细回忆这一分钟内出现在你头脑中的东西，再尽可能按照先后顺序写下来。就如下面这样。

   我要做这个 1 分钟的练习：
   用铅笔写下来，
   我的桌子上有铅笔，
   纸在桌子上。
   我还想买一些矿泉水吗？
   去年的约塞米蒂国家公园，[①]
   凌晨湖泊都结冰了。
   那晚我睡袋的拉链卡住了，冻死我了。

3. 尝试控制你的思绪 1 分钟，让它只按一条线走。然后写下这一分钟内出现在你头脑中的想法。

将你的意识比作河流形象吗？在你控制思绪的时候，它们是在你的控制下，还是不断地“流动”，从一个想法跨入到另外一个想法呢？

① 约塞米蒂国家公园（Yosemite National Park），位于美国加利福尼亚州中部。——译者注

意识边缘。在詹姆斯所处的那个时代，几乎所有的意识理论都是以弗洛伊德的理论模型为基础，认为个体心理可以分为可觉察的意识，以及复杂的、较少觉察的无意识这两个并不对称的部分。然而，詹姆斯却独自提出一个新的方式来解释人的思想与感受是如何在意识中连续地进出的。在他看来，觉察（awareness）包括两个方面：确定的部分和模糊的部分，即意识的核心（nucleus）与边缘（fringe）。（James，1890，Vol.1，pp.258–261）对詹姆斯来说，“意识是一个场地，不仅有一个中心，还有一个边缘”（Taylor，1982）。

在任何一个特定的具体时刻，我们所注意到的方面就是所觉察到的部分；那些处于注意边缘的就是背景，或者是那些能够给内容赋予意义的联想或感受。人们通常所能体验到的意识边缘主要包括以下几种。

- 快要知道的感觉。当我们说它就在“我的嘴边”时，意味着我们明白自己知道什么，但是却还无法用语言表达出来。
- 处在“正确轨道上”的感觉。对创造性问题解决团队的研究表明，当一个团队认为自己正在迈向解决问题的时候，即使表面上还没有任何实际的解决成分出现，他们在大部分时间内也还是正确的。（Gordon，1961；Prince，1969）
- 在你确切知道自己将要采取的行动之前的行动意图。有些人报告说，当他们要处理一个新问题时，随着事件的变化，他们“知道”自己知道将要做什么。

不是将心理想象成一座露出海面的冰山，海面之上的顶端是意识、海面之下的大部分是无意识；而是要将你的意识想象成一个湖泊，你就坐在一只用玻璃做底的小船中。你可以清楚地看到你身处的湖泊中的任何一个地方；附近的地方是边缘近处，湖泊的所有地方都能够被你观察到。

由于詹姆斯的这一理论模型主要是建立在主观经验基础上，因此很长时间以来一直没有受到人们重视，后来在认知心理学家的关注下才又获得了人们的重视，被认知心理学家用来作为阐述人类主观体验的另外一种理论模型（Baars，1993; Galen & Mangan，1992; Gopnik，1993; Mangan，1993）。

注意。在詹姆斯之前的哲学家，比如约翰·洛克[①]、大卫·休谟[②]、罗伯特·哈特利、赫伯特·斯宾塞[③]等人，认为心灵天生就是空白、是被动的，后天经验只是简单地在上面涂抹而已，人格的发展完全取决于个体后天经验的总量。詹姆斯认为这种观点过于简单，显然是不正确的。在经验被体验之前，首先就需要被注意到。“我的经验就是我愿意去注意的。只有那些被我注意到的方面才能对我的心灵产生影响——没有兴趣的选择，经验就完全是一片混沌。唯有兴趣才能给其标示出重点，给出光和影、前台和背景——一句话，能够清楚地看到。”（James，1890，Vol. 1，p. 402）虽然人们的选择能力会受以往所形成的习惯制约，但个体却完全可能随时做出真实而有意义的决定——在詹姆斯看来，这也是最本质的方面。

当代心理学家通常将“注意”界定成是个体对环境中的某些方面或某个特定刺激进行觉察与选择性集中的能力（Chun，et al.，2011）。注意包含以下几个重要特征。

1. 注意的范围有限。我们只能对身体内、外环境中的一小部分信息保持注意的集中，只能将注意集中在与我们关系最密切的对象上（Chun et al.，2011）。

> 人类心理就是一个随时都可能同时上演多个剧目的舞台，意识就是那个不断地对此进行比较的部门，选择其中一些剧目上演，并撤下其他的节目。（James，1890，Vol. 1，p. 288）

2. 注意的选择性。注意就像聚光灯一样，只能照耀在特定的想法或外部刺激上。我们将注意集中在某些对象上的时候，就会同时忽略其他的刺激（Dijksterhuis & Aarts，2010）。比如，当我们在人员众多、人声鼎沸的聚会上时，我们被许多的声音刺激包围，但是我们能够将注意集中在交流对象上，而忽略其他人的声音（Koch et al.，2011）。
3. 注意“失明”。当我们将注意集中在某个任务上的时候，我们就看不见身边所发生的一些重要事情或东西（Mack，Rock，2000）。或当我们沉浸在某本书或某部电影中的时候，那么即使旁边有人对我们说话，我们也听不见（Macdonald & Lavie，2011）。

智力与理性情感。我们有两种水平层次的知识，一种是通过直接经验获得，另外一种是通过抽象推理而得。詹姆斯将第一种水平的知识称为**熟悉性知识**（knowledge of acquaintance）[④]，它通过感官来获得，具有

> 人类心理在现实的基础上构画出事实的真相……我们的心理并不是简单地复制已经完全存在的现实，而是完善它；心灵通过自己的重塑作用对现实所包含的内容进行重新解析，赋予其意义，可以说，心灵使现实变得更有意义。实际上，思维的主要作用就是帮助我们改变这个世界。（James in Perry，1935，Vol. 2，p. 479）

① 约翰·洛克（John Locke，1632—1704）是英国哲学家。他认为人类所有的思想和观念都来自或反映了人类的感官经验，他提出的“白板说”认为人出生时心灵就像白纸或白板一样，上面没有任何记号，没有任何观念，一切观念和记号都来自后天的经验。——译者注

② 大卫·休谟（David Hume，1711—1776）是英国哲学家和历史学家，认为感觉经验是人类认识的唯一来源。——译者注

③ 赫伯特·斯宾塞（Herbert Spencer，1820—1903）是英国实证主义哲学家。——译者注

④ 或可理解成感性认识。——译者注

直觉、诗意和情绪化的特点。

> 我看到颜色时才知道是蓝色，尝到味道时才知道是梨子，通过手指的移动才知道有一寸，通过我的感受才知道时间过去了一秒……但关于这些事物的内在本质或者说到底是什么使它们成为这样，我一无所知。（James，1890，Vol. 1，p. 221）

在《心理学原理》（1890）一书中，詹姆斯认为处于较高层次的知识是**归纳性知识**（**knowledge about**）[①]。这是一种认知性知识，反映事物的内在属性或事物之间的关系，可通过抽象而获得，是客观的、非情绪性的知识。

> 当我们了解它时，就不再是仅仅拥有了它；当我们在思考它们之间关系的时候，就好像是在意识中对它们进行加工和操作一样……通过感受，我们可以熟悉事物，但只有通过思考，我们才能了解它们。（James，1890，Vol. 1，p. 222）

詹姆斯的激进实证主义思想在 19 世纪 90 年代逐渐形成，他随之也逐渐转变了自己的观点，对直接经验赋予了更高的地位，认为在更广泛意义上的经验中，知识可通过情绪性和理性这两种方式来获得。

> 有个觉得自己已经死了的人在和他朋友聊天。由于始终没有办法让他明白他其实还没有死，他的朋友最后问道："死人会流血吗？""当然不会。"这个人回答道。然后，他的朋友拿出一根针，猛地刺他的手指。流血了！这个人看着自己的手指，然后对他朋友说道："嘿，死人也会流血！"

从广泛意义上的经验来说，不同的知识获取方式之间具有相互影响作用，而且还会导致不同的社会后果。为什么一个人会接受某个合理的观点或理论而拒绝另外的观点呢？詹姆斯认为，其中的部分原因就是情绪上的影响。我们接纳某个观点，是因为它能使我们在接受它时会有更舒服的情绪感受。他将这种情绪满意感描述成"一种放松、平静、舒适的强烈感受。这种满足是对当下的满足感，是绝对性的满足——如果没有了它就需要理由、需要解释，或者需要判断——也就是我所称为的理性情感（sentiment of rationally）"（James，1948，pp. 3-4）。若要人们接受某个观点（比如本书中所阐述的任何一个理论），必须满足两方面的条件：首先，这个理论在知识上必须是合乎逻辑、前后一致的；其次，必须让人在情绪感受上是舒服的。也就是说，它推动我们思考或行动的方式必须让我们觉得它可以接受、可以让我们开心。

想想我们寻求建议的方式。比如说，如果你想了解一下抽大麻会有什么后果，那么你会向谁去打听呢？你能预想到从父母那里能够获得什么样的信息吗？从你那些根本不抽大麻的朋友那儿呢？还是从抽大麻的朋友、卖大麻的人、警察、精神科医生、牧师，或学校心理咨询中心的工作人员那里来获取信息？显然，你能够清楚地估计到他们可能会给你提供什么样的信息，以及你是否愿意接受他们所提供的信息。

通常，我们做决定的时候并不是总能够清楚地意识到这一点。我们常常认为自己的决定是完全建立在理性的思考基础上，但实际上在这个决策过程中，我们还有解决情绪困扰的强烈欲望，我们想让自己变得更舒服。这种理性情感使我们在做决定之前首先要进行一个情绪上的处理过程。

> 这个世界上有谁能够不经思考就可以判断出哪种生活更好？对生活的哪种理解更合适呢？（James，1911）

① 或可理解成理性认识。——译者注

习惯。习惯（habit）就是指已经对某个既定经验产生了自动化反应的想法或动作。习惯不同于本能，因为习惯可以有意识地养成、调整，也可以通过有意识的行动来消除。对人类来说，习惯既是必要的，也是非常有用的。“习惯可以简化我们实现某一既定目标的动作，使我们的动作更准确，降低我们的精力和体力消耗。”（James，1890，Vol. 1，p. 112）从这一意义上来说，习惯是技能获得的一个方面。此外，“习惯使我们在行动的时候可以减少意识的投入”（James，1890，Vol. 1，p. 114）。但一个习惯性反应是好还是坏，则取决于具体情况。习惯性反应减少了行动中的意识投入，使行动变得更容易，但同时也使我们难以改变自己的习惯性行为。

> 事实上，我们的美德是习惯，但不良行为也是习惯。我们的一切，只要有确定的形式，就是习惯，是行为上、情绪上或智力上的习惯。这些习惯构成了我们的痛苦与欢乐，也使我们不可抗拒地走向自己的命运，不管这个命运到底是什么。（James，1899，p. 33）

詹姆斯不仅对习惯的难以消除感到惊讶，还为习惯的复杂性而深受触动。就如下面这个例子。

> 知名舞台魔术师胡迪尼（Houdin）最初练习用球玩空中杂技时，只练了一个月，就成了同时能将4个球控制在空中的大师。在练习的时候，他将一本书放在自己的面前，当球在空中时，就迫使自己去看书。他说道：“这看起来似乎很难做到，但是……30年过去了……虽然我几乎没再碰球，但我仍然能够做到让3个球在空中的时候轻松地看书。”（James，1890，Vol. 1，p. 117）

> 我们所知道的事情，通常就是那些我们预先感知到的事情。（James，1890，Vol. 1，p. 444）

学习习惯。作为一名教育者和教师，詹姆斯非常关心良好习惯的形成。比如，他非常强调将习惯融入到动作中，而不是机械地去完成动作。他认为，教育中对学生的注意习惯进行系统的训练远比死记硬背重要。“持续不断的训练是使神经系统进行准确反应的最有效方法。”（James，1899，p. 35）虽然生命中的大多数方面都取决于习惯，但是我们仍然有能力决定去培养哪些习惯。

> 幸运的是，我们无须发现或发明什么额外的强化物就能够解决教育上的问题，因为只需要好好利用我们所拥有的一切就可以了。（Skinner，1999）
>
> 从本质上来说，悲观主义就是在信仰上出了问题。（James，1896）

新习惯的形成需要经历三个阶段：首先，个体必须有习惯形成的需要或欲望，比如定期练习或学习法语的欲望；其次，个体需要具有一定的知识，即需要获得维持习惯的方法，人们可以从书上学，也可以参加辅导班，或者有意识地了解别人是如何养成这些习惯的；最后就是简单地重复，也就是个体需要有意识地进行练习，直到这一动作变成惯例或习惯化，比如进行法语的阅读和口语练习。

不良习惯。日常生活中妨碍我们发展的最明显也是最普遍的因素，就是那些存在于我们身上的不良习惯。准确地说，它们就是妨碍我们成长、让我们难以获得快乐的力量。我们甚至还存在忽视或没有注意到自己身上存在不良习惯的坏习惯。比如，那些过于“忽视”自己应尽责任的人，以及始终意识不到马上要交作业或马上要考试的差生。

习惯性动作是那些我们只需要付出很少意识去关注的行动，而习惯性模式会妨碍我们学习新的东西，因为它们会使我们的意识受到限制。詹姆斯认为，许多日常惯例实际上会对我们是否能够体验到幸福感产生阻碍作用。如果个体抗拒自己去改变习惯，那么就会变得很危险，因为它会阻碍新的经验进入我们的生活。

意志。詹姆斯将意志看成是注意（attention，指意识的集中）和努力（effort，对懒惰、分心和阻碍等因素的克服）的结合体。他认为，意志行动（acts of will）不能在没有注意参与的情况下发生。在意志行动发生之前，个体必然会对这些动作有一个清晰的认识，并且会有意识地付出心理努力（James，1899）。在詹姆斯看来，一个想法必然会引发一个行动，除非当时个体头脑中存在另外一个完全相反的想法。“简单来说，意志的本质作用，就是在它处于极度‘自愿’时，它会专注在有难度的对象上，并且将之保持在头脑当中。”（James，1890，Vol. 2，p. 561）因此，意志就是一个过程，在这个过程中，意志能够使个体在多个方案中进行选择。

> 打个比方说，假如你正在爬山，而且正好走到了一个危险的地方，而唯一的出路就是冒险跳过去。如果你相信自己能够跳过去，那么你的脚就可能充满力量，从而真的跳过去；但假如你不相信自己，想起那些科学家所提到的各种可能，那么你就可能犹豫不决，最后，你就可能精神极度紧张、全身发抖，在丧失信心的情况下跳起来，结果滚下山崖……通过你的信心或怀疑，你会使这两个可能性中的一个成为事实。（James，1896，p. 59）

詹姆斯认为，注意能够使个体蔑视客观的现实，从而引发较好的结果，而这个案例也是他这一思想的核心。

增强意志。如何培养坚强的意志是詹姆斯非常关心的问题，而且这也是当代心理学家所关心的议题。詹姆斯认识到，一个人并不会永远都是那么容易做到自己想做的事情。为了实现这一目标，他提出了一个简单而又非常可行的方法，就是每天完成一件没有什么价值的任务。

> 通过这种勇敢地去完成无价值任务的系统训练，做的时候不为什么原因，只是因为困难而每天去做，那么一旦到了危机关头，你就可能发现你不会感到紧张，不会认为自己在考验面前没有受过训练……一个在日常生活中已习惯了集中注意、积极主动，在无价值任务面前自我克制的人，那么一旦遇到困难，他就会像一座铁塔那样矗立在那里，他身上的致命弱点也就如狂风中的落叶那样被吹得无影无踪了。（James，1899，p. 38）

行动本身并不重要，重要的是你能够去做，并且不在乎它没有用、不重要。

个人练习

无价值任务

如果你想了解一个无价值任务如何增强你的意志，就请试着做做下面这个练习。

找一小盒火柴，或一盒回形针、图钉、糖果等。然后将盒子放在你面前的桌子上，打开盒子。将里面的东西一个一个地拿出来，然后关上盒子。再打开盒子，将你刚才拿出来的东西一个一个地放回去，记住，是一个一个，再关上盒子。这样反复拿出来、放回去，一直做 5 分钟。

写下你在做这个练习过程中的各种感受。重点关注你想放弃这个练习时所想到的任何想法。

如果你能够在接下来的几天中坚持做这个练习，你就可能会发现你总是会找出一些新的理由来放弃练习。虽然你可能会在一开始的时候觉得这个任务很难完成，但是你会慢慢发现这个练习越来越容易做，而且你还可能会产生个人权力感和自我控制感。

你所想出来的不想做这个练习的各种原因，反映了你性格当中那些阻碍你意志发展的某些方面。你只有用你的意志来反驳这些理由（甚至是非常充分的理由）。因此，除非你自己决定要去做，否则你就没有“充分的理由”去做这个练习。

意志的训练。增进有意注意（voluntary attention）的方法之一是对意志进行训练。发展良好的意志能够使个体将意识集中在思想、知觉与感觉对象上，并且不一定需要这些对象是诱人的、愉悦的，或者是令人焦虑、厌恶的。

> 教育中最伟大的一点就是，使我们的神经系统成为我们的同盟，而不是敌人。它为我们获取收益提供资金与支持，使我们能够在这种资助的收益中生活得更轻松。正因为如此，我们必须尽快、尽可能使其成为我们的意识，成为我们的习惯，尽可能防止我们滑入到另外一些不利的局面。（James，1899，p. 34）

举例来说，想象你正在吃一份你所喜欢的食物，然后努力让这个画面和这种感觉保留在头脑中 20 秒。你可能会觉得这并不太难。那好，现在仍然是 20 秒，但是想象你正在用一片刀片割自己的大拇指。记住，现在你需要重点关注的是在你想象皮肤切开时的疼痛、流出的鲜红血液，以及混杂着恐惧、刺激和厌恶的感觉时，注意力是如何溜号的。在这时候，只有意志才能够帮助你克制这种摆脱体验的强烈本能欲望。

个人练习部分里的“无价值任务”，表明在意志训练过程中还存在另外一个问题，即人类心理从本质上来说是喜欢漂移的。因此，除非个体已经发展出了学习的能力，否则教育内容能够起到的作用就会非常小。

意志的屈服。在一些特殊情况下，人们并不需要增强自己的意志，而是必须屈服于它，必须任由自己听从内在体验的控制。詹姆斯在研究精神状态的时候，发现意识的某些方面似乎在其中起到了控制作用。意志是帮助“个体达到所追求的完美统合（complete unification）”的必要条件，“（然而）在最后实现这一状态的时候必须依靠其他的力量，意志一定不能在其中发挥作用”（James，1902，p. 170）。詹姆斯认为，完美统合就是人格的所有方面似乎都处于一种和谐、圆满的状态，在这时候，个体觉得自己的内在世界与外在世界实现了完满的统一。超越限制（transcendence of limitations）、神秘结合（mystical union）、宇宙意识（cosmic consciousness）或统一意识（unitive consciousness）等词语，都是用来描述这种意识变体（transformed state）的术语。在这种状态下，个体的人格就会被重组，重组后的人格不仅会包括意志，也不仅仅只包括个人身份。如果达到了这种状态，你就会发现自己好像是处于一个宏大系统中的一部分，自己不再是一个单独的、局限于一定时空的意识。下面，让我们看看加拿大著名精神病医生理查德·莫里斯·巴克的案例（Richard Maurice Bucke）。

> 晚上，我在城区和两个朋友讨论诗歌与哲学，午夜才分手离开。从分手地点到我的住所需要乘坐很长一段时间的双轮马车。在马车上，我的精神还深深沉浸于刚才讨论所引起的想法、影像和情绪当中，宁静而祥和。我的头脑非常平静，几乎是完全放松的状态，思绪没有任何目标，思想、影像、情绪自由地流动，就好像是在我的精神之海中自由穿梭。突然，没有任何征兆，我发现自己被包裹在一片火红色的云彩当中。在那一瞬间，我想到了火灾，认为是城区某处起了大火。然而，我马上意识到这股火是发生在

我自己身上。随即，我进入了一种极度兴奋的状态，这是一种在思想突然领悟时所产生的无以言表的狂喜状态。（Bucke in James，1902，p. 399）

巴克接着说，他随后发现宇宙并不是无生命的，而是拥有意识，是活着的；他认为我们实际上拥有此时此刻的世俗生活，认为所有的男人和女人都是不朽的，这个世界的基本原则就是爱，最后必然会幸福。最后他说道，即使那种体验只是持续了非常短暂的几秒钟，并且很快就消失了，但是从那天起，那种体验当中所包含的深刻而肯定的真理在他有生之年就再也没有离开过。

动力论：个体发展的促进与阻碍因素

詹姆斯确信，人们身上具有提高自己幸福感的潜在动机。贯穿在其讲义与文稿中的一个观点就是认为觉知（awareness）能够引发自我控制，而可控性觉知又几乎总是能够改善人们的生活质量。

心理发展：情绪与实用主义

詹姆斯否认存在绝对，比如上帝、真理或理想主义，以及其他任何标榜为终极的概念；相反，他推崇个人体验，尤其是个体对自我改善方法的发现。在他著作当中反复出现的一个主题就是认为存在着个体进化（personal evolution），认为人类生来就有能力去改变或调整自己的行为与态度。比如，在一次有关实用主义的演讲中（1907），当他谈到个体与他人的关系时，明确指出个体能够为集体所作的最大贡献就是每个人都应该尽最大努力去发掘他们的个人潜能（personal potential）。如此一来，我们不是将自己“发展不完善”的方面强加给彼此，而是要帮助他人实现他们自己的发展；这只不过是因为他们不需要处理我们身上的那种不足，他们需要的仅仅是被我们的成就所激励而已。

情绪

詹姆斯－兰格情绪理论认为，情绪依赖于身体的反馈。该理论如此命名，是因为当时有位叫卡尔·兰格（Carl Lange）的丹麦心理学家也发表了类似观点（Koch，1986）。情绪的这个生物学观点包含了心理学成分，詹姆斯说道，当我们看到某个情境，并且这一情境引发了身体的本能反应时，我们就意识到了某种情绪，比如痛苦、喜悦，或惊奇。情绪是建立在对身体感受的识别基础上，而不是由情境引发的。

如果这种身体变化被压制了，我们就应该不会感觉到这种所谓的情境性恐惧。我们应该不会感到惊奇，而是会很淡然地认为这个对象确实是令人惊讶的。这种理论的狂热信奉者（比如詹姆斯自己）甚至可能会说，我感到抱歉是因为我在流泪，我感到害怕是因为我在逃跑，而不会反过来说我因为抱歉而流泪、因为害怕而逃跑。（James，1899，p. 99）

个人练习

身体与情绪

詹姆斯认为，他的情绪理论很容易通过爱、愤怒、恐惧等“原始”情绪来进行观察。通过以下步骤，你可以体验到身体感觉与感受之间的相互作用。

第一部分

1. 让自己变得愤怒。在头脑中想象一个你不喜欢的人，或某个你不喜欢的场合。然后引发情绪：调整你的姿势，将手握成拳头，上下牙根紧咬，下颚抬高、往前突。将你的注意力集中在这些身体的变化上。如果你是和同伴一起练习，那么让你的同伴记录下你的姿势，以及你的肌肉变化情况。

2. 放松。慢慢地走动一会儿，摇晃几下身体，然后做深呼吸，以便让这种情绪平复下来。
3. 让自己产生孤独、寂寞、孤立感（通常躺下来比较容易做到这点）。将身体蜷曲起来，让膝盖和头尽量朝胸部靠拢。注意你的手在做什么。
4. 采用第二步的方法进行放松。

第二部分

现在，让我们来引发相同的感受。也就是在你采取一个坐得很舒服、身体处于完全放松的状态下先引发愤怒，然后再引发孤独感。最后再比较一下改变身体姿势和不改变身体姿势状况下的情绪体验。

这种解释似乎与日常观念不符。绝大多数人都会觉得在我们看到某个情景的时候，首先会有感受，然后才会有身体反应，比如哭、笑、咬牙切齿、逃跑等。如果詹姆斯的说法没错，那么不同的身体反应就应该会引发不同的情绪。关于感官反馈引发情绪觉察的说法已不断地被实验所证实（Laird，1974; Laird & Bresler，1990；Schnall & Laird，2003）。

> 简言之，大量的理论与经验证据表明，情绪体验的本质就是对身体行为的解释。（Averill，1969，p. 161）

对这一理论的批评主要集中在情绪状态和生理唤醒模式之间并没有明确的对应关系上（Cannon，1927）。然而在詹姆斯看来，"不同的个体可能有完全不同的情绪"，他引用兰格的话说："我们都看到过开心的时候没有在兴致勃勃地说个不停而是沉默着的男人……看到过悲伤时不是坐着不说话而是悲伤地踱来踱去的人，等等。"（James，1890，Vol. 2，p. 454）。当代研究表明，不存在没有生理唤醒的情绪（Schacter，1971），而且生理唤醒模式具有个体独特性，会重复发生，是可预期的（Shields & Stern，1979）。

沙赫特和辛格（Schacter & Singer，1962）的研究展示了当人们无法明白情绪唤醒的真实原因时，人们是如何将自己的感受与外部线索对应起来的。他们不是根据内在的唤起，而是受外在的社会或环境刺激所影响，这些刺激可能实际上会与他们的内部身体感受相矛盾。所谓的错误归因研究，也就是告诉被试错误的药物服用或不实的实验程序信息，其实遵循的就是詹姆斯的思路，采取的是沙赫特模式（Winton，1990）。如果被试知道他们是因为什么而唤醒（比如，告诉他们是药物副作用而引发的感受），那么相对来说，他们就不大可能对自己的感受进行错误的标示。事件加上个体，再加上背景设置，就决定了个体会体验到哪种情绪。我们的情绪是建立在我们的身体反应、再加上我们对情境的知觉上，而不仅仅是建立在对身体的感觉上。

詹姆斯的这种观点在一定程度上似乎获得了精神药理学研究成果的支持。现在，人们日益发现可以通过注射某种药物来激发或抑制某些生理反应，从而引发特定的情绪。其实，药物通常就是按照它们所引起的情绪反应来进行分类的。精神疾病患者的情绪体验障碍也能够通过日常服用这些药物来进行

> 当20世纪末詹姆斯·泰勒（James Taylor）满怀期待地等待我讲述晦涩难解的詹姆斯－坎农这一争论时，我突然灵光一闪！是啊！"为什么它们是两个呢！不是这个，也不是那个；事实上，它们都是，又都不是。它们是同时存在的，是一体两面。"我不假思索地脱口而出。（Pert，1997，p. 137）

控制，甚至是消除。显然，詹姆斯的这种睿见就是此类情绪与唤醒研究的核心（Berkowitz & Harmon-Jones，2004; Blascovich，1990; Buck，1990）。

无执于情绪感受。詹姆斯认为，对于有机体来说，最好是能够在情绪表达与情绪超脱之间保持平衡。为此，他引用了汉娜·史密斯（Hannah Smith）的说法。

> 由着你的情绪来，也由着它们消失……不要去关注它们……其实它们没有什么关系。它们并不是反映你精神状态的指标，而仅仅是你的性情或当时身体状况的显示指标。（James，1899，p. 100）

情绪激动。虽然情绪超脱是一种大家喜欢接受的状态，但有时候情绪爆发也有一定的价值。情绪烦乱就是一种打破长期习惯的方法。它可以使人们去尝试一些新的行为，或者是去探索意识到的新领域。詹姆斯自己就对通过神秘体验、催眠、信仰治疗、灵媒、迷幻剂、酒精，以及个人危机等各种方式所引发的精神状态进行了体验与研究。他认为，个体对唤醒的反应才是导致个体发生变化的关键，而突发事件并不是关键因素。

健全心态。詹姆斯认为，健全心态指的就是如果个体在行动的时候当作一切正常，就会一切正常。在詹姆斯看来，理想主义不仅仅是一个哲学概念，还是一种积极的力量。詹姆斯精神健康的复原就是发端于他自己决定要坚信自由意志这一理想。他认为，一个积极的态度不仅仅是有用的，而且还是必须的。“我不认为健全心态就是指只有理想却不会为了让自己满意去努力实现它们……理想应该是需要将目标转化为现实——这一点不能少！”（James in H. James，1920，Vol. 2，p. 270）。他同样还将这个看作宗教体验当中非常重要的一点，认为这是一条分界线，可以区分宗教体验最终是导向幸福还是导向失望（James，1902）。

实用主义

实用主义是詹姆斯和查尔斯·皮尔斯首创的一个哲学流派，以便澄清或消除那些对生命或思想中的问题所做的不必要的思考。

> 詹姆斯的实用主义对后来的操作主义原理、物理学的互补原理、教育领域的心理测验都产生了巨大的影响，促发了临床心理学和精神治疗领域动力疗法的产生；此外还对宗教心理学和政治学等许多研究领域有深远的影响。（Taylor，1995，pp. 3-4）

“假如一个信念或思想是事实……那么这种事实又会给现实生活带来什么实质性的改变呢？”（James，1909，p. v）詹姆斯认为，如果一个想法不管是对还是错，都不会带来什么实质性改变，那么对此进行再多的讨论也是毫无价值。因此，他认为要从实用或效用的角度来界定真理。“真实的观念就是那些我们能够证实、确认、吸收和有效利用的观念，反之就是错误的观念。”（James，1907，p. 199）虽然他知道有些真理无法被彻底了解，但是他还是指出在人们遇到个人需要做出选择或决定的时候，可以直接扔了这种次等真理（他认为这是无用的观念）。虽然这种见解很显而易见，但是在刚刚提出的时候却遭受到了严厉的批判。詹姆斯写道：

> 我完全能够预料到，实用主义的真理观会经历一个理论的典型发展模式。大家都知道，一个新理论在刚刚提出来的时候，肯定会被认为是荒谬的；随后就会得到承认，但是会被认为是肤浅、不重要的；最后，就会被认为是意义重大，甚至那些反对者会宣称是他们发现了这个理论。（James，1948，p. 159）

如今，绝大多数人都将实用主义看作一个非常普遍的日常观念。我们也可以在詹姆斯的

“理论发展模式”上增加最后一个阶段：理论发展的最后阶段是最终成为文化的一部分，以至于不会再有人将之归于谁的贡献。

发展的障碍

虽然詹姆斯不是一位治疗师，然而他指出的妨碍个体发展的因素却是我们所有人都曾经体验过的，即未表达的情绪、某个过度的情绪，以及人际误解等因素。

> 比尔·威尔逊（Bill Wilson）也受到过詹姆斯的影响，他说他的 12 步疗法中的前 3 步就是在阅读《宗教经验之种种》一书后才想到的。（Taylor，2002，p. 13）

未表达的情绪

早在现代心理治疗、会心运动（encounter movement）以及 12 步戒酒者聚会组织（12-step groups）产生之前，詹姆斯就认识到了释放情绪能量的重要性。他认为，对情绪的压抑或抑制会引发心理或生理疾病。虽然某些特定情绪不一定需要表达出来，尤其是那些表达后可能会给自己或他人带来消极影响的情绪，但也需要发泄一些唤醒的能量。他还认为，不管是良性还是负性情绪，都需要表达。如果一个人产生了诸如勇敢、关爱或同情心之类的感受，那么最好是将这些感受转化为行动，而不是让其平息。

情绪过度的害处

我们常常将个体身上的某些特征看成是有益的，而认为另外有些特征是有害的。我们会认为爱是一种美德，吝啬不好。詹姆斯认为，这种简单的二分法只是在感受适度表达的时候有效。比如，过度的爱就是占有，过分的忠诚会变成盲信，过度的关心也可能会变成多愁善感。不管是哪种美德，只要走入极端就可能给人们带来危害。

个体盲点

詹姆斯在一篇他很喜欢的文章中提到了“个体盲点”（certain blindness）一词，在其中他论述了人与人之间无法达到相互理解这一现象。个体不幸的主要来源之一就是因为没能意识到这个**盲点**（blindness）。只要我们觉得在为别人做决定的时候是为了他们好，认为别人应该受什么教育或者认为别人需要什么，那我们就都表现出了这个盲点。

人们还有另外一个更为普遍存在的盲点，就是看不清现实世界在内心中的印象。其实，人际交往中的盲点也只不过是这个盲点中的一个征状表现而已。在詹姆斯看来，这种内心印象一点儿都不神秘，因为人们可以通过经验来实实在在地感受它们。我们身上的盲点不仅使我们难以看到现实世界的压力，也使我们难以看到现实世界中的美好事物。如同前人惠特曼和托尔斯泰一样，詹姆斯也认为我们不要被习惯、喜好或生活方式等蒙蔽，而是要直接把握本性。“不管是在哪儿，都会看到现实生活中的热情、兴奋、激动，都能够看到存在于这种唯一真实而又美妙感觉中的‘意义’，而这种意义其实无处不在。”（James，1899，p. 115）

> 停：虽然每个人都可以站在自己的立场、从自己的独特角度能够看到一些别人看不到的东西，但任何一个人都不可能揭示出所有的真理，也看不到所有的善！（James in McDermott，1977，p. 645）

生命总是值得珍惜，只要这个人还有责任感。我们总是被教育成要成为杰出人士，成为独一无二的精英，而不要成为普通人。满脑子的知识，口才伶俐，文采斐然……身体机能上的独有享乐来源也常常逐渐消失，我们变得盲目，对生活中一些基本而平淡的

物质与享乐麻木不仁。（James，1899a，p. 126）

盲点的症状表现既可能是无力表达内心的感受、没有觉察到过度的情绪，也可能是表现为乐意接受那些对意识有不良影响的习惯。

理论结构

身体中的心灵

由于自身与疾病的搏斗经历，詹姆斯不断地检视身体与意识之间的关系。他断定，

> 我的经历都是那些我自己愿意去经历的。（James，1890，Vol. 1，p. 402）

即使是最强调精神的人，也一定会意识到并必然会关注他们的肉体需要，因为身体是感觉的最初来源。然而，意识也能够使人在一定时间内克服任何水平上的身体感觉。身体，虽然是个体人格产生和维持的必要条件，但也要屈从于个体的意识活动。比如，知识分子可能专心到不仅“会忘记普通感觉，甚至能够忘记尖锐的疼痛”（James，1890，Vol. 1，p. 49）。我们看到过无数的报告说那些在激战中的士兵，直到战斗结束时才意识到自己的身体受到了严重伤害，也常常见到那些处于激烈比赛中的运动员没有注意到自己已经扭了手腕、伤了肋骨。根据这些证据，詹姆斯认为，注意的集中程度决定了外部身体感觉是否会影响到个体的内在意识活动。身体本身不是刺激的来源，而是内在意识的外部表达工具。

个人练习

你会壮大自己吗

下面这个练习可以让你验证新生现象（regenerative phenomena）的效果。首先，让我们从检验詹姆斯的一个观点开始（Taylor，1981）。

詹姆斯说道：

> 成功之道在于被动，而不是主动。按照现在的说法，那就是要放松，不要关注。放下责任、让自己闲下来……只要你能让内心紊乱的自我停下来休息，你就会在那儿找到更大的我……这种无须费神而带来的新生现象深深地根植在人的本性中。（James，1890）

选择一个你忙于处理某件困难事情的时候，智力方面、体力方面的事情都可以。如果你喜欢用喝咖啡或者吃糖的方式来奖励自己，那么就请选在正好是你想吃的时候。但先不要给自己奖励，而是平躺在地板上 5 分钟，做做深呼吸。尽量别去做任何事情，只是让你的肌肉放松，让你的思绪自由遨游，让你的呼吸逐渐慢下来。

5 分钟一过，起来看看自己。你是否感到精力恢复了呢？这种休息与吃东西相比，有什么不同吗？你是否体验到詹姆斯所说的新生现象呢？

虽然对詹姆斯来说，他这一生很少有身体状况良好的阶段，但他认为这“会来源于受过良好锻炼的身体，能很好地涤荡于体内的心灵……（它是）极为重要的精神卫生的一部分”（James，1899，p. 103）。虽然詹姆斯在文章中认为身体只不过是意识的居所，但他也不是没有看到身体的重要作用。

个人练习

日常练习

从跑步、游泳、骑车或其他你所喜欢的活动中选择一项，然后坚持练习 1 周，每天

活动 15~20 分钟。尽量做好它。

分析一下：是否有什么事情干扰了你的练习？在每次完成自己既定练习目标的时候，你有什么感受呢？你的身体感受与你的内心感受是否不同呢？

教师的作用

虽然詹姆斯是一个研究者，但他首先并且主要是一名教师。为此，他了解老师的难处，并且非常关心到底怎么样才能提高教育的质量，不管是小学还是大学。“教授具有两个方面的作用：（一）是学习的对象、传播知识的人；（二）是传递真理的人。第一点是最为基本的功能，是官方常常考虑的方面；不过我只关心第二点。”（H. James，1920，Vol. 2，p. 268）他的著作当中拥有读者最多的著作都与教育有关，而且他也常常被邀请去给教师做报告。在《对教师讲心理学》中，詹姆斯就将普通心理学原理应用在教学的艺术与实践上。他指出，儿童天生就喜欢学习和善于学习。因此，教师的职责就是营造一种能够促发学习的良好气氛。教育的重点是目的，而不是内容。教师应该教授那些能够促发有效学习的行为。“我主要的要求就是让他们去思考，同时尽量使学生在头脑中进行想象。”（James，1899，p. v）

> 你不用奇怪自己所生活的世界并没有和别人不同。我们的信念是我们这些世人的背景，它也是这个世界永恒而又无限的所在。我们与这个世界的关系主要是通过文字进行，只有语言，才能让我们了解它的历史和组成。［James，1908；见：詹姆斯给海伦·凯勒（Helen Keller）的信，她天生又聋又哑］

> 有人建议他在医学院用“案例教学”来替代讲课，他说道：“我想你说得完全正确，但是你那博学的教授可能会不同意。他肯定宁愿坐在那里用他那美妙的语言来引导学生。”（Perry quoting James，1935，Vol. 1，p. 444）

詹姆斯比较认同“某些人格缺陷是教育中所特有的现象”这一说法。

> 以往经验告诉我，与其他行业的人相比，教师在思维方面的自主性更少……一位老师会绞尽脑汁来了解你所说的话，如果他确实明白了你所说的东西，他就会尽量遵守原话不使其走样。他永远不会忘记，也不会在你的话语上添油加醋，只会像雕刻上的铭文一样传递给他人。（James in Perry，1935，Vol. 2，p. 131）

教师的首要职责就是要提高学生保持注意的能力。不管是儿童还是成年人，长久保持对某个对象或某个观念的注意并不符合他们的本性。意识的通常形态就是会不停地漂移，总是会由一个想法飞速地转到另外一个想法。为了改变这种倾向，使注意能够尽量长时间地集中在某个目标上，就需要进行一定的训练。为了儿童的发展，教师就必须认识到注意会自动分散这一特性，并尽量降低这种分散的可能性。“注意这种反射、被动的特性……使儿童看起来似乎更容易关注那些能够吸引他们的事物，而不是关注他们自己，这也是教师必须克服的第一个问题。”（James，1890，Vol. 1，p. 417）

> 很难长久地保持有意注意，它会不断地上下波动。（James，1899，p. 51）

詹姆斯提出了几条建议，以期能够对教师有所帮助。首先，教学内容必须与学生的需要有关，至少要让它们看起来有关。学生需要觉察到所学内容和他们内心需求之间的关系，不管这种关系实际上是多么遥远。这一方法不仅能够唤起而且也符合孩子的兴趣，因此应该放在第一条。其次，必须丰富教学内容，以便将学生分散的注意力拉回来，因为“注意力不可避免地会从那些静止不变的目标上偏离”（James，1899，p. 52）。

和 50 年之后的斯金纳一样，詹姆斯也反对把惩罚作为教育的一种手段。他认为，与其因为学生厌烦而惩罚他们，不如布置一些能够重新唤起他们兴趣的任务。当然，目的不是要让他们成功完成这些任务，而是提高学生控制和支配自己注意的潜在能力。教育的目的就是要训练学生的基本学习能力和习惯，以便他们有能力、有动机去学习所选择的内容。

詹姆斯对现代的重要影响

詹姆斯的兴趣广泛，无人可比。他既对道德高尚者的体验感兴趣，同时又喜欢考察行为的生理机制。只有在詹姆斯之后，心理学才开始细分为不同的专业研究领域，就如一个地域辽阔的国家，其继承人将土地划分成面积较小、容易管理的区域一样。

詹姆斯主张心理学要在他所帮助创立的这个学科领域中发挥积极主动的作用。在他看来，人们在现实生活中的所作所为非常重要，认为心理学能够并且应该帮助人们。迄今为止，我们在许多方面还承惠于他的研究。他考察了心理学领域的很多现象，所研究的问题甚至超过了现代许多心理学家敢于提出的议题。詹姆斯敏锐地注意到了教育与咨询过程当中的道德责任问题，他也属于如今我们所称的人本主义心理学家。正因为这点，他被人本主义心理学家看作早期创建者（Taylor，1991）。他还是一位行为主义学家，坚信行为是研究资料主要的根本来源。此外，他还是一位超个人心理学家（transpersonal psychologist），敏锐地看到了更高水平意识的存在，并且对这些意识状态给人们所带来的影响非常感兴趣。

詹姆斯主张对心理健康、心灵学和预言进行研究，认为这可以让我们了解到很多东西，而他的许多观点也被当代对意识改变状态的研究所证实。

除了在心理学领域，詹姆斯在教育（特别是通过他的同事兼朋友约翰·杜威以及杜威的追随者）和哲学领域（不仅仅是实用主义，还包括在现象学领域）也产生了深远的影响（Edie，1987）。虽然他的某些观点在学术心理学领域可能已经过时，但没有任何一个人（即使是最苛刻的批评家）会认为詹姆斯阐述观点和研究结果的方式没有启发作用。

有许多学科领域的研究者都承惠于詹姆斯的研究，图 7–1 仅仅是其中的部分人员名单（Taylor，2004），这里面还不包括他给主流心理学研究所带来的巨大贡献。在本书中，重点关注的是他在这两个领域所带来的影响，即对当代人格心理学研究的影响，以及他的情绪理论给当代研究带来的巨大贡献。

对人格心理学的影响

虽然弗洛伊德也是詹姆斯的读者之一，但他似乎只对詹姆斯《心理学原理》中本能方面的论述感兴趣（Sulloway，1979）。荣格则深受詹姆斯的内向型个体与外向型个体这一说法所影响，为此在《心理类型学》（*Psychological Types*，1921）中用了整整一章来阐述詹姆斯对这方面的论述（Taylor，1992a）。同样，心理综合（psychosynthesis）的创始人罗贝托·阿沙吉欧利（Roberto Assagioli）在阐释他的心理学理论时，也借用了詹姆斯人格理论中对成长性维度的描述（Assagioli，1965，1973）。此外，詹姆斯还影响了诸如高

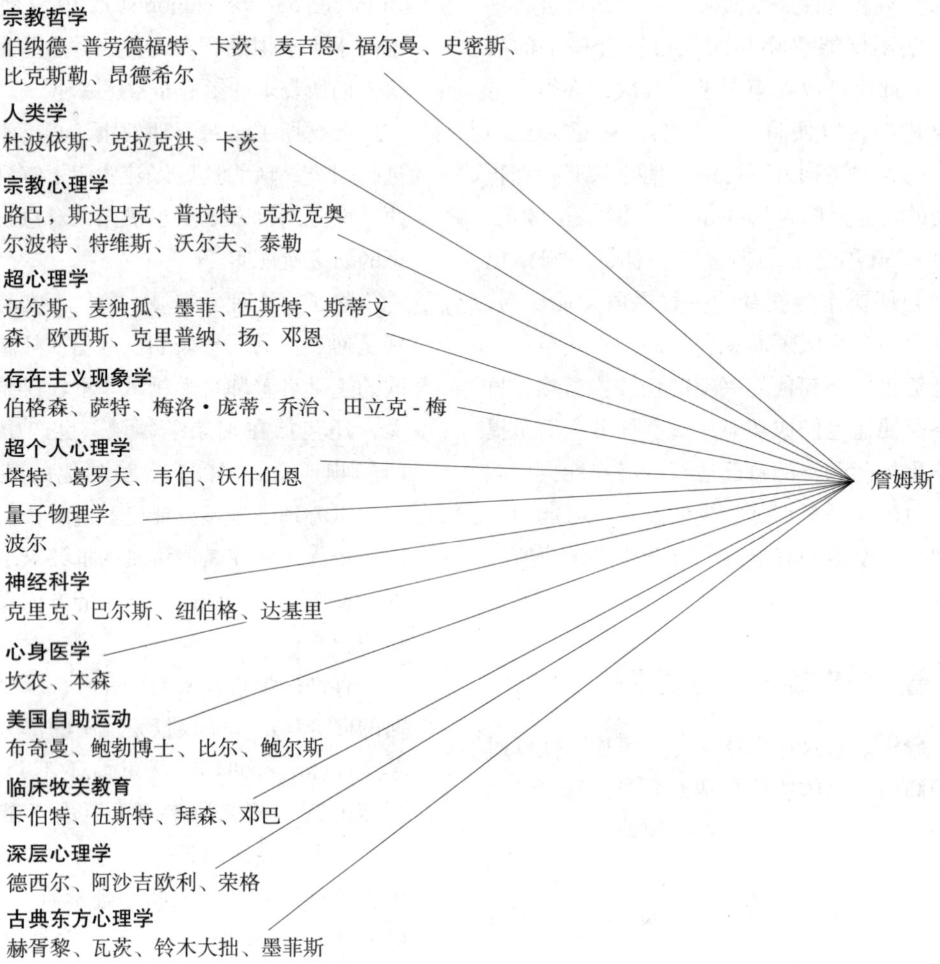

图 7–1　詹姆斯所影响的学科领域

尔顿·奥尔波特（Gordon Allport）、亨利·默里、加德纳·墨菲（Gardner Murphy）等所有20世纪三四十年代，乃至五十年代人格心理学领域的先驱者（Taylor，1992b）。

奥尔波特主要对正常人格、个案研究法、心理学研究的个人中心式取向（person-centered approach）感兴趣。默里是一位研究异常心理学的学者，建立了人格学（personology）研究领域以及由多个研究者从不同水平上对人格进行多元考察的方法。他还是主题统觉测验这一应用广泛的投射测验的合作开发者。墨菲不仅是一位人格社会心理学家，还是位超心理学家，这都是拜詹姆斯的著作所赐。他们三位对于20世纪50年代人本主义心理学的诞生起到了巨大的推动作用。马斯洛在论述自我实现者的人格特征时引入了巅峰体验，做出了类似于詹姆斯在《宗教经验之种种》（1902）一书里对神秘体验的论述（Taylor，1991），罗洛·梅与他的导师保罗·田立克（Paul Tillich）一样，都是詹姆斯的忠实读者。

然而，有些人格心理学理论由于主要受特质理论影响（见第9章），人格测量方式也是采用纸笔测验的方式进行，因此詹姆斯的研究思想对它们而言是完全没有价值的。当人格在认知神经科学研究中几乎被完全遗忘的时候，由于詹姆斯的意识理论至今仍然存在的深远影响，使得大家又重新对此产生了研究兴趣，这在卡尔·普里布拉姆（Karl Pribram，1969）、巴纳德·巴尔斯（Barnard Baars，1997）、弗朗西斯·克里克（Francis Crick）与科克（Crick & Koch，1993）等当代学者的研究工作中反映得尤为明显。

情绪的科学研究

詹姆斯对人格心理学领域影响最为突出的就是情绪方面的科学研究。自詹姆斯－兰格情绪理论首次提出以后，从某种意义上来说，情绪研究就走上了两条完全不同的道路，一条是情绪研究的心理生理学取向，另外一条则是情绪研究的认知与行为取向。在心理生理学领域，早期的经典研究主要有沃尔特·坎农（Walter Cannon）和菲利浦·巴德（Philip Bard）的研究，与詹姆斯主张情绪是内脏的反应不同，他们致力于证明情绪的中心在于下丘脑（Cannon，1915）。心理生理学倾向认为情绪体验不是受中枢神经系统控制，而主要是在自主神经系统控制下的电化学反应。詹姆斯于 1884 年指出，在认知过程发生之前，就已经有了情绪体验。个体的感受要先于意识的觉知。还有些心理生理学家，比如门宁格基金会实验中心研究内部状态自主控制的埃尔默（Elmer）、爱丽丝·格林（Alyce Green），以及于 20 世纪 70 年代出现的生物反馈研究这一新领域的研究者，都是在一个类似的基础上开展研究，这个基础就是虽然情绪反应看起来是自发、无意识的，但对事件的知觉才是决定人们反应的因素。这里的关键就是知觉（perception）并不等于认知（cognition）。知觉是即时发生的，基本属于无意识；而认知则涉及较多的注意和更复杂的组织。詹姆斯的情绪理论认为，正常的无意识生理机能可以被即时的知觉引发，但如果是在意识控制下，也能够被改变。典型的例子就是我们的呼吸，它能够自发地反映任何情况下的情绪变化。但不管在什么时候，呼吸又能够被我们的意识所接管、控制，如此一来，就可能改变情绪的发生历程。

对情绪进行科学研究的另外一条思路，就是深受詹姆斯影响的认知与行为主义取向。认知主义者承认詹姆斯和坎农所做的伟大贡献，他们几乎都是通过对比詹姆斯－兰格和坎农－巴德的情绪理论而开始进行研究。但是巴巴利特（Barbalet，1999）曾经做过一项研究，表明大多数认知科学家的理解几乎都是完全错误的。兰比和马塞尔（Lambie & Marcel，2002）在一篇文章中较好地评述了大多数的认知取向性研究，主要包括有阿诺德与格莱森、沙赫特与辛格、汤姆金斯、伊扎德、曼德勒、史密斯与埃尔斯沃思、弗里吉德、达马西奥等（Arnold & Glassen，1954; Schacter & Singer，1962; Tomkins，1962; Izard，1977; Mandler，1984; Smith & Ellsworth，1985; Frijida，1986; Damasio，1994）。

> 诸如默里、奥尔波特这类的大人格理论家，以及人本主义、超个人心理学家和心理生理学家所做的经典研究，似乎都为詹姆斯的情绪理论提供了支持证据。然而，那些认知与行为主义取向研究者在广泛引证詹姆斯的时候，却似乎是误解、甚至是曲解了他的观点。（Taylor，2002）

⋙意识心理学

詹姆斯在阐述心理学的研究内容时曾经指出，心理学作为一门学科，应该研究所有的“心理状态”（mental states），应该考

> 在我一生从事教育的日子中，我都在努力告诉自己，我们的当下意识（present consciousness）只是所存在的众多意识世界中的一部分，那些意识里面也必然包含一些对生活有意义的体验；虽然主要的体验与这些体验并不联结在一起，但在某些时候，或者是有更高等级能量注入的时候，它们又会联结在一起。（James，1902/1958，p. 391）

察它们的起源及其与身体、生理的关系，以便能够为教育学、医学、宗教学等任何需要对精神进行控制的学科提供帮助（James，1892b）。他研究了许多意识状态，并且为了进行研究，并没有明确指出一条区分正常与异常体验的固定分界线。他对宗教体验、催眠和超然体验的研究也一直为人所忽视。不过当心理学领域发展出新的研究方法时，这些领域又重新激起了研究者的兴趣。"对意识的研究……逐渐变成了一个研究领域，因为对此有浓厚兴趣的人遍布心理学的各个领域，甚至还有其他学科的研究者参与其中。"（Goleman & Davidson，1970，p. xvii）有些学术组织，比如生物反馈研究学会（the Biofeedback Research Society）、超个人心理学协会（the Association for Transpersonal Psychology）还创建了学术期刊，对一些新的研究给予资助。亚利桑那大学的意识研究中心（the Center for Consciousness Study）自1994年起，资助了两年召开一次的意识研究学术论坛。在2012年召开的学术会议上，有500多位来自全球60多个国家的科学家、哲学家、心理学家和艺术家到会。事实上，整个神经科学研究领域的变革都可以说就是为了考察意识的生物学因素。此外，由于经常出版有关意识的研究文章和畅销书，导致大众对意识的兴趣也非常浓厚。虽然许多学科对意识的研究兴趣越来越大，但至今也没有得出什么确定性的结论。其中的原因之一可能正如诺贝尔奖获得者罗杰·斯佩里（Roger Sperry）所言，意识之谜与变化着的科学世界观总是动态地交织在一起（Sperry，1995）。

我们都很想知道意识到底是什么，想了解我们对自己的想法、情绪、感觉和行动的觉知。那么，你是如何理解你对本页文字的觉知的？对你所处的房间的觉知呢？对你的生活目标呢？

根据一篇对意识理论的综述（Zeman，2002）来看，大部分学者都赞同以下几个方面。

1. 意识很重要。它使我们能够制订计划，能够想象将来可能会发生什么。
2. 意识以某种尚不明白的方式与大脑活动相连。
3. 我们不能够觉察到所有的大脑活动，因此有些大脑活动以及某些行为是我们意识不到的。
4. 大脑的最上面负责的是人们的当下体验，即每时每刻的体验。

> 正如100多年前美国心理学之父威廉·詹姆斯所言，意识就是一个过程。（费朗西斯·克里克，DNA双螺旋结构的发现者之一）

有些研究领域的发现对人格理论的研究具有特殊的意义。对迷幻药物、生物反馈、冥想和催眠等的研究结果在一定程度上挑战了对意识以及对现实的本质所做的某些基本假设。新的研究方法和研究工具的出现，以及研究主观现象兴趣的复兴，为考察詹姆斯的哲学推想提供了坚实的科学基础。

即使是在一个多世纪以后的今天，我们仍然无法回答"意识是什么"这个问题，这可能是因为我们无法用日常的解释方式来回答，但对意识的内容、意识的形式，我们了解得就要多一些。正如20世纪中的其他人一样，奥恩斯坦也认为（Ornstein，1972，p. ix），仅仅用客观的研究方法是无法清楚地说明意识。"我们无法如同教科书的定义那样简单地给出答案，这个答案只能是来自个人化的体验。”

催眠、冥想、迷幻药物、深度祈祷、感觉剥夺以及严重精神病，都可能引发个体出现意识的变体状态，剥夺睡眠或者是斋戒也可够诱发。癫痫患者与偏头痛患者在病症发作之前，常常会体验到变化了的意识状态。催眠似的单调刺激，比如高空喷气式飞机的单调声音，有可能使处于其中的个体体验到意识状态的变化。脑电刺激，对脑电波中 α 波、θ 波的训练，超感觉者或心灵感应者的顿悟，肌肉放松训练，与世隔绝（比如在南极），某些感光刺激（比如以一定频率不断闪烁的灯光）也可能导致意识状态迅速发生变化。（Ferguson，1973，p. 59）

如今，研究的重点已经从如何引发意识的变体状态，转移到考察这些体验能够给我们带来些什么。在詹姆斯看来，意识是一个有着研究对象和研究范围的研究领域，在 100 余年后的今天，他的思想仍然起着巨大的指引作用。

致幻药物研究

詹姆斯对植物性物质、对意识的影响非常感兴趣。有记录表明，他早在 12 岁的时候就考察了能够改变精神的化学药品。在成为一个医生后，他与当时的其他医生一样，也尝试过服用哥罗芳（一种麻醉剂）、一氧化二氮（笑气，一种柔和的麻醉剂）、水合氯醛（一种安眠药）等药物。此外，他还服用过一位著名神经科医生给他的佩奥特掌（一种无刺的圆形仙人掌，被某些土著美洲人当作麻醉药咀嚼），这位医生受美国政府的委托，考察一种从西南部印第安地区采集到的仙人掌药性。另外，当詹姆斯于 1865 年随阿加西去巴西探险的时候，还常常去亚马孙河附近的土著居民家拜访，学他们的样子服用烟草。

如今我们都知道，在大多数文化中，不管是现代文明社会还是原始部落地区，都会用药草、植物根茎或草本植物来改善身体的生化状况、情绪感受，或者是改变意识状态（Bravo & Glob，1989; Davis，2007; McKenna，1991）。詹姆斯自己的经历就给了他非常深刻的印象（Tymoczko，1996）。

与我听说过的那些人一样，就我而言，这种体验的主要感觉就是醍醐灌顶似的极度兴奋。深藏在几乎看不见的迹象当中的真相就那么彻底地展现在你的眼前，头脑瞬间就看到了正常意识无法看到的所有细微联系。不过在恢复清醒后，这种顿悟时的感觉就逐渐消失了，茫然的眼中剩下的只是一些散乱的文字，就如人们凝视着夕阳刚刚落下时白雪皑皑的山顶，或火焰熄灭时的余烬。（James，1969，pp. 359–360）

我们对自我与外部世界之间的区分看起来是随意、可变的。通常，我们的知觉在一定程度上说都是当时意识作用下的结果。我们能够看到各种颜色，但实际上颜色只是光谱中的一小部分而已。而那些考察没有感觉到自我丧失（现在很难对此进行明确界定）却失去了“个人”身份者的研究，也可以追溯到詹姆斯，他认为自我的特性就是不断变化，而不是稳定、固定不变的。

当詹姆斯在 1902 年写下《宗教经验之种种》时，他发现所谓的玄秘意识（mystical consciousness）体验是罕见的，难以预期的。然而，致幻药物的普遍应用以及容易获取使得这种体验成为可能，并且很常见，或者至少是使人在主观上觉得自己有这种体验（Fadiman，2011）。服用者可以经常体验到他们所说的那种宗教的、精神的、超个人体验。即使这种现象已经很常见，但是要判断这些报告出来的体验是否属实、是否有价值，仍然是一个关键性问题（Bennett，et al.，1995; Weil & Rosen，1993; Winkelman & Roberts，2007）。

这个问题也是宗教组织非常关心的问题。宗教皈依包括祈祷、看见异象、说教派语等三个阶段，所有这些过程都是发生在意识状态改变的情况下。这些体验的确实存在给各种宗教教义提供了基础。在宗教仪式中所使用的、如今已被证明是一些具有致幻效果的物质，又重新勾起了神学研究者考察能够引起宗教体验的化学物质及其影响的兴趣（Doblin，1991; Forte，2011），同时也引发了对这些药物获得方式的伦理学讨论（Clark，1985; Luna，2007; Smith，1988; Smith，2003）。宗教致幻（entheogen）是一个合成的词语，指的是为了促进神秘体验的出现而自发使用一些植物性物质，这个词语就是用来将这种用法与精神治疗和娱乐用途进行区分开来（Jesse，1997; Ott，1993）。

意识、时间、空间这三者之间似乎会相互影响。现代物理学家和古代神秘主义者在界定已知宇宙的时候看起来似乎很相似（LeShan，1969）。服用致幻剂的报告表明，在关于意识的起源与本质问题上，现代物理学和神秘主义者的说法似乎比现代心理学的说法更符合实际（Capra，1975; Smith，2003; Zukav，1979）。这种观点，因著名的物理学与意识运动（physics and consciousness movement）而知名，已经广泛引起了美国精神治疗领域那些反主流文化学者的浓厚兴趣，也吸引了越来越多的量子物理学家（Herbert，n.d.）。

对各种意识状态的研究表明（Grof，2008; Lukoff & Lu，1989; Valle & von Eckartsberg，1981），如果一个人格理论没有考虑到意识变体，那么该理论对于人类经验的描述就是不完整的。

始终困扰意识研究者的一个问题就是自我同一性与神秘体验之间的相互作用的性质问题。有研究考察了利用致幻剂促发神秘体验时的大脑血液流动情况，结果表明血液流到那些与个人认同关系最密切、能够引发无约束认知（unconstrained cognition）的脑部区域时减少了（Carhart-Harris，2011; Carhart-Harris et al.，2012）。也许可以将意识描述成一个连续体（Myers，1903; Wilber，1977），正常意识只是其中的一小部分。事实上，正常状态下的觉知，即没有发生变化时的意识，只是意识的一个特例而已（Bentov，1977; Tart，1975），并有其范围和动力机制。

生物反馈研究

詹姆斯的情绪理论认为“情绪依赖于身体的反馈”这一说法，如今因生物反馈领域的研究而获得了极大的拓展。生物反馈是对工程学领域中反馈（feedback）概念的应用，反馈指的是控制自动化设备的机械原理，比如锅炉和温度调节器就构成了一个完备的反馈系统。生物反馈（biofeedback）就是一种监控生理过程的方式。比如，你用手指去摸脉搏，就可以获得关于心跳频率的反馈。

研究者发现，如果有即时的反馈，被试就也许能够控制许多生理方面的参数，包括心率、血压、皮肤温度、脑电波（Barber，et al.，1971－1978）。可以说，几乎任何一个身体活动都能够通过意识来进行控制和调整。

> 猴子为了获得奖励学会了调用单个的神经细胞。安大略省金斯顿地区皇后大学（Queen' s University）的教授约翰·巴斯马简（John Basmajian）训练人们使用单个的运动神经细胞，这个细胞是从数十亿脑细胞当中挑选出来的。美国洛克菲勒大学教授尼尔·米勒（Neal Miller）的老鼠学会了以更高或更低的频率小便，学会了让一只耳朵变红、另一只耳朵变白，学会了增加或降低肠道内壁的血压。（Ferguson，1973，pp. 32－33）

虽然人们觉察不到自己如何控制身体活动，但这并不会影响他们能够做到这点的能力。不管是人还是动物，都能够通过思维调节体温，加快或减缓心跳，从一种脑电波转到另一种脑电波。

生物反馈方面的研究在临床领域有广泛的应用。其中以生物反馈为基础的治疗包括：精神紧张、偏头痛、哮喘、癫痫、帕金森综合征（即震颤性麻痹）、溃疡、尿床、高血压，以及包括心房颤动等方面的心脏病。另外一些常常与某些放松方法配合使用的实验，能够有效改善转移性癌症（Gruber et al.，1988）、考试焦虑症（Hurwitz et al.，1986）、风湿性关节炎（Lerman，1987）、创伤后应激障碍（Hickling et al.，1986），以及恐惧症、癔症和阳痿等一些身体问题（Clonini & Mattei，1985）。另外一些能够成功锤炼的问题包括：注意力缺失障碍（Monastra et al.，2005）、情绪过度紧张（Moseley，2006）、失禁（Glazer & Laine，2006）、雷诺病（手脚发冷）（Karavidas et al.，2006），以及物质滥用（Sokkhadze et al.，2008）。看起来，似乎任何一个能够被个体持续觉知的生理过程，都能够通过生物反馈训练来进行有效的处理。

生物反馈的研究意义

如今，研究者对神经系统的能力有了新的理解。科学家们过去认为，我们除了包括意识控制的非自主神经系统外，还有自发的、不受意识控制的自主神经系统。不过现在几乎已经不再做这种区分。如今，更为准确的说法是大体解剖与生理学的中枢神经系统和自主神经系统，前者无须或只须很少的训练就能够用意识进行控制，而后者，则必须接受专门训练才能够在一定程度上进行意识控制。

东方宗教图像中一些不可思议的技艺非常适合用来说明人类的潜在能力，比如躺在钉子床上的瑜伽修行者、活埋后仍然活着的教徒、赤脚走火炭的信徒。既然这样的一些行为也可以在实验室中实现，那么就非常值得研究者回头去探究这些能力的意义（Brown，1974; Karlins & Andrews，1972; Rama et al.，1976）。“人类转化能力”（human transformative capacity，Murphy，1992）方面的证据如此之多，以至于西方科学界直到今天才开始放弃那个此前为了适合当时不怎么科学的时代而做出的心身相互作用的界定。

我们需要对“控制”的内涵进行重新定义（Shapiro，1994）。身体控制可能与情绪控制有密切的关系，或者也许能够导致对情绪的控制。如果真是这样，我们就可以给儿童或心理有问题的成年人教授一些最基本的生物反馈技术，以便使他们控制自己反应的能力和意识得到提高。最早证明这种训练具有持久而积极效果的部分研究者包括本森（Benson，et al.，1971）、卡米亚（Kamiya & Kamiya，1981）、佩伯与威廉姆斯等人（Peper & Williams，1981）。

詹姆斯将意志看作注意与意愿（volition）的结合体，这里所说的意愿指的是愿望（wishing）。金布尔与佩尔缪特（Kimble & Perlmuter，1970）认为，意志是生物反馈训练是否能够取得成功的关键，还强调注意在意志过程中具有重要作用。为此，他们提供了一个非常有意思的案例，以说明如果一个人想做一件事但又没有高度集中注意力时可能会发生什么。

你专心吗

问：你会如何称呼橡子发芽后长成的大树？

答：一棵橡树。

问：我们如何称呼一个逗人发笑的故事？

答：一个笑话。

问：青蛙怎么叫？

答：一声呱呱。

问：一个蛋白？

答：一……

（资料来源：Kimble & Perlmuter，1970，p. 373）

你只有集中了注意力，否则就难以避免掉入这一系列问题所营造出来的答案模式，就可能会给出错误的答案——蛋黄[①]。你可能希望能够给出正确的回答，但是这不仅要求你有愿望（意愿），还要求你集中注意力，这样能够使你的意愿成为可能。（如果你想证明这点，可以试试将这些问题逐个询问你朋友，看看会有什么结果。）

消极性意愿（passive volition）被定义成一种让事情顺其自然的意愿。它是指人们学会成功使用生物反馈训练时的特殊意识状态，是一种无须付出努力的注意。比如，某个生物反馈训练可能是要求学会降低右手的温度。首先，人们可能会尝试让自己"努力"去降低右手的温度，而右手的温度则可能反而会升高；然后，许多人会努力让自己"不努力"，这常常也会导致右手的温度升高。最终通过训练，人们学会了停止"努力"，学会"听任"温度下降。消极性意愿并不符合我们的文化习惯。因为我们从小到大都被教育成要坚持、要成功，要顶住压力。事实证明，詹姆斯对消极性和积极性意愿的区分具有重要的意义。

许多致力于治疗心理问题的人格理论都对心理问题的起源与影响因素进行了详细的说明，但是生物反馈研究提供了另外一条治疗思路，这条思路只关注"心理"症状，而不考虑症状的心理学病因。就如格林等所认为的（Green & Green，1972），由于在心理压力的作用下会出现身体疾病，因此，我们可能能够通过学会控制生理反应来消除病症。

也许人格中的某些方面可以通过生物反馈训练来获得改变，这是一种外在、机械、非心理学的训练。如今，经常采用生物反馈的心理治疗领域包括酒精中毒、慢性焦虑、药物滥用、学习障碍、失眠、强迫性恐怖抑郁综合征和书写痉挛（O'Regan，1979）。詹姆斯在一个世纪以前，就首次开展了后来被称为"心理治疗"（mind cure）的研究（Meyer，1980; Taylor，1996），而生物反馈训练也只不过是詹姆斯开创性研究当中的一个应用而已。

冥想研究

詹姆斯有着深厚的文学功底，再加上他与康科德[②]的超验主义者联系密切，使得他很熟悉亚洲的冥想思想（Taylor，1978）。当后来古怪的波兰哲学家温森蒂·鲁托斯拉甫斯基（Wincenty Lutoslawski）到剑桥大学拜访他的时候，使他有了亲眼接触的机会。鲁托斯拉甫斯基在他家的门廊上赤身裸体地练习瑜伽和进行冥想，这使得詹姆斯家人为此深感烦恼。斯瓦米·维韦卡南达（Swami Vivekananda）1896年3月到哈佛大学演讲时，也做了许多示范，而这些后来都被詹姆斯写进了《对教师讲心理学》一书中。此外，佛教僧人阿努伽里加·达摩波罗（Anagarika Dharmapala）于1904年在哈佛大学到詹姆斯的课堂上为他的学生讲授了冥想。但是直到20世纪30年代，美国都没有关于冥想的科学性研究。而如今，这已经成了一个新兴领域，每年大概有100多个实验性研究得以发表（Hussain & Bhushan，2010）。有些学者认为，如今可以说冥想是

① 没有集中注意力时，可能听到提问者说蛋白就会直接回答蛋黄。——译者注

② 美国加利福尼亚州中西部的城市，位于奥克兰东北部。——译者注

所有心理治疗方法中被广泛研究和深入研究的方法之一，也是多年来一直最为研究者所关注的心理治疗方法之一（Walsh & Shapiro，2006）。

研究者考察了两种基本的冥想形式，即专心冥想（concentration meditation）和觉知冥想（awareness meditation）。专心冥想是指努力将注意力集中在一幅图像、一句话或一种感觉上。其目标是使冥想者努力让心理保持平静的状态，从而提高注意力。专心冥想中最为大众所熟悉的冥想形式是超脱冥想法（transcendental meditation，TM），这种方法是瑜伽大师哈里斯・马哈希（Maharshi Mahesh）传授下来的。另外一种冥想形式是正念冥想（mindfulness meditation），这种冥想使冥想者对自己头脑中出现的想法、图像、感觉的觉察能力越来越强，但又不去辨识它们。其目标是使个体培养一种无反应的、平静而又有较高觉知能力的意识状态。

有研究明确显示，冥想能够影响我们身上的许多生理反应（Walsh & Shapiro，2006），尤其是在冥想打坐的时候，能够减缓心率、降低血压、减慢身体的新陈代谢（Benson & Wallace，1972）。米勒等人（Miller et al.，1995）发现，在经受过 8 周的正念冥想之后，不管是临床上还是统计上，个体的焦虑与恐慌症状都有显著的降低，并发现在后续 3 年的追踪研究中，这种效果能够得到保持。

施耐德等人（Schneider et al.，2009）在一项对非裔美国人进行随机取样的控制性实验中发现，超脱冥想法能够有效降低死亡率，不管是哪种原因导致的死亡都是如此，其中还包括卒中与心肌梗死。可以将冥想定义成一种使个体保持宁静与安宁的系统化方法，或者是使个体将注意力集中在自己内心上的系统方法。冥想既可以在安静的场合，也可以在充满噪音的场合下进行，眼睛既可以闭着、也可以睁着，可以坐着、也可以站着，甚至是在走路的时候也可以冥想。如今，已经有数百种冥想的方法、技术和练习方式。早期实验室的大部分研究都是采用超脱冥想法的方式进行（Benson & Wallace，1972; Kanelakos & Lukas，1974）。显然，通过这种方式获得的资料对于其他的冥想方法来说也有效（Benson，1975）。后来的资料则更多地来自佛教的正念冥想（Brown & Engler，1980; Epstein，1990; Sweet & Johnson，1990）。不过，目前大部分研究的重点是放在压力管理上（如，Miller et al.，1995），少数一部分研究考察它对自我探寻的价值；此外，还有很少一部分研究考察它被许多宗教用来作为引发自我解放（self-liberation）的手段（见第 13 章与第 14 章中关于瑜伽与佛教的冥想研究的讨论）。

随着大众对冥想技术的广泛接受，许多大城市和大部分大学都开始出现了提供冥想训练的组织。心理治疗（Carrington，1978; Delmonte，1990; Simpkins & Simpkins，2012）、癌症治疗（Simonton，et al.，1978）和药物滥用（Benson & Wallace，1972）等领域对冥想技术的应用，使得对这一技术的治疗效用能够做更进一步的评估。

如今，研究者对各佛教教派中那些受过高度冥想训练者的心理与生理反应的研究兴趣也蓬勃兴起。加上有了新的研究方法来测量大脑活动，以及研究者自己又有了长期的佛教冥想体验，从而推动了对许多理论观点的证实或否定。比如，受过训练的冥想者宣称能够将注意力集中在单一对象上长达数小时，或者是在一秒内将注意力飞速地转换多次。如今，就可以检验这种说法。

研究表明，冥想对人类大脑的影响有许多方式。比如，有研究考察了正念冥想对大脑功能的影响，结果发现与积极情感有关的左前大脑活动有显著的增强（Davidson et al.，2006）。另外一个研究发现，与学习和记忆过程，以及与情绪控制和换位思考有关的脑部区域的灰质浓度出现了增强（Holzel et al.，2011）。此外，还有研究发现正念冥想能够有效降低个体报告的抑郁症状，以及对与悲伤有关的神经机制产生影响（Farb et al.，2010）。

冥想研究的意义

意识的内容是什么？詹姆斯认为我们可以将意识看作一条川流不息的河流。研究报告表明，更完整的说法是将意识看作一条有着众多溪流但却同时流动的河流。或者采用另一个类比，人类的觉知是不间断地从一个地方转到另外一个地方，就像火车站的探照灯在各个铁轨上不停地扫射一样。

除了有各种各样的想法，意识里面还有什么呢？来自冥想者的报告表明，在处于意识表层的各种想法背后，似乎还存在一些东西。当一个人去探索意识时，他的意识内容、结构以及想法本身都会随之发生变化。

塔特（Tart，1972）鼓励研究者去探讨研究者本身是否也需要接受专门的训练，以便他们能够进入与观察这些特定的意识状态。就如牙科医生需要接受训练，使他们能够在X射线下找到哪怕是最细微的问题，宇航员需要接受在反重力条件下进行工作的专门训练一样，以特定意识状态为研究对象的研究者也必须接受适当的训练。詹姆斯自己抱怨说，通过笑气引发的领悟力出现了“降低”，这可能反映了他自己缺乏这方面的训练，而不是气体逸散的作用效果。

> 在我知道的科学提供的所有有力证据当中，没有哪个比下面这个证据更坚实、更基础了，也就是说，如果你抑制（或保持）思绪，你最终就能够深入到思绪背后或思绪之下的意识领域……能够觉察到一个更大的自我。（Edward Carpenter，1844–1929）

冥想对人们的动机、价值观、生活方式会带来什么样的影响呢？拉姆·达斯（Ram Dass，1974）宣称，他在教授西方动机心理学过程中形成的一些观念与想法，受到了他自己的冥想体验的严重影响。他考察过的一些冥想方式没有显示出所谓的基本性动机是个人幸福感的必需条件，不管是关系、权力、成就这类基本动机，还是食物、水和生存这类更具生物学意义的生理性动机。拉姆·达斯（1978）、西亚多（Sayadaw，1954），以及其他学者的研究表明，确实存在一些并非建立在西方心理学假设基础上的人格模式。

催眠研究

大多数心理学家所不知道的是，詹姆斯还是一位催眠专家，他在那时候就撰写了许多关于被催眠者的文章，并对催眠做了大量的实验室实验和催眠展示。在19世纪80年代早期法国神经学家让－马丁·沙可的推动下，催眠重新被作为一种医疗手段；而詹姆斯及其在哈佛大学的同事，则将它作为研究恍惚状态（trance state）和癔症患者的方法（Taylor，1982）。

> 在我们的精神王国中，我们可以心想事成，想什么就有什么，但是经验与实验都表明这些想法都必须在一定的界限内进行，而这些界限也就是我们需要超越的深层次信念（Lilly，1973）。

有点儿荒谬的是，虽然催眠被作为一个科学研究领域已有100多年了，但至今仍然很难对它做出令人满意的界定。如今，催眠的应用领域十分广泛，既会应用在心理治疗、运动员训练上，也被当成是缓解疼痛的技术，甚至被当成夜总会的娱乐项目。在催眠状态下，被催眠者对外界刺激的反应和他们的主观感受都会发生巨大的改变。塔特曾经对催眠的效果进行了阐述（Tart，1970）。

我们曾经做过一个典型的实验，首先告

诉被试说他们闻不到东西，然后你将一小瓶氨（一种无色刺激性气体）放在他们的鼻子底下，再对他们说“深呼吸”。如果他们是一群好的被试，那么他们就会毫无表情地坐在那儿。（每当我看到这一幕，都会感到极度震撼，但实验效果却很好。）此外，通过催眠你可以诱导被试完全感觉不到手术时的疼痛，也可以让人产生幻觉。如果你告诉被试墙角有一只北极熊，那么他们就真的会说自己看见了一只北极熊在墙角。通过一定的方式，你还可以篡改他们的记忆……你可以通过催眠将他们带回到过去，让他们觉得自己就是处于某一年龄的小孩，等等（Tart，1970，pp. 27–28）。

人们的可催眠性存在很大的个体差异。成年人中大概有 15% 的人具有很高的可催眠性，而大概有 10% 的人很难或者是不可能被催眠。与成年人相比，儿童更容易被催眠（Rhue，2010）。催眠在医疗手术中被成功地用来控制疼痛，比如在手术过程中只使用了催眠这一种麻醉方式（Salazar et al.，2010）

在被催眠状态下，训练有素的被试能够表现出一些罕见的知觉、情绪、身体和心理反应。由于催眠诱导能够改变被催眠者的意识状态，因此催眠被认为是探究意识世界的一种方法，而不仅仅是被用来作为诱导出某种意识状态的手段。

催眠研究的意义

谁控制了你的意识？在被催眠状态下，似乎是催眠者在全面控制，能够使被催眠者做出一些平时不愿意做、甚至是很傻的行为。实验室研究表明，在催眠状态下，被催眠者与催眠者的关系就是一个乐意合作式的关系。一个信任催眠师的被试会遵照催眠师发出的各种指令。在某种程度上说，我们都被广告和电视催眠了。那么，这与催眠诱导有什么不同呢？如果你按照指令行动，那么你是否对自己的行为完全负责呢？在牙科手术的催眠过程中，病人被告知需要将疼痛从牙齿上转移，或者是“关闭这个疼痛”。这是怎么做到的？虽然我们不了解其中的原因，但我们知道这确实有效。如果疼痛是主观体验，也就是说，被试能够自主地对其进行控制，那么这是不是意味着我们可以说“我疼”，甚至是“我累了”“我生气了”呢？这些证据表明，意识对于那些能够进入其觉察范围的内容具有高度的选择性。

另外还有个控制疼痛的方法，就是利用思绪的自动转移特性，这一点你自己也可以试试。在下次你感到疼痛的时候，比如烧伤了、蚊虫叮咬了或者是扭伤脚了，等等。首先，闭上眼睛，在意识中努力让自己觉得更疼，将注意力只集中在受伤的地方以及疼痛上面，尽量去体验这种感受，保持这种状态至少 30 秒钟。一旦你放松下来，就会觉得疼痛大大减轻，甚至是消失了。

那么，我们对疼痛刺激的接受在多大程度上是因为我们不清楚还有其他的方式可以对付这些不愉快的感觉呢？

丧失自我

当个体处于所谓的深度催眠状态下时（Sherman，1972; Tart，1970），他们的人格似乎会发生巨大的变化。被深度催眠的人似乎能够一个一个地抛开所认同的身份特征。他们逐渐失去了对时间流逝的感觉，失去了对房间、对自己身体的觉知，以及对自己身份的觉知；他们甚至感觉不到实验者的存在，尽管他们之间的沟通仍然能够继续；直到结束，他们才不会将实验者知觉成是一个来自遥远地方的声音。

我问了他各种与其身份有关的问题。“你是谁”“你的身份是什么”，以及其他一些类似问题。他开始时的表现还是他自己，后来他的表现逐渐变得越来越受大脑支配，而不是由身体支配。这种程度越来越深，他也渐渐迷失，直到他的日常身份消失（让我们称他为约翰吧）。当他进入深度催眠时，约翰就不再存在了。显然，在“他是谁”这一点上出现了一定的变化。他越来越认同一个新的身份，这个身份具有潜在的可能性。他不是特定的某个人，他只是一个可能体（potential）。他可能是这个，也可能是那个。在对这些可能体的认同过程中，他是有觉知的。（Tart，1970，p. 35）

这些研究表明，人格能够从觉知里面被分离出来。那么，在催眠过程中当研究者说“约翰已经不存在了”时，其中是谁或是什么在对实验者的指令给予反应呢？

关于时间知觉和空间知觉的研究与讨论，请参见我们的网站。

隐蔽的观察者

在催眠过程中，人格中的其中一部分能够对外界某些事情进行觉知，而人格的其他部分则觉察不到。詹姆斯（James，1889）在这方面的研究起初引起了广泛争议，但如今这些争论也渐渐消失。他曾报告了一个案例，在此案例中，用针在一个被催眠者的右手上刺一些文字，然后让被催眠者报告感受。结果发现，被催眠者根本没有觉知到这种身体感觉，而让他们阅读这些文字的时候，他们也直接将其忽略了。

欧内斯特·希尔加德（Ernest Hilgard）通过一系列的类似实验，认为存在两部分相互分离的觉知，也就是人格可以分为两部分，这两部分人格有同等的能力与才智，但却互不知晓（Hilgard，1977，1978）。所谓的隐蔽观察者也只是在一个偶然的情况下被发现的。

我们是在一个年轻人身上首次发现这一现象的，这个年轻人是一个盲人，被成功地催眠成听不到声音。他对身边的噪音以及学生对他的大声评论都没有反应。有个学生问道：“我们怎么知道他是真的听不到任何声音呢？”对此，我告诉他如果他能听到我的声音，就竖起他的手指来。结果他竖起了手指。然后他说道：“你能把我带出来告诉我刚才发生了什么吗——是什么使我的手指竖起来了？”

然后我对他说，当我将手放在他头上的时候，我是想碰触他的身体，但就是这个动作使他竖起了手指。只要我一将手放到他的头上，他就能够根据指示做出回答，比如我将两块木头相互敲击了多少次等。但是我一拿开手，他就又恢复到了之前的被催眠状态，说道：“我记得的最后一件事情是，你告诉我当你将手放在我头上时需要对你说话。我刚才说了什么没有？”（Hilgard，1977，p. 186）

你能想到你能觉知、观察到你自己的一部分，而另外一大部分则是处于无觉知的状态吗？越来越多的证据对此做了肯定回答（Nadon et al.，1988; Spanos et al.，1988）。如果事实果真如此，那么另外那部分有什么特点呢？它知道什么？它又是如何影响你的行为呢？

多重人格的研究

虽然乍看起来我们的自我好像是一个单一整体，但詹姆斯更加认同那种认为我们不是一个一元自我（unitary self）的说法。我们的自我可能是多重的，其中某些部分之间的联系比较密切。在心理治疗领域，我们能够看到人格解体成一些最基础的部分。不过在神秘体验者的统一意识（unitive consciousness）中，这些不同的方面看起来就是一个**整体**，是一个完整的、统一的单一体，世界与自我似乎无缝融合在了一起。不过詹姆斯认为，不管是在心理治疗还是超然体验领域，自我都始终是“不完整的”，那些松散的线无法巧妙地组合成一个整体，也难以完整地说明我们是谁。

詹姆斯是较早研究人格理论的学者之一，探讨了**多重人格**方面的案例，考察了普通人可能能够体验到的各种意识状态，甚至提出了最近我们才注意到的个体发展中的成长导向维度（growth-oriented）。他的观点在1896年罗威尔（Lowell）的演讲《特殊精神状态》（*Exceptional mental states*）的“多重人格”一章中进行了透彻的阐述（Taylor，1982），并发表在他为1895和1898年所出版的《约翰逊世界百科全书》（*Universal Cyclopedia*）所写的人格定义中（James，1895; Taylor，1996）。

简单来说，詹姆斯比较认同由英国灵魂学家迈尔斯（F. W. H. Myers）首次提出的意识谱（spectrum of consciousness）观点。迈尔斯认为，清醒时的意识只是众多意识状态中的一种而已，其位置大概是居于病理状态和超然体验之间的中间位置。在总结英格兰和欧洲实验心理学最新进展的基础上，迈尔斯认为创伤会导致那些个体难以接受的经验从清醒意识中分离出来，进入并停留在潜意识（subconscious）中，按照它自己的方式运转。他将之称为**“隐匿思想世界”**（the reality of the buried idea）。每当类似的创伤性体验出现、被个体当作无法接受的经验而分离时，就可能被整合进那些停留在潜意识里的情结中。最后，这些情结就可能以一种伪装形式进入清醒意识，并以症状的形式表现出来，比如表现为晕倒、卒中、不能说话或听不到声音等癔症的典型症状；或者是积蓄了足够能量后从潜意识中脱离出来，进入到清醒意识领域，以一种成熟而分离的人格特点表现出来。在迈尔斯、皮埃尔·简妮特（Pierre Janet）、莫顿·普林斯（Morton Prince）等人的多重人格观点的基础上，詹姆斯提出这就是多重人格的起源。

在19世纪以前，那些具有多重人格的人被认为是被魔鬼附了身。关于多重人格最早的记载是1646年帕拉塞尔苏斯（Paracelsus）所做的记录（Farrell，2011）。但到了如今，已经有大量实验证据表明，有些人似乎不止有一个人格；也就是说，他们的内心存在着多个人格。每个人格身份都有自己的名字，有自己的记忆，以及各自的思维和行为方式，甚至这些不同的人格身份还有不同的年龄和性别。详细报告了的极端案例包括那些有着多个“他们”的人（Casey，1991; Chase，1987），以及治疗师（Mayer，1990; Schoenewolf，1991）和一些研究者（Keyes，1981; Schreiber，1974）所描述的有着多个人格的病人。此外，还有大量关于此现象的临床案例（Ross，1989）和心理生理学研究资料（Coons，1988; Miller & Triggiano，1992; Putnam，1984）。

相对来说，与世界上其他地方相比，北美发现了更多的多重人格案例（Atchison & McFarlane，1994; Paris，1996）。这其中的原因可能是因为诊断工具上的差异，也可能是因为心理卫生保健系统或心理健康治疗频率上的差异（Sar，2011）。

显然，当个体遭受到重大应激性事件，比如童年时的性虐待，或与战争有关的恐惧或弗洛伊德所说的长期存在的无法解决的内在冲突，人格就可能会分裂。其中一部分人格仍然保留了对创伤性事件的记忆和感受，而其他部分则没有。这些分裂后的人格似乎不会融合在一起，而是维持各自的独立存在，有各自的成长路线，不同的人格似乎还拥有不同的能力，甚至能够说不同的语言（Keyes，1981）。此外，实验室研究还表明，不同的人格可能有不同的血压，不同的药物反应或过敏反应，甚至是不同的眼镜度数（Miller et al.，1991）。

这些研究大大扩展了当前关于人格的界定。

多重人格的研究意义

需要指出的是，大家公认的一个假设就是所谓的“异常”或病态都是正常行为的极端状态而已。比如，妄想狂是过度的警惕，是对陌生人的极端不信任；癔症（癔病）是情绪的过度兴奋，等等。如果这个假设也适用于多重人格研究，那么这就证实了詹姆斯的看法，也就是我们每个人的内心都有多个人格。

如果我们将着眼点放在普通的内部事件上，这种观点就更容易让人信服。你曾经是否自己与自己争论过？争论的另一方是谁呢？你曾经是否带着问题睡觉，但是却在睡醒后有了解决方法？当我们说“我不知道是什么进到了我脑袋里面”，或者“我想象不出我为什么会那么说或那么做”时，又意味着什么呢？

那些有着严重药物或酒精滥用问题的人常常报告说，他们内心中的一部分很想克服这些不好的习惯，而另外一部分则一点儿都不想。如果这是人格存在多重性的证据，那么如何才能保证治疗过程中在场的身份是喝酒的那个人格身份呢？

多重性也可能并不是病态，而是与个体的生存有关，是个体能够成功应对极端情况的一种方式。从这一角度来看待人格的多重性，很可能会给心理治疗目标以及其他的个人教育带来一定的改变（Dawson，1990）。异常多重人格具有自我治疗能力的证据，可能就如墨菲所说（Murphy，1992），能够为人类能力的开发提供一定的启发作用。

多重人格的存在所反映的问题其实也是其他领域的研究所反映出来的问题。“我是谁”这个问题的答案，可能比我们至今所能想到的答案还要复杂、深奥得多。

理论点评

本章涉及的研究发现不是很符合现存人格理论的经典范式。这些研究都清楚地表明，那些局限于物理世界和我们身体世界的简单化的人格理论，并不能准确地说明人类的各种潜在可能性。对冥想、生物反馈和致幻剂效果所进行的实质性研究为意识心理学提供了坚实的科学基础。在实验室有望对所谓的“意识的神经关联因子”进行测量，这在复杂的意识现象研究中属于人类历史上的首次（Jensen & Overgaard，2011）。另外一个相关的研究领域是神经现象学（neurophenomenology），这一研究领域将主观经验与脑动力学（brain dynamics）结合在一起进行研究（Gallagher，2009）。人格理论必须扩展它的研究领域，以便将这些启发人的思维的研究发现也纳入进来。正如弗洛伊德将其关于男性行为的观点推广到女性身上这一做法不准确一样，本书里面的其他许多理论家和研究者如果将他们的人格研究局限在一定的领域内，也可能会过分强调他们的研究。

原始手稿

◆节选自《对教师讲心理学》和《宗教经验之种种》

由于詹姆斯的兴趣非常广泛，因此我们在此节选了两部分内容。第一部分是从他给教师的讲稿中节选出来的，这是詹姆斯的道德思想与实用主义的最好展示；第二部分节选自其著作《宗教经验之种种》（1902），举例论述了他在超个人体验方面的研究。

教师应该认识到习惯的重要作用，而心理学也应该在这方面发挥重要的辅助作用。虽然我们会说好习惯、坏习惯，但当我们说到“习惯”这个词时，大部分情况下都是指坏习惯。人们会说抽烟、骂人或喝酒的习惯，但不会说自我节制、温和或勇敢之类的习惯……我认为，由于我们都有身体，因此我们都会被习惯影响。简单来说，由于神经系统具有可塑性，因此我们在第一次做某件事情的时候虽然难度较大，但后来却是越做越容易，最终如果有足够的练习，我们就能在一种半自动化的方式下做，甚至是无须意识参与。用卡本特博士（Carpenter）的话说，通过训练可以使神经系统以练习时的方式进行反应，正如同一张纸或一件衣服如果事先折叠过，那么那些折痕就很容易使它们再次折叠起来。

因此，习惯是我们的第二天性，甚至是如同惠灵顿公爵所说的，它是“十倍的天性”（ten times nature），至少它在成人生活中占有非常重要的地位。通过练习而形成的习惯会压抑或妨碍先天就存在的本性冲动。我们的行为有百分之九十九，甚至绝大部分都纯粹是习惯，从我们早上起床到晚上躺下来皆是如此。不管是穿衣、脱衣，还是吃饭、喝水、问候、分别、脱帽致意、礼让女士、拒绝，甚至是我们的日常语调，都是多次重复后形成的固定模式，几乎都可以归类为反射行为。对多次重复后形成的每一类印象，我们的反应都是自动、现成的。现在我对你们所说的话就是其中一个例子。因为我的讲述也是建立在习惯基础上的，以前我已经将这些内容写进了我的一本书中，而且在出版时还仔细阅读了一番，我发现我的舌头不可避免地在重复以前的词句，几乎是逐字重复我以前所说的。

由于我们有很多的习惯，因此我们就是一种刻板的生物，会模仿和复制我们自己的过往行为。正因为如此，不管是在什么情况下，我们的反应倾向都是对以往行为的重复，因此，教师的重点应该是将那些非常有用的习惯铭刻到学生身上。教育的目的就是塑造行为，而行为是由习惯组成的……

没有什么比人类更可怜了，因为人类在出生时，一切都还尚未决定，没有什么是习惯；对我们来说，点燃每一根烟，喝每一杯水，每天的起床、睡觉，每开始做一件事，都是在意志作用下进行的。大多数时候，人们不是在决定事情，就是在对某些事情后悔，这些事情的处理应该成为人们的习惯、铭刻在人们心中，但实际上我们还不知道怎么去处理这些事情。如果这些日常事务处理还没有成为我们的习惯，就让我们从此时此刻开始来安排好这些事情吧……

……抓住一切可能的机会，让自己按照自己内心冲动去做事，去执行自己所做的每一个决定，你所希望养成的习惯就可能会慢慢形成。这不是习惯形成，而是提供作用效果的时刻，能够将你的决心和期望传达给大脑的新“组织”。

不管一个人的内心有多少原则，也不管一个人的情操有多好，如果他不能利用每个实在的机会去行动，他就无法提升自己。众所周知，良好的愿望不一定有良好的结果……当一个决定或者一个好的感受快要消失而又没有实际结果的时候，就不仅仅是机会失去而已。因为它们很活跃，会妨碍其他决定和情绪的正常表达。没有什么比缺乏感情和梦想的人更糟糕的了，因为他们只会在情感的海洋中漂浮，却永远都不会去做任何一件勇敢的事情。（James，1899，pp. 33–36）

下面的内容精选是詹姆斯在宗教经验问题方面所做的最后一部分演讲。这些演讲总结了意识和行为方面的精神体验效果，也是最早从心理学角度所做的总结之一。詹姆斯在评述的时候，内心中也并没有谁对谁错、道德还是不道德的预设立场。詹姆斯在之前的演讲中列举了无数的范例、效果，还有自己对此所做的分析，而在本部分中，他努力对他的发现以及这些发现所具有的意义进行总结。

下面就尽量总结我们已经发现的各种宗教体验的特点，简单说来，包括以下几条。

1. 这个看得见的世界只是精神世界的一部分，从这一精神世界中可以获取更重要的意义。
2. 我们的终极目标就是与宏观宇宙保持一致与和谐。
3. 与宏观宇宙中的灵魂进行内心沟通或祈祷是实现终极目标的过程，这个灵魂可能是“上帝”，也可能是“法则”，在这一过程中，精神能量在现象世界内流动，并引发了现象世界内的物质和心理效应。

宗教还有以下一些心理特征。

4. 兴致在其中的作用就好像是生活中的礼物，这种兴致可能是狂热的迷恋，也可能表现为对庄严和英雄主义的兴趣；
5. 提供了安全感、宁静的心态、与他人交往、爱……

除了宗教经验带来的主观效用，我们还必须考察其中的内容。

1. 各种不同的教义中都有戒条，那么其中是否存在基本的共同点呢？
2. 需要考察戒条的真实性吗？

下面，我首先谈第一个问题，并且给予肯定的直接回答。各个教派之间相互对立的神灵与教义的确是在彼此的斗争中消亡，但所有的宗教都会有一个确定的正式主张。主张由两部分组成：苦难与出路。

1. 苦难，简单来说，就是觉得所处世界出了问题的感觉。
2. 出路，就是认为通过与神灵的联系，可以从问题当中解脱出来的感觉。

在我们独自研究的那些比较成熟的教派中，问题带有道德方面的内涵，而解救则有神秘的意味。我认为，如果我们用下面这种方式来阐述那些宗教体验的实质，就应该恪守这些教派的共同界限。

一个人，只要他被问题所困扰，并为此而抱怨，就表明他已经达到了意识之上的境界，至少是已经触摸到了更高境界——如果确实存在更高境界的话。一个人身上除了有不好的部分外，还有好的部分，即使那可能只是一些最没用的细菌。由此，个体就可能认识到他的真实存在，不过这一阶段的认识显然并不清晰。在第二个阶段，也就是出路或解救阶段，个体会将自己的真实存在与内心中的更高境界联系起来，并以相应的方式表现。他开始觉察到，内心的更高境界会与相同性质的外部高级境界建立联系。尽管这个高级境界在他身体之外的宇宙中运转，但是他也能够跟随，以期望在灾难来临或内心低级自我崩溃时登岸，或至少能够拯救自己。

在我看来，这些情况似乎都可以用这种简单的概括化形式来准确描述。它们能够容纳那些分裂的自我和内心的挣扎，引发核心自我的变化、低级自我的让步，表现为辅助力量的外在显现以及它们与个体的合一感，并能够给我们提供充分的快乐与安全感。在我所有的引用中，可能没有哪个自传性材料是不恰当的描述。现在只需要增加一些特定的细节，比如将意志引入到各宗教中和个体身上，那么我们就可能会有各种独特形式的体验。

然而迄今为止这方面的分析，所涉及的体验都只是心理现象。但实际上，它们具有重大的生物学价值。当你拥有它们的时候，确实会有精神力量的增强，你也会开始新的生活；它们好像为你沟通两个世界的力量提供了一个汇合点。尽管它们具有一定的效用，但这可能只是你感受世界的主观方式，是你自己幻想的心境。下面开始讨论我提出的第二个问题：这些教义内容中所蕴涵的客观“真理”是什么？

与真理问题关系最密切的一部分教义内容是“相同性质的外部高级境界”。我们内心的高级自我通过与它的联系，由此产生合一感。那么这个“高级境界”仅仅是我们的想象，还是确实存在呢？如果确实存在，那么存在的形式又是什么？它有作用吗？在什么情况下我们会与所信仰的宗教神灵产生“合一感”呢？

正是在回答这些问题的过程中，各个教派建立起了它们自己的教义，同时也使各教派教义之间的差别得以体现。它们都认为“高级境界”确实存在，虽然有些教派认为这种高级境界是一个人格神（personal god）[①]，有的则认为是多个神灵，另外还有些教派则将之看成是存在于外部世界中的一系列理想化品质。此外，这些教派都认为这个高级境界确实能够发挥其作用，都认为

① 如耶和华、安拉。——译者注

如果你信服它，就能够给你的生活带来改善。各个教派在处理“合一感”体验的时候，它们之间的教义差异表现得特别明显。它们对于多神和一神、先天和后天、善行、宽恕、因果报应，以及永生不死和投胎转世等问题，一直争执不休。（James，1902/1958，pp. 367–369，383–385）

章节重点

- 詹姆斯将心理学定义为“对意识状态的描述与解释”，他的研究与发现也界定了心理学的研究领域。
- 詹姆斯感兴趣的是理清具体问题，而不是建立一个统一的理论模型，他认为对于不同的研究资料需要采用不同的研究理论。
- 个体清醒时所意识到的连续性就是自我。它包括生理自我、物质自我、社会自我和精神自我等几个方面。与意识一样，它虽然存在间断性，但同时又具有连续性。
- 没有独立于所有者之外的个体意识。任何一个想法都是个人意识的一部分。意识始终是存在于个体身上。完全相同的想法永远不可能再次出现。
- 任何人的思想都具有连续不断的特性。每个想法都是意识流的一部分，它的能量、内容、关注点和指向的目标都直接承接于上一个想法。
- 意识具有选择性。注意与习惯是个体选择过程中的主要成分，也是影响个体选择的主要因素。
- 觉知包括两个方面，一部分是明确的，另外一部分是模糊的。觉知有中心，也有边缘。任何一个特定时刻我们所觉知到的就是我们所注意的。觉知的边缘由感受以及能够赋予觉知内容意义的联想组成。
- 意识是一个领域，包括意识的中心与意识的边缘。
- 詹姆斯反对那种认为心理是被动的、个体只是被动去体验的说法。他认为事情在被个体体验到之前，首先需要被注意到。如果没有被注意到或被兴趣选择，外部的经验就完全是杂乱无章的。
- 习惯就是那些看起来貌似是自动进行反应的行为和想法。它们能够减少个体在行动中需要付出的意识努力。无须注意虽然可以使行动变得更容易，但也使得该行动难以发生改变。
- 日常生活中的坏习惯是个体发展过程中最普遍、最明显的障碍。对于已有的习惯，个体会抗拒改变，从而使个体难以出现新的变化。
- 意志是努力与注意的结合体，努力指的是对分心、约束和懒惰的克服，注意是指意识的集中。意志是个体体验神秘融合、宇宙意识或统一意识等意识变化状态的必须条件。
- 人类具有提高个人幸福感的潜在动机。
- 情绪是对身体变化的反馈。精神药理学研究在一定程度上支持了这一观点。
- 情绪表达与情绪超脱之间的平衡对身体最有利。必须有一个健全心态。理想的目标应该是那些能够转化为现实的目标。
- 实用主义：如果一个观念的对与错没有实际意义上的区别，那么对此进行讨论就毫无意义。
- 情绪未表达、情绪过度，以及詹姆斯所谓的“个体盲点”会阻碍个体的发展。不管是积极情绪还是消极情绪，如果对它们进行压抑或抑制，就都可能引发个体的心理或生理疾病。
- 教师的首要任务是鼓励学生增强维持注意的能力，而让注意集中时间较长的方法就是进行训练。
- 詹姆斯倡导的心理学考察了人类经验的各个方面，其中一端是神秘体验，另外一端则是生物学。他在研究意识的各种状态时，并没有将异常、正常和超个人体验进行区分，认为它们分别是意识连续统一体上的一部分。

- 对意识和现实本质的基本假设遭到了生物反馈、致幻药物、催眠和冥想方面研究的质疑。詹姆斯对意识变体、宗教体验、超然体验和催眠时意识状态的研究类似于当代科学对主观现象的研究。
- 詹姆斯认为自我包括多个成分，它们处于不断波动的状态中。已经失去了个人身份而又没有感到自己失去了的研究发现就是对这一观点的支持。
- 任何一个没有将意识变体纳入研究范围的人格理论都是对人类经验的不完整描述。
- 正常觉知状态之下的那部分意识只是意识的一小部分，是意识的一个特例而已，有它自己的规律与局限。
- 生物反馈研究发现，情绪取决于身体的反馈。
- 消极性意愿与积极性意愿之间的差异是进行生物反馈训练的关键。消极性意愿指的是一种顺其自然的意愿，是一种人们学会运用的特殊意识状态。
- 冥想是一种使个体达到宁静、集中和持续注意的练习方式，它对某些生理和心理疾病具有一定的治疗作用，也是一种探索思维结构的方法。
- 通过特殊训练可以接触到意识的特殊状态。
- 催眠越来越被认为是一种探索意识的方法，而不仅仅被当作诱发某个意识状态的手段。

关键术语

生理自我（biological self）：生理自我指的是我们的身体，它包括所有与遗传有关的方面，比如我们的身体健康、疾病，以及生理功能。

盲点（blindness）：盲点是指人们觉得在为别人做决定的时候是为了他们好，觉得自己知道别人需要什么或者应该教给别人什么。人们有个更为普遍的盲点，就是看不清现实世界在内心中的印象，由此使我们难以看到眼前的压力和美好事物。盲点的症状表现既可能是无力表达内心的感受、没有觉察到过度的情绪，也可能表现为乐意接受那些对意识有不良影响的习惯。

归纳性知识（knowledge about）：詹姆斯认为归纳性知识是一种通过抽象推理而获得的较高层次的知识。这是一种凝练的认知性知识，反映事物之间的关系。它可以通过抽象获得，是客观的、非情绪性知识。

熟悉性知识（knowledge of acquaintance）：詹姆斯认为熟悉性知识是一种通过直接经验而获得的知识，是经由情绪与感官知觉而立即呈现在心中的诗意般的直觉性知识。

物质自我（material self）：物质自我的一个方面，是指个体认为与自己有关的方面，不仅包括身体，还包括我们的家、财产、朋友、家庭。个体所认同的某个人或某个物体也可以被认为是物质自我的一部分。

消极性意愿（passive volition）：消极性意愿是一种顺其自然的意愿。它是指人们学会成功使用生物反馈训练时的特殊意识状态，是一种无须付出意志努力的注意。

实用主义（pragmatism）：实用主义是一种以结果作为检验真理标准的理论。它是第一个在美国产生且在全世界具有影响力的哲学理论，该理论由詹姆斯和皮尔斯首创，随后借约翰·杜威等哲学家的工作得以完善，他们认为人们需要了解那些对生命或思想中的事情没有价值的想法，或需要将之消除。认为如果一个观念不管是对还是错都不会带来什么实质性改变，那么再多的讨论都是毫无价值。因此，真实的观念就是那些我们能够证实、确认、吸收和有效利用的观念。

隐匿思想世界（the reality of the buried idea）：隐匿思想世界指的是那些个体无法接受的创伤性经验会从清醒意识中分化出来，被埋葬到潜意识中，但仍然按照其自身的方式发生作用。

理性情感（sentiment of rationality）：理性情感指的是个体希望自己是一个理性的人的时候的情绪状态。表现为个体期望找到一些事实证据以便让自己更舒服，或者是寻找一些事实证据来消除自己的情绪困扰。这种情感与理性思维一样，贯穿在我们的决策过程中。

社会自我（social self）：正如我们会和不同的人交往一样，我们也可能拥有许多个社会自我，因为我们在不同的人面前会展示出自己的不同方面，而现实中又不可能有完全相同的两个人。

精神自我（spiritual self）：精神自我是人格中层次最高、最核心也是包容最广的方面。它是个体内在、主观的存在，是所有意识中最活跃的成分，是个体努力、注意和意志决定的来源。

意识流（stream of consciousness）：在文学领域，意识流指的是一种写作手法，这种写作是按照思想意识的流动来进行写作，特点是跳跃、无逻辑，因此也被冠名为“思想流”。而在意识研究中，意识流意味着意识是连续的，尽管在人的觉知和感受中会有间隙，但却不会有不连贯的感觉。

意志（will）：意志是指注意（意识的集中）和努力（对懒惰、分心和阻碍等因素的克服）的结合体。意志就是一个过程，在这个过程中，意志能够使个体在多个方案中选择。

推荐阅读

Allen，G. W. (1970). *William James：A Biography*. New York：Viking.

本书可能是迄今为止写的最好的编年体人物传记。作者另外还发表了沃尔特·惠特曼（Walt Whitman）和拉尔夫·沃尔多·爱默生的传记。

Donnelly，M. (Ed.). (1992). *Reinterpreting the Legacy of William James*. Washington，DC：American Psychological Association.

在对詹姆斯的影响进行评述的基础上，23 位学者论证了詹姆斯的思想在各自领域的发展。其中第一篇论文系统说明了詹姆斯对美国心理学的影响，其中包括对 20 世纪 30 年代和 40 年代主要人格理论的影响，以及他对 20 世纪 60 年代人本主义和超个人心理学形成过程中的奠基性作用。

Feinstein，H. (1984). *Becoming William James*. Ithaca，NY：Cornell University Press.

本书是一本独特的人物传记，主要叙述了詹姆斯的祖父和曾祖父以及他们对詹姆斯思想形成的影响。本书作者是一名精神分析硕士，在回校攻读历史学博士之前对家庭系统理论（family systems theory）很感兴趣。

James，W. (1902). *The Varieties of Religious Experience*. Various editions.

本书是詹姆斯在宗教心理学和宗教体验方面的讲稿，运用的是他所称的“亲历文献”（documents humaine）的现象学手法，即在世活人的记录，也就是用第一人称来描述生活体验。本书是一部详实的介绍性著作，完整扼要地介绍了意识改变状态下的心理现象，尽管里面的许多案例来源于宗教典籍。此外，哈佛大学还出版了一个比较适合研究人员的注解版本。

James，W. (1961). *Psychology：Briefer Course*. New York：Harper & Row.

高尔顿·奥尔波特作序。

这部《心理学简编》是两卷本《心理学原理》（1890）的精简版，出版后的20年中就一直是美国各大学以各及学院的标准教科书。詹姆斯的学生将两卷本的原理戏称为“詹姆斯”，而将《心理学原理》的缩减版——《心理学简编》称为“吉米”（the Jimmy）。本书1961年的版本中包括了神经系统这一过时的章节，也是从最原始版本中摘录的。

James，W. (1962). *Talks to Teachers on Psychology and to Students on Some of Life's Ideals*. New York：Dover.

本书是为教师所做的将《心理学原理》（1890）应用在教育领域的通俗性讲解，书中包含有大量切合实际的建议，以帮助教师去培养与训练年轻人的心理。詹姆斯说书中所附带的与学生谈人生这一部分，包含了能够揭示其哲学思想的论文，尽管这部分内容讲述时的对象是普通民众。

McDermott，J. J. (Ed.). (1977). *The Writings of William James：A Comprehensive Edition*. Chicago：University of Chicago Press.

本书是最好的单卷本的詹姆斯著作集，也是一部优秀的入门性书籍，选取了大量的詹姆斯的哲学和心理学著作。其中包含有詹姆斯已出版作品的注释性目录，在当时这是最全的目录，后来被更完善的、由布克哈特、鲍尔斯、斯克鲁普思克里斯所编写的《哈佛版詹姆斯作品集》（*Critical Edition Collected Works of William James*）所取代（Eds., 1975−1988）。

Myers，G. (1986). *William James，His Life and Thought*. New Haven，CT：Yale University Press.

詹姆斯并不是一位系统性很强的学者，他在整个学术生涯中经常会改变自己的观点。为此，迈尔斯从规范的角度重新阐述詹姆斯的思想，使他的思想更合乎逻辑。

Perry，R. B. (1935). *The Thought and Character of William James* (2 vols.). Boston：Little，Brown. Abridged，Cambridge，MA：Harvard University Press，1948.

本书是佩里获得普利策奖的两卷本杰作的节略本。

Taylor，E. I. (1982). *William James on Exceptional Mental States：Reconstruction of the Unpublished 1896 Lowell lectures*. New York：Scribner's.

本书作者运用从图书馆所找到的詹姆斯的档案笔记、书籍，以及詹姆斯作品集中所包含的、尚未发表的1896年在罗威尔所作的《特殊精神状态》（*Exceptional Mental States*）讲稿中的注释，对詹姆斯的观点进行了历史性的重构。开头四讲所包含的是潜意识中的动力学理论，随后四讲谈的是社交领域中潜意识的病态。

Taylor，E. I. (1996). *William James on Consciousness Beyond the Margin*. Princeton，NJ：Princeton University Press.

本书是对19世纪90年代之后詹姆斯心理学思想的重新阐释，包括詹姆斯在实验变态心理学、心灵研究和宗教心理学方面的主要进展。这些发展与詹姆斯激进经验主义思想方面的进展有些重合，同时这也意味着是对实验心理学和科学主义的批评，此外，这些研究进展还是现代意识心理学的基础。

第 8 章

斯金纳与激进行为主义

伯尔赫斯·弗雷德里克·斯金纳（Burrhus Frederic Skinner）多年来一直是美国最负盛名的心理学家，其研究所带来的影响远远不止于心理学领域。他对许多研究者所进行的心理的、主观的和中间过程的推测，用他的话来说就是“人为的”解释，持怀疑与反感的态度，这就使他将精力重点放在动物与人类身上那些可观察的行为身上，使他致力于探求对这些行为进行观察、测量、预测与理解的方法。

> 在一份对美国大学院系负责人的调查中……斯金纳以压倒性的多数被认为是现代心理学界最有影响力的人物。（*New York Times Magazine*，1984）

自弗洛伊德以来，就没有哪位心理学家的命运像他那样先是获得如此多的称颂、拥护，然后遭受到强烈的批评与抨击，接着又获得了广泛的支持。然而，斯金纳乐于面对那些批评与反对他的人，并喜欢与之进行论战（Catania & Harnad，1988; Skinner，1972d，1977b; Wann，1964）。他对自己的核心观点所持有的坚信不移、无可动摇的心态，使得他的个人魅力变得更为强大、更加乐于去推测自己研究所具有的价值，从而使他成为当代心理学界的领军人物。

弗洛伊德在其著作中曾经提到，那些污蔑他的人由于情绪的过分激动，无意中反而证实了他们所激烈抨击的精神分析理论。同样，斯金纳也认为那些批判他的人展现出了不准确的、非科学的思维方式，而这也正是他的研究努力想去纠正的地方。这两个人，虽然都受到了强烈的质疑，但也都因为提出与捍卫了人性研究的其他角度而受到人们的推崇。

个人简介

斯金纳于 1904 年出生在美国宾夕法尼亚州东北部的萨斯奎哈纳镇上，并在当地长大，他的父亲是当地律师。在孩童时期，斯金纳就被教育成要遵守各种约束与限制，要整洁，要“做正确的事”。斯金纳曾经指出他的家是“温暖而稳定的，我在出生的房子里面一直住到上大学”（Skinner，1976a，p. 387）。他在少年时代对制作各种小玩意非常迷恋，这也预示了后来他特别关心如何去改善那些可观察的行为。

> 我做的东西有些是和人类行为有关的。他们不许我抽烟，我就做了一个带喷雾器球管的小玩意，用这个小玩意健康地“抽”烟、吐烟圈（如今已经要求这么做了）。我妈妈曾教过我怎么挂睡衣。每天早上当我吃早饭的时候，她就会到我的房间去，要是看到我的睡衣没有挂起来，就会马上叫我过去。这样接连好几个星期。当这种令人讨厌的刺激变得无法忍受的时候，我就做了一个机械装置来解决我的问题。我在房间壁橱上面装了一个特殊的吊钩，吊钩通过绳子拴住一个牌子，牌子就挂在房间的门上面。当睡

衣挂在钩子上的时候，牌子就会被拉到门的上面一个不挡路的地方；而当睡衣没挂时，牌子就正正当当地悬在门框的中间，上面写着："挂好你的睡衣！"（Skinner，1967a，p. 396）。

出于对文学与艺术的热爱，斯金纳进入了纽约克林顿地区的汉密尔顿学院，主修英国文学。获得学位后，他回到家中，准备成为一名作家。

> 我在阁楼上弄了个小书房开始工作，但结果令人沮丧。我整天烦躁不安，漫无目的地看书。我一会儿做做模型船，一会儿弹弹钢琴，一会儿又听听最新发明的收音机，除了给本地报纸上的幽默专栏投投稿，就几乎写不出其他任何东西，我考虑自己是不是要去看精神科医生了。（Skinner，1967a，p. 394）

斯金纳最终决定不再做此尝试，回到了纽约，住在格林威治村（Greenwich Village），用了6个月时间"自觉地对另外的文化进行探询"（Bjork，1993，p. 72）。他在欧洲度过了1928年的夏天，在那儿做了许多冒险活动，比如打开飞机座舱在雨中飞行，晚上找妓女过夜，也有陪父母进行平淡的旅行。回国后，他前往哈佛大学研究生院学习心理学。他后来总结说，自己想成为一名作家的失败经历是使他终身对文学式的观察法（literary method of observation）持怀疑态度的原因。

> 我成不了作家，因为没有什么重要的东西要说，但是我无法接受这个解释。肯定是文学本身出了问题……作家需要准确刻画人的行为，但却并不会因此了解人的行为。我还是对人的行为很感兴趣，但是通过文学途径我无法做到这点，因此我将转向科学。（Skinner，1967a，p. 395）

> 第一个学期我很松懈……1月份以后，我希望专心下来解决宇宙之谜的问题。哈佛大学是美妙的。（Skinner，1979a）

在哈佛大学读研究生的时候，斯金纳很勤奋，但是也并不是他后来所回忆的那样刻苦。他在一篇早期的自传式小文章中写道：

> 我早上6点起床，然后学习到吃早饭。如果那天没有别的什么安排，那么15分钟内我就会去教室、实验室或图书馆，然后一直学习到晚上9点，再回去睡觉。我从不看电影，不玩游戏，很少去听音乐会，几乎从不约会，也几乎不看心理学和生理学以外的书。（Skinner，1967a，pp. 397–398）

很久以后，他修正了对自己研究生阶段生活的描述，在回忆中，他的研究生时代和大家一样，也都是充斥着上课、做研究、和朋友玩、阅读枯燥的文献，以及没有做完的工作和约会（Skinner，1979a）。

在获得博士学位后，斯金纳在哈佛医学院工作了5年，主要是研究动物的神经系统。1936年，他接受了明尼苏达大学的邀请，前往讲授基础心理学和实验心理学。

1938年，斯金纳出版了《有机体的行为》（*The Behavior of Organisms*）一书，他在书中描述了自己在实验室的控制情境下如何通过实验来改变动物的行为。这部著作不仅使斯金纳成了一名重要的学习理论家，还为他以后的研究奠定了基础。

在明尼苏达大学待了9年后，他于1945年到印第安纳大学担任心理学系的系主任。3年后又回到哈佛大学，在那儿工作到半退休，直到最后去世。虽然他后来不再讲课，但仍然坚持写作。后来出版的著作包括：有三卷本的自传（Skinner，1976b，1979a，1984a），一本关于老年问题的通俗书籍（Skinner & Vaughan，1985），一些哲理性论文（Skinner，1986，1990b），以及其他一些他认为普通心理学已经迷失了方向而进行批判的论文（Skinner，1987a，1989，1990a）。

斯金纳在进行动物方面的研究过程中，还有时间与能力来做其他的发明。1945 年他发明了空气床，使他成了举国知名的杰出人物。这是一个四周用玻璃围住、能够进行温度控制的摇篮，摇篮的底部铺了一块有吸收作用的布（Skinner，1945）。在摇篮中，婴儿可以不用穿着笨重的尿布、裤子或其他衣服，自由地爬来爬去。底部的吸收布一旦被小孩尿湿也很容易更换。空中摇篮一问世就引起了广大民众的强烈兴趣，但是由于小孩在玻璃屋中待着不符合许多人心中的儿童养育方式，使得这一发明最终没有普及。

作为一名科学家，斯金纳对引发自己发明空气床的兴趣进行了反省：

> 我和美国工业界打交道的经历是令人非常难过的。没有谁会真正地好好看一眼我的空气床（Skinner in Goodell，1977）

> 我必须得承认，我内心确实是有目的的。如果就如同许多人所宣称的那样，人生第一年对个体的性格与个性形成具有特别重要的决定性意义，那么为了找到其中的重要变量，我们就一定要尽可能地控制环境。（Skinner，1979a，p. 290）

此外，斯金纳还为自己的孩子设计了一个音乐马桶坐垫，虽然最后根本就没有做出来（Skinner，1989）。

> 我真的是为了女性解放而写的《沃尔登第二》，但很少有女性喜欢它。（Skinner in Goodell，1977）

1948 年，斯金纳出版了一本小说，名为《沃尔登第二》（*Walden Two*）。在这本小说中，他描述了一个基于行为主义学习原理的乌托邦式理想社会。这也是他将实验室发现应用到社会情境中的首次尝试。尽管小说出版后的第一年销量甚微，而且越来越多的人对此进行了激烈批评，但是它的销量却越来越

> 行为主义就是一个构想，它使得人们能够对人类行为进行有效的实验研究……它可能需要完善，但无须质疑。我绝对相信它最终能够取得成功。（Skinner，1967a，pp. 409–410）

高，至今已达 300 万册。斯金纳觉得写这部小说是一次非比寻常的经历。“这部书我只花了 7 个星期就写完了。一个早上我就可以很好地写完一个短章节，我直接在打字机上写……很少修改……在写某些章节的时候，我的情绪一直处在从未有过的激动中。”（Skinner，1979a，pp. 297–298）“这显然是一次大胆的自我治疗，我一直力图调和我自己行为中的两个方面，这两方面的代表人物就是布里斯和弗雷泽（Burris，Frazier）[①]。”（Skinner，1067a，p. 403）。随着实验研究的逐步深入，斯金纳陆续出版的一些著作明确显示出了他的思想立场。这些著作包括《科学与人类行为》（*Science and Human Behavior*，1953）、《果汁记录》（*Cumulative Record*，1959，1961，1972a）、《教学技术》（*The Technology of Teaching*，1968）、《超越自由与尊严》（*Beyond Freedom and Dignity*，1971）、《关于行为主义》（*About Behaviorism*，1974）、《行为主义与社会的反思》（*Reflections on Behaviorism and Society*，1978a）；他所出版的个人性著作包括《详述我的生活》（*Particulars of My Life*，1976b）、《行为塑造》（*The Shaping of a Behaviorist*，1979a）、《记事簿》（*Notebooks*，1980），以及《关于结果》（*A Matter of Consequence*，1984a）。

斯金纳也喜欢在媒体上露面（Skinner，1977a，1978b，1979b），这使得他的思想广

① 斯金纳的名字就是伯尔赫斯（Burrhus），中间名是弗雷德里克（Frederic），这里指代小说中的两个主人公。——译者注

为人知。斯金纳人生的最后著作《进一步反思》(*Upon further reflection*, 1987), 是一本论文集, 收录了他的许多文章。其中所包含的内容既有对普遍性问题的讨论, 也有关于操作性行为的技术性探讨论文, 还有操作性条件作用与进化的关系、对认知心理学的批判、对自己变老过程中的经验所进行的操作性分析。他的一生都在写作, 在 1990 年去世的前一天仍然在修改一篇即将要发表的文章, 这也是斯金纳人生中所发表的最后一篇论文 (Skinner, 1990b), 享年 86 岁。

理论先驱

斯金纳认为他受到了英国科学家、哲学家弗朗西斯·培根 (Francis Bacon, 1561—1626) 的很大影响, 这源于他早年阅读过培根的作品。“培根的三条基本原理塑造了我的职业生涯。”

1. “我研究的是本质而非书本。”
2. “本质需要控制, 需要遵从。”
3. “美好的世界是可能, 但它的出现却绝非偶然; 必须对此进行计划和建设, 必须借助科学的力量。” (Skinner, 1984a, pp. 406–412)

斯金纳自己说过:“我……考察的是有机体的问题, 而非那些研究有机体的人。” (Skinner, 1967a, p. 409) 他重视严谨的实验室实验, 强调积累测量到的行为数据。当我们说到人格的丰富多样时, 他则对此持严肃的态度; 他的研究思路开创了一个新的理论, 这个理论又引发了实验心理学和临床心理学领域的一系列变革。

达尔文与吝啬律

“动物研究有助于理解人类行为” 这一理念, 间接来源于达尔文的研究以及后来进化论的发展。许多心理学家, 包括斯金纳, 都认为人类行为与其他动物的行为不存在本质差异。虽然现在已经越来越少有人持这种极端观点, 但这却是斯金纳将动物研究用来理解人类行为的理论核心。

> 除了令人恐怖的无神论, 再也没有什么比“我们人类与动物有一样的心灵”这种说法让脆弱的心灵更加远离美德之路了, 那样的话, 我们并不比蚊虫蚁兽有更光明的未来。(René Descartes, 1649, “A Treatise on the Passions of the Soul”)

那些最早研究动物行为的学者们, 感兴趣的是考察动物的推理能力。实际上, 他们想将动物提升到会思考的存有 (thinking being) 地位上。然而, 由爱德华·桑代克 (Edward Thorndike) 和劳埃德·摩尔根 (Lloyd Morgan) 这两位著名心理学家所提出的观点并没有支持动物也具有高级的思维过程这一想法。摩尔根所提出的吝啬律 (canon of parsimony) 认为, 如果有两种不同的解释, 那么科学家就应该采用最简单的那个。桑代克的研究显示, 虽然动物看起来也有推理, 但是可以将动物的行为简化为非认知过程的结果 (Skinner, 1964)。如此一来, 研究的重心就发生了转移。也就是有些研究者认为可以采取吝啬律来解释人类的行为, 即不去考虑人类了解甚少的复杂意识过程。

华生

美国人约翰·布鲁德斯·华生 (John Broadus Watson, 1878—1958), 是心理学史上第一位公开声明自己是行为主义者的心理学家, 他认为行为主义是:

> 在一位行为主义者看来, 心理学是完全客观的, 是自然科学的一个分支。它的理论目标就是预测与控制行为。它的研究方法并不包括内省……行为主义者需要努力去获得动物反应的一致性模式 (unitary scheme), 需要认识到人与动物之间并没有界限。(Watson,

1913，p. 158）

> 心理学不再必须考虑意识的时代似乎已经到来。（Watson，1913，p. 163）

华生反对研究意识，宣称所有的学习都取决于外部环境，认为所有的人类行为都是条件化的结果或可以条件化。斯金纳感兴趣的是华生理论中的主要哲学思想（Watson，1928a），而不是他那些比较极端的建议。比如，华生拥有读者最多的著作之一与儿童养育有关，其中就提出了这样的建议："永远别吻、别抱他们（孩子），别让他们坐在你的大腿上。如果你一定要做，那么在他们说晚安的时候就吻一下额头，然后在他们说早上好的时候握握他们的手。"（Watson，1928b，pp. 81-82）

> 存在内部刺激的说法是不对的。（Skinner in Evans，1968，p. 21）

斯金纳批评华生否认遗传的作用，批评他没有具体数据就进行了普遍性的推论。

> 他所提出的新观点，可以说还很不成熟。所获得的与行为有关的科学事实还非常少，尤其是关于人类的行为……他还需要找到更多的事实证据来支持，因此，他说的许多话看起来过分简单、不严谨就一点儿都不令人奇怪了。（Skinner，1974，p. 6）

更令人惊讶的是，华生对弗洛伊德的研究非常迷恋，但事实上他却反对弗洛伊德的核心思想——无意识。"华生在一些通俗文章和著作中，在行为主义的框架下对精神分析的概念进行了'解释'（重新解读）。"（Rilling，2000，p. 301）

巴甫洛夫

伊凡·巴甫洛夫（Ivan Pavlov，1849–1936），俄国生理学家，对行为的条件作用首次进行了具有重要意义的现代式研究（Pavlov，1927）。他的研究显示，有机体的自主功能也能够被条件化。他的研究表明唾液分泌这种自主的生理反应也能够被食物之外的刺激所引发，比如铃声刺激。巴甫洛夫不仅观察了他所研究的行为，还强调对行为的预测；他能够在需要的时候引发它们。当其他动物实验者还满足于用统计分析方法来预测行为出现的概率时，斯金纳已经醉心于预测之后的步骤，即对行为的控制。巴甫洛夫的工作为斯金纳指明了在动物实验研究中进行严密控制的方向。斯金纳发现，通过严格控制动物所处的环境，他几乎能够完美地重复得出同样的研究结果。至于所存在的个体差异，也能够得到有效控制，斯金纳发现，似乎可以找到适用于某一物种所有个体的行为规律。于是斯金纳认为，通过这种方法，心理学研究最终能够从概率科学提升到一个更精确的层次。

科学哲学

科学哲学（philosophy of science）对斯金纳也有巨大的影响，其中的代表人物主要有珀西·布里奇曼（Percy Bridgman）、恩斯特·马赫（Ernst Mach）以及朱尔斯·亨利·庞加莱（Jules Henri Poincaré）。他们创立了不以形而上学为基础的解释体系。在斯金纳看来，行为主义"不是人类行为的科学，而是人类行为的科学哲学"（Skinner，1974，p.

> 我常常说如果你能测量你所说的话，并且用数字表示，那么你就了解了它；但如果你不能用数字表示出来，那么你就对此知之甚少……如果你头脑中对此几乎是一片空白，那么就提升到科学的水平吧。［开尔文爵士[1]（Lord Kelvin，1824—1907）］

① 原名 William Thomson，英国物理学家。——译者注

3）。在行为主义理论体系中，可以对问题进行清晰的界定，能够找到确切的答案。例如，只有当生物学不再以形而上学为基础，不再关注“生命元气”（vital fluids）以及其他一些无法测量、无法证实、无法预测的概念时，它才能成为一门实验科学。

斯金纳认为他的观点，实际上是非理论化的（nontheoretical），不能将其看成是一种理论（Skinner，1950，1956; Sagal，1981），他只是以客观观察到的资料进行研究。然而，他根据观察数据尝试推导出能够适用于动物研究领域之外的普遍原理，使得他对心理学乃至整个社会产生了巨大的影响。

主要思想

斯金纳并没有根据他对儿童或成人行为的观察来建立一门理论，他的许多观点只是来源于动物实验。这也是他的主要思想明显不同于本书其他心理学家的原因之一。

行为的科学分析

行为，不管它有多复杂，都是可以被研究的，就好像其他可观察的现象一样。

> 我认为，对行为的科学分析必须假定一个人的行为取决于他的遗传基因和环境，而非取决于他是一个具有主动性、创造性的人。（Skinner，1974，p. 189）

科学，研究的是事实，而非某人对此说了什么……它追求的是规律，是一致性，是现象之间的本质联系。就如我们所做的那样，它始于对一个个独立事件的观察，但这些事件能够迅速传递出普遍规律，从而得出科学的法则。（Skinner，1953，pp. 12-13）

研究的目的就是去观察一个个行为，以及行为的相倚变量（contingencies，来源于拉丁语，意思是“全方位接触”）。在斯金纳看来，这就包括行为的前因变量，反应以及反应所带来的结果或影响。行为，就是有机体所表现出来的可观察的任何方面（Skinner，1938，p. 6）。对行为进行完整分析的同时，还需考虑有机体的遗传基因以及与之有关的先前行为。

对行为进行科学分析，首先需要将一个复杂事件分解成不同的方面，以便能够更好地理解所分解出来的单元。斯金纳的实验研究遵循的就是这种分析程序，他对各种条件进行了严格的限定，以便符合科学分析程序。他的实验结果能够独立地被验证，而他的结论也可以根据数据记录进行检验。

弗洛伊德和心理动力学理论同样对个体的发展史感兴趣，认为个体的发展经历是后来行为的基础。但斯金纳的立场则更为极端，认为只有而且只能研究行为。行为不同于内在过程，能够对它进行充分地描述；也就是说，能够通过测量工具对其进行观察。

人格

斯金纳认为，如果你是以可观察的行为为基础来界定自我，那么你根本无须对自我的内部过程或者说人格进行讨论。

因此，从“人格是自我的一部分”这个意义上来说，它在行为的科学分析中根本就没有位置。斯金纳认为，人格是行为模式的集合。不同的情境会引发不同的反应模式，个体的某个反应完全是建立在先前经验和遗传基因的基础上。在斯金纳看来，对“精神或心灵状态”进行研究，那是完全走错了方向。“将内部活动作为研究的目标，（弗洛伊德）使科学倒退了50年。”（Skinner，1984a）

令绝大部分行为主义者感到惊讶的是，佛教也认为由于不存在可观察的个体自我（individual self），所以自我（the self）并不存在。佛教徒认为不存在一个被称为“人格”的实体，巧合的是，他们也关注行为与感觉，但却认为这些行为与感觉都只是暂时的、非永久性的存在。斯金纳与佛教主义者都将自己的理论建立在一个“没有自我、没有私心和没有人格，而只有行为的集合”这一基本假设上。他们都强调，对行为原因的恰当理解能够有效地消除迷惑与误解。不过，斯金纳与佛教教义对行为原因的解释却截然不同（见第 14 章“自我”）。

解释性术语

斯金纳用**解释性术语**（**explanatory fictions**）这一概念来指代那些非行为主义者用以描述行为的术语。斯金纳认为，当他们不了解行为，或者是没有意识到行为之前或行为出现之后的强化模式时，就会运用这种解释性术语。在斯金纳看来，自由、尊严、自主人、创造性等概念都是解释性术语的例子。在行为主义者眼中，用这些术语来解释行为是完全不对的。斯金纳认为这种解释方式实际上会带来危害，因为它会误导研究者，让他们满足这种解释，使他们不再继续探求那些较客观的因素。

> 当我能做我想做的事情时，我就有自由；但我总是禁不住想，我到底想做什么呢？（Voltaire，1694–1778）

遗憾的是，不存在于行为主义取向当中的感受、精神状态这种概念却似乎具有令人激动的魅力。举例来说，“如果世界得到拯救，人们就不再会有痛苦，人就会变得高贵、忠诚、追求真理，会被伟大的目标而鼓动，却绝不因困难而抱怨。”这就是一段“鼓动性的”话语……但是，它会鼓动我们去做什么呢？（Skinner，1987a）

> 如果有自由，那也只是一种偶然。（Shinner，1990a，p. 1208）

斯金纳这种认为语言会掩盖或妨碍真正去观察的观点，是一个永恒的话题。

自由

自由反映的是我们表现出了某个行为，但是又没觉察到行为的原因。下面这个例子

> 没有什么征服会美好得只是为了要给人自由。（Jean-Jacques Rousseau，1712–1778）

可能能够很清晰地阐释斯金纳所界定的自由内涵。米尔顿·艾瑞克森（Milton Erickson，1939）所做的一系列研究显示，催眠能够使个体表现出不同的精神病理症状。在个体处于恍惚状态时，艾瑞克森能够进行催眠后暗示（posthypnotic suggestions）[①]。在大多数的案例中，被试后来能够执行这些暗示，并表现出这些症状；然而当被询问时，没有哪个被试能够回想起在催眠过程中受到了什么暗示。不管是什么时候问他们为什么表现出了这些不一般的行为，他们都会编造（而且明显相信）出各种解释。如果你听到了他们所给出的这些说明，你很可能会得出结论说，这些被试的行动都是遵照了他们的自由意志（free will）。被试也认为他们的行为是自己决定的结果。但是观察者，即使知道被试没有回忆出之前的事件，仍然会认为自由意志的解释不够充分。

> 反对内部状态不是因为它不存在，而是因为它与功能分析无关。（Skinner，1953，p. 35）

斯金纳认为，自由感（feeling of freedom）并不是真正的自由，并认为对自由感的强化

① 催眠后暗示是指催眠师在催眠过程中给出一些暗示，使被催眠者在催眠唤醒后的意识清醒状态下对这些暗示产生反应。在催眠觉醒后，被催眠者经常会对这些暗示自动地作出反应。一般来说，催眠师还会对被催眠者进行暗示，使其遗忘这个催眠后暗示。——译者注

恰好就是最强硬的控制形式。比如，投票人“自由地”选择那些与自己观点非常相似的候选人。这种强制策略以非常巧妙的方式限制和控制了人们的行为，而且这些被控制的人还难以觉察到。

自主人

自主人（autonomous man）是斯金纳用来描述内部存在（indwelling agent）的一个解释性术语，指的是个体内心有个内在的人（inner person），这个内在的人受独立于外部行为关联因素的内部不知名力量所驱动。自主就是能够做出“无原因的”行为，这个行为不是来源于先前的行为，也不是源于外部的事件。斯金纳没有找到这种自主人存在的证据，他也苦恼于为什么会有那么多的人相信这个说法。

> 聪明的人不会再认为人是受了恶魔摆布……但人类行为却仍然常常被归因于隐藏的内部存在。（Skinner，1971，p. 5）

斯金纳的研究显示，如果用图示来标定某些物种的学习历程，那么鸽子、小白鼠、猴子、猫、狗以及人类儿童的学习结果曲线（或者是学习效率）都是相同的（Skinner，1956）。这种人与动物学习上的类似关系就成了他分析人类行为的基础。他在第一本著作《有机体的行为》（1938）中，所展示的实验就是以“人类与其他物种没有根本区别”这一假设为基础。他在书中写道：“我可以说，小白鼠与人类行为之间的唯一差异就在于言语行为上（复杂程度上的巨大差异除外），而这也是我期望看到的。”（Skinner，1938，p. 442）50年过去了，他的观点仍然没有改变。“行为的科学分析中没有自我或精神的位置。”（Skinner，1990a，p. 1209）

尊严

尊严，或者说赞许（credit）、赞扬（praise），是另外一个解释性术语。

> 权利与义务，就好像道德观一样，都只是环境习俗内化的例子而已。（Skinner，1975，p. 48）

获得赞许的数量与行为产生原因的可见度以一种奇怪的方式联系在一起。当行为产生原因很明显的时候，我们不会对其赞许……（我们）不会赞许咳嗽、打喷嚏、呕吐，即使行为的结果很重要。因此，我们不会赞许那些明显是厌恶控制（aversive control）[①]促发的行为，即使它们很有意义。（Skinner 1971，p. 42）

换句话说，我们因为某一种行为而赞扬某个人的时候，常常不知道做出这个行为的环境因素或其他因素。举个反面例子，比如，如果我们知道做某个慈善行为的目的只是为了减税，那么就不会给予赞扬。我们不会在知道人们是源于极端的思想压力而做的忏悔之后还对此进行赞扬，也不会因为人们无意中伤害了别人而责怪他。斯金纳认为，如果我们能够承认自己的无知，就不会赞扬与责难。

> 我一直不明白为什么他（理查兹[②]）会觉得柯尔雷基[③]为我们理解人类行为作出了巨大贡献，而他也不明白为什么我对鸽子也有同样的感受。（Skinner，1972c，p. 34）

> “当代社会的主要问题是缺乏意志，由此才导致精神分析的产生”这种说法，比“当今世界对行为更多的是惩罚而不是积极强化才导致精神分析产生，以便能够更好地分析行为的相倚变量”这种说法要深奥得多。（Skinner，1974，p. 163）

---

① 利用厌恶刺激来控制行为。——译者注

② 理查兹（I. A. Richards，1893—1979）是英国诗人、语言学家和文学评论家。——译者注

③ 塞缪尔·泰勒·柯尔雷基（Samuel Taylor Coleridge，1772—1834）是英国诗人、批评家、浪漫主义流派的倡导者。——译者注

> 斯金纳观点中引起争议最大的一点并不是他所认为的“人是一架高级机器”的说法，而是他所认为的谁在控制机器……斯金纳抛弃了所有的意识、情感、动机、目的等，认为它们顶多算是副产品。（Cohen，1977）

> “自我是行动的真正发起者”这种说法，在科学领域中并不存在。（Skinner，1974，p. 225）

创造性

在某种恶作剧似的快乐心情下，斯金纳打发掉了内部存在的最后一个堡垒：创造性活动。在他看来，这是另外一个用形而上学标签来掩盖我们不知道既定行为具体原因的例子。

对于那些声称自己的作品是自发的、是与自己的生活经历无关的具有创造性的艺术家们，斯金纳报之以嘲笑。催眠，以及关于广告、宣传的效用方面的大量文献资料，还有精神治疗中的发现都表明，人们常常意识不到他们行为背后的原因。斯金纳问道：“真是诗人创造、发明了叫诗的东西吗？或者说他的行为真的仅仅是基因遗传和环境历史的产物吗？”（Skinner，1972c，p. 34）他的结论是，创造性活动除了前因变量更为朦胧晦涩之外，与其他行为并不存在差异。对此，他和塞缪尔·巴特勒[①]的看法一样。巴特勒曾经指出：“诗人写诗就和母鸡下蛋一样，完事后都很舒服。”

意志

斯金纳认为意志是一个令人迷惑的、不切实际的概念。在他看来，意志、自由意志、毅力，都是解释性术语。他觉得，没有什么行动是自由的。“一旦我们认可了这一点，我们就能同时抛弃掉‘责任’这一观念，抛掉将自由意志当作内部原因的教条。”（Skinner，1953，p. 116）

然而，其他一些研究者的研究表明，与认为个体自己需要对行为负责的人相比，认为行为是由外部力量驱动的人，觉得对行为有更少的控制。戴维森和瓦林斯发现，“如果一个人觉得自己的行为完全取决于外在的奖励或惩罚，那么一旦外部环境因素发生变化，就不会再有原因继续坚持下去了”（Davison & Valins，1969，p. 33）。

能否控制自己的行为结果这一信念会影响到个体的行为吗？莱夫考特总结了这类实验研究结果，发现剥夺人类或动物的自由“感”（“illusion” of freedom），会给行为带来消极影响。“控制感就是人们觉得可以自行选择的感觉，在日常生活中具有积极而明确的作用。在没有预估到不良后果的情况下，自由感难以被轻易消除”（Lefcourt，1973，pp. 425-426）。

在斯金纳的所有观点中，人们对其在意志方面的论述批判最为强烈。研究者开展了大量研究以考察我们如今所谓的控制感（locus of control），或者说“我认为谁在掌控——是自己，还是周围的环境”。研究结果表明，个体觉得自己能在多大程度上决定自己的行为起着重要的作用（Lefcourt，1980）。即使是诸如马奥尼和托勒森（Mahoney & Thoresen，1974）这样的知名行为主义者，也认为自我控制和自由感是成功实施行为操纵（behavioral manipulation）的关键。

自我

在斯金纳看来，自我也是一个解释性术语。

> 如果我们无法说明是谁在对一个人的行为负责，我们就会说是他自己在负责。在自然科学领域，先驱者们也曾经是这样，但风

① 塞缪尔·巴特勒（Samuel Butler，1612—1680）是英国诗人。——译者注

不再是由埃奥罗斯（Aeolus）风神发出、雨也不再是由雨神朱庇特（Jupiter）降下……科学，如今已经解决了我们对这些无法解释的现象的焦虑，而且是永远……自我，在行为分析中并不是必要的。（Skinner，1953，pp. 283，285）

你可能会觉得这种推理难以理解，因为在你内心中可能会有个声音说："不是！我有自我。"斯金纳可能会回答说，你已经被条件化了这样一个反应。但是，你说的这个自我它到底在哪儿呢？（见第 14 章，届时我们将会从另外一个角度讨论这个问题）。

强化与条件作用

斯金纳的主要贡献之一就是促进了人们对行为改变模式与保持模式的理解。

应答性行为

应答性行为（respondent behavior）是一种反射性行为，是有机体能够自动地对某个刺激作出反应。膝关节上面的腱被敲击时，你的小腿会有急速前踢的反应；当外界温度升高时，你的身体会出汗；眼睛遇到强光时，瞳孔会收缩，这些都是应答性行为的具体例子。巴甫洛夫的研究发现，某些应答性行为也能够被条件化。在他的经典实验中，通过将铃声与食物获得进行匹配，结果他对狗的唾液分泌反应进行了条件化。狗在看到或者嗅到食物的时候，会自然分泌唾液。随后，巴甫洛夫在呈现食物的时候同时呈现铃声，结果后来只是单独呈现铃声，狗也分泌了唾液。如此一来，狗就对原来不会引起反应的刺激作出了条件化反应。和巴甫洛夫的狗一样，我们也能够被条件化成进入餐馆或者是听到吃饭铃声就分泌唾液。应答性条件作用（respondent conditioning）容易获得，也容易表现出来。广告商在做广告时，将产品与一个有魅力的人联系起来，就是为了引发特定的反应；它们希望通过这种匹配，消费者能够对它们的产品产生积极的反应。

> 操作性条件作用并不是说扯一下绳子就能让一个人跳舞，而是设置了一个情境，在这个情境中，这个人可以影响周围环境，反过来这个环境也会影响他。（Skinner，1972b，p. 69）

操作性条件作用

操作性行为是有机体自发做出的行为。"操作性行为的增强或减弱依赖于反应之后的事件。应答性行为取决于行为之前的先行因素，而操作性行为则取决于行为的结果。"（Reese，1966，p. 3）条件作用是否发生，取决于行为完成之后出现了什么。斯金纳对操作性行为非常迷恋，因为他发现操作性行为能够比应答性行为更好地解释更复杂的行为。他总结说，动物和人类身上几乎所有自然出现的行为，都能够通过训练使他们在选定的方向上以更频繁、更强烈地方式表现出来。

下面这个例子清楚地说明了操作性条件作用的某些方面。我准备教我女儿学游泳。她很喜欢水，但是她不愿意或者是害怕头、脸被水弄湿，不愿意在水下呼气。这在很大程度上妨碍了她的学习进度。我告诉她说，如果她弄湿脸，我就给她一颗糖果。在她能自如地让水打湿脸后，我就说她只有将头沉到水下去，才能得到糖果。在她能做到后，我只是当在她在水下吐气的时候才会给糖果。一步一步，在糖果的奖励下，或者说强化下，她逐渐调整自己的行为，最终学会了游泳。

操作性条件作用（operant conditioning）是一种程序，这种程序利用行为的结果来塑造或维持某一特定行为。因此，不仅需要考虑反应出现之前发生了什么，还需要考虑反应出现之后发生了什么。我在对我女儿的行为进行条件化时，只有在她表现出了某些特定行为之后，才会给她糖果。我用糖果来强化她在水中的某些特定行为。“当行为表现之后出现了一定的结果时，那么该行为在将来出现的机会就会增加，具有这种影响作用的结果就可以被称为强化物。”（Skinner，1971，p. 25）

斯金纳对能够影响条件作用的变量做了大量研究，最后得出以下几条结论。

1. **条件作用可以在个体没有觉察到的情况下发生。**大量证据表明，我们的知觉在很大程度上都是建立在以往知觉经验的基础上，而这也是在一定程度上被条件化了的。比如，我们看艾姆斯错觉（Ames，1951）的方式就被认为是视觉的生理功能（见图 8-1）。然而，当把这种“长方形”错觉图形给那些所属文化中住房的窗户不是直角的人看时，他们就不会表现出这种错觉。从一定程度来说，知觉就是文化的条件作用结果。有篇研究总结道，条件作用能够发生在“人类……睡眠的时候，以及处于清醒状态、但个体又完全没有意识到他在学习对一个条件化刺激产生反应的时候”（Berelson & Steiner，1964，p. 138）。

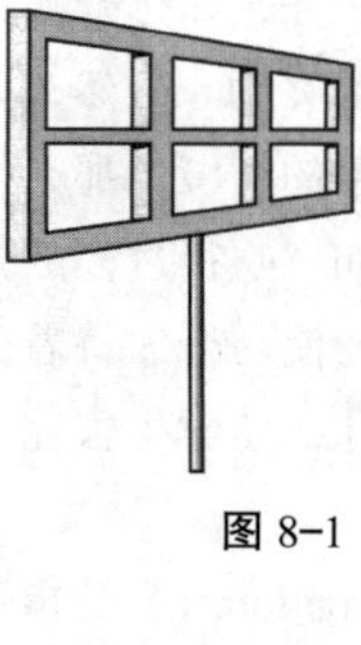

乍看起来，图中的方框是梯形而不是直角的长方形。将之看成长方形就是一种条件化反应，而不是天生的反应。

图 8-1　“艾姆斯”错觉

个人练习

观察与改变行为

对行为进行观察与记录是开展行为改变的基础。通过下面这个练习，你可以尝试对自己的行为进行观察与改变。用记分单或方格纸来记录你的观察结果比较好。

记下你学习每门课程时所花的时间量。简单的条形图就可以以小时为标记，最好是每个科目都在图上画一条。坚持记录一周，以此作为基础线。然后决定哪门课需要更多的时间来学习。

第二周，只要是在学习所选的这门课，你就给自己积极强化。你可以看一章小说，吃点儿糖果，和朋友玩玩，打个电话，或者是做其他任何你喜欢做的事情。记住，你所选的强化物需是你真正喜欢的。然后将每次给自己的强化物记录下来。

你是否发现自己在这门课程上花的时间越来越长？为什么会出现这种情况呢？

---

2. **不管个体是否觉察到，条件作用都可维持。**当你认识到，即使自己知道条件化过程正在发生的情况下、自己也能被条件化时，你可能会觉得不安，甚至会对此进行抵抗。有个实验要求被试在听到一个声音时举起一根手指，同时伴随着对这个手指进行电击。后来在继续这样的步骤时，尽管告诉被试电源已经关掉了，他们仍然会举起手指；即使研究人员告诉他们别再举了，他们也仍然会举起来。只有将电极从他们的手指上解除后，他们才能够控制这种新学到的条件化反应（Lindley & Moyer，1961）。
3. **在个体觉察到却又不合作的时候，条件作用的效果较差。**有效的条件作用需要有合

作的态度。如果不是在充分合作的情况下进行，条件作用的效果就不稳定（Goldfried，Merbaum，1973）。下面这个故事表明，如果缺乏合作将会发生什么。

在中西部地区的一个退伍军人医院里面，有6位老年酗酒者正在接受戒酒治疗。（他们服用了一种药物，只要一喝酒，这种药物就会让他们呕吐。最终，他们都被条件化了，也就是即使不服用药物，一喝酒也会呕吐。）这些人都被完全条件化了，甚至只要一想到喝酒，他们就会发抖。

有一天下午，这些老人谈论起他们的新生活，结果他们发现，其他人也都很不喜欢现在这个样子。于是他们决定，宁愿再成为一个酒鬼也不愿意像现在这样害怕酒瓶。

于是他们计划在某个晚上逃走。他们偷偷跑到了一个酒吧，又聚集在了酒吧的高脚凳上，接着是焦虑、紧张、呕吐，他们互相鼓励、互相斗酒，不停地喝啊喝。他们斗酒斗得太厉害，以至于不再害怕了。（Hilts，1973）

> 当我是一名弗洛伊德主义者时，当别人对我说“我一直想着我母亲的阴道”时，我可能会写下“母亲阴道”。你知道的，这样不久之后我就会让病人得到强化，以至于我每次拿起笔来他都会闪现这个念头……他赢得了我的注意与关爱……（以及）不久之后的一个小时中，他花了15分钟来说他母亲的阴道。然后我就想：“啊哈，我们找到问题了。”（Ram Dass，1970，p. 114）

强化

强化物（reinforcer）是伴随反应出现之后的任意一种刺激，这种刺激能够增强或维持该反应出现的概率。在小孩学习游泳的那个案例中，糖果就是强化物，因为是在她每次成功表现出某个特定行为的时候才给予。

强化物包括积极强化物和消极强化物两种。

积极强化物（positive reinforcer）可以增强那些能够引发该强化物的行为。在我们口渴的时候，一杯水就能够起到积极强化的作用。如果我们倒一杯水然后喝下去，那么将来在类似情境中我们就更有可能再次表现出这种行为。**消极强化物**（negative reinforcer）可以增强那些能够减少或终止该强化物的行为。鞋子挤痛了脚时我们脱掉鞋子，挤压的降低就是消极强化，那么将来有鞋子挤脚的时候我们就更可能脱掉鞋子。（Skinner，1974，p. 46）

消极强化物是一些厌恶性刺激，是一些动物或人类想逃避或回避的刺激。

积极与消极结果对行为的调节与控制作用。这一点是斯金纳理论的核心。他认为，所有的行为都是在积极强化与消极强化的作用下形成的。他甚至声称，如果能够充分了解任何一个行为的强化历史，那么就有可能解释所有行为出现的原因。

斯金纳最初的研究是在动物身上开展的，他采用过的强化物包括食物、水、电击，这些强化物明显与动物的需要有关。比如，饥饿的动物学习一项任务，如打开入口或按压杠杆，然后得到食物奖励。当然，如果研究的是较为复杂或抽象的情境，那么强化过程就较难观察到。比如，吃得过多的强化物是什么？是什么强化物使一个人冒着生命危险去做志愿者？又是什么使学生去完成不感兴趣的科目的作业？

初级强化物（primary reinforcer）是指那些天生就具有强化作用的刺激或事件。它们是无须学习、先天存在的，与个体的生理需要和生存有关，比如空气、水、食物、居所。**次级强化物**（secondary reinforcer）是指一些中性刺激通过与初级强化物的联结，从而使它们也具有了强化作用的刺激或事件，比如金钱。它本身并没有什么价值，但是金钱或可能得到金钱却是应用最广、最有效的强化物之一。

金钱是一种有效的次级强化物，不仅仅对人类有效，对其他物种可能也是如此。黑猩猩就会为了代币而工作。通过训练，它们可以学会在能够吐出香蕉或其他奖励物的机器上使用代币。如果机器暂时不能使用，它们就会继续工作，一直积攒代币，直到机器又可以使用。

强化程序

对一个新行为的强化频率与强化规律，会影响该行为的学习速度，行为的保持时间长短，以及该行为的重复频率（Ferster & Skinner，1957）。连续强化能够提高行为的学习速度。间歇强化或部分强化能够产生更稳定的行为，也就是说，在强化物被消除或强化物出现频率很低的时候，该行为也仍然能够表现出来。研究者发现，在行为的改变与维持上，强化程序和强化过程都很重要（Kimble，1961）。比如，老虎机采用的就是间歇强化。它虽然只是偶尔给玩家奖励，但是这种奖励的频率足够大，从而使玩家难以克制玩的行为。巧妙地应用强化程序还可以改善那些不是在固定工作环境中工作的员工的绩效，马威尼和法洛斯对电话销售员的研究就是这方面的一个例子（Mawhinney & Fellows，1999）。

如果对一个正确的反应进行强化，那么就能够改善学习。强化的效果要优于惩罚（厌恶性控制），因为它对某个行为进行了选择，然后指引这个行为朝向既定的目标。在塑造和控制所期望的行为时，强化是一种有效的策略，它的作用受到了人们的高度重视。

行为控制

当许多心理学家还在关注对行为的预测时，斯金纳已经开始对行为控制感兴趣了。

> 我们都被自己生存着的世界控制……问题在于，我们是被偶然的事件控制，还是受控于暴君，抑或是受控于被文化所塑造出的我们自身？
>
> 滥用权利的情况比以往任何时候都多，掩盖并不能消除事实。如果我们继续伪称人类行为并没有受到控制，或者是当美好结果即将出现时却拒绝接受控制，那么我们就无法做出明智的抉择。这些手段让我们变得软弱，让科学的优势不再。防止暴政的第一步就是要将控制技术尽量展示出来……
>
> 现在不是欺骗自己、放纵自己，或继续持有那些不再有效的观念的时候。人类正面临着一个巨大的考验，必须保持冷静，否则就必然是重新开始——又回到遥远的过去了。（Skinner，1955，pp. 56–57）

因此，如果一个人能够对环境造成一定的改变，那么他就能够开始控制行为。比如，当有机体表现出某个行为却没有随之出现先前的强化物时，消退就会出现。如果连续不断地继续缺失强化物，那么行为出现的概率就会呈现平稳下降的趋势。举个例子来说，在小白鼠按压杠杆时通过给予食物以来奖励。那么按压杠杆的行为就被强化了，这个行为出现的概率就会增加。然而，如果小白鼠按压杠杆后不再能够获得食物，那么按压杠杆的行为最终就会停止。

个人发展的促进与阻碍因素

在斯金纳看来，发展的内涵指的就是消除不利环境，以及增强对所处环境进行有益控制的能力。通过理清自己的思路，我们就能够更好地运用可利用的方法来预测、维持和控制自己的行为。

无知

斯金纳认为，无知（ignorance）就是不了解某一特定行为的原因。克服无知的第一步就是要承认自己的无知，然后再去改变那些促使无知继续存在的行为。消除无知的方法之一就是不要再使用那些非描述性的精神术语。在下面这个案例中，斯金纳展示了个体对行为的描述是如何揭示了该个体看待行为发生原因的方式的。

> 采用逐步渐进法（successive approximation）用食物对一只饥饿的鸽子进行强化，使它被条件化成按照顺时针方向转圈。要求看到这一示范的学生做观察记录。结果学生的反应有以下几种：（1）有机体被条件化成期望对右边的行为进行强化；（2）鸽子绕着圈走，希望有什么事情能够使食物再次出现；（3）鸽子观察到某个特定行为似乎能够引发某个特定结果；（4）鸽子觉得食物的出现是因为它的动作；（5）这只鸟开始将它的行为与食物分发器的滴答声关联起来。以上这些观察到的事实，其实可以按下面这种方式进行描述：（1）当有机体表现出某个特定行为时，就受到了强化；（2）鸽子转来转去直到食盘又出现了；（3）一个特定行为引发一个特定结果；（4）只有当鸽子以特定方式行动才给予它食物；（5）食物分发器的滴答声与鸽子的动作有时间上的联系。这些陈述说明了强化的相倚条件。诸如“期望”“希望”“观察到”“觉得”“关联”的措辞超出了他们对鸽子的认识结果。实际观察到的结果是足够清楚的，鸽子转得越来越熟练、越来越频繁，但这不是学生报告的结果。（Skinner in Wann，1964，pp. 90–91）

上面这个案例只是斯金纳用来说明“术语”这一思维方式是如何妨碍人们看待这个实在的、生机勃勃的物质世界的案例之一。

功能分析

功能分析（functional analysis）指的是对因果关系进行考察。它将行为的每一个方面都看作环境的一个功能，认为都可以用物理术语来进行描述。这样，行为和行为的原因就不需要用解释性术语来说明了。

> 当我们看到一个人走进一个房间，打开抽屉，在杂志底下寻找，等等，那么我们就可以用完全客观的词语来描述他的行为。“现在，他在房间中的某个地方，用右手的大拇指和食指抓起了一本书，将书举了起来、头弯下来，以便可以看到书底下的东西。”我们可以说“他在找什么东西”，或者更具体点儿，说“他在找眼镜”，由此来解释他的行为，或“从中读出一定的意义”。这些我们添加上去的东西并不是对他的行为进行深入描述，而是在推测这个行为的可能原因。即使我们问他在干什么，而他回答“我在找眼镜”时也仍然如此。因为这仍然不是对他行为的深入描述，而是将他的行为当成了某个功能；这就相当于“我的眼镜丢了”“我找到眼镜就会停止我现在的行动了”“过去我这么做了，然后就找到了我的眼镜”。（Skinner in Fabun，1968，p. 18）

对行为的精确描述有助于我们对未来行为的准确预测，有利于我们分析引发行为的强化过程。行为并不是偶然发生、不确定的，而是有目的的，我们能够通过行为的发生环境来对它进行描述。

斯金纳认为那些用诸如意志、想象、智力或自由等术语进行的解释都是非功能的。它们没有澄清，反倒是模糊了行为的原因，因为它们并没有真正描述发生了什么。

惩罚

惩罚并没有告诉人们怎么做才是对的。它既没有满足实施惩罚者的需要，也没有给被惩罚者带来好处。因此，惩罚会阻碍人的成长。犯了错的人只想如何去纠正自己的错误，或者将来怎么能够正确解决问题。当将考试卷子发回给学生时，他们通常能知道自己哪些题目做错了。不进一步解释，正确的解决方法就不会出现。在这种情况下，人们可能会觉得这不利于学习。虽然斯金纳也常常遭受到人们的误解，但是他仍然坚决反对在家庭、学校或其他任何社会机构中实施惩罚，这不仅仅是基于道德方面的原因，还有实践上的考虑。

惩罚没有作用。也就是说，被惩罚的行为常常不会消失。除非产生了新的学习，否则被惩罚的反应又会重复出现，它们常常会以伪装的形式或伴随其他的新行为一起出现。新行为会努力避免受到进一步的惩罚，或者是报复实施惩罚的人。老师运用的惩罚越多，将来就会有越多的纪律问题。监狱刑期的效果就是惩罚没有效用的最好展示。监禁，惩罚的是犯人过去的行为，却很少告诉犯人如何才能以更符合社会要求的方式来满足自己的需求。如果这些犯人没有学到新的、用以替代那些当初导致他们入狱的行为，那么一旦被释放，处在相同的环境或受到同样的诱惑时，他们就很可能又会重复以往的行为，实施犯罪。高比率的重复犯罪率就是对这一观点的有力说明。

另外一个与惩罚有关的问题就是，惩罚会给惩罚者带来强化与鼓励作用。

> 因此，奴隶监工在奴隶停下来的时候鞭打他们，促使他们去努力工作。这其中的基本假设就是，认为奴隶会为了逃避鞭打而努力工作（同时也会强化监工运用鞭打这一行为）。父母一直对孩子唠叨，直到孩子去做事；孩子通过做事而避免了唠叨（同时也强化了父母的行为）。绑匪威胁受害人，除非获得赎款否则就撕票，受害人通过付款而逃避了威胁（同时强化了绑匪的行为）。老师威胁学生说除非他们认真听讲，否则就要进行体罚或给予不及格；通过集中注意力，学生避免了惩罚的威胁（同时强化了老师的威胁行为）。这类目标明确的厌恶性控制就是众多社会协调（social coordination）的基本模式，比如道德规范、宗教、政府统治、经济、教育、心理治疗和家庭生活领域。（Skinner, 1971，p. 26）

斯金纳认为，虽然惩罚在压制某些极度不受欢迎行为的时候使用起来简单方便，但却可能会带来伤害，甚至是死亡，更有效的思路应该是营造一个新的、更有益的竞争性行为，然后对该行为进行强化、学习。

个人练习

强化与惩罚

第一部分：惩罚

写下一个你想矫正的行为。比如你可以写迟到、上课写信、吃得太多、睡得太晚、粗鲁。如果你结婚了，或者是和别人住在一起，或者是你有室友，那么你们可以找出彼此身上的一个习惯，然后相互帮助。

每当这个行为出现的时候，你就惩罚自己，或者是让你同伴惩罚你。惩罚方式可以是一次侮辱，比如“嗨，猪头，你又吃得太多啦”；可以是请客吃饭；也可以是其他任何可以使你遭受损失的事情。简单的惩罚方式就是在你每次表现出这个行为时，对自己罚款，积累起来的罚款可以捐给慈善机构（也可以将罚款给你的同伴，这样他每次惩罚你的时候都能获得奖励，就会对你的行为更警觉了）。练习一周后，检查一下结果如何。

第二部分：积极强化

现在，选一个你想增加频率的行为，比如锻炼身体。

首先，在你每次做出这个希望做到的行为时，就给自己一个强化。你可以让同伴给你奖励，也可以自己给自己奖励，比如一个夸奖、一个五角星，或其他奖励。得到注意就是最有效的奖励，因此需要确保在这个行为表现出来的时候，你和你同伴确实是注意到了。

一周以后，检查一下这个行为。它是否有什么变化？你对这种行为矫正方式有什么感觉呢？然后再思考一下，这种惩罚与奖励性强化对我们生活的影响是否有差异？

理论结构

身体

由于斯金纳的理论体系完全建立在可观察资料的基础上，因此身体自然具有最为关键的作用。不过，我们并不需要掌握神经解剖学或生理过程方面的知识才能预测人们将会表现出什么样的行为。其实在斯金纳看来，人格就是一个解释性术语，因此，一切皆在身体中。

尽管如此，斯金纳对身体还是不感兴趣。他把人看成是一个虽然没有打开，但又显然不是空的盒子。“他们不是去假定某个特定行为是由需要推动的，而是努力去寻找能够增加、维持或改变未来行为发生概率的条件。所以，他们探究的是能够控制行为的条件，而不是个体的内部需要。”（Mischel，1976，p. 62）因此，斯金纳和后来的行为主义者特别强调输入与输出，因为用他们的话来说，这就是唯一可以观察到的方面。

关系与女性心理

斯金纳的兴趣在于探究那些能够塑造与控制个体的外部条件。所以在他看来，社交行为并没有什么特殊，认为这与其他行为没有什么不同。社交行为仅仅是两个人或多个人之间的一系列互动而已。

关系。斯金纳对语言行为（1957）和语言社群在行为塑造中的重要作用做了大量研究，尤其是考察了它们对言语的早期发展以及给儿童其他行为带来的影响。在他看来，语言行为包括说、读、写，也就是任何与文字有关的活动。**语言社群**（verbal community）指的是同一社群中对他人的语言行为作出反应的人。比如，一个小孩子会听到父母、兄弟姐妹、老师，或是其他小孩子说的话，他可能会以不同的行为或某种不变的行为来作出反应。显然，这是一个常识，即使用行为主义术语来说也是如此。但斯金纳会说除了个人的以往经历、遗传基因、当前环境中的事件外，就**不存在其他与行为有关的因素**。虽然对此还存在着许多争论，但这仍然是一个活跃的研究领域，而且他们还有讨论此方面内容的研究杂志（Knapp，1998）。

社交情境中的强化有一部分依赖于你的行为，还有一些部分则取决于他人对你行为的反应。在与人交谈的时候，你说完后就会获得反馈。然而你收到的反馈不仅取决于你所说的内容，还取决于别人听到后会做出什么样的反应。比如，你以开玩笑的方式说了点儿事，但别人当真了，并因此变得很难过。然后你会调整自己的行为，补充说：“我只是开个玩笑而已。”所以，在人际关系中，我们既会根据别人的反应、还会根据自己的知觉来调整自己的行为。这就是现实中的语言社群。

虽然斯金纳是从心理学家的角度来写《沃尔登第二》，没有讨论社会关系，但书中的主人公对此却进行了深入的讨论。以下是弗雷泽这个乌托邦空想社区的设计者，对传统家庭的处境的描述。

当今社会的突出现象就是家庭的地位越来越弱……一个社会必须改变现在的某些做法，以便解决这个家庭问题。这是必须要做的。家庭是一种古老的社区形式，那些可以维持家庭存在的已有传统习俗，对现在这个不是建立在血缘联系基础上的社会来说，已经有点儿不合适了。《沃尔登第二》，不仅是作为一种经济单元，而且在一定程度上作为一个社会和心理单元，都是家庭的替代。剩下的问题就是实验而已。（Skinner，1948，p. 138）

女性心理。由于斯金纳并非理论取向，因此他并没有讨论女性心理的本质。在他看来，“自我就是符合某一特定环境的一组行为……建立在自我基础上的个人身份取决于行为的决定因素”（Skinner，1971，pp. 189-190）。所以，只有当女性的行为决定因素与男性不同时，女性的个人身份才是独特的，不同于男性。但是从某种程度来看，女性的社会环境确实是不同于男性（说的专业点，文化强化的女性角色与行为的确不同于男性），因此，女性和男性的“心理”确实存在差异。比如，在斯金纳的《沃尔登第二》中构想的社会里，行为的决定因素确实与当代西方社会存在根本性的差异，因此男性气质与女性气质的内涵也就有所不同。例如，斯金纳虽然没有对基于性别刻板印象上的工作进行区分，但是他也建议个体在寻找工作与学习技能时最好是选择适合自己的、选择能够满足所属群体需要的。

个人练习

矫正他人行为

许多研究表明，语言行为可以通过对字词与短语的选择性奖励而进行条件化（Berelson & Steiner，1964）。你也可以通过简单地点头，或采用“唔唔”“是，是”等强化方式来进行实验验证。

请做这个练习：当你和别人谈话时，在对方每次表现出特定行为（比如，用了长的句子、复杂词语、发誓性词语，或者是带有情绪的句子）的时候通过点头来表示赞同。然后注意这种措辞出现的次数是否随着你的强化而增加。

“情绪”是我们做行为归因时运用解释性术语的最好例证。（Skinner，1953，p. 160）

情绪

斯金纳认为，在研究情绪的时候需要对情绪进行本质上的描述。他不是将情绪看成是模糊的内部状态，而是建议去观察与之有关的行为。“我们认为——至少我们希望这么去做，情绪是一种特定状态，这个状态能够增强或减弱某个或多个反应。”（Skinner，1953，p. 166）他认为，即使是对那些界定明确的情绪，比如愤怒，在不同的情境下也会包括有不同的行为，即使是对同一个体也是如此。

> “但情绪是——乐趣！”芭芭拉说道，“如果没有它们，生命就没有价值了。”
>
> “有些方面是，”弗雷泽说道，“具有促进作用的有益情绪——开心与爱，就是。但是痛苦与憎恨，以及极度的愤怒、恐惧、暴怒，则不符合现代社会的需要，因此它们是有害的、危险的。”（Skinner in *Walden Two*，1948，p. 102）
>
> 詹姆斯和其他人一样，都走在正确的轨道上……我们都因为同样的原因感到愤怒、有攻击性，而这个原因就在我们所处的环境中。（Skinner，1975，p. 43）

当大街上有个人说某人很害怕、很愤怒

或恋爱了，通常意义上他说的是某种方式的行动倾向。“愤怒的”人更可能表现出攻击、侮辱或其他可能带来伤害的行为，而不大可能表现出助人、赞同、安慰或示爱的行为。“恋爱中的”人更可能表现出助人、赞同、陪伴、拥抱行为，而不大可能表现出伤害性行为。“害怕中的”人可能会降低或避免与特定刺激的接触，比如避开、躲避、闭上眼睛或捂上耳朵，而且他不大可能靠近类似那些特定的刺激或进入陌生环境。这些都是有用的事实，因此外行人的分类模式也在科学分析中具有一席之地。（Skinner，1953，p. 162）

斯金纳认为，只有去观察行为模式，而不是去推断未知的内部状态，才能有效解决当前在理解、预测和控制情绪性行为上的困难。

思维与知道

在斯金纳看来，对思维的描述与情绪状态的描述一样模糊、不可靠。

“思维”常常意味着“行动上的软弱”，这里的软弱可能是源于对刺激的控制有缺陷。如果看到一个不熟悉的物体，我们可能会说“我认为这是一种扳手”，这里的“我认为”明显是与“我知道”相对。当我们说“我想我会去”而不是“我会去”或“我知道我会去”时，我们就因为某个原因报告出了较低的行为出现概率。

这个术语还有更重要的用法。当我们在看一场国际象棋比赛时，当棋子移动的时候，我们可能会想“这个棋手在想什么”。我们的意思可能是我们想知道他下一步会怎么走。换句话说，我们想知道他那还没考虑成熟的行为。比如说，“他在考虑动车那枚棋子”，可能意思是说“他正是动车那枚棋子的时候”。然而，思维这个词语常常指的是行为还没完成，以至于别人难以探测到的情况。（Skinner，1974，p. 103）

> 如果对思维的行为解释不是我们所有人都愿意接受的，那么我们也必须记住，精神或认知的解释根本就不能算是解释。（Skinner，1974，p. 103）

斯金纳将知识看作一个行为谱（repertoire of behaviors）。“一个人‘知道乘法表’，意思是他能在合适的条件下背出来，在数学课上能够作出正确的反应、进行正确演算，等等；他‘知道历史’，意味着他掌握了另外一个更复杂的行为谱”（Skinner，1953，pp. 408–409）。

知识是指当特定刺激出现时所表现出来的行为。其他学者认为诸如说出《哈姆雷特》中的主人公是谁，或解释德国银矿产业在中世纪欧洲历史中的影响这类行为才是知识的“标志”或证据。斯金纳认为，这些行为本身就是知识。他对知识的另外一种界定方式是将知识看成是熟练行为的发生概率。说一个人“知道怎么读”，在斯金纳看来，这个意思就是指阅读被强化时的情境，能够引发被称为“阅读”的行为谱。斯金纳认为，传统的教学方式由于缺乏行为分析工具，以至于出现了一些问题。他的兴趣促使他去设计一些学习情境，以及开发能够加快学习进度和扩展学习领域的方法与设备。

个人练习

矫正老师的行为

这是一个由研究行为心理学的学生所做的巧妙但又非常普通的设计。尝试做做这个练习。

在你所有的课程中，是否有的老师讲课时喜欢边讲边踱步？选择其中一位老师作为实验对象。此外，本实验要求较多的班级成员参与，越多越好。在实验开始时，当老师走到教室某一侧的时候进行强化。你可以按照下面这个程序来做：当老师走向教室一侧的时候，实验者（即参与实验的同学）身子往前靠，认真地记笔记，并表现出认真听讲的样子。当老师走到另一侧的时候，实验者开始放松，表现出不那么认真听讲的样子。

在许多课程上的实验都发现，经过几堂课之后，他们都可以使老师在课堂上的大部分时间都待在教室的那一侧。不过，你最好只是在心理学老师身上做这个实验，这样当实验结束你对他进行解释的时候，他不会误解你的目的，还可能会以行为主义式的善意来对你表示支持。

自我知识

斯金纳也探讨了自我知识（self-knowledge）的行为谱。为此，他对缺乏自我知识的事例进行了说明。“一个人可能不知道他做了什么事……可能不知道他正在做什么……不知道他可能去做什么，或者打算做什么……没有认识到行为的决定因素。”（Skinner，1958，pp. 288–289）这些事例让非行为主义者非常感兴趣，因为这些都是不同内部状态的表现（比如，情结、习惯模式、压抑，或恐惧）。斯金纳将这些事例看作没有对那些需要注意或记得的行为进行积极强化。“关键不在于人们是否观察到了那些没有报告出来的行为，而在于以往是否给了让他去观察的理由。”（Skinner，1953，p. 289）换句话说，关键不在于你身上发生了什么，而在于是否有奖励让你去注意。

心理治疗

斯金纳把心理治疗看作一种几乎有无限效用的控制手段。因为治疗师是高度可靠的放松来源，而任何潜在和实际的放松都可以变成积极强化，从而增强治疗师的影响力。

个人练习

系统脱敏练习

本练习的目的并不是为你展示治疗师如何工作，而是为你提供一种体验方式，使你有机会体验到将注意力集中在行为的某个方面时可能引起的变化。

行为治疗师采用的方法之一就是系统脱敏，这种方法能够逐步降低个体对厌恶刺激的敏感程度。

第一部分：选出一个症状

想出一件曾令你感到害怕的事情，比如恐惧症（恐惧症是最容易处理的），怕蛇、怕虫子、怕血、怕高都是比较好的例子。如果你想不出来或者是不愿意去想恐怖的事情，那么也可以选择一个会让你产生消极情绪反应的特定情境。比如，当警车在你后面的时候你会感到焦虑，或有人提及你的信仰时你会产生防御心理，或在考试之前你会感到恐慌。然后再选出一个既让你苦恼且又经常发生的反应。

第二部分：放松

坐在一张舒服的椅子上，或者是躺下来，让全身放松。然后将注意力集中在你身上的某个部位，保持一会儿后再转移到另外一个部位，一个一个部位来，在心里告诉自己让这个部位放松，与此同时将注意力集中在放松上面。比如，首先让脚尖放松，然后是脚放松，接着是脚踝、小腿、大腿，等等。这可能需要花费几分钟时间。每次练习的时候都循环几次。如果你做不到让身体的某个部位放松，那么可以采取收缩该部位的肌肉（即紧绷起来）后再松开的放松方法。

第三部分：系统脱敏

在你完成第二部分的放松练习后，在处

于放松的状态下，想象一个距害怕对象或者是所选习惯关系比较远的情境。比如，如果你怕蛇，那么就想象你在阅读一篇在某个遥远国家中发现了一种无毒小蛇的报道；如果你怕警察，就想象有个穿戴像警察的小丑在马戏团中放气球。

记住，在把这个与恐怖刺激有关的情境维持在头脑中的时候，你需要保持身体放松。如果感到紧张了（“呀，一条蛇”），就立刻停止想象这个情境，然后将注意力集中在放松上，也就是重新练习放松，直到再次进入放松状态。接着再继续重复刚才的想象程序。这样反复练习，直到你能将这个想象情境保持在头脑中，且身体又仍然处于完全放松时为止。

下面的步骤都是依次来的。现在，你处于某个情境之中，或者还是想象一个与害怕对象的关系稍微紧密一些、鲜明一些的害怕情境或害怕事物。你仍然需要在看到实际害怕对象或者是维持想象情境的时候，努力保持放松状态。然后逐步进行，每次看到的害怕对象或者是维持的想象情境都与实际害怕对象的关系更紧密一些、鲜明一些，当然都是处于放松状态下。这样依次进行，直到你不再害怕、不再紧张。比如对于害怕蛇来说，系统脱敏程序中的随后步骤可以包括以下环节：阅读与蛇有关的文章；看蛇的图片；房间中离你很远的位置有只关在笼子中的蛇；你身边就有只装在笼子中的蛇；最后你将蛇拿在手中玩。

记住，千万别跳过任何一个步骤，也别在自己还没达到完全放松的时候就进入下一个步骤。

斯金纳的理论中没有“自我”。因此，治疗的目的不是为了使来访者产生更好的感受与更好的适应，也不是为了使他们实现自我理解。从行为主义的立场来看，治疗就是要改变行为方式或行为表现。也就是说，治疗的目的就是阻止不良行为的继续出现，并且让良好行为出现得更频繁。

正是基于这一前提，行为主义治疗师在实践中成功地处理了一些精神分析治疗师都难以处理的问题。在一篇对行为分析治疗的详细综述中（Rachman & Wilson，1980），作者展示了一些设计精巧并取得良好效果的研究。这些研究探讨了诸如性功能障碍、性偏离、婚姻冲突、精神障碍，以及诸如酒精、烟草和肥胖等方面的物质滥用问题。

尽管不同的行为治疗师可能会采用不同的治疗方法，但他们的共同点就是在行为治疗中主要关注实际行为，而非内部精神状态或个人生活史。在行为主义者看来，症状就是疾病，而非内在疾病的外显表现。比如面肌痉挛、早泄、慢性酒精综合征与人群恐惧症等症状，就可以直接进行治疗。在他们看来，症状并非是探察个体早期记忆或病人生活理念的入口。

在行为主义治疗中，病人将治疗师看成是一个不具威胁性的听众，当然，在精神分析治疗中也是如此。用行为主义治疗的话来说，就是病人可以自由地表达以前没有表达的行为，比如流泪、敌视感受、性幻想等。然而行为主义治疗师的目的在于，当这些行为表现出来的时候，不要给予强化。治疗师的兴趣在于教育、训练和奖励那些能够同不适、不良行为发生有效竞争或具有消除作用的行为。比如，逐步放松程序就可以作为降低特定焦虑反应的方法，而自信训练也可以有效地帮助病人克服胆小、羞怯行为。

以下几点基本概括了行为主义治疗的独特本质，以及此方法与其他治疗方法的共同点。

1. 行为治疗帮助人们形成一些应对生活情境的方式，这些方式是他们希望具有的。包括形成一些新的期望行为、想法、感受，或提高它们的出现频率，以及消除或降低那些不想具有的行为、想法或感受的出现频率。
2. 行为治疗并不处理人格中的感受问题，以及态度中的核心问题，即情绪问题。
3. 行为治疗认为积极的治疗关系对于有效的治疗来说是必要条件，但不是充分条件。
4. 行为治疗将病人的抱怨看成是治疗中的首要关注问题，而非一些潜在问题的症状表现。
5. 在行为治疗中，病人与治疗师就实际行为中反映出来的问题达成明确共识（比如行为、想法、感受），他们共同决定具体的治疗目标。因此，不管是治疗师还是病人，都可以知道是什么时候达到了这些目标。（Jacks，1973）

理论点评

斯金纳与人格理论

虽然斯金纳只是对动物做了研究，但是他认为人类与动物的行为有着相同的基本原理。有些批评者认为斯金纳的研究过于强调环境因素，而对人的关注却很少（Schnaitter，1987; Zuriff，1985）。然而，斯金纳主义者也尝试运用操作性条件作用来解释诸如创造性这类的复杂人类行为（Eisenberger et al.，1998; Epstein，1991）。

斯金纳强调环境因素在人类行为中的重要作用，认为需要从环境因素去理解人类的行为，强烈要求我们必须考察环境因素在行为中的作用（Mayer et al.，1998）。行为取决于特定的情境，刺激与强化物的效果也会因情境的不同而有所不同（Wahler & Castlebury，2002）。

环境因素对有些人的影响可能会大于对其他人的影响。比如有研究表明，患有注意缺陷多动障碍的儿童在有高水平的强化物以及在立即给予连续不间断的强化时的表现最好。通过这种条件化，儿童在学校、运动场以及家中的行为就可能会变得常态化，从而获得改善（Luman et al.，2005）。

斯金纳的影响

在一项针对 20 世纪最有影响力的心理学家的研究中，斯金纳被排在首位（Haggbloom et al.，2002）。大多数参与调查的心理学家都认为他是 20 世纪心理学领域中影响最大的人物。斯金纳的行为主义已被用来开创新的治疗与教育模式。他的影响遍及大学、小学、监狱、精神医院、临床治疗领域，使他们的课程体系或教育体系做出了调整。甚至还有些实验性社区尝试使《沃尔登第二》成为现实（Ishaq，1991; Kinkade，1973; Roberts，1971）。

斯金纳的激进行为主义与他的研究所带来的影响已远不止于心理学领域。他所提出的行为调整、功能分析、代币奖励等概念构成了当前治疗领域中最为常见的认知行为取向治疗的基础。操作性条件作用也对学习理论的发展产生了重大影响。此外，受到斯金纳影响的领域还包括动物的喂养与训练、人类学、工商业、咨询、经济学、医学、社会学，以及言语病理学等。

当斯金纳将兴趣扩展到工作场所、课堂和家庭领域时，他既赢得了许多崇拜者，同时又招来了许多批判者。他对自由、创造性、自我的处理方式，以及他始终坚持环境决定一切的信念，既令人佩服又让人沮丧。1984 年，他将自己的约 6 篇主要论文送交给一些与行为心理学有紧密关系的专业人士。其中有 174 人给予了回应。他们的详细评论严厉批评了斯金纳理论中的所有方面——意识形态的、实验性的、哲学的。然后斯金纳写了一封回应信送给所有评论者，在回应中对每个问题都做了回答。

所有这些批判以及斯金纳的回应，正好构成了《行为与脑科学杂志》（*Behavioral and Brain Sciences*）的整整一期文章（1984b）。

斯金纳认为，几乎所有这些批评，都源于误解了他的观点，要么是言不对题，要么就是明显不对。当他发现自己越坚持立场就越受到人们的关注时，他对自己的观点更坚定了，包括他早在30年前就提出了的观点。他在最后的总结部分写道："在我看来，心理学家和哲学家对行为主义观点是否合适的怀疑程度，与他们的理解程度正好成反比。"（Skinner，1984b，p. 723）

> 我觉得行为主义的主要敌手在于人们恋上了精神结构（mental apparatus）。如果你对他们说那根本就不存在，那只是虚构的，让我们回到事实上来吧，这样他们才会不得不放掉自己的初恋。（Skinner，1967b，p. 69）
>
> 在当代所有的心理学家中，斯金纳可能是最受敬重而又怨恨最大、最被认可而又歪曲最多、引用最多而又是被误解最多的人。（Catania，1984，p. 473）
>
> 我是一个激进的行为主义者，简单说来，就是在我的研究中找不到精神状态的位置。（Skinner，1964，p. 106）

在人生最后的几年时间里，斯金纳仍然表现出了那种大无畏的勇敢精神。在他去世之前几个月的一次电台采访中，他以一种娱乐式的方式说道："等那些人对我这最后一篇文章进行批判的时候，我早死了。"（NPR，1990）他这一预言惊人的准确，在他去世后不久，《美国心理学家》（*American Psychologist*）杂志刊登了一期专题为《对斯金纳与心理学的思考》（*Reflection on B. F. Skinner and Psychology*）的纪念性文章，这期的篇幅长度是平时的三倍，而这份杂志也是唯一会发送给美国心理学会所有会员的期刊。在这期专题的文章中，几乎每篇文章的作者都高度赞扬了斯金纳对心理学各个领域的贡献，其中有篇文章甚至指出自己之前的批评是由于曲解了斯金纳的观点，以至于迷惑了其他一些心理学家和普通民众（Todd & Morris，1992）。

斯金纳的目的是希望能够更好地理解生命，其所提出的关于人类行为的观点紧凑、直接，并且抛弃了所有的抽象推测，天生就具有致命的吸引力。他的研究严格建立在现代科学方法的基础上，使我们无须借助灵感或神的帮助，就能更好地理解自己。

斯金纳说他自己是一位从老鼠与鸽子的实验中得出基本观点的心理学家。然而，随着《沃尔登第二》的出版，他做出了"巨大的转变，从实验科学家……转变成了为人类行为科学而公开鼓吹的发言人"（Elms，1981，p. 478）。斯金纳自己的话就是对他30年力推工作的最好例证："我认为，在防止人类或生命的毁灭方面，没有什么能够比得上更好地理解人类行为更重要了，而且我也一直在这个假设的基础上前行"（Skinner，1975，p. 42）。

就如弗洛伊德由于主张"人类是不道德的、是被性冲动和贪婪所驱动的"观点而被维多利亚时代的人所厌恶一样，由于斯金纳认为"人性完全取决于外在环境刺激，而与道德无关"的观点，也使那些被教育成要重视与尊重个体独立与自主选择的人感到焦虑不安。

斯金纳晚年在一篇名为《现代西方人的生活怎么了》（*What Is Wrong with Daily Life in the Western World*，1986）的论文中，认为许多人偏离了自己的工作。他指出，人们帮助那些只关注自己利益的人，通过惩罚而不是强化来控制他人，"强化看、听、读、投机，而很少强化其他行为"（Skinner，1986，p. 568）。他认为，解决这些与生活质量有关的问题就是要运用我们已经知道的、我们已经研究了的东西，也就是要扩展与应用那些关于行为的研究。主张要解决差异问题，就必须建立在实际证据而非抽象推测的基础上。他力主我们的研究应该回归科学，要远离单纯的情绪化争论，从而构筑了一个理解人类行为的系统方法，这一方法对我们当今世界的生活与信仰仍具有重大的影响。

在斯金纳的启迪下，亚瑟·斯塔茨（Arthur Staats，1996）提出了心理行为主义（psychological behaviorism）理论。该理论将行为主义观点应用到人格领域。斯塔茨宣称，各种人格特质、能力、态度等都是长期的、复杂的学习过程所带来的结果。他开发了一个广受欢迎的育儿程序用来给孩子“暂停”（time out）[①]，他认为暂停可以通过改变孩子的环境，从而避免惩罚、消除孩子的不适宜行为（Staats，1971）。他将之称为“避免强化的暂停”。

斯塔茨（1999）提出，情绪也能够进行有效的奖励或惩罚，由此为斯金纳的研究工作做了补充。他宣称人类心理的主要本质不是生物学，而是学习。他认为，人类的学习通过经典条件作用和操作性条件作用就能够进行最好的解释。

原始手稿

◆选自人本主义与行为主义（Humanism and Behaviorism）[②]

可能存在两种知道或了解他人的方式。一种是与存在主义、现象学和结构主义有关。这是一个知道他人是什么的问题，或者说他像什么、他将来会怎样。从这个角度上讲，我们了解他人就好像是了解自己。我们通过感情移入或共情来感觉他人的感受。通过直觉来了解他人的态度、目的以及其他心理状态。由于有共同的语言、共同的感受与决策方式，我们能够与他人沟通。如果建立了良好的人际关系，我们就能够更有效地行动。这是一种被动的、思考式的知道：如果我们想预测一个人会做什么或可能做什么，就会假定他和我们一样，会按照自己的想法行动；他的行为也和我们一样，是他的感受、精神状态、动机、态度等的外在表现。

> 在进行心理学研究的时候，他寻求的是一种精致、简单而有效的道路。他的大部分工作都是走在正确的方向上。（Gilbert & Gilbert，1991）

另外一种知道是关于他人做什么的问题。我们常常直接观察它，就好像观察这个世界上的其他现象一样，无须专门的知道方式。我们从环境角度，而非从内部状态或内部活动来解释一个人的行为原因。环境对物种的进化更有效，而且我们也将这一过程的结果称为人类的遗传天赋。物种中的一员在成长过程中必然会暴露在其他个体面前，由此使得该个体获得了一定的行为谱，这个行为谱使得具有遗传天赋的有机体能够变化成一个人。通过分析环境的影响结果，我们就可以预测与控制行为。

但这种“他人做什么”的说法是否会遗漏“他人是什么”的说法中所体现的信息呢？在行为与行为的环境因素之间确实存在着时间和空间上的差距，而且用有机体的内部状态等中介因素来填充这点，也是一种很自然的情况。其实，我们用遗传天赋来总结漫长的进化历史就属于这种情况。那么我们是否不应该用同样的方式来对待个人经历呢？比如，一位博学的生理学家应该能够告诉我们，在一个人的行为被强化后他会出现怎样的变化，为什么他现在的转变能够解释随后变化了的行为。以免疫作用为例，首先接种疫苗可以降低使人感染疾病的概率；然后我们说他变得免疫了，以及存在免疫状态，接着我们就可以对此进行检测。生理学家应该能够对行为方面的类似情况做同样的事情。他应该也能够通过直接

---

① 类似罚站，它是在儿童表现出了不适行为或不当行为的时候，暂时将他们从环境中分离出来，以避免对其不当行为的强化，从而促使其行为改变的一种策略。在美国，暂停作为一种有效的儿童行为干预和改变策略，被学校广泛采用。——译者注

② From July/August 1972，*Humanist*. Copyright 1972 by The Humanist. Reprinted by permission.

改变有机体而不是改变环境来改变行为。那么存在主义者、现象学家或结构主义者，不是将他们的注意力指向这些中间状态吗？

彻底的二元论者可能会说，不是这样的。因为在他看来，个体通过内省所进行的自我观察完全不同于生理学家通过专门技术的观察。正是因为这一点，对自我知识进行行为主义分析才变得更重要，不过遗憾的是，这可能更容易让人误解。我们每个人都拥有这个世界的一部分，这并不是说我们所拥有的与世界其他部分有什么不同，而是指这是我们自己的私有部分。我们有了解自己私人世界的方式，但他人却难以做到。不过，如果由此推论出我们的这种熟悉就是一种特定的认识，那么就不对了。身体当然会直接给予我们刺激。所谓的内部感受神经系统，在剥夺和情绪唤醒条件下会作出一定的反应，本体感受系统在姿势变化或运动的时候也会有反应，如果没有它们，我们就难以保持动作协调。这两个系统以及外周神经系统，是我们能够有效行动的必要条件。但是“知道”并不仅仅是对刺激作出反应，比如婴儿在“知道颜色”之前就能够对有颜色的事物产生反应。要达到知道的程度就需要有他人设置的特殊强化条件；但是，这些与个人事件相关的条件难以特别精确，因为其他人很难有效地接触到它们。尽管我们熟悉自己的身体，但我们对此知道的准确程度却不如对周围世界的了解。当然，我们难以准确了解别人的私人世界还有其他方面的原因。

但是，问题不在于知道的精确性，而在于知道的对象是什么。当我们“知道自己”的时候，是什么被知道了呢？上面所提到的三个神经系统在影响生存的实际因素作用下得到了进化，但它们大多是非社会性的（生存的社会性因素对诸如性和母性这类行为具有重要的作用）。当人们开始去“了解自己”，以便对自己的行为进行回答时，也许它们是唯一可资利用的系统。在回答诸如“你看到那个了吗”“你听到那个吗”或“那是什么”之类的问题时，个体会学习观察自己对刺激的反应。而在回答诸如“你饿吗”“你害怕吗”这类问题时，他会学习观察与剥夺或情绪唤醒有关的身体状态。当回答诸如“你将要去吗”“你打算去吗”“你想去吗”，或“你很可能于去吗”之类问题的时候，他会学习对他的行为强度或行为发生概率进行观察。

我的意思是不是指柏拉图根本就没有发现过精神（mind）呢？或者我认为阿奎那（Aquinas）、笛卡尔、洛克、康德他们只是被那些偶然的、与人类行为通常不相关的副产品迷住了呢？或者说我觉得冯特这样的生理心理学家所提出的精神规律（mental laws）、詹姆斯的意识流、弗洛伊德的精神结构无助于我们理解人类行为的呢？是的，我的意思正是如此。我强硬地提出这点是因为，如果我们的目标是去解决当前所面临的问题，那么这种对精神生活（mental life）的关注就不再会使我们的注意力从考察决定行为的环境因素上偏离……

更好的政府管理形式不是建立在更好的统治者基础上，此外，更好的教师并不意味着有更好的教育，更明智的组织管理者并不意味着更好的经济制度，更能共情的治疗师也并不意味着有更好的治疗，对民众、学生、职员和病人来说也是如此。以往的错误就是去寻求建立独立自主的性格，而非关注人类进化过程中的社会环境因素。事实上，如今我们已经可以对这些方面做出明确的设计。

章节重点

- 斯金纳认为，只有行为才能被研究。与内部精神状态不同，行为是可观察、可测量、可察觉的，能够用数据收集方法进行收集。如果可观察的行为是界定自我的基础，那么再讨论诸如人格或自我这样的内部精神活动就没有必要了。
- 斯金纳建立了一种对行为进行观察、测量、预测和理解的独特方式。他不相信主观、精神、中介或解释性术语，从而使他将自己的观点建立在一个对人和动物可观察的行为基础上。

- 斯金纳提出要研究有机体本身。他的主张是以可观察的行为数据的积累和严格的实验室实验为基础。
- 虽然斯金纳的研究只是来源于可观察的资料，认为自己的观点是非理论化的，但是他根据研究数据而归纳出来的理论，给心理学和社会生活带来的影响已经远远不限于动物研究领域。
- 斯金纳不是将人看作一个有创造性的、主动的个体，而是认为人的行为取决于遗传与环境因素。
- 只要能够观察到以往的事件，那么就可预测未来事件的发生。
- 斯金纳认为，当人们不了解行为或不明白行为的强化模式时，就会使用解释性术语，认为人们运用诸如**自由**、**尊严**、**自主人**、**意志**或**创造性**等术语来解释人的行为是不正确的。
- 斯金纳认为，人类或动物身上所有自然出现的行为几乎都可以训练，从而使它们在所选定的方向上以更高频率或更高强度的方式表现出来。
- 对操作性条件作用影响因素的研究表明，条件作用可以在有机体没有觉察的情况下发生；不管是否觉察到，条件作用都可维持；当个体觉察到又愿意合作时，条件作用的效果最好。
- 积极结果与消极结果都可以对行为起调节或控制作用。如果能够充分了解到行为产生的强化物，那么就可能对任何出现的行为进行解释。
- 行为的学习速度、重复频率取决于行为的强化规律与强化频率。连续强化可以提高学习新行为的速度。
- 对正确反应进行强化可以改善学习。因为强化是选择性地将行为指向既定目标，它比厌恶控制或惩罚更有效。
- 如果人们能够改变环境，就能够控制行为。对行为的控制意味着自由。
- 在斯金纳看来，个体发展就是指个体消除不利环境以及增强对所处环境进行有益控制的能力。功能分析有助于从因果关系的角度去理解行为。
- 斯金纳认为，通常意义上的“人格”就是一个解释性术语。身体和精神不是各自独立的。
- 斯金纳认为与其将情绪看成是模糊的内部状态，不如应用描述性方法去对其研究。个体应该学会去观察与之有关的行为。
- 在行为主义者看来，症状就是疾病而非潜在疾病的表现，因此可以直接对其进行处理。
- 斯金纳在动物实验研究基础上所作的最有创造性的贡献就是开发了程序教学。他的研究表明，如果个体在学习过程中能够获得即时的、准确的反馈，他们就能够学得更快。

关键术语

自主人（autonomous man）：这是一个解释性术语，指的是个体内心有个内在的人，这个内在的人受模糊的内部力量所驱动，而不是受外部的行为关联因素所影响。

行为主义（behaviorism）：行为主义是一种与人类行为科学有关的哲学理念。

吝啬律（canon of parsimony）：吝啬律由摩尔根提出，意为如果有两种不同的解释，科学家就应该永远采用更简单的那个。

相倚变量（contingencies）：相倚变量指的是行为的先行相关因素、反应，以及反应的结果或所带来的影响。相倚变量包括有机体的遗传天赋以及先前行为。

解释性术语（explanatory fictions）：解释性术语指的是非行为主义者用来描述行为的术语。在斯金纳看来，解释性术语的例子包括自由、尊严、自主人以及创造性。在行为主义者看来，运用其中任何一个术语来解释行为都是不正确的。

功能分析（functional analysis）：功能分析指的是考察行为的因果关系。它将行为的每个方面都看作环境的一个功能，可以用物理术语来进行描述。采用诸如意志、想象、智力或自由等术语进行的解释模糊了行为的原因，因为它们不是真正在描述发生了什么。

操作性条件作用（operant conditioning）：操作性条件作用指的是通过行为结果来塑造或维持某一特定行为的程序。这种程序不仅考虑反应出现之前所发生的情况，同时还考虑到了该反应发生之后的情况。

惩罚（punishment）：惩罚指的是为了消除不适宜或不当行为时所采取的无效以及错误使用的方法，这种方法并没有告诉人们怎么去做才是对的。它们不仅对那些被惩罚的人无益，也满足不了实施者的要求。惩罚会阻碍个体的发展。

强化物（reinforcer）：强化物指的是出现在反应之后，能够维持或增强反应发生概率的任何刺激。积极强化物能够增加那些引发该强化物的行为，消极强化物能够增强那些可以减弱或终止该强化物的行为。初级强化物是指天生就具有强化作用的刺激或事件，比如空气、水、食物或居所；次级强化物是指一些通过与初级强化物的联结，从而也具有了强化作用的中性刺激，比如金钱。

应答性行为（respondent behavior）：应答性行为是一种反射性行为，有机体能够自动地对某个刺激作出反应。

语言社群（verbal community）：语言社群指的是对他人的语言行为作出反应的人。语言行为是任何运用语言来进行的活动，比如读、说、写。

推荐阅读

Bjork，D. (1993). *B. F. Skinner：A life.* New York：Basic Books.

本书比斯金纳冗长乏味的自传要好得多。比约克的这本著作有助于读者理解斯金纳的思想与其儿童时代经历之间的关系，作者认为斯金纳的激进主义立场是他早期社会疏离和自我疏离的反映。

Catania，C.，& Harnad，S. (Eds.). (1988). The Selection of Behavior：*The Operant Behaviorism of B. F. Skinner. Comments and Consequences.* New York：Cambridge University Press.

本书包含有斯金纳的 6 篇代表性著作，还包括许多学者对这些论文的评论，以及斯金纳本人的回应。很多人都希望知道对斯金纳的基本观点有何正面与负面评价，你将从本书中找到答案。

Lattal，K. (1992). Reflections on B. F. Skinner and Psychology. *American Psychologist*, *47*（*11*），1269-1533.

这篇论文全面概述了斯金纳在心理学领域的影响，对此进行了正面、细致、富有技巧的阐述。

Nye，R. (1979). *What Is B. F. Skinner Really Saying?* Upper Saddle River，NJ：Prentice Hall.

本书较好地总结了斯金纳的观点，而且没有过多使用斯金纳主义者的专门术语。

Skinner，B. F. (1948，1976). *Walden Two.* New York：Macmillan.

本书是一本小说，描述了一个完全由行为主义者设计和管理的乌托邦社会。里面没有什么情节，但是充分描述并讨论了这个乌托邦社会的各个方面，从儿童养育到工作安排再到有计划的休闲活动。

Skinner，B. F. (1953). *Science and Human*

Behavior. New York：Macmillan.

本书对斯金纳的基本观点做了最完整的展示。

Skinner，B. F. (1971). *Beyond Freedom and Dignity.* New York：Knopf.

本书充分分析了当代社会的文化，尤其是认为没有应用行为分析方法来促进个人理解。这是一本影响巨大的通俗性著作，刻画了当代社会中绝大部分人的愚蠢思维方式。

Skinner，B. F. (1972). *Cumulative Record*：*A Selection of Papers (3rd ed.)*. New York：Appleton-Century-Crofts.

本书包含了由斯金纳挑选的自认为是重要的文章，不过并没有涉及他的所有研究领域。

Skinner，B. F. (1974). *About Behaviorism.* New York：Knopf.

本书对那些质疑斯金纳观点的人给予了直接回应，探讨了对行为主义的常见误解。本书是《科学与人类行为》(*Science and Human Behavior*）一书的精简版本，主要阅读对象是普通民众。

第 9 章

班杜拉的社会认知心理学与贝克的认知主义治疗

阿尔伯特·班杜拉与社会认知理论

阿尔伯特·班杜拉（Albert Bandura）是仍然在世的最著名的心理学家之一。1925年，班杜拉出生在加拿大的一个小镇，在英属哥伦比亚大学获得心理学学士学位。然后班杜拉进入爱荷华大学攻读硕士学位。当时的爱荷华大学是行为主义和学习理论的主要研究中心。

1952 年，班杜拉获得爱荷华大学的博士学位，并在完成临床实习后，开始了他在斯坦福大学的教学生涯，直至今天。由于提出了社会学习理论和自我效能感理论，使得他广为人知。1973 年他当选为美国心理学会主席，1980 年获得了美国心理学会颁发的杰出科学贡献奖，获奖理由是“在许多研究领域所做出的创造性实验，包括道德发展、观察学习、恐惧获得、治疗技术、自我控制……以及行为的认知调节……（他的）热情、高尚的品质鼓舞了他的许多学生……”（*American Psychologist*，1981，p. 27）。2002年一项调查发现，在最常被引用的心理学家中，他排名第 4 位，仅次于斯金纳、弗洛伊德和皮亚杰（Haggbloom，2002）。

班杜拉指出，人们通过观察别人的行为所学到的东西与通过自己经验所学到的东西同样多。通过各种认知加工，我们会记住并评价所观察到的他人行为。比如，当我们看到他人因为某种行为获得奖励时，我们自然就会想：“如果我也那样做，那么我也可能会获得奖励。”

班杜拉从来就不是一个传统的行为主义者。行为主义者通常喜欢以动物为研究对象，而班杜拉研究的则是人类被试，他重视人类所具有的符号思维能力（symbolic thought）。他提出了一个关于人类的新模型，认为人类是一种具有自我组织、自我反省和主动性的个体（Bandura，1986）。他认为人类通过语言和符号建立了复杂的认知结构，能够对自己的行为可能带来什么样的结果做出假设（Bandura，1999a）。

> 在我攻读硕士学位阶段，整个心理学领域都是行为主义取向，研究的几乎都是学习现象。但我从来就算不上是一个正统的行为主义者。在那个时候，所有的理论和研究考察其实都是通过强化而产生的学习。在我的第一个研究项目中，我反对初级强化，支持观察学习。在观察学习的时候，个体不需要作出反应，也不接受强化……我将观察学习当成是知觉与认知过程的中间过程。（Bandura in Monte & Sollod，2003，p. 559）

主要思想

交互决定论

人格理论家常常为了我们的行为到底是受内部因素还是外部因素所控制而争论不休。行为主义者历来坚持环境因素才是最重要的因素，而精神分析学家则宣称是内部因素决定了行为。与之相对的是，班杜拉关注行为、内部动力、外部因素之间的交互作用，并创造了交互决定论（reciprocal determinism）这个术语，用它来表示人类行为是由个体的认知过程和外部社会与物理环境共同作用的结果。班杜拉指出，外部环境不仅仅是行为的原因，同时也是行为的结果。

> 后天改造先天。（Albert Bandura）

后来，班杜拉提出了三维交互决定论（triadic reciprocality），用它来指称行为、环境与内因（如觉察、认知）之间的相互作用关系（见图 9–1）。他认为“个体……是他们的动机、行为的决定因素，是在各因素相互作用的过程中发展的”（Bandura，1989a，p. 6）。

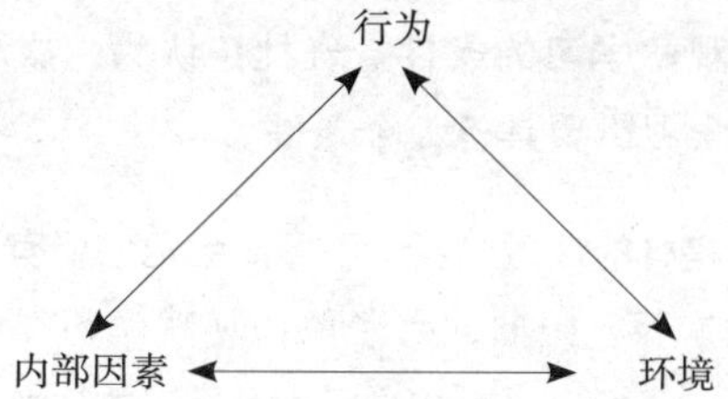

图 9–1　班杜拉的三维交互决定论

> 当那些对自己不大了解的人取得成功时，他们的成就便很可能被归因于外部因素，而不是他们自身的能力。（Albert Bandura）
>
> 如果你看到了一棵树，你就看到了整个森林。（罗纳德·里根，加利福尼亚州州长，美国第 40 任总统）

三维交互决定论建立在几个重要的假设基础上。假设之一是行为会影响个体的内部因素。比如，某一活动的不断成功会使个体增加对这方面能力的信心。此外，班杜拉（Bandura，2001）还认为行为能够影响个体的神经生理机能。如果我们经常针对某一主题进行阅读、写作和讨论，那么就会发展出一个“神经网络”来处理与这一主题有关的信息，从而使我们能够更好地学习这方面的知识。

个体的内部因素同样也会受到环境因素的影响。比如，住在同一宿舍女生的月经时间常常很接近（Matlin & Foley，1997）。此外，行为也会影响环境。比如，经常给盆栽浇水可以使它们长得生机勃勃，而如果不浇水它们就可能会变得枯萎。

个体的内部因素，比如思想和感受，也会影响我们的行为和环境。如果我们觉得自己在某一任务上不会成功，那么我们就更有可能会遭受到失败（Bandura，1989a）。对某一环境的信念也可能给环境带来很大的影响。如果我们不对森林给予重视，那么我们就不会去阻止伐木工人砍伐森林。

观察学习

与传统行为主义者不同，班杜拉认为人类许多重要的学习都是通过观察而产生的。根据斯金纳的理论，反应必须最先出现，然后才能给予强化。另外一些行为主义者也强调学习来源于对行为的强化。相反，班杜拉说明了当被试仅仅是观察他人的各种行为时，也能进行重要的学习，就像他们自己在这么做一样。

班杜拉将这称为观察学习（observational learning），或替代学习（vicarious learning）。这种学习是“观察他人的行为及其强化结果而产生，在整个观察阶段都没有表现出公开的模仿行为”（Bandura，1965，p. 3）。当我们看到某人因为其行为获得奖励时，我们就能够获得替代强化。此外有研究显示，动物也能够通过观察与模仿而学习到新的行为（Reader，Biro，2010）。

在一个关于观察学习的经典研究中（Bandura，et al.，1963），学前儿童观看了一部电影，电影中有位成年人对着一个巨大的充气“波波”玩偶拳打脚踢。成年人的口中一边喊着诸如“砰，就打鼻子”之类的话，一边击打玩偶。当让这些小孩自己和玩偶一起玩的时候，实验组小孩的攻击倾向是没有看过这段电影的控制组小孩的两倍。不管是电视播放成年人作为榜样在击打玩偶，还是卡通人物在击打，研究者都发现这种攻击性有所增加。

为了考察父母榜样 (modeling) 的影响，班杜拉对攻击性较强与较弱儿童的父母进行了比较（Bandura & Walters，1963）。结果发现，攻击性较强儿童的父母也表现出较强的攻击性，而攻击性较弱儿童的父母则会更多地约束自己。

模仿学习的情境特征。班杜拉发现（Bandura，1977，1986）了三个影响观察学习的因素：

1. 榜样的特征；
2. 观察者的特征；
3. 与行为有关的奖励。

首先，班杜拉发现，如果观察者所观察的榜样与自己相似，那么与那些明显不同于自己的榜样相比，他们更容易受到影响。比如在“波波玩偶”研究中，如果儿童看到的榜样是真正的人，而不是动画片中的人物，那么儿童就会表现出更强的攻击倾向。

我们更可能模仿同性和同龄人。社会地位和声望也会增加榜样的影响力。比如有研究发现，如果步行者过马路时看到一个衣冠楚楚的人而非穿着破烂的人闯红灯，那么他们更可能表现出闯红灯行为（Lefkowitz et al.，1955）。广告就是直接应用了这种效应。广告中常常用名人或者是长得有吸引力的人，以期影响我们去使用他们的产品。

其次，观察者的特征也同样重要。那些自信心较低或自尊水平较低的人更可能模仿榜样的行为。此外，如果我们模仿榜样行为时获得的奖励越多，那么我们就越可能受榜样行为的影响。

第三，如果我们看到榜样因为某个特定行为受到奖励，我们就很有可能模仿这个行为。在“波波玩偶”研究中，有组小孩看到榜样获得了表扬、汽水和糖果，另外一组小孩则看到表现出同样行为的榜样受到了批评和体罚，结果前者比后者表现出更高的攻击性。

> 我们对失败研究得太多，而对与成功有关的理论则又研究得太少。（Albert Bandura）

榜样对我们的影响比我们自己所想象的要大。比如，名人自杀后的自杀率常常会上升（Phillips，1974）；在电视转播拳击冠军比赛后的三天内，谋杀率上升了超过 12 个百分点，这个上升率在 15 年来基本保持不变（Phillips，1983）。

观察学习的条件。班杜拉认为，成功的观察学习需要具备 5 个条件。

1. **对榜样的注意**。我们不可能会记住所有看到的东西。因此，为了保证观察学习得以发生，我们必须对榜样行为有足够的注意，准确地观察到榜样的行为，才能让我们事后回忆出来并进行模仿。
2. **记住观察的结果**。记忆并不是一个被动的过程。我们会思考观察到的内容，并倾向于记住那些我们认为是重要或有用的东西。我们必须牢记榜样行为的关键部分，以便事后能够重复。

我们所拥有的与榜样行为有关的知识以及高度集中的注意力有助于我们理解、储存以及模仿榜样行为。没有相关知识，我们就难以理解和记忆复杂的行为。比如，不了解物理学的人在听一堂高级物理讲座就什么都记不住。

3. **复现所观察到的结果**。在班杜拉看来，我们会运用两种表征系统：图像与言语。图像表征系统（imaginal representational system）里面包含的是在观察榜样行为时所生成的一些生动的、可提取的图像。言语表征系统（verbal representational system）是由观察者用以描述所观察行为的词语组成。
4. **有动力模仿观察到的行为**。什么时候人们会将观察到的结果转化为行为呢？我们更可能仔细观察和模仿那些与积极结果（而非中性或消极结果）有关的行为。因此，当看到榜样行为获得奖励时，我们就很可能会期望通过模仿这个行为以获得类似的奖励。

班杜拉（Bandura，1994）认为动机有三个来源：首先，我们看到一个榜样因为某个特定行为获得了奖励；其次，榜样（比如父母、老师）因为我们模仿他们的行为而奖励了我们；第三，也许是最重要的，我们因为自己的表现而奖励了自己；我们“自己拍了自己的背”。

5. **练习**。任何复杂行为的产生都需要通过练习，比如学习开车。我们首先需要观察父母或其他人怎么开车，去驾驶学校参加交通规则的课程培训。不管我们的准备工作做得多么好，我们的初次驾驶必然是笨拙的。我们需要大量的练习，获得行为的有效反馈，然后才能够学会自如地刹车和掉头。

中国有句古话能很好地概括了班杜拉的观察学习：“不闻不若闻之，闻之不若见之，见之不若知之，知之不若行之。学至于行之而止矣。行之，明也。”近来对镜像神经元的神经科学研究为观察学习提供了神经基础（Keysers & Gazzola，2010; Van Gog et al.，2009）。看来，我们是被神经“调整”成了可以从观察中学习。

应用研究。班杜拉的工作激发了许多关注应用的研究。榜样技术（modeling technique）就被用在影响被试忍受疼痛的能力上（Symbaluk et al.，1997）；此外，还被用在降低焦虑上，包括医院恐惧和手术恐惧（Melamed & Siegel，1975）、考试焦虑（Sarason，1975）。

班杜拉还用榜样法来降低恐惧症（Bandura et al.，1967）。比如，让害怕小狗的孩子观察另外一个孩子与狗一起玩。当他们在（远处）观察的时候，榜样慢慢靠近小狗，然后轻轻地拍了拍处于围栏中的狗，接着榜样进入围栏与狗一起玩。仅仅是这种观察就能够在很大程度上降低孩子的恐惧。

在另一项研究中，他们让患有蛇类恐惧症的成年人看一部电影，电影的内容是小孩和成年人与蛇进行各种亲密接触（Bandura，et al.，1969）。电影中的榜样从玩塑胶蛇、接触活蛇，到让活蛇缠绕在身上。在观看的时候，患有恐惧症的成年人一旦感到过度恐惧就可以将电影停止。结果发现，他们的恐惧程度慢慢减轻了。大量关于榜样法降低恐惧症和焦虑症的研究，清楚显示了观察学习的效果以及强大的作用（Bandura，1997）。

自我效能感

大家可能还记得那本儿童读物《能干小火车》（*the Little Engine That Could;* Piper，1930）中的小火车头努力爬上山的时候说：“我想我行的。我想我行的。我想我行的。”班杜拉将这种个体内部的信念称之为自我效能感（self-efficacy）。

> 一旦熬过了苦难日子，人们就能从逆境中培养起强大的效能感。（Albert Bandura）

自我效能感被定义为“个体相信通过自己的努力能够引发所期望结果的信念”（Bandura，1997，p. vii）。自我效能感理论认为这种信念是人类行为最重要的因素之一。

自我效能感是个体对自己的技能与能力能否使自己成功完成某一特定任务的判断。它不是关于你将做什么，而是关于你能做什么的信念。自我效能感不是自尊。自尊是建立在对自己进行评价的基础上，而自我效能感指的是你对某一特定活动能否获得成功的期望。比如，一个觉得自己下一个投球能进的篮球运动员就对期望中的得分有较高水平的自我效能感；而另一个觉得自己下一个罚球进不了的篮球运动员对投篮得分的自我效能感就较低。班杜拉发现，自我效能感水平较高的个体会设置较高的目标、付出更多的努力与坚持，而较低水平的自我效能感则会使个体丧失信心，甚至是放弃（Bandura，1989a）。有研究者对 114 个研究进行综述后发现，自我效能感与那些同工作有关的表现之间存在显著相关（Stajkovic & Luthans，1998）。

班杜拉在研究恐惧症的时候发现，自我效能信念（self-efficacy belief），即恐惧症个体对自己能否有效缓解恐惧的信念，与后来的害怕反应以及行为中的积极变化有关（Bandura，1977）。班杜拉后来还发现，感知到的应对自我效能信念在严重创伤性反应的治疗中也能够引发类似结果，比如自然灾害的幸存者以及患有创伤后应激障碍的退伍老兵（Benight & Bandura，2004）。

强烈的自我效能感指的是尽管存在困难，我们仍然相信自己能够成功，这种自我效能感会使我们更有耐心、更加坚定，并有高水准的表现（Bandura，1994）。自信的人将困难看成是挑战而非威胁，他们较少担心失败，有更强烈的雄心和更强的问题解决能力（Wood & Bandura，1989）。

相反，较低的自我效能感会使个体产生无助感，使个体产生“就算自己付出努力也很可能失败而不是成功”的信念。哪怕是小小的困难也常使他们放弃。因此，缺乏自我效能感会破坏个体的动机，使个体降低目标，甚至是影响他们的健康。自我效能感方面的研究已经表明，自我效能感会影响人们的很多行为，不管是日常的社交活动还是精神方面的问题（Bandura，1997）。研究者主要考察了自我效能感在三个方面的影响：自我效能感如何影响我们应对威胁；如何影响个体学术兴趣的发展；对个体身心健康会带来什么影响。

> 如果一个人缺乏自我效能感，那么即使他知道怎么去做，也仍然难以付诸有效的行动。（Albert Bandura）

自我效能感的产生来源主要有以下 5 个（Maddux，2002）。

1. **成功经验。**通过自身努力而获得的成功是自我效能感的最有效来源（Bandura，1977，1997）。
2. **替代性成功经验。**对他人行为及其行为结果的观察，有助于我们形成对自身行为及行为结果的期望。因此，观察到他人获得成功有助于自我效能感的形成，使我们相信自己也能完成相似的行为（Bandura，1997）。
3. **对成功的内在想象。**想象能够增强自我效能感。最有效的就是回想自己以往在与预期情境类似的情境中所获得的成功经历。
4. **言语说服。**别人对我们的积极评价能够提升我们的自我效能感。虽然言语说服的效果比前面三个要差，却可能是最常见的来源。父母、老师、教练以及朋友常常会用言语鼓励我们，他们常常会向我们传达出我们在某一特定行为上能够获得成功的信息。贴近现实的言语说服是最有效的。比如说，鼓励一个平时成绩为 C 等的学生努力学习去争取获得 B 等，要比直接鼓励他们去获得 A 等的效果好得多。

5. **生理与情绪唤醒**。情绪与生理状态也会影响我们的自我效能感。我们大家都体验过成功同积极情绪的联系，失败同消极情绪的联系。当我们感到担心或是心情沮丧的时候，自我效能感也很可能会下降。而当我们心情愉快和乐观时，自我效能感也很可能会上升。但令人奇怪的是，在体育运动或其他一些体力活动中，自我效能感会在我们感到痛苦或疲劳的时候上升，这可能是因为这些生理状态会与以往的成功经历联系在一起（Bandura，1986，1997）。

> 具有高水平自我效能感的人会使他们的注意和努力更有效地符合环境的需求，在困难面前会做出更多的努力。（Albert Bandura）

班杜拉发现，可以利用以下一些方法来提高自我效能感（Bandura，1997）。

1. 鼓励人们设置一些虽然有难度但却可以达到的目标，由此为他们提供成功的体验。
2. 让他们观察榜样的成功行为。
3. 用言语鼓励，对他们说他们能做好并获得成功。
4. 通过节食、减少压力或身体锻炼来增强他们的体力和毅力，提高他们在压力状态下的放松状态。

班杜拉将以上方法应用到许多方面，以增强人们的自我效能，比如应用在学习乐器、异性交往、学习计算机技能、戒烟和治疗恐惧症上。

健康治疗对高自我效能的人能起到更好的效果（O' Leary，1985）。拥有高水平自我效能感的个体更可能克服药物滥用和饮食问题（Bandura，1997; DiClemente et al.，1995）。自我效能感还可以使我们在面对应激时有更强的生理反应能力，比如增强免疫系统的功能（O' Leary & Brown，1995）。相反，低自我效能感的个体更可能抑郁，也更容易感染疾病，更可能出现病情恶化的情况（Bandura，1997）。

班杜拉（1977）考察了学校影响学生自我效能感的方式。他发现，在优秀的学校，管理者更加关注教育而不是强调纪律，老师给学生设定了高标准和高期望；相反在较差的学校，管理者更像是纪律训导员而不是教育者，老师对学生的学习期望也较低。有篇文章综述了学校情境中的自我效能感研究，文中指出，在所有对学业成功进行预测与解释的测量中，学业表现方面的自我效能感测量得分有着最好的解释效果（Pajaras，1996）。班杜拉认为，与早先相比，现在的信息越来越容易获取，教育者应该将重点放在提升学生的自我效能感上，这样学生才能建立起信心，相信自己能够紧跟上日新月异的科技发展，不至于被不断出现的新科技压垮（Caprara et al.，2008）。

> 自信并不能保证一定成功，但不自信则肯定会导致失败。（Albert Bandura）

班杜拉认为，治疗能否取得成功取决于它能在多大程度上增强自我效能感。他宣称："最有效的治疗应该是建立在赋能模型（empowerment model）上。如果你真的想帮助他人，那么你就要帮助他们建立起强烈的自信心，让他们相信自己的能力，并且给他们运用这些能力的机会。"（Bandura in Evans，1989，p. 16）

不过，研究者对于自我效能概念的界定还存在不同的看法。有些人将自我效能感看成是个体的一般化特质，认为其反映了个体在不同领域的行为（Shelton，1990）；而班杜拉主要考察的是对特定领域行为的自我效能感。比如，一个人可能拥有较高的学术自我效能感，却可能会具有较低的运动自我效能感。如果我们做更深入的考察，那么你可能会发现这个学业不错的人在诸如历史和文学上的自我效能感较高，而在数学与科学上的自我效能感较低。

自我效能感有助于我们设立具有挑战性的目标，增加目标指向性行为，使我们在难以逃避的困难和挫折面前做出更多的坚持（Wood & Bandura，1989）。它会影响个体解决问题和决策时的效果和效率（Hepner & Lee，2002）。班杜拉认为，如果团队成员相信他们的团队能够成功实现有价值的目标，那么这个团队就能够建立起集体效能感（Evans，1989）。在一项对 142 个家庭进行的研究中，班杜拉和他的同事发现家庭方面的效能信念不仅能够有效地提升家庭功能的质量，还能够有效地提高家庭生活方面的满意度（Bandura et al.，2011）。开放式的家庭沟通，以及青少年将自己在家庭外的活动与家人共同分享，有助于形成较高水平的家庭效能感。

> 人们不仅仅会通过反省来了解自己，还会评价、调整自己的思维。（Albert Bandura）

班杜拉（1997）认为，自我效能感不同于结果预期（outcome expectations）。结果预期指的是成功的行为将会引发想要的结果的信念。比如，对于一台有点儿小故障的饮料销售机，我们对于自己能否将硬币投进去可能会很有信心，但是却会怀疑这台机器是否会吐出我们想要的饮料。如果这两种预期的水平都较高，那么我们的动机水平也会更高。

自我

班杜拉将**自我**（Self）看成是一组与认知有关的过程与结构，是一组包括“知觉、评价、调节行为、控制行动的非精神结构”（Bandura，1978，p. 344）。自我的其中一个方面就是自我效能感，而另外一个部分是自我调节（self-regulation）。他人或环境能够强化我们的行为，我们也能够给自己的行为设置个人标准，并且在达到这些标准的时候奖励自己。

举例来说，一位优秀的销售人员会仔细地观察和评价自己的工作。她可能会问自己以下问题，比如：“这周我和客户联系够了吗？”“在介绍我们的产品与其他产品比较的优劣时，我尽力做好了吗？”“我的产品说明是否有效？”如果这位销售人员认为自己做得很好，那么她就可能会给自己放一下午的假作为奖励。这就是能够提高工作表现的自我调节（Bandura，1991）。

> 他人的评价性反应会影响我们对自己的评价。（Albert Bandura）

自我调节中的一个重要方面是目标设置。在一个关于目标设置的研究中，班杜拉（2000，2001）考察了 4 组被试。第一组既有目标设置，又有关于进度的反馈；第二组仅仅是设置目标；第三组仅仅给予反馈；控制组则既不设置目标也没有反馈。结果发现，第一组的努力程度明显最高，而其他三组都同样表现出了较低水平的目标定向活动。此外他还发现，如果设置的具体目标能够分解成更为明确的子目标，就会更有效率。

道德问题

有时候，人们没有对自己的道德行为进行自我调节。班杜拉（Bandura，1978）将这种情况称为道德疏离（moral disengagement）。他指出，“多年以来，那些正直、道德高尚的人借着宗教信仰、正义和社会秩序的名义犯下了许多暴行。”（Bandura，1977，p. 156）道德疏离的表现常常是个体对非人道的行为进行认知重构，从而将其正当化。他还发现，“通常人们并不会做出那些应受谴责的行为，除非他们将自己的行为正当化。”

（Bandura，1999b，p. 194）

道德疏离这一概念为我们提供了一个很好的框架，有利于我们更好地理解青少年攻击（Hymel et al.，2005; Pornari & Wood，2010）、战争（Aquino et al.，2005）、恐怖主义（Bandura，2004）。

班杜拉（Bandura，1977）列举了一系列使人们从事道德疏离行为的自我免罪（self-exonerative）式的认知活动。这些活动与精神分析理论（见第 1 章）中所描述的自我防御机制高度相似，而这些自我免罪式认知活动的首字母组合就是 3D GAMBLE（3D 赌博）。

- **非人化**（dehumanization）是一种认知加工，通过这种加工将某些人降低到低人一等的地位，通常的做法是贬低他们的种族或性别。
- **转移**（displacement）是指将自己的行为责任归咎于他人。比如，士兵会说："我只是服从命令。"
- **责任分散**（diffusion of responsibility）是将行为责任扩散到别人身上。比如，当许多旁观者都没有帮助困境中的人时，他们可能会说是在等别人先行动。
- **渐进式道德疏离**（gradualistic moral disengagement）是指人们的行为一步步地偏离道德。对年轻士兵或恐怖分子的杀人训练就是一个可能持续几个月的渐进过程。
- **利己比较**（advantageous comparison）指通过与其他臭名昭著的暴行比较，使不道德的行为看起来是正当的。比如，希特勒在回应那些批判他对犹太人的迫害时，就引用了美国镇压土著居民和英国压迫印度人的案例。
- **道德正当化**（moral justification）以某些不道德的行为能够实现有价值的目标为理由而认为可以接受。比如，希特勒根据达尔文的适者生存理论将他的侵略政策从名义上正当化了。
- **归咎受害者**（blaming victims）意思是认为因受害者而引发了自己的行为。比如，强奸犯常常就会指责受害者："她穿得太性感了。"
- **美化标签**（euphemistic labeling）意思是用一些措辞使得无可饶恕的行为显得无害甚至值得推崇。比如在某些国家，对森林和农作物的破坏被称为"落叶"（defoliation），而杀人行为被称为"身体清点"（body counts）。

贝克与认知疗法

阿伦·贝克（Aaron Beck）于 1921 出生在美国罗得岛州的普罗维登斯市。他是这个俄裔犹太移民家中的最小孩子。1942 年以优异成绩毕业于布朗大学，1946 年获得耶鲁大学医学院的医学博士学位。1954 年，他到宾夕法尼亚医学院的精神病学系工作。

贝克是认知疗法的创始人，被尊称为"认知治疗之父"。在他漫长的职业生涯中，不仅开创了认知治疗与认知行为治疗，还不断地对它们进行了完善。在这一过程中，他发表了 550 多篇学术论文，出版了 18 本著作。他从根本上改变了当代实践应用中的心理治疗方法。他可能是当代最为知名的心理治疗师。

贝克与自动思维

贝克所接受的是成为一名精神分析师的专业训练。在他刚开始工作的几年中，都采用的是传统的精神分析治疗方式。这包括让病人进行自由联想，说出他们所想到的任何东西。然而有一天发生了一些事情，就此改变了他的治疗思路。当时有一位自由联想中的病人非常生气地批评贝克。在暂停后，贝克（Beck，1976）问这位病人有什么感受，病人回应道："我感到内疚。"这是一种非常罕见的情况。但是病人又自然地补充说在他批评分析师的同时，他头脑中也出现了自我批评的想法。如此一来，他在自由联想时出现敌意与愤怒的时候，同时涌现了第二个思想流。这个病人对第二个思想流进行了如下的描述："我说了不恰当的话……我不应该说那个……我批评他是不对的……我不好……他不会喜欢我了。"（Beck，1976，p. 31）

第二个思想流表明病人的愤怒与他的内疚感之间存在着联系。病人感到内疚是出于他因自己对治疗师生气而批评自己。这类似于弗洛伊德提出的前意识的说法，这种想法是病人对自己说的，在和他人交流中不大会出现。个体在沟通中表达想法与感受的时候，似乎同时也有一个自我监控系统在起作用。自我监控类想法的出现是自动而迅速的，就好像是反射一样（Beck，1991）。通常来说，随后还会出现不愉快的情绪。虽然病人有时也会在治疗师的推动下或自发地表露出这种情绪，但几乎从来没有病人报告过这种出现在情绪之前的自动思维。事实上，它们通常是模糊的，就算有，人们也意识不到。

自动思维（automatic thoughts）是对人们的大部分所行和所思进行的实时解说。健康个体与存在情绪困扰的个体一样，都会表现出这些自动思维。区别只在于这些思维所包含的信息不同，以及这些思维对日常生活的影响程度不同。比如，抑郁者会以高度批判式的语气将所有不幸归咎于自己，他们会设想最糟糕的情况，觉得自己罪有应得，因为他们认为自己是毫无价值的。而在严重抑郁者身上，这些想法发出的"声音"更高。对他们来说，消极思想不是仅仅在意识边缘低吟，而是大声地在意识中反复，由此消耗掉了他们太多的精力，使他们难以专注于其他活动。

自动思维来源于个体的**认知图式**（cognitive schema），这是一个更加稳定的结构。图式指的是一些认知结构，其中包括个体对自我以及世界如何运行的一些核心信念与假设。图式是在个体早年阶段以及与重要他人的交往中形成的。不同的图式可能有不同的强度，既有一般性的图式，也有关于特定情境的具体图式。虽然图式在一定程度上可能会受个体的心情所影响，但它们的稳定性仍然要高于认知。

抑郁个体对自我、世界乃至未来会有一些消极的信念。贝克将这种知觉组合称为**认知三联组**（cognitive triad）。抑郁的症状，比如缺乏活力、无力、疲劳等，都与个体的消极预期有关。

来源于认知图式的自动思维与负面的生理或情绪症状的相互影响构成了恶性循环，从而使个体的症状无法好转，加重病情，有时甚至会导致严重的情绪障碍。贝克曾经给出一个受扰于焦虑症状的案例，该案例还有心悸、发汗、头昏眼花等身体症状。病人觉得自己要死了的想法导致焦虑程度增加，并引发各类生理状况；这些症状又被病人解释为即将死亡的征兆（Beck，1976，p. 99）。

认知疗法

自动思维的发现不仅使贝克的治疗思路发生了转变，还影响了他对人格的看法。这些思维"通常不是围绕着经典精神分析理论所认为的诸如阉割焦虑或心理社会性固着等隐秘的问题，而是与诸如成功或失败、接受或拒绝、尊敬或蔑视等重要的社会性问题有关"（Beck，1991，p. 369）。

> 个体的自我监控、自我教育、自我批评、自我赞扬，对事件进行解释以及预测的方式，不仅能够阐明个体的正常行为，还说明了个体情绪障碍的内部工作模式。（Beck，1976，p. 38）

自动思维的另外一个重要特点是病人容易觉察到，由此使得人们可以对其进行内省观察。即使一开始难以注意，但是通过训练，这些思维也可以如贝克所发现的那样被带到意识中。因此，情绪问题的产生以及解决之道就落在了个体自己的意识范围中，落在了他们的认知能够到达的地方。

贝克（Beck，1997）在对抑郁病人进行治疗的时候，开始帮助病人确认与评价那些存在于他们思想中的负性思维。当病人能够开始从更为符合现实的角度进行思考的时候，他们的情绪感受也变得更好了，行为也能够更为有效。有许多研究考察抑郁的潜在认知层面的神经机制，这些研究结果也被整合到了贝克的理论模型中（Disner，et al.，2011）。

贝克认知取向疗法的核心就是，认为个体具有自我治疗的能力以及对常识的重视，因为常识中蕴涵了人类所拥有的智慧，而这些智慧又是一代代传递下来的经验结晶。贝克呼吁大家重视认知能力在日常生活中的表现。

> 如果个体无法有效地对外界的纷繁刺激进行过滤、贴上适当标签，那么他的世界就是混乱的，他将会面临着一个一个的危机。而且，如果个体不能控制自己高度发达的想象力，就会陷入一个模糊地带，无法分辨哪个是现实，哪个是想象，它们又会带来什么样的影响。个体在与他人交往的时候，通常可以识别出一些微妙的线索以帮助他辨别对方到底是朋友还是敌人。个体能够精细地调整自己的行为，从而使他可以与他人保持适当的人际关系，不管是那些他不喜欢的人，还是那些不喜欢他的人。个体通常能够透过他人在社会交往时所戴的面具来区分真诚和虚假，辨别友善的挖苦和潜藏的敌意。即使在嘈杂的环境下，个体也能够与他人进行重要的沟通，能够组织和调整自己的反应。这些心理操作似乎能够自动地进行，无须个体投入大量的认知、沉思、思考。（Beck，1976，pp. 11-12）

以上这些内容清晰有力地展示了贝克对人类在恢复和保持健康方面所具有的基本能力的强大信心。他对人类在精神健康方面天赋的赞颂，让我们联想到凯利关于“人即科学家”（person-as-scientist）的构念（见第 10 章）。他们俩都极为欣赏人类心理的基本能力，这使他们都很尊重普通人，并认为具备相关知识的专家（如科学家或心理治疗师）与那些可能没有相关知识的外行人之间，并不存在通常人们所认为的那么大的差距，而且这些差距也不是难以逾越的。因此，贝克和他的追随者不仅与治疗师分享他们的研究发现，还乐于与普通民众共同分享。

贝克将认知治疗界定为“一种理论推动的心理治疗，受到了科学实证主义的很大影响。它的界定性特征并不是建立在创立了一组独特的技术上，而是建立在对心理治疗所做的认知概念化以及对治疗程序的改变上”（Clark & Beck，2011，p. 1）。

认知治疗强调个体对情绪的认知所带来的影响。其理论根源主要是来源于常识，以及来源于对人类内在心理在运行过程中，通常是在心理治疗情境下的情况所做的自然式内省观察。认知治疗强调实际应用，目标是对那些影响人类情绪幸福感的特定认知过程所带来的消极后果进行调整与改变。

在贝克（Beck，1961，1967，1976，1991）从认知角度对抑郁进行治疗的开创性工作基础上，治疗其他各种心理不适的技术也慢慢开发了出来，比如治疗夫妻关系与婚姻问题（Beck，1988）、焦虑与恐惧（Beck & Emery with Greenberg，1985），以及精神分裂症的技术（Grant & Beck，2009; Perris，1988）。如今，认知治疗已经融合进了其他一些主要的心理治疗取向中，比如凯利的建构主义治疗（Newman，2010）。

认知治疗技术与自助

在贝克认知治疗理论的基础上，研究者已经开发了许多针对具体问题、治疗时间短的治疗技术（Beck et al.，1979; Beck et al.，2008; Beck & Emery with Greenberg，1985; Clark & Beck，2011; Emery，1981; McMullin，1986）。他们的目标都是调整或改变那些可能使情绪障碍得以持续存在的消极或自我挫败式自动思维或知觉。这些技术，或直接、或间接地挑战或重构来访者对自己和周围世界的知觉或理解过程。

在认知治疗中，治疗师与来访者构成了一个相互协作的、平等式关系。治疗师不会假定自己知道来访者的想法或感受，而是鼓励来访者自主地去探究以及进行自我反省。在治疗过程中，来访者对自己的问题负责，他们能够直接接触那些加剧不适感受与行为的知觉和思维模式，并且认为来访者有能力改变这些模式。

很自然地，认知治疗促使了大量的自助书籍应运而生。事实上，如今那些最受欢迎的自助类心理书籍，比如如何提高自信、提升自尊、处理愤怒、摆脱抑郁、挽救婚姻或人际关系、应对压力、克服多疑心理，或者仅仅是如何让自己感觉更好之类的通俗书籍，都是以认知治疗师的工作为基础（Brosan，2010; Burns，1980; Butler，2009; Ellis & Harper，1975; Freeman et al.，2008; Lindenfield，2000; McMullin & Casey，1975）。

在认知治疗方法的普及过程中，具有主要贡献的应该是阿尔伯特·艾利斯（Albert Ellis，1962，1971，1974，2003; Ellis et al.，2008）。他那强有力的面质（confrontation）和说服策略为他赢得了包括治疗师和普通民众在内的许多追随者。艾利斯的治疗方法被称为理性情绪疗法（rational-emotive therapy，RET），其理论基础是他认为非理性信念导致了情绪困扰和行为问题，因此 RET 运用逻辑和理性的观点来揭露与质疑那些导致不良情绪与行为问题的非理性想法。虽然 RET 技术与其他认知治疗方法相比会有更多的面质，但是艾利斯的疗法还是与其他的认知治疗方法具有共同的逻辑基础。

可以将认知治疗的逻辑（logic of the cognitive approach）简单总结成以下 4 点（Burns，1980，pp. 3–4）：（1）当人们抑郁或焦虑时，他们具有缺乏逻辑的消极思维方式和自我挫败式行为；（2）只要一点点努力，人们就可以学会摆脱那些有害的思维模式；（3）一旦痛苦症状得以消除，他们就能够重新变得开心、高效，以及尊重自己；（4）采用直接面对的方法，实现这些目标通常只需要用较短时间就能做到。

个人练习

消极思维模式

下面这个练习可以帮助你更好地了解自己的消极思维模式。当你感到焦虑、抑郁、心烦，或仅仅是心情有点儿不好时，检查一下那些自发出现而又飞快消失的想法。让这些想法自由来去，不要去评价或是抑制，也不要用任何方法去改变它们。让这种监控状态保持几分钟。

拿出一张纸，将其分成三栏：自动思维、认知歪曲、理性反应。在自动思维一栏，列出所出现的想法或想法中反复出现的主题。列完后，再回到你所列的单子上，识别你在第一栏中所列的每个想法里面中所存在的歪曲，填写到第二栏中；在第三栏，为第一栏中的每个想法找出一个更准确、更为中性的描述来作为替代的理性反应。

当你下次因为某事再感到类似的焦虑、

抑郁或心烦时，首先是要监控这些想法，然后用理性想法去替代它们，以此达到消除歪曲想法的目的。

认知治疗的第一步就是要觉察到自己的自动思维，然后确认其中存在的歪曲模式。伯恩斯（Burns，1980，pp. 40–41）描述了抑郁人群中常见的 10 种被贝克称为认知歪曲（cognitive distortions），或推理中的系统错误类型。

1. **非此即彼**（all–or–nothing thinking）：用黑白分明的二分法来看待事情。比如，没有做到完美就意味着完全失败。
2. **以偏概全**（overgeneralization）：看到一件消极事情就将其当作会永远失败的证据。
3. **精神过滤**（mental filter）：不看整体，仅将注意力关注在消极的细节上，直到得出负面结论。
4. **低估积极**（disqualifying the positive）：不管什么原因，都坚持认为自己的积极经历是不重要、微不足道的，由此使他们即使面对相反的证据，也仍然坚持消极的信念。
5. **急于下结论**（jumping to conclusions）：在没有明确的事实证据情况下就得出消极结论。比如，一个人武断地总结说别人以否定的方式对待自己，却没有去查明真相是否如此；或者一个人觉得事情会变坏以至于他逐渐确信就是如此。
6. **夸大（灾难化）或缩小**（magnification/catastrophizing or minimization）：夸大事情的影响（比如，自己的失败或不幸），或贬低事情的重要性（如自己所拥有的积极品质）。
7. **情绪推理**（emotional reasoning）：认为自己的消极情绪必然反映了事情的真相。如“我感觉它是，那么它就必然是”。
8. **“应该”陈述**（“should” statements）：以“应该”或“不应该”来作为自己行动的动机，就好像一个人不运用自身心理的力量就不会行动那样。当“应该”陈述指向自己时会导致内疚感，如果是指向他人则会使个体产生愤怒、受挫和怨恨的感受。
9. **贴标签**（labeling and mislabeling）：当发生失误时，不是去描述发生了什么，而是给予一个消极的名号。比如，他们不是说“我丢了钥匙”，而是给自己贴上“我是个失败者”的消极标签。如果他人讨好自己的时候用错了方式，就可能会给他人一个消极标签，比如“他是一个寄生虫”。贴错标签意指用饱含情绪性的语言对事情做了不准确的描述。
10. **个人化**（personalization）：将外部事件的原因归因到自己头上；然而事实上，自己并不是事情的主要责任者。

一旦找到了歪曲思维并确认了个体的习惯和自动思维，就可以用理性、符合实际的想法来替代那些歪曲的想法，由此调整个体的思维。比如，一个被朋友欺骗的人可能会有这种想法：“我真是一个容易上当的傻子，一个十足的傻瓜。”这种反应就是贴标签和非此即彼的例子。理性、符合实际的想法其实就是对事情进行相对较为准确的描述，比如，“我错误地信任了这个朋友”，或“我不会一直知道什么时候应该、什么时候不应该信任别人，但是只要有更多的经历，我就可以学会更好地去区分”。认知治疗师认为，在治疗师的帮助下，来访者通过专注和努力，就能够消除这些自动思维和歪曲想法。用理性、准确的想法替代后，就可以使个体以更健康、幸福的方式去生活。

理论评价

认知治疗师都对人类持有乐观主义的态度，认为人们对自己心理活动的控制比想象中的程度要高得多。在这些治疗师看来，可以改变那些消极、自我挫败式的思维与行为，由此给人们带来更幸福、更充实的生活。如今，认知心理学已经获得了广泛的承认。最为明显的就是在心理学学术领域之外出现了无数的自助项目。本章所讨论的研究可能是自弗洛伊德以来心理学领域中对文化影响最大的一部分——弗洛伊德的研究打破了维多利亚时代末期自鸣得意的理性观念，导致民众以另一种方式狂热地去探讨意识问题和理解自我。

原始手稿

◆选自“自我效能感”和认知疗法与情绪障碍

以下内容节选自詹姆斯·麦道斯（James Maddux，2002）的文章。自我效能感最好是放在社会认知理论的大框架下去理解……社会认知理论的基本假设可以简要概括为以下4条。

1. 我们有强大的认知能力或符号化能力，使我们可以创立经验的内部模型，建立新的行动方案，能够通过对行为结果的预测来检测这些行动方案，并且能够将那些复杂的想法与经验与他人交流。我们还能够对自己的想法、情绪和行为进行自我观察、分析、评价。这些自我反省的活动就构成了自我控制（self-regulation）。
2. 环境因素、个体内部因素（认知、情绪与生理因素）与行为之间存在着相互作用。我们对环境事件能够有效地做出认知上、行为上的反应。此外，通过认知，我们能够控制自己的行为，而这又会对环境和我们的认知、感受与生理状态产生影响。
3. 自我与人格是社会化的结果。它们是个体对自己与他人的社会认知、情绪与行动风格在情境中的出现模式所进行的知觉（可能准确，也可能不准确）。由于它们是社会化的结果，因此人格与自我并非简单地指那些我们带入到与他人互动过程中的方面；它们是在这些互动过程中形成的，并且能够通过这些互动而改变。
4. 我们有能力进行自我控制。我们能够选择目标，并且在追求这些目标的过程中控制自己的行为。自我控制的中心就是我们有能力进行预测，或者说我们能够建立期望——我们能够运用过去的经验与知识对未来情况以及对自己的能力与行为进行预测。

这些假设表明，自我效能感的最初发展主要是受到了两个相互作用的因素影响。首先是符号思维能力的发展，尤其是认识因果关系的能力以及进行自我观察与自我反省的能力。婴儿时期所形成的个体能动性（personal agency）从认识事件之间的因果关系发展到认识行动与结果之间的关系，再发展到能够认识个体可以通过自己的行动来达到结果……

其次，外部环境对婴儿或儿童的控制或操作所作出的回应，也会影响效能感的形成，尤其是社会环境所作出的回应。外部环境对儿童行动的回应推动了效能感的形成，因此，无回应的环境就会阻碍其发展（Maddux，2002，p. 279）。

下面内容选自于阿伦·贝克的著作（Beck，1976）。

让我们来假设一下，现在有个人的意识中存在着一些让他感到情绪困扰的东西和一些不好的想法，由此导致他前来求助。此外，让我们再假定这个人能够运用各种理性治疗的技术，在适当的指导下去处理他内在意识中的困扰成分。如果这些假定都是正确的，就可以从一条完全不同的路径来处理他的情绪障碍：人拥有在他的意识范围内去理解和解决其心理困扰的钥匙……

认知主义取向使得对情绪障碍的理解与治疗

更贴近病人的日常生活。病人可以将他的困扰与自己以往生活中出现了无数次的错误认识联系起来。此外，他肯定也有成功改正自己错误认识的经历，这可能是通过获得足够的信息，或者是认识到了错误认识中不符合逻辑的地方。因此，认知主义取向对病人来说就具有重要的意义，因为它能在某种程度上帮助个体将以往的有关经历联系起来，激励他们相信自己有能力去学习如何更有效地处理那些使他们感到痛苦的错误观念。而且，治疗师通过将情绪困扰与日常经验联系起来，以及应用人们所熟悉的问题解决技术，就能够迅速地与病人建立起沟通的桥梁。（Beck，1976，pp. 3–4）

章节重点

- 认知心理学虽然包括不同的取向，但是它们全都关注意识的运作，或者说关注人类心理的运作方式。通过勾画人类认识活动的结构，并将之应用到心理治疗的改进过程中，这是与人格研究有关的两个方面。
- 认知心理学家寻求所有在人类认知过程中存在的共同规律，而不是探讨人格的差异性与独特性。
- 贝克认为不愉快情绪或生理症状与自动思维的相互作用构成了一个恶性循环，由此使个体的症状保持或恶化，有时甚至会导致个体出现严重的情绪障碍。
- 贝克认知治疗的潜在观点是，认为情绪困扰的产生与解决都可以落在个体的觉察领域，认为个体可以对此有所认知。这种思路高度重视人类所具有的自我愈合能力，同时还重视日常生活中的基本常识。
- 从贝克的工作中发展出来的短期治疗技术，目的在于矫正那些使个体的情绪困扰症状得以持续存在的自我挫败或消极自动思维。
- 阿尔伯特·艾利斯的理性情绪治疗的基本假设是，认为非理性信念导致了情绪困扰和行为问题。因此，理性信念与逻辑就可以用来揭露、攻击那些使不良情绪和行为得以持续现在的非理性信念。

关键术语

自动思维（automatic thoughts）：在贝克的模型中，自动思维指的是对人们的大部分所行或所思进行的实况注解；不管是健康者还是存在情绪困扰的人，都存在自动思维；自动思维与自我监控有关，会自行出现，就好像是反射一样，随后会出现消极情绪。

认知歪曲（cognitive distortions）：认知歪曲指的是个体在心理困扰时出现在推理过程中的系统性错误，那些消极思维方式通常会变得像自动链条那样自动出现。

认知图式（cognitive schema）：图式是个体对自我以及世界是如何运行的一些核心信念，既有一般性的图式，也有关于特定情境的具体图式。它们是在个体早年阶段形成的，有不同的强度，在一定程度上会受个体的心情所影响。

认知三联组（cognitive triad）：认知三联组指的是个体所具有的知觉组合，包括个体对自我、世界乃至未来的信念。

人类认知（human cognition）：人类认知是指由思维、知觉、记忆、评价、计划和组织等方面构成的心理过程；所有的认知心理学家都认为需要考察支配这些现象的原理和机制。

认知治疗逻辑（logic of cognitive approach）：认知治疗逻辑是指艾利斯的理性情绪治疗与其他治疗方法的共同理论基础，包括 4 个方面：（1）当人们抑郁或焦虑时，他们具有缺乏逻辑的消极思维方式和自我挫败的行为；（2）只要一点点努力，人们就可以学会自己去消除那些有害的思维模式；（3）一旦痛苦症状得以消除，他们就能够重新变得开心、高效，以及尊重自己；（4）实现这些目标通常只需要很短暂的时间，采用直接的方法即可达到。

榜样（modeling）：榜样是指表现出别人可以模仿或可以学习的行为。

道德疏离（moral disengagement）：在班杜拉看来，道德疏离是指人们没有对自己的道德行为进行自我调节。

观察学习或替代学习（observational or vicarious learning）：观察学习或替代学习是指通过观察他人的行为来学习。

人即科学家（person-as-scientist）：人即科学家意思是说，科学家会如同普通人那样会对生活提出假设，并进行检验。

交互决定论（reciprocal determinism）：交互决定论是班杜拉所提出的观点，意思是指认知过程、外部社会因素和个体内因三者之间的相互作用。

自我（self）：在班杜拉看来，自我是个体用以观察与调节自身行为的认知过程与心理结构。

自我效能感（self-efficacy）：自我效能感指的是个体对自己在具体活动中的能力方面所持有的信念。

三维交互决定论（triadic reciprocity）：三维交互决定论由班杜拉提出，指的是行为、环境与个体内因之间的相互作用关系。

推荐阅读

Beck，A. T. (1972). *Depression：Causes and Treatment*. Philadelphia：University of Pennsylvania Press. (Originally published，1967，as *Depression：Clinical，Experimental and Theoretical Aspects*.)

本书阐述了认知主义的基本观点，并综述了治疗抑郁的相关研究。

Beck，A. T. (1976). *Cognitive Therapy and the Emotional Disorders*. New York：International University Press.

本书从认知主义角度阐释了各种心理障碍，内容通俗易懂，可读性强。此外，本书也阐述了认知主义治疗的基本原理。

Lachman，R.，Lachman，J.L.，&Butterfield，E. (1979). *Cognitive Psychology and Information Processing*. Hillsdale，NJ：Erlbaum.

本书对认知心理学的信息加工范式进行了总体性讨论。

第 10 章

凯利与个人建构主义心理学

》引言

个人建构理论（personal construct theory）认为，如果你想了解他人，就需要进入他人的内部世界，站在他人角度来推测他的内部世界是怎样形成的。举例来说，如果你不同意另外一个人的观点，那么乔治·亚历山大·凯利（George Alexander Kelly）就会建议你先告诉对方，如果他愿意从利于你的角度来讨论问题，那么你也会从利于他的角度来讨论问题。你与他人的这种沟通是一种主观性的人际交流，凯利的建议可以让你们在一个即使还没找到解决方法或者没有达成共识的情况下，也能够有一个更深入了解彼此的机会。这种用来理解对方或者是阐述自己和自己观点的观念，就是所谓的个人构念（personal constructs 或 personal constructions）。这些个人构念来源于你自己的意义系统（private meanings），以及你对自己所处外部世界的解释。本章主要探讨的是个体如何才能领会到自己以及他人的个人构念，以及个人构念系统是如何运作等问题。

个人建构理论的重点不是去探讨人有哪些基本需要，也不是去探讨人是由哪些部分构成，而是认为要使每个人都可以展示他们自己的生活，认为只有个人建构理论才能够更好地说明怎么才能理解他人的生活。许多介绍建构理论的文章都非常强调凯利（Kelly，1955a）早年所提出的“人即科学家”比喻，以便帮助人们更好地理解凯利在个人构念形成方面的论述。这一比喻认为人就是科学家，因为人的行动就好像是科学家所做的研究那样，会在个人构念的基础上形成自己对周围世界的假设，并对此进行验证，以寻求预测的确定性以及对事件的控制。当然，凯利提出这种观点也可能是因为他想和周围那些持认知与行为倾向的同事尽量保持一致。亨克尔（Hinkle，1970，p. 91）曾经指出，凯利深入分析了当代心理学领域的一些事件后说道：“美国的心理学家似乎都是一些看起来很糟糕的家伙，他们都认为自己能从对人类以及人类关系的认识中切分出一点来进行研究！在建构理论中，我希望自己能找到一条既能帮助他们研究人、又合乎科学规范的道路。”

凯利认为“人即科学家”这个比喻，意思不仅仅是说人好像科学家一样，而且还包括科学家也是人这一内涵。“人即科学家”这个比喻虽然谈到了该理论的重要方面，但是却没有如同凯利后来的著作中那样说明该理论的核心。其实凯利曾经说过，如果有机会重来一次，他就会更如实地阐述该理论。凯利最早是在《人的感情》（*The Human Feeling*）一书中提出了这点，虽然这本著作最终没有写完（Fransella，1995，p. 16），不过已完成的章节在凯利去世后被收集到了马赫的乔治·凯利论文集中（Maher，1969）。由于有些教科书过于强调“人即科学家”这一比喻，使得这些著作将凯利归为认知理论中的一员，或将他的理论看作从认知理论向人本主义取向的过渡。然而我们认为，凯利更像罗杰斯、马斯洛以及其他的人本主义理论家（Epting & Leitner，1994; Leitner & Epting，2001）。事实上，他是奠定美国人本主义心理学的旧榭布鲁克会议（Old Saybrook Conference）的主要报告人之一（Taylor，2000）。不过，凯利提出的是另外一个完全不同的人本主义理论。他认为自己的理论基础是重视自我创造（Butt et al.，1997），而这与马斯洛需求层次理论中对自我发现（Maslow，1987）的强调相去甚远。此外，凯利还特别重视理论的具体操作化，以便使其理论具有可观察性。

凯利坚定的人本主义心理学立场，是随着他认为“人会不断改进自己”这一核心观点的形成而逐步形成的。在他看来，现实充满了各种诱惑，具有可塑、可变和创造的特性。个人建构理论就是一个旨在理解他人想法，以及帮助他人如何根据自身状况进行决策的心理学理论。由于人们在早年的生活经验中已经对自己的生活意义进行了建构，因此在后来的生活中，常常意识不到他们还能够改变或重新调整自己对待周围世界的方式。现实并不是我们所想象的那样坚不可破，一旦我们找到了合适的方式，就能在一定程度上改变它。我们可以重构现实。我们需要的不是将自己圈禁在某个角落，而是需要去寻找使自己解放的证据。凯利认为，人处于一个不断改变的过程中，将困难看作变化的前奏。凯利建立了一个真正的人本主义式的行动理论，他将人置于一个不断变化的世界中，并为人们应付发展与成长过程中所遇到的各种机遇与挑战提供帮助。

个人简介

乔治·凯利是他父母唯一的孩子，于1905年4月28日出生在美国堪萨斯州威奇托市南部地区珀斯小镇附近的一个农庄。他父母都是受过良好教育、知识渊博的人（Fransella，1995，p. 5）。母亲出生在西印度群岛中的巴巴多斯岛，是一位敢于冒险的船长的女儿，这位船长带着他的家庭奔波各地。凯利的父亲曾做过长老会牧师，不过在结婚后不久就放弃了这一职业，并移居到了堪萨斯的农庄。

由于当地没有相应的学校，因此凯利的小学教育主要是家庭教育和做一些课堂作业。从13岁开始，他被送到远离家乡的中学学习。虽然凯利辗转就读过4所中学，但实际上却没有获得其中任何一所学校的毕业证。中学毕业后，他进了富兰滋大学（Friends University）。他在那儿待了三年，于1925年转入位于密苏里州帕克维尔的帕克学院（Park College），并获得该校的学士学位。他就读的专业是物理学与数学，他本可以做一名工程师，但由于他对社会问题非常着迷，因此在硕士阶段到堪萨斯大学主修教育社会学。在1927年完成毕业论文的前夕，他开始申请教师职位，但是没有成功，后来他到明尼苏达州的明尼阿波利斯市，找到了三份夜校工作。一份是为美国银行协会开设的课程授课，一份是为劳工组织开设的演讲培训班做培训，还有一份是为即将获得美国公民身份的人进行美国化的教育培训。

凯利还报名参加了明尼苏达大学的社会学和生物统计学课程，但由于承担不起学费，不得不放弃了。然而，他于22岁在堪萨斯大学完成了名为《千名劳工及其闲暇活动》（*One Thousand Workers and Their Leisure*）的硕士学位论文。在1927年冬天到1928年这段时间中，他获得了在爱荷华州谢尔登市的谢尔登专科学校（Sheldon Junior College）任教的机会，讲授心理学和演讲课程，还为演出团体进行培训。1929年，他成功申请到了去苏格兰爱丁堡大学进行国外交流的奖学金。在苏格兰的这段时间中，他获得了教育学学士学位，论文主题是关于教学成功的预测因素。回到美国后，他到爱荷华大学修读他的第一门心理学研究生课程，但是 9 个月后，他被授予了博士学位。

在毕业之后的第三天，凯利与葛莱迪丝·汤普森（Gladys Thompson）结婚。随后到位于堪萨斯的福特海斯州立大学（Fort Hays State University）担任助理教授职务，并且在那儿度过了 12 年时光。

凯利早期著作的重点是探讨如何将心理学应用到学校以及临床上，关心如何才能将心理学有效地应用到实践中。对心理学以及演讲课程的讲授，以及为演艺人员进行的培训，使他开始怀疑自己所运用的弗洛伊德学派的解析方法。他发现，许多似是而非、模棱两可的解释都能起到很好的效果。于是，他开始实验戏剧角色扮演（dramaturgical role plays）的治疗效用。他所写的一本没有出版的心理学教科书——《理解心理学》（*Understandable Psychology*），以及后来所写的《临床实务手册》（*Handbook of Clinical Practice; Kelly*，1936），都使他那刚刚萌芽的行动心理学（psychology of action）思想变得越来越坚定。

当全世界都在为战争做准备的时候，凯利受学校委派，主管由民航局设立的飞行训练项目，他甚至还自学开飞机。1943 年，他加入了美国海军预备役，在位于华盛顿州的医疗局工作。第二次世界大战结束后，先在马里兰大学任副教授，次年在位于俄亥俄州首府哥伦布的俄亥俄州立大学担任教授，并被委任为临床心理学主任。他在此任职20年，并在这段时间发表了他的主要研究成果。

凯利在50岁的时候，出版了包含他主要思想的两卷本著作——《个人建构心理学（卷一）：人格理论》（*The Psychology of Personal Constructs*，*Volume One*：*A Theory of Personality*）和《个人建构心理学（卷二）：临床诊断与治疗》（*The Psychology of Personal Constructs*，*Volume Two*：*Clinical Diagnosis and Psychotherapy; Kelly*，1955b）。他的时间主要是用来免费为来访者咨询、撰写理论性文章，以及应世界各地之邀撰写阐释其理论的文章。此外，他还致力于推动临床心理学的发展。凯利同时担任了美国心理学会（APA）临床与咨询分会主席，以及美国专业心理学甄选委员会（the American Board of Examiners in Professional Psychology，ABEPP）的主席职务。1965 年，他前往布兰迪斯大学（Brandeis University）任教。然而，同年 3 月上旬时他虽然在医院只是做了一个常规手术，但不幸出现了并发症，于 1967 年去世。

理论先驱

实用主义与杜威

约翰·杜威（1859—1952）的实用主义哲学与心理学思想对个人建构理论的发展起的作用最大，尤其是在该理论形成的早期阶段。凯利曾经说过（Kelly，1955a，p. 154）："个人建构心理学的字里行间都体现出了杜威的哲学与心理学思想，杜威认为，天地万物都是处于不断变动中的事件，能够被人们所认识。"

实用主义，最初是源于对事物实际作用的重视，被认为是美国为世界哲学发展所作的唯一一个原创性贡献。该理论重视观念的有用性，关心它是否能够带来实际作用。

在威廉·詹姆斯和查尔斯·皮尔士的影响下，杜威希望将自己的想法应用在儿童教育中，让儿童看到所学内容的实际意义。他的这一想法与凯利创立行动与功用心理学（psychology of action and use）的意图直接有关。约翰·诺瓦克（John Novak，1983）和比尔·沃伦（Bill Warren，1998）对这之间的联系进行了深入的探讨，认为凯利与杜威存在许多共同点。从本质上说，他们都将人类经验看成是一种期待，将人类的探究活动看成是人们在现实中进行的实验，认为凯利与杜威采用的都是假设性思维。

存在－现象主义心理学

尽管凯利再三声明他的观点不属于任何一个理论派别，但是巴特（Butt，1997）与霍兰德（Holland，1970）却都令人信服地指出，个人建构理论其实就是一种存在现象学（existential phenomenology）。与罗杰斯、马斯洛不同，凯利虽然排斥存在主义的用语，却又吸收了存在主义的基本思想。巴特（Butt，1997，p. 21）认为，凯利对实用主义的完全接纳使他成了一名存在主义者。比如，凯利曾经明确宣称存在（existence）先于本质（essence）而存在。萨特认为，这就是存在主义的基本特征。

> 这意味着首先要有人的存在，也就是只有在人出现之后，才能对它进行界定。在存在主义者看来，如果一个人难以描述，那么就是因为他首先不存在。一个人之所以成为他，首先就是因为他使自己成为他。（Sartre，1995，pp. 35-36）

凯利所主张的自我创造（self-invention）与过程理论（process），以及他反对心理学研究中的心理内容、动机、发展阶段或个体身上必然存在的冲突，都明确体现出了存在主义哲学的这一思想。

科基布斯基与莫雷诺

阿尔弗雷德·科基布斯基的语义理论（semantic theory），以及雅各布·莫雷诺（Jacob Moreno）将心理剧应用在心理治疗中的做法，也对凯利带来了很大的影响。凯利的固定角色治疗（fixed-role therapy）就是直接来源于他们两人的观点（Kelly，1955b，p. 260）。对凯利影响最大的是科基布斯基在《科学与神智健全》（*Science and Sanity*，1933）一书中对亚里士多德逻辑定律的犀利驳斥，此外他认为与其直接改变外部世界不如帮助人们去改变他们自己对事物的命名或者是他们所给出的标签。在科基布斯基看来（1933，1943），“人们的苦难与不幸，来源于事物和该事物在语言和语义上与人们所指对象之间的关系出现了混乱”（Stewart & Barry，1991）。凯利将这一思想与莫雷诺的心理剧治疗（1923，1937）融合在一起。莫雷诺认为，让他人投入到他们自己的剧本中，就可以实现帮助他人的目的，即指导者将来访者的生活放在剧本中，然后在正式的舞台上演出。莫雷诺对凯利影响最大的是对自我展现（self-presentation）和即兴创作（spontaneous improvisation）的运用。凯利鼓励人们去扮演一个新角色，以便他们可以从不同的角度去看待世界，由此打开尝试新行为的大门。

用凯利自己的话来说就是：“人们只有先改变自己，才能改变其他事物，由此才能达到自己的目标；因此，必须先付出改变自己的代价——不过，在此过程中，有些人会感到难受，有些人却觉得获得了拯救。”（Kelly，1970a，p. 16）

主要思想[①]

多元建构论的哲学立场

个人建构理论认为，每一种人格理论与心理治疗理论都必须详细阐明其哲学假设，而个人建构理论的基本哲学立场就是多元建构论（constructive alternativism）。凯利将之简要地描述成：

① 本节内容改编自 Epting（1984，pp. 23-54）。

> 心理学家有什么特别的地方呢？做实验？那么不做实验的心理学家呢？他们会提出问题？我们不都会吗？心理研究所引发的新问题比他们已经解决的问题还多：难道有人看到的不是这样的情况吗？（Kelly，1969a，p. 15）

与其他理论一样，个人建构心理学也是其哲学假设的具体贯彻。它的哲学假设就是，不管事情的本质是什么，或不管其最终真相是什么，我们每天所面对的事件其实都受我们所发展出的那些构念的影响。这不是说某个构念和其他构念一样好，也不是去否定在某个时候人们可以无限接近存在的真实实在。但这却提醒了我们，让我们明白自己当前的感知是开放的，需要再三斟酌；而且这也明确显示，如果我们的创造性足够强大，强大到可以使我们从其他的角度去解释，那么即使是那些显而易见的日常生活，也可能会表现得完全不同。（Kelly，1970a，p. 1）

> 我们认为没有必要用各种动机去解释人们为什么不是一个懒惰的、而是一个具有主动性的人；也没有必要去假设人的本质就是懒惰……结果就是，在我们的理论系统中没有动机存在，我们希望建立一个逻辑较为一致的针对世人的心理学理论。（Kelly，1969b，p. 89）

虽然在我们的感知之外存在着一个真实世界，但我们作为独特的个体需要认识到，我们对外部世界的认识是通过对外部世界的解读来实现的。外部世界并不会自动地直接显示在我们的眼中，需要与它建立起联系。只有建立起与外部世界的联系，我们才能获得进步与发展所需的知识。而我们对于自身所处世界的了解，则取决于我们自己。凯利将这一哲学思想说成是认识论责任（epistemological responsibility; Kelly，1969b）。他之所以对知识持这种动态取向，另外一个原因就是他将世界看作“过程中的世界”。由于所处世界处于不断地变化中，使得人们对自身所处世界的充分认识也需要不断重新解读。世界知识不能被收集、储存，也不能像搭建建筑那样进行搭建。对事物的充分认识就需要不断地进行更新。

个人建构理论的另外一个基本假设是对世界知识持一元论观点，并且认为，人们只有通过长期努力，才能了解事情的真相。在遥远未来的某一刻，我们才可能最终明白应该接受哪种观点，才能知道哪个观点才是事实，或真相是什么。但就目前来说，最好是禀持存在多种解释的策略（存在多种建构），以便可以看到各种解读的优势。此外，秉持延展性的时间架构（expanded time frame）来看待事情，也要比从某一时间点或从某一具体情境来看待要好。

个人建构系统的基本特征

本节主要包括两方面的内容：一是凯利所持有的基本立场（fundamental position）；另外一部分是他的构念论与二分论思想（dichotomy）。之所以同时放在这里讲述，是因为它们不仅仅是凯利整个理论的基石，而且也是其基本构念系统的定义性特征。这是一种“假定式”论述，目的是便于读者能够从该视角去把握人的本质。这些基本内容将会按照以下方式来进行阐述：首先，凯利认为人类在理解自己与他人的时候，是根据自己预期将会发生什么的觉察来实现的，而这也是他建立构念理论的基本立场[①]；其次，我们在预测事情的时候是通过搜寻记忆中那些相似但又略有差异的事件来进行的，由此形

① 凯利把他的整个理论描述成 1 个基础假定与 12 个推定（a fundamental postulate and 12 corollaries）。关于这些推定的定义与详细内容请参见本章的网络资源。遗憾的是，凯利对它们的界定都很正式，有时让人难以理解。因此，我们在此只是阐述他的基本思想，而不直接引用他的叙述。

成一个关于它们的构念；再次，这种理解事情本质的方式具有双极性，可将之称为二分论。

这些论述不仅说明了人是什么，而且还说明了我们如何实现对人的认识。首先，我们将人看成是一个有机的整体。那么，在研究人的时候就不能只从记忆、认知、知觉、情绪、感觉、学习等局部的功能来进行考察，也不能将人仅仅看成是某一社会群体的一部分；而是应该从他自己的角度来认识，需要将之作为研究的中心，在理解他们的时候需要从他们自身的角度来进行。个人构念是分析的基本单元，我们需要将人看作在心理上是由个人构念系统组成的。通过个人构念，临床医生就可以从他人所建立的用以解读世界的意义的解释维度来理解他人。大部分情况下，治疗师关注的是那些人们用以理解人际关系的意义系统（system of meaning），也就是人们看待自己与他人关系的方式，如与父母、配偶、朋友、邻居、雇主的关系等；当然，也可以将这种取向说成是重视人的世界观，尤其是其中与人际关系有关的方面。

这种理解他人世界观的做法既可应用在来访者身上，也可应用在职业心理学家身上。该理论也是一种反映理论（reflexive theory）：对来访者的解释方式同样也可以用来理解治疗师所构思的解释上。意思就是说，任何一个针对来访者的解释必须、也能够用在提供这个解释的人身上。奥利弗与兰德费尔德（Oliver & Landfield，1962）曾经对这一问题进行了详细而又深入的探讨。

这些构念以及构念系统会以一种特殊的方式进行运作。个人建构理论的重点在于，关注个体内在心理世界的运行本质。将人看成是一个不断变化的个体，会由一个方向转到另一个方向。而且，这种变化是可以被控制、调节的，即可以对这种变化所形成的模式进行引导。此外，这种加工过程或变化只在一个有限的范围内起作用。某人在某一特定时刻的构念系统取决于当时的特定因素。我们不能简单地将人简化成一个由无数模糊构念组成的集合体，而是应该将人看成是一个包含了有限构念但却富有变化特性的构念系统。在任何一个特定时刻，都可以将人理解成一个包含了一定数量构念的系统。然而，这并没有说明人在将来可能会变成怎样。有些人可能会发展出极为丰富而又独特的个人构念系统。

事实上，构念系统是指向未来的。人会对将要发生的事情进行预期，会根据已经发生的事情，估计下一刻、明天，乃至明年可能会发生什么。人们会努力根据过去经验来对未来类似的情境进行判断，同时，也会考虑新情境中的具体情况。在这个过程中，人们会对事件进行预测，判断事件可能是什么，会有何种形式的变化。这个过程被称为复本分析（construing a replication）。人们会对相似的问题反复思考，以便未来可以抓住事件的真相。

我们以某个具体的女性为例，比如“安妮”，她拥有一些用以理解他人以及自己与他人关系的意义解释维度（即个人构念）。其中，她所意识到的一个方面就是她在生活中如何与男性交往，以及她如何看待与理解男性（在一定的意识水平上）。我们假设，大部分情况下她都认为男性几乎对所有事情都会明确发表意见。那么，这个想法有时会得到证实，但有时则不会得到验证，甚至是得到相反的结果。后来，她新认识了一个名叫安东尼的男人。安东尼属于男性这个群体中的一个复本，因此安妮预测他也很可能会有自己的观点。这些个人构念的运作远甚于言语描述，它们是对事件“可能会怎样”的预测。然而在本例中，安东尼并没有按照自己的想法来安排生活。他有自己的看法，但是他对自己想法的运用与安妮生活中所认识的其他男性不同。在这种情况下，安妮仍然会认为安东尼是一个男性，但却不会把他看成是生活中其他男性的一个精确复本。这就是新构念得以产生的原材料。因此，安妮可能就会认为，安东尼是一个不会以独断发表意见的方式来展现自己价值观的男人。

下面这个例子可以说明既有构念是如何发生作用的。约翰从一个年长朋友身上发现了一个自己以前没有注意到的方面，那么约翰可能会对自己说，这些特点让我想起了我从我姐姐身上所感受到的那些东西，对，就是我以前从我姐姐身上所得到的喜爱和同情。接下来，他就会搜寻哪些方面与这一特性不符（在一定的意识水平上），这个过程会给他所拥有的构念限定范围，同时也可以进一步完善其意义。约翰可能会觉得，这个富有同情心的品质不同于印象中他叔叔所表现出来的冷漠、不关心别人的品质，因为他叔叔似乎只对别人有多聪明感兴趣。这种维度的相互对立特性可以帮助个体甄别生活中所遇到的人，比如有些人是可爱的，而另外一些人则相反。这些构念就好像指南针，在一定条件下可以帮助我们确定具体的对象，也就是说，只是发生在相互比较的情况下。就约翰这个例子来说，年长朋友的富有同情心使得约翰联想到了自己的姐姐，而这又与约翰的叔叔形成了对照。但很可能他叔叔又比他最近所遇到的另外一个人更有同情心。

个体的构念具有双极性（bipolar），也就是具有两极，是二分的；换句话说，它们不是连续的，是非单极的。这两极之间呈现为一种相互对立的关系，一极是另外一极的反面。然而，构念的这种二分特性却难以理解。凯利认为那些感觉起来具有连续特性的所有心理维度（psychological dimensions），最终都可归为对立的两极。不过，大部分研究使用构念时都是在连续性意义上使用（Bannister & Mail，1968; Epting，1984; Fransella & Bannister，1977）。有研究者（Winter，et al.，2010）考察了 80 位治疗对象，结果发现他们评估理想自我的中点分随着治疗过程的延续而逐渐上升。

构念系统的组织结构

到目前为止，我们都是将个人构念当作分离的单元来阐述。下面，我们将关注个人构念是如何相互连接组合成一个整体单元的。首先，构念的排列法则（ordination）认为，构念之间的关系是等级形式。其次，分裂（fragmentation）概念表明，个体的整体构念系统内部包含一些相互对立的成分。第三，范围（range）这一术语说明，某一特定构念只是针对一定范围内的现象。最后，调适（modulation）表明构念本身具有可改变性，即具有可渗透性（permeability）。

构念系统的加工过程与功能

即使构念系统具有明确的形式（即结构），但它们仍始终处于不断变化的过程之中；这一加工过程直接成了构念结构的一部分。凯利强烈反对传统上对动机的界定，以往认为外在因素或推动或促发了某些心理结构趋于稳定。

> 最终，人们为自己树立的信念限制了自己的自由，给自己戴上了枷锁。个体在处理现实问题的时候，被自身那些独特而又僵化的信念教条所影响，使自己成了环境的牺牲品。（Kelly，1955a，p. 16）

相反，凯利认为，可以根据个体的个人构念来了解他们的心理，认为这些个人构念始终处于活动的状态。不管是人类自身还是人类所处的环境，都可以看成始终处于变化与活动的状态之中。个体是处于“过程中的个体”（in process），了解个体心理的关键在于了解个体的活动方向。这些“动机性”取向体现在凯利对以下几方面的阐述中：首先，凯利理论中的“选择”活动意指个体在构念中所进行的选择过程，是指个体在备选方案中选择一种最优方式，以便能够最有效地理解问题或使问题变得更明确。其次，凯利的“经验论”表明，个体会不断地对事件进行重新解读（重新建构），这就使得在这个永恒变化的世界中，人们的生活也始终处于变动状态。

由于学术界常常将选择看作个人构念理论中与动机有关的核心方面，因此我们就从这里开始讨论。在个人构念理论中，选择这一概念所涉及的重点是考察个体的活动方向。这也是因为在生活中，人们经常会面临多种选择。在个人构念理论看来，人们始终面临着抉择；不过，如果将个体因素（即选择者）考虑进去，这些选择其实存在一定的规律，能够被他人所理解，具有可预测性。个体的选择其实就是在构念的两极之中进行选择。比如，与他人有关的一个意义维度是“感受敏感性”，而这一构念的两极形式就可以表述成“对他人的感受敏感”与“对他人的感受不敏感”两极。我们可以再往深推测，这两个维度其实也就是归属于“关注感受”与“关注才智”这一更高等级的构念名下。

这也就是说，个体所作的选择其实就是指在当时情境下，个体觉得能够获取最佳结果的方向。这个结果可以是对情境的进一步了解，也可能是获取更具体的事件信息。个体所进行的选择似乎是为了促进自身的进一步发展。在个人构念理论中，个体的构念系统受这一基本原则所支配。这一论述与其他那些将选择建立在追求享乐或建立在预期是否有效的基础上的观点存在很大差异。不过，个人建构理论中也使用了有效证实（validation）与无效证实（invalidation）这一对概念，但它们应用的角度不同，这一点我们将在后面讨论。

回到前面我们所说的那个例子上，假如来访者选择了“关注感受”与“关注才智”这一构念的“关注感受”一端，就表明最好是从这个方向去理解他。来访者可能会认为问题与价值观有关，而不是与所提出的观点是否合乎逻辑有关。那么一旦作出了这个选择，问题就在“对他人的感受敏感”与“对他人的感受不敏感”了。然后，来访者选择了“对他人的感受不敏感”，因为这意味着在当时情境下这个选择能够帮助他最大程度地了解别人。比如，也许某个人刚好用一句很高明的话羞辱了他，那么在当时情况下，这个选择就是他了解这个人的最佳方式。

这里我们只是在对选择本身进行讨论。当然，这个选择取决于个体在当时情境下有哪些构念可以选择，而且最终选择的方向也处于这一特定构念两极中的一极。不过，这并不表明任何一个选择都必须要在意识层次上实现。此外，选择本身还取决于个体在当时情况下可以做出哪些选择。凯利认为，即使是在自杀的时候，个体也有可选择的余地。有件自杀事件就清晰地说明了这点，比如苏格拉底的自杀（Kelly，1961）。苏格拉底可以选择放弃他的教义，也可以选择喝下毒药结束自己的生命。最终，他选择了毒药，因为这种选择其实是真正延续了他的生命，也就是可以使他的教育思想得以延续下去。因此，个体的选择方向其实在于个体认为这种选择可以使他获得最好的收益。这一观点也是个人建构理论的核心所在。个体的决定其实就是个体在生活中发挥影响的第一步。对此，凯利说道：

> ……个体的决定影响的首先是他自己，然后才能对其他事物造成影响——而这还取决于他是否采取了有效的行动……人们只有先改变自己，才能改变其他事物，由此才能

实现他们的目标。因此，必须先付出改变自己的代价——不过，在此过程中，有些人会感到难受，有些人则会觉得获得了拯救。人们所作的选择其实是他们对自己行动的抉择，而备选项则取决于他们的个人构念。然而，选择所带来的后果呢，可能是什么影响都没有，也可能是引发巨大的灾难，当然，也可能是获得了圆满结局。（Kelly，1969b，p. 16）

个人建构理论中反映动机取向的另外一个主要方面是经验的累积，其重点是强调个体对事件的解读，而非强调个体对事件本身的关注。在凯利看来，人生中的事件是以时间的先后进行排序的。个体的目标就是不断地在新出现的事件中寻找那些反复重复的主题。一开始，个体对于新发生的事件只是有个模糊的认识，接着就会在曾经经历过的事件记忆中搜寻是否存在类似的事件，以便确立哪些主题反复出现，并将之与其他事件区分。如此一来，个体就拥有了一个新的建构，使得个体有能力去实现更有意义的生活。人们会运用其所拥有的知识对新发生的事件进行尝试性的解读，而这种对不确定事件的探索就反映了个人建构理论的核心特征。在凯利看来，可以将个人建构理论称为未知理论（Kelly，1977）。

经验（experience）这一术语强调的是个体对自身构念系统的确证与否证。其核心内涵指的是“确证（confirmation）和否证（disconfirmation）一样，也可以引起人们对事件的重新解读，并且效果可能还更好。一次确证就是对生活中某些方面的一次证实，使个体敢于去探索相关的事件。比如，小孩在家中感到安全就会使他有勇气去探索邻居的花园……而这种不断地投入与退出就构成了人类的经验”（Kelly，1969b，p. 18）。有研究者（Gerrish et al.，2010）通过鼓励那些经历过孩子夭折的母亲对生活意义进行重构，从而使她们成功地重新找到生活的意义。还有研究者（Gillies & Neimeyer，2006）综述了建构主义者关于哀伤的研究，然后总结认为在成功地度过哀伤的过程中会涉及三个意义重构的活动，那就是理解意义（sense making）、寻找收益（benefit finding），以及改变认同（identity changing）。

可以将每次经验都看成是一个包括 5 阶段的循环周期，首先是预期（anticipation），接着是投入（investment）、偶遇（encounter）、确证或否证（confirmation/disconfirmation），最后是构念调整（constructive revision）。对经验的这种论述充分展示了凯利的心理治疗思想。简要来说，其核心思想就是个体首先会对事件进行预期，然后以自己的方式投入进去，以便促进个人构念系统的发展或完善；由于有了投入，因此偶然发生的事件就会产生一定的结果。在那个时候，个体的构念系统处于一种开放的状态，既可以确证，也可以否证，以便进行构念调整。之所以对该周期进行简要介绍，是因为构念系统的变化可能让生活变得丰富多彩，从而让人从中受益。凯利举了一个例子，有个学校的高级职员，他虽然在学校工作了 13 年，但却几乎从来不利用他的经验，因此从本质上来说，他只拥有一年经验，但是却重复了 13 次。

个体差异与人际关系

在本部分中，我们将主要阐述人与人之间的关系问题。个体在心理上如何理解社会关系就反映了社会过程的本质。个人建构理论从独特的个人构念系统角度来阐述社会关怀问题，其内容主要包括以下几个方面。首先，**个体性**（individuality）意指每个人都有自己独特的建构系统；其次，**共同性原则**（commonality）认为人们解释（解读）生活经历的方式在心理上是类似的；第三，**社会性**（sociality）认为人们在理解别人的时候，如果能够从自己的所想出发，就能更好地理解别人。然后我们就可以说，这个人与别人发生了角色关系（role relationship）。

个体性指的是，在每个人的建构系统中，总有些方面与别人不同。人与人之间除了构念维度中的内容存在差异之外，这些构念融合进构念系统的方式也存在差异。这一观点对治疗师来说尤为重要，因为治疗师必须将每个来访者都看成是独特的、唯一的个体。尽管人与人之间存在相似之处，但他们的构念及其构念系统中的差异却更大，这就要求治疗师必须建立新的构念，以便他们能够更好地处理每个新的来访者。

关于个体性，可以举一个大致的例子，比如气象学者必须了解气象系统的一般规律，但是他又必须特别关注那些具有特殊性的某个热带风暴。高尔顿·奥尔波特（Gordon Allport）对独特个体进行的形态学分析（morphogenic analysis）也表达了类似的观点（Allport，1962）。该理论对个体性的阐述中，重点关注的就是具有独特性的个体会如何安排自己的生活。

共同性与个体性相反，强调的是人与人之间在心理上的相似性。正如大家所能想到的，相似性是指建构系统的相似性，而不是指人们所遇到的生活事件类似。这一原理意指两个人可能有相似的生活环境，但如果他们对这些事件的解释完全不同，那么别人就可以看到两个心理上完全不同的人；另外一层意思就是，虽然两个人在生活中遇到的事件完全不同，但是却可能以相同的方式去解读，由此产生心理上的相似。

那么共同性除了指构念上的相似性外，还有什么内涵呢？两个在心理上相似的人不仅会在相似的构念基础上做出类似的预测，而且他们做出预测的方式也很相似。凯利说道："我们感兴趣的地方不仅在于人们的预测内容相似，而且还在于人们做出这些预测的方式也相似。"（Kelly，1955a，p. 94）此外，凯利还用另外的方式阐述了心理相似："我认为，构念显然还包括经验本身，就如同人们的经验会包括事件那样。在经验周期的最后阶段，人们会修改关于某一事件的构念，而这原本是个体所预期的，同时在这个建构过程中，个体会得出新的结论。随后在新的经验中，不管个体关注的是什么，他都会对自己上一阶段建构过程的效果进行考虑。"（Kelly，1969b，p. 21）

对于所碰到的事件，人们会做出类似的结论，那么这对他们的生活会意味着什么，又会引发他们怎样的思考呢？心理相似性是指那些能够促使人们向前发展的相似之处。人们需要认识到相似性的本质是什么，因为它能够使人们得到的结论不同于那些仅仅根据自己经历过的事件而得出的结论，文化背景完全不同、但心理上却相似的两个人就可以很好地说明这点。即使是来自巴厘岛、乍得、俄罗斯，或者是美国等不同地方的人，如果他们以相同或相似的方式来组织各自的不同经历，那么他们在心理上也可能会高度相似。因此，重点在于个体对经验的组织方式。正如凯利所说："……两个人之间的心理相似性在于他们以相似的方式来建构个人经验，以及他们对事件所下的结论相似。"（Kelly，1969b，p.21）因此，重要的不是人们为了获得预期而在建构系统中采用了不同的方法，关键在于他们获得结论的方式相同，以及得到了相同的结论。

在本部分的最后，我们将探讨社会性的考察问题。这一问题所涉及的方面不仅仅是人际关系中的共同性，也不仅仅在于个体如何与他人交往。关于这一点，个人建构理论存在两个完全相互对立的观点。其一是认为人际关系的建立基础是个体在人际交往中的预测能力和控制能力。其目的是为了能够对他人的行为进行准确预测。该观点认为，人们不是将具体环境中的他人看成是“一个人”，而是将其看成为一架行为表达机器。在某些特定的情境下，比如大型购物中心，这一说法尤为恰当。在人们进入百货公司时，只需要准确地认识到人群的流向，以避免与逆向而来的购物者发生碰撞。这一观点的重点在于有时候最好是将人看作行为表达机器，那么就可以根据预测和控制来理解当时这个情境了。另外一个要点是强调人际关系本身的特性而不是强调行为者，认为我们会站在他人的角度来理解他人。比如，人们为了与另外一个人建立角色关系，就需要对他人的行为、他人体验生活的方式进行解读。社会性这一概念所关注的就是这个过程。人们会努力归纳他人的建构过程。这一观点的重点在于，我们在人际交往中的行为是建立在对他人实际表现的理解基础上。这并不是说通过对他人的理解，我们就会无意识地附和他人；相反，我们甚至会对自己所观察到的他人表现进行否定，不过，这一否定就恰好反映了个体与他人的角色关系。当然，我们并不是在否定这个行为表达机器，而是认为这个我们所信任的人的人格在有些方面与我们类似，在另外一些方面却可能完全不同。个人建构理论认为，这种角色关系可以在人际之间营造出一种较融洽的关系，即使对那些我们不大认同的人也是如此。这一观点为“角色”（role）这一术语赋予了一个纯粹的心理学界定。认为一种角色建立在一个人的心理活动基础上，并且是那种个体对他人世界观进行认识的心理活动。

社会性在心理治疗中也具有非常重要的作用，因为角色关系是心理治疗关系形成的基础。要建立一种有效的治疗关系，治疗师必须与来访者建立起角色关系。因此，咨询师必须将他对来访者的理解建立在对来访者建构过程进行总结的基础上；另外，还必须加上来访者同时对治疗师构念的解读，以及他们向治疗师反馈的敬意。此外，咨询师与来访者并不会相互妨碍对方的建构。

构念转变

当个体出现变化的时候，就会出现构念转变（transitional constructions）。构念转变主要强调的是那些能够引起人们强烈感觉的事物。就如同人们在精神非常振奋或经历人生重大变化的时候，可能会产生强烈的感受那样。情绪被认为是个人构念系统之中的一种特殊转变形式。

有研究者考察了 36 名患有创伤后应激障碍（PTSD）的来访者，结果发现他们对于曾经经历过的创伤性事件都能进行非常详细的描述（Sermpezis & Winter，2009）。如果那些在战争中体验过强烈情绪的战士能够将这些体验完整地融入到他们自己的个人构念系统中，那么他们就不太可能会出现创伤后应激反应（Sewell，1996; Sewell et al.，1996）。

第一个受到关注的情绪是焦虑（anxiety）。焦虑是心理学研究中最受关注的问题之一。在个人构念理论中，焦虑作为一个反映转变的术语，指的是个人遭受了重大的个人改变。它被定义为：

> 焦虑是个体认识到了一些用自己的既有构念系统无法解决的事件。（Kelly，1955/1991a，p. 495/365）

当然，焦虑最为明显的特征是它包含有强烈的悲痛、困惑和慌乱感受，有时候还伴随有恐慌。这种感受状态被认为是在个体觉得不能够用自己的既有构念来应对所面临的情境时，个体的构念系统对所面临问题粗略认识后的反应。因此，这就需要首先意识到所面临的问题，否则个体如果不能清楚地认识到自己所处情境，就不会被它所影响。

不管是什么，只要它们会使个体的构念系统应用范围受到影响，那么它们就会使个体感到焦虑，因为它们会增加个体无法应对特定情境的概率。我们可以进一步认为，个体的构念系统越简单，或所拥有的构念越少，就越可能产生焦虑。个体在遇到不熟悉事情的时候，就可能会变得焦虑。比如，一个数学成绩不好的人在回答数学问题时，就可能会感到非常焦虑。

虽然焦虑使人感到痛苦，但它也可以给人带来有益的一面。个体感受到的焦虑常常也是人们创造性地探索新知的一个方面。走在探索的道路上，人们才更容易遇到那些在他们的既有构念系统之外的事件。

> "……焦虑，从本质上来说，不能简单地将其说成是好还是坏。它表示个体觉察到了自己的既有构念系统无法去应对所面临的问题。因此，它是个体产生变化的前提。"（Kelly，1955/1991a，p. 498/367）

与焦虑容易产生混淆的另外一种情况是威胁（threat），凯利对其给出了如下界定：

> 威胁是个体意识到自己的核心构念系统即将出现全面的改变。（Kelly，1955/1991a，p. 489/361）

威胁与焦虑不同，当个体感到威胁的时候，他们非常明确地意识到了自己需要处理的问题。由于个体认识到了问题，因此事件对个体所具有的意义也就变得明显了。人们对那些可能使他们产生巨大改变的情境会感到威胁。比如，凯利曾经举过一个快要死的人的例子。在个体的知觉中，死亡不仅不可避免，还会从根本上改变他当下的处境。

与威胁有密切关系的另外一个概念是恐惧（fear）。凯利将之定义为：

> 恐惧是个体意识到了自己的核心建构即将出现临时性的变化。（Kelly，1955/1991a，p. 533/364）

恐惧与威胁不同，因为它只是带来偶然性的变化，而非威胁那样会引致个体出现全面的改变，也并不会如同威胁那样会涉及较多的核心构念。我们会对自己了解不多的事情感到恐惧，那是因为我们无法清楚地判断它会给我们带来多大的变化。如果我们对存在的危险了解很少，就会感到惊恐（frighten）。随着我们对事情本身，对事情给当前生活以及对后代所可能造成的影响了解得越来越多，我们就越容易感到威胁。即使有些变化可能只会改变我们生活中的某个很小的方面，也可能会让我们感到惊恐。

在个人构念理论中，构念转变时人们还会体验到另外一种情绪，那就是内疚（guilt）：

> 当个体意识到自己明显背离了自己构念系统中的核心角色构念时，就会体验到内疚。（Kelly，1955/1991a，p. 502/370）

对于内疚这一概念，通常是从外部社会视角（external-social perspective）来理解。不过需要指出的是，个人构念理论将内疚当作一种情绪状态来处理，并且仅仅是从个体本身的内部角度来对此进行探讨。当个体发现自己的行为偏离了他们内心的想法时，就会感到内疚。个体核心的角色建构包含了那些人们用以与他人交往的构念。这些构念常常也可以帮助个体保持自己的同一性和整合感。从这个角度对内疚进行界定，就可以说成是当人们偏离或背离了这一内心建构时，就会感到内疚。人们在偷东西的时候，只有不把自己当贼，才会感到内疚；如果偷东西并没有违背他们核心的角色构念，那么也就不会产生内疚了。如果你还没有与他人形成一个明确的角色关系，那么你就感觉不到什么内疚。

这一界定不同于外部视角对内疚的界定，并没有将内疚与社会规范的违背联系起来；相反，它关心的是个体与他人建立的核心角色关系。由于关注内疚对个体所造成的自我限制（self-narrowing），个人建构主义治疗师将重点放在那些能够有助于理解背离的本质，以及那些能够对处于转变期的个体起指导作用的自我结构上。当人们感到内疚时，以及遇到本部分中所讲述的其他问题时，就表明个体出现了转变。

个人建构主义理论关注的转变期的另外一个方面是个体的积极发展问题，这反映在对攻击（aggressiveness）的界定上：

> 攻击是个体知觉领域的主动复杂化。（Kelly，1955/1991a，p. 508/374）

个体根据自己个人构念系统所提供的备选方案做出主动抉择的时候，就反映出了这种构念转变。攻击本身所具有的特性之一，就是能够使个体更加深入地去探求自己的行为在其构念系统中所具有的意义。个体身边的人可能会感到威胁，因为他们会觉得自己正处在这个人的枪口上，担心自己会受到影响。那些能够引起焦虑的事情也可能引发攻击。当个体遇到已有构念系统无法解决的事情，并且尝试建立一个构念来对其进行处理时，就会感到焦虑；此时，也可能会引发个体的攻击。一般来说，个人建构理论从积极的角度来看待攻击，将它看成一种与自信类似的品质。实际上，攻击的本质就是构念系统中的自信成分，而攻击中另外一些较为负性的成分则常常被看成是敌意（hostility）。凯利对敌意的界定是：

> 敌意指的是个体对社交活动所做的预测虽然已经被证明为无效，但却仍然坚持去寻求可以将其证明为有效的证据。（Kelly，1955/1991a，p. 510/375）

敌意不同于攻击，攻击仅仅是指构念系统的主动（自然产生的）复杂化。处于敌意状态下的个体，可能会表现出强烈的愤怒，也可能会表现得冷静、沉着、镇定。相对于个体某部分自我世界的坍塌来说（变得无效），愤怒存在与否的重要程度要低一些，而且个体会坚持认为自己需要去寻找支持性的证据。比如，如果两个人之间已经没有了爱，而丈夫却仍然要求他的妻子公开表达喜欢他的时候，他就可能会变得有敌意。这时候，怀有敌意者的核心自我结构也会卷入到其中。从这个角度来看，人们就会发现一个有敌意的人会为了自己的世界而战。不过，现在对敌意的认识常常忽略了敌意者的这种强烈情绪。因此，需要重点考察对个体来说哪些是无效的，以及又是什么使得他们无法承受这种无效。

为了更好的阐述构念转变时的情绪体验，麦科伊（McCoy，1977）对慌张、疑惑、爱慕、快乐、满足、自满、悲伤、自信、羞愧、鄙视、厌恶、满意、惊讶或震惊、愤怒等情绪进行了界定。如果想更深入地了解这些情绪，可以去翻阅她的著作。比如她对爱慕的界定是："爱慕是对个体核心结构有效性地觉察……简单来说，处于恋爱中的个体会把所爱的人看成是与自己融为一体的，并且个体的核心角色建构是有效的。"（McCoy，1977，p. 109）

这是一种个体把自己当作完整存在的自我肯定。"个体完整性"（completion of the person）就是暗指这个意思。因此，艾普丁给爱慕的界定稍有不同："爱慕是对自己进行有效证实与无效证实的过程，而这也会促使作为完整个体的我们获得最好的发展。"（Epting，1977）

这一定义不仅包含了爱慕中作为个体有

效性证明的内容，即伴侣的认可与支持，同时还包括了爱慕中无效证实方面的内容，即那些使我们显得没有价值的方面。恋爱中的行为并非始终都是支持性的，但其目的却永远都是帮助我们成长为一个完整的人。这种爱慕也会使我们的构念系统处于调整的边缘，使我们可以对自己的生活进行真正的实验。

经验周期

构念转变的最后一部分与经验周期（cycles of experience）中的行动与创新有关。下面，我们将讨论在这个周期中个体在日常生活中采取有效行动的能力：

> C-P-C 周期是指一系列的建构过程，包括详查（circumspection）、预断（preemption）和控制（control），由此使个体产生一个让自己陷入某种具体情境的抉择。（Kelly，1955/1991a，p. 515/379）

任何一种心理治疗，都首先需要理解人的行动，否则就无法实现对人的理解，也无法将这种理解付诸于实践。在人的行动周期中，首先是进行详查，个体会尝试性地进行各种建构；也就是说，个体在遇到问题后，会马上从不同的角度进行解读，由此形成对情境的各种解释。接着是预断过程，这时，个体会从曾经考虑过的所有建构中，出于某种特别考虑而选取其中的一种建构。比如，有研究者（Adame & Leitner，2009）发现，如果来访者形成了“超个人崇敬”（transpersonal reverence）的能力，即对人性与整个世界的崇敬，那么即使没有进行心理治疗，也可以进行有效的康复。

如果不能做出选择，那么至少在短期内无法行动，由此，个体就会不断地思考这些可选择的建构。从这点上来说，生命本身就是在某一维度的两端进行选择。如此一来，个体在自己的构念系统中通过抉择和采取行动来表现自己的控制。当然，抉择的目的是为了让整个构念系统变得更复杂、更精细。个体对经验周期各阶段赋予了不同程度的重要性，能够使我们更好地去理解他们的行动。比如，你在现实生活中可以看到沉思型的人，由于各种选择都很有吸引力，导致他们在各个选择之间犹豫不决、无法做出决定；另一方面，你也可以看到“行动型”的人，他们可能会快速跨过各个阶段，很快做出实施某个具体行动的决定。实际上，凯利认为冲动型是：

> 冲动型的典型特点就是将位于抉择之前的详查阶段过度缩短了。（Kelly，1955/1991a，p. 526/387）

这也就意味着在某些情境下，个体会仓促地寻找问题的解决方案。在人们感到焦虑、内疚或威胁的时候，都可能会有这样的表现。因此，对经验周期了解之后就可能有助于我们对冲动型的理解，从而也有助于我们找到建设性的解决方法。

凯利理论中的第二个主要周期与创新有关：

> 创新周期是指以松散的建构开始，但却以严密而有效的建构进行终结的过程。（Kelly，1955/1991a，p. 565/388）

创新过程中的重要问题是松散与严密。心理治疗主要是围绕着松散与严密这个维度来进行。因此，心理治疗过程也被认为是一种创造性活动。在这个过程中，治疗师希望能够帮助来访者过更有创造性的生活。斯泰因（Stein，2007）认为，应该重视个人建构心理治疗中的非言语技术，并展示了她在进行深度案例研究时所采用的方法，比如采用绘画、艺术图片，以及视觉与动觉的想象技术。创新周期阐述的就是个体如何才能创造出新的意义建构，以使构念系统变得更复杂、更精细，使之能够涵盖更多的现实经验。创新这一概念所包含的就是那些将新经验如何融入已有建构系统中的过程。

要回答这个问题，就需要将重点放在帮助来访者使既有构念系统保持在松散状态的目标上，以便那些还很模糊的新经验能够得到个体的识别。在松散阶段，个体通常不愿意用语言去描述所发生的事情。但是，对新经验进行概念化就能够逐步使之形成一个严实的构念——能够进行有效性证实和假设检测的构念。因此，创新不仅包括松散过程，还包括严密过程。由此才能够引发出新的意义，而治疗师也必须帮助来访者去体验这两个过程，并帮助他们将这两个阶段都看成是自己人格结构中的有益成分。

相关研究

治疗方面的相关研究

个人建构心理治疗以凯利的建构理论为基础，包括多种不同的治疗方法与取向。个人建构取向的心理治疗已经被成功地用来治疗不同人群的各种问题，比如吸食毒品的少女（Newbury & Hoskins，2010）、孩子因患癌症而去世的母亲（Gerrish，2010）、患有焦虑与抑郁的毕业班学生（Viney，et al.，1989），以及患有分离性认同障碍（dissociative identity disorder；Dale et al.，2010）、创伤后应激障碍的个体（Sermpezis & Winter，2009）。另外还被用来治疗那些遭受过亲人丧亡（Gillies & Neimeyer，2006），或患有精神分裂症（Bannister et al.，1975）、艾滋病的患者（Viney et al.，1992）。

此外，有人成功地将个人建构心理治疗与生物反馈治疗（Zolten，1989）和催眠（Burr & Butt，1989）结合起来使用。还有一些研究者考察了个人构念与个体同一性的关系（Berzonsky，1989; Berzonsky et al.，1990），以及与性别角色（Baldwin et al.，1986）、信念和价值观的关系（Horley，1991）。

理论方面的相关研究

近些年来，一些关于建构主义心理学的重要著作相继出版。比如《个人建构心理治疗：理论、实践与研究的最新进展》（*Personal Construct Psychotherapy：Advances in Theory，Practice and Research;* Winter & Viney，2005），本书不仅包括为该领域作出了巨大贡献的重要理论家，还包括作出过重要贡献的实践工作者。《建构主义心理治疗：一种叙事的诠释学方法》（*Constructivist Psychotherapy：A Narrative Hermeneutic Approach;* Chiari & Nuzzo，2010）对凯利的认知行为治疗与其他取向心理治疗之间的关系进行了讨论。该书作者介绍了个人建构理论与治疗的发展过程，并采用案例分析与哲学分析的方式重新阐述了凯利的思想。此外，其他一些相关的著作还有《个人建构主义：理论与应用》（*Personal Constructivism：Theory and Applications;* Leitner & Thomas，2009）、《创造性的解释：艺术中的个人建构》（*Creative Construing：Personal Constructions in the Arts;* Scheer & Sewell，2006）、《个人建构心理学的基本手册》（*The Essential Handbook of Personal Construct Psychology; Fransella*，1995）、《生命意义研究 3：现实世界中的建构主义心理治疗》（*Studies in Meaning 3：Constructivist Psychotherapy in the Real World;* Raskin & Bridges，2008）。此外，学术期刊《建构主义心理学杂志》（*Journal of Constructivist Psychology*）每季出版一期，重点介绍个人建构主义领域中的理论、实证和方法上的进展。

与个人建构理论有关的相关研究

有研究表明，临床人群存有紊乱的个人构念。那些患有精神分裂症和妄想症的病人的构念基本上存在着各种各样的问题

（Lorenzini et al.，1989）。精神分裂症病人通常对他们自己或对他人存在着一定的知觉障碍（Gara et al.，1989）。还有研究发现，在个人构念与焦虑（McPherson & Gray，1976）、恐惧症（Huber & Altmaier，1983）、过度紧张（Talbot et al.，1991）和饮食障碍（Neimeyer & Khouzam，1985）之间存在显著相关。

此外，凯利的理论还被应用在商业与职业咨询（Stewart & Stewart，1982）、消费者偏好（Marsden & Littler，2000）和销售人员的训练中（Porter & Inks，2000）。

理论点评

对凯利理论的批评，通常是将个人建构主义心理学看作一个过于正式的理论系统，认为个人构念理论强调的是个体的逻辑与科学思维，而非情感与体验。这种看法可能是因为凯利写了一本晦涩难懂的《个人建构心理学》(Kelly，1955a，1955b)。1955 年，凯利希望能够通过这本书向其他心理学同行阐明其观点，因此，这种枯燥无味的写作风格只是他这一做法的不幸副产品而已。虽然这种写作风格可能在 1955 年时有效，但书中满篇的假定与推定却可能会吓跑当今许多的心理学研究者。凯利自己也意识到了这个问题，所以直到去世之前都在写一本希望尽量不用数理推论就可以阐明其观点的书。如果人们能透过凯利这种晦涩难懂的写作去看到他对个人建构理论的阐述，那么就能清楚地发现他特别强调人的意义系统在心理生活中的重要作用。

许多其他取向的心理学研究者觉得凯利的理论与他们的研究工作基本一致，这让凯利很自豪（Kelly，1970b）。不过，凯利并不希望看到他的个人建构理论与其他心理学研究取向过于一致。如此一来，心理学研究者通常就不大清楚个人建构理论的核心是什么。最为常见的就是常常将个人建构理论当成是一种认知理论。在大学人格心理学的教科书中，常常是将个人建构理论与贝克和艾利斯的研究工作放在一起讨论。但也有其他一些研究者——虽然人不是很多，则将凯利当成是人本主义研究者。

近年来，凯利的理论则更容易使人联想到建构主义理论（constructivism）。那些持建构主义的心理学取向强调，在个体按照自己内心意义系统进行建构与生活的过程中，个体具有关键性的作用。如同个人建构主义心理学一样，建构主义取向也常常被认为是属于心理治疗临床领域（Ecker & Hulley，1996; Eron & Lund，1996; Hoyt，1998; Neimeyer & Mahoney，1995; Neimeyer & Raskin，2000; White & Epston，1990）。但有证据表明，建构主义理论已经广泛地融入到了心理学领域中（Botella，1995; Bruner，1990; Gergen，1985; Guidano，1991; Mahoney，1991; Sexton & Griffn，1997）。建构主义理论对个体是如何创建其意义系统，其生活又是如何受这一意义系统所影响的强调，非常类似于凯利的多元建构论。在传统上，个人建构主义心理学家常常结合成一个尽管人数不多但联系却很紧密的小圈子，共同进行研究。有些个人建构主义学者担心，一旦被当作建构主义这一竞争阵营中的一员，就会使凯利的理论被冲淡（Fransella，1995）。尽管存在这些担心，近年来仍然有许多个人建构主义心理学者在开展研究的时候开始吸收建构主义理论中的某些观点，比如叙事主义（narrative）、社会建构论（social constructivism）。事实上，《国际个人建构主义心理学杂志》（*International Journal of Personal Construct Psychology*）已经于 1994 年改名为《建构主义心理学杂志》（*the Journal of Constructivist Psychology*），以便更好地反映心理学领域中意义建构取向（meaning-based approach）运动的发展，而这一取向又是被凯利的理论所引发的。

章节重点

- 个体具有一个包含心理构念的系统，由此构成了其人格。
- 个体构念的排列形式是一种由低到高的层级形式；这种层级形式有助于人们将重要事件从琐碎事件中分离出来。
- 个体的构念会影响他们对情境的应对。
- 个体的既有构念会影响新构念的形成；具有渗透性的构念使得新信息可以进入个体的构念系统，从而使构念系统具有改变的可能；这也使个体可以看到其行动的意义。
- 个体的不同构念之间可能会自相矛盾。个体生活中的某些矛盾现象对于个体的创造性能力来说可能具有非常重要的作用。心理结构总体上的松散足以使个体的心理保持完整性。

关键术语

攻击（aggressiveness）：当个体主动地去检测自己的构念时，就会处于攻击状态。攻击是使个体构念实现扩展、调整与精细化的有效方式。

焦虑（anxiety）：当既有构念无法应用于当下的情境时，个体就会感到焦虑。

多元建构论（constructive alternativism）：多元建构论是个人建构主义心理学的哲学基础，认为对事件的解读存在多种方式，而为了确保人们能够从新的角度去解读，就需要个体对新经验保持开放的接纳心态。

恐惧（fear）：当个体的外围构念即将发生变化时，个体就会感到恐惧。

内疚（guilt）：当个体的行为背离了他们对自己的看法以及他们的道德观念时，就会产生内疚。

敌意（hostility）：当个体努力去寻找能够证明自己构念的证据，而不管已经有了类似的否定证据时，就会产生敌意。

个人构念（personal constructs）：个人构念是指人们在现实生活中用来对即将发生的事件进行预期的、具有两极维度的意义解释系统。构念具有两极性，人们会从相互对立的两极来看待事物。比如，“无忧无虑的 – 尽责的”“坚强的 – 脆弱的”“害怕的 – 爱说话的”就都属于双极构念。每个人的构念都是以层级形式组织起来的。

威胁（threat）：当个体的核心构念即将发生全面变化的时候，个体就会感到威胁。

推荐阅读

Burr，V. (1995). *An Introduction to Social Constructionism*. London：Routledge & Kegan Paul.

本书介绍了社会建构主义的基本原理，浅显易懂，是一本适合初学者的好书。

Burr，V.，& Butt，T. (1992). *Invitation to Personal Construct Psychology*. London：Whurr.

本书介绍了人们在日常生活中应该如何去应用凯利的理论，作者通过这种方式巧妙的向读者介绍了个人建构主义心理学。

Ecker，B.，& Hulley，L. (1996). *Depth-oriented Brief Psychotherapy*. San Francisco：Jossey-Bass.

本书是一本反映当代建构主义心理治疗的著作，强调无意识领域中的构念，探讨如何发现它们以及在心理治疗中如何对其进行处理。

Epting，F. R. (1984). *Personal Construct*

Counseling and Psychotherapy. New York：Wiley.

本书对个人建构主义心理学及其在治疗中的应用进行了清晰而透彻的评述。

Eron，J. B.，& Lund，T. W. (1996). *Narrative Solutions in Brief Therapy*. New York：Guilford.

本书概述了最近心理治疗领域中的建构主义取向，这一取向虽然不是直接建立在个人建构主义心理学的基础上，但却在很大程度上受到了凯利和罗杰斯的意义建构思路的影响。

Faidley，A. J.，& Leitner，L. M. (1993). *Assessing Experience in Psychotherapy*：*Personal Construct Alternatives*. Westport，CT：Praeger.

本书对建立在个人建构理论基础上的评估与治疗进行了深刻的评述，是内含丰富而又详尽的案例材料。

Fransella，F. (1995). *George Kelly*. London：Sage.

本书第一章是对凯利个人传记的详尽介绍，其中包括他的学生和同事们对他的回忆；其他章节是对个人建构主义心理学及其应用的介绍。

Gergen，K. J. (1991). *The Saturated Self*：*Dilemmas of Identity in Contemporary Life*. New York：Basic Books.

本书是一本普及性图书，对格根关于后现代生活中的个体认同观点进行了评述，引人入胜。

Journal of Constructivist Psychology (1988年至今).

本杂志是原来的《国际个人建构主义心理学》杂志，主要发表个人建构主义心理学和其他建构主义取向的理论与实证性论文。

Kelly，G. A. (1963). *A Theory of Personality*. New York：Norton.

本书包括凯利《个人建构心理学》第一卷的前三章，是一部平装书，价格低廉，容易买到，可作为凯利《个人建构心理学》两卷本著作的替代读本。

Kelly，G. A. (1991a). *The Psychology of Personal Constructs*：*Vol. 1. A Theory of Personality*. London：Routlege & Kegan Paul. (Original published 1955.)

在本卷中，凯利以独特的手法阐述了他的基本理论；除此以外，还详细阐述了方格技术（Repertory Grid Technology/Rep Grid，RGT）与固定角色疗法（fixed-role therapy）。

Kelly，G. A. (1991b). *The Psychology of Personal Constructs*：*Vol. 2. Clinical Diagnosis and Psychotherapy*. London：Routlege & Kegan Paul. (Original published 1955.)

在本卷中，凯利论述了个人建构主义心理学的应用方面，尤其是在心理治疗领域中的应用；书中详细说明了构念异常、构念转变的诊断，以及其他临床应用方面的问题。

Maher，B. (Ed.). (1969). *Clinical Psychology and Personality*：*The Selected Papers of George Kelly*. New York：John Wiley.

本集中收录的是1957年以来凯利在后期学术生涯中所撰写的论文；其写作风格与《个人建构心理学》相比更为通俗易懂，对个人建构主义心理学的介绍也不是那么偏认知取向。

Neimeyer，R. A.，& Mahoney，M. J. (Eds.). (1995). *Constructivism in Psychotherapy*. Washington，DC：American Psychological Association.

本书是一本论文集，收录了心理治疗领域许多建构主义取向的文章，其中有些是建立在凯利研究的基础上。

Neimeyer，R. A.，& Neimeyer，G. J. (Eds.). (1990–2000). *Advances in Personal Construct Psychology*. (Vols. 1–5). Greenwich，CT：JAI Press.

这套不断出版的系列书籍收录的是个人

建构主义心理学和建构主义理论研究中的最新进展。

Neimeyer，R. A.，& Raskin，J. D. (Eds.). (2000). *Constructions of Disorder*：*Meaning-making Frameworks for Psychotherapy*. Washington，DC：American Psychological Association.

本书通过案例资料介绍了建构主义取向在心理异常与治疗中的应用，但没有采用通常的 DSM-IV 诊断中的分类系统。

第 11 章

罗杰斯与个人中心式理论

卡尔·罗杰斯为心理学、心理治疗，乃至教育学的发展都作出了不可磨灭的贡献。他创建并推动了来访者中心式治疗（client-centered therapy），是互助小组（encounter-group）运动的先驱，人本主义心理学的创始人之一，他还是第一个致力于解决国际政治冲突的个人中心式组织（person-centered group）中的关键成员。

> 我所述观点的其中一个意义与人的本性有关，我认为，如果人可以自由地行动，他们就是富有建设性的，是可信赖的。未来，这点必定能够得到证明（Rogers，1969，p. 290）。

罗杰斯在他的整个学术生涯中，不仅对个体治疗与团体治疗感兴趣，也对教育、社会和政府体制问题极为关注。在他的人生哲学中，始终充斥着人道主义和乐观主义精神。

我不大认同那种盛行的认为人是非理性动物的观点。他们认为，如果人的欲望不受控制，就会毁灭自己、毁灭他人。在我看来，人的行为是高度理性的，是以一种高度精细而又有序的方式指向个体希望达到的目标的。（Rogers，1969，p.29）

虽然罗杰斯的早期研究获得了人们的普遍承认与高度认可，但他却不愿自己局限于此，而是不断修正自己的观点。他鼓励其他研究者检测他的主张，不希望看到出现一个所谓的“罗杰斯学派”，认为那样只会模仿或重复他的发现而已。

对我来说，20 世纪 30 年代是一个变化很大的时期，也是我在个体治疗方面的工作被广泛接纳的时期；但是在 20 世纪 40 年代早期，在我看来却有点儿灰暗……人们可能会说，一个咨询“技术”演变成了一门心理治疗实践，而这又发展成了一个人格与治疗理论。该理论所提供的基本假设开创了一个新的研究领域，从中衍生出了一条可以用来探讨所有人际关系的研究思路。现在，它的影响已经扩散到了教育领域，成了一种促进各年级学生学习的方法。此外，它也是一种研究团体活动的方法，对团体动力学理论的发展产生了巨大影响。（Rogers，1970）

在 20 世纪 70 年代和 80 年代早期，罗杰斯的兴趣从为来访者治疗转移到了建立国际性团队与大型社区上。此外，他开始关注精神与神秘体验问题，对此的态度也越来越宽容。他认为个体有足够的能力去帮助自己，这一思想不仅不断地影响着世界各地的咨询师与心理学家，还对其他行业的人产生了广泛影响（Caspary，1991; Macy，1987）。在 2002 年一次为纪念罗杰斯百岁诞辰的研讨会上，与会者阐述了他在心理治疗、教育、宗教咨询（pastoral counseling）、准心理咨询（paraprofessional counseling）、艺术表达式治疗（expressive arts）、冲突解决、组织发展、社区、跨文化工作、政治，以及促进世界和平等诸多领域所作的伟大贡献。

个人简介

罗杰斯于 1902 年 1 月 8 日出生在美国伊利诺伊州奥克帕克的一个富裕、笃信新教的家庭，他在家排行第四，共有 6 个兄弟姐妹。他父母的信仰与观念，以及罗杰斯自己对父母思想的理解，给他的童年时代带来了很多的约束。

> 我认为对家族以外的人的态度可以简单概括为：别人会在没有把握的时候就行动，而我家是绝对不允许这样的；其他许多人会玩牌、抽烟、喝酒，会去看电影、跳舞或开展其他一些甚至是不能说出口的娱乐活动。因此，最好的办法就是容忍别人，因为他们可能不明事理；不要与他们有任何密切联系，只是与家人一起生活。（Rogers，1973a，p. 3）

儿时的罗杰斯是一个聪明好学、喜欢看书和自我反省的孩子。但是他既不活泼，身体也不强壮，童年过得很孤单。“现在我所推崇的这种亲密而又和睦的人际关系，那个时候我完全没有。”（Rogers，1973a，p. 4）在罗杰斯的高中时期，他父母为了不让他“受都市和市郊的不良风气影响”（Kirschenbaum，1980，p. 10），带他移居到了伊利诺伊格伦埃林附近的一个农庄。他的成绩仍然极为优秀，并对科学产生了浓厚的兴趣。

> 现在，我知道我是一个古怪、孤独、在人群中没有地位的人。我不善于与人交往，只是与别人进行浅层次的接触而已。这个时期我的幻想非常古怪，在心理医生看来可能会被认为是精神分裂症；但幸运的是，我从来没有去找过任何一位心理学家。（Rogers，1973a，p. 4）

当罗杰斯进入威斯康星大学时，他发现生活变得丰富而有意义了。“人生中第一次与家人之外的人建立亲密而又密切的关系。”（Rogers，1967，p. 349）在大学二年级时，他开始修读宗教课程。1922 年，他到中国参加在北京举办的世界基督教学生同盟会议。随后，他在中国西部以及其他一些亚洲国家进行了一次巡回演讲。这次旅行使得他的基本宗教信仰得以成熟，并且使他第一次有机会锻炼自己心理上的独立性。“从开始旅行起，我的目标、志向、价值观和人生观就是我自己的了，完全不同于我的父母，并且一直保持到现在。”（Rogers，1967，p. 351）

1924 年，罗杰斯与海伦·艾略特（Helen Elliot）结婚，她是罗杰斯在文法学校认识的一个女孩。双方家庭都不赞成罗杰斯在婚后继续读书，但是罗杰斯坚持自己的想法，并决定继续求学。随后，他们夫妻俩到纽约安家。在那里，罗杰斯开始他在纽约联合神学院（Union Theological Seminary）的研究生生活。后来，他选择在哥伦比亚大学的教师学院（Teachers College）完成他的心理学研究。这次的转变，有部分原因是因为他参加了一个学生导向式研讨班（student-directed seminar）。这个研讨班使他有机会去检测自己对宗教信仰所逐渐产生的怀疑。后来在一门心理学课程中，他惊喜地发现，一个对咨询感兴趣的人也可以在教堂之外谋生，都是同那些需要帮助的人打交道而已。

> 我开始发现，我没有必要去显示自己的聪明和学识；我最需要做的是依靠来访者去把握治疗过程的方向。（Rogers，1967，p. 359）

罗杰斯的第一份工作是在纽约罗切斯特的一家儿童辅导中心工作，处理被各种社会机构送过来的儿童。“我与高校没有联系，没有人会根据哪个治疗取向来检查我的工作……（社会机构）不会管你怎么做，只希望你能做到一定程度的辅导。”（Rogers，

1970，pp. 514-515）从 1928 年到 1939 年，罗杰斯在罗切斯特的这段日子里，他对心理治疗的理解逐渐发生了转变。最终，他的治疗思路从正式的指导性治疗转移到了后来被他称为的来访者中心式治疗（client-centered therapy）。

在罗切斯特的时候，罗杰斯写下了《问题儿童的临床治疗》一书（*The Clinical Treatment of the Problem Child*，1939）。这本书得到了人们的广泛接受，使他获得了俄亥俄州立大学的全职教授职位。罗杰斯曾经说过，一开始就是最高级别的职称，使他避免了学术层级里面存在于低级职位上的压力与紧张，而这些压力会遏制人们的创造与创新。

在俄亥俄州，罗杰斯第一次记录了实际的治疗过程。人们通常认为很难对这个精神分析过程进行记录，因此也难以对此进行仔细分析。然而，罗杰斯并不是该治疗团体中的一员，因此就没有受这种思想的影响。罗杰斯的这些发现，再加上他自己的教学过程，使他认真分析了治疗中的关系问题，并写下了《咨询与心理治疗》一书（*Counseling and Psychotherapy*，1942）。

虽然这本著作刚刚出版就受到了人们的普遍欢迎，但却没有任何一家精神病学或心理学领域的主要刊物对此进行评论。此外，即使罗杰斯的课程非常受学生欢迎，但他“在俄亥俄州立大学却受到其他人的排斥，被安排在一个小办公室，上课时间也被安排在不好的时段，并且他在那儿几乎得不到任何帮助”。（Kirschenbaum，1995，p. 19）

1945 年，罗杰斯获得了芝加哥大学给的一次机会，使他可以按照自己的想法建立一个咨询中心。直到 1957 年，他都一直担任这个咨询中心的主任。他越来越强调信任的作用，而这点也反映在该中心的民主决策制度上。如果能够相信病人可以决定他们自己的治疗，那么当然也可以信任员工对自己的工作进行管理。

1951 年，罗杰斯出版了《来访者中心式治疗》（*Client-Centered Therapy*）。在这部著作中，罗杰斯第一次正式阐述了他的治疗理论和人格理论，以及其他一些佐证其观点的研究。他在书中指出，治疗关系中的主导力量应该是来访者，而非治疗师。这一观点颠覆了传统的治疗关系理论，是一种革命性的论断，因此招致了大量的批评。在传统的治疗关系理论中，存在一个最基本、也是无可辩驳的假设，那就是认为治疗师是全知的，而病人什么都不知道；但是，来访者中心式治疗理论却对此进行了质疑。这一观点具有广泛的意义，罗杰斯在《论人的成长》（*On Becoming a Person*，1961）一书中，阐述了该观点对治疗之外领域的影响。

> 我常常庆幸自己那时候急需别人的帮助，我把那些治疗师训练成不是依赖我而是依靠他们自己的人，然后他们就可以为我提供我需要的帮助。（Rogers，1967，p. 367）

罗杰斯对自己在芝加哥的工作经历既兴奋又满意；不过，他也遇到了一些个人挫折。有意思的是，这些挫折给他的职业价值观带来了积极的转变。在罗杰斯处理一位心理极度失常的来访者时，他使自己沉浸到了她的病状当中。就在罗杰斯自己快要崩溃的时候，他逃离了咨询中心，在外面度了三个月假期，最终在一位同事的陪同下又返回到了治疗中。不过，在这次治疗之后，罗杰斯与来访者的交流变得越来越自然、越来越自如了。

罗杰斯于 1957 年到麦迪逊市的威斯康星大学任教，兼任心理学与精神病学的教学。他发现自己与心理学系之间的冲突越来越多。他认为，自己的教学与学生的学习都没有什么自由。“我很善于安排自己的生活，也善于让别人安排自己的生活；但是一旦他们不能让我的学生安排自己的生活，那么这就变成一件令人不快的事情了。”（Rogers，1970，p. 528）

罗杰斯不断增长的不满就体现在他 1969 年所写的一篇论文当中——《当代研究生教育的设想：一项严重声明》（*Current Assumptions in Graduate Education：A Passionate Statement*）。虽然这篇文章被《美国心理学家》杂志拒绝发表，不过最后仍然获得了出版，而且在出版之前就已经被研究生私下广泛传阅。“我这个声明的主题是，我们现在对心理学学生的培养是无效的，我们正在做一项愚蠢的、浪费时间的工作，会给这个学科乃至社会带来不良影响。”（Rogers，1969，p. 170）罗杰斯所抨击的问题如下：

- 不相信学生可以自行开展专业学习；
- 评价就是教育，教育就是评价；
- 提供相同的教育：学生所学的内容就是老师在课堂上所讲的内容；
- 人类心理的本质已经获得了揭示；
- 有创造性的科学家是从被动学习中诞生的。

（Rogers，1969，pp. 169–187）

毫不奇怪，罗杰斯在 1963 年辞去了终身教授一职，去了加利福尼亚拉吉拉市（La Jolla）一个新成立的西方行为科学研究院（Western Behavioral Science Institute）。几年之后，在他的帮助下成立了一所人类研究中心（Center for the Studies of the Person），该研究机构聚集了一些从事辅助性职业的人，并且人员关系较为松散。

罗杰斯在教育界的名望越来越大，并且也越来越受到人们的重视，以至于最后写了一本书来阐明自己一直鼓吹和积极推行的教育环境问题。在《自由学习》（*Freedom to Learn*，1969）与《八零年代的自由学习》（*Freedom to Learn for the 80's*，1983）这两部著作中，他清楚地阐述了自己对人类本性的看法。

> 我所说的个人中心取向代表了什么呢？它反映了我整个职业生涯中最为重要的思想。随着我的人生阅历越来越多、研究的深入，以及与他人交流的增多，这一思想也变得越来越清晰。当我想到自己在职业生涯的不同时间给这一思想所赋予的不同名称时，我觉得很开心。对此，我所赋予的名称分别有非指导性咨询（nondirective counseling）、来访者中心治疗、学生中心式教学（student-centered teaching）、小组中心式领导（group-centered leadership）。（Rogers，1980a，p. 114）

在加利福尼亚工作期间，罗杰斯开始了对互助小组的研究。在那里，他可以不受其他学术机构和社会机构的干涉而去自由地进行实验，探索和验证自己的想法。关于罗杰斯在互助小组方面的研究成果，可参看《卡尔·罗杰斯谈互助小组》（*Carl Rogers on Encounter Groups*，1970）一书。

除了心理治疗之外，罗杰斯还对人们婚姻之中的变化趋势与价值观问题进行了考察。《成为伴侣：婚姻和其另类》（*Becoming Partners：Marriage and Its Alternatives*，1972）一书是他对该方面所做的自然式探究成果，书中探讨了不同种类的关系模式以及它们所具有的优缺点。

罗杰斯起初对教育领域感兴趣，然后转到了小组研究方面，但是在经历这种兴趣分离状态多年以后，他最终又将这两方面的兴趣融合在了一起。他与人类研究中心的部分同事一同，为耶稣神学院（Jesuit training college）和天主教教育系统（从小学到大学）中的学生与教职员工主持深度团体（intensive group）的活动。此外，他还为肯塔基州路易斯维尔市教育系统中的相关人员提供广泛的咨询服务。（Rogers，1974，

1975a，1975b）

由于取得了积极成果，因此罗杰斯不再将他的精力放在他大半个职业生涯中都极为强调的来访者中心式的人际关系上，而是开始关注个人中心式情境，探讨它们在政治与社会领域中的革命性意义。他在这方面的开创式研究成果汇集在其著作《罗杰斯论个人权力》一书中（*Carl Rogers on Personal Power*，1978a）。

> 我们在南非所做的工作可能是我毕生工作中最难以忘怀的。因为，那儿的局势是如此地紧张和严重。（Rogers in Rogers & Russell，2002，p. 216）

罗杰斯在85岁高龄的时候写了一篇文章，他在该篇文章中指出，很高兴看到自己的研究成果具有越来越大的影响力。“昨天收到的两篇论文就是一个小小的证明。其中一篇提到，在1970年至1986年之间，总共出版了165篇关于个人中心式小组的研究论文；令人震惊的是，这165篇文章都是以日文撰写并且是在日本出版的！另外一篇文章指出，在巴西召开了一次关于来访者中心式/个人中心式研究的大型专题研讨会。”（Rogers，1987b，p. 150）

罗杰斯于1987年去世，享年85岁。在去世之前，他一直都在人类研究中心工作。他在自己生命的最后10年中，将自己的想法应用到了政治领域中，并成功主持了一些研讨会，以希望解决南非、奥地利和苏联在社会冲突和人民民主方面的问题（Macy，1987；Rogers，1986b，1987a；Swenson，1987）。

> 很明显，我们的经历当中包含着一些神秘的、无法描述的精神体验。我不得不承认我和许多人一样，低估了这些神秘精神体验的重要性。（Rogers，1984）

罗杰斯对意识的变体状态也很有兴趣，即人的“内心世界——人的心理力量与精神能力领域”（Rogers，1980b，p. 12）。此外，他在自己与他人的交往上，也变得更开明、更善于表达。对于这些转变，他说道：“我不再只谈论心理治疗问题，还谈论了看法、哲学、生活方式，以及个人、团体或社会的发展问题，这些都是我生活目标的一部分。”（Rogers，1980a，p. ix）

对于自己的一生，罗杰斯引用公元前6世纪与孔子齐名的中国古代哲学家老子的名言进行了总结：

> 我无为而民自化；
> 我好静而民自正；
> 我无事而民自富；
> 我无欲而民自朴。（Rogers，1973a，p. 13）

就在罗杰斯去世的当天，有封信通知他，说他已被提名为诺贝尔和平奖的候选人，这为他漫长的学术生涯画上了一个完美句号（Dreher，1995）。

理论先驱

罗杰斯的人格理论主要是以他自己的临床实践经验为基础。他认为，由于自己极力避免与传统理论或当时任何一个心理学派相似，因此保留了自己的客观性。不过，他在笃信新教的家庭中长大，这对他有很深的影响；此外，由于他接触过杜威和威廉·克伯屈（William Kilpatrick）的思想，因此也受到了他们两位的影响——前者是美国进步教育主义运动的领导人，而后者是罗杰斯的大

> 在我的学习生涯中，从来就没有特别受到哪个杰出人物的影响……因此在我的成长过程中，根本不存在一个需要我去反叛或超越的人。（Rogers，1970，p. 502）

学老师（Solland，1978）。

不过，罗杰斯自己似乎并没有意识到这些方面给他造成的影响。他认为自己是一个健忘的、“没有历史传统”的人（Rogers，1978b）。他说自己是：

> 事实上，我从来都不属于任何一个职业群体。心理学家、精神分析家、精神病学家、精神医疗社会工作者、社会个案工作者、教育家和宗教工作者，他们都或是曾经教育过我，或是与我在工作上有密切联系；但不管是从整体上说，还是从内心的感觉上说，我都没有觉得自己是他们中的一员……为了避免有人把我看作一个彻头彻尾的独行侠，我应该补充一点，我曾经真正属于的唯一一个群体就是那些由我创办或是在我的帮助下建立起来的联系密切、志气相投的任务小组。（1967，p. 375）

新教思想

罗杰斯与弗洛伊德形成了鲜明的对照，在弗洛伊德的精神分析中，几乎充满了“希伯莱”特性，不管是病人，还是治疗师，都极为信任治疗师训练有素的推理能力和洞察力；但新教伦理却极为强调人们本身就具有走出困境的能力，认为人们的直觉能够指引他们走完这个过程。与指导师或正规的辅导师相比，牧师更可能被人看作一位睿智的聆听者，他们能够帮助人们去触摸自己的内心。

杜威与克伯屈

索拉德认为：“进步主义的教育思想与来访者中心式治疗理论类似……对人的界定非常相似。”（Sollad，1978，p. 97）他引证了克伯屈文章中与后来罗杰斯主要观点中的相似段落。

罗杰斯在一封给索拉德的信中表示，他同意这种对他思想发展过程的修正，同时补充说他还受到了亚洲的一些思想影响，认为这些思想对自己的影响在发生很久之后他才意识到。罗杰斯早在 1922 年在中国旅行期间，就曾经研究过中国的道家思想，其中包括道法自然（allowing）、无为（not forcing）、养神（internal growth）。“很可能从那时候起我就注意到了这些思想，但是直到我自己亲身体验到，它们对我来说才显得真实。”（Rogers，1978b）

罗杰斯认为，奥托·兰克对他早年的思想也起到了一定的心理支持作用。兰克是早期的弗洛伊德主义者，不过那时候已经离开了传统精神分析的阵营。罗杰斯还认为，他后来与一位受过兰克式训练的社会工作者共同工作的经历也对他影响很大（deCarvelho，1999；Kramer，1995；Rogers，Haigh，1983）。罗杰斯曾经提到，阿德勒对儿童的研究与当时传统精神分析的程序有非常大的区别（Watts，1998），这种明显差异也对他的思想发展产生了一定的影响（Rogers in Ansbacher，1990）。

> 不管是《圣经》还是先知，不管是弗洛伊德还是有关的研究……都没有我自己的亲身经验重要。（Rogers，1961，p. 24）

罗杰斯在芝加哥大学的学生认为，他的早期观点看起来似乎是重复了马丁·布伯（Martin Buber）和索伦·克尔凯郭尔的思想。事实上，这些思想家既是罗杰斯精神支持的来源，也给他打上了存在主义哲学的烙印。随着他职业生涯的深入，罗杰斯发现东方思想中也有一些与他的观点类似的思想，最明显的就是佛教禅宗和中国哲学家老子的思想。虽然罗杰斯的研究显然受到了他人影响，但是他为我们理解人类本性所作的伟大贡献仍然是原创性的，是他自己的思想。

主要思想

罗杰斯的所有研究都是建立在一个最基本的假定上，那就是认为人们对自己的界定是以对自身经历的观察与评价为基础。其理论的基本前提是认为个体的现实是个体自己的私人事情，它们能够被个体而且只能被个体本身所认识。在罗杰斯的主要理论中，对构念的界定都是以他的人格理论、治疗理论和人际关系理论为核心的。这些主要构念就是人们用来建立和修正自我意象的框架。

经验场

每个人都有自己独特的经验场（field of experience）。这个场是“有机体在任何特定时刻能够觉察到的领域内所发生的一切现象”（Rogers，1959，p. 197）。它包括个体没有觉察到、但是如果个体去注意却又能够觉察到的事件、知觉和感觉。它是个体的私人世界，与个体所观察到的客观世界可能相对应，也可能不对应。

这个经验场的特点是具有选择性、主观性和不完整性（Van Belle，1980）。它的范围取决于我们的心理上限（我们所愿意觉察的）与生理上限（我们所能够觉察的）。从理论上说，个体的注意力能够注意到任何的经验，但实际上只会集中在个体当时所关心的方面，其他方面几乎不会被注意到。当我们感到饥饿的时候，我们的经验场完全关注在食物上；当我们感到孤独的时候，我们唯一关注的是怎么去消除这种孤独。这个经验场就是我们自己的现实世界（actual world），即使其他任何人都没有知觉到这样的现实世界。

自我是一个过程

> 文字与符号同现实世界的关系，就如同地图同领土之间的关系……我们生活在一个知觉到的“地图”中，但这个“地图”在现实中根本就不存在。（Rogers，1951，p. 485）

自我处在经验场内，是一个不稳定的、变化着的实体。可以在任何时刻观察到它；但是，它看起来又似乎是稳定的、可预测的，因为我们会将一部分经验保存下来以便观察它。罗杰斯总结道：“我们并不是在探讨一个不断增长和不断学习的实在……显然，它是一个格式塔，是一个完形，其中某一微小部分的变化足以导致整体形式的彻底改变。”（Rogers，1959，p. 201）自我是一个有组织的、始终如一的格式塔，会随着情境的变化而不断地重构与解构。

换句话说，自我是无法被捕捉到的，就好像照相机无法拍摄到动态画面那样。因为它是变化的、流动的实体，“抓拍”也无法说明它的动态本质。

有许多人用自我这个词来指代个体认同之中那些稳定与不变的方面。但是，罗杰斯对此却有完全不同的理解。在罗杰斯的界定中，自我是一个过程，是一个始终在变化着的系统。这种对变化与不稳定的强调正是罗杰斯理论的关键所在。以流动性为基础，罗杰斯提出了他自己的观点，认为个体不仅能够成长与发展，而且这还是一种积极的变化，是一种自然的、可预期的发展。这种自我或自我概念就是个体对自己的认识，并且这种认识建立在个体的过去经验、当下环境的刺激以及个体对未来的期望基础上（Evans，1975）。

理想自我

理想自我（ideal self）是“一种自我概念，是指个体最渴望拥有、最为重视的方面”（Rogers，1959，p. 200）。它是个体努力的方向。同自我一样，它也是一个不断变化着的心理结构，个体会不断地对其重新界定。如果个体的实际自我（actual self）与理想自我之间存在明显的差距，那么个体就可能会对自己不满意，感到不舒服，产生精神困扰。

准确地看待自己和对自己满意是个体心理健康的标志。反之，如果理想自我与个体的实际行为和价值观之间的差距达到了一定程度，就可能会阻碍个体的发展。

下面这个个案研究的节选就能够清楚地说明这一点。有个大学生打算退学，但是他在初中和高中阶段都是学校最优秀的学生，在大学时期成绩也非常优秀。他想退学的原因是因为有门课程的成绩为 C。这个成绩危及到了他始终认为自己是最优秀的学生这一自我意象。他唯一能想到的办法就是逃避，也就是离开学术领域，以此来否定他的实际表现与理想形象之间的差距。他说，他在其他一些领域能够做到“最好”。

个人练习

自我与理想自我

本练习可帮助你了解真实自我与理想自我之间的差距。首先，列出你自己的不足或缺点，记住用完整的句子。下面是一些范例：

“我的体重超过正常体重 10 磅。”

“我是个自私的人，尤其是对我的书。”

“我根本就不理解那些数学概念。”

然后，对这些句子进行改写，改写的句子需要反映出你的真实自我与理想自我之间的差距。下面是一些范例：

“我理想中的体重比现在要少 10 磅。”

“我的理想自我是要做一个大方的人，愿意将书借给甚至是送给那些问我借书的朋友。”

“我的理想自我是数学要好，即使不以数学谋生，也要能够轻松地学习，要能记住那些概念。”

最后对这些改写后的句子进行评估。其中，是否有不现实的期望？是否需要对你在理想自我中所描述的目标进行调整？如果需要，为什么呢？

他离开了学校，然后到世界各地去旅行，在随后的几年中也做了许多零工。在他回来后，他可能会觉得自己或许没有必要从一开始就要做到最好；但是对于其他可能会失败的事情，他仍然很难去做。

当理想自我与真实自我之间的差距太大时，它就可能会不利于个体的健康。存在这种情况的人也常常不愿意去了解理想与行动之间的差距。比如，有些父母说他们愿意为了孩子“做任何事情”，但实际上，他们却可能极为厌恶这些责任，无法完全做到他们所希望的那样。这样一来，就会使他们的孩子出现问题。

自我实现倾向

自我实现倾向（self-actualizing tendency）是人性的一方面。而且，这种本能并非人所独有，所有的生物都是如此：这是人与其他所有有机体的本能，即所有有机体都有促使自己获得发展、提升、成熟与自主的本能。它是一种能够激发与促发有机体所有能力以使有机体得到增强的倾向（Rogers，1961，p. 35）。

罗杰斯认为，我们每一个人身上都有一种先天就存在的内在本能，它可以推动我们的能力一直发展到生理上所能达到的上限。就好像植物的成长是想成为旺盛的植物，一粒种子里面包含有成为一株大树的力量一样，人也会被推动成为一个完整的、自我实现的个体。虽然罗杰斯的观点中并没有涉及任何宗教与精神成分，但其他一些人却扩展了他的理论，使之包含了超自然体验（Campell & McMahon，1974; Fuller，1982）。

罗杰斯在晚年时期，认为自己发现了“阿瑟·科斯勒（Arthur Koestler）所认为的‘个体意识只是宇宙意识中的一部分’这一观点的迷人之处”（Rogers，1980a，p. 88）。

这种促使机体朝向健全发展的驱动力并不是一个压倒一切、可以扫除任何障碍的力量，相反，它很容易被减弱、阻断、扭曲、压制。在罗杰斯看来，它是那些“能够自由发挥机能”、不受过去事件或当前信念所阻碍的个体身上所具有的一种支配性力量。马斯洛也有类似的结论，他将这种倾向看成是存在于个体内部的一个小小的、微弱的、且容易被压制的声音。机体具有发展的潜能，且发展是机体的核心目标这一思想，在罗杰斯的理论中具有关键地位。

> 需要指出的是，这个基本的自我实现倾向是这个理论中的唯一一个动机……举例来说，在我的理论中，自我是一个重要的构念，但是自我并不会去“做”任何事情。它只是有机体始终表现为保持与提升自己这种总体行为风格的一种反映而已。（Rogers，1959，p. 196）

在罗杰斯看来，自我实现倾向不仅仅是众多动机中的一种，而且是个体主要的动机性驱力。

个人权力

当罗杰斯将精力完全从心理治疗领域抽取出来后，就开始关注政治领域与社会领域中的个体。罗杰斯把社会领域中的个人中心式研究思路称为个人权力（personal power）。个人权力所关注的主要问题是“决策源问题（the locus of decision-making power）：不管是在人们的意识还是无意识当中，关键是谁来做决定，是谁在控制与管理自身或其他人的思想、行为或感受……总而言之，这是一种对权力、控制、决策进行获得、运用、分配或放弃的过程”（Rogers，1978，pp. 4-5）。罗杰斯认为，如果有机会，我们每个人都拥有正确而有效运用个人权力的巨大能力。“个体自身内部就具有丰富的资源，可以用来改变自我概念、态度、自我导向行为（self-directed behavior）和认识自我。”（Rogers，1978，p. 7）然而，如果将个体置于他人的控制之下，就会阻碍这种推动个体自我发展的动机。当然，如果这种控制变得很明显，比如独裁，就常常会遭到被控制者的反抗。

罗杰斯所关心的是那些微妙而又为人们所接受的控制行为。为此，他列举了一些范例，比如控制与操纵病人的心理治疗师，控制与操纵学生的老师，控制与操纵各种人群的政府机构，以及那些控制与操纵员工的商业组织。他认为，如果在这些个人权利的限制上人们没有形成共识，个体与组织就会协同起来去寻找问题的解决方案，也就是寻找一个不是让少数人来支配多数人的解决方案。在他的研究中，通常将这种过程描述成激进的、革命性的，不管是治疗情境中的亲密式关系，还是政治、社会和社区组织中的粗放式沟通，都是如此。罗杰斯认为，只有渐进式改组，而非改变控制方式（变更管理方式），才会充分考虑到群体成员的个人权力（Rogers，1978）。

一致与不一致

罗杰斯不是把人分成适应或不适应的人，也不是将人看成是生病的或健康的、正常的或异常的人，而是着眼于人们对自身所处情境的知觉能力。他认为一致（congruence）是个体的觉察（awareness）同经验（experience）和表达（communication）之间的一致性程度。高水平的一致意味着表达（正在表达的内容）、经验（正在发生的事情）与觉察（个体正在注意什么）几乎完全一样。如果个体的一致性水平较高，那么他们的观察结果就会与外部观察者的观察结果保持一致。

年纪幼小的儿童会表现出较高水平的一致性。他们会随时完全表达出自己的感受，以至于就他们而言，经验、表达与觉察之间非常相似。一个饿着的孩子给出的所有信息都是在表示他要吃东西。不管是喜欢还是生气，儿童都会完全表现出来。这就可能能够说明为什么小孩子很容易从一种情绪状态转变到另一种。充分表达出自己的感受，就不会使人们背负上某种情绪包袱；但成人不同，他们常常会将之带到下一个情境中。禅宗有句名言就非常准确地对一致性进行了描述：“饿了就吃，累了就坐，困了就睡。”

> 治疗师越能接纳式地聆听自身机体的内部声音，就越能容忍自己的复杂感受，就越不会感到害怕，并越能够达到更高的内心和谐。（Rogers，1961，p. 61）

如果在觉察、经验与表达之间存在差异，就会出现不一致（incongruence）。比如，当已经出现了愤怒迹象（如紧握拳头、提高声音、咒骂等），但个体的内心却又拒绝承认时，就会表现出不一致，即使他们对此进行了压制。此外，那些说他们度过了一段美妙时光却又表现出厌烦、孤独或不安的人，显然也是不一致的表现。通常来说，不一致是个体没有做到准确地知觉，或不能、不愿准确地表达，或者是这两者皆而有之。

觉察与经验之间的不一致被称为压抑（repression）或否认（denial）。个体只是没有觉察到自己正在做什么。大多数心理治疗处理的多是这方面的不一致，以期帮助人们能够更好地觉察到他们的行为、想法和态度，因为正是这些方面影响到了来访者自己或影响到了他人。

如果觉察与表达之间的不一致变得明显，那么个体就没有准确地表达其当时实际感受了什么、想了什么，或者是在经历什么。一个表现出了这种不一致的人，可能会被他人知觉为虚假、不可靠、或不诚实。在团体治疗与互助小组中，此类行为常常是讨论的焦点。在他人看来，那些表现为虚假与不诚实的人貌似居心不良，但是治疗师与教导员却报告说，社交一致性（social congruence）的缺乏（即明显的不愿意表达）实际上反映了个体缺乏自我控制与个人觉察，并不是他们本性不良。个体害怕表达，或者是有难以克服的掩饰自己的老习惯，都会妨碍他们去表达自己的真实情绪与感受。此外，不一致的个体可能还难以认识到他人的需要，或无法用他人可以理解的方式来表达自己的感受（Bandler & Grinder，1975）。

个人练习

一致性

下面这个思考题，可以帮助你更好地理解罗杰斯所说的自我，让你更好地认识自己的一致性。表 11-1 中的形容词列表是一些描述人格特征的词语，你可以参考。

第一部分

真实自我：看看有哪些形容词适合描述你。这些特征反映了你对自己的了解，不要去管别人是否会这样来看你。

别人怎么看我：选出你认为那些了解你的人会用来描述你的词语。

理想自我：选出能够描述你最好的状态的词语。

记住，最后一列是你的理想自我，而非你心目中的圣人。（注：任何人都不可能始终表现出表中任何一个词语所描述的状态。比如，你不需要在永远高兴时才选“高兴”这个词语，如果你常常高兴，就可以选它。）

第二部分

将列与列之间存在不一致的词语圈起来。这些词语反映了你身上可能存在不一致的地方。你圈出的词语多少并不重要，事实上，几乎没有人能够做到完全一致。

从这点来说，这个练习怎么做取决于你。你可以组织一小群人来讨论你内心存在的不一致，你也可以将之作为一个个人练习，也可以将它当成是一堂作业。

处于不一致状态下的个体可能会体验到紧张、焦虑，更严重者甚至会出现精神紊乱。那些不知道自己在哪儿，或不知道当天是什么时间乃至不知道自己是谁的心理病人，就是高度不一致的范例。这种外在现实与内在主观体验上的巨大差异，使他们在没有保护的情况下不再能够正常行使其功能。

变态心理学文献中所提到的大部分症状都可以从不一致的角度来解释。在罗杰斯看来，重点是要解决这种不一致。他认为，个体所表现出的不一致类型并不是很重要。相互冲突的感受、想法，或者个体所关心的事情，并不是不一致的症状表现。实际上，这些表现是正常的、健康的。只有当个体觉察不到这些冲突时，才会出现不一致，由此导致他们不能去解决或消除这些不一致。

我们可以从人们的言谈中观察到不一致现象。比如："我无法做出任何决定。""我不知道自己想要什么。""似乎我从来就不能坚持做什么事情。"一旦人们不能从自己所收到的外界输入信息中甄选出不同的信息，就可能会使个体感到困惑。想想下面这个来访者所报告的情况："我妈妈告诉我，让我照顾她；起码我能够做到这点。但是，我女朋友要我坚持自己的想法，而不是被别人推得团团转。我觉得，我对我妈妈已经很好了，远远超出了她应该得到的。有时候我很恨她，而有时候我又很爱她。有时候她很好相处，而有时候她又小瞧我。"

需要重点指出的是，我们有不同的甚至是完全矛盾的感受并不是不健康，相反，这是一种健康、有活力的表现。我们在不同的时候会有不同的表现，这种情况既不少见，也不是不健康的。然而，如果我们认识不到、不承认或者是不能处理自身的冲突感受，就是出现了不一致。

表 11-1　　自我、社会自我与理想自我

形容词	1 真实自我	2 别人怎么看我	3 理想自我
高兴的			
坚持不懈的			
大嗓门的			
负责的			
心不在焉的			
好动的			
苛刻的			
势利的			
直率的			
诚实的			
容易激动的			
幼稚的			
勇敢的			
自怜自艾的			
有抱负的			
镇静的			
个人主义的			
严肃的			
友善的			
稳重的			
风雅的			
聪明的			
幽默的			
理想主义的			
通情达理的			
热情的			
不拘束的			
敏感的			
性感的			

（续表）

形容词	1 真实自我	2 别人怎么看我	3 理想自我
活跃的			
可爱的			
自私的			
精明的			
感情丰富的			
固执己见的			

资料来源：Rogers，1952a

动力论

心理发展

罗杰斯认为，在有机体身上，先天就具有健康成长的积极力量。他根据自己的临床经验，认为个体自身就具有经验的能力，能够觉察到自己的不适。也就是说，个体能够体验到自我概念与实际经验之间的不一致。实际上，这种能力再结合个体调整自我概念的能力，就能够使之与现实保持一致。因此罗杰斯认为，从冲突到解决，是一种自然的变化过程。他将调整看作一个过程，在这个过程中，个体能够准确地同化新的经验与新的学习。“这一思路的核心假设可以用一句话来概括，即个体本身就拥有巨大的资源去认识自我，改变自我概念、态度以及自我导向式的行为。”（Rogers，1984）

罗杰斯认为，这种健康发展的倾向可以被人际关系促进。不过在这个人际关系中，至少要有一方能够自如地从不一致中进行自我改正。自我接纳是实现真正接纳他人的先决条件，而被他人接纳又会促使个体更愿意接纳自己。此外，人际关系当中的最后一个必要成分是共情式理解（empathic understanding，Rogers，1984），指的是准确知觉他人感受的能力。他认为，个体会先进行自我校正，然后进行自我提升，这个循环有助于个体克服遇到的困难，促进心理成长。

发展的障碍

人们在儿童时代会遇到各种挫折，这也是人生正常发展过程中固有的一部分。当然，对某一时期来说有利的挫折可能会成为后来某一发展阶段的阻碍因素。弗洛伊德就曾经将那些带入到成年期的儿童期创伤看成是神经性固着（neurotic fixations）。罗杰斯虽然没有探讨这些具体问题，但是却考察那些在儿童成长过程中不利于个体成长的模式。

价值条件

当一个婴儿开始能够意识到自己的时候，那么他就已经产生了对爱或积极性关注的需要。“这种需要对人类来说是普遍的、始终存在的。但它是先天具有还是后天习得，就不是本理论所关心的问题了。”（Rogers，1959，p. 223）由于儿童不能将自我与所从事的行为区分开来，因此就常常将他人对行为的赞许看成是对他们自身的赞许。同理，他们也会将自己因某一行为而受到的惩罚当成是自己没有得到他人的认可。

对婴儿来说，爱非常重要，以至于“指引其行为不在于经验能够维持或提升其机体的程度，而在于获得母性关爱的可能性”（Rogers，1959，p. 225）。儿童的行为开始变得以能够获得多少关爱或赞许为目标，而不会去管该行为是否健康。他们的行为可能会损害他们自身的利益，可能会使他们把自己看成是生来就是为了取悦别人或抚慰别人。从理论上来说，如果儿童能够获得无条件的接纳，并且成人能够接纳儿童的消极感受却否定与之伴随的行为，这种情况就是可以避免的。在这样的理想环境中，儿童就不会被迫去否认或不承认人格中那些虽然不美但却真正存在的方面：

> 就如我们所看到的那样，这是人类身上最根本的排斥。他没有真实地对待他自己，

对待机体自身的宝贵经验；此外，“为了获得他人的积极关注”这一目标也开始篡改他所体验到的一些价值观念，而且在知觉自己的时候也仅仅是根据自己对他人的价值这一标准来进行。但不幸的是，这并不是个体有意识的选择，而是在婴儿时期就自然形成了的。（Rogers，1959，p. 226）

对自我某些方面具有否定作用的行为或态度被称为价值条件（condition of worth）。这些条件是个体产生价值感和获得爱的必要方面。价值条件不仅会抑制个体的行为，而且还不利于个体的自我觉察与成熟，会导致个体出现不一致，最终削弱个体的觉察能力。

这些价值条件是妨碍个体进行准确知觉与从现实角度思考问题的基本障碍。它们会使儿童为了确保能够获得父母或他人的关爱，而选择性地看见或看不见某些事实。与儿童一样，我们也了解到特定环境、态度或行为是获得爱和价值感的必要条件。为了获得它们，人们就会努力去实现这些态度或行为，但如果这种努力达到了某种程度，它们就会成为个体的不一致方面。极端情况下，价值条件甚至会表现为“我必须获得那些与我打交道的人的爱和尊重”这种信念。在罗杰斯看来，价值条件会在自我与自我概念之间制造出一道鸿沟。

> 当我让自己面对事实，或让自己感觉到被人关心、接纳、崇拜或重视的时候，我就会感到温暖和满足……我很难做到这样。（Rogers，1980a，p. 19）

举例来说，假如有人告诉你“你必须爱你那个刚出生的妹妹，否则你妈妈和你爸爸就不会再喜欢你”，那么这其中的意思就是，一旦你对你妹妹产生了任何消极感受，就必须否认或压制它们。你只有尽力去隐藏这些不良的想法，以及那种人们通常都会有的嫉妒，你的父母才会继续喜欢你。如果你一旦承认自己有这种感受，就要冒失去父母喜欢的风险。那么，对此的解决方法（在罗杰斯看来，这就创造了一个价值条件）就是在这些感受出现的时候，去否认它们，阻止它们进入你的意识。这也就意味着这些感受很可能会寻找出一个不适当的表达渠道，因为它们必然会以某种形式进入你的意识层面。一开始，你可能会有这种反应：“我真的很喜欢我的妹妹；我一直抱着她，直到她开始哭闹”，或“我的脚不小心绊到她了，所以她才会摔倒”，或者是“她才刚刚开始学呢”这种常见的想法。

作为本章作者的我，仍然能够回想起我哥哥最开心的一次就是他揍我的时候。那是因为我做了什么事情，他终于有机会揍我了。我和我妈妈都为他的暴力而震惊。在回忆那件事情的时候，我哥哥记得他并没有对我特别生气，但是他也知道那是一个难得的机会，因此想在条件允许的情况下尽可能释放掉那些积聚下来的怨念。罗杰斯认为，在这些感受出现的时候，与否认或拒绝它们相比，承认它们、让它们得到释放，是一种更健康的方式。

虚假自我意象的形成

随着儿童的成长，问题可能会继续存在。为了保持这种虚假的自我意象（false self-image），个体就必须不断地歪曲自己的经验。对经验歪曲得越多，犯错以及发生其他问题的概率就越大。越来越多的行为问题、过失以及精神混乱就是个体内心歪曲的表现。

这种状况会不断地反作用于自身，从而使情况更加恶化。自我与现实之间的每一次不一致，都会使这种不平衡变得更加严重，而这又会导致个体对经验进行更多的防御、更多的屏蔽，从而引发新的不一致。

有时候，个体的防御方法可能不一定会有效果。那么，个体就可能会觉察到存在于自身行为与内心想法之间的明显差距。结果就可能会导致个体出现恐慌、慢性焦虑、退避，甚至是精神错乱。罗杰斯发现，那些精神病患者的行为，常常看起来是来源于早前被否认了的经验。这一说法也获得了他人研究的佐证（Perry，1974），佩里所提供的证据表明精神病发作只是个体为了恢复人格平衡，以及满足那些令人困扰的内在需求所做的努力而已。来访者中心式治疗致力于营造一种良好的气氛，在这种气氛中，不良的价值条件会被取消，由此释放了罗杰斯所认为的那种个体先天就具有的健康力量，从而使个体重新获得他们原本就具有的支配权。

理论结构

身体

尽管有证据表明罗杰斯的个人中心式研究将重点放在人的身体感受上（Fernald，2000），但他却并没有对身体的作用给予特别关注。就如罗杰斯所指出的："我的背景（指严厉的家庭教育背景）使我在这方面不会很随意。"（Rogers，1970，p. 58）即使是在他自己的互助小组研究中，直到年龄很大以后，他一直都不鼓励或不推动成员之间的身体接触或直接以身体动作来沟通。

社会关系

罗杰斯把人际关系看作其理论的基础。早期人际关系必须是支持性的、一致的，否则就可能会制造出某些价值条件，以及其他一些妨碍人格发展的因素；儿童期之后的人际关系需要使早前形成的不一致得以减弱或恢复一致。与他人的交往不仅是个体提高觉察水平的关键因素，也是使个体有能力去获得高水平一致性的重要条件。罗杰斯的观点与斯通中心女性主义研究者（见第 5 章）的许多研究结论类似，他对来访者内心参照架构（frame of reference）的接纳也引起了女性主义取向心理治疗师的关注。

人际关系是发现自我的必要条件

罗杰斯认为，人际关系可以使个体亲身去发现、体验或面对他们的实际自我。人格之所以能够让我们察觉到，主要是通过与他人的交往。我们在参与治疗或互助小组活动的时候，乃至在日常沟通中，他人的反馈都为我们提供了体验自己的机会。

> 我认为……妨碍我们进行互惠式人际沟通的主要原因在于，我们天生就喜欢对其他人或其他群体的意见进行判断、评价、同意或反对。（Rogers，1952a）

在罗杰斯看来，人际关系使我们有机会去充分发挥自身的机能，使我们有机会与自我、他人以及周围环境保持和谐。个体通过人际交往，可以满足他们自身的基本需要。这种期待获得满足的欲望会促使个体将大量的能量投入到人际关系中，甚至是投入到那些看起来不健康或无法满足其欲望的人际关系中。

> 有位智者曾言，人类的所有烦恼，都是因为他们无法忍受孤独。那么问题就很简单了。我们必须忍受孤独，否则就会烦恼缠身。但是，一旦我们可以忍受孤独，那么能够想到的唯一一件可以做的事情就是与他人建立新的关系（甚至是与自己）。因此，那种认为人与人之间需要如同电线杆子一样保持一定距离的说法，完全是废话。（D. H. Lawrence，1960，pp. 114-115）

婚姻

婚姻是一种特殊的人际关系，它是一种时间较长、具有强烈情感的关系，能够使人获得不断的发展与成长。

罗杰斯认为（Rogers，1972），那些存在于互助小组、心理治疗以及其他人际关系中的基本规律，在婚姻关系中也同样存在。良好的婚姻只会出现在那些能够让自我保持一致、没有不良价值条件，以及能够真正接纳对方的伴侣当中。一旦婚姻引发了个体的不一致，或者是强化了个体既有的防御反应，就难以满足人的需求，就会使人难以忍受。

罗杰斯总结道，任何长期的、亲密的人际关系，包括婚姻，都是建立在四个基本要素上：持续承诺、情感表达、避免特定角色，以及分享内心世界的能力。他认为，以上四要素中的任何一个要素都是维持长期、有益和有意义关系的保证。

奉献承诺。婚姻关系中的任何一方都必须“将伴侣关系看成是一个持续存在的过程，而非将婚姻看成是一个合约；不仅需要让自己满意，也需要让对方满意”。罗杰斯建议：“我们都必须与对方共同投身于现在这份不断变化的关系中，因为这段关系正在丰富我们的生活，滋养我们的爱，我们希望它不断发展。”（Rogers，1972，p. 201）维护这段关系是一项功课，关系双方既要考虑自己的目标，同时也需要考虑大家的共同目标。

沟通——情感表达。罗杰斯坚持认为婚姻双方需要进行充分而坦率的沟通。“我会把任何一个存在时间较长的感受去努力向伴侣表达，不管这种感受是积极的还是消极的，会尽量将我知道的东西说出来，并把它当成是生活的一部分。然后，我还会努力以我能做到的共情方式去理解对方的反应，不管这种反应是责难与批评，还是分享与真情表白。”（Rogers，1972，p. 204）沟通有两个都很重要的阶段：首先是表达情绪，然后是保持开放的心态去体验他人的反应。

> 婚姻不就是一个没有答案的问题吗？自开天辟地以来，那些已经结婚的人想逃离，而那些没有结婚的人则想结婚。（Ralph Waldo Emerson，1803—1882）

罗杰斯并不是简单地鼓吹人们需要按照自己的感受去行动。他认为，个体必须关注自己的感受会给伴侣带来什么样的影响；当然，个体也必须关注到他们自己的感受。这就要比简单地“打开盖子”或“要做到坦率与诚实”困难得多。关系双方都需要愿意接受可能存在的风险，也就是他们的感情可能会受到伤害，以及可能会遭受对方的误解、拒绝与报复。

拒绝角色。当我们努力去满足他人期望而非自身期望的时候，就会引发许多问题。“我们需要为了自己而活，需要为了我们能感觉到的自身的内部需要而活；我们不能被他人强加给我们的期望、要求，别人希望我们所承担的角色所控制。”（Rogers，1972，p. 260）罗杰斯报告说，有许多夫妻常常为了满足父母和社会对他们的不恰当要求而苦恼。如果在婚姻上捆绑了太多的不现实期望和要求，那么自然就难以让人感觉到婚姻的好处，并会使婚姻变得不稳固。

> 千万不要在气上心头的时候就去睡觉，应该起来力争到底。（Phyllis Diller）

培养分离性自我。培养分离性自我反映的是人们为了发现与接纳自己的全部真实本性而做出的巨大努力。这也是最有挑战性的一个婚姻承诺，意指人们一旦发现自己有了面具就要尽快揭开。

也许我能够更深入地走近自己的真正内心，更好地发现真实的自己——有时会愤怒、害怕，有时又有爱心和同情心，有时坚强、迷人，有时野蛮、可怕——不对自己隐瞒这些内心感受。也许我可以为自己是一个具有多面的人而开心，也许我可以做人做得更真切一些。如果可以这样，那么即使我已经对全部的社会习俗都很熟悉，也能够按照自己的价值观来生活。然后，我就可以根据这些复杂的感受与价值信念，与伴侣自如地相处——让我的心灵获得自由，让我能够自由地表达那些存在于我身上的愤怒、爱与柔情。由此，我就可能能够成为一个真正的伴侣，因为我正走在一条成为真实个体的大道上。最后，我就会希望自己也能够鼓励自己的伴侣，让他/她也可以走在成为一个独立个体的道路上，这就是我想与大家分享的方面。（Rogers，1972，p. 209）

当然，即使是那些非常完美的夫妇，也难以长期做到这些；但是如果能够坚持下去，他们就一定能够获得一段美好的长期的亲密关系。

情绪

健康的个体不仅可以觉察到自身的情绪，还能觉察到自己是否将它们表达了出来。如果情绪没有得到表达，个体就会对那些引发这些情绪的经验产生歪曲的知觉与反应。

> 然而，如果我们真能觉察到，就会听见那些被否认的感受所发出的“无声呼喊”萦绕在每所大学的每条走廊、每个教室中；如果我们足够敏感，就能发现那些具有创造性的思想与点子常常是在人们公开表达自己感受的时候诞生。（Rogers，1973b，p. 385）

举例来说，人们可能会产生焦虑，但自己又不知道是为了什么。焦虑产生的最初原因就是**个体不允许它们进入到意识**，因为这会被个体知觉成是对自我意象的威胁。无意识反应（McCleary & Lazarus，1949）会使有机体警惕那些可能存在的危险，从而引发机体的心理与生理变化。这种防御性反应是机体用来维持存在于自己身上的不一致信念与行为的一种方式。人们可能会按照这些信念来行动，但是却又觉察不到自己为什么要这么去做。比如，一个男人在公开场合下看到同性恋时，可能会感到不舒服。那么，在他的自我报告中，可能会提到这种不舒服，但是却不会提到造成这种不舒服的原因。他不承认自己身上存在着没有得到解决的性别认同问题，也不承认对自身性特征的害怕或（可能是）希望。对这种知觉进行歪曲，他就可能会公开表示出对同性恋的反对；他会把它们看成是外在的威胁，而不是去承认自己的内心存在冲突。

理智

罗杰斯将理智看成是一个能够帮助个体有效整合经验的工具。然而，他又对那种过于强调理智能力从而低估充分发挥了机能的个体的情绪与直觉所具有的作用的教育体系持怀疑态度。

> 我们都知道强制儿童吃菠菜和大黄[①]的好处。强制性学习也是一样。他们说，“这是胡扯。”（Rogers，1969）

具体来说，罗杰斯发现许多专业对研究生的教育过于苛求、令人沉闷，认为那会不利于个体的成长。研究生埋头苦做一些缺乏创见、毫无新意的工作，被要求去做一个听话、服从管理的学生，这就会压制和阻碍他们的创造性能力。为此，罗杰斯引用爱因斯坦在学生时代所说过的话：“这种强制（对我）产生了阻碍性的作用，在我通过了最后一门考试后，我发现那些让我烦恼的问题在随后的整整一年中经常会浮现到我的脑海中。”（Rogers，1969，p. 177）

如果个体的理智同其他那些可以自由运作的机能一样，能够引导机体向更一致的觉察方向发展，那么强制个体的理智向特定领域发展，就可能没有好处。罗杰斯声称，人们能够自由地决定去做什么、决定从别人那儿获取什么帮助，会比让别人来为他们做决定要好得多。

① 可食用的植物。——译者注

认知

罗杰斯阐述了心理成熟者获得认识以及判断真实现实的三种方式，分别是主观认知、客观认知与人际认知。

> 谁可以帮助他人成为内心圆满的人呢？根据我的经验，我觉得最不可能的就是大学老师。他们的墨守成规和自以为是使他们不可能做到这一点。（Rogers，1973b，p. 385）

最为重要的是**主观认知**（subjective knowing），反映的是个体对某个人、某次经验或某个事件是否感到喜欢，或欣赏、厌恶、鄙视等方面的信息。通过识别自己内部的情绪过程，你就能够更好地了解自己的主观认知。将注意力集中在内心的感受和内部的信息上，你可以感觉到自己对某个行动的感受是否好于另外一个。这种认识能力会使机体在没有确切证据的情况下就采取行动。比如在科学研究中，该能力就可以使人们根据自己的直觉去处理某些特定问题。对创造性问题解决的研究也表明，其实人们早在找到解决方法很久以前就已经"知道"自己处在正确的道路上（Fadiman，1993；Gordon，1961）。

客观认知（objective knowing）是依据外在参照标准对假设、推测和猜想进行检测的一种方式。在心理学领域，参照标准可能包括对行为的观察结果、心理测验的结果、问卷的测试结果或其他心理学家的判断。个体对与同事分享信息的重视程度，取决于受过专业学术训练的个体是否愿意将所学的判断方法应用在特定情境中。专家意见可能客观，但是也可能是一种集体性误解。任何一个专家群体，在面对那些与其已有知识相反的资料时，都可能会变得刻板而保守。罗杰斯认为，神学家、共产主义辩证学家和精神分析学者就是具有这种情况的典型代表。

对于那些所谓客观的知识，很难说只有

> 承认心理学家的摸索与殷切追求还没有系统的方向，似乎会让人感觉起来有点儿不好。（Rogers，1964）

罗杰斯一个人在质疑它们的有效性，尤其是在如何理解他人经验这一方面。科学哲学家波拉尼（Polanyi，1958）讨论了个体或主观知识，公众或客观知识的不同作用以及局限。这两类知识对于描述与理解不同的经验来说，都具有巨大的作用。在塔特看来（Tart，1971，1975a），如果需要对不同类型的主观经验进行感知和评价，就需要接受不同的训练。

> 不要评价他人走的路，除非你也在他经历的路上走过一段。（印第安人普埃布洛族谚语）

第三种知识形式是**人际认知**（interpersonal knowing），或称之为现象学认知（phenomenological knowing）。这类知识在罗杰斯的心理治疗理论中居于核心地位。指的是共情式理解的实践应用，即为了理解他人的想法而洞察他人独特的主观内在世界。该认识的目标不仅仅是要获得客观、准确的信息，也不仅仅是了解他人是否赞成某个观点，而是需要将自己当作他人来理解他人的经验。判断是否实现共情式理解的方法很简单，你可以直接询问对方你是否真的理解了他。比如，你可以说："今天早上你看起来似乎心情不好，是吗？""在我看来，你在告诉团队中的人，你需要他们的帮助。""我想，你太累了，可能现在完成不了这个。"在罗杰斯看来，准确了解他人的能力是与他人建立真正关系的基础。

机能充分发挥的人

虽然许多教科书的作者通常都把罗杰斯看成是一个"自我"理论家（Hall & Lindzey，

1978; Krasner & Ullman，1973），但实际上，罗杰斯对知觉、觉察和体验的关注程度要高于对“自我”这个假想构念的关注度。我们前面已经阐述了罗杰斯对自我的界定，那么现在就可以来探讨**机能充分发挥的人**（fully functioning person）了。机能充分发挥的人就是指那些能够完全觉察到当下自我（ongoing self）的个体。

> “机能充分发挥的人”与“最佳的心理调适”“最理想的心理成熟”“完全的一致性”“对经验的完全开放”这些说法是同一个意思……虽然这里面有些术语看起来似乎是一种静态的反映，好像是在说一个人“已经达到”某种状态；但应该指出的是，它们所反映的特征都是指一个人的过程性特征。机能充分发挥的人指的就是过程中的人（person-in-process），指的是一个不断变化着的人。（Rogers，1959，p. 235）

机能充分发挥的人具有几个明显特征，首先是对经验的开放性（openness to experience）。当个体面对新刺激的时候，一开始就出现的那些会对觉察产生限制性作用的报警性信息几乎没有什么效果。人们总是先有一个防御性反应，然后就会亲身去经历一下。“人们越能开放地对待自己的恐惧、痛苦和沮丧，就越能开放地对待自己的勇气、温和与那些令人惊叹的品质……他就越能充分地感受到自身机体的经验，而不是将它们排除到意识之外。”（Rogers，1961，p. 188）

第二个特征是活在当下（living in the present），也就是要让每一刻都活得真实。这种对当下现实的直接介入能够使“自我与人格在经验中产生，而非歪曲或转化经验以使经验能够与个体预想中的自我相吻合”（Rogers，1961，pp. 188–189）。如果经验能够意味着有新的可能，个体就能够重建自己的反应。

最后一个特征是**信任自己的内在欲求与直觉判断**，即对自己有能力进行决策的信心会不断增长。一个对所接触到的信息能够进行吸收与利用的人，更加可能会重视那些对信息进行概括以及根据信息作出反应的能力。这一过程不仅会涉及个体的理智，还需要个体投入全部的身心。罗杰斯认为，机能充分发挥的人即使犯错，那也是因为他们依据的是不准确的资料，而不是因为不当的加工或错误的知觉。

> 美好的人生，指的是一个过程，而非所达到的某个状态；它是一个方向，而不是终点。（Rogers，1961，p. 186）

这种自信有点儿类似于一只猫从高处跳到地板上。这只猫并不会去想是否有哪只猫从这么高的地方跳下来过、那些曾经跳下来的猫会有什么动机，或者跳下来会发生什么，也不会去想当时的风速是多少、角度有多大、降落的速度有多少；然而，在某种水平上猫也会考虑到这些因素——这从猫的成功反应中就可以推断。猫在对当时情境进行反应的时候，最为迫切的问题是需要考虑空中的转体和落地时的平衡，需要根据具体情况及时调整自己的姿势。

“在今天这个疯狂的时代，只有那个为我们提供了最大希望的人（当然，他们所展示的希望也可能给人类带来毁灭），才是觉察最充分的人。也就是说，他能够最充分地觉察到自己的内心。”（Rogers in Kirschenbaum & Henderson，1989，p. 189）因此，机能充分发挥的个体能够自由地行动，自由地体验他们所作出的反应。他们反映了被罗杰斯称为“活得美好”的实质，这些人能够不断地推动自身去获得自我实现（Rogers，1959）。

个人中心式疗法

在罗杰斯的整个学术生涯中，他的绝大部分时间都是在从事临床心理治疗。他的人格理论不仅来源于临床实践，而且也被他融入到了自己的治疗理论与治疗方法中。他所提出的治疗理论，中间经历了多个发展阶段，所强调的方面也发生了多次的变化，然而他在1940年首次提出的一些基本原则，他发现即使到了30年后也仍然是有效的。他的理论，强调个体本身就具有追求发展、健康与调整的内在动机。他认为，治疗只不过是一种让来访者获得自由的方式，从而使他们能够重新回到他们的正常发展道路上。罗杰斯的理论强调的是感受，而非理智；强调当下的生活情境，而非过去。最后，他还把治疗关系看作一种成长的体验（Rogers，1970）。

对于被治疗者，罗杰斯并不是如同传统上那样将他们称为病人（patient）。最开始的时候，罗杰斯将他们称为来访者（client），后来又改称为个人（person）。"病人"通常是指某个生病了的人，他们需要帮助，需要由受过专业训练的人来进行治疗；而"来访者"则希望得到服务，他们感觉自己无法单独完成这一任务。虽然来访者本身可能有一些问题，但他们能够了解自身的情况。因此，个人中心式理论模型中所隐含的平等关系在医生与病人之间并不存在。

罗杰斯认为，治疗就是通过最小程度的干预去让来访者解决他们自身的问题。罗杰斯将心理治疗界定成"具有潜在能力的个体去释放他们自己的既有能力，而非专家对被动个体所进行的操控"（Rogers，1959，p. 221）。心理治疗之所以被称为个人中心，是因为在里面起引导作用的是个体自己。罗杰斯坚持认为，不管是什么形式的"专家干预"，最终都会妨碍个体的成长。

来访者中心、个人中心与治疗师

在心理治疗中，来访者掌握着复原的钥匙；治疗师除了需要具有专业技能外，还应该具备一定的个人特质，以便帮助来访者学会如何去使用他们手中的钥匙。"治疗师若能与来访者共同建立起足够亲切、接纳与理解的关系，它们就会变得很有效。"（Rogers，1952b，p. 66）在罗杰斯看来，理解是"从来访者的立场去理解来访者的想法、感受和困苦的意愿与能力；是完全从来访者的角度与内心参照架构来看待事情的能力"（Rogers，1950，p. 443）。为了能与来访者共同努力，治疗师必须做到真诚、可信赖。当治疗师与来访者一起的时候，必须避免让自身陷入到某个角色中，尤其是不能陷入治疗师的角色。

> 个体自身就有能力了解让他们痛苦与难受的到底是生活中的哪些因素，他们有能力去调整自己以便克服这些困难，至少他们是具有这种潜能的。（Rogers，1952b）

> （这）不仅包括愿意体验到存在于我身上的感受与态度，还包括愿意用我的语言、我的行为来表达它们。这就意味着我需要尽量去觉察自己的感受，而不是表里不一。（Rogers，1961，p. 33）

个人中心式治疗有时也会具有指导性，甚至也会布置家庭作业或运用认知与行为策略。不过，这都取决于来访者的利益以及来访者所表达出的需求，并且还需要治疗师对此进行判定（Brodley，2006）。

团体研究

罗杰斯声称，其实普通民众生来就掌握了治疗的技能。可能就是因为这一想法，使他最后对团体进行研究成为一种必然。在移居加利福尼亚后，他把时间专门花费在参与团体的活动上，并考察了团体经验。

发展历史

除了团体治疗外，互助小组本身还有着自己的发展历史，这个历史预示了它在20世纪五六十年代的盛行。所采用的技术包括：参与小规模同辈群体的活动，保持真诚、表露自己，关注此时此地，维持亲切、支持性的气氛等（Ogden，1972）。

现代性的互助小组起源于康涅狄格州在1946年为社区领导人开办的一个训练项目。该项目中的一部分内容是要求训练员与观察员晚上聚在一起，讨论白天发生的事情。其他的参与者可以旁听，最后他们也会参与到这个独特的活动中。训练者意识到，如果对参与者给予反馈，就可以改善他们的体验。康涅狄格州互助小组中的部分训练者与其他人一起于1947年建立了国立训练实验室（National Training Laboratories，NTL）。该实验室的建立大大促进了T小组（T-group，即 training group）在政府与工业领域的深入与发展。人们通过参加这些小组的活动，就可以观察自己的机能活动情况，并学习如何对此进行反应。

T小组体验的一个突出特征就是，个体通过与同龄人在一个支持性的情境中共同活动，能够在短短的几周后使人格产生较大的变化，而这样的效果在以前需要经过长期的心理治疗才可以达到。吉布在对106个研究进行评述后总结道，“强有力的证据表明，深度性团体训练体验具有治疗效果。”（Gibb，1971）

冲突解决：国际研讨小组

罗杰斯在生命的最后10年中，决定将他的观点应用到那些因种族、宗教信仰、战争或长期存在的仇恨而相互对立的国内与国际组织上，以考察公开对话的作用。他的研究表明，那些用来帮助个体成长的方法，如果运用得当，通过改善沟通、建立真正的信任、鼓励不同文化或信仰的人一起合作，也可以有效地解决群体之间所存在的分歧。

> 即使没有很好地营造出自由、接纳和理解的气氛，似乎也能够使一个人获得自由，并使其转向社会目标。（罗杰斯与保罗·田立克的对话，in Kirschenbaum & Henderson，1989，p. 68）

曾经接受过罗杰斯与人类研究中心其他成员帮助的组织有很多，比如北爱尔兰的天主教与新教组织，南非的黑人与白人组织，以及中美洲交战国成员。此外，他还曾经与数以千计的苏联人共同工作过，甚至苏联国家电视台还播放过他的个人中心技术。不过，这些国际研讨小组与传统的非结构式互助小组不同，其议程主要是围绕具体的政治话题，而非个人事项。

结果是令人振奋的。毫无疑问，在每一个小组中，小组成员之间的相互信任越来越多，废话越来越少。随后，参与者也都报告说他们发生了很大的转变，在考虑问题的时候也会考虑到那些自己原本反对的人的想法。有许多人建立了新的小组，将这一形式应用到其他的政治与社会情境中（O' Hara，1989; Rogers，1986b，1987a; Swenson，1987）。

罗杰斯认为，临床医学与学术刊物上所展示的治疗原理对个体治疗也具有宝贵的价值，他还利用这些原理为促进世界和平以及国与国之间的理解作出了积极而又伟大的贡献（Caspary，1991）。他对关系的强调也与某些非西方文化的传统相吻合，在那些非西方文化中，个体认同的建立基础不是“独立自我（egotistical self）、而是生态我（ecological self）”，即建立在集体性自我上（Korbei，1998）。

在解决冲突的时候，罗杰斯所秉承的坦诚沟通之道会出现高度紧张的沟通。即使是国际性的冲突，也曾经受到过他的方法的影响，比如卡特总统的耐心外交策略就推动了埃及与以色列的和谈并签署了戴维营协议

（Ryback，2011）。

相关研究

罗杰斯及其同事发现，那些治疗效果较好的治疗师会与来访者保持一致，对他们表现出无条件积极关注（unconditional positive regard），以及共情式理解（Rogers & Dymond，1954; Rogers et al.，1967）。这种情况在其他取向对心理治疗师的训练中也同样存在（Keijserss et al.，2000; Patterson，1984; Truax & Mitchell，1971）。罗杰斯的个人中心式取向治疗在很多问题的治疗上都很有疗效，比如创伤后应激障碍（Quinn，2008）、边缘型人格障碍（Quinn，2011）、老年性痴呆（Dupuis et al.，2012），还可用在治疗焦虑、恐惧症、精神创伤、抑郁、愤懑、精神分裂症和其他与健康有关的痛苦上（Elliot et al.，2004）。此外，有资料表明，个人中心式取向在疗养院的护理上也很有效果，有助于提升入住人员的参与度以及沟通状况（Williams et al.，2011）。

罗杰斯的理论与应用影响了数代的治疗师，而且这种影响还仍然存在（Elliott & Freire，2007; Kirschenbaum & Jourdan，2005）。如今，他带来的影响还在继续增长中，特别是在欧洲与亚洲地区（Cooper，et al.，2007）。

理论点评

在 1966 年的一次会谈中，罗杰斯对自己在学术界的地位进行了下面这样的描述：

> 罗杰斯给心理治疗领域带来了一场革命，他证明了每个人都具有自我指导的潜在能力，并且证明这些潜在理解能力在治疗中的作用要远远高于治疗师强加给来访者的诊断与治疗性解释。（Doi & Ikemi，2003，p. 81）

> 我在心理学领域没有什么名望，而且我也不关心这个。但是在教育、工业、团体互动、社会工作、科学哲学、教牧心理学（pastoral psychology）、神学，以及其他一些领域，我提出的那些观点所带来的影响却出乎我的想象。（Rogers，1970，p. 507）

在罗杰斯去世的时候，他已经获得了世界范围内的广泛承认（Macy，1987）。他为日本的来访者中心式治疗建立了一个非常大的网络（Hayashi et al.，1992; Saji & Linaga，1983）。近来，他在日本的影响已涉及社群组织和企业的培训（Ikemi & Kubota，1996; Murayama & Nakata，1996）。他的研究在欧洲的影响也在不断增长（Thorne & Lambers，1998）。当然，他的影响还在继续扩大。“现在，他的影响主要是在欧洲、英格兰、俄罗斯、日本、墨西哥和阿根廷”。（N. Rogers，2003）

有批评者认为，罗杰斯对人性所持的积极观点会掩盖人性的黑暗面。而罗杰斯将治疗与学习建立在人们具有自我实现的能力上，也被称为是“没有希望的幼稚做法”（Ellis，1959; Thorne，1957）。有多个作者认为，罗杰斯没有考虑到那些长期就存在于心理治疗领域中的模式。

> 对于该观点所说的人性没有被社会污染，是如此地令人满意，对此，我们还存在疑问。同时，很难对这种说法进行基于实证的确证和否证……强调自我实现……在我们看来，他的主要观点中还存在概念模糊、语言不严谨、缺乏足够的证据等问题。（Coffer & Appley，1964，pp. 691–692）

另外有人认为，自我实现既不是一种先天就存在的特质，也不是个体在发展过程中后天学习中所获得，而是起源于刺激需求（need for stimulation）这种更为原始的动机（Butler & Rice，1963）。这些批判的核心是他们不认同罗杰斯那种坚定的乐观主义思想。罗杰斯深信人类的善是与生俱来的，但这并没有得到那些批判者的认同。那些不相信人类存在善良本质的人几乎看不到善的表现。马斯洛认为，人类的善良本质很容易被个体与文化压力所掩盖。罗洛·梅说道：“罗杰斯式的做法掩盖了治疗师的权利动机，而且也没有判断其不存在。”沃特·安德逊（Walt Anderson）认为：“没有判断，没有操作。这根本就没有将人的所有本性考虑进去。”（Arons & Harari，1992）尽管如此，对罗杰斯在冲突解决方面的研究所进行的审慎而又公平的分析发现，罗杰斯对待人的方式确实导致了他所预期的结果。

看到这些对罗杰斯所做的激动而又合理的批判，你也许会觉得他们遇到的病人可能与罗杰斯所遇到的不同，或认为他们仅仅是没有接受罗杰斯相信“人们可以找到自己的路”这一理念（Rogers & Skinner，1956）。卡尔·梅宁格（Karl Menninger）认为，罗杰斯所坚信的那种“人类存在追求健康发展的内在动机”这一想法顶多有一半正确。“我们所见过的许多病人都似乎有意无意地让他们自己停滞不前，或让自己精神逐渐枯萎。”（Menninger，1963，p. 398）

> 你（罗洛·梅）似乎从来不关心存在于人身上的那些邪恶冲动到底是与生俱来的还是后天获得的……但在我看来，它们的起源问题却是非常的重要。（Rogers，1982b）

争论还在继续，但争论的焦点已不再围绕着具体资料与研究来谈，而是认为罗杰斯的论点主要是根据他自己的个人体验。因此，奎因认为，“个人中心式的心理治疗过于强调感情移入与关怀，以至于显得不真实，而这一瑕疵也是源于极度乐观主义的信念。”（Quinn，1993，p. 7）对于这一点，让我们来看看罗杰斯在他自己的文章中是怎么给的定论，这篇文章在他去世之后才被发现、出版。

> 我不想让自己因为这点而被人误会。我对人类本性并不是盲目的乐观。我很清楚地知道，人类出于内心恐惧和防御，能够并且确实会表现出令人震惊的破坏、不成熟、攻击、反社会与伤害行为。然而在我的经历中，最令我精神振奋与让我受到鼓舞的其中一个方面，就是与这些人一起工作，并且发现他们和我们所有人一样，在内心的最深处也仍然存在着强烈的积极发展倾向。（Rogers，1995，p. 21）

最近对罗杰斯的批评认为（这点批评也可能是对本书所有理论中的最严厉批评），罗杰斯的理论认为单独性个体（separate person）在本质上要比那些生存在家庭、部落、宗族或村庄的人都健康（MacDougall，2002）。罗杰斯确实是如此认为的。由于罗杰斯的思想越来越受到重视，每年受到的关注越来越多，而且其在临床心理学领域内外的影响力都在不断增长，因此这一点可能是妨碍其普及的一个现实因素。

> 这个新世界将会使人变得越来越人道、越来越人性化，能够使得人类心灵与精神变得越来越丰富、越来越有探索精神，使人的内心变得更和谐、更完整。这将会是一个看重人——我们最重要的资源——的时代（Rogers，1980a，p. 356）。

如同弗洛伊德的理论迎合了当时社会上人们日益希望能够更好地理解人性一样，罗杰斯的理论也可以说是恰好满足了当时美国人的需要，虽然这样说有点儿过于粗略。罗杰斯的哲学观点“很好地契合了美国的民主传统。将来访者当成是一个平等对待的对象，认为他们本身就具备‘治愈’自己的能力，而无须过于依靠权威或专家的智慧”（Harper，1959，p. 83）。由于罗杰斯的理论符合美国人的价值观，因此使得他的观点、治疗方式，以及他认为民众具有自我整合的能力与愿望的断言也获得了民众的广泛接受。

罗杰斯的心理治疗取向仍然是学界热烈讨论的主题（Bozarth，2002; Kahn，1999，2002; Merry & Brodley，2002; Sommerbeck，2002），不过他在许多文章中都清楚地表明了对人的强烈关注，这可以小结为“我与那些处于痛苦中的人共同密切工作了数千小时”（Rogers，1961，p. 16）。下面是他的一些总结。

1. 我在与他们的接触中发现，长远来看，我在的时候似乎没有比我不在的时候更有作用。
2. 我发现，当我接纳式地聆听自己的内心、做我自己的时候，我的效率似乎更高。
3. 我发现，最有价值的方面是让自己去理解别人。
4. 我发现，如果个体将他们的感受和内心世界与我交流，就有助于推动我与他们之间的沟通。
5. 我发现，对另外一个人的接纳能够给我带来非常大的回报。
6. 我发现，我对自己与他人的内在世界越能保持开放心态，就越不会希望自己去“安排事情”。
7. 我信任自己的经验。（Rogers，1961，pp. 16–22）

对于冲突解决，罗杰斯也总结出了一些类似的原理，以下是他曾经提过的一些要点。

我最为满意的政治是：

- 可以促使每一个人觉察到他们自己的权力与力量；
- 组织中的成员了解到，与运用权力去控制别人相比，分享权力会让他们感到更愉快；
- 每个人都可以通过控制自己的行为来执行组织的决定；
- 组织中的每一个成员都能够觉察到他们的决定可能会给组织成员以及外部世界带来的影响。（Rogers，1984）

罗杰斯在总结自己以上所列的条目时说道：“我相信，你们中的许多人会把我列的这些要点看成是毫无希望的空想；但我的经验表明，群体中的成员确实会按照我以上所描述的方式去行动，尤其是在为他们营造出了一种相互促进的气氛时。”从罗杰斯刚参加工作时为出现了问题的家庭进行治疗，一直到他最后一年为处于动荡中的国家进行工作，都始终坚信“人的本质是善”这一信念。不过，判断他的观点是真理还是谬误，已不再取决于你的学识多少，而是取决于你的观察与体验。

有两部综合性的传记总结了罗杰斯的一生与研究。认为他是美国最有影响力的心理治疗学家，并且详细列出了对他的文章以及个人中心式治疗的引用情况（Cohen，1997; Kirschenbaum，2007）。

> 太上，不知有之。功成事遂，百姓皆谓：我自然。（老子《道德经》。罗杰斯钱包中的卡片上的文字）。

原始手稿

选自“罗杰斯理论”[①]

下面这段精选为我们详细说明了罗杰斯

① 选自弗里德曼等人的《精神病学综合教科书》（*Comprehensive Textbook of Psychiatry*. Baltimore: Williams & Wilkins. Copyright 1975 by Williams & Wilkins. Reprinted by permission.）（A.M.Freedman,H.I. Kaplan，& B.J.Sadock，1975）。

的来访者中心式疗法。

令人惊讶的是，在一位名叫苏珊的年轻女人写给作者的一封信中，对前面所界定的来访者中心式治疗的理论构念及其治疗程序和结果给出了清晰的例证。苏珊曾经接受过一位显然是营造出了这种治疗气氛的治疗师的治疗。下面是这封信的内容，并且附有从理论上对她这一个案例的解释。

亲爱的罗杰斯博士：我刚刚看了您的《论人的成长》这本书，它给我留下了非常深刻的印象。有一天，我凑巧发现了这本书，然后开始看它。这真是一个非常巧合的事情，因为我现在正需要有人来帮我找到自己。让我解释一下……（她透露了她当前的就学状况以及她暂时为求助所做的一些准备计划）我觉得，在我没有找到自己之前，无法为别人做什么……

我觉得自己从上高中的时候起，就开始迷失自己了。我一直希望自己能够从事可以帮助别人的工作，但我的家人反对，我也觉得他们一定不会错。对其他人来说，日子就那么平静地过去了四五年，直到两年前我遇到了一个人，我认为他就是我梦中的白马王子。然后大概是一年前，有一次我认真地思考我与他之间的关系；我发现，我所做的全是他想要我做的，根本就没有我自己。我一直是个情绪化的人，总是有许多感受。我不知道这是些什么感受，也处理不了它们。我未婚夫有时说我疯了，有时说我很幸福，而我却说好啦，别管它们。但是当我这么认真一想时，我才意识到自己很不高兴，因为我根本就没有按照自己的感受去做。

我用了一种适宜的方式逃离了这段关系，然后努力去寻找自己已经失去的那些方面。在寻找了几个月后，我发现自己需要处理的比原本认为的要多得多，而且我似乎无法区分它们到底是什么。我开始去看心理医生，现在我还在他那儿看。他帮助我去寻找那些我自己没有觉察到的方面。有些方面按照社会标准来看不好，但是我觉得它们对我有益。自从我去看医生后，觉得更害怕、更烦恼了，但是我也觉得比以前要更自信、更放松了。

尤为特别的是，记得有一天晚上我很生气，那天我刚刚与预约中的心理医生见过面。我生气是因为我想对他说一些东西，但是我又不知道那是什么。到晚上 8 点钟的时候，我觉得非常难受，感到非常害怕。我就给心理医生打电话，他让我尽快去他办公室。我到他那儿后，哭了至少一个小时，然后才开始说话。尽管这样，我也不知道自己到底说了些什么。我能明白的只不过是，有很多痛苦与愤怒向我袭来，但我自己却根本不知道它们的存在。回到家后，我觉得似乎有个陌生人占据了我的身体，我陷到了幻觉中，就像之前在州医院所看到的一些病人那样。我一直有这种感觉，直到有一天晚上我坐着想事的时候，才意识到这个陌生人其实就是我一直在努力寻找的自己。

我发现，自从那个晚上之后，我就不再觉得别人有多么生疏了。现在对我来说，似乎生活才刚刚开始。虽然我仍然是一个人，但是已不再感到害怕，不会再不得不去做一些事情。我喜欢与自己会面，开始与自己的感受与想法交朋友。就这样，我了解到了与别人交往的乐趣。特别是有一个病得很重的老爷爷，他让我真切地感受到了自己活着。他能够接纳每一个人，他说，我最近变了很多。按他的说法，我已经变成一个开放的、有爱心的人了。我想，我会一直关爱别人，并把这个告诉了他。他说道：“别人知道这点吗？”我不知道我表达的爱心是否要多于所表达的愤怒与痛苦。

在其他一些事情中，我发现自己从来就没有什么自尊。但是现在，我开始学习去真正地喜欢自己，最后我感觉到了内心的平静。谢谢您这段时间的帮助。

理论关联之处

通过归纳苏珊信中的一些关键内容，可以清楚地看到她的陈述与来访者中心式理论之间的关联。“我迷失了自己，我需要帮助。”在她回顾的时候，她意识到了她自己所过的生活与她想成为的人之间存在差距，虽然她还不清楚这个差距有多大。这种对差距与不一致的模糊觉察正是个体能够觉察与注意到的真正资源。同时，她也给出了一些为什么她无法与自身经验沟通的线索。

“我内心的反应表示我想去做某种工作，但我的家人却向我表明他们并不想让我如此。”这明确说明了她的错误自我概念所建立的方式。无疑，这始于她的童年时代，否则她现在就不会听从家人的决定了。儿童在他们的机体中所经验到的方面——恐惧、愤怒、嫉妒、爱之类的感受，在本例中是选择感，却均被他们的父母告知那不是他们当时的体验。由此一来，就会产生“父母比我聪明，父母比我更了解我自己”的想法。此外，个体还会越来越不相信自己的体验，自我与经验之间的不一致也会越来越大。如此一来，苏珊就不相信自己的内心感受，不相信自己知道自己想做什么工作，从而接受家人的决定，认为那才是明智而正确的决定。

“对其他人来说，日子就那么平静地过去了四五年。”这是对其陈述的最好揭示。对于那些她想取悦的人来说，她变成了一个让人很满意的人。这个不当的自我概念是他们无意之中建立起来的，也正是他们想要的……

“我遗失了自己，努力成为男朋友希望我成为的人。”又一次，她否认了自己对机体的觉察（并非有意识的），只想成为爱人期望中的人。这完全是前面所述过程的重复……

“最后，存于我内心中的某些方面反抗了，我努力去寻找自己，但没有帮助我做不到。”为什么最后她会对那些曾经让她陷入如此境地的做法进行反抗呢？这种反抗显示了人们向着自我实现发展的力量。虽然被压抑和扭曲了那么长时间，但它终究还是自行恢复了……她很幸运，找到了一个营造出真正的治疗关系的咨询师，满足了治疗所需的条件。

“现在，我开始发掘我自己的经验——其中有些经验以我父母、男友和社会标准来看不大好——但是只要被我注意到了，它们就都是有益的。”现在，她重新找回了自己拥有的权利，使她能够评价自身的经验。现在，“评价源”（locus of evaluation）是她自己，而不是别人。正是通过发掘自己的经验，她才知道了自己内心给这些经验所赋予的意义。当她说“其中有些方面按照社会标准看来不好，但是我觉得它们对我有益”时，这可能是指存在于她自己身上的那几种感受，即她对父母、男朋友的反抗，以及对性、愤怒、痛苦或其他存在于她身上的感受的反抗。但是，至少当她相信了自己对自身经验的评价时，她发现了它们对她的价值与重要意义。

“在我为自己身上不知名的感受而感到恐惧、痛苦时，一个重要的转折点出现了。”当经验的某些方面被拒绝进入意识时，这在治疗中又意味着这是临近了意识的层面，就会带上强烈的焦虑与恐惧……

“我哭了至少有一个小时。”然而，她不知道自己当时正体验着什么，不过从某种程度上来说，她已经做好准备去迎接那些对于她的自我来说是完全陌生的感受，以及这些感受所蕴涵的意义。

“当被否认的体验冲破了闸门，结果发现它们原来就是我以前绝对没有觉察到的、最深的痛苦与怨恨。”个体能够完全否认那些会对自我概念产生高度威胁的经验。然而，在一个安全的、没有威胁的关系中，它们又可能会得到释放。本案中，苏珊在人生中第一次经验到了那些被压抑的、在虚假自我（false self）之下沸腾的痛苦与愤怒感受。完整地体验某一事情并不是一个认知活动：实际上，苏珊甚至无法清楚地记得自己说了什么，但在那个时刻，她确实是在感受，感受着那些多年来被她拒绝进入意识的情绪。

“我觉得我已经疯了，觉得自己的身体已经被外人所占据。”发现“我是一个充满痛苦、愤怒与反叛的人”，然而原来她却想：“我是一个始终想讨好别人的人，不知道自己的感受是什么。”从这看来，她的自我概念产生了一次巨大的转变。不过，她有点好奇自己怎么会觉得那是个她从来不认识的、恐怖的陌生人。

“慢慢地，我认识到这个陌生人就是真正的自己。”她曾经所发现的是那个柔顺的、顺从的自我，是她生活着的样子；这个自我就是努力去讨好别人，被他人的评价、态度、期望所指挥；但是，这个自我不再是她的自我了。她的新自我是一个痛苦的、怨恨的自我，那些别人不认同的存在于自己身上的方面，不管是狂野的幻觉想法，还是爱的感受，却会让她自己感到满意……她的自我开始变得稳固地植根在其自身的机体过程上，她的自我概念也开始建立于她在经验中所自发感受到的意义上。她开始成为一个内心越来越一致、越来越完整的人。

“我喜欢与自己会面，与自己的感受与想法交朋友。”这就是她那原本被剥夺了很长时间的自尊、自我接纳与自信的萌芽。她甚至有一点点喜欢自己了。既然她对自己的接纳有了很大程度的提高，那么她就能够让自己更自由地对待他人，更真诚地喜欢他人。

“我开始变得开放、有爱心。”她会发现，当她能更好地表达自己的爱时，她就能更好地表达自己的愤怒与痛苦，她的喜爱与厌恶，她那“疯狂”的想法与感受，而这在将来很可能就会转成为她的创造性力量。她处于从一个虚假的自己、虚假的自我概念转化成一个拥有更健康人格的过程中，这个健康人格的自我与经验更一致，而且这个自我能够随着自身经验的变化而变化。

“最后，我感觉到了内心的平静。”她已经感受到了内心的安宁，成了一个内心一致、和谐、完整的人；但她如果认为这个反应是永恒的，那么她就错了。相反，如果她能真正地对自身经验保持开放的态度，那么她就会发现另外一些隐藏于自己身上的、被拒绝进入意识的方面，而且每次发现都会让她不舒服，让她焦虑，直到她能将它们融合到这个变化中的、改变了的自我当中。

章节重点

- 虽然罗杰斯的研究兴趣从个体心理学转移到了团体治疗，以及对社会、教育和政府体制问题的研究上，但他的哲学理念一直是人本主义与乐观主义。
- 在来访者中心式治疗中，治疗关系中的主要指导性力量不是治疗师，而是来访者；罗杰斯的治疗思想从来访者中心治疗发展到个人中心式治疗，部分原因在于他接受了不同背景的教育；他认为自己的工作对许多社会与政治问题都具有深远的意义。
- 人们对自己的界定是通过对自身经验的观察与评估来实现的；现实是个人的，只能够被个体自身所知。
- 自我是流动的，处于动态之中，而非静止、不变；罗杰斯认为人们具有健康发展的倾向，认为这种积极变化是一个自然的、可预期的过程。
- 当理想自我与实际自我或真实自我之间的差距大到了一定程度时，就会妨碍个人的健康与发展；当这之间的差距过大的时候，人们可能会变得不高兴、不舒服，甚至是出现神经质症状。
- 追求健康发展或“自我实现”的倾向是人类本性中的一部分；当个体不受过往烦恼所限，或不受那些能够给自己带来限制的信念影响的时候，它就是这些人身上的主要动机性因素。
- 一致与不一致指的是表达、经验与觉察之间的准确性程度；在一致性水平较高的情况下，个体自身的观察与外界观察者的观察可能是相同的；从不一致这个角度可能能够更好地理解心理治疗领域中所说的绝大部分症状。
- 一旦个体觉察到了自我概念与经验之间的不一致，那么自然就会去消除这种差异。
- 罗杰斯认为人们对积极关注或对爱的需要具有普遍性；价值条件是妨碍现实性思考与准确知觉的根本性因素；是它们导致了自我概念与自我之间的差异。
- 建立有益且有意义的关系需要具备四个基本要素：持续承诺、情感表达、避免特定角色，以及分享内心世界的能力。
- 健康个体能够觉察到自身的情绪，而不管它们是否得到了表达；如果个体没有意识到这些情绪，那么在面对引发这些情绪的经验时，个体就会产生歪曲的知觉与反应。

- 一个处于过程中的人，或者说不断发生变化的人，是一个机能充分发挥了的人；他们能够自由地反应，能够自由地体验自己对情境的反应，这样的人会不断地追求自我实现。
- 个人中心式治疗包含有传统中的病人 – 医生治疗关系中所没有的平等内涵；处于治疗中的个体在尽量不受到干预的情况下所做的任何事情都是解开其自身困境的必要条件。
- 在罗杰斯看来，治疗就是一段关系，这段关系在一定程度上取决于治疗师的心理健康对来访者心理健康成长的培育。
- 个体治疗中所运用的基本理论也可以应用在团队情境中；当小组成员一起活动时，情绪强度与对情绪的容忍程度都会得到增长。
- 罗杰斯将他在团队情境中所采用的开放式沟通应用到国内与国际情境中，以期寻求国内与国际冲突的解决之道。

关键术语

价值条件（conditions of worth）：价值条件是指能够对自我某些方面进行否定的行为或态度；个体将这些条件看成是获得爱与价值感的必要条件；这些强加式的限制性因素会不利于个体的行为、觉察与成熟；它们会引发个体内部的不一致，最终会使个体变得刻板而僵化。

一致性（congruence）：一致性是指个体的觉察、经验、表达之间的一致性程度。如果个体所表达的内容、所发生的事情（经验）与所注意到的内容（觉察）几乎相同，那么就存在较高水平的一致性。

共情式理解（empathic understanding）：共情式理解指的是准确知觉他人感受的能力。它是自我校正、自我提升循环周期的必要成分，这一循环周期有助于人们克服困难，促进心理成长。

经验场（field of experience）：经验场指的是个体所独自具有的一个存在，是个体对于所发生的现象中有可能能够觉察到的一切现象；这个经验场可能与个体观察到的客观实在相一致，也可能不一致；它是个体的私人世界，具有选择性、主观性与不完整性。

机能充分发挥的人（fully functioning person）：机能充分发挥的人指的是那些能够完全觉察到当下自我的人；这种人具有几个典型特征：对经验的开放、活在当下、相信自己的内在冲动与直觉判断；相信自己的决策能力，不仅仅是相信自己的智力，而且还包括自己的全部身心。

理想自我（ideal self）：理想自我指的是自我概念中个体最想拥有的方面。与自我一样，个体会不断地对其重新界定；它可能会如同榜样一样促使个体努力为之奋斗，但如果与个体的实际行为与价值观不一致，就可能会妨碍个体的发展。

不一致（incongruence）：不一致是指个体无法做到准确地知觉，或不能、不愿准确地表达，或者两者皆有。当个体的经验、表达与觉察之间存在差异时，就可能会出现不一致。

人际认知（interpersonal knowing）：人际认知指的是罗杰斯式心理治疗中共情式理解的具体应用；其目标是指在理解他人的经验时需要把自己当成他人来进行，而不是去获得客观、准确的信息。

客观认知（objective knowing）：客观认知指的是公众领域的知识；它是依据外界参照标准对假设、推测和猜想进行检测的一种方式。

个人权力（personal power）：个人权力指的是社会领域中的个人中心式研究思路；关注的是决策权与控制权问题，即由谁来进行决策与控制。

自我实现倾向（self-actualizing tendency）：自我实现倾向是指人类所具有的使用与表现机体所有能力的驱力；罗杰斯认为所有有生命物质都具有这种动机，它也是罗杰斯理论中唯一一个被提出来的动机。

主观认知（subjective knowing）：主观认知反映了个体对一个人、一次经验或一个事件是否喜欢、欣赏、以及是否厌恶或鄙视等方面的信息；通过认识自己的私人或"内脏"感受可以推动这种觉察；它是一种认识能力，能够使个体在没有确切证据的情况下根据自己的预感或直觉来进行行动。

无条件积极关注（unconditional positive regard）：无条件积极关注是一种关心，这种关心不需要别人让自己满意，或他人达到什么条件才会给予；它有助于个体表现出真实的一面，无论那是什么；它不是通过奖惩来对他人行为进行约束的积极评价。

推荐阅读

Kirschenbaum，H.，Henderson，V. (Eds.). (1989). *The Carl Rogers Reader*. Boston：Houghton Mifflin.

本书是罗杰斯著作中最为重要的作品选集；既包括论文，也包括其有影响的著作节选；如果你只想读一本与罗杰斯有关的书，那么本书就是你最好的选择。

Lietaer，G. (2002). Sixty years of client-centered/experiential psychotherapy and counseling：Bibliographical survey of books 1940-2000. *Journal of Humanistic Psychology*，42(2)，97-131.

本篇文章中包含有他人可能需要的个人中心式治疗方面的详尽文献清单。

Raskin，N. J.，Rogers，C. (1989). Person-centered therapy. In R. Corsini & D. Wedding (Eds.)，*Current Psychotherapies* (4th ed.) (pp. 155-194). Itasca，IL：F. E. Peacock.

本篇论文在罗杰斯去世后才得以完成，对罗杰斯在心理治疗方面的思想做了极为详实的总结，文笔优美。

Rogers，C. R. (1951). *Client-Centered Therapy：Its Current Practice，Implications and Theory.* Boston：Houghton Mifflin.

本卷是罗杰斯治疗理论的核心卷；虽然罗杰斯觉得其中有些资料过于死板，但仍然不失为一本重要且有价值的著作。

Rogers，C. R. (1959). A theory of therapy，personality，and interpersonal relationships，as developed in the client-centered framework. In S. Koch (Ed.)，*Psychology，the Study of Science. Vol. 3：Formulations of the Person and the Social Context* (pp. 184-225). New York：McGraw-Hill.

本篇文章是罗杰斯唯一一次以规范的方式对他的研究所进行的系统且详细的阐述；他成功做到了，但是本论文仍然是他的著作中不大受人关注的文章之一，不过也不能说是晦涩难懂；如果你是罗杰斯的忠实读者，那么你最终还是会希望阅读本文的。

Rogers，C. R. (1961). *On Becoming a Person：A Therapist's View of Psychotherapy.* Boston：Houghton Mifflin.

本书是对罗杰斯主要思想所进行的深入的、应用性的个人化思考；对于那些以帮助他人为职业的人来说还算是可理解，具有一定的应用价值。

Rogers，C. R. (1969). *Freedom to Learn.* Columbus，OH：Merill.

本书是罗杰斯对教育所做出的一系列质询。在他看来，现行的教育会阻碍个体的学习，引发个体的焦虑与不适应；与他在其他著作中的温和笔法相比，本书显得很尖锐。

Rogers，C. R. (1970). *Carl Rogers on Encounter Groups*. New York：Harper & Row.

本书对互助小组的兴衰起伏进行了中肯的阐述。大部分阐述都是来自罗杰斯所主持或所观察的小组活动，因此其中的材料既清楚又具代表性；或许这是现有出版物中对小组人际交流所做的最好介绍；既不哗众取宠，也不吹毛求疵。

Rogers，C. R. (1972). *Becoming Partners：Marriage and Its Alternatives*. New York:Dell (Delacorte Press).

本书是罗杰斯对因不同方式而结合的伴侣所做的访谈；他指出了各种关系中的优点与不足；里面主要是报告，他唤起了人们去注意那些能够影响婚姻关系成功或不成功的因素，很有价值。

Rogers，C. R. (1978). *Carl Rogers on Personal Power*. New York：Dell.

本书是罗杰斯所著的第一本对其研究所具社会意义的思考；它有个贴切的小标题："具有巨大的内在优势与革命性影响；源于治疗理论，但又是可应用于教育与政治领域的理论"。

Rogers，C. R. (1980). *A Way of Being*. Boston：Houghton Mifflin.

本书是一本演讲与论文集，可看作是罗杰斯的简要自传，它也说明了他对自己的研究在心理学以外的社会领域所具影响的认识；书中充满了乐观主义精神，令人感动，也是罗杰斯著作中最令人感到亲切与温和的一本书。

Rogers，C. R. (1983). *Freedom to Learn for the 80's*. Columbus，OH：Merrill.

本书是罗杰斯早期所著版本的修订与扩展；他花费了大量时间来阐述他在教学以及促进"负责任的自由"（responsible freedom）等方面所做的研究。

Rogers，C. R.，& Russell，D. (2002). *Carl Rogers，the Quiet Revolutionary：An Oral History*. Roseville，CA：Penmartin.

本书是一本真实而又风趣的通俗性自传，包含了由罗杰斯所提供的最完整资料，详细说明了他在各个事件中所扮演的角色。

Rogers，C. R.，& Stevens，B. (1967). *Person to Person*. Walnut Creek，CA：Real Peoples Press (New York：Pocket Books，1971).

本书是一本论文集，主要由罗杰斯所著，并附有斯蒂文斯所做的精妙注释。

Rogers，N. (2002). *Carl Rogers：A Daughter's Tribute*. (DVD) Mindgardenmedia.com

这是罗杰斯传记的新版本，是他的家庭影集以及相关学者对其回忆的集合；是他的著作、一生中的各种照片、所有著作目录的精选，还包含有大量的视频剪辑。

第12章

马斯洛与超个人心理学

亚伯拉罕·马斯洛认为，一个准确而又符合现实的人格理论不仅需要能够说明个体可能发展到的深度，同时也需要说明可能达到的高度。他是人本主义心理学、超个人心理学（transpersonal psychology）的奠基者之一，这两个新的研究领域逐渐取代了行为主义与精神分析理论在心理学界的统治地位。斯金纳、弗洛伊德及其追随者对文化、社会以及个体成功等方面的问题，比如人类的创造性、爱、利他主义与神秘体验等问题，要么是视而不见、要么是在辩解，而这些都是马斯洛的最大兴趣所在。

> 亚伯拉罕·马斯洛在帮助人们了解人性以及人类潜能方面所做的工作，比美国过去50年中任何一位心理学家所做的贡献都要大。他所带来的影响，不管是直接的还是间接的，至今仍然在不断扩大，特别是对健康、教育、管理理论的发展所带来的影响；此外，他还惠泽了数以百万计的美国民众。（Leonard，1983，p. 326）

马斯洛是一个开拓者，对探索新问题和开创新领域有着浓厚的兴趣。他的研究更像是一个想法、主张和假设的集合，而不大像是一个发展完善的理论系统。他更像是一位理论家，而非科学研究者，他很少给出最终答案。他的天赋完全用在对重要问题的考虑上——这些问题正是当今许多社会科学家严肃思考的问题。

个人简介

马斯洛于1908年出生在纽约市的布鲁克林区，父母是从苏联移民到美国的犹太人。他父亲是一个木桶匠，在青年时期移居到美国，后来请了一位女人帮忙做工，这位女工最终成了他的妻子。亚伯（Abe，亚伯拉罕的昵称）在青少年时是一个非常害羞且极其敏感的人，也是一个聪明但却经常感到孤独而愁苦的男孩，觉得自己长得非常不好看，以至于他认为自己最好是去坐废弃的地铁，这样别人就看不到他了。

在18岁的时候，马斯洛进入纽约城市学院（City College of New York）。虽然他父亲希望他成为一个律师，不过马斯洛却无法忍受法学院的风气；当他父亲问他想学什么时，他回答说“什么都想学”。

在马斯洛还是青少年的时候，他喜欢上了他的表妹，找尽各种借口与她的家人在一起，常常以一种热恋般的眼光盯着她看，但又不敢和她接触。19岁的时候，马斯洛终于拥抱了他表妹，体验到了初吻的滋味。他后来将这一时刻说成是自己人生中的一次巅峰体验（peak experiences）。她对他表示了接纳，而非他所害怕的拒绝，这对马斯洛那脆弱的自尊来说是一次巨大的提升。一年之后他们结婚了，那时他20岁，她19岁。婚姻以及马斯洛对心理学的投入，代表了他人生中的重生。

在进大学后的第一年中，马斯洛对音

乐与戏剧产生了兴趣。他深深喜欢上了它们，这种喜欢后来贯穿了他的一生。后来马斯洛转学到了威斯康星大学，在那儿，他又开始将兴趣放在了心理学上。他被华生描绘的行为主义蓝图所吸引，将之看作能够影响人类生活的有力工具。马斯洛在威斯康星大学接受实验方法的训练，并且在心理实验室工作，用小白鼠与其他动物进行研究。1930年，马斯洛获得了学士学位，并且于1934年，在他26岁的时候就获得了博士学位。

毕业之后，马斯洛回到了纽约，与哥伦比亚大学杰出的心理学家桑代克一起工作。桑代克对马斯洛在自己所开发的智力测验上的表现印象非常深刻，马斯洛的智力测验成绩高达195，是该测验有史以来的第二高成绩。18个月之后，马斯洛在布鲁克林学院找到了一份教职，并在那儿待了14年。那时候的纽约是一个活跃的学术中心，吸引了许多为逃避纳粹迫害的优秀学者前来。马斯洛与好几位心理治疗师一起开展研究，包括阿德勒、埃里希·弗洛姆、霍妮。不过，马克斯·韦特海默（Max Wertheimer）、鲁思·本尼迪克特（Ruth Benedict）对马斯洛的影响最大，韦特海默是格式塔心理学的创始人之一，而本尼迪克特则是杰出的文化人类学家。

马斯洛在心理学实际应用方面的工作可以追溯到他的职业生涯开始时期。虽然他在硕士阶段研究的方向是行为主义，但是却赞同弗洛伊德对性的强调。马斯洛的毕业论文考察的就是灵长类动物的支配地位与性行为之间的关系。在离开威斯康星之后，他深入研究了人类的性行为。马斯洛认为，任何对性的了解都会有助于人类的适应。

在第二次世界大战期间，马斯洛觉得心理学在减少国际争端的过程中没有什么贡献，由此就将研究兴趣从实验心理学转向社会与人格心理学。他想致力于“发现一门能够为和平事业作出贡献的心理学”（Hall，1968，p. 54）。

> 人性并没有人们所想的那么差。（Maslow，1968，p. 4）

除了进行学术研究外，马斯洛在自己长期病痛的那段日子里还参与了家族中木桶制造的生意。他对商业以及应用心理学的兴趣最后促进了《健全心态管理》（*Eupsychian Management*，1965）的出版，这是一本汇编，收录了管理与工业心理学方面的思想与论文。许多年以后，作为一本已经绝版了的经典著作，最近又以《马斯洛论管理》（*Maslow on Management*，1998a）的名义再版。这些文章是他在某个暑假作为加利福尼亚迪马（Del Mar）地区一个小型电子厂的访问学者时所写的。

1951年，马斯洛接受了邻近波士顿的布兰迪斯大学的聘任，虽然这所大学刚刚成立不久，但是他却在那儿一直工作到1968年。他是该校的第一位心理系主任，并参与了该大学的发展与建设。

在马斯洛的整个学术生涯中，他的开创性工作通常都被认为是不够科学，被视为脱离了心理学的主流。但是，他的同事们都很喜欢他，他的想法也逐渐被他们所赏识。令马斯洛非常惊讶的是，他于1967年被选为美国心理学会主席，任期一年。

马斯洛认为可以用各种标签来说明各心理学流派所具有的局限。“我们不需要一定把它说成人本主义心理学；形容词应该不是必要的。不要把我看作一个反行为主义者。

> 我是一个弗洛伊德主义者，也是一个行为主义者，还是一个人本主义者。（Maslow，1971，p. 144）

我是一个反教条主义者……我反对任何将可能性排除在外的事情。”（Maslow in Hall，1968，p. 57）

1969 年 1 月，马斯洛离开了布兰迪斯大学，接受了一个能够让他全职写作的研究员职位。1970 年 6 月，马斯洛因心脏病突发去世，享年 62 岁。

》》理论先驱

对马斯洛产生了主要影响的主要有精神分析理论、社会人类学、格式塔心理学，以及神经生理学家库尔特·古德斯坦（Kurt Goldstein）的研究成果。

精神分析理论

在 20 世纪 50 年代，临床心理学还是一个相对较新的领域，但马斯洛却认为精神分析为人们理解精神病理学提供了最好的理论系统，并认为这也是当时可行的心理治疗形式中的最好方式。然而，他发现精神分析理论与普通心理学一样，在理解人类思想与行为方面都难以令人满意。

> 弗洛伊德把问题看得有点过于简单了，他似乎只是给我们提供了心理学中的病态部分，但我们现在必须用健康的另一半来补充它。（Maslow，1968，p. 5）

> 它所提供的关于人类的画卷是一幅不对称的、歪曲了的画面，夸大了人的缺点与不足，以此为支撑来对人进行完整的描述……实际上，人类所有为之自豪、能够给生活带来价值、意义和使生活得以丰富的活动，要不是被弗洛伊德所忽略，要不就是被他病态化了。（Maslow in Goble，1971，p. 244）

精神分析理论给马斯洛的思想与生活都带来了巨大的影响。弗洛伊德对神经症与人类不适应行为的精密描述，启发了马斯洛去建立一个能够说明人类所有行为但又具有科学基础的心理学。马斯洛对自己所做的个人分析也对他产生了巨大的影响，展示了在学术性知识与个人实际体验之间的实质性差距。

社会人类学

马斯洛还在威斯康星上学的时候，认真学习了诸如布罗尼斯拉夫·马林诺夫斯基、玛格丽特·米德、本尼迪克特、拉尔夫·林顿等社会人类学家的著作。在纽约的时候，他同文化与人格心理学领域的领军人物一起开展研究，并使用精神分析理论来考察其他文化中的行为。此外，马斯洛非常迷恋威廉·萨姆纳（William Sumner）的著作《民俗论》（*Folkways*，1940）。在萨姆纳看来，人类行为主要是由文化模式和文化习惯所决定的。萨姆纳对马斯洛的影响非常大，以至于马斯洛曾发誓说要毕生研究这个领域。

格式塔心理学

马斯洛还是一个认真学习格式塔心理学的学生。格式塔心理学是从综合、整体的角度来研究知觉、认知等复杂的人类行为。他非常崇拜韦特海默，韦特海默在建设性思维（productive thinking）上所做的工作与马斯洛对创造性所做的研究以及他就认知所著的文章关系非常密切。在马斯洛看来，格式塔心理学家的一个基本特点就是能进行有效的推理与创造性地解决问题，而这也是从整体或模式化角度、而非从孤立角度来进行思考与知觉的能力。

库尔特·古德斯坦

另外一个对马斯洛产生了重要影响的是神经生理学家库尔特·古德斯坦。古德斯坦强调机体的整体性，即整体中任何一个部分的活动都会对整个系统产生影响。马斯洛对自我实现（self-actualization）的研究部分源于古德斯坦，而古德斯坦也是第一个使用“自我实现”这一术语的人。马斯洛在《迈向存有心理学》（*Toward a Psychology of Being*，1968）一书的前言中就明确写明是献给古德斯坦的。在前言中，他写道：

> 如果我必须要用一句话来说明人本主义心理学对我到底意味着什么，那么我会说，这是古德斯坦（与格式塔心理学）和弗洛伊德（以及其他的心理动力学）的综合体，是它们与我在威斯康星大学的那些老师传授给我的科学精神的综合。（Maslow，1968，p. v）

古德斯坦作为一位主要关注脑损伤病人的神经生理学家，将自我实现看作每个机体都具有的基本加工过程，而且这个加工过程对个体既有积极也有消极的影响。在古德斯坦看来，每个机体都具有一个基本动机："机体几乎都是受自我实现倾向所支配，受机体的能力、'本性'所支配。"（Goldstein，1939，p. 196）

古德斯坦认为，紧张的释放虽然是一种强烈的驱力，但是却只在病态的机体上才会具有。健康机体的主要目标是"形成一定水平的紧张，也就是将预定的活动向前推动"（Goldstein，1939，pp. 195-196）。有些动机（比如饥饿），只是自我实现的一个特例，在这种情况下，机体是在寻求紧张的降低，以便机体能够返回到使其能力进一步表达的最佳状态。然而，只有在极端情况下，这种驱力才会占优势地位。但是在古德斯坦看来，只要是正常机体，如果当时出现了其他动机，比如好奇心、玩乐，也能够暂时抑制对食物、性、睡眠之类的需要。

在古德斯坦看来，对环境的成功应对常常包含着不确定性和突发性。事实上，健康的、自我实现的机体为了运用其能力而会去探测新的情境，会由此引起突发性。对古德斯坦来说（对马斯洛也是一样），自我实现并不会使个体摆脱困扰；相反，成长却可能会带来一定的痛苦和烦恼。古德斯坦曾经在文章中提到，机体的能力决定了它的需要。比如，具有消化系统的机体使进食成了它的需要；拥有肌肉使其需要运动。鸟需要飞翔，正如艺术家需要创造一样，尽管这些活动可能需要付出巨大的努力和艰苦的奋斗。

> 能力呐喊着说，用我吧；而要让它们停止呐喊，就必须充分使用它们。（Maslow，1968，p. 152）

主要思想

在马斯洛的理论中，对后世影响最大的当属需求层次模型，该模型对人类的动机进行了全面的阐述。他的理论中最为重要的构念是自我实现，在他看来，自我实现是人类最高层次的需求。他还研究了巅峰体验，以及每个个体生命中的特定时刻等问题。他认为心理学可以分为两类：一类是缺失心理学（deficiency psychology）；另外一类是存有心理学（being psychology）[①]，他为存有心理学的发展做了许多开创性的工作。马斯洛还对他的理论所具有的社会意义非常感兴趣，尤其是对他所提出的健全心理（eupsychia）以及协力（synergy）更感兴趣。协力即社会之内的合作，而健全心理这个术语是他用来说明心目中的理想社会——乌托邦社会。

需求层次理论

心理学对人类动机的了解大多来源于对治疗病人的分析，这使得马斯洛极为困惑。虽然我们从这些病人身上了解到了很多东西，但是他们的心理动机显然不能完全反映人类的所有动机。马斯洛在其需求层次理论中（hierarchy of needs，见图 12-1），对人类的动力来源进行了全面的阐述。他用一个理论模型将心理学领域的几个主要思潮整合在一起，即行为主义、精神分析及其分支，人

① 国内有些资料将之翻译成"存在心理学"，译者认为"存有心理学"能够更好地反映该术语意指个体"拥有"的内涵，并可与"缺失心理学"进行良好对应。——译者注

本主义与超个人心理学。他认为在心理学的研究领域中，不存在哪个取向会优于其他取向。每一种理论都能有效地说明一些问题，都有其所应有的位置。

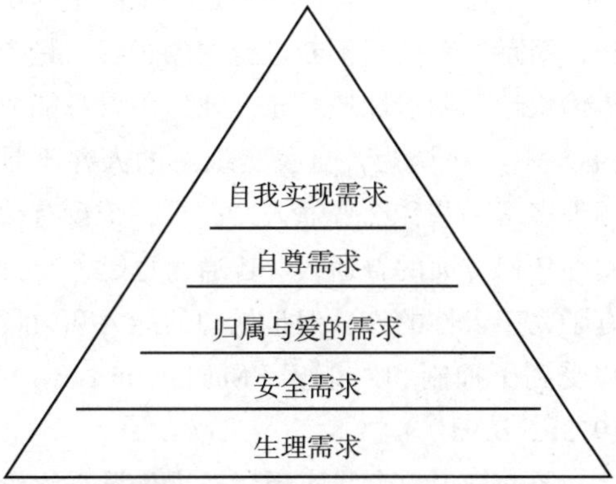

图 12-1　马斯洛的需求层次模型

马斯洛将神经症与心理上的适应不良看作缺失性疾病（deficiency diseases），也就是说，这是因为某些特定的基本需求被剥夺了的缘故，就好像是个体因为缺乏某种类维生素而生病一样。基本需求的最佳例子是生理需要，比如饥、渴与睡眠。如果这些需求被剥夺，那么迟早会使个体生病；而治疗的唯一方法就是让这些需求得到满足。每个人都会具有基本需求。虽然在不同的社会中，这些需求获得满足的所需数量与类型可能会有不同，但是却不能被忽略（比如不能不吃饭）。

生理需求（physiological needs）包括对食物、水、氧气、睡眠和性的需求。在我们的文化中，大多数人都能在毫无困难的情况下可以满足这些需求。然而，如果生理需求得不到充分的满足，那么个体就无法全身心地投入到实现自己的过程中。马斯洛认为，如果一个人快要渴死了，那么他就不会有兴趣去满足其他的任何需求。但是一旦这种占优势地位的特定需求得到了满足，它就会变得不那么重要，从而允许其他驱力浮到表面。

为了保持个体的健康，还必须满足某些特定的心理需求（psychological needs）。马斯洛列举了以下一些基本的心理需求，如安全、保障和稳定需求，爱和归属感的需求，自尊与受人尊重的需求。此外，每个个体都还具有成长需求（growth needs），即发展个人能力与潜能以及自我实现的需求。

> 处于较高层次需要的个体意味着会有更好的身体功能、更长的寿命、更好的睡眠与胃口，且疾病较少，等等。（Maslow, 1970, p. 57）

在马斯洛看来，安全需求（safety needs）是个体希望生活在一个相对稳定、安全、可预测环境中的需求。对有界限、有秩序和有组织的要求是我们的一个基本需求。人们具有避开恐惧、焦虑和混乱的需求。与生理需求一样，大多数人都会将一个运转良好、稳定、能够提供保护的社会看作理所当然。在现代西方社会，通常是在一些紧急情况下，比如自然灾害、疾病流行和暴乱时期，安全需求才会变得占主导地位。

所有的人都有归属与爱的需求（belonging and love needs）。我们都在努力与他人建立密切的关系，让自己感觉是某些群体的一部分，比如让自己觉得自己是家庭、同龄群体中的一分子。马斯洛在文章中提到，在流动性很大的个体主义文化中，这些需求越来越难以获得满足。而且，在心理适应不良的关键因素中，最为常见的原因就是这些需求受到了阻碍，没有获得很好的满足。

马斯洛认为人们具有两种自尊需求（esteem needs）（Maslow, 1987）。第一种是对胜任与成功的渴望，另外一种是获得别人尊重的需求，比如地位、名望、赞赏和认可。当这些需求没有得到满足时，个体可能会感到自卑、弱小和无助。在马斯洛看来，虽然自尊需求被弗洛伊德忽视，但却受到了阿德勒的重视，而且人们也越来越意识到了它们的重要性。健康的自尊来源于自己通过努力而获得了成功，另外一个来源就是他人给了自己应得的尊重。

马斯洛指出，即使前面这些需求都得到了满足，但是如果个体没有体验到自我实现，那么仍然会产生不完善感或者是受挫感。自我实现指的是个体对自身才能与能力的充分运用。当然，需求的满足形式会因人而异。由于我们的动机、能力会存在差异；因此对某个人来说，做一个负责的父母可能是其自我实现之源，但是另外一个人则可能觉得自己需要成为一个运动员、画家或发明家。

在马斯洛看来，在满足其他不那么紧急的需求之前，首先必须满足那些较为基本的需求。比如，生理需求和爱的需求对个体来说都是必须的，但当一个人感觉到饥饿的时候，爱的需求就不再是其行为的主要推动力量。另一方面马斯洛又认为，即使我们在爱的需求上受挫，我们仍然需要吃饭（浪漫的爱情小说除外）。

> 人类较高层次的本性是建立在较低层次本性的基础上，需求以之为基础，如果没有了这个基础，就会崩塌。也就是说，对大多数人而言，如果作为基础的较低层次的本性没有得到满足，那么较高层次的本性就是难以想象的。（Maslow，1968，p. 173）

> 只要有面包，我们就能活着，这完全正确——这是在没有面包的情况下。但是，当有了足够的面包或肚子填饱了时，人们想要什么呢？另外的（更高层次的）需求就会立刻出现，这时，支配其机体的就不再是生理上的饥饿。然而当这些需求又得到满足时，新的（仍然是更高层次的）需求就又会出现，如此类推。（Maslow，1987，p. 17）

自我实现

马斯洛对自我实现只是进行了较为松散的界定，认为它是“对才能、能力、潜能等方面的充分开发与利用”（Maslow，1970，p. 150）。不过，自我实现并不是一个静止的状态，而是一个处于不断进行中的过程，是个体愉快地、创造性地、充分地运用自身能力的过程。“我认为，自我实现中的人并不是额外多了一些什么普通人，而是一个没有被剥夺任何方面的普通人。普通人也是一个具有了完整人性的人，但是他们的能力和力量却受到了抑制和约束。”（Maslow in Lowry，1973b，p. 91）

通常来说，自我实现者对人生看得比较清楚。他们很少情绪化，更加客观，较少让自己的期望、恐惧，或通过自我防御来歪曲自己的观察。马斯洛发现，所有的自我实现者都会让自己投身于某一事业或职业中。成长需要两个条件，其中之一指的就是个体所奉献的事业不仅仅是为了自己，另外一个则是指在所选定的任务中获得成功。自我实现者的特征主要有创造性、自发性、勇气和努力。

马斯洛对那些不受神经症和情绪困扰的个体进行了严谨的研究，结果发现，这些心理健康的被试具有独立、自我接纳的特征，并且自我冲突较少，能够从娱乐与工作中获得乐趣。虽然他的被试中只有一个人是东正教的忠实信徒，但实际上，所有的人对生活都有坚定的信仰，而这可以被称为他们的灵魂。马斯洛发现，这些自我实现者，尽管也有痛苦、悲伤和失望，但是却能够从生活中获得快乐。他们的兴趣较多，而恐惧、焦虑、厌倦或无意义感较少。自我实现中的个体通常看起来都很热爱生活，而其他大部分人只是偶尔才会感觉到快乐、成功或巅峰体验。

> 不存在完美的人！人们可以是好人，非

常好的人，实际上可以将他们称为“伟人”。可能确实会存在造物主、先知、圣人、苦修者和先行者。他们确实让我们对人类这一物种的未来充满了希望，尽管他们是稀有的、人数不多。然而，这些与我们完全一样的人偶尔也会有烦恼、急躁、发脾气、自私、生气或抑郁的时候。为了使我们对人性的幻想不至于破灭，我们先必须放弃对此的幻想。（Maslow，1970，p. 176）

马斯洛其中的一个主要观点就是认为我们始终存在着欲望，但却几乎无法获得完全的满足，认为几乎不存在没有任何目标与欲望的人。他的需求层次理论就是想说明在一个已有需求获得充分满足、不再对行为起支配作用后，接下来会产生什么欲望。不过，也会出现许多的例外，尤其是现在我们这种文化下；虽然现代许多人最为基本的需求得到了部分满足，已经不再占支配地位，但却仍然具有动机性作用。马斯洛将他的需求层次理论发展成为动机的一般性理论，而非仅仅将之看作对个体行为进行准确预测的因素。

超越性动机

超越性动机（metamotivation）指的是那些被成长需求与价值观所激发出来的行为。在马斯洛看来，这种动机在自我实现者身上最为常见，从理论上来说，他们的低水平需求已经获得了极大的满足。超越性动机通常表现为个体投身于某一理想或目标中，或是献身于“自身之外”的事情。如果超越性需求（metaneeds）受到阻碍，就会引发超越性病症（metapathologies），即他们的生命中缺乏价值观、意义感或实现感。马斯洛认为，对自我的认同、职业上的成功，以及对某一价值观的信仰，就如同安全、爱和自尊一样，都是个体心理幸福感的必要条件。

> 从理论上来说，成长是可能的，因为“高级的”体验比“低级的”好，另外还因为人们会对“低级的”满足厌烦。（Maslow，1971，p. 147）

牢骚与超越性牢骚

在马斯洛的理论体系中，不同层次的需求受挫对应着不同水平的抱怨。例如，在一家工厂中，低水平的牢骚（grumbles）可能是对缺乏安全保障的工作环境、缺乏职业安全感、或专制式管理的反应。这些抱怨说明了生理安全与保障这类基本需求的缺失。高水平的抱怨可能是成绩没有得到充分认可、没有名声，或缺乏组织凝聚力。也就是说，这些抱怨是建立在归属与自尊需求受到威胁的基础上的。

超越性牢骚（metagrumbles）反映的是超越性需求没有得到满足，比如完美、公正、美好与真理。这种水平的牢骚是反映其他方面都运转良好的理想指标。例如，当人们抱怨他们的环境缺乏美感时，就可能意味着他们身上那些更低级的需求已经得到了较好的满足。

> 有委员……愤怒地进来控诉公园中的玫瑰花园没有得到足够的照料……这本身是一件非常好的事情，因为它反映了抱怨者的生活高度。（Maslow，1965，p. 240）

马斯洛认为，我们不应该指望会没有抱怨，我们唯一的希望应该是促使人们向更高水平的抱怨发展。当发牢骚者因世界的不美好、缺乏公正之类事情而烦恼时，那么这是一种积极的迹象：尽管基本的满足达到了较高的水平，但人们仍然会努力追求更高水平的进步与成长。事实上，马斯洛建议说，评估一个社会开化状况的最好方式，应该是了解该社会超越性牢骚所占的百分比。

自我实现研究

马斯洛对自我实现的研究起源于他希望能够更充分地了解那两位对他产生了启发作用的老师，即韦特海默与本尼迪克特。虽然韦特海默与本尼迪克特是完全不同的人格理论家，有各自的研究领域，但马斯洛认为他们两位都在各自的职业生涯与个人生活中获得了一定水平的自我实现，这是他在别人身上很少见到的。在马斯洛看来，韦特海默与本尼迪克特都是杰出的科学家，都很好地获得了自我实现，都是具有创造力的人。马斯洛进行了一项私人研究，希望了解到底是什么使他们两位变得如此特别，因此他用一本日记本随手记录他所能收集到的与他们两位有关的信息，比如个人生活、态度、价值观等。马斯洛对韦特海默与本尼迪克特的比较研究为他毕生研究自我实现打下了良好的基础。

马斯洛认为，对能够找到的杰出人物进行研究后所归纳出来的人性，要比从普通人或神经症个体身上所归纳出的问题与不足中所得到的人性更为准确。

> 当然，一个从火星来的天生就有缺陷的残障人士，是不可能知道他们应该拥有什么。但是，假如我们研究的不是残障人士，而是一个个健全的、完整的人，那么我们从他们身上就能看到本性的差异，这个差异是动机、情绪、价值观、思维和知觉上的差异。从某种意义上来说，只有圣人才是人。（Maslow in Lowry，1973a，p. 90）

研究者通过对那些最杰出、最为健康的人的研究，能够探测人类潜能的极限。比如，为了了解人类究竟能跑多快，人们就应该与最好的运动员合作，或者是找那些跑步路线选择得最好的人。因此，对普通人群中的一般人进行研究就没有什么意义。同样，马斯洛认为，要研究心理健康与成熟问题，也应该只研究那些最成熟、最有创造性和自我整合得最好的人。

> 自我实现者都会投身于自身之外的事情中，无一例外。（Maslow，1971，p. 43）

在寻找可供研究的“最好人类”时，马斯洛在三千名大学生当中只找到了一个可用的被试。在早期的研究中，他制订了两条筛选标准：首先，被试必须没有神经症状，也不能有其他的个人困扰；其次，所有参与研究的被试必须充分运用了自己的能力与才能。

埃莉诺·罗斯福 ①

最后，马斯洛只能对自己的熟人和公众人物进行研究。这一个群体总共有 18 个人：9 个是当时的人物，9 个是历史上的名人，包括亚伯拉罕·林肯、托马斯·杰斐逊、阿

① 埃莉诺·罗斯福（Eleanor Roosevelt），美国第 32 任总统富兰克林·罗斯福的妻子，当时世界上最受人敬佩的女性之一；她不是以传统的白宫女主人的形象，而是作为杰出的社会活动家、政治家、外交家和作家被载入史册。曾任美国驻联合国代表，联合国人权委员会主席，她对 1948 年世界人权宣言的起草和通过起了重要作用。——译者注

尔伯特・爱因斯坦、埃莉诺・罗斯福、珍妮・亚当斯（Jane Addams）、威廉・詹姆斯、阿尔贝特・施韦泽、阿道司・赫胥黎（Aldous Huxley）、巴鲁赫・斯宾诺莎（Baruch Spinoza）。需要注意的是，马斯洛的名单中既有学界巨人，又有社会改革家，但是却没有灵魂导师或神秘主义者。他对超个人心理学的兴趣是在后期的职业生涯中才产生的。显然，马斯洛把成功的、活跃的学术界人士当作“最优秀”人士这一偏好，深深地影响了他在自我实现方面的写作。因此，如果另外一位心理学家非常重视人类身上那些内向的、艺术的、精神品质，就很可能会建立起另外一个与之完全不同的理论。

马斯洛认为自我实现者具有以下一些特征（Maslow，1970，pp. 153–172）：[恩格勒对此进行了简化，将之分为四个维度，即觉悟、真诚、自由与信任。（Engler，2003）]

觉悟（awareness）

1. 能准确、充分地认识现实，并与现实保持良好的关系；
2. 有反复欣赏生活的能力，对周围事物能够不断保持新鲜感；
3. 有神秘体验和巅峰体验；
4. 能够区分手段与目的，好与坏。

真诚（honesty）

5. 有强烈的社会责任感 [（gemeinschaftsgefühl）与他人保持一种亲属般的关系]；
6. 与他人建立了深入的、良好的人际关系；
7. 民主的性格结构；
8. 善意的、富有哲理的幽默感。

自由（freedom）

9. 自发、自然、直率；
10. 有独立和独处的需要；
11. 自主，独立于文化与环境；
12. 富有创造性。

信任（trust）

13. 能接纳自我、他人与自然；
14. 以问题为中心，而不是以自我为中心；
15. 不受文化约束，超越了任何一个特定的文化。

马斯洛指出，他所研究的那些自我实现者也不能说是完美的人，甚至会有一些重大的缺陷。他们深深地投入到了自己所选择的事业或价值观中，可能会使他们在追求目标的过程中表现得很不近人情，他们的工作可能会凌驾于他人的感受与需要之上。此外，自我实现者的独立性可能会走入极端，自我实现者也会表现出许多普通人所表现出来的问题，比如内疚、焦虑、痛苦、内心冲突，等等。

> 很快，我就不得不得出了一个结论，那就是那些天才人物不仅都几乎不为善良或良好的性格所羁绊，而且我们还对此知之甚少。（Maslow，1968，p. 135）

自我实现理论

马斯洛在他的最后一本著作《人性的极致》（*The Farther Reaches of Human Nature*）中，阐明了 8 种达到自我实现的方法，或者说有 8 种行为可以促使个体达到自我实现。当然，这不是一种完整、清晰、条理清楚的论述，但是它代表了马斯洛在自我实现方面的研究顶峰。

1. 专注。“首先，自我实现意味着充分、忘我、全身心地体验生活，全力以赴地献身于某一件事或为某一项活动而忘怀一切。”（Malsow，1971，p. 45）通常，我们觉察不到自己身上以及身边到底发生了什么（比如，许多目击证人对同一事件的回忆有不同的版本。）然而，我们所有人都具有被马斯洛所称的自我实现时的全身心投入与高度觉察了的那一刻。

2. 选择成长。如果我们将人生看作一系列的选择，那么自我实现就是在做每一次选择的时候，其目的都是为了成长。我们常常

> 一个人，除非他在生活中敢于随时聆听自己内心的声音、聆听他的自我，否则就无法做出明智的抉择。（Maslow，1971，p. 47）

在成长与安全、前进与倒退之间进行抉择。每一种选择都既有好的一面，也有不利的一面。选择了安全意味着保持在已知和熟悉的状况下，但是却会存在僵化和效率低下的风险；而选择成长则意味着使自己对新的经验与挑战保持了开放心态，但是却又会冒未知与失败的风险。

3. 自我觉察。在自我实现的过程中，我们对自己的内心有更好的觉察，并且是按照自己的本性来行动的。这就意味着我们是在从自己的角度来判断自己是否喜欢某部电影、某本书、某个想法，而不用在乎他人的意见。

4. 真诚。真诚与对自己的行为负责是自我实现者的基本要素。若我们的选择不是建立在讨好他人或让自己看起来更好上，就能够根据自身的需要来寻求答案。如果我们能随时这么做，就更容易触摸到自己的内心。

5. 判断。前面四个步骤能够使我们有能力“选择更好的生活”。但是，我们还需要相信自己的判断以及相信自身的内部感受，并且能够采取相应的行动。马斯洛认为，遵从我们的内心，就能够使我们做出更为准确的判断，做出对我们每个人来说都是最有利的决策——在对艺术、音乐、食物以及诸如婚姻、职业等生命中的关键决策中，可以做出更好的选择。

6. 自我发展。自我实现也是一个不断发展个体潜能的过程。这意味着对自身智力与能力的运用，意味着“做好自己想做的事情”（Maslow，1971，p. 48）。能力杰出者与聪明

> （自我实现）并不是说没有困扰，而是指从过渡期或不真实的问题中转变到真实的问题中。（Maslow，1968，p. 115）

的人并不等同于自我实现者，许多天才般的人物也没有充分运用他们的能力；相反，另外一些可能只是具有一般才能的人，却能取得巨大的成就。

自我实现并不是说某人拥有或缺少的某个事情。它只是一个使个体潜能不断变成现实的、永无休止的过程。它不是指获得了某一次的成功，而是指人们的生活与工作方式，以及与周边世界发生联系的一种方式。

个人练习

自我实现

选出四五个你认识的或你曾经听说过的自我实现者。然后想想，他们有什么共同特征？他们有什么突出的特点？他们与你所了解的英雄人物相比，又有什么不同？他们是同一类人吗？这些人在哪些方面证实了马斯洛的理论？他们又在哪些方面否定了马斯洛的自我实现理论？

7. 巅峰体验。“巅峰体验是自我实现的那短暂一刻。”（Maslow，1971，p. 48）在产生巅峰体验的那一瞬间，我们的身心更融合、更完整，对自己以及周边世界的觉察更高。在那一刻，我们的思维、行动、感受最清楚、最准确。我们能够对他人表达更多的接纳和爱，而内心冲突和焦虑更少，能够更有建设性地运用我们自身的能量。当然，有些人确实会比其他人体验到更多的巅峰体

验，尤其是马斯洛所说的那些已经超越了自我实现的人（详见下一部分的“巅峰体验”与“超越自我实现”）。

阿尔伯特・爱因斯坦

8. 没有自我防御。自我实现的更进一步是认识到自身的自我防御，并且能够在适当的时候抛弃它们。若想如此，我们必须更好地觉察到自己歪曲自我意象与外部世界的方式，比如压抑、投射等防御方式。

巅峰体验

巅峰体验是每一个个体在生活中感到特别开心、特别兴奋的那一瞬间。马斯洛提到，巅峰体验常常在感受到强烈的爱、见到伟大的艺术或音乐作品，或者是看见震撼人心的自然美景时产生。“所有的巅峰体验都可以理解成一次行动的完成……或者是格式塔心理学家所说的‘闭合’，或者是赖希理论中的完整机体，或者是彻底的释放、宣泄、排空、完工、达到巅峰、兴奋顶点、圆满成功。”（Maslow，1968，p. 111）

> “巅峰体验”这一术语指的是人类身上那最美妙的一刻，是生活中极为幸福的那一瞬间，是狂喜、如醉如痴、欢乐至极的感觉体验。（Maslow，1971，p. 105）

实际上，我们每个人都会有巅峰体验，但人们却常常把它看作理所当然。人们看着美丽的日落或听着动人音乐时的反应，都可以看作巅峰体验的例子。在马斯洛看来，巅峰体验常常会被强烈的、激动人心的事件所引发：“它看起来似乎是任何一次绝妙的、完美的经历……都可能会引起巅峰体验。”（Maslow，1971，p. 175）不过，这种体验也可能会被悲惨的事件而引起。例如，人们在抑郁或严重疾病的复原时，或在面临死亡时，也可能会在瞬间感受到极为强烈的爱和喜悦。绝大部分人的生活中都可能会有很长一段时间的注意力不集中、对事漠不关心，甚至是厌倦的时候。相反，广义上的巅峰体验，指的就是我们在深深地卷入、投入到这个世界，或为这个世界着迷、兴奋的那一瞬间。

极为强烈的巅峰体验相对较少。在马斯洛看来，最高水平的巅峰体验包括“感受到无垠的地平线在我们的视野中展开，感受到自己拥有从未有过的力量，又同时觉得自己拥有从未有过的无力，感受到极乐、美妙和敬畏，失去了时间与空间感”（Maslow，1970，p. 164）。它们就如同诗人所描绘的狂喜时刻、修道士所说的神秘体验一样。

研究者让不同的人群来描述他们的巅峰体验，其中包括有大学生、艺术家、房地产经纪人，结果发现他们所使用的词语基本类似（Lanier al.，1996）。儿童所报告的巅峰体验（Hoffman，1998）与发展障碍人士（the developmentally disabled）所报告的一样（Stamatelos，1984）。

高原体验

一次巅峰体验可能会维持几分钟或几小时的“高峰”，但很少有持续时间更长的。马斯洛对那些更稳定、持续时间更长的体验也进行了论述，他将之称为高原体验（plateau experiences）。高原体验反映了人们用一种新的、更为复杂的方式来看待世界与体验世界。它包括人们在态度上的根本性变化，看待世界的整体方式上的变化，以及人们能够对世界进行更高水平的觉察和采用新的方式来欣赏世界。马斯洛在晚年第一次心脏病发作之后，就亲自体验到了这种感受。他对生命的强烈意识以及死亡迫近时的感受，导致他后来完全以一个全新的方式来看待世界（对此更完整的描述请见本章的“原始手稿”部分）。

> 当人性发展到顶点时，学问与神秘感、敬畏感、谦卑、崇敬、奉献和心无万物之间的关系是积极的，而非消极的。（Maslow，1971，p. 290）

超越自我实现

马斯洛发现，有些自我实现者经常会有巅峰体验，然而其他人却很少有。他对那些虽然心理健全、有创造性，但却很少或几乎没有超越体验的自我实现者，与那些将超越（transcendence）看得很重要甚至是以此为中心的人进行了区分。他认为前面那类人通常是实用主义取向。“这些人生活在世界上，能够达到自我实现。他们能够出于良好的目的去实施领导、控制，就如同（健康的）政治家或实际工作者那样去做。”（Maslow，1971，p. 281）

个人练习

感受巅峰体验

努力回想你生命中的某次巅峰体验，也就是你记忆中特别高兴、开心、狂喜的那一刻。花费几分钟时间去重新体验一下那个场景。然后，思考下面的问题。

1. 是什么引起了这次体验？引发这次体验的情境中有什么特别的地方吗？
2. 那一时刻你的感受是什么？这一感受与你平时的体验有什么不同？比如情绪上、生理上或认识上。
3. 你是否感到自己有了什么不同？你觉得周围世界有什么不同呢？
4. 这次体验持续了多长时间？随后你又有什么感受？
5. 这一体验给你带来了什么长期的影响？（比如你的世界观、与他人的关系。）
6. 将你的体验与马斯洛的巅峰体验和人性理论做对比，这说明了什么问题呢？

为了对巅峰体验有更清楚的了解，把你的体验与同学的比较一下。看看其中存在什么异同点。其中的差别是情境的不同，还是人格与个人背景的不同？其中的相似性反映了马斯洛的理论或人类潜能中的哪些方面呢？

超越自我实现者能够更多地从日常生活中感受到事情中的神圣之处，察觉到生活中的超越之处。他们常常将巅峰体验或神秘体验视为生活中最重要的一面。他们在考虑问题时会比“仅仅健康的”自我实现者考虑得更全面，更可能超越过去、现在、将来，好与坏，能够看到矛盾生活以及复杂表面背后的整体。他们更可能是发明家、原创性的思想家，而非只对他人思想进行总结的人。当他们的知识获得增长时，他们的谦卑与无心万物的感觉也会相应地增长，他们会以不断增长的敬畏心态来看待世界。

由于超越者通常会把自己视为自身能力与才能的承载者，因此他们不大会让自己卷入到工作中。一个超越者可能会直率地说："我是最适合这份工作的人，因此，我应该获得它。"或者他们会承认："你是最适合这份工作的人，你应该替代我。"

不是每个拥有神秘体验的人都是超越自我实现者。许多拥有这种体验的人并没有发展出心理健康和创造性，而这两者在马斯洛看来是自我实现者应该具备的基本要素。马斯洛还发现，企业主管、经理、教师、政治家中的超越者数量基本与诗人、音乐家、牧师之中的数量一样多。

商业管理

1962 年，马斯洛作为访问学者访问了一家位于加利福尼亚的电子厂。他对自我实现者与权威式经理在工作效率与士气方面是否存在差异非常感兴趣。他的《健全心态管理》一书就是建立在他的观察基础上，该书出版后的许多年中一直是大学生的经典教材。而直到该书以《马斯洛论管理》（1999）的名义进行再版之前，那些经理人员都只能通过复印的方式来进行传看。

马斯洛创造了一个新词"健全心态"（eupsychia，you-sigh-key-a）来特指理想的、人性取向的社会和国度。不过，他更喜欢将之称为乌托邦，但是又认为乌托邦这一词语用得有点儿过度了，认为其定义反映的是不切实际、没有根基的理想主义。他认为，完全可能存在一个由心理健全、自我实现的个体所构成的理想社会。认为这个理想社会中的所有成员，都可能会在他们自己的生活与工作中去追求个人发展与自我实现。

> 健康人（good person）与健康社会（good society）之间存在着一种反馈机制，它们都需要对方。（Maslow，1971，p. 19）

但是，即使是一个理想社会，也不一定必然会产生出自我实现的个体。

> 一位教师或一种文化，是无法创造出一个人来的。它无法在他身上注入爱、好奇、哲学思考、符号化思维，或创造的能力。它只能是允许、培养、鼓励或者是帮助人们将孕育在他们自己身上的东西变成现实。（Maslow，1968，p. 161）

马斯洛推崇的是健全心态管理而非专制管理模式，或者说推崇开明的组织管理方式。具有专制风格的经理会认为雇员与管理方有完全不一致的目标，是相互对立的，也就是认为雇员想以尽量少的付出而获得尽量多的收入，因此需要严加看管他们。

然而开明的经理，则会认为雇员会想要创新与创造，会认为应该支持与鼓励雇员，而不应该对他们进行控制与限制。开明式管理模式中的雇员最好是内心坚定、心理健全的人。而存有敌意、多疑的人，则在专制式管理模式下的工作效率更高，他们在这种管理模式下能够更好地控制自由。由于健全心态管理只适合那些天生就能够享受乐趣、能够自我导向、有责任心的人，因此马斯洛认为，健全心态社会应该由自我实现的人所组成。

比尔·奥布莱恩（Bill O' Brien）是汉诺威保险公司（Hanover Insurance）的总裁与 CEO，该公司是拥有 5 000 多名员工的大型跨国公司，曾探讨过马斯洛的观点所具有的意义。

> 传统上的组织旨在为员工提供马斯洛需求层次论中前三个层次的需求，即食物、居

所与归属感。现代工业社会中的很多人并不能普遍获得这些，并不是只有组织才提供机会让人们付出忠诚与承诺。管理需要发展，直到组织能够开始考虑到那些高层次的需求，即自尊与自我实现（O' Brien in Senge，1990，p. 346）。

下面这些是马斯洛所提出的“开明式管理”所需具备的36条原则中的其中10条（Maslow，1998a）。

1. 假定每个人都是可以信任的。
2. 假定所有人都能获悉与所处环境相关的最充分真实的资料信息。
3. 假定所有人都有追求成功的欲望。
4. 假定组织内的成员不会滞留在安全需求层次。
5. 假定所有人都有自我实现的积极倾向——每个人都有实现自己想法与成长的欲望，有尝试与犯错的动机。
6. 假定每个人都陶醉于团队工作、友谊、集体精神、和谐的团队气氛、良好的归属感及对团队的热爱之情中。
7. 相对于无所事事，人们宁愿工作；所有人都喜欢从事有意义的工作，而不愿做无意义的事。
8. 心理健全成熟者的创造欲望强于破坏欲望。
9. 健全心态管理理论的最高境界，是假定人们会越来越认同现实世界、领悟人生真谛、与世界融为一体，或获得巅峰体验、宇宙意识等。
10. 最后，我们有必要提出人们具有超越性动机与超越性病态（metapathologies）的假设，提出人们有追求“B-价值观念”的假设，即追求真理、美好、公平与完美等。

协力

“协力”这一术语是马斯洛的老师本尼迪克特首次使用的（Benedict，1970），用以指代在某一社会中，人与人之间的合作以及和谐程度。协力的意思是合作（来源于希腊语“一起工作”）；协力是指各部分的联合行动，而在联合行动时产生的总效应要高于各部分独立作用时的效应之和。

作为一名人类学家，本尼迪克特看到某些社会中的人比其他社会中的人更快乐、更健康、更能干。有些群体有自己的信仰和风俗，这些信仰与风俗从本质上来说是和谐的，是为了让其成员快乐；相反，另外有些群体的传统看起来却会促使恐惧、焦虑和猜疑的增长。

在社会协力较低的情境中，某个成员的成功可能会给其他成员带来损失。比如，如果每个猎人都只与自己的直系亲属分享猎物，那么狩猎就很可能会变得具有高度竞争性。那些提高了狩猎技术或发现了新的狩猎地方的猎人就可能会千方百计地向别人隐瞒。

高水平的社会协力会最大化地推动人们之间的合作。文化传统会强化人与人之间的合作，强化人际之间的积极感受，而且也有助于减少人际之间的冲突与分歧。举个例子来说，假如也有一个部落，与上述的那个狩猎部落唯一的不同之处在于，该部落的猎物是在整个部落的成员之间共同分享。那么在这种情况下，该部落中的每个猎人都能够从其他猎人的成功中获益。

马斯洛还描述了发生在个体之间的协力，认为对他人的认同会推动个体之间的协力。如果他人的成功是个体获得真正满足的一个来源，那么个体就会自由而慷慨地帮助他人。从某种意义上说，自私与无私动机就融合在了一起。通过帮助别人，个体也能够获得自己的满足。

协力还能够发生在个体内部，表现为想法与行动的统一。如果个体强迫自己行动，那么就表明在某些动机之间存在冲突。从理论上来说，个体只做他们应该做的，因为他们想这么做。最好的药物不仅仅是因为它有效，而且还因为它吃起来味道不错。

动力论

心理发展

人们除非能够免受诸如安全、自尊等较低级需要支配，否则就无法去追求自我实现。

> 当一个人内心圆满整合时，他的世界亦会如此；当他感觉很好时，这个世界看起来也会美好。（Maslow，1971，p. 165）

在马斯洛看来，如果在人生早期有些需求没有得到满足，那么就可能会使个体固着在某个功能水平上。比如，如果某个人在儿童时代不受人欢迎，那么他就可能在今后的人生中会表现为渴望获得他人的注意、认可与表扬。

从本质上来说，追求高级需要的满足也是心理健康的一个指标。马斯洛认为，满足高级需求这一事件本身就能够让人产生更满意的感觉，认为超越性动机就是个体对机能水平不足的超越、然后向前发展的一个迹象。

自我实现反映了个体对成长的一种长期承诺，反映个体希望将自己的能力发展到极致。自我实现式的工作中涉及对有价值、有创造性目标的选择。马斯洛在其著作中提到，自我实现中的个体最感兴趣的就是那些富有挑战性、能激发他们好奇心的问题，喜欢那些可以让他们展现自己创造力的问题，他们愿意面对的是那些不确定和不明朗的问题，更喜欢挑战，而不是去解决那些容易解决的问题。

发展的障碍

在马斯洛看来，与成长动机相比，个体满足生理需求、安全需求、自尊需求的动机处于更为基础的地位。有许多方面会不利于个体的自我实现过程：（1）过去经验的消极影响，以及那些会导致个人效率低下的习惯；（2）那些同个人意见和爱好相反的社会影响与群体压力；（3）使我们远离自己内心的内部防御策略。由于自我实现位于需求层次中的顶端，它的强度最低，很容易就会因为其他更基础的需求没有获得满足而受到抑制。此外，许多人会回避去认识自己，害怕认识自己后会带来自尊与自我意象上的变化；但是，自我认识却是个体追求自我实现过程的核心。

不良习惯

不良习惯常常会阻碍个体的成长。马斯洛认为，酒精或药物上瘾、不当节食，以及另外一些对个体健康和效率不利的行为都是不良习惯。有害的环境或严格、专制的教育，也容易使个体产生一些影响效能的习惯，使他们的习惯表现为缺失需要定向。此外，不管是什么习惯，只要这个习惯根深蒂固，就会妨碍个体心理的成长，因为它们会削弱个体的灵活性与开放性，而这两者却是个体在不同情境下能够采取有效行动的必要条件。

> 对人有影响的力量有两组，而不是只有一组。除了有推向健康的力量外，还有一组害怕倒退的力量会使人倒退，将人引向疾病与软弱。（Maslow，1968，p. 164）

群体压力与社会宣传也会阻碍个体的发展。它们会减弱个体的自主性，削弱个体的独立判断能力；使个体在判断与决策的时候不会根据自己的喜好，而是被迫根据外在的社会标准去行动。社会会反复灌输有偏差的人性观给其民众，比如在西方文化中，认为人的大多数本能从本质上来说都是邪恶的，需要进行控制或抑制。马斯洛认为，这种负面态度常常会阻碍个体的成长；并且认为反过来理解才是正确的，也就是说，我们的本能实质上都是好的，追求成长的欲望是人类动机的主要来源。

自我防御

马斯洛将自我防御看成是阻碍个体成长的内部障碍。应对自我防御的第一步就是先要认识它们，了解清楚它们的运作方式。然后个体需要尽量去降低因防御而产生的歪曲。马斯洛在传统精神分析理论所提出的投射、压抑、否认等防御机制的基础上，提出了两种新的防御机制，即去神圣化与约拿情结。

去神圣化

去神圣化（desacralization）是指个体在对待事情的时候不采用非常严肃与认真的态度，从而让自己的生活变得堕落的行动。在现代社会，几乎没有什么文化或宗教象征物能够像以往那样受到人们的崇敬与关注，它们已经失去了让我们陶醉、兴奋与激励的力量。马斯洛常常把现代社会中人们对性的看法作为去神圣化的一个范例。虽然若对待性的态度更为随意，就可能会较少让人受挫和受到创伤，但是马斯洛认为，性已经失去了它曾经所拥有的那种能够给艺术家、作家和爱人启发灵感的力量。

> 用弗洛伊德学派的话来说，可以将去神圣化当成是一种防御机制来使用，这种防御机制中充满了情绪，尤其是谦卑、奇妙与敬畏这几种情绪。（Maslow，1965，p. 223）

约拿情结

约拿情结（Jonah complex）指的是个体抗拒去认识自己的全部能力。就如旧约全书中约拿努力去逃避成为一个先知的责任一样，许多人也会逃避自己的责任，因为他们会对完全发挥自己的能力感到害怕。他们不喜欢那些需要完全发挥自己能力的挑战性目标，而是喜欢选择要求不高的目标，因为这会给他们安全感。这种情况在那些“混日子”的学生身上并不鲜见，他们只是使用了他们自身的能力与才能的一小部分。

这种“强人恐惧”（fear of greatness）可能是自我实现的最大阻碍。生命的全部能力要远远高于大多数人感觉自己所能承受的限度。在人们极度狂喜或非常开心的时候，常常会说“这太过分了”“我受不了了”。约拿情结的根源在于个体害怕离开那种可控而又有限的环境，他们害怕自己无法控制，害怕打破原来的自我，害怕实现不了自我的整合。

> 虽然从理论上来说，自我实现很容易；但实际上却很少发生（以我的标准来看，成年人中的概率肯定不会超过1%）。（Maslow，1968，p. 204）

理论结构

身体

马斯洛并没有对身体在自我实现中的作用进行深入探讨。他认为，一旦生理需求得到满足，个体就能够去处理更高层次的需求。然而他在著作中也提到，身体必须得到它应得的。“禁欲主义、克己，故意不满足机体的需求，至少西方文化认为这会导致出现一个衰弱的、发育不良的、残缺的身体；而在东方文化中，则认为这会让一小撮极为强大的人达到自我实现。”（Maslow，1968，p. 199）

马斯洛曾经提及，巅峰体验中生理感受上的强烈刺激，通常会被自然界中的美丽景色、艺术、音乐或性所激发。他还指出，舞蹈、艺术上的训练以及其他的躯体表现形式，能够为认知定向的传统教育提供重要的补充。身体与感觉定向的教育方式需要个体进行积极主动的参与式学习，而这也是一种重要的教育方式。

社会关系

在马斯洛看来，爱与自尊属于只能通过人际关系才能够获得满足的基本需求。他痛心于大多数心理学教科书甚至从不提及“爱”这个词，似乎心理学家将“爱”这个概念看作不实在的、必须被简化成诸如“利比多的投射”或“性的强化物”这类概念。

> 人性本善，只要人们的基本欲望（爱与安全的需要）得到了满足……给了人们爱与安全，他们就会感到安全，就会在他们的行为与感受中把爱给予别人。（Maslow in Lowry，1973b，p. 18）

意志

意志是自我实现这一长期过程中的关键成分。马斯洛发现，自我实现中的个体为了达到自己所选定的目标会努力奋斗。“自我实现意味着人们会努力去做好自己想做的事情。成为一个二流的医生并不是达到自我实现的良好途径。自我实现的人希望自己是一流的，或成为他们能够成为的人。”（Maslow，1971，p. 48）马斯洛对人性所秉持的善与健康信念，使他很少强调意志在克服那些不被接纳的本能或冲动过程中所具有的作用。他认为，健康的个体有着较少的内部冲突，不过，需要克服的不良习惯除外。人们可以运用意志来促进能力的发展，以及追求长期的挑战性目标。

情绪

马斯洛认为，积极情绪在自我实现中具有重要的作用。他鼓励其他心理学家能够对快乐（happiness）、平静（calmness）、喜悦（joy）开展严谨的科学研究，希望能对娱乐（fun）、游戏（games）和玩乐（play）进行考察。他认为，消极情绪、精神紧张和内心冲突会耗尽个体的能量，会抑制机能的有效使用。

> 如果你精心制订的计划低于你能达到的水平，那么我想警告你的是，你在今后的生活中可能会很不开心。（Maslow，1971，p. 36）

在马斯洛看来，成熟包括“能够让自己完全投入到一种情绪中，不仅仅是爱这类情绪，而且还包括愤怒、迷恋”（Maslow，1966，p. 38）。他继续指出，我们对强烈情绪的恐惧会使我们将生活中的很多事情去神圣化，或者使我们将理智化作为防御内心感受的武器。他认为，传统科学错误地把“冷静的”知觉和超脱的思维当作发现科学真理的最好工具。但是，这种限制性的思路也会将科学研究中的惊喜、敬畏、狂喜或其他形式的超越性感受排除在外。

生命之初就充满了喜悦与创造

理智

马斯洛强调要进行整体思维。这种思维方式强调要关注整体以及构成整体的各部分之间的关系，而非关注构成整体的各组成部分。他发现，巅峰体验中常常包含了一些令人注目的、打破二分思维法的范例，这种二分思维法是我们常常在日常生活中用来体验现实的方式。个体常常报告说在巅峰体验中，将过去、现在和将来看成了一体，将生和死当成了同一过程的不同部分，在同一整体中看见了好与坏。

整体思维在创造性个体身上也可以看到，他们能够突破以往经验、打破传统的分类模式去考察可能存在的新关系。这种思维需要个体保持自由、开放的心态，需要有能力去处理不确定性和那些前后不一致的情形。虽然这种不明朗的情形可能会带来一定的风险，但它是自我实现者创造性解决问题的喜悦所在。

马斯洛在其著作中认为，创造性个体更可能是问题定向（problem–centered），而非方法定向（means–centered）的人（Maslow, 1970）。问题定向者关注的主要是达到既定目标的要求与必要条件；而方法定向者则非常关注技术或方法问题，以至于他们能够在一些非常小的领域中做极为复杂的工作。问题定向可以避免自我中心者的不足，自我中心者只看到他们想看的东西，而非去了解实际情况。

自我

马斯洛认为自我是个体的内在核心或固有本性——个体的爱好、价值观与目标。了解自己的内在本性并遵照其行动是实现自我的必要条件。

> 自我实现中的人是那些健康的、成熟水平较高的和实现了自我的人，他们有如此多的地方供我们学习，以至于有时候他们看起来就好像是人类之外的一个物种。（Maslow，1968，p. 71）

马斯洛在研究自我的时候，主要是通过对那些几乎完全遵照自己本性来行动、以及那些最能反映自我实现或是自我表现的人进行了考察。然而，他并不是将自我作为人格的一个具体部分来进行讨论。

发生什么事了

治疗师

与罗杰斯一样，马斯洛认为心理治疗之所以有效，主要是因为来访者能够通过心理治疗与另外一个人建立亲密而信任的关系；此外，他也与阿德勒类似，马斯洛认为一个好的治疗师需要像大哥哥或大姐姐那样能够提供关心与爱。不仅如此，马斯洛还提出了道家助人者模式（Taoist helper），这种模式下的助人者只提供帮助，却又不会进行干预。举个大家熟悉的例子：好的教练会根据运动员的风格来安排工作，并在训练中对这些风格进行强化或优化。一个有能力的教练不会迫使所有的运动员都变成一个模式。好的父母就好像道家助人者那样，他们会进行自我控制，不会让自己为了孩子而去做什么事情。从而儿童会在他们的指导而非干涉下，获得最好的发展。

虽然马斯洛也接受了好几年的精神分析，接受过心理治疗的非正规训练，但是他的兴趣始终围绕着研究与写作，而不是进行心理分析的临床实践。马斯洛（Maslow，1987）将他所称的基本需求疗法（basic needs therapy）与领悟疗法（insight therapy）进行了重要的区分：认为前者是用来帮助人们满足诸如安全、归属、爱、尊重之类的初级需求；而后者则是一个复杂的、长期的自我认识发展过程。

> 有人指出，一个治疗师能够重复同样的错误40年，并将之称为“丰富的临床经验”。（Maslow，1968，p. 87）

马斯洛将治疗看作一种对受挫的基本需求（爱和自尊）进行满足的方式。实际上，他认为每个来寻求心理帮助的人都是爱和自尊的需求没有得到满足。他认为，温暖的人际关系能够为人提供很多存在于治疗中的那种支持（Maslow，1970）。

好的治疗师应该热爱与关心其工作对象身上所具有的一切。马斯洛在著作中提到，那些希望改变或操控他人的人不会具有这一基本态度（Maslow，1971）。比如，他说一个真正爱狗的人从来都不会去修剪狗的耳朵或尾巴，同样，一个真正喜欢花的人也不会为了漂亮而去修剪或扭曲花枝。

最新进展：马斯洛的影响

虽然马斯洛自己很少进行正式的研究，但是他的工作仍然启发了许多研究者投身于其中。

自我实现

沙斯通编制了个人取向量表（Personal Orientation Inventory，POI）以作为测量自我实现的工具（Shostrom，1963）。沙斯通报告说，他的量表能够识别一个人是否符合临床学家所说的自我实现（Shostrom，1964）。随着治疗的进展，POI 的得分会出现积极的变化（Duncan et al.，1990）。自我实现可能性较高的群体要比其他群体的得分高（Hattie & Cooksey，1984）。医学院学生的得分高于酗酒者，而酗酒者的得分则又比精神分裂症者高（Murphy et al.，1984）。POI 得分会随着冥想（Delmonte，1984）、阅读自助书籍（Forest，1987）和锻炼（Condola & Tuckman，1985）而获得提升。POI 的分数还与休闲娱乐的满足（Gray，1986）、道德判断（Kelly，Chovan，1985），以及躯体能力感（Rychman，1985）正相关。此外，POI 还与心理健康的其他一些测量指标相关（Campbell et al.，1989; Ramanaiah et al.，1985; Yonge，1975）。得分更高的已婚夫妇报告出有更高的性生活满意度（McCann，Biaggio，1989）。

对自我实现者进行的案例研究也证实了马斯洛的理论，另外也发现自我实现与达布罗夫斯基（Dabrowski，1967）的情绪发展理论有关（Brennan & Piechowski，1991; Piechowski，1978，1990; Piechowski & Tyska，1982）。布伦南（Brennan）与派乔沃斯基（Piechowski）编制了一套访谈指南与生命史问题，以便对自我实现进行研究（1987）。平均来看，在他们的案例研究被试中，有四分之三的人是自我实现者。在面对基本的生命问题时，这些人的反应中都包含有善良与简朴。派乔沃斯基等人在对马斯洛自我实现者的原始典型人物埃莉诺·罗斯福进行案例分析的时候，探讨了自我实现过程中的动力学问题（Piechowski，Tyska，1982）。

布鲁克编制了一套自我实现测验用来研究消费者（Brooker，1975），进一步阐明了马斯洛对自我实现所做的原始阐述（Leclerc et al.，1998）。

需求层次论

根据马斯洛的需求理论，一旦较低级的需求获得了满足，那么更高级的需求就会“出现”。然而，还有许多非常明显的例外，他们虽然过着饥寒交迫的生活，却仍然保留着自我实现的生命。比如，科尔斯观察到一些经济处于极度贫困中的人仍然发挥出了非常高的人类潜能（Coles，1971）。实证研究也显示，需求层次论并不是机械式的，或者说并不是人类行为的一个简单模型（Wahba & Bridwell，1976），马斯洛的本意也并不是如此。比如，饥饿虽然是一种生理需求，但是较低程度到中等程度的饥饿却能够很容易就被环境中的某个危险刺激或与所爱之人的约会而掩盖。马斯洛从来就没有明确指出一个饥饿的人会被饥饿所支配。其他人也没有。

需求层次论的一些潜在假设也确实获得了有关证据的支持。比如，大学生报告说如果较低级的需求没有得到满足，那么与较高级需求没有得到满足相比，他们的感觉会更糟（Wicker et al.，1993）。人类学资料显示，即使个体来自不同的文化，但是在安全需求产生之前，他们所关注的都是生理需求（Davis-Sharts，1986）。那些报告说，需要得到满足的大学生在神经质上的得分也更低（Lester，1990）。需求的满足与自尊水平为正相关，而与抑郁得分为负相关（Williams & Page，1989）。

不同层次需求的重要性似乎会随着时间的变化而变化，而马斯洛却没有对此进行阐述。在海默斯等人（Haymes & Green，1982）看来，生理需求在儿童时代的重要性较高，而青少年时代则更为重视归属需求。另外还有证据表明，自我实现动机会随着年龄的增长而增强（Hyman，1988）。

有研究者从发育生物学与进化心理学的角度对马斯洛的需求层次论进行了阐述（Kenrick et al.，2010）。作者从三个层面展开了分析：每个层次需求的进化功能，各需要的发展顺序，以及它们各自的认知优先性。他们认为，自我实现基本上可以归入自尊需求中，需要层级的顶端包括三个与后代繁殖有关的目标，即寻找配偶，留住配偶与养育后代。

巅峰体验

马斯洛的“巅峰体验”这一构念同样也激发了许多学者对此进行研究（Mathes et al.，1982）。威尔逊与斯宾塞（Wilson & Spencer，1990）对大学生的巅峰体验与瑜伽修道院修习瑜伽的人进行了比较研究，结果发现修道院修习者的体验极为类似马斯洛所说的巅峰体验。亚伊尔（Yair，2008，2009）考察了巅峰体验在教育中的作用，结果发现突然性的领悟这种特殊体验具有强劲而持久的作用。

霍夫曼（Hoffman，1998）考察了儿童期的巅峰体验，为此访谈了250余名成年人，让他们回忆14岁以前的高峰时刻。结果霍夫曼发现儿童期的巅峰体验可以很明显地分为9类，其中包括有振奋体验而非壮观景色，濒死体验或危机事件，自发的狂喜时刻，以及难以忘怀的梦境。霍夫曼等人还在日本做了一个类似研究（Hoffman & Muramoto，2007）。他们发现日本儿童也会出现儿童期的巅峰体验。日本成年人所报告的儿童期巅峰体验中，也出现了西方人所报告的其中三类。霍夫曼等人还对儿童期巅峰体验方面日益增长的跨文化研究进行了综述（Hoffman & Ortiz，2010）

马斯洛的工作仍然影响着许多领域的研究，比如宗教（Fuller，1994）、教育（Kunc，1992）和商业领域（Schott，1992）。此外，有些主要著作也已经再版（Maslow，1994，1998b）。有一本较新的传记详细介绍了马斯洛的一生，并总结了其主要思想（Hoffman，1999）。

理论点评

马斯洛的重要优势在于他所关注的问题是被绝大部分理论家几乎完全忽略了的人类机能（human functioning）问题，很少有心理学家像他那样严谨地考察人类经验中的积极特征。

> 我是一个新品种——一位理论心理学家，类似于……理论生物学家……我认为自己是一位科学家，而不是一位随笔作家或哲学家。我觉得自己不得不去做的是去感知而非去创造，实际上这也是我一直在努力做的。（Maslow in *International Study Project*，1972，p. 63）

他的主要贡献可以总结为以下三个核心思想。

1. 人类具有朝更高水平健康、创造、领悟与自我实现发展的内在倾向；
2. 神经症基本上是自我实现的内在倾向受到了阻碍；
3. 组织生产力与个人发展并不是不相容的；实际上，自我实现过程使每一个人变得更有效率、更有创造性和更有生产力。

马斯洛的实验研究几乎没有说服力；“探索”这个词就是对此的最好说明，而他自己也是第一个承认这一点的人：

> 这只是因为我自己没有时间进行精细的实验。这需要很长的甚至是数年的时间，到那时候我可能又会有新的想法，和我原来所想做的已经不同了。因此我自己只做“短而次”的初步探索，绝大多数时候都是只有少数几个被试，虽然够不上发表的要求，但足够让我看到我的想法可能是真的，这样将来某一天还可以对此确认。我属于小型突击队的快速奇袭，是游击战术。（Maslow in *International Study Project*，1972，pp. 66-67）

马斯洛从来都没有试图用实验来“证明”或核实自己的想法。他的研究更像是一种用来澄清自己理论并为之增加细节的方式。即使如此，马斯洛有时候看起来就像一个不关注新的事实或经验中可能存在矛盾情况的哲学家。他基本上知道自己想在研究中证明什么，但却似乎很少寻找新的资料去改变原来的构想。比如，他向来就很重视那些能够引发巅峰体验的积极刺激物，比如爱、美好事物、美妙音乐等的体验。对于那些能够引发巅峰体验的消极刺激物，他常常无视之；尽管许多人报告说在产生强烈的巅峰体验之前出现了消极情绪（比如恐惧、抑郁），随后他们又克服了这些消极情绪，并且将之转变成了非常积极的状态。（范例参见威廉·詹姆斯的《宗教经验之种种》）但是，马斯洛的研究中却很少提及这方面的新资料。

马斯洛的最伟大贡献在于，他是一位特别强调人类经验中的积极方面的心理理论学者——尤其是强调所有人，不管是男人还是女人，都存在巨大的潜能。实际上，马斯洛几乎对所有的人本主义与超个人心理学研究者都有启发作用。科林·威尔逊（Colin Wilson）在一本关于马斯洛与现代心理学的书中写道：

> 马斯洛是第一个创立了一门真正的综合心理学的人，他扩展了心理学的研究领域；可以说，他不仅打下了墙基，而且还建立了阁楼。他吸纳了弗洛伊德的临床方法，却没有接受他的哲学理念……“超然的”动机——美感的、创造的和宗教的——和支配欲、性一样，都是人性中最基础的、最永恒的部分。即使它们的“普遍化”程度明显较低，那也只是因为很少有人可以达到这一境界。马斯洛的成就是巨大的。正如所有那些拥有原创性的思想家一样，他为我们看待世界开创了一种新的方式。（Wilson，1972，

pp. 181–184）

马斯洛被称为“美国自威廉·詹姆斯以来的最伟大心理学家”（*Journal of Transpersonal Psychology Editorial Staff*，1970）。虽然许多人可能会认为这种赞誉有点儿夸张，但没有人会否认他作为一名原创性思想家和人类潜能心理学开创者所应具有的重要地位。

超个人心理学

马斯洛在西方心理学的前三大势力中，即行为主义、精神分析和人本主义心理学，

> 有些学术领域已经迅速形成了一种反哲学，就连同对去人性化的机械化所产生的强烈反对那样。似乎可以将之称为对人、人类能力以及需求愿望的再次发现。（Maslow，1965，pp. 219–220）
>
> 人类需要一种价值体系、一种生活哲学……据此生活和认识世界；就如同他需要阳光、钙，或者是爱一样。（Maslow，1968，p. 206）

增加了超个人心理学这一支新的力量。在马斯洛看来，行为主义和精神分析的研究范围太有限了，以至于完全无法说明人类的全部本性。精神分析主要是源于对精神病理学的研究，而行为主义则将复杂的人类本性问题还原为简单原理，都没有完全说明诸如价值观、意识和爱之类的问题。

在20世纪60年代初期，人本主义心理学起源于马斯洛、罗杰斯和其他一些关注心理健康与人类有效行动的心理学家（Moss，2001）。许多人本主义心理学者将马斯洛的理论，尤其是自我实现理论，作为他们进行研究与写作的依据。

1968年，马斯洛将人们的注意力带到了人本主义模式的局限性上。在对人性所能达到极限的探索中，他发现了超越自我实现的可能。当巅峰体验特别强烈时，自我似乎融合到了一个“大我”（greater unity）中。自我实现这一术语似乎不能全面反映这些体验。

在20世纪60年代后期，马斯洛与心理治疗学家、《人本主义心理学杂志》（*Journal of Humanistic Psychology*）创始人安东尼·苏迪奇（Anthony Sutich）都认为“超个人”（transpersonal）这一词语可能是最适合描述心理学这一新分支的术语。“超个人”这一术语来源于拉丁语超出（trans），意思是“超过”或“通过”，人格面具（persona）意思是“面具”或“外显人格”（public personality）。最早的超个人心理学考察的是那些超越了情境性自我（conditioned ego）的经验，包括马斯洛的B–价值观念，比如美好、爱与同情（Sutich，1968）。1969年，苏迪奇开办了《超个人心理学杂志》（*Journal of Transpersonal Psychology*）。1971年，成立了超个人心理学协会，这是第一个为超个人研究而成立的正式协会。马斯洛这样介绍这一新的研究领域：

> 我还应该说，我认为人本主义这一心理学的第三势力是一种过渡性的、是为一个更“高级的”心理学第四势力做准备……关注的是宇宙意识（cosmos），而非人类的需要与兴趣，它超越了人性、认同、自我实现等方面……我们需要一个“比我们更大的”东西来敬畏，然后投身到这个新的、自然的、经验的、非宗教的感觉中，就好像是梭罗、惠特曼、威廉·詹姆斯和约翰·杜威那样。（Maslow，1968，pp. iii-iv）

超个人心理学其中的一个基本教义就是认为在每一个个体身上，都潜藏有一个更深的自我，这个自我实质上就如同荣格理论中的自我（the self）构念。它与人格和个人化自我（personal ego）不同，它是个体内在智慧、健康与和谐的源泉。

超个人心理学的基本假设之一就是认为，我们对人类潜能的全部范围还不了解，这一假设可以追溯到威廉·詹姆斯。对个体成长方面的巨大潜能的感觉为超个人心理学提供了一个背景。超个人心理学方面的论文与文章有奥恩斯坦（Ornstein，1973）、塔特（Tart，1969，1992）、沃尔什与夏皮罗（Walsh & Shapiro，1983）等人的著作。沃尔什与沃恩（Walsh & Vaughan，1980，1993）收集了超个人心理学领域中那些最为重要的文献，都为该领域的权威人物所撰写。弗雷格（Frager，1989）、威莱（Valle，1989）、沃什伯恩（Washburn，2003）和丹尼尔斯（Daniels，2005）的著作则使我们对该领域有总体的了解。

> 不同的个体有不同的超越性成长途径，没有哪个方式能够适合所有的人。（Hastings，1999，p. 200）

超个人心理学简介

卡普兰简要介绍了该领域的基本研究方向与起源（Caplan，2009，p. 231）：

> 超个人心理学作为一门正式的学科，相对来说是一个较新的领域，始于 1969 年《超个人心理学杂志》的出版和 1971 年超个人心理学协会的成立……超个人心理学考察的是人类心理精神发展（psychospiritual development）中所包含的所有方面——从我们最深层次的创伤与需要，到人类所面临的存在性危机，以及人类意识所能达到的超越性能力（transcendent capacities）。

> 没有超越和超个人，我们就会生病，就会变得暴力、虚无主义，或者是变得绝望、冷漠。（Maslow，1968，p. iv）

在有些人看来，超个人心理学特别重要；因为它包含了其他文化与传统中的心理智慧：

> 超个人心理学将西方文化中个体主义心理学的洞见，与东方和中东地区的精神心理学（spiritual psychology）思想糅合在了一起。知道我们自己所受的训练存在局限，以及知道西方思想并不是普遍心理规律中的核心思想可能会令我们难受。但是，当你开始意识到已经做了大量研究，而这些研究还在等待我们用西方心理学中的科学、实验方法来进行验证的时候，这种感受就会消失。（Fadiman，1980，p. 181）

还有些超个人心理学家在努力整合那些来源于亚洲的构念与思想（Frager，1989；Walsh，1989，2000；还可以参见本书第 13 章至第 15 章）。亚洲心理学通常比较关注体验中的精神层面，而对其中的病理方面却较少关注。这其中包括了意识地图、发展水平，以及那些传统心理学所述之外的阶段。沃尔什（Walsh，1989）总结了东方的冥想（meditation），以及其他被当作心理治疗方法的相关技术。另外一种思路则强调超个人心理学中所包含的体验应该是心理学其他领域所忽略或搪塞不理的经验：

> 超个人体验可以被界定为一种体验，在这种体验中，个体的认同感或自我超越［超出（trans）］了个体或个人，并且包含了人类、生命、心智（psyche）和宇宙意识中更为宏广的方面……超个人心理学是考察超个人体验及其相关方面的心理学研究（包括日常生活、创造性或这种经验所激发的精神）。（Walsh & Vaughan，1993，p. 3）

个人练习

超个人体验

好好回忆一下，想出一个你的体验超出了你日常的自我感受或自我认同的时候。这个时候可能是你表现最好的那一刻，或看到了最美好东西产生强烈感受的那一秒，或意识中最深层的精神转化那一瞬。这种体验是如何影响你的？它对你的日常生活是否带来了长期影响？你从中领会到了什么？

对于超个人心理学，研究者有着各种不同的定义，有研究者（Lajoie & Shapiro，1992）考察了 1969 至 1991 年之间所发表文章中涉及的 40 种定义，最后概括成“超个人心理学所关注的是人类的最大潜能，是对合一的、精神的和超意识的状态所进行的识别、理解和认识”（p. 92）。

哈特琉斯与其同事（Hartelius et al.，2007）分析过去 35 年来所发表文章中涉及的超个人心理学定义。他们认为其中包括三个方面的主题，即超自我心理学（beyond-ego psychology）、整合 / 整体心理学（integrative/holistic psychology）和转化心理学（psychology of transformation）。他们指出，现在已经由早期关注意识的其他状态延伸到更为广泛的考察人类的超越体验与转化上。

超个人研究已成为一个发展迅猛的领域。安德逊与布洛德（Anderson & Braud，1998，2011）对许多没有忽略量化方法的质性研究进行了详尽分析，他们列举了对人类特殊经验进行实证研究的方式，这些特殊经验包括终极价值观、终极意义、巅峰体验，以及超越性的和更高层次的意识。哈特等人（2000）在一本包含了许多超个人心理学领域的知名学者所著的论文集中，也分析了认识自己与认识世界的不同方式。斯科顿等人（Scotton et al.，1996）从詹姆斯、荣格、萨满教（shamanism）、基督教、犹太教，以及东方神秘主义中探察超个人心理学的根源；他们还分析了后来那些考察冥想和超心理学的研究，并且提供了精神危机（spiritual emergency）方面的个案研究。以超个人研究为特色的学术期刊包括有《超个人心理学杂志》、《人本主义心理学杂志》、《再次视见》（*ReVision*）和《国际超个人研究杂志》（*International Journal of Transpersonal Studies*）。

永恒模型

超个人心理学中隐含的人性观点其实并不新鲜。它一直存在于人类文化中。只是被称为“永恒哲学”（perennial philosophy; Huxley，1944）、“永恒信仰”（perennial religion; Smith，1976），以及“永恒心理学”（perennial psychology; Wilber，1977）而已。其中所谓“新”的地方其实就是超个人心理学者需要将各种文化和传统中的思想综合起来，以便构成一个符合科学框架和现代心理学语言的体系（Vaughan，1995）。

对各宗教里的“永恒思想”这一假设，并不是所有的超个人心理学家或宗教学者都赞同。而另外一个极端就是否认每一个神秘主义者所述的任何一个不带倾向的重要的神秘体验。神秘体验本身就受神秘主义传统所塑造，不能脱离其文化和宗教背景来作有意义的解释（Katz，1978）。

永恒模型（perennial model）包括以下四个基本假设（Valle，1989）。

1. 超越现实或合一（unity）会将所有（明显分离的）现象结合起来。
2. 自我或个人化自我只是对更大的、超个人（“超越个人”）的自我或统我（oneness）的反映。我们来自于自我，但根基也是在自我中。然而，我们疏远了自己的本源，如果要成为一个更健康、更圆融的人，我们就需要回到那里去。

3. 能够直接体验到现实或大我是人类精神生活的核心。
4. 这种体验包含了从自我体验到体验更宏观世界的性质上的转变。这是一种强烈的、自我确认式的体验。

另外一位超个人理论家拉尔夫·梅兹纳（Ralph Metzner）收集了超个人发展，或人类意识转化（transformation）方面的描述（Metzner，1986）。这些描述包括一些重要的象征，比如从毛毛虫到蝴蝶的蜕变、从梦境到现实的苏醒、从囚徒到自由的转变，从黑暗到光明的步入、被心灵之火（inner fire）的净化过程、从裂片化到圆融的整合过程、在幻想之地与神国的旅行过程、回归人生始源的过程以及死亡与重生过程。

新范式

如今应该很清楚的是，超个人心理学赖以为基础的假设显然不同于心理学的其他领

> 超个人范式认为人与人之间并不是彼此分离的，认为人类也没有远离能够产生更高层次的爱、见识与存在的源泉。超个人范式促使我们去考察与探索那些存在于人类中的超个人和精神的方面，促使我们去寻找出能够培养这种层次存在的方式。（Hastings，1999，p. 206）

域。这也就是托马斯·库恩（Thomas Kuhn）所谓的新范式（Kuhn，1962）。

库恩认为“范式”（paradigm）是某一学科圈子成员所共享的价值观与信念系统。在任何一个特定的圈子中，不管是理论研究还是具体研究，都需要遵从这些基本的价值观与信念。库恩认为，重大的科学进步常常来源于某个范式的转变。遗憾的是，在新范式刚刚提出来的时候，几乎会无可避免地受到人们的抵制。新范式的提出者常常会被指责为方法不科学或研究的不是科学问题。

塔特（Tart，1975）深入分析了超个人心理学与传统心理学范式之间的差异，主要有下面几点。

1. 老范式：物理是终极性的学科，研究的是真实世界。梦、情绪、人类经验都由此派生。

新范式：心理现实与物理现实一样真实。现代理论物理学表明这两者之间区分并不是那么大。

2. 老范式：相对来说，个体独立于周围的环境而存在；我们每个人在本质上而言都是独立的创造物（因此我们能够努力去控制世界，就好像我们不是它的一部分一样）。

新范式：所有生命形式都共同拥有深层次上的心理 / 精神联结；每个个体都是一个宇宙创造物，深深地嵌入在宇宙中。

3. 老范式：我们的日常意识状态是我们的精神能够组织起来的最好、最有理性、最适应的方式；其他的所有状态都是次级的或病态的；甚至“创新意识状态”也被怀疑，常常被当成是病态的边缘（比如“退行”）。

新范式：更高层次的感受、觉察甚至理性，是可能存在的；我们所谓的清醒意识其实更像是“醒着的睡眠”，此时我们只是运用了一小部分的觉察或能力而已。

4. 老范式：寻求意识的其他状态是病态或不成熟的表现。

新范式：努力去体验不同的意识状态是个体健康成长的自然反应。

5. 老范式：人格的主要发展完成于成年时期，神经症、儿童期创伤之类的人除外。

新范式：普通成人只是显示了成熟的初步水平；“健康”成人的人格仅仅是精神之路（spiritual work）和更高水平的智慧与成熟的基

础而已。

精神导师常常指出，我们的日常意识状态不仅仅是有限的，它还是朦胧、虚幻的。从这一观点来看，仅仅处理人格发展动力的心理治疗就只是治标而已，就好像给病人糖果一样，只有安慰作用，却没有进行真正的治疗。

肯・威尔伯的研究

肯・威尔伯（Ken Wilber）是一位高产的超个人理论家，著有20多部著作。威尔伯在他的首部著作中，将东方文化与西方文化中的许多思想融合在了一个模型中（1977）。在他看来，成长就是个体内部那些两极分化的方面进行愈合的过程：首先是意识与无意识之间的分裂，或者说人格面具与阴影的分裂；其次是身（body）与心（mind）的分裂；再次是机体与环境的分离；最后则是与宇宙意识实现合一的阶段。威尔伯认为，每一层次的意识，都有各自的重心、问题、适合的治疗形式或精神修炼方法（spiritual practice）。

威尔伯在其著作中将人类的成长与发展分为两个基本过程（Wilber，1980）：首先是外弧（outward arc），这是个人的、自我的发展过程；第二个过程是内弧（inward arc），是指超个人的、精神的发展过程，是从自我意识到超意识（superconsciousness）的发展过程。

> 外弧的故事其实就是一个与英雄有关的故事——是为了从潜意识的睡眠中挣脱出来而苦战的故事……外弧也是一个与自我（ego）有关的故事，因为自我就是这个英雄……但是这个作为从潜意识到自我意识的外弧过程，只是意识发展过程的一半而已……在自我意识中的自我之上，在神秘主义的先知看来，还存在着回归的路以及永恒的心理（psychology of eternity）——内弧。（Wilber，1980，p. 4）

威尔伯将个体发展的每一个阶段都看作一波意识，每一波都是对前一波的“超越与囊括”（Wilber，2000c）。他还提出了一个四象限模型（Wilber’s Four-Quadrant Model；Wilber，2000a，b，c），该模型是一个有力的、几乎能将所有可以想到的、对人类经验与行为进行研究的取向都囊括进去的元理论（metatheory）。形成四个象限的变量包括个体与集体、内部与外部四个，详见图12–2。

	内部	外部
个体	主观体验	行为
集体	文化	社会系统

图12–2　威尔伯的四象限模型

象限的右上角是个体能够观察到的客观方面，包括生理与行为（学术心理学的传统领域）。左上角是个体的主观体验，包括想法、感受、价值观和意识。左下角包括特定文化或亚文化中的成员所共享的意识中所存在的模式。右下角是与文化模式有关的客观方面，威尔伯称这些“互为主体的真实”（intersubjective realities）为社会系统，包括社会风俗、沟通模式以及经济和政治结构。

斯坦尼斯拉夫・格罗夫的研究

斯坦尼斯拉夫・格罗夫（Stanislav Grof）是欧洲的一名精神病医生，撰写了许多与致幻剂、意识的改变状态和超个人理论有关的文章。格罗夫（1993）把心灵（mind）看作一幅全息图。全息图中的每一小片都保留了原来整幅图的所有信息。他认为，虽然我们是分离的个体，但我们的心灵不仅包含了自己的个人体验，还包括普遍化的模式与真理。格罗夫总结了非正常意识状态

（nonordinary states of consciousness）方面的文献（Grof，1998），还为他 40 年来在意识方面所开展的研究进行了系统而又全面的评述（Grof，2000）。

格罗夫（Grof，1988，2006）还建立了一种进行超个人修习的全息呼吸法（holotropic breathwork），能够帮助人们进入意识的深层状态中。有研究者（Holmes et al.，1996）将全息呼吸法说成是"一种体验心理治疗的方式"，并发现如果将全息呼吸法与心理治疗结合在一起，所生产的效果就会比单独进行心理治疗要好得多。

迈克尔・沃什伯恩的研究

迈克尔・沃什伯恩（Michael Washburn）在他的《自我与动力根源》（*The Ego and the Dynamic Ground*）一书中，提出了个体心理发展的超个人理论。他认为："日常形成的自我（ego），是能够被超越的，可能存在一个更高级的超自我（trans-egoic）阶段或水平。"（Washburn，1995，p. v）当自我植根在它的动力根源（dynamic ground）上时，即神圣的心理之源[①]（psychological locus of the divine）上，那么就会出现这个更高的阶段。沃什伯恩将人的发展分为三个主要阶段。

1. **前自我阶段**（pre–egoic）：指的是从婴儿期到儿童早期。该阶段的自我是弱小的、未发展的，受动力根源所支配。
2. **自我阶段**（egoic）：指的是从儿童晚期一直到成人中期。这时的自我通过压抑将它与动力根源分隔开来，从而使心理得以成长。
3. **超自我阶段**（trans–egoic）：指的是成人后期。在成人后期，一个成熟的、发展良好与成熟的自我变得与动力根源整合在一起。

沃什伯恩提出的三个发展阶段并不是线性的。个体不断地压抑，或者是否认动力根源以及返回到动力根源上。这一循环不断继续，直到完成最后的整合。

沃什伯恩的观点中包含有一些弗洛伊德与荣格的思想。他所提出的发展阶段类似于荣格的个体化构念。受弗洛伊德的影响，沃什伯恩把压抑与退行看作发展中的重要成分。然而，弗洛伊德在论述压抑时是为了阐述自我，而沃什伯恩关注压抑却是为了阐述超越。沃什伯恩（Washburn，1995）还分析了意识的结构与发展。他把自我发展的精神分析理论作为自我超越（ego transcendence）这一构念的基础（Washburn，1999）。

> 在荣格对"夜间海上之旅"（night sea journey）的解释中，太阳落到海平面之下就是自我沉入集体无意识中，在那儿，自我虽然被吞噬，却又以一种重新充满了能量的、变化了的形式得以重生。（Washburn，1995，p. 21）

沃什伯恩（Washburn，2003）简要概括了超个人心理学中最为重要观点中的五种理论取向。

1. **结构式层次观**。结构式层次观（structural-hierarchical perspective）认为存在着层级化的结构式的能力与才能。它包括威尔伯的整合心理学和精神传统中与发展阶段有关的经典陈述（范例参见本书的瑜伽、佛教和苏非教派章节）。福勒（Fowler，1981）信仰发展阶段（faith development）的影响模型（influential model）中对比也有相关的阐述。这一观点被人批评为，是那种传统上用来贬低女性与有色人种的男权观的延续（Ferrer，2002）。
2. **螺旋式动力观**。螺旋式动力观（spiral–dynamic perspective）是该学科自诞生以来的重要视

① "动力根源"这一词语来自神学家保罗・田立克（Tillich，1948）的术语"存在之本源"（ground of being），田立克用这个术语来指代无神论对"上帝"这个角色的称谓。——译者注

角之一。该取向认为，自我来源于“本源”或“动力根源”。在超个人发展的过程中，我们会努力寻求返回到作为成人的本源。该视角也是超个人深度心理学的视角，其中包括荣格主义心理学和格罗夫（Grof，2000）以及沃什伯恩（Washburn，2003）的研究。

3. **参与式视角**。参与式视角（participatory perspective）是一种多元化视角（Ferrer，2001，2002），其基础是建立在尊重各种精神传统和个体心理精神发展（psychospiritual development）的不同方式上。超个人体验也不可避免地被认为是植根于个体的社会与文化上。
4. **女性主义视角**。超个人心理学中的女性主义视角（feminist perspective）倾向持续不断地增长着。该视角关注的是精神发展与神圣体验中的性别差异问题（参见：Wright，1995，1998）。《国际超个人研究杂志》2010年出版了一期特辑，专门发表超个人心理学中的女性主义文章。
5. **生态学视角**。生态学视角（ecological perspective）的重要性如今同样也是在稳步地增长着，其先驱性人物是华威·福克斯（Warwick Fox，1990）。该取向认为地球是人类与其他物种的神圣家园（参见，Metzner，1999；Stavely & McNamara，1992; St. John & MacDonald，2007）。

沃什伯恩（Washburn，2003）声称，超个人心理学应该秉持上述所有取向，认为需要认识到持任何一个单一取向的不足，尤其是普救说（universalism）和后现代主义中的极端观点。

心理综合论

罗贝托·阿沙吉欧利是超个人心理学中心理综合论（psychosynthesis）的创始人，他是意大利的一名精神病学家，曾与弗洛伊德和荣格一起共事。阿沙吉欧利1888年出生在意大利的维也纳。他18岁时，就已经掌握了8种语言，包括意大利语、英语、法语、俄语、希腊语、拉丁语、德语和梵文。他在1910年获得了神经病学和精神病学的医学学位。在苏黎世的霍兹利医院（Burgholzli hospital，即荣格曾经受过训练的医院）实习之后，他开设了意大利的第一家精神分析诊所。他的思想受到了弗洛伊德对压抑的研究以及荣格的集体无意识理论的启发。

> 如果说人文科学的目标有什么地方超出了人们对人类神秘体验的纯粹幻想并以此为乐，那有可能就是它可以让人们免受外部世界的控制，使人们的行为更难以被他人预测……即使他也许可以更好地预测自己。（Maslow，1966，p. 40）

事实上，我们既有日常自我（ordinary self），也有深层自我（profounder self），但这并不意味着存在两个各自分离、各自独立的“我”（I），不是说我们身体内部有两个存有（being）。自我（the self）其实只有一个。所谓的日常自我，事实上只是那个在某一时刻可被清醒意识所吸收、同化的深度自我（deeper self）中的一小部分而已……它反映了哪些方面能够变得更清晰、更鲜活，而且它也许在某一天能够成功地将自身融合到其源头中。（Assagioli in Hardy，1987，p. 31）

阿沙吉欧利认为，存在着一个较低层次的（个人的）无意识和一个较高层次的（超个人的）无意识（Assagioli，1971）。因此在心理综合中也同样存在两个水平的治疗：一个是个人的，另外一个是超个人的。个人心理综合（personal psychosynthesis）关注的是围绕着个人自我（personal self）而进行的人格整合，而超个人心理综合（transpersonal psychosynthesis）的重点却是人格与超个人自我（transpersonal self）的相互结合。阿沙吉欧利指出，人格水平上的自我从根本上来说是超个人自我的反映。阿沙吉欧利认为（Assagioli，1971），许多心理问题，即使是那些很严重的问题，都是精神觉醒的危机，而不是心理病理症状（类似观点可参见：Phillips et al.，2009）。在他看来，个体的核心就是自我，它是人类心智（psyche）的中心（Assagioli，1993）。

心理综合论已经被用来治疗我们内心最深处的原始创伤（Firman & Gila，1997），当代心理综合论的实际应用者们已经尝试将心理综合论的观点与发展、人格，以及临床方面的理论与研究融合在一起（Firman & Gila，2000，2002）。

超个人研究中的主题

非凡的个人体验

“非凡的个人体验”（exceptional human experience，EHE）是瑞·怀特（Rhea White）于 1990 年创造出来的一个词语。怀特发现存在着 5 种类型的 EHE：神秘的 / 统一的（unitive）体验、心灵式（psychic）体验、偶遇式（encounter）体验、不寻常的与死亡有关的体验、日常经历中的独特体验。超个人心理学作为一门考察人类所有经验的心理学，致力于考察人类的所有经验，其中就包括了那些不寻常的经验。由于那些非凡的个人体验所具有的反常特性，因此通常都不大为西方文化与心理学所关注，然而对于那些体验到 EHE 的人而言，它们却可能会给他们带来强烈的影响（参见：Brown & White，1997; Cardena et al.，2000; Palmer & Barud，2002; Ring，1992; Waldron，1998）。

精神危机

斯坦尼斯拉夫与克里斯蒂娜·格罗夫（Christina Grof）创造了“精神危机”这一术语，发现精神危机网络（spiritual emergency network，SEN）可以为体验到此类状态的个体提供支持（Prevatt & Park，1989）。他们不认为精神危机是在精神成长过程中偶尔出现的危机，而认为那些戏剧性的强烈的神秘体验可能会引发个体价值观或身份认同的断裂，或者会导致严重的焦虑与紊乱（Grof，Grof，1989）。

强烈的神秘体验还可能会导致个体出现一些问题，比如“整体人格的剧变”（Neumann，1964）、自我功能的丧失、时空感知的改变，以及产生失控感（Allman et al.，1992; Hood，1974; Lukoff & Lu，1989）。那些显而易见的通灵式体验也可能会让个体产生恐惧与焦虑。哈斯丁对在咨询当中如何帮助人们应对那些超心灵体验（psi experiences）的方法进行了讨论（Hastings，1983）。菲利普斯等人（Phillips et al.，2009）综述了精神体验（spiritual experiences）和精神错乱有关的文献，整合了与之有关的理论、研究以及治疗方法。所提出的治疗建议包括有宗教咨询、荣格式心理治疗和各种超个人疗法。

> 超个人心理学并不仅限于理论和研究，它还是一门实践应用学科。超个人心理学家感兴趣的是那些超个人的体验、价值观与行为。（Hastings，1999，p. 200）

亚洲的文化传统早就认识到了进行高强度精神修炼时存在的潜在危险。冥想可以让亚洲冥想者产生幻象，或者让他们出现精神失常（Epstein，1990）。西方修习冥想的人也可能会出现类似的问题。有些西方的冥想修习者体验到了焦虑、人格分离、人格解体、感知改变、躁动、身体紧张（Bogart，1991; Walsh & Roche，1979）。

宗教与精神障碍

虽然不会如同精神危机那么严重，但是宗教与精神障碍在心理治疗病人中也非常常见。在一项对美国心理学会中的心理学家所进行的调查发现，有60%的人报告说来访者常常会用宗教式言语阐述他们的体验，有超过16%的人所述的问题直接与宗教与精神有关（Shafranske & Maloney，1990）。另外一项对心理学家的调查发现，有72%的人声称在治疗中处理过宗教与精神问题（Lannert，1991）。还有一项对心理治疗学家、社会工作者、婚姻与家庭治疗学家和精神科医生的调查发现，有29%的人报告说精神问题在他们所有或大多数的治疗中很重要（Bergin & Jensen，1990）。

然而，大部分心理学家并没有接受过宗教或精神问题方面的训练。在一项对治疗训练导师的调查中发现，83%的人报告说他们督导的实习生很少提出这方面的问题来讨论。而所有的导师表明他们自己并没有接受过宗教或精神问题方面的训练（Lannert，1991）。

对于这种对精神问题缺乏敏感性的情况来说，超个人心理治疗是一个很明显的例外。处理精神问题和精神危机是超个人治疗训练中不可分割的一部分（参见：Boorstein，1996，1997; Cortright，1997; Scotton et al.，1996）。超个人治疗师是使“宗教与精神障碍”（religious or spiritual problem）成为心理诊断系统中的“圣经”，《精神疾病诊断与统计手册》中的一个新类别的主要力量（Lukoff，1998）。

对超个人心理学的评价

人类经验中的超个人领域曾经是牧师、萨满教巫师或精神导师的专享领域，但如今，超个人体验也成了心理学的关注领域。当我们在处理诸如价值观、生活意义、生活目的之类的问题时，就会不可避免地涉及精神、超个人这一问题。

> 我们还需要继续确认所有的理论与精神传统只是对那些无法用具体形式把握的复杂现象所做的尝试解释而已。这确实就是科学的最初目标和意愿：以一种惊叹而谦卑的方式去获得更好的认识与理解。（Scotton et al.，1996）

荣格认为，只有通过意识的转变，我们才会发生变化，才能得到成长。

> 生命中那些最重要和最关键的问题其实根本就无法解决……它们永远没有答案，只会壮大。这个“壮大”（outgrowing）表明，如果要对此做深入考察，则需要一个新水平的意识。需要在某个更高层次或更广泛的兴趣上来看待所谓的病人。（Jung in Jacoby，1959，p. 302）。

作为一个研究领域，超个人心理学致力于考察与说明这个壮大过程，以及考察这些新水平的意识。其他一些还对超个人心理学感兴趣的领域包括康复学、冥想研究、成人精神发展、意识研究、致幻剂研究、超心理学、宗教与精神障碍治疗、超个人心理治疗、引导式幻想（guided imagery）和非凡的个人体验。

如今已经有几所大学提供有超个人方面的治疗训练以及超个人心理学的高等学位。随着越来越多的人认识到了生活意义和精神在他们生命中的重要性，超个人心理学的业务活动和影响力也越来越大。

原始手稿

◆选自“高原体验”

以下节选自马斯洛与其他几位心理学家的讨论，来源于《超个人心理学杂志》。

我发现，随着年龄的增长，我的巅峰体验变得不再那么强烈了，而且频率也越来越低。在与其他一些年龄也在逐渐增长的人讨论这个问题时，我得到了类似的答案。我的印象是，这可能与老化过程有关。这很有道理，因为在某种程度上，我已经知道自己有些害怕巅峰体验，因为我有点儿怀疑自己的身体是否还能够承受得住这些体验。每次巅峰体验都会引起自主神经系统的巨大反应，巅峰体验的减弱可能正是身体自我保护的方式……

随着这些剧烈反应以及情绪爆发的情况在我身上出现的频率越来越低，在我的意识中似乎又出现了另外一些非常重要的情况。一种可以说是沉淀的东西闪现了出来，或者说是从开悟、顿悟和其他一些极为重要的生活经历中（包括悲惨的经历）爆发了出来。结果就是有了一种统一意识，它与巅峰体验相比，既有一定的优势，也有一定的不足。我将这种统一意识看作同时感知到了神圣与普通，或是对奇迹与日常小事的同时感知。

现在，我是从永恒的角度来看待事情，对日常事情的感知也变得有点神秘、诗意，带点象征主义。你知道的，这就是禅的体验。这没有什么特别或特殊的，而是一个人随时生活在一个充满奇迹的世界中而已。这有点自相矛盾，因为它是神奇的，却又不会引起自主神经系统的爆发。

这种类型的意识与巅峰体验有着共同的成分：敬畏、神秘、惊奇和感觉上的震撼。这些成分是当下就有、持续存在的，而非只有一个巅峰。这肯定会让人们把它当作诱发巅峰体验或性兴奋的一种模式或范例，这些体验其实就是让人攀上了高潮或巅峰，然后就突然结束或完结。是的，这种类型的体验必定有另外一种模式。我想用“高原”（high plateau）这个词语来说明这种体验。这是一种处在一个始终是高水平的开悟或觉悟过程中，或者是禅、轻松惬意、超然的或无所挂念的情境中。它常常是一种强烈的感觉，是极致和美的震撼，但却不是小题大做，因为它是每时、每刻，随时都会出现。

这种体验有其优势的一面。首先，它比巅峰体验出现得更为自然。例如，为了能够进入到这种意识中，我不是去地铁上、而是会到艺术博物馆或者是到草地上去。在高原体验中，你不会感到惊讶，因为它们比巅峰体验更为自然。而且，我认为你可以教授高原体验，因为你能奇迹般地掌控你的班级。

我还注意到另外一个方面，就是你可以坐下来，然后将注意力集中在某些令人惊奇的事情上，保持一个小时的时间，尽情享受这其中的每一秒。不过，你不可能将兴奋保持一个小时那么长的时间。因此从这点来看，高原体验更好。可以说，与高潮、兴奋和高峰相比，它有更大的优势。在高原体验中，它并不会降到谷底，而且它通常更会是在不经意中出现。

这种体验中还有其他值得一提的方面。它是一种宁静祥和的状态，而非情绪上的激动。我们习惯将情绪化的人看作一种暴躁型的人。然而，个体的心理上还需要平静。我们需要强烈的情绪，也需要宁静……

高原体验中的一个重要方面是它们从本质上来说是一种认知。实际上，高原体验的定义表明，它们大多是代表对世界的见证。高原体验是对现实的目击。它包括看到了象征式的东西，或者是看见了神幻的、诗意的、超越的、令人称奇的和难以令人置信的东西。我认为，所有这些都是真实世界的一部分，而非只是存在于那些见证者的眼中。

高原体验中还会有一种确定感（sense of certainty）。它的感觉非常好，在看待世界的时候会将之看作美妙的世界，而不是将它看作具体的世界，不会还原的只剩下行为，也不会限制于此时此地。你知道的，如果坚持此时此地，那么这就是一种简化。

好的，你很容易就会啰唆或唠叨这个世界的美丽，但实际上，这些高原体验在许多文献中都有清楚的记载。这并不是对强烈神秘体验的标准描述，而是指当神秘体验发生时，个体看待这个世界的方式。如果神秘体验改变了你的生活，那么你就如同这种神秘体验那样去继续你的生活吧。比如，伟大的圣人既可能会做出神秘的预示，也会去管理一座寺院。你可以开间杂货店，自己付账单，但看待世界的方式仍然可以保持那种你看见奇妙景象时的方式。（Maslow in Krippner，1972，pp. 112–115）

章节重点

- 一个人格理论要达到准确、可行，应该既可以说明个体能够达到的高度，同时也需要阐述个体所能够达到的深度。需要对那些最有创造力、最成熟和自我整合最好的人进行研究，考察他们的心理健康和成熟所能达到的上限。
- 需求层次论认为，先有生理需求（饥饿、睡眠、性，等等），然后在此基础上才会产生心理需求；基本的心理需求包括安全（稳定、秩序）、爱（归属感）、自尊（自我尊重、获得认可），以及自我实现需求（能力的发展）；在低级需求满足的基础上，才会产生高级需求。
- 需求层次论表明，行为主义、精神分析、人本主义心理学，以及超个人心理学都各有各的优势和研究主题，不存在哪个理论更好的说法。
- 剥夺基本需求（包括生理需求和自我实现需求）会引发神经症和适应不良；对此进行治疗的唯一方法就是满足这些需求。
- 个体除非能够发挥他们的能力与才能，能够体验到自我实现，否则即使其他所有需求都获得满足，也仍然会产生挫败感。
- 自我实现的人会献身于某一事业或职业，无一例外；投身于自我以外的某一事情，以及做好自己所选的事情，是个体成长的两个必要条件；自我实现者的主要特征包括努力工作、勇气、创造力和自发性。
- 马斯洛确认出了 8 种可以引发自我实现的行为，那就是专注、选择成长、自我觉察、真诚、判断、自我发展、巅峰体验和没有自我防御。
- 存有心理学最为适合自我实现者的情况，而巅峰体验则常常与此有关；在缺失心理学的认知中，物体仅仅被视为需要满足物；而在存有心理学的认知中，知觉被欲求或需要歪曲的可能性也较低。
- 个体除非可以免于被诸如安全、自尊等低级需求的支配，否则就不可能去追求自我实现；追求更高级的需求本身就是心理健康的一个指标。
- 生理动机或诸如安全、自尊之类的心理需求都比成长需求更为基础；阻碍个体自我实现的因素包括过去经验的消极影响、不良习惯、社会压力、群体影响，以及那些导致个体偏离自己内心的自我防御。
- 自我防御是阻碍个体成长的内部障碍；应对它们的第一步就是要觉察它们并清楚地了解它们的作用方式；此外还要减弱它们的歪曲程度；马斯洛在经典精神分析所列防御策略的基础上增加了去神圣化和约拿情结。
- 马斯洛认为存在超越自我实现的可能；当巅峰体验特别强烈时，自我感就会消失，并融合成一个更大的意识。
- 超个人心理学意识到了人类经验中超越性一面的重要性；马斯洛认为这是继行为主义、精神分析、人本主义心理学之后西方心理学的第四势力。

关键术语

去神圣化（desacralization）：去神圣化是指个体在对待事情的时候不采用非常严肃与认真的态度，从而让自己的生活变得堕落的行动；它可能来源于深度情绪中的恐惧。

健全心态（eupsychia）：健全心态是指理想的、人性取向的社会和国度，由心理健全、自我实现中的个体组成。

需求层次论（hierarchy of needs）：需求层次论是一个与人类动机有关的理论，认为在基本的心理需求产生之前必须满足基本的生理需求。每一层次的需求都是自前一层次需求中产生；最高层次的需求是成长与自我实现需求。

约拿情结（jonah complex）：约拿情结指的是个体抗拒去认识自己的全部能力；约拿情结的根源在于个体害怕离开那个可控而又有限的环境，他们害怕自己无法控制，害怕打破原来的自我，害怕实现不了自我的整合；这一情结可能是自我实现的主要障碍。

方法定向（means-centered）：方法定向是指那些格外重视某一工程或项目中的方法或技术的人的典型特征，他们常常会忽略行动的目标。

超越性牢骚（metagrumbles）：超越性牢骚是指在诸如完美、公正、美好与真理等超越性需求受挫时所发的牢骚。这些牢骚常常表明较低级的需求已经获得了很好的满足。

超越性动机（metamotivation）：超越性动机是指由成长需求与价值观所激发的行为。这种动机在自我实现者身上最为常见。

巅峰体验（peak experiences）：巅峰体验是指个体深深地卷入或投身于这个世界时所产生的那种特别兴奋、欣喜若狂的时刻。这种体验常常会在感受到强烈的爱、见到伟大的艺术与音乐作品，或看到震撼人心的自然美景时产生。

生理需求（physiological needs）：生理需求是指马斯洛需求层次论中最为基础的人类欲望。包括氧气、食物、水、睡眠和性等生物性需要。

高原体验（plateau experiences）：高原体验是指人们态度上的根本性变化，这种变化会影响个体看待世界的整体方式，使人们能够对世界进行更高水平的觉察和采用新的方式来欣赏世界。它比巅峰体验持续的时间更长，更为稳定，反映了人们用一种新的、更复杂的方式来看待世界与体验世界。

问题定向（problem-centered）：问题定向是创造性个体所具有的特征之一，此种情况下的个体所关注的是实现目标的要求与必要条件。问题定向可以避免自我中心者的不足，自我中心者常常只看到自己希望看到的东西，而非去了解实际情况。

心理需求（psychological needs）：心理需求是指马斯洛需求层次论中，那些除非生理需求得到满足否则就无法获得满足的人类需求。心理需求从低到高分别为安全与保障需求、归属与爱的需求、自尊与被人尊重的需求，以及自我实现需求。

自我实现（self-actualization）：在马斯洛的理论体系中，自我实现是指个体愉快地、创造性地充分运用自身能力的过程。它是个体不断地对世界进行作用并与之发生关系的方式。

协力（synergy）：协力是指各部分的联合行动，而在联合行动时产生的总效应要高于各部分独立作用时的效应之和。这一术语还指人与人之间的合作。

推荐阅读

Maslow，A. H.（1968）. *Toward a Psychology of Being*（2nd ed.）. New York: Van Nostrand.

本书是马斯洛最受欢迎和最容易找到的著作。书中包括缺失与存有、成长心理学、创造力和价值观等方面的内容。

Maslow，A. H.（1971）. *The Farther Reaches of Human Nature*. New York: Viking Press.

本书是一本论文集，从许多方面来看，本书都可以说是马斯洛的最佳著作。内有心理健康、创造性、价值观、教育、社会、超越动机、超个人等方面的内容，并附有马斯洛所有的作品目录。

Maslow，A. H.（1987）. *Motivation and Personality*（3rd ed.）. New York: Harper & Row.

本书是一本心理学教科书，较为详细地展示了马斯洛研究中的技术细节，包括动机理论、需求层次论和自我实现。

第 13 章

瑜伽与印度教

瑜伽有两方面的含义：首先，它实际上包含了印度所有的神秘修行与苦行方，包括冥想、身体训练和唱颂（devotional chanting）；其次，瑜伽是印度哲学体系中的一个特殊流派，帕坦伽利（Patanjali）在其所创作的《瑜伽经》（*Yoga sutras*）中曾对其做过系统的阐述，最早提到瑜伽的是3000年前古印度的《吠陀经》（*Vedas*），《吠陀经》是世界上最早的文字记录。毫无疑问，瑜伽修习的根源甚至可以回溯到印度的史前时代。

瑜伽是从梵文中而来，意指"联合"或"结合"。瑜伽修习的目标是达到自我实现。当意识转而向内，并与其来源（即自我）和谐统一时，就会达到自我实现。瑜伽还指"方法"。瑜伽不仅包括个体使自己和谐统一的目标，还包括各种能够实现此目标的瑜伽方法。从这个角度上说，瑜伽就是指自我实现或进入忘我境界的技术。

广义上的瑜伽包括所有通过让心灵平静，或将意识集中在自我、集中在内心的永恒、不变的本质上，以促进自我实现的系统训练方法。我们将在本章后半段把瑜伽心理学与荣格的个体化，以及罗杰斯和马斯洛的自我实现构念进行比较。

历史简介

瑜伽的历史悠久，可以追溯到印度文化中公元前2500年之前的前印度时代。瑜伽是博大精深的印度教中不可分离的一部分。

> 带着我们从不真实到真实，从黑暗到光明，从死亡到不朽。（Brahadaranyaka Upanishad，[①]I：iii，28）。

印度教包含了数以百计的教派与神圣教义，不过，它们都是建立在《吠陀经》的基础上。

薄伽梵歌

《薄伽梵歌》（*Bhagavad-Gita*）是最早、也是最为通俗的瑜伽典籍（Mascaro，1962）。它是公元前2世纪印度大史诗《摩诃婆罗多》（*Mahabharata*）中的一部分，这是一本优秀的神话、宗教、伦理和风俗集。《摩诃婆罗多》包括约10万节诗句，几乎是《伊利亚特》和《奥德赛》（古希腊史诗）总长度的8倍。这些诗句中论述了瑜伽及其相关的哲学思想。

《薄伽梵歌》是阿朱那[Arjuna，自我（the ego）与克利须那（krishna），自性（the self）]两人采用隐喻方式所作的问答。阿朱那是一位战士，而克利须那则是他的战车驭

> 他做事不是为了世俗利益，但事情却实实在在地做好了……他就是瑜伽修行者。（*Bhagavad-Gita*，VI：I）[②]

① 古老的瑜伽经典。——译者注

② 引自于《薄伽梵歌》；转引自：Mascaro（1962），Prabha-vananda & Isherwood（1951），Feuerstein（1989）。

手，也是神和伟大精神导师的化身。克利须那阐述了职责和行动瑜伽（Yoga of action），他教导阿朱那奉献、自我控制、冥想，以及瑜伽其他修行方法在为他人服务过程中所具有的重要作用。作为一名驭手，克利须那象征性地使用了古鲁（Guru，印度的教派领袖），即精神导师，能够引导学生处理在精神修行过程中遇到的困难与冲突。然而，如克利须那这样的导师，是不能代替学生进行战斗的。

主要思想

创造物的三条基本原则

原初物质（prakriti；即英文 nature）有三种主要成分，或者说原则、属性（gunas），那就是惰性（tamas，即英文 inertia）、变性（rajas，即英文 activity）和悦性（sattva；即英文 clarity or light）。这三种基本原则共同作用产生了所有的活动。各种原初物质的表现形式（物质、思想等）都是这三种属性以不同方式所结合而成的。

比如在制造一尊雕塑的时候，惰性可以看作未改变的、不动的石头；变性是雕刻的活动；悦性则是雕刻家的想象力。这三者都是必须的、不可或缺的。纯粹的惰性只是不动的、死的物质，纯粹的变性是没有目标或方向的能量，而纯粹的悦性也只不过是一个还未实现的计划而已。

每个人都会权衡这三个方面，即使大多数人会有所侧重。其中，悦性被认为是最近似精神的方面。瑜伽修行的其中一个目标就是提升个体的悦性成分，而这又能够促进个体的自我实现。实际上，一切事物都可以按照这三种属性来进行分类。油腻的食物是惰性的，因为它难以消化，会引起人们的困倦或睡眠。辛辣的食物是变性的，因为它们会引发活动，引发强烈的情绪或者是神经紧张。鲜果或蔬菜是悦性的，有助于人们内心的宁静。有些地方，比如高山和海洋沙滩，也是悦性的，因此适合精神修炼。

这三种属性永远都是同时出现的，就好像是缠绕成一根绳子的三股线。但对于普通人来说，变性与惰性占主要地位，相对来说没有多少高度发达的意识，或悦性。情绪（变性）和身体驱力（惰性）歪曲了人们的关注点，使纯粹的悦性体验不那么清晰。瑜伽修行的目标就是为了降低变性和惰性，提高悦性意识的强度。

个人练习

苦行之道

一般原理

最简单、最直接，也是最难以坚持的苦行之道，就是不再去满足自己的某个欲望——比如，如果你喜欢吃东西，那么就禁食；如果你喜欢睡觉，那么就少睡点儿。放弃一点儿愉悦或舒适是一种重要的自我训练方法。如果你通常是在早上 8 点起床，那么尝试每天早上 6 点或 7 点起来。如果你喜欢睡在一张柔软、舒适的床上，那么就开始睡地板上的薄垫子吧。

进行这种修炼时，有几个重要的地方需要注意。苦行可能会有副作用，可能会强化傲气、使人以自我为中心。以自己的成就、苦难自豪，或享受自我虐待，这些都是自我投入（ego involvement）的表示。另外，就是要避免过度苦行。这也是自我的一种展示，可能会导致你出现实际上的身体或心理损伤。

断食

短期断食是一种非常好的苦行方法。一开始的时候，你可以故意少吃一两顿。一天不吃饭，对任何人来说都算不上什么难事，但却有利于健康。如果你觉得想要补充养分，那就喝水或橘子汁。一周禁食一天是最佳的练习方式。在断食的时候，你需要克服诱惑，需要用自己的意志来对抗对食物的欲望。

静默

静默（silence）是另外一种经典的修行方式。当你在家里的时候，尝试几个小时不说话；或者将练习方式告诉你的朋友，然后在他们面前保持静默；或者是一天都不说话。当然，你最好是带上纸和笔，以免在需要的时候方便与人沟通。静默的时候，观察你自己和他人，以及观察你在与他人交流的时候自己有什么反应。当你想主动与他人交流的时候，努力克制。就这样在静默中学习。

意识

用瑜伽的术语来说，心灵或意识（chitta），包括所有的思维过程。帕坦伽利将瑜伽定义为

> 心灵就像是一根神奇的橡皮绳，拉得再长都不会断。（Yogananda①，1968a，p.45）

“对心灵活动的控制”。也就是要断绝心灵那种连续不断的活动，进入深度平静和内心安宁的状态。

瑜伽需要将自己的注意力全部集中在自己所凝视或沉思的任何对象上。最终目标是要集中在自性上。当心理过程或意识在波动时，自性是朦胧的，就好像是一盏灯悬挂在搅动的水中那样。

所有的瑜伽都是为了一个目标，就是使意识波动平静下来、让心灵宁静。有些瑜伽流派强调对身体的控制，而有些则强调呼吸技巧，还有些教授冥想技术。从某种意义上来说，所有的瑜伽技术或练习都是为了达到心灵宁静这一目标的前期训练而已。一旦心灵或身体进入了宁静或训练有素的状态，对自性的觉察就会出现。

因果报应

因果报应（karma）指的是行动及其引发的结果。因果报应的基础法则是，每个行动都会产生一定的结果，而每一个人的生活

> 行动之前，你是自由的；一旦行动，其结果就跟着你了，不管这是不是你想要的。这就是因果报应法则。你是一个自由的人，但是当你做了某一具体行动时，你就需要收割这一行动的结果。（Yogananda，1968b）

都是被过往行为所影响。其中的部分原因在于潜意识倾向（subconscious tendencies），其作用过程详见图 13-1。

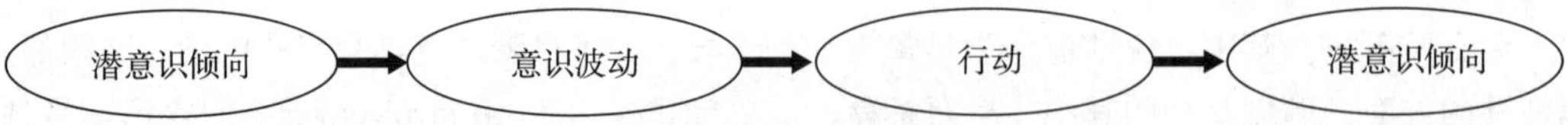

图 13-1　因果报应及其影响

为了避免形成新的潜意识倾向，或者是避免强化已有倾向，瑜伽修行者就要克制“付诸行动”这一念头。换句话说，愤怒倾向会被愤怒想法或愤怒感受强化，而且能够被愤怒言辞与愤怒行为进一步强化。瑜伽修行的理想状态不是压制那些不被接受的倾

① 尤迦南达，旅居美国的著名印度瑜伽大师。——译者注

向，而是要将消极的思想与行为转化成积极的思想与行为。应对这些强烈情绪的一种有效方法就是，平静地寻找其产生的内部根源。内部觉察能够转化与之相随的想法与感受。通过自我训练、正确的行动，以及瑜伽练习，个体就能够慢慢地改变他们的意识，改变已有的习惯与思维模式。瑜伽修行者学会用积极的、建设性的行动来替代已有的有害习惯。行动上的长期的、积极的变化又会导致潜意识倾向上的积极变化，并随之引起意识上的转变（见图 13-1）。

潜意识倾向

只有在减弱潜意识倾向的时候，才可能对意识波动进行控制。这些倾向（samskaras，因果业报）会塑造心灵的活动。而且，这些

> 除非你以智慧的火焰和冥想来燃烧掉过往行为的种子，否则永远都不可能得到解脱。（Yogananda，1968a，p. 110）

潜意识倾向是被以往行为与经验所引发，既来源于今生，又来源于前世、前前世等往世。它们被那些连续不断的思想活动或意识活动所引发。比如，愤怒的意识波动会渐渐地引发愤怒倾向，而这就会使人容易作出愤怒反应。

瑜伽的目标是对意识进行彻底的改变。否则，潜意识倾向就会努力使自己成为现实，就像潜伏的种子一样突然萌芽。通过冥想、自我分析，以及其他有效的内心训练，我们就可以“烘烤”这些种子，破坏它们进一步活动的潜力。也就是说，通过内心的根本性改变，我们就能够慢慢地不再被过去所影响。

从这个潜意识倾向理论来看，早在数世纪以前所出现的瑜伽就要领先于我们现代的无意识思想。而且，瑜伽的思想和目标也要高于许多期望通过开发技术来实现无意识转变的心理治疗流派。

瑜伽流派

瑜伽的几个主要流派都始于印度，它们所适合的人也各有不同。比如，报业瑜伽（Karma-yoga）是一种行动瑜伽，特别适合那些拥有强大意志或在下一发展阶段需要发展自己意志的人，还适合把为他人服务作为核心理念的人。知识瑜伽（Jnana-yoga）是一种智力方面的瑜伽，特别适合有敏锐头脑的人，能够为需要发展辨别力的人提供实质训练。虔信瑜伽（Bhakti-yoga）是一种奉献瑜伽，特别适合有强烈情绪的人。哈达瑜伽（Hatha-yoga）适合能够进行高度自我训练的人，以及正在锻炼身体控制力的人。梵唱瑜伽（Mantra-yoga）是一种声音瑜伽，指的是重复念诵那些被设计用来可以引发冥想状态和可以使个体与宇宙保持相同频率的指定乐句或章节。昆达利尼瑜伽（Kundalini-yoga）通常需要冥想技术，最适合能够对内部过程进行深入觉察的人。珞迦瑜伽（Raja-yoga）则适合能够高度集中精神以及控制心理的人。

> 我自己的气质主要是奉献。起初，这让我的精神导师感到为难，我的导师知识渊博，但似乎很少有虔信，他的主要表现是善于进行冷静的心算。然而，当我调整自己以适应他的本性时，我没有发现自己减弱了对神的奉献，反而是有所增加。一位自我实现的大师，能够充分引导他的弟子按照他们各自的本性去发展。（Yogananda，1972，p. 145）

一位富有经验的导师能够根据弟子的特长来选择他们的瑜伽修行方式，或者是为他们安排练习，以唤起弟子没有发展起来的特性。而经验不足的导师不会考虑弟子的个体差异，只会简单地将自己喜欢的修行方式教

导给他们。

行动瑜伽（报业瑜伽）

报业瑜伽教导我们要忘我地行动，不要计较得失，也不要考虑成败。报业瑜伽追求的是为他人提供服务，按照最理想的方式行动。要实现克服私利、懒惰以及傲慢，就需要进行大量的训练。斯瓦米·维伟卡南达（Swami Vivekananda）[①] 在其著作中写道：

> 我们所做的一切，不管是身体上还是心理上的，都是因果报应，都会在我们身上打下烙印。（Vivekananda，1978b，pp. 3–4）

> 梵歌（Gita）中的一个核心思想就是：不断做事，但却心无所系……神是心无所系的，因为他普爱众生；这种真正的爱可以使我们心无所系……为了达到这种心无所系的境界，需要我们付出几乎一生的努力。但是只要能够达到这一程度，我们就能够获得真正的爱这一目标，由此变得自由。（Vivekananda，1978b，pp. 38，45–46）

报业瑜伽是一种重要的训练方式，不仅可以在任何地方练习，而且任何人都可练习——既适合居住在远离尘世的喜马拉雅山中的人，也适合那些拥有家庭和工作的人。只要我们还活着，就必须行动。所有的人都能够学会做得更好。

报业瑜伽的练习者不需要去信仰某个宗教教义，或是信奉上帝或神灵。他们是通过锻炼无私的心来达到转变，而无私的养成却是通过为他人服务而不是通过表面上的宗教训练来获得。

知识瑜伽

知识瑜伽（the Yoga of Knowledge）又称为智能瑜伽（Jnana-yoga），这是一种严格的自我分析训练，也是那些思路清晰、才智高绝的人锻炼自己的一种途径。从根本上来说，它是一种识辨方法。知识瑜伽追求的是了解妄念与束缚的力量，以及如何去正视与避免强烈情绪、感觉依赖（sense attachment），以及对自己身体认同所带来的影响。

> 将你的一切都奉献给神，抛却私心的束缚，只做你的工作。那么就不会有什么罪恶能够停留在你身上，哪怕是水，也不能打湿莲花的叶子。（Bhagavad-Gita，V:10）

知识瑜伽修行者可以说是一位真正的哲学家、智者，他们希望自己能够超越世界上那些瞬息即逝的繁华表象。

> 即使有数以千计的教科书，也不能使他们得到满足。即使是所有的科学，也不能使他们满意；他们几乎不从这世界中获取什么……他们将现实当成现实，但是内心只希望能够超越所有的一切，从而进入存在的深处。他们通过对现实的认识、成为现实，并且成为一个与普世存在（the Universal Being）一起存在的存在来实现这一目标。（Vivekananda，1976，p. 395）

拉玛那·马哈希（Ramana Maharshi，1879–1950）被许多人尊称为当代印度最伟大的智者、知识瑜伽大师。为了重新达到对自性的认同，他将一种被称为自我探究（self-inquiry）的技术教给其追随者。这种方法就是不断地询问“我是谁”，以及超越自己的身体、思想、情绪，从而寻找意识的根源。下面，我们可以从马哈希对问题的回答中领略到这一思路的风格。

① 印度近代哲学家，社会活动家，印度教改革家，将印度瑜伽介绍到西方的第一人。——译者注

"一个人如何才能认识到自己的自性？"

"谁的自性？找出来。"

"我的。但是，我是谁？"

"这就是你需要查明的。"

"我不知道。"

"仔细想想这个问题，谁在说'我不知道'？"

"在你说的话中，'我'（I）是谁？不知道的是什么？我为什么出生？"

> 自省，不断地审查自己的思想，是一种令人崩溃的疯狂体验。它会彻底粉碎人们坚毅的自我。但是，真正的自我分析能够产生真正的先知。（Yogananda，1998，p. 38）

"谁出生了？这个答案就是你所有问题的答案。"

"可是，不管我如何努力，我似乎就是找不到这个'我'。甚至都看不清楚这一点。"

"谁在说'我'是看不清楚的？在你身体里面有两个'我'吗？其中一个看不清楚另外一个吗？"

（Osbourne，1962，pp. 121–122）

马哈希把自我实现看作旨在消除错误理解的任务，而不是将其看作获得了新东西。"一旦错误的观念，比如'我是身体'或'我还没有实现'这种观念被消除了，那么至上意识（supreme consciousness）或自性就能单独保留下来，保留在人当时的认识状态下，他们将这称为'实现'。然而，实现其实是永恒存在的，并且已经存在于此时此地。"（Osbourne，1962，p. 23）（详情参见图 13–2）

> 坚定不移地不断考察心灵的本质，心灵就可以转化成"我"所指的对象；而这实际上就是自性。（Ramana Maharshi；见：Osbourne，1962，p. 113）

人们通过放下、通过智力上的识辨，努力去寻找自性；所有的一切都不是自性，所有的一切都是有限的，是短暂、虚幻的。

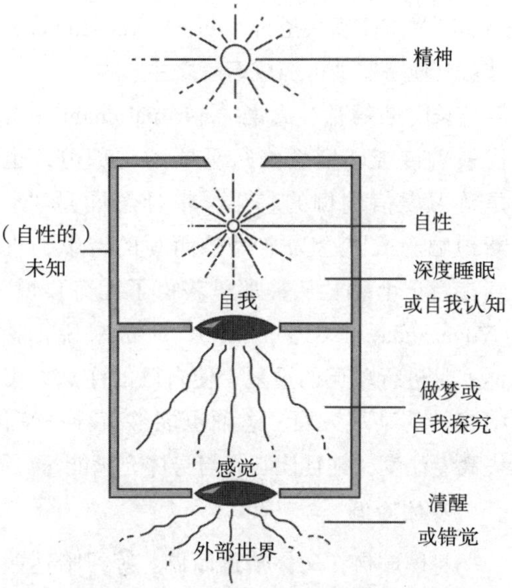

图 13–2　自性与意识的知识瑜伽模型

（资料来源：改编自 Osbourne，1969，pp. 23–24）

奉献瑜伽

奉献瑜伽（the Yoga of devotion），又称虔信瑜伽，是一种通过提高爱和奉献来改变人格的方法。支持虔信瑜伽的人认为，这种简单的练习方式最适合当今社会；在现代社会中，极少有人能够有充足的时间进行传统的瑜伽训练。

> 如果你一定要疯狂，那么也不要为了俗世之事而疯狂；而应该为了敬奉神而疯狂。（Ramakrishna，1965，p. 187）

虔信瑜伽的追随者采用强烈的虔信，以便将注意力集中在心灵上以及改变自己的人格。对大多数人来说，与爱一个抽象的神灵或意识相比，爱上帝这种人格化的神更容易一些。与其他任何一种瑜伽形式相比，虔信瑜伽的修习都要更接近传统宗教。在练习的时候，需要进行礼拜仪式、诵经或拜神。最伟大的神的化身，比如罗摩（Rama；印度教神名，最高神毗湿奴的化身）和克利须那神，是印度部分地区的信仰对象；而卡莉（Kali）[①]或印度大圣母（the Divine Mother），却被其他一些地区当成奉献之主。

长时期的精神念诵（spiritual chanting），代表着传统印度教修行重要的一部分，也是练习虔信瑜伽的基础。精神念诵是“不断地唱念或默念为奉献神而写的诗歌，直到在意识上感觉从神那里获得了无穷喜悦”（Yogananda，1963，p. xiii）。通常来说，念诵就是进行单调的重复，使自己的注意力集中在神的某一方面。念诵也能够疏导情绪，提高专注度，并且让心灵与身体充满能量。

身体瑜伽

身体瑜伽，又称哈达瑜伽。练习哈达瑜伽是为了提高身体的力量，以便达到更高水平的冥想和更高层次的意识。开悟（enlightenment）是全身心的事情。通过练习哈达瑜伽，练习者希望在有限的身心当中寻求无限的自性。

> 哈达瑜伽是一种可以促进身体与心灵保健的系统练习方式。其目标是让完整的人（the whole man）得到充分发展与自我实现。它不仅重视真正的成长、身体各块肌肉的特征与力量，还重视机体的内部器官与腺体这些身体基本组成部分的作用与功效。（Majumdar，1964，p. 99）

身体被看作重要生命能量或生命气（pranas）的载体。哈达瑜伽练习能够增强这些能量以及个体对它们的控制，促进身体、心灵和精神的活动。特定的练习姿势可以使身体变得更柔软，能够锻炼脊椎、刺激机体与神经的活动，增强呼吸能力。在瑜伽生理学中，所有的机能使用都需要生命能量。可用的能量越多，个体就会变得越健康、越有效率。

个人练习

平躺式

本姿势是为了让个体达到深度放松的状态。瑜伽练习者完成了一系列的姿势练习后，或者是想放松时，就可以采用本姿势。最好是在厚毯子或垫子上练习。

平躺下来，双手放在身体两侧的地板上，手掌向上。闭上眼睛，然后从脚开始，有意识地放松身体的每一部分。在放松的时候，可以想象你的身体慢慢地沉到了地板中。想象你已经完全放弃了你的身体，它已游离到了你的心灵之外，非常柔软地摊在地板上。想象你正在身体外面看着自己的身体。观察自己的一呼一吸，但是别去对它们加以任何控制。过一会儿，慢慢地放慢你的呼吸，使呼吸变得有节奏。按照这种方法每次练习 10 到 20 分钟。

练习瑜伽时的阿萨纳斯（asanas，梵文，即体位）或体式，只是哈达瑜伽的一部分。事实上，美国教授的大多数哈达瑜伽更像是一种锻炼身体的方法，而非一套完整的瑜伽练习。除了姿势外，经典的哈达瑜伽还包括禁欲、素食、呼吸训练和专注力训练（concentration exercises）、清洗鼻子、清洗从咽喉到体内肠子的整个消化道。这些训练就构成了一套完整的心理 - 精神修炼技术（psychospiritual technology），目的是推动练习者达到自我实现。

① 印度教女神，形象恐怖，既能造福生灵，也能毁灭生灵。——译者注

瑜伽姿势练习背后的首条原则就是要让身体习惯某个特定的姿势，然后使身体保持这种姿势的时间慢慢延长。每种姿势都可以让身体的某些部位放松，同时也会给身体其他部位增加压力。通过让某些身体器官放松或紧张，就可以使血液流向身体的某个特定区域。所有姿势综合起来就能够对整个身体进行均衡的刺激。印度的许多瑜伽修习者通常一天要练习 15 到 20 种姿势。每个特定姿势还可能会有几种变化，每种变化都是为了锻炼不同的肌肉或不同的器官。不过在学习哈达瑜伽的时候，最好是在有经验的导师指导下进行，他们能够帮你校正姿势的主要错误，能够根据你的具体身体情况给予个性化的指导。

每一个经典的瑜伽姿势都可以区分为不同的水平。可以给身体带来柔韧性、力量、平衡性的提升，可以刺激内分泌系统或其他的机能系统。而且，任何一种姿势都能够给个体的心理与精神带来好处。哈达瑜伽尊者斯瓦米•拉达哈（Swami Radha）在其著作《哈达瑜伽：无形之语》（*Hatha Yoga: The Hidden Language*，1987）中，阐述了最常见的一些瑜伽姿势中的不同水平。

通过练习哈达瑜伽，人们可以获得强大的心灵与身体能力。然而，若不进行额外的心灵与精神修炼，就只会对自我有益。有位权威人士对哈达瑜伽的信徒说道，他曾经遇到过“拥有强大的力量、健壮的体魄，但却极度空虚的人……有些人甚至比普通人还俗气”（Purohit，1938，p. 30）。本书的作者之一就曾经在印度遇到一位这样的人。这位瑜伽修习者是一个重要的科学研究被试，在研究中，他展示了控制自己脑电波、心率和其他身体功能的强大能力。在一次重要的瑜伽论坛上，参加者需要展示各自“专业的”瑜伽控制技术，以及通过身体测量来决定谁才是真正的“瑜伽大师”，而这个瑜伽修习者坚持要挑战其他所有在场的瑜伽修习者。

练习瑜伽姿势的年轻人

神圣唱诵瑜伽

神圣唱诵瑜伽（the Yoga of sacred chanting），又称梵唱瑜伽，梵唱是宗教的一种乐句或音节，具有心理 – 精神的力量。在梵唱瑜伽中，可以用这些神圣的声音来实现专注一境，从而改变个体的意识。印度的宇宙哲学认为，宇宙处于一种震动不休的状态中，若再三重复梵唱就可以使个体将自己调整成与宇宙震动相同的频率。

> 控制日常生活的不是你的奇思妙想或聪明点子，而是你平时的心灵习惯。（Yogananda，1968b）

吠陀吟唱（Vedic chanting）中最为重要的梵唱是唵（om），据说这是宇宙震动的基础水平。唵也是印度最广为人知和人们最常使用的梵唱。

在印度的传统中，弟子是在传道仪式（initiation ritual）上接受梵唱。有些专家声称唯一有效和真正的梵唱就是通过这种方式获得的。对于那些没有接受传道的瑜伽修习者来说，唵和其他的神圣唱颂都不是真正的梵唱；因此，反复念诵是无效的（Feuerstein，1989）。

精微能量瑜伽

精微能量瑜伽（the Yoga of subtle energy）。又称**昆达利尼瑜伽**，昆达利尼的意思是“盘起来的她”。按照瑜伽哲学的说法，一股名为昆达利尼的精细能量盘在人的尾椎部。身体和心灵的所有能量都是昆达利尼能量的表现，它们能够被娴熟的瑜伽修习者进行有意识地控制。

个人练习

冥想练习

心跳

端正坐直，身体放松，闭上眼睛，让你的心灵投入到心中。想象自己的心脏喷发出血液，然后再将注意力集中在心脏，直到你感受到它那有节奏的跳动。感受每一次跳动时，心脏将蓬勃的生命力输送给了你。然后在头脑中想象同样的生命能量在其他人乃至其他生物身上流动的画面。打开你的心、身体、心灵和感受，让它们能够更充分地接受那些宇宙中的生命。

放大爱心

端正坐直，闭上眼睛。将你的爱从自己的身体以及对身体的认同上延伸开去。将那些你对自己身体的爱，去爱那些爱你的人；接着再将这些爱，用来爱那些与你有接触的人；然后再用这些爱，用来爱陌生人。将你的爱扩大到那些不爱你的人身上，就如同爱那些爱你的人一样。让所有的生命都沐浴在你无私的爱中。想象你的家人、朋友、所有的人，乃至所有的生命都沐浴在你的爱之海洋中。

静心

端正坐直，闭上眼睛。想象在你两条眉毛中间的位置上有一片无边无际的宁静之湖。想象这个湖面上有道波浪在慢慢从湖心向外扩展，开始的时候是从你的眉毛中间扩展到你的前额，接着从前额扩展到了心脏，然后扩展到你身体的每一细胞中。在你想象的时候，同时想象宁静之湖在慢慢变深，然后蔓延到了你的身体上，淹没了你那辽阔的心灵。宁静之湖流淌到了你的心灵范围之外，然后流向了未知的远方（改编自：Yogananda，1967）。

能量通常是潜在的。通过昆达利尼瑜伽的练习，这些能量能够觉醒，并自由地流动。练习方式包括冥想、观想术（visualization，即视觉化）、呼吸法和哈达瑜伽的净化法（purification）。昆达利尼能量一旦被激活，就能够流向所有的意识层次，引发个体身体、心理和精神上的变化。精神病学家李·圣蕾娜（Lee Sanella，1987）建立了一个神经生理学模型，将昆达利尼过程解释为身体不同部位的电磁转化过程。荣格曾经深入阐述了其理论与昆达利尼瑜伽、脉轮[①]之间的关系（Shamdasani，1996）。戈皮·克里希纳（Gopi Krishna）在其著作中对昆达利尼的觉醒过程提供了一个经典描述。

> 突然，随着一声飞瀑降落般的咆哮，我感到有一股液体般的光线通过脊椎进入了我的大脑。
>
> 我对这个变化过程完全没有思想准备，彻底被惊呆了，但是马上就又恢复了自我控制。我保持着同样的姿势坐着，让我的心灵聚焦在一个点上。这道光变得越来越亮，咆哮声也越来越大，我体验到一种震撼般的感受，然后感觉我从自己的身体中滑了出来，

① 脉轮（chakras），即能量中心，瑜伽学说中人体精神力量的七中心之一。——译者注

完全被一道光环包裹住了。（Krishna，1971，pp. 12–13）

研究显示，自发觉醒昆达利尼的人多得令人惊讶。有些是出现在冥想中，有些又是出现在修习其他瑜伽技术的时候，但还有些觉醒却不是在修习任何瑜伽技术的时候产生（Greenwell，1990; Kieffer，1996; Ramaswami，1989）。

能量三脉（the three energy channels）。沿着脊椎有三条能量通道穿过七个意识中心，即所谓的脉轮。中央通道是苏叔姆纳（sushumna），它也是昆达利尼的上行通道。左边通道是伊达（ida），而右边的通道是品格拉（pingala），它们都以日月来表示。这两条通道围绕着苏叔姆纳交叉连接，形成了一个螺旋状模式（参见图 13-3）。

大多数人的生命气，或生命能量，主要是在伊达和品格拉之中流动，因为它们的注意力是朝向于外的。通过冥想和其他将注意力集中于内部的训练，瑜伽修习者就能够将越来越多的能量带入到苏叔姆纳中。这就能够激发那些潜伏着的生命能量，然后这些能量会直冲向上，由此促使个体出现三昧状态（samadhi），或者说开悟（illumination）。用生命能量来激发昆达利尼能量就好像是为了引起核反应，而用高能量粒子去轰炸原子核一样（Feuerstein，1989）。

当昆达利尼到达较高位置的脉轮时，就能够使个体产生不同水平的开悟。每个脉轮都与不同的生理和精神特点有关。有的脉轮会与多个感觉相连，而有的则与诸如形状或颜色等特性有关。

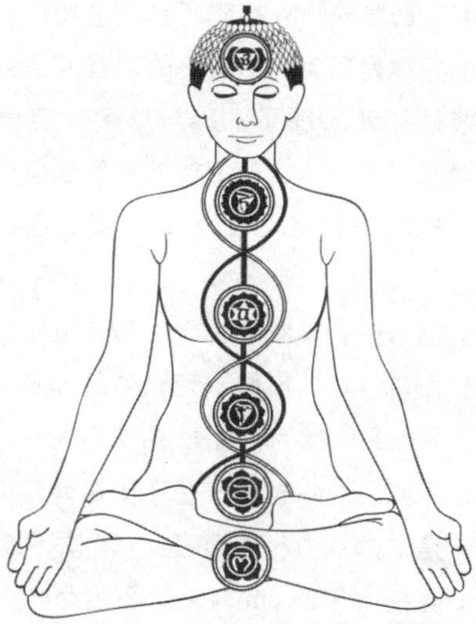

图 13–3　身体的意识中心

7 脉轮[①]

1. 第一脉轮穆拉达哈拉[②]位于脊椎最底端。与大地、惰性（inertia）、声音的诞生、下肢、梵咒中的 lam、大象（象征着力量）和嗅觉有关。它被描绘成一朵有 4 瓣深红花瓣的莲花。它也是昆达利尼生命能量静止时所藏匿的地方。

2. 第二脉轮斯瓦迪斯塔纳[③]位于第一脉轮上方的几英寸处。与水、白色、手指、梵咒中的 vam、鳄鱼状动物（象征着丰饶）、味觉有关。它被刻画成是 6 瓣紫红花瓣的莲花。

3. 第三脉轮马尼普拉[④]位于肚脐处，与火、太阳、肛门、梵咒中的 ram（火能量）、光的感觉有关。被描绘成有 10 瓣黄色花瓣的莲花。

---

① 脉轮的描述选自伊里亚德（Eliade，1969）与费尔斯坦（Feuerstein，1989）。

② 穆拉达哈拉（Muladhara），国内资料中常称之为根轮、海底轮。——译者注。

③ 斯瓦迪斯塔纳（Svadisthana），国内资料中称之为生殖轮。——译者注。

④ 马尼·普拉（Manipura），国内资料中称之为脐轮。——译者注。

4. 第四脉轮阿拉哈塔①位于心脏处，这一脉轮的名称是因为它与玄奥的声音有关，是没有“敲打”就出现了的，与红色、空气、阴茎、梵咒中的 yam、黑色羚羊（象征着迅捷）、触觉有关。被刻画成一朵有 12 瓣兰色花瓣的莲花。

5. 第五脉轮维斯乎达哈②位于喉咙处，与苍天、白色、口、皮肤、梵咒中的 ham、雪白大象（象征着纯粹的力量）、听觉有关。

6. 第六脉轮阿吉纳③位于大脑两眼中间的位置，是认知能力、精细感觉和个体化感觉的所在，与梵咒中的 om 有关。表示为一个倒立的三角形和一朵有 2 瓣浅灰色花瓣的莲花。

7. 第七脉轮萨哈斯拉拉④位于头顶处，是身体超越的中心，即意识联接身体的所在，以千瓣莲花来表示。第七中心包括了人类的大脑，当大脑被昆达利尼能力刺激或激发时，个体就会体验到意识上的巨大变化，会体验到开悟或三昧（即入定），即“千朵莲花绽放”。

拉姆 • 达斯是一位后来才转变为瑜伽大师的著名心理学家，认为可以将脉轮看作一套人格体系或人格原型。

事实上，对绝大部分生活在西方社会中的人来说，几乎所有的能量都是位于第一、第二或第三脉轮处；其实世界上绝大部分人也是这样。第一脉轮的特征是未开化，与生存以及作为一个独立个体而进行的生存有关……这是一个适者生存的模式。是达尔文对个体动机的基本假设。当你的能量在这个脉轮中时，你的动机就是保护自己、让自己成为一个独立的存在，这时你就是分离的……（然后）你将自己的安全掌握在自己的控制之下，就可以去追求感官的满足，满足性的需要以及生殖需要（第二脉轮）。如果你还是处在保护自己生命的情况下，那么你是不可能去忙于生殖的；但一旦生命获得了一点点保障，那么你的注意力就会转移到下一件事情上，那就是繁殖后代。因此，第二脉轮主要关注的是性行为、性的反应等方面的事情——这是处于生殖或生育的水平上，关注性。

第三脉轮类似现代世界中的华尔街、华盛顿、伦敦，主要与权力、统治和自我控制有关。我们能想到的许多方面都与这些中心有关。所有的能量都聚集在此。人们根据生殖或性满足、感官满足、权力和统治权来对自己的生命进行判断。有趣的是，在西方世界中，几乎我们所知道的任何一个行动都是为了这些能量。因此，如果有个男人建立了一个大型电厂，我们可能会说：“哈哈，生殖崇拜。”指的就是第二脉轮。或者是有个男人为了控制和权力而勾引了许多女人，我们也会可能会说：“哈哈，追求权力与支配。”指的就是第三脉轮。性行为就是为了第三脉轮……

弗洛伊德关注的是第二脉轮，他绝对是举世无双的、为第二脉轮代言的人。因此他非常直白地说宗教就是升华了的性，因为它就在第二脉轮……阿德勒关注的主要是第三脉轮，而荣格关注的却是第四脉轮（心轮）……因此在一定程度上，你有“未煮熟的种子”（uncooked seeds）在第二脉轮中，同时你还拥有一个弗洛伊德式的分析师，他会帮助你来烧煮这些种子。当你处在第三脉轮中时，他不会过多地为你做什么。他也不会对第四脉轮说什么，因为那是荣格所针对弗洛伊德的地方。（Ram Dass，1974，pp. 29–30）

---

① 阿拉哈塔（Anahata），国内资料中称之为心轮。——译者注

② 维斯乎达哈（Vishuddha），国内资料中称之为喉轮。——译者注

③ 阿吉纳（Ajna），国内资料中称之为眉心轮。——译者注

④ 萨哈斯拉拉（Sahasrara），国内资料中称之为顶轮。——译者注

个人练习

呼吸练习：观察自己的呼吸

坐在椅子或地板上，背部挺直、身体放松，闭上双眼。然后尽量平静地进行深呼吸，但是又别让自己感到不舒服。体会一呼一吸的气体流动，就好像你在沙滩看海浪一样。在每次吸气时，想象你在吸进氧气的同时，也吸收进来了新鲜的能量和生命力。随着每次呼气，想象你在排出二氧化碳的同时也呼出了疲倦、劳累和其他一些不好东西。在练习的时候，想象着新鲜的、充满生命力的能量充斥在你的心灵和身体中。然后，平心静气地静静坐着。

帕坦伽利经典瑜伽，又称珞迦瑜伽或胜王瑜伽（royal yoga），认为对心灵控制（mental control）的培养是最有效、最有用的训练。帕坦伽利的珞迦瑜伽也被人称为“心理瑜伽”（psychological yoga）。有些人认为珞迦瑜伽是所有瑜伽学派的综合体，而也有些人只将珞迦瑜伽看作瑜伽中的一个主要分支，还有些人认为帕坦伽利的工作是所有经典瑜伽的产生根源（Feuerstein，1996）。

帕坦伽利将这一修习方法总结为瑜伽的 8 个分支：（1）制戒；（2）内制；（3）体式；（4）生命能量控制；（5）制感；（6）专注；（7）冥想；（8）开悟。也可以将它们看作修习的一系列步骤，每个步骤都是建立在前一步骤的基础上。这 8 个分支是同一学科中紧密相联的分支，所以，某一步骤的改善又会促进其他步骤的发展。

制戒（abstentions）和内制（observances）是瑜伽修习的基础部分，与伦理道德有关。制戒包括遵守不杀生、不妄语、不偷盗、不淫、不贪五条戒律。内制包括遵守清净、满足、苦行、学习与奉献。制戒与内制，其实就相当于十诫（即犹太教、基督教的戒条）以及其他所有宗教中的行为规范，并不是随意定下的道德规范。之所以修习它们，是因为它们能够增强瑜伽其他部分的修习效果。如果一个瑜伽修习者内心不宁，在日常生活中没有节制，那么在瑜伽练习中所获得的专注度与平和心情也会很快消散，就好像是水装在有漏洞的桶中一样。

> 有位大师在他的弟子通过冥想将心灵提升到再也不会被纷繁往事压倒的时候，对宇宙意识这一超凡体验进行了高度称颂。（Yogananda，1998，p. 128）

没有制戒与内制，是不可能有修习效果的。但是，我们不能期望一开始就能全部做到这些戒条。比如不杀生、不妄语，就是很难的戒律。

制戒与内制具有非常重要的意义。它们并不仅仅反映了传统伦理规范的要求，还是修习原则，能够给人带来和谐的生活，而这种生活与瑜伽希望达到的意识是一致的。对身与心的净化则是为了在整个修炼中应付更高“电流”所做的准备，这个“电流”就是三昧（即入定）状态下精神能量全部流动时所产生的更大力量。

个人练习

专注

本练习是一个关于专注的简单练习，可以训练注意力的集中。盯着你的手表或闹钟的秒针，同时将意识集中在你的呼吸上。看看多长时间后你的意识会开始飘忽。

很少有人能够集中注意力，即使是保持非常短暂的一段时间。与其他技能一样，只要你坚持练习，就能够对它做出很大的改善。（改编自：Tart，1986）

体式（posture）是指长时间保持某一姿势不动的能力。体式的实质在于它不仅包括身体上的不动，还包括心理上的不动。帕坦伽利在其著作中写到，“体式指的是恒定与舒适，要求在稳定不动的时候进行放松、冥想”（Yoga Sutras，II: 46-47）[①]。在印度，学习瑜伽的人会慢慢延长他们处在某一特定体式下的时间。而掌握了一个体式的学生甚至可以在不被打扰的情况下，保持一个体式长达3小时。

生命能量控制是瑜伽中所特有的基本方面。梵文原文为普拉阿雅玛（pranayama），常常被错误地翻译成“调息”（breath control）。控制呼吸确实能够降低新陈代谢和生命能量的消耗；但是，它们只是控制生命能量的间接方式。呼吸仅仅是维持一切生命的重要能量，即生命能（prana）的表现形式之一而已。

完全控制生命能量的目标可以通过不同的瑜伽修习方式来实现。技术精湛的瑜伽大师展示了对此的精妙控制，他们可以随意中断自己的心跳或者是呼吸，而过去还有些瑜伽大师能将自己活埋起来好几天、甚至是几个礼拜（参见：Yogananda，1972）。现代生理学研究发现，瑜伽修习者可以对自己的心率进行控制，他们可以屏住自己的呼吸，由此证明了瑜伽修习者的能力（若想详细了解该方面的瑜伽研究，以及各种形式的冥想，可参见：Timmons，Kamiya，1970; Timmons，Kanellakos，1974）。

制感（interiorization）就是关闭所有的感觉。瑜伽修习者将生命能量从感觉器官中抽离出来，不再为外界刺激的不断轰炸而分心，由此就可以越来越能够生活在自己的内心中。

成功地进行制感已经获得了印度科学家的证实，他们发现瑜伽修习者在冥想状态下的脑电波不受外界刺激所影响（Anand et al.，1961）。帕坦伽利将制感定义为“通过放下感觉的对象，从而恢复到初始时的纯净心灵”（Yoga Sutras，II: 54）。

当我们安静地坐着时，意识中的外界喧嚣就会慢慢地逐渐减弱。然后我们可以减慢呼吸，使心灵逐渐平静。通过制感，意识不再流向于对外部世界的感觉。随着生命能量返回到大脑与意识，我们就能觉察到它们的流动。

专注（concentration）是“注意力集中在一个对象上”（Yoga Sutras，III: 1）。专注包括两个方面：把注意力从那些导致心思分散的对象上收回，同时又将注意力集中在某个对象上。专注是一种放松状态，不是注意的挣扎或强迫性的注意。先达到一定水平的专注是做到专注的必经阶段。当五感都处于活跃状态时，专注就好像是在有五部电话机同时响的情况下进行。外部感觉会让个体产生某些思绪，而这又会导致无尽的回忆与思考。汽车喇叭会让我们想到：“哦，有辆车过来了。”然后我们会去想自己曾经拥有过的车，自己想买的车，等等。

① 引自昆达利尼的《瑜伽经》，转引自：Purohit，1938。

半莲花打坐姿势下的冥想女人

冥想（meditation）这一术语在西方的用法很松散。但是在瑜伽当中，冥想是一种高水平的修习境界。在这种状态下，冥想者的意识中只有一个想法，那就是冥想的目的。当专注的水平越来越高、持续的时间越来越长时，我们就达到了冥想的自然状态。在冥想状态下，心灵是高度专注的，完全集中在冥想本身上（见图 13-4）。

开悟（illumination）的梵文是三昧（samadhi），从一定意义上来说，瑜伽修行的本质就是开悟。开悟也可以对瑜伽的状态进行界定，只有那些达到开悟的人才能被称为真正的瑜伽修行者，其他所有人都只是学习瑜伽的人而已。三昧也被翻译成“入迷”(ecstasy)（Feuerstein，1989）。按照帕坦伽利的说法，开悟是一种状态，在这种状态中，“身心合一得就好像是已经不再有了身心合一，这时存在的只有当时注意对象所具有的意义”（Yoga Sutras，III: 3）。

一旦心灵进入到完全平静与专注的状态，只反映内在的自性（the Self）时，就能出现自我实现（self-realization）。当自性变得无边无界时，开悟就不再是一个静止不动的状态，不再是终点。开悟包括有各种不同的意识状态。随着冥想程度的加深，意识领域中的内容也变得越来越精细。最终只剩下了一个处于狂喜或平和状态的意识，最后，所留下来的只是自性的意识。

开悟时的意识处于完全的虚无状态，无可描述。据说，那些达到这一阶段的人完全不受因果报应和潜意识倾向所影响。

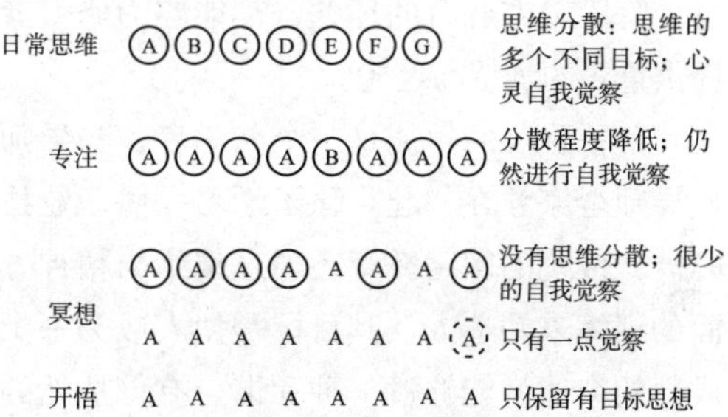

图 13-4　瑜伽修习中的思维变化过程

圆圈代表自我觉察

资料来源：改编自：Taimni，1961，p. 284

动力论

心理发展

西方世界中最为知晓的瑜伽生活方式是苦行者的那种自我克制生活，包括独身生活、忍耐贫穷，以及“放下”世界、将自己完全奉献到瑜伽修行当中。在印度，则有另外一种理想的精神成长方式，那就是人们在承担俗世生活中的义务与责任时，还能进行精神修炼。

吠陀经中描述了苦行者与圣人所采用的各种修行方式。那些实践苦行或采用其他瑜伽修习方式的苦行者，大多是现代印度那些四处漫游的瑜伽苦行者的先驱。此外，古代的圣者（rishis）或哲人，则强调奉献和神圣唱颂的重要性，他们更像是印度社会体系中的一部分。（想了解更多内容，可参见：

Feuerstein，Miller，1972。）

生命的4个阶段。理想化的传统印度圣人的生命周期可分为4个阶段：学徒（student）、住家行者（householder）、森林行者（forest dweller）、遁世行者[①]（renunciant）（Smith，1987）。在印度传统中，古人的正常生命据说有100年，因此认为每个阶段都应该有25年。

印度的许多经典资料中都强调个体必须经过这4个阶段，才能达到自我实现。认为每个阶段都有各自的任务，都能够为修习者提供重要的训练与经验。

第一阶段的学徒是一个初学者，与导师或导师全家住在一起。除了学习一些职业技能外，传统的印度教育还通过情绪与精神方面的训练来塑造人。其目标是使人成为一个成熟的个体，能够过一种和谐、有创造性的生活，而不是让人成为自己情绪、习惯与欲望的奴隶。

学徒在第一阶段完成后，就回到自己的家中。他们在结婚后，就进入了住家修行期。住家行者的任务包括做家务和养家。他们在家庭娱乐、职业成就，以及作为一个积极、有责任的市民在服务社会的过程中寻找满足感。作为接受过第一阶段训练的个体，住家行者能够过一种自我控制式的和谐生活。他们对性、名望和财富的欲望接受过训练，能够以适度的方式享受住家行者的愉悦与责任。

第三个阶段是森林行者，指的是修行者逐渐从家庭与工作中脱离出来。当一个丈夫或妻子到了50岁时，他们的孩子已经长大到可以承担家庭的责任，那么年老的夫妇就可能住到一个位于森林的、远离人世的小房子里面，或者是虽然仍然住在家中、但不承担任何责任与义务。家人仍然能够找到他们，在有需要的时候，他们也会给自己的孩子提供建议与意见。

> 如果你追着世界跑，那么世界就会远离你；但如果你逃离世界，它就会转而追逐着你。（Hari Dass，1973）

个体最后25年的生活贡献给了第四阶段，即遁世行者期。进入这个阶段需要举行一个仪式，这个仪式与葬礼仪式非常类似。进入这一阶段的人，或者说遁世行者，就被正式认为完全脱离了社会责任和所有的社会关系，可以自由地追求自我实现而不受外界所约束或外在要求所限制。

自我实现。瑜伽的不同流派在精神发展的具体细节上存在着差异。对于报业瑜伽来说，成长包括自我训练、意志和无私服务的发展。在虔信瑜伽中，成长与对神的奉献程度密切相关。在知识瑜伽中，成长就是自我分析与识辨能力的发展。而在其他的瑜伽分支中，成长可能意味着诸多能力的增长，包括精神或自性某些方面的冥想能力、将注意力从外部世界和感觉中收回与集中的能力、以及专注能力。

瑜伽虽然有许多分支，但是却有一些基本的共同原理。瑜伽修行之法的本质都是将意识从外部世界的活动中抽离出来、转而集中到意识的来源，即自性上。报业瑜伽寻求的是在行动的时候需要保持自我觉察，但是又不过于卷入到事情或行动可能带来的结果上。虔信瑜伽致力于将心灵奉献给某个人，或某个象征精神或自性的象征物上。知识瑜伽则是通过将心灵带回到思绪的根源上去寻求自性，认为抛弃了它们则没有自性。

拉玛克里斯纳是一位伟大的虔信瑜伽大师，在著作中写道：

> 秘密就在于不管你修习的是哪种“方法”，除非心灵绝对安宁，否则就绝对无法达到与神（瑜伽）的结合。心灵永远是处在

① 国内有些文献将之称为净行期、居家期、修行期和苦行期4个阶段。为了便于读者阅读其他西方文献，因此采用字面意思进行翻译。——译者注

> 瑜伽修习者的控制之下，而没有哪个瑜伽修习者是被自己的心灵所控制。（Ramakrishna，1965，p. 186）

就像前面所提到的，瑜伽的字面意思指的就是“结合”，是与自性、开悟的结合。在维亚萨（Vyasa in Taimni，1961）对帕坦伽利

> 智者的自性中包容万物，而自性存于众生之中。（Isa Upanishad，6）①

《瑜伽经》所作①的一个经典评论中指出，瑜伽就是开悟。其他所有的瑜伽流派也都有一个共同的目标，就是达到开悟与自我实现。

发展的障碍

帕坦伽利列举了 5 种主要的苦难，或烦恼根源：无知、自我中心、贪求、厌弃与恐惧（*Yoga Sutras*，II: 3）。通过瑜伽训练，尤其是苦行、自我控制、学习圣经和虔信，可以逐步减少这些苦难。瑜伽修习者能够逐渐增强抵抗这些苦难的潜在倾向，降低它们的影响。苦难包括有两种：粗糙的与精细的。粗糙形式的苦难是一些实际的念头（如恐惧、贪求等念头）；而精细状态下的苦难，则是指潜意识倾向（对恐惧、贪求等的倾向），而且这些倾向会一直存在，直到开悟。

无知（ignorance）。无知是成长的主要障碍。所有的苦难都源于我们对真正的自己的无知。“无知是原因，其他都是结果……无知者将昙花一现当成永恒，将纯洁当成不洁，将痛苦当愉悦，将非自性看作自性”（*Yoga Sutras*，II: 4-5）。

对外部世界的关注，以及感官不断地处于活跃状态都会抑制人的自我觉察。无知就是错将结果当成了因，错将世界看成了经验的来源、觉察不到自性才是世界的终极因，因此将自性的特性错认成了世界的特性。

自我中心（egoism）自我中心来源于自性对自己身体与想法的认同。“自我中心是用有限的眼睛把自己认同成先知”（*Yoga Sutras*，II: 6）。对身体的认同导致恐惧、贪求和限制感，而对观念的认同则会导致烦乱不宁和情绪化。

贪求与厌弃（desire and aversion）。帕坦伽利对贪求与厌弃的界定简洁而漂亮：“贪求是对愉悦的渴望；厌弃是对痛苦的逃离。”（*Yoga Sutras*，II: 7-8）这些苦难使个体

> 满足于感官的享乐并不会让你得到满足，因为你不是感觉。它们只是你的仆人，而非你的自性。（Yogananda，1968a，p. 60）

与不断变化和波动的外部世界联在了一起，由此使得安宁或平和不可能出现。瑜伽训练的主要目标之一就是帮助人们降低对痛苦、愉悦、成功、失败，以及外部世界的敏感性。瑜伽修习者寻求的是从外部世界的束缚中获得解救，学习去控制身体、心灵和情绪，而非受它们所控。

贪求和厌弃会使人依恋于那些能够引起愉悦或降低痛苦的事物。依恋（attachment）来源于我们需要做一些让自己快乐或满足的事情的感受。但是，强调要克服依恋并不是说瑜伽是一种消极的、毫无快乐可言的自我训练。不依恋（nonattachment）的核心要义就是去享受所遇到的一切，而在放弃时又不会感到损失或痛苦。

有位正在修习不依恋的年轻门徒看到他的导师喜欢吃进口牛肉、水果和坚果，感到非常震惊。他的老师似乎沉迷在食物中，而没有对所吃的东西进行适当的不挂念。导师解释说，不依恋不是要求我们放弃美好食物或放弃其他的享乐，而是要充分地去享受所拥有的，在没有的时候也不会感到遗憾。达

① 《依沙奥义书》，被认为是印度哲学典籍《奥义书》的基石。——译者注

到不依恋状态的个体能够享受当下，却不会因为希望获得更多愉悦或更少痛苦就去努力改变它们。

恐惧（fear）。恐惧是第五种苦难。“恐惧是自然产生的对死亡的不断害怕，它深深地植根在后天所形成的心灵中”。（*Yoga Sutra*, II: 9）普罗西特在对《瑜伽经》的评论中写道：“死亡恐惧长存于心中，贪求与厌弃是过去经验的结果，因此死亡恐惧也是以往濒死经历的结果。”（Purohit，1938，p. 48）恐惧是源于认同容易消失的身体，而非对不死自性的认同。

> 知晓一切的自性并非生就，也不会消亡。它无从产生，世间万物也无一因它而起。不生、不灭、永存、古老。躯体消亡，它仍然永恒存在。（*Katha Upanishad*，I:ii，18。）①

理论结构

身体

不同的瑜伽流派对身体有不同的态度。有的是完全否定身体的需要，因为他们将身体看作欲望与依恋的源泉，而有的却是将身体看作精神成长的主要载体。

《薄伽梵歌》中说道：“瑜伽是和谐。不要吃得太多，也不要吃得太少；不要睡得太多，也不是要得太少。”（*Bhagavad-Gita*, VI: 16）。大部分瑜伽训练对身体采取的都是中间态度，既不过分沉迷、也不太过于节制。

社会关系

传统瑜伽是与远离尘世联系在一起的，他们住在洞穴或阿什拉姆（ashram），即静修处。然而，《薄伽梵歌》教导说每个人都有他自己在这个世界中应尽的责任，认为必须充分地承担这个责任，而不管这是需要远离社会还是要为社会中的他人服务。“要承担你的责任，即使这很低贱；即使是很重要的事，也不为之；死在自己的责任上就是活着：活在别人的责任中就是死亡”（*Bhagavad-Gita*, III: 35）。

宗教虔诚也能够通过社会关系而习得。在西方社会中，我们习惯于只把上帝看作宇宙之父的化身；然而在印度，神灵有很多面孔：父母、孩子、朋友、精神导师，或至爱。通过在与家人、朋友的交往中去体验爱和奉献，个体就能够学会对这些感受进行延展与精神化。

那些达到自我实现的人能够认识到，他们在达到自我实现之前的社会存在与行为主要是社会文化的产物。达到自我实现后，他们虽然还是处在社会中，但却不再是社会的产物。这时候，他们拥有真正的选择自由。已经获得了自我实现的瑜伽修行者，做事情的时候，能够在世俗行为模式与其他标准之间进行自由的选择。他们所得到的这种新的自由，是建立在自性的基础上，也是建立在一种平和、超然的意识基础上（Chaudhuri, 1975）。

> 学会发现存在于每一个人身上的神灵，不管他们是什么种族，也不管他们的信仰是什么。当你不再像以前那样，而是开始觉得自己与每个人都是和谐统一的时候，你就会知道什么是神圣的爱。（Yogananda，1968b）

意志

历史上最早的瑜伽，要求修习者进行严格的苦行和大量的意志训练。塔帕斯（Tapas）意指苦行训练或苦行修习，仍然是今天多数瑜伽修习的核心。苦行修习是指对身与心的

① 卡达奥义书（Katha Upanishacl）是印度伟大史书《奥义书》的一部分。——译者注

训练，要求修习者不要让自己处于舒适的状态下，并且要克服内心的欲望与不安。禁食、让身体保持在某个瑜伽体式下不动弹，以及冥想修习，都是今天瑜伽修习过程中最为常见的苦行修习。有位瑜伽大师圣·尤地斯瓦尔（Sri Yuktesuar）对意志训练进行了总结："你的感觉每天都会发出呐喊，由此吞噬你内心的平和……就像是一只控制了自我的狮子，徘徊在世界上；别让感觉的骗子虐待你！" Sri Yuktesuar in Yogananda，1972，p. 149）。意志锻炼还能够使瑜伽学徒直接面对懒惰、对训练的抗拒以及人格中的其他类似弱点。

> 真正的自由在于你的所有行动都是自己的意志选择结果、都是在正确的判断之下所进行的，而非被习惯所驱使。（Yogananda，1968b）

情绪

对付情绪的方法之一就是将情绪的能量导入到精神的成长中。

只要这些强烈情绪（愤怒、贪欲等）的锋矛指向世界和世界中的事物，它们就好似敌人。但是，一旦当它们指向神灵，它们就会成为人类最好的朋友。因为那时候，它们可以将你引向神灵。必须将对世间诸物的贪欲改变成对神灵的追求，愤怒是源于与他人的交往，应该转变成是因为没有充分将自己展示给神灵。人们应该以同样的方式来处理所有的强烈情绪。这些强烈的情绪无法消除，只能训导。（Ramakrishna，1965，p. 138）

> 看见婆罗门（Brahman）在婆罗门中的人，他的理智是稳固的，消失的是他的错觉。那么愉悦来临时，他不会动摇；痛苦降临，他也不会战栗。（*Bhagavad-Gita*，V: 20）

帕坦伽利将意识分为痛苦与不痛苦两种（*Yoga Sutras*，I: 5）。痛苦的意识是指那些能够增加无知、困惑或依恋的想法与情绪。但是，它们不是什么时候都是不好的（比如自豪的时候）。不痛苦的意识能够增加人的自由与知识。内心平和的最大障碍是诸如愤怒、贪求和恐惧之类的痛苦意识。它们能够被诸如爱、宽大和勇气等不痛苦的意识所克制。培养不痛苦的意识能够营造出与消极潜意识倾向相对抗的积极潜意识倾向。然而，瑜伽的最终目标是要超越，甚至是超越这些积极情绪（Prabhavananda，Isherwood，1953）。超越爱与快乐这些感受，似乎看起来不是那么自然，但即使是最积极的体验，也可能会让你被世间的感觉所束缚。我们必须超越它们，才能体验到自性。

> 不要把理解混淆成认识更多的词……如果每次都能够慢慢地吸收一节诗节，那么圣典就能够激励人们去追求内在的自我实现。否则，连续不断的学习就可能导致空洞的虚假满足以及一些没有得到消化的知识。（Yogananda，1998，p. 114）

理智

瑜伽并不是将理智发展看作获得新知识，而是将其看成通过经验来获得理解。在古印度，学徒通过认真消化每一个诗节来学习圣典。

（著名的精神导师达布鲁·巴拉（Dabru Ballav）将他的弟子带到他在森林中的修行处。圣经《薄伽梵歌》就在他们的面前打开。他们都是固定的半小时看一节，然后闭上眼睛。又是半小时过去了。导师会进行一个简短的评论。然后保持不动的状态又冥想一个小时。最后，导师说道：

"你们现在理解了这些诗节吗？"

"是的，先生。"有个学生大胆地说了出来。

“没有，没有完全理解。要从这些语句中寻找出那些能够让印度世代都有活力的精神能量。”沉默中，又是一个小时过去了。（Yogananda，1972，p. 136）

那些研究圣经却没有将之付诸实践的学者，会陷入到毫无作用的理智主义当中。“他们将人生观看作在舒适环境中的练习。他们所提升的思想，要不与外部世界的人类自然

> 心灵就是一面镜子，能够反射出人的内心。（Hari Dass，1986，p. 31）

行为无关，要不就与任何内部的痛苦训练无关”（Yogananda，1972，p. 152）。通过瑜伽练习，人们可以发展出自我觉察能力，增强理解。通过训练与体验，瑜伽修习者就能够将知识转变成智慧。

自我

在瑜伽心理学看来，自性是人类意识的核心。它不同于世间万物，具有超越、永恒不变的特性。自性是意识或觉察的基础，与包含有强烈情绪和混乱思绪的日常意识存在根本性的区别。当我们不再对过于活跃、不断变化的心灵和身体持认同态度时，就能够更好地觉察到自性。

有位瑜伽专家强调说，我们的努力只会让我们远离，“……没有任何人能够通过做来‘获得自性’，相反，自我实现只是自性根据自己的逻辑所进行的自我揭露。这就意味着自我实现取决于恩典（grace）”（Feuerstein，1989，p. 150）。

精神导师

梵文古鲁来源于梵文中的词源“提升”。在印度，许多老师都被称为古鲁，这个名词的言外之意指的是精神导师，他们能够提升学徒的意识（在印度，音乐、舞蹈，以及其他教授传统技能的老师都不仅要教授学生技术，还被当成能够影响学生性格乃至一生的师父）。瑜伽重视精神导师主要有以下几个方面的原因。教导的技能复杂、深奥，难以从书本上学会。此外，导师必须对许多技巧进行调整，使之能够适合学生的身体状况与心理素质。

精神导师是严格要求纪律的人，会催逼学生超越自己愿意接受的极限。作为一个曾经接受过训练的人，精神导师根据自己的经验就能够知道人类能力可能达到的限度。因此，精神导师要求学徒努力去达到他们能力的极限。此外，学徒也会被他们的导师这一活生生的榜样所鼓舞，从而去实现他们自己的最高潜能。

精神导师还会促进学徒的情绪与心理获得发展。导师就好像是一面镜子，不仅会映射出学生的过错、缺陷，还能够觉察到隐藏在这些缺陷背后的纯净和完美的自性。这种形式的训练只能由那些相对来说已经摆脱了自我、摆脱了强烈的个人偏好或盲点的导师来实施，否则的话，精神导师对学徒的反应也会被这些方面所扭曲。

精神导师最为重要的特征是要有精神意识。一个已经实现了自性的老师，能够将内心的幸福与平和散发出来。有位瑜伽修习者将此描述为：“如果我进入茅庐的时候心情是焦虑或冷漠的，那么进入后不知不觉地我的心情就会发生变化。即使只是看见了导师，那种具有治疗作用的安宁就会降临。每天和他在一起都是一种全新的体验，都会感受到喜悦、平和与智慧”（Yogananda，1972，pp. 137–138）。

维伟卡南达指出，精神导师是根据他自身的存在状态来进行教导的：

> 如果有人想教我动力学、化学或随便其他什么的自然科学，那么他就可能是他所喜欢的任何事物，因为这些自然科学仅仅会对

学识方面进行要求；但是在精神科学中，如果心灵不纯洁，那么就绝对不可能出现任何精神的光辉……因此，对于宗教导师来说，我们首先必须看他是什么，然后看他说了什么。他必须是完全地纯净，然后才会给他的语言带来价值，因为他是唯一的、真正的“传播者”。如果他的内心没有精神力量，他能传播什么呢？……导师的作用的确是传递，而不仅仅是教育系统中那些老师和学者所做的鼓舞。一些可感知到的、真正的东西，就好像从老师那里所产生的影响，随后进入到了教授的过程中。因此，导师必须纯净……

精神导师的教导必须不是出于任何的自私性动机——金钱、名誉或声望——他的工作必须完全是出于爱、出于对人类的纯粹的爱。能够传递精神力量的唯一媒介就是爱……神灵有爱，而且只有那些把神灵看成作爱的人，才能作为代表神灵化身的导师。（Vivekananda，1978a，pp. 32-33）

传道仪式（initiation）。许多权威人士都坚持认为传道仪式是瑜伽修习过程中的关键要素。《俱罗那婆密经》（*Kularnava-Tantra*）认为，如果没有传道仪式，自我实现就不可能出现；如果没有合格的精神导师来将之传道到他自己所在的门第中，也不可能会有真正的传道（Feuerstein，1989）。

传道仪式主要是一种传递精神的形式。通过这种传递，能够给学徒带来生理上、心理上和精神上的转变。传道在导师与学徒之间创造了一条特殊纽带，学徒可以进入导师的精神门第中，这条纽带已经不间断地传承了数个世纪。

《俱罗那婆密经》是一部较晚出现的瑜伽教科书，该书根据精神导师在瑜伽中的基本作用，将他们分成了六种类型（Feuerstein，1989）。因此，每个瑜伽导师都可能是以下几种类型中的一种：（1）推动型（impeller）导师激励与鼓励有潜力的学徒，引导他们进入传道；（2）指引型（indicator）导师会根据学徒的情况来选择适合学徒的精神修习和训练方式；（3）解释型（explainer）导师会解释与阐明精神修习的过程与目标；（4）揭露型（revealer）导师会阐明修习过程中的细节；（5）教师型（teacher）导师会监督、管理学徒的精神修炼；（6）启发型（illuminator）导师会在学徒的心灵与精神理解过程中点燃明灯，启发他们。

瑜伽导师可能会面临的一个巨大风险是自我膨胀。瑜伽学者费尔斯坦指出，虽然开悟后的瑜伽大师已经摆脱了对自我的认同，但是他们的人格仍然可能不完整（Feuerstein，1993）。他认为，人格的整合是任何一个精神导师要超越时所必须要具备的补充成分。

精神导师不是魔术师，不可能在学徒自己不努力的情况下就能够使学徒发生转变。精神导师只是教导者，教导深奥的真理与实践；就像其他任何学习一样，学徒的成就与付出的努力、能力和接受能力是成正比的。

教导所需的条件是纯净、真正渴望知识，以及坚持不懈……思想、语言和行动的纯净是任何要成为宗教人士者所需具备的必要条件。至于对知识的渴望，这也是我们想得到自己想要的东西，所必须遵循的古老法则。没有人可以在不投入心神的时候就能获得自己想要的东西……成功有时候来得很快，但是我们必须做好耐心等候的准备，即使看似不知道要等多久。如果学徒具备了坚持不懈的精神，那么最后肯定能够成功地达到自我实现。（Vivekananda，1978a，pp. 28-29）

在瑜伽中，学徒与精神导师的关系模式，就是学生对好的老师进行尊敬与深爱的范例。一个真正的瑜伽导师能够成为学徒获得转变与内心成长的有力因素。遗憾的是，那些出于私利的老师似乎能够从忠心的学生身上获得巨大收益。

相关研究

早在 1918 年，印度就已经开始将瑜伽应用在医疗中（Yogendra，1970）。瑜伽治疗就是让那些健康出了问题的人去修习瑜伽，如今这一做法已经变得十分普遍（Vinekar，1976；Willoughby，2000），并且出版了数十部关于瑜伽治疗的著作（参见：Gharote，Lockhart，1987；Monroe et al.，1992）。

练习瑜伽的积极效果已经获得了有关研究的证实（Malathi et al.，2000；Murphy et al.，1999；Murugesan et al.，2000；Pratap，Bhole，1992）。对于缓解压力来说，练习瑜伽的效果似乎特别好（Damodaran et al.，2002；Netz，Lidor，2003；Serber，2000；Udupa 1985）。此外，瑜伽也能够有效地缓解高血压（Khalsa，2004；Raub，2002）。有研究报告说瑜伽能够显著地降低血压（Broota et al.，1995；Murugesan et al.，2000；Patel，1973）。还有研究显示，瑜伽可以使冠心病的发展产生逆转（Koertge et al.，2003；Ornish et al.，，1998）。有资料显示，一周的哈达瑜伽练习，即身体瑜伽，有效地降低了 2004 年安达曼群岛海啸中的幸存者的恐惧、焦虑、痛苦和睡眠紊乱等症状（Telles et al.，2007）。另外还有一个研究显示，与控制组相比，参与瑜伽呼吸班的，2004 年海啸中的幸存者的心理应激程度有了显著的下降（Descilo et al.，2009）。

另一项研究显示，非洲舞蹈与哈达瑜伽都显著地降低了知觉到的压力和不良反应，而控制组却没有任何变化（West et al.，2004）。瑜伽是治疗抑郁的有效辅助手段。那些服用抗抑郁药而病情得到部分缓解的病人的抑郁、愤怒、焦虑和神经症状都有了显著降低（Shapiro et al.，2007）。在一项为期 4 个月的项目中，对认知行为治疗与昆达利尼瑜伽，即精微能量瑜伽的效果进行了比较，结果发现这两组在知觉到的压力、血压和皮质醇水平上都有了显著的改善（Granath et al.，2006）。

而被试只是在一项以瑜伽为基础的生活方式项目中完全按该项目的方式生活了 10 天，结果发现他们与控制组相比，主观幸福感水平有了显著的改善（Sharma et al.，2008）。

理论点评

大多数瑜伽流派都强调要放弃对外部世界的兴趣，转而注重内心的体验，这就可能会让有些人没有兴趣。瑜伽认为世俗的感官体验会使人远离内心的自性，因此，如果练习不当，就可能使人逃避生活中的问题，表现为消极状态。此外，因果报应教义内涵的重点在于个体的获取方式，因此又可能意味着让人被动地接受生活命运。虽然瑜伽确实包括行动上的训练，但大多数流派却都强调要放弃外部活动，转求内心平和。

在西方，瑜伽是作为一种锻炼的方式存在，似乎更像一个锻炼身体与心理专注的训练系统，而不是一个完整的精神修炼。没有心灵与情绪上的训练，或没有修习瑜伽的伦理规则、体式、呼吸、专注训练，那么就可能使个体的发展不平衡，甚至还可能会增强个体的自傲与自我中心。

通常，人们寻求心理治疗是因为他们的机能使用出现了问题，或者是遭受了心灵或生理痛苦。但在传统上，修习瑜伽的都是正常、健康的人，目的不是为了恢复到正常状态，也不是为了改善他们在生活中的活动能力，而是为了促使个体达到完全的转变（Feuerstein，Miller，1972）。

瑜伽重视的主要是技术的实际效果。瑜

伽的核心是经验。实际上，瑜伽的各种训练

> 只要努力，成功就离你不远了。（Yoga Sutras I: 21）

方式可以说是适合每个人去修习，而不管它们本质上是属于动作、认知还是情绪方面的技术。其他别的体系没有哪个能够有这么多的方法来促进自我发展。瑜伽技术也被佛教、耆那教[①]、锡克教[②]中那些继续坚持他们自己的宗教与信仰的同时还修习瑜伽的人使用了好几百年（参见：Sarbacker，2005）。瑜伽中所包含的 7 个主要修习方式也常见于佛教、伊斯兰教和其他的冥想体系中，它们分别是伦理、情绪发展、精神化的动机、注意与觉察训练、智慧发展、利他主义与服务训练（Walsh，1999）。与佛教觉察冥想中的坐禅修习和内观修习类似，瑜伽的本质也可以看作一种正念练习，也就是学习让心灵平静下来以及将注意力直接指向当下。

原始手稿

◆选自“拉达哈：一个女人的追寻日记”

下面的内容描述了斯瓦米·拉达哈与她的精神导师斯瓦米·悉瓦南达（Swami Sivananda）在一起时的经历，悉瓦南达是 20 世纪印度最伟大的瑜伽大师之一。

当一个人可以不为别人声音所扰、而从他的声音中捕获到精神上的爱与亲切的所有光辉，能够从他的眼神中读懂他未说出的意思，那是多么地奇妙啊。在精神的道路上，挣扎与痛苦的程度似乎与成功成正比。需要一个知道必然会遇到哪些磨难的人来给予父母般的引导。在现实生活的世界中，尤其是在商业社会，人们都很冷淡。即使是在家庭中，人们也可能会感到孤独，期望得到爱、得到接纳。在精神的道路上，这种孤独似乎也不会消失。慢慢地，我开始越来越多地了解了悉瓦南达的智慧。导师的所有天赋与关注都能够使学徒感受到爱、感受到要成为他的信徒。通常，似乎越是弱小的学徒，所获得的关注就越多，因为，每个人都会获得他所需要的部分。他对有些人要求很多，甚至看起来根本就不可能做到。这取决于他对每个追随者的认识。我发现，他有时候会说得很直接，而有时候却又说得很隐晦。而有时候，他会在提出问题之前就已经给出答案……

我两只手都拿满了新书，站在导师的办公室门外。他就在离我几步远的地方与一群人在一起。突然他喊了我的名字：

“拉达哈，把——它——放下！”

在我看来，他似乎正看着我的左手。我犹豫了一下，然后将这只手上的书都丢在了地上。但是他又重复道：

“拉达哈，把——它——放下！”

我的头脑一闪念。它——是自我！不是书。

我走向他，然后触摸他的脚——第一次……

（那天晚上）“你什么时候回到西方去，”他说道，“别再为钱工作了！”

“但老师，我怎么生活呢？”

“神会照顾你的。至今为止，除了神，没有人在照顾你！”

“美国与加拿大都是金钱意识非常强的地方。如果我开始靠救济生活，没有人会理解的。”

“为什么，你在害怕！当你来到印度时，你不怕老虎、眼镜蛇、豹子吗？在这里，神会保护你。不管在哪儿，神都会保护你。”

导师没有理解我的意思。我努力从另外一个角度进行解释。“很少有人对瑜伽和吠檀多（Vedanta）真有兴趣。如果他们不得不照顾我，我很快就会成为他们的负担。而我是健康的人，为什么我不该去工作呢？”

① 耆那教，起源于古印度的古老宗教之一，兴起于公元前 6 世纪；该教徒的信仰是理性高于宗教，认为正确的信仰、知识、操行会导致解脱之路，进而达到灵魂的理想境界；同时该教是一种禁欲宗教，其教徒主要集中在西印度。——译者注

② 锡克教，15 世纪产生于印度的一神教，“锡克”是梵文 Sikha 的音译，原意为门徒；锡克教奉行祖师崇拜制，视祖师为神的使者，其信徒自称是祖师的门徒。——译者注

“因为，”导师打断了我的话，“你无法告诉别人你可以只依靠对神的信仰而活，如果你自己都做不到。就必须采取一切办法，先让自己成为一个榜样。”

他说得太对了！因为他自己就是这样一个榜样，他征服了我的心，使我相信了这点。但是我？我没有勇气去做这样一个尝试。

“拉达哈！还有太多的傲气——隐藏的！”他说到了我的痛处。无需争辩。他完全对。我曾经是多么希望抛弃这一切的啊！

（Radha，1981，pp. 68-69，168-169）.

章节重点

- 瑜伽的根基是前印度时期的文化。首先值得一提的是帕坦伽利在《吠陀经》中将瑜伽系统化地描述成了一个具体的哲学流派。
- 最为盛行的瑜伽著作是《薄伽梵歌》，它只是印度史诗《摩诃婆罗多》中的一部分。在《薄伽梵歌》中，克利须那神（自性、或精神导师）给予阿朱那（自我）指导。
- 经典瑜伽是指帕坦伽利所强调的瑜伽，这一瑜伽强调要体验入迷的意识状态（三昧）。
- 瑜伽的最终目的是要从其根源，即自性中寻找快乐。广义上的瑜伽包括所有通过平息心灵以及将意识集中在自性上，从而推动自我实现的宗教信仰或系统化的训练方法。
- 当前意识倾向（因果业报）降低时，对意识的控制是可能的。
- 主要的瑜伽流派都发展成了以适合不同人格特点的人：报业瑜伽（行动瑜伽）、知识瑜伽（智能瑜伽）、虔信瑜伽（奉献瑜伽）、哈达瑜伽（身体瑜伽）、梵唱瑜伽（神圣唱诵瑜伽）、昆达利尼瑜伽（精微能量瑜伽）、珞迦瑜伽（心灵与身体的胜王瑜伽）。
- 帕坦伽利概括了瑜伽的 8 个方面：（1）制戒；（2）内制；（3）体式；（4）生命能量控制；（5）制感；（6）专注；（7）冥想；（8）开悟。
- 印度人的理想生命周期包括 4 个阶段：学徒、住家行者、森林行者与遁世行者。
- 在帕坦伽利看来，无知、自我中心、贪求、厌弃与恐惧是苦难或痛苦的主要根源。
- 帕坦伽利将意识分为痛苦与非痛苦两类。那些会增强无知、依恋或迷惑的想法与情绪是痛苦的意识；而诸如爱、勇气、宽大等非痛苦的意识能够使人变得更自由、更有知识。
- 在瑜伽中，通过体验来获得理解被认为是智力发展的必要补充成分。学习必须付诸实践，才能避免陷入毫无意义的理智主义。
- 在印度，古鲁，即精神导师最重要的特征是要有精神意识。精神导师所具有的六大功能分别是推动、指引、解释、揭露、教授和启发。
- 传道仪式是瑜伽修习中的关键要素。起初，它是精神的传递形式，它在精神导师与学徒之间建立了一条特殊的纽带，使学徒进入到了精神导师的门第中。

关键术语

阿萨纳斯（asanas）：是指哈达瑜伽中的体式，能够给人带来生理上和精神上的明显变化。生理上的益处包括力量、平衡、灵活性以及内分泌和其他机能系统的改善。

依恋（attachment）：是指我们为了自己的愉悦或满足而必须拥有某些事物的感受。是成长的 5 大障碍之一，会被贪求和厌弃所激发。

厌弃（aversion）：用帕坦伽利的话来说，就是指“逃避痛苦”。作为成长的障碍之一，它会强化个体与外部世界的联系。

虔信瑜伽（bhakti-yoga）：是指奉献瑜伽。它是通过爱与奉献来改变自己人格的方法。相较于其他形式的瑜伽来说，它与传统宗教的关系更为密切，它包括仪式礼拜、唱诵和拜神。

脉轮（chakras）：是指分布于脊椎中的 7 个意识中心。每个脉轮都与特定的精神和生理特征有关；有些脉轮还与不同的形式、颜色、感觉或其他成分有关。

贪求（desire）：在帕坦伽利看来，它是指“对愉悦的渴望”。它是个体成长的 5 个障碍之一，贪求会将个体与外部世界联系起来，由此使个体难以达到内心的安宁。

自我中心（egoism）：是指个体认同自己的身体（这会使个体产生贪求、恐惧和自身有局限的感受）、思想（这会导致情绪化与不安宁感）。自我中心是成长的 5 大障碍之一。

瑜伽的 8 大分支（eight limbs of Yoga）：有些人认为这是所有经典瑜伽的根源，是帕坦伽利的珞迦瑜伽或“心理瑜伽”的基础，这是一个系统化的表达，分为 8 个水平或 8 个“分支”修习方式，包括：（1）制戒；（2）内制；（3）体式；（4）生命能量控制（普拉阿雅玛）；（5）制感；（6）专注；（7）冥想；（8）开悟（三昧）。可以将它们看作成功的一系列水平，某一分支的改善又会促进其他分支的发展。

恐惧（fear）：是指对死亡自然而然产生的害怕，来源于对容易消亡的身体的认同、而非对永恒存在的自性的认同。恐惧是成长的 5 大障碍之一。

森林行者（forest dweller）：是理想生命周期的第三个阶段，在这个阶段，老年夫妇可能隐居到森林中，或者是居住在一个与世隔绝的环境里，不再主动涉入到家庭与职业生活中。

哈达瑜伽（hatha-yoga）：是指身体瑜伽。这种瑜伽修习是为了让身体得到增强或变得纯净，以便进行更高层次的冥想和进入更高级的意识状态，并且有助于让无限的自性显示在有限的身体—心灵中。

住家行者（householder）：是理想生命周期的第二个阶段，在这个阶段，个体完成了学徒学习后返回到自己的家中。这一阶段的任务包括结婚、做家务和养家。通过职业成功、家庭愉悦、为社会服务来获得满足，同时过一种自我控制式的生活。

无知（ignorance）：是指一种还没有认识到自性是终极原因的状态。个体将世界、而非将自性看作体验的来源。无知是成长的主要障碍，是所有苦难的基础。

知识瑜伽（jnana-yoga）：是一种智力瑜伽。是一种对辨识力和自我分析能力进行训练的方法。知识瑜伽致力于使个体了解妄念与束缚的力量，以及如何去正视或避免强烈情绪、感觉依赖以及对身体认同所带来的影响。

因果报应（karma）：行为以及行为所产生的结果。因果报应所建立的基础是认为每个人的生活都是受以往行为所影响，同时每个行为又会带来一定的结果这一思想。

报业瑜伽（karma-yoga）：是指行动瑜伽。它教导学徒要无私地行动，不要在意得失、成败。报业瑜伽修习者寻求的是遵照理想来行动，寻求为他人服务，通过发展无私的行为、以及服务他人而不是通过进行个人宗教训练来实现转变。

昆达利尼瑜伽（kundalini-yoga）：是指能量瑜伽。它的目标是唤醒昆达利尼能量，这种能量盘旋在脊椎底部。冥想训练、呼吸训练、观想术、以及哈达瑜伽的净化技术可以推动这些能量进行流动。一旦被唤醒，这些能量就能流向所有的脉轮或意识中心，引发心理、生理和精神上的变化。

梵咒（mantra）：是宗教的一种乐句或音节，具有心理—精神力量。传统上，学徒在传道仪式中获得一个梵咒。唵是印度最广为人知和人们最常使用的梵唱。

梵唱瑜伽（mantra–yoga）：是一种声音瑜伽。它强调反复唱诵一个梵咒会使人在冥想时将注意力集中在一个点上，由此使个体能够保持与宇宙震动相吻合的频率。

不依恋（nonattachment）：其思想是指个体不管遇到了什么，都会很享受，而在放弃时又不会有损失感或痛苦。

生命气（prana）：是指身体的生命能量。可以通过呼吸练习、冥想或其他瑜伽训练来进行增强和控制。

珞迦瑜伽（raja–yoga）：是胜王瑜伽，或“心理瑜伽”。它是帕坦伽利在《瑜伽经》中所描述的 8 大瑜伽分支中的第八个。

遁世行者（renunciant）：是理想生命周期中的第四阶段。这一阶段是个体生命的最后 25 年，也是个体追求自我实现的阶段。

自性（self）：是指个体精神当中不变的永恒存在。它就好像一个波浪，是精神海洋中某一时刻的一种表现形式。

自我实现（self–realization）：是将意识从外部世界中抽离、转向意识的源泉，即自性的过程。

学徒（student）：是理想生命周期的第一阶段。学徒的目标是获得技能、经受情绪和精神训练。

塔帕斯（tapas）：梵文，是苦行训练或苦行修行。仍然是当代瑜伽修习中的核心成分，修习方式包括禁食、冥想和保持某一体式长时间不动。

瑜伽（yoga）：梵文的意思是“联合”或“结合”。它还指“方法”，被认为是自我实现的技术。

推荐阅读

Eliade，M.（1969）. *Yoga: Immortality and Freedom*. Princeton，NJ: Princeton University Press.

本书从学术角度对瑜伽各经典流派进行了阐述。

Mascaro，J.（Trans.）.（1962）. *The Bhagavad Gita*. Baltimore : Penguin Books.

本书是部译作，是一本容易买到的好书。

Prabhavananda，Swami，Isherwood，C.（Trans.）.（1951）. *The Song of God: Bhagavad Gita*. New York: New American Library（Mentor Books）.

可读性强，容易买到。

Prabhavananda，Swami，Isherwood，C.（Trans.）.（1953）. *How to Know God: The Yoga Aphorisms of Patanjali*. New York: New American Library.

是一本非常好的书，容易买到，但是对《瑜伽经》的翻译有点西式。

Purohit，Swami（Trans.）.（1938）. *Aphorisms of Yoga by Bhagwan Shree Patanjali*. London : Faber.

翻译得很好，并且用英语进行了注释。

Radha，Swami.（1978）. *Kundalini: Yoga for the West*. Spokane，WA: Timeless Books.

本书是迄今为止从心理学角度对昆达利尼瑜伽、脉轮、瑜伽象征与图象进行分析的最为详尽的著作。

Ram Dass，Baba.（1970）. *Be Here Now*. San Cristobal，NM: Lama Foundation.

本书对瑜伽进行了现代式的、“时髦”解析。包括冥想技术和其他训练方法，理查·阿尔派特（Richard Alpert）到拉姆·达斯的转变；提供了精神著作阅读清单；并且将文字与图画结合起来，对印度哲学、瑜伽进行了引人入胜的阐释。

Taimni，I. K.（1961）. *The Science of Yoga*. Wheaton，IL: Quest.

对《瑜伽经》进行了严谨的学术式翻译，并附有大量的注释。

Vishnudevananda，Swami.（1960）. *The Complete Illustrated Book of Yoga*. New York: Pocket Books.

本书是一本优秀的关于哈达瑜伽实践的平装书。

Yogananda，Paramahansa.（1972）. *The Autobiography of A Yogi*. Los Angeles：Self-realization Fellowship.

本书是瑜伽修习者在印度接受瑜伽训练的经典报告。对印度教的介绍非常好。

第 14 章

禅与佛教

当被问及一个人应该对宗教教义以及精神导师如何进行评价时，佛陀（Buddha）回答道：

跟着我的人，要慎重考虑这点。做一个始终睁着一只眼，探求真理的人。对谣言、习俗与传闻要进行衡量。不要让任何所谓卓越的经文误导你。应该使用逻辑思维和理论证据，用心论证各种原因，使用经过深思熟虑的意见以及合理的想法，尊重你的导师——但请不要过分信任他们。只有当你知道，并且确信自己知道——这是不好的、是错误的，会受到才智之士的责难，会带来损失和不幸——只有当你明白时，你才能够去拒绝或接受。（*The Dhammapada*①，Lal，1967，p. 17）

在佛教禅宗里，主要关注的是如何引导他人去亲身、直接地感悟真理。佛教教义把经验看得比宗教信仰或抽象的哲学更重。禅宗是佛教的一个派系，强调冥想和精神修行。正如禅宗哲学家 D . T . 铃木（Suzuki）所写的那样："禅宗的基本要义就是让我们去触摸自己的内心世界，能做到这一点就是用可能使用的、最直接的方式去进行，而不需要借助任何外部或另外添加的东西"（1964，p. 44）。从广义上来说，禅宗提供了一种实用、体验精神的方法，适用于任何教派。

佛教心理学对日常心理和深层心灵（deeper Mind）进行了区分：

生活在精神世界中，就是去学习和践行修心之路（Way-mind）。这是一条普遍存在、却又完全平静与安宁的道路。这就是所谓的心灵。这个心灵并不是日常意义上的心理。心灵，由于它的平静与安宁，是人类意识的原始本性……

在心理学的研究中，人们试图了解意识的基础，那就是所谓的无意识……心理学试图了解这种无意识水平，并从中获得信息。当你从中有所获得时就会发现，这不过是自我意识的作用……但不管是自我所看到或发现到的，都只不过是修心之路的表面。佛教就是直接去学习平静与安宁，并努力去实践它们。（Katagiri，1988，p. 13）

有些学者（Katz，1983; Molino，1998）对佛教思想与西方的心理学理论进行了比较。拉马斯瓦米和谢赫（Ramaswami，Sheikh，1989）把佛教心理学概括为：

佛教心理学是建立在独立个体终将消失，一切事物和悲伤都是过眼云烟的理念上。人们的苦难是因为自欺欺人，是因为希望拥有那些终将消失的财物或欲望。佛陀并不仅仅停留在诊断的水平上。他宣称，治疗就是去达到一个更高的存在状态，在其中，自知根除了妄想、执着和欲望。（P.120）

在这里，没有终极的教义或教条，因为在面对无常时不可能有绝对的真理，也没有

① 意为《法句经》。——译者注

绝对的佛。佛教教义是定位在人类的现实上。他们的目标是消除那些因有限的、自私的自我所造成的不满感和不足感。在本章开头就引用了佛陀对其弟子的告诫，不要遵循任何有名望或者有本领的导师的教诲，只能依靠自己的判断和经验。禅宗的终极准则是体验。能够帮助人们变得更成熟、更有责任感，更圆满的教义与信条就是良好的佛教教义。

佛祖的人生简介

佛教是以悉达多·乔达摩（Siddhartha Gautama），即释迦牟尼的教义为基础的。佛陀是一个头衔，并不是一个人名。它的意思是“觉醒了的人”，或“已经获得了全部人性的人”。根据佛教的教义，有许多佛陀成佛于释迦牟尼之前，在他之后还产生了许多佛陀。佛祖从来没有声称自己要成为一个超乎寻常的人，没有声称自己要取得超出人类能力所能达到极限之外的成就。他使自己成为了一个完全成熟了的人，获得了我们视为超人或受到神灵启示者才能达到的罕见成就。佛教的核心要义就是认为每一个人都拥有佛性（Buddha-nature），认为每个人都有成为圆满之人的能力，都能成佛。

> 请记住，你必须独自前往，但佛所做的只是给你指明方向。（释迦牟尼）

传说佛祖俗姓乔达摩，生于公元前563年左右，为印度北部释迦王国（Shakya Kingdom，今尼泊尔的一部分）的王子。16岁时，他与一位美丽的公主结婚，并住在环境舒适的豪华宫殿里。在他二十多岁的时候，偶尔溜出那富丽堂皇的监狱，才突然看到了现实生活和人类的苦难。

在他的第一次出行中，乔达摩遇到一位辛劳、艰难生活的老人。第二次出行看到一位被疾病严重折磨的人。第三次出行，看到悲伤的送葬队伍送别离开人世的人。最后，乔达摩遇到了一个遵循印度传统进行精神修炼的宗教禁欲主义者。乔达摩认识到，即使拥有最幸福和最富足的生活，疾病、衰老和死亡也都是不可避免的结局。

人类无法逃避的苦难成为乔达摩探究的焦点。他意识到，他目前的生活方式无法提供该问题的答案。因此，他决定离开他的家人和宫殿，通过精神训练去寻求解决方案。

乔达摩 29 岁时，他的独生子出生后不久，就离开了他的王国。此后，他跟随不同的导师学习了 6 年，其中包括两位著名的瑜伽老师，从事严格的禁欲修行。最后，他由于长期的禁食，身体很虚弱，乔达摩意识到，身体的禁欲不会带来开悟。他不再禁食，以便有力量继续他的精神修行。后来，他在一棵菩提树下盘膝而坐，冥思起来；他发誓，直到圆成正果之前，绝不会进食或离座，即使在这次尝试中死亡。

> 设计者造运河，弓箭手射箭，工匠制作木器，智者塑造他们自己。（*The Dhammapada*，Lal，1967）

从乔达摩的个人经验中，可以明白佛教的“中道”思想（the Middle Way）：寻找一条既不是极端纵欲、又不是极端苦修的健康而又有用的训练方法。经过长期而深刻的冥想，乔达摩经历了深刻的内心转变，改变了他对生命的看法。随着自身的转变，他对生、老、病、死的认知也发生了变化。35 岁时，他终于悟道成佛。

佛祖决定把自己的见解与别人进行分享。此后，他穿行在印度的城镇之间，从一个城镇到另一个城镇，传播他的想法长达 45 年，身边的追随者也越来越多。他在公元前 483 年逝世，享年 80 岁。

数百年以来，佛教在印度广泛盛行，并逐渐扩展到亚洲各国。在公元1000年至1200年之间，由于印度佛教的衰弱，以及印度教的复兴和莫卧儿王朝统治者的迫害，佛教几近灭亡。如今，佛教在印度又再次开始盛行开来。

佛教目前有两大传统。南传上座部佛教（Theravada或Hinayana）主要是流传于东南亚、斯里兰卡、缅甸和泰国等；大乘佛教（Mahayana）主要是分布在中国的西藏以及中国其他地区、韩国和日本。大乘佛教的传统，开始于南传上座部佛教内的自由运动，它的特点是对传统的僧侣规范不作严格要求，也不排斥普通居民，更愿意在传统教义中增添新的东西。大乘佛教教徒也很强调同情心，但不会像南传上座部佛教那样强调自律。最初的时候，这两大传统只是被视为佛教内部中的个人对佛教教义的不同解释而已。大乘佛教和南传上座部佛教的信徒住在同一寺院，遵守相同的戒律。还有第三个传统，那就是藏传密宗（Tibetan Vajrayana Buddhism），最近在西方也有很高的普及度。

禅宗是大乘佛教的一个主要教派。可一路追溯到到佛祖时期。据说，禅宗早在公元6世纪时，由印度僧人菩提达摩（Bodidharma，即达摩）带到了中国。达摩认为，冥想、个人修炼比宗教仪式更为重要。在中国一系列著名大师的影响下，禅宗逐渐发展成一个独立的佛教派别，拥有自己的寺院，戒律和组织结构。到了公元1000年，禅宗已成为中国排名第二的佛教宗派。

在公元12和13世纪时，有两个日本僧侣卫材（Eisai）和道元（Dogen），不远万里跑到中国去学习佛教。当他们返回日本后，便建立寺庙、教授弟子，并创办了日本佛教禅宗的两大派别，索托（Soto）和临济（Rinzai）。在临济宗的祖师卫材大师（1141-1215）看来，可以使用禅宗的“谜”来进行开悟，也就是所谓的禅宗公案（Koan）。而日本索托宗的祖师道元大师（1200-1253）则强调两个要点：不要让日常实践与开悟之间存在距离，另外则认为合适（正确）的日常行为就是佛教本身。

正如本书大部分章节都是讨论某位具体理论家的研究一样，本章也主要是讨论众多佛教传统和学派之一的禅宗佛教。下面，我们将根据索托禅宗的观点来讨论佛教的概念和心理学思想。

从根本上来说，佛教只有一个。不同的导师和不同的学派在阐释佛教基本要义的时候，可能会从他们自己的角度出发，以使之适应他们自己的文化和社会习俗。在“最新动态”中，我们概述了另外两个在美国有重要贡献的著名佛教学派：南传上座部佛教和藏传佛教。

主要思想

佛教思想的核心是认为存在具有三个主要特征，即无常、没有不朽的自我或灵魂，以及对现存世界的不满意。在这三种特性的基础上形成了佛教的基本原则，即四圣谛（the Four Noble Truths）和八正道（the Eightfold Path）。禅宗是以冥想练习为基础的，冥想是一种直接体验佛教真理和思想的手段，也就是说，是“开悟”的体验。对于理想的人类形象，佛教有两个概念来描述，即罗汉（the Arhat）与菩萨（the Bodhisattva）。

存在的三个特征

无常（impermanence）。世间一切都是不断变化着的，世间万物都是无常的。任何物质都不会永远存在。树木、山脉、太阳、月亮、星星都是有限的存在，而且它们随时处在变化之中。

> 时间流逝甚于箭，生命如露水般稍纵即逝。不论你才华如何横溢，都无法召回过去，哪怕是一天。（Dogen in Kennertt，1976）

无常也可以用来说明思想与观点。无常的概念意味着没有最终的权威或永久的真理，只有适合特定时间和特定地点所做的某种水平的理解。因为环境在变化，在某个时间段似乎为真的东西，在其他时候则不可避免地会沦落为错误或谬论。因此，佛教可以说是没有一个固定的教义。要理解无常这个概念，就要意识到没有任何事物能够完全地成佛，即使真理也都是处在不断的变化、发展中。换句话说，任何事物都处于不断变化中，都是同一现实的表象，这也就是佛陀。

佛教认为宇宙的主要特点就是变化。然而，人类有一个强烈的倾向，总是把世界看作静止的，而不是将事物看作流动和不断变化的过程。而且，这些过程也都处于变化之中，同时又相互依存。

对佛教中的相互依存这一概念阐释得最好的也许是越南的一行禅师（Thich Nhat Hanh）：

> 如果你是一个诗人，你就会清楚地看到，有一片云漂浮在这纸上。如果没有云，将不会有雨；没有雨，树木无法生长；而没有树木，我们就不能制作纸张。所以，云对于纸来说是必不可少的……
>
> 如果我们从更深的角度来看待这张纸，我们可以看到阳光在它里面。如果没有阳光，森林就不能生长。事实上，任何事物都不能生长……如果我们继续看下去，我们可以看到伐木工砍断了这棵树，并把它送到了磨坊，使之变成了纸。我们也看到了小麦。我们知道，伐木工人要维持每日的生存就离不开小面包，因此成为伐木工面包的小麦也在这纸上。同样地，伐木工的父亲和母亲也在这纸里面……
>
> 所以我们可以说，一切都在这张纸里……一切共存于这一张纸里……你不可能只是你自己……这张纸是如此，其他一切也皆如此。（1988，pp. 3-4）

意识到一切事物都是共存，并且是不断的变迁，就是用一种完全不同的方式去体验这个世界。

无我（selflessness）。各种宗教都告诉我们，自我或灵魂是不变的、不朽的。而佛教中的无常概念，也适用于我们最深处的自我。

佛教中的无我这一概念，指的是在人们身上不会有不朽的灵魂或永恒不变的自我。个体被视为诸多成分的集合，所有这些成分都是暂时的和不断变化的。在佛陀看来，个体是由五个基本要素组成：身体、感觉、知觉、意识和心理活动（即想法、意图等）。而“我”只不过是一种可用的语言工具，指的是不断变化着的特质的集合。

换句话说，我们的身体和我们的人格是由世间不断变化且必将消亡的过程组成。个体就是这些成分之间不断相互作用所构成的模式。当组成成分死亡时，个体也就死亡了。我们的任何一部分都不会永远存在，即使我们的思想和行动所带来的影响可能会延续。世间万物，不仅仅是人类，包括树木、山脉、植物和动物，都不会有一个孤立的、永恒的自我。首先，它们必须相互依存，或者说是万物共存；其次，所有东西都是混合而成的，或者说是过程的暂时性集合。

不满足（dissatisfaction）。不满足，或苦难，是存在的第三个特征。不满足的概念包含了出生、死亡、衰落、痛苦、悲伤、绝望和存在本身。苦难不是来自于我们所处的世界，而是来源于我们自身。它存在于每个人的有限自我中，是一种相对意识。佛教教义旨在帮助我们去超越所产生的有限自我感。只有通过自我的转变，我们才能真正体验到对自己、对世界的满意。

仅仅把苦难看作存在不可避免的一部分，是对不满足这一思想的错误解释。佛陀教导说，苦难的根源在于个体之内，并乐观地认为人类的不满足是可以被消除的。

四圣谛

乔达摩将苦难与人类的局限看作人类生命中无法避免的一部分，并探求解决之道。“这可能是最重要的心理学发现，即佛陀认识到了苦难的普遍性，认识到了它的产生原因、治疗，以及获得解救的方法”（Mosig，1990，p. 53）。为此，对于苦难的根源与解救之道，他提出了四圣谛的观点。

不满于存在。第一条观点是认为人们会不满于存在。它假定在每个普通人的内心中，不满或苦难都是无法避免的。佛陀把对不满的理解作为解放自己的手段。当我们认识到自己的苦难或不满时，我们身体里的佛性就会看到它、发现它带来了什么，并采取一系列行动把它转化为和平、欢乐和自由（Hanh，1998）。

> 我们就是我们所认为的，我们将成为我们所希望成为的。（*The Dhammapada*），Lal，1967）

渴求是不满的根源。第二条观点是将不满足看作渴求或欲望的结果。渴求是欲望再加上依恋，是一种“我必须要这个”的感受，它的强度要高于单纯的欲望。

绝大多数人都是喜欢积极的和令人高兴的事，讨厌消极和痛苦。这种渴求会使个体的心灵不稳定，使人始终达不到完全满足的状态。如果我们的欲望得不到满足，我们就会被驱动着去改变现状。如果得到了满足，我们又会对变化产生恐惧，这也会带来新的挫折感和不满。因为世间一切都将逝去，个体会觉得喜悦只是暂时的，那么满足欲望所产生的喜悦感就会由此而降低。因此，我们总是对事情的现状不满，总是希望事情不要像它原本那样。这种渴求越强烈，不满的强度也就越大，因为我们知道自己不可能永远都能做好。

消除渴求。第三个观点是认为，消除渴求就能够消除苦难。根据佛教教义来看，当体验不到不满的时候，人类就可能能够学会去接受所处的世界。消除渴求并不意味着消灭所有的欲望。健康的欲望，比如对进食和睡眠的需要，是生存所必需的。而且，欲望也有助于提高自我意识。如果我们所有的欲望能够马上得到满足，我们很容易就陷入一种消极的、不会动脑的自满状态。接受指的是一种坦然的态度，既能够享受渴求的满足，也可以在不感到痛苦的情况下去接受不是所有梦想都能实现的事实。我们需要学会按照事情的本来面貌去接纳它们。然后，通过采取适合当时情况的行动，我们就能够使事情变得更好而又不去在乎结果如何。

> 被欲望所控制的人就像是一只被自己编织的网所网住的蜘蛛。（*The Dhammapada*），Lal，1967）

我们也可以询问自己：“是什么让我和别人感到开心？我能给自己、给别人带来快乐吗？”如果我们能够学会欣赏自己所拥有的宝贵财富，如所拥有的听觉、视觉、健康，以及所拥有的生命，那就不会再有不满（Hanh，1998）。

八正道。佛教的第四个观点是由消除渴求与不满的方式所组成，那就是八正道，或中道。大多数人都是努力去寻求获得最高程度的感官享受；而其他人则走入了另一个极端，即进行自我禁欲。在这一点上，佛教的观点则是认为要适度。

僧侣，会避免走这两个极端。哪两个呢？一方面，卑贱地、庸俗地、不光彩地、无用地沉溺于强烈的情绪和奢华中；另一方面，痛苦的、卑鄙的、无用的自我折磨与禁欲。佛教建议走中间路线，即中道，这样将通往领悟、平和、智慧与悟道。（*The Dhammapada*），Lal，1967，p. 22）

八正道包括正语（正确的讲话）、正业（正确的行动）、正命（正确的生活）、正勤（或正精进，即正确的努力）、正念（正确的心灵）、正定（正确的精神专注）、正思（正确的想法）和正见（正确的理解）。其基本思想就是认为要避免那些会给别人或给自己带来伤害的思想和行为方式。

八正道可以区分为三类，那就是德行（戒）、理性（慧）与精神净化（定）。德行（ethical conduct）是建立在对众生所持的普遍的爱和怜悯的佛教教义上。它包括正语、

> 请勿售卖妄念之酒。但如果我们认识到这本身就是开悟，就不会产生妄念。[《金刚经》（*Diamond Sutra*），in Kennett，1976]

正业和正命，即需要正确的讲话、正确的行动和正确的生活。

正语（right speech）意味着戒绝（1）谎言；（2）流言蜚语，诽谤或任何可能带来不团结与不和谐的话语；（3）苛刻的、粗鲁的语言或粗言秽语；（4）无用的、愚蠢的唠叨和八卦。我们应该说真话，使用的文字都应是友好的、愉快的、温柔的、有用的。我们不应该乱说话，说话应该考虑适当的时间和地点。如果我们不能说有用的话，最好是保持“高贵的沉默”。

正业（right action）是指道德的、诚实的、和平的行为。为了实现这一目标，我们应该戒绝：（1）有害的生活；（2）偷窃；（3）不诚实的行为；（4）不合法的性行为；（5）（迷乱心智的）药物或酒精。此外，我们应该帮助他人过上和平与体面的生活。

如果我们的谋生方式不会给任何人或任何事带来什么伤害，如不去买卖武器、沉溺于酒精、药物或毒物、杀戮动物或欺骗，就能够达到正命（right livelihood）。理想的方式是以一种让人尊重的方式去谋生，不给任何人带来伤害。

精神净化（定）（mental discipline）包括正勤、正念、正定，即正确地努力、正确的心灵和正确的精神专注。正勤（right effort）是指使用我们的意志（1）防止出现有害健康的精神状态；（2）如果这种状态出现，就摆脱它们；（3）促进并产生良好的、健康的精神状态；（4）建立并完善这些已有的、良好的、健康的状态。

正念（right mindfulness）意味着要注意并意识到：（1）身体的功能；（2）感觉或感受；（3）心灵的活动；（4）具体的想法、思想和观念。各佛教派别中都建立起了能够促进正念的冥想形式——包括将注意力集中于呼吸、感觉和心理活动。

正定（right concentration）指的就是精神专注的发展，这对八正道中其他方面的发展具有促进作用。

理性（慧）（wisdom）指的是正思与正见，即正确的思想和正确的认识。正思（right thought）包括超然、爱与非暴力。正见（right understanding）是指按照事情的本来面貌去进行理解，这可以通过深入学习四圣谛

> 如果我们认为自己听到了，就不会再听；
>
> 如果我们认为自己看到了，就不会再看；
>
> 如果我们认为自己知道了，就不会再去寻求。（佛教谚语）

来实现。佛教心理学认为存在两个层次的理解：首先是关于认识对象的知识、积累的记忆以及从智力上去把握认识对象；其次是深

度理解，指准确把握事物，而不受其名称和标签所影响。这种类型的认识只有通过冥想，让心灵不再有杂质、并且完全得到发展时才有可能实现。

冥想

禅（zen）来自梵文 dyha-na（音译为禅那），意为"冥想"（meditation），这后来发展成了中国的禅（ch'an）和日本的禅（zen）。冥想是禅宗的主要修行方式。目前主要有两种禅宗冥想方式，或坐禅（zazen）（字面意思就是"禅坐"）。人们可以在坐着的时候保持觉知，或将注意力集中在公案上。

> 对于禅宗僧人来说，进步的主要先决条件是凝思坐禅。不必争论谁聪明、谁笨拙、谁智慧、谁愚蠢，只需要坐禅，然后你就会自然而然获得进步。（Dogen in Kennett，1976）

集中在公案上的冥想（meditation on a koan）。公案指的是一个问题或一个练习，它不能只通过思考或逻辑推理就能获得解决。如今公案被临济宗用来考察学徒，并帮助他们超越思维的局限，以及触摸开悟了的心灵。

在禅宗导师与学徒之间的对话中，可以看到许多公案。还有一些公案是来自禅宗大师为了刺激或启发学徒的理解而提出的问题。公案生动形象，能够直接说明禅宗大师对佛教某个方面的深刻理解。但它们又往往是自相矛盾的，不大符合逻辑，以迫使提问者超越其习惯经验的内在局限。最为知名的一个公案被称为"无"（Mu）：

> 有位僧人很郑重地问赵州（Joshu）："狗有没有佛性？"赵州回答说："无。"

僧人深受佛教教义所说的众生都有佛性所影响。

> 你所需要做的就是从学识中摆脱出来，摆脱内心并反省自己。如果你能够做到自然地摆脱身体和心灵，那么佛心（Buddha Mind）就会立即出现。[晚课（Evening Service），in Kennett，1976]

赵州的回答可以理解成"没有！"也可以解读成仅仅是一个感叹。它不是一个简单的是或否的回答，赵州没有落入提问者假设某一特定事物是否有佛性的陷阱里。"无"是对二元思维的有力拒绝，是一个学徒可以瞥见赵州非二元思维的窗口。有位禅宗导师对此评论道："显然，'无'没有对佛性的存在与否进行回答，但这本身就是佛性。"（Kapleau，1965，p. 76）

在对这个公案进行思考的时候，人们不应该沉浸在从理智上去考虑问题，去推测问题的答案以及它们所具有的意义。公案的目标就是引导学徒去发现自己的无知，以诱使他们超越抽象的构思、寻求存在于他们内心的真理。公案学习需要在合格的导师指导下进行，并且导师与学徒之间会定期交谈。有位禅宗导师在学徒思考下面这个公案的时候给出了如下的指导：

> 让你的整个身心都成为一团怀疑和质疑。将精神完全集中在"无"上。集中在"无"上意味着与之融合成为了一体。如何才能实现这样彻底的融合呢？夜以继日地坚守在"无"上……不断地将精神集中在这上面。不要将"无"看作虚无，也不要去想它是存在或者不存在。换句话说，你不要将"无"看作一个佛性存在或不存在的问题。那么，你该做什么呢？别去思考，只是将所有注意力都集中在"无"上——只是"无"！（Kapleau，1965，p. 79）

只管打坐（just sitting）。可以将索托宗的冥想看作"只管打坐"，它们不需要用一

> 正如铁匠除掉银器上的缺陷一样，智者也能一个一个地、仔细消除自己身上的不足。（*The Dhammapoda*，Lal，1967）

个公案或某个练习来占据思维。冥想者需要努力维持一个专注的觉知状态，在这种状态中，冥想者既不紧张，也不放松，仅仅是保持高度的警觉状态。就好比人们坐在路边观看来来往往的车辆一样。冥想者看着思绪的变换，但又不陷入任何一个思绪之中，由此忘记自己还是一个有意识的观察者。

坐禅是信仰的一种表示。“那些不信佛的人达不到坐禅的境界，不管怎么教都不行。如果你不相信这种静默和无边无际的存在，不使自己沉迷在这一境地中，你怎么会相信自己？”（Katagiri，1988，p. 43）。

如果能够做到正确的坐禅，那么就不会出现幻象或类似的体验。一般来说，这种体验是冥想过程中不正确的坐姿所积累的紧张引发，或者是冥想时将注意力集中在某个点上时的类似白日梦状态。这些幻象（illusion）在个人的成长中毫无价值。往好里说这是分心了，而说得更严重一点，它就是傲慢、自负和妄想的源泉。有位禅宗导师说：“看到菩萨的幻象并不意味着你更靠近了自己的内心，幻觉自己成为百万富翁并不会使你比醒来的时候更有钱。”（Kapleau，1965,pp. 40–41）

个人练习

坐禅

请做下面这个练习，你可能能够了解到一些同禅和心灵运作有关的东西。

首先，让自己舒适地坐着，并且后背挺直，不要有紧张感。对于“后背挺直”这一问题，禅宗导师的意思是说脊柱应该自然弯曲，略向前倾。

如果你愿意，也可以坐在椅子上。找个座位尽可能是平的椅子。也可以增加一个小的平垫子。坐在椅子前三分之一处，双脚平放在地板上，小腿与地板尽量保持垂直。

如果你想坐在地板上，那么就用一个小的、结实的垫子抬高臀部（禅宗活动中心通常都提供有冥想坐垫，你也可以通过网络购买一个。）坐在地毯或毛毯上比坐在光秃秃的地板上要好。坐在垫子的边缘，只让脊椎底部的尖端靠在垫子上。对大多数腿比较长的西方人来说，较为舒服的姿势是缅甸风格坐法，将左脚塞进右大腿与骨盆的连接处，右脚放在左腿前面并与之平行。两腿平放在地上，膝盖靠在地面上。膝盖和尾椎骨形成一个三角形。

头挺直，既不前倾、也不后仰，下巴收紧。如果姿势正确，头部应该感到舒适，几乎没有重量感。将你的左手叠在右手上、放于膝部，两拇指轻轻相触，掌心向上。

坐的时候面对墙壁，但要与墙壁保持足够的距离（约 6 英尺），这样你就能够很容易地将眼睛聚焦在墙壁上。让你的眼光以一种舒适的下垂角度聚焦在墙壁上某个地方，不要将眼睛全部闭上。

身体从一边到另一边轻轻摇摆，前倾、后仰，找到一个最舒适的姿势。稍微挺起你的肋骨，让它能够承受住下背部的压力，使脊椎自然弯曲。然后深呼吸两、三下，再开始集中精力。

现在到了说起来是最简单、但是做起来却是最难的环节，也就是只管打坐。不要试图去做任何事情、但也不要刻意不做任何事。只管带着一种积极的心态进行打坐。每天至少进行这种打坐 5 到 10 分钟，坚持一个星期。它可能会教会你一些与禅有关的东西，也可以让你体验到内心的本性。

肯尼特（Kennett）对于冥想过程中的心理活动作了较为明确的讲授：

现在，不要刻意去思考，也不要刻意不去思考。换句话说，思绪会出现在你的脑袋中。你可以和它们一起玩，也可以坐在那里看着它们在你的脑袋中飘来飘去。你需要做的，就是继续坐着；不要为思绪烦恼，不要受它们所劫持，也别试图赶走它们，否则就是不对的……

我常常将之比喻成坐在桥下观看来往车辆。你不得不看着头脑中的思绪来回穿梭，但不要被它们所打扰。如果你被某个思绪抓住（开始的时候，很可能出现这种情况），那么好了，你被思绪给抓住了。你需要回过头来重新开始进行冥想。如果坐在那里说："哦，我现在又被另外一个思绪给抓住了。"这是不好的，原因在于你会因为被另外一些思绪抓到而烦恼，而它们也会积累起来，使你的内心永远无法达到平静。因此，如果你被某个思绪抓住，那么就应该回头重新开始。（1974，pp. 16–17）

冥想是一种重要的修习，可以使自己的内心平静、安宁，可以使你学会凝思，精神获得安宁。坐禅修习就好像淋浴可以洁净身体一样，也能不断地净化心灵。

> 打坐修习是人类真实本性的直接表达。严格来说，对人类来说，再没有其他什么练习能够比得上这个练习，也没有哪个生活方式能够比得上这种生活方式。（Suzuki，1970，p. 23）

在佛教的冥想中，我们并不是为了 5 年或 10 年后可能会出现的开悟而努力。我们练习的目的是为了让我们生活中的每一刻都成为真实的生活。因此当我们冥想时，我们仅仅是为了打坐而打坐，我们不会因为别的原因而打坐。如果我们打坐了 20 分钟，那么这 20 分钟就应该给自己带来喜悦和生活的感受。（Hanh，1988，p. 53）

在索托宗里，学徒们了解到修炼中的一个最为重要的方面就是将精神集中在他们的日常生活上，当日常生活中出现公案或谜团时，他们需要学会如何去处理。个人式的公案不会有最终答案。只能通过改变自己的观点和人格来解决。问题并没有发生变化，但个体对待它的态度和方式却会发生变化。个体永远解决不了公案，但是能够学会从一个更高的水平上来处理它。例如，释迦牟尼一开始是希望自己能够解决有关疾病、衰老和死亡的公案。即使在他成为佛陀以后，这些问题仍然没有得到解决。佛陀并不是不老不死，但是他对这些问题所产生的新认识却已经超越了他以往的理解。

有些人的个人公案包括无能感、不满，以及不知道满足了或无法达到满足感。而另外有些人的主要公案则可能是以自满为中心，认为自己不再需要进行可以促使自己发生变化的自省或进步。

冥想不仅仅是一门为了获得什么的技术，它本身就是目标。为了不让你将本章看作一个文字与观点的汇集，你就需要亲身去体验禅。而要做到这个，你就必须坐禅（就如个人练习中所描述的"坐禅"）。这种直接体验的重要性，我们再怎么强调都不为过。

个人练习

冥想与日常活动

下面这个练习可以帮助你将冥想应用到日常活动中。

可以将冥想当作一种通过学习不使自己

陷入思绪和情绪，从而获得内心安宁和让意识保持集中的方法。一旦你开始能够在静坐的时候领悟到冥想状态，那么你就能够将这种感受向外延伸到其他的活动中。

开始的时候，让自己每天冥想一个小时。首先，静坐 5 到 15 分钟，然后告诉自己需要保持自我觉察，需要在接下来的一个小时内观察自己的想法、情绪和活动。如果有什么东西将你从这点上拉偏，那么就马上停止，并重新进入宁静与觉察状态。一开始的时候，你需要在沉默中做这个练习。对大多数人而言，只要开口说话几乎马上就会让人分心。

在开始的时候，先安静地进行一个小时的体力劳动可能是最容易开始的，比如做园艺、烹饪等。而进行智力活动要困难一些，聊天就更难了。如果你能够将这种练习尽量多地应用到日常生活中，那么你就能发现是什么让你最紧张、什么让你最容易感到烦恼了。将这些情况列成一个清单，并想想这个清单告诉了你什么。

正念（mindfulness）。一行禅师对于日常生活中的正念练习进行了精彩的描述：

> 你可以在做任何事的时候进行冥想，走路时、站着时，躺着、坐着、工作时，在你洗手、洗碗、拖地、喝茶、和朋友聊天或做其他任何事的时候。当你在洗碗的时候，你可能会想到随后要喝茶，因此你想尽快做完，以便自己可以坐下来喝茶。但这也就意味着你无法生活在这个洗碗的时间里。因此，在你洗碗的时候，洗碗就是你生命中最重要的事情……
>
> 洗碗时只洗碗，意思就是说人在洗碗时需要将全部精力都投入到洗碗中。乍一看，这似乎有点傻：为什么要如此重视这么一件简单的事情呢？恰恰这才是重点。我站在那里洗这些碗这个事实就是一个奇妙的现实。我完全成为了我自己，我跟随自己的呼吸，意识到了我的存在、我的思想、我的行动。我不可能像波浪里的瓶子那样被毫无目标地抛来抛去。（1976，pp. 3–4，23–24）

冥想和正念是相互结合在一起的。冥想

> 在你坐禅的时候，对出现在脑海中的思绪既不厌恶、也不喜欢，只从内心去探求这些思绪的源头。（Zen Master Bassui）[①]

可以给我们带来内心的平静，可以增强对日常生活的觉察。而正念能够使我们在冥想时进行平静的觉察。

开悟

很长时间以来，开悟常常被错误地理解了，因为它似乎是指人们能够永远达到的某些状态。显然，这一观点违背了佛教的无常观。与开悟有关的一个佛教术语是涅槃（nirvana）。涅槃是指一种已经消除了所有渴求与欲望的心理状态，可以通过自律、冥想，认识到无常和无我时达到。涅槃也意味着灭绝，特别是灭绝所有的想法和观念。我们对事物的想法会妨碍我们与它们的真正接触。而冥想却可以帮助我们排除这些想法（Hanh，1998）。

禅宗中经常使用的一个日语是顿悟（satori），字面意思是“直觉式的理解”。另一个术语是见性（kensho），意思是“看到自己的本性”。这两个术语都是指个体亲身体验到了佛教教义的真理。这种体验不是静态的，而是渐进的、不断发展变化的，是一种动态的存在状态，非常类似于马斯洛的自我实现构念。

① Bassui 是日本临济宗高僧拔队德胜的英译名译。——译者注

美国著名禅宗法师约翰·大都·洛里（John Daido Loori，2002）指出，汉斯·克里斯蒂安·安徒生（Hans Christian Andersen）童话里的丑小鸭故事就是见性体验的一个绝佳例子。丑小鸭的痛苦源于它和其他鸭子不一样。当它认识到自己是一只美丽的天鹅时，它变得喜出望外。但其实并没有发生什么实质上的变化，它一直就是一只完美的天鹅。它只是认识到了自己的真实本质，就从自己的不完美错觉中摆脱出来。认识到我们内心真正佛性的完美也是一个类似过程。

> 开悟并不是指一些美好的感受，或某些特定的心灵状态。在你以正确姿势坐着时的心灵状态，就是开悟。（Suzuki，1970，p. 28）

开悟是彻底的宁静与和谐。如果你认为开悟是某种你可以得到的东西，那么它看起来就会好像是展示在你面前，你就会急于得到它；但我们越是急于得到，它就越是逃避我们。我们更加努力地去尝试，最后就会成为一个疯狂的、歇斯底里的战士。然后，我们就会变得精疲力尽……但开悟完全不在于悟或不悟，它只是彻底的宁静与和谐而已。（Katagiri，1988，p. 128）

罗汉与菩萨

对于理想人类的本性，南传上座部佛教和大乘佛教的看法截然不同。南传上座部佛教的理想人物是罗汉（Arhat），这种人完全摆脱了家庭、财物的束缚，乐于成为一个完全脱离世界的人。罗汉的字面意思是“消灭了敌人的人”，或在严酷精神修炼中克服了所有爱欲的人。罗汉从根本上来说，是超脱世俗的苦行者，已经摆脱了傲慢、自私、憎恨、贪婪，并且具有了智慧和慈悲（compassion）。

有篇佛经对罗汉进行了这样的描述：

他压榨着自己，奋斗、挣扎，由此认识到“生与死”的周期……是不断轮回的。他摒弃了所有那些因各种状态而引发的存在状态，因为它们的本质是必然会腐朽、灭亡，会变化、消亡。他舍弃了所有的“污秽”，由此成为了罗汉……他，视黄金如粪土，钱财如浮云。（in Conze，1959a，p.94）

罗汉追求的是涅槃，或通过泯灭欲望来脱离苦难。实现了这种转变的人会把涅槃体验成绝对真理或终极实在，这是一种对不断变化着的世界达到了超脱的状态。

> 废话千句，也不及智者一字能够有效帮助人们获得内心安宁。（*The Dhammapoda*，Lal，1967）

大乘佛教的理想人物是菩萨（Bodhisattva），字面意思是“开悟了的人”。菩萨具有最为彻底的慈悲心怀，发下宏愿誓要度尽众生、方证菩提，即只有众生都脱离了苦海，才愿成佛，发誓要留在世界直到其他所有的人都脱离苦难。

菩萨认为自己是有情众生中的一部分，认为只有众生万物都脱离了苦海，否则他/她就无法获得完全的解脱。菩萨发誓，除非众生万物都悟了道，否则就不涅槃。

宇宙众生……卵生、胎生、水生或其他以任何方式出生的生命，不管是有形还是无形，有知、还是无知，或我们能够想到的任何存在，我都要使它们悟道。（Diamond Sutra in Conze，1959b，p.164）

慈悲是菩萨所拥有的伟大美德，这是把他人的痛苦当作自己痛苦这一真正感受的结果。在大乘教义看来，这种态度就是开悟。在开悟的体验中，所超越的并不是世俗世界，而是自私的自我。

菩萨之道意味着放弃对世俗世界的依恋，但这并不是指放弃世间万物。罗汉之道强调的是追求完美内心和放弃世俗世界，不再重视世间享乐。罗汉就是指那些先完善了自己、然后再去帮助他人的人。迷失在妄想中的人是不能有效地帮助别人或教导别人的；因此，自然是必须先完善自己。

这两种观点可以视为相互补充，而不是相互矛盾。罗汉理论侧重于自律，而菩萨理论则强调为他人服务，它们都是个体内心成长和发展的基本要素。

个人练习

行禅（walking meditation）

冥想并不是仅有静坐这一种。下面这个练习让你有机会在运动中进行冥想式的正念练习。我们所有的身体体验，都是正念练习的机会。行走是一种特别好的练习方式，能够让我们练习在日常活动中保持觉知。

在自然环境中慢慢地走，比如在花园里，或沿着河道。保持自然而舒适的呼吸。刚开始的时候，让你自己的呼吸与你的脚步保持协调。然后延长呼气时间，以不去迫使自己呼气为宜。再看看自己的吸气是否也有增加。

10 次呼吸后，再延长一点呼气。然后在 20 个呼吸后，返回到正常呼吸。5 分钟后，你又可以再次延长自己的呼吸了。如果觉得有点累，就需要返回到正常呼吸。关键是要保持你的意识。对呼吸次数进行数数就能够让你保持在这个状态中。（改编自：Hanh，1976）

> 让世人都觉悟成佛。地狱不空，誓不成佛。众生度尽，方证菩提。（Bodhisattva vow in Conze，1959b）

① 即地藏菩萨宏愿。——译者注

动力论

禅宗用来说明心理精神成长的传统方式之一是使用牧牛图（ox-herding pictures）。这组图片对不同意识状态的说明要比西方心理学中的论述更为丰富多彩。禅宗经典还对修行路上的障碍进行了讨论，尤其是“三火”（three fires），即贪火（greed）、嗔火（hate）和痴火（delusion），还对傲慢或自负进行了讨论。

心理发展

禅宗大师常常采用牧牛图来描述学徒的成长过程，这也对禅宗思想做了清楚和形象的说明。

有位导师在对禅宗高级学徒进行辅导的时候，总结出了下面几个重要方面：

> 如果你继续坐禅，就会达到得牛阶段（Catching the Ox），即第四个阶段。可以说，你现在没有“拥有”你的认识。在得牛之后是牧牛（taming the Ox），然后是骑牛（riding the Ox），在这个阶段，你会将开悟与自我视为同一。接下来，是第七个阶段的忘牛存人（forgetting the Ox，selfalone）；第八个阶段，是人牛俱忘，也就是如同忘记牛一样忘记自己；第九个阶段，是返本还源，即更深入了，产生了更深的开悟，不再管悟还是不悟了；最后是第十个阶段的入廛垂手，在这个阶段中……你会在人世间随心而动，帮助人们摆脱束缚以便悟道。（Kapleau，1965，p. 231）

牛只是佛性的一个象征，寻牛（finding the Ox）指的是禅宗学徒的内心探索与内在发展。斯皮格尔曼和美由纪是荣格学派的

> 心无所定，需要好好控制。心之修炼就是涅槃之道。（*The Dhammapada*，Lal，1967）

分析师，他们从个体发展角度对这些图片进行了生动而又准确的阐释（Spiegelman，Miyuki，1985），详见图 14-1 至图 14-9。

图 14-1　寻牛

寻牛图中的第一幅画反映的是探求精神的开始。这一阶段的人认识到了精神发展的可能。他成了一位精神探求者，但并不知道怎么去开始。他仍然没有意识到他只能够从自身内部来“寻找”佛性。因为寻求者已经忘记了他自己的精神本质，他正在从自身以外来探求精神（牛）。这时的修行之道看似还是非常的迷茫，世俗中的野心会不断地对探求者产生干扰。

图 14-2　见迹

见迹（Finding the Tracks）阶段探求者开始认真地学习佛法。对各种经文与教义的研习让他们对精神的基本本质产生了知识上的理解，但是学徒还没有亲身体验过。既然没有亲身体验过，那么探求者就还无法辨别美好与邪恶、真理与谬误。

发展的障碍

在佛教中，影响成长的障碍因素基本上是心理因素。在我们每个人身上，都存在妨碍成长的三个主要潜在倾向：贪、嗔、痴。还有一个不利于成长的重要因素是傲慢。

> 剃着光头的骗子是成为不了一个和尚的。（*The Dhammapada*，Lal，1967）

贪、嗔、痴。它们就是佛教的“三火”。有些人被贪婪所控制，有些人受仇恨所支配，还有些则被痴念支配。事实上，几乎每个人都是这三种特质的混合体；虽然有时候由于特定环境的影响，它们之间的平衡会打破，但是其中一个仍然会占主要地位。有些场景引发的是个体的贪婪，而有些场景引发的却是愤怒与痴念。

贪。对很多人来说，贪婪都是一个主要的问题。我们想要的往往要多于自己所拥有的，我们都希望有更多的金钱、更多的食物、更多的快乐。通常来说，儿童的贪婪最为明显。实际上，我们几乎无法满足他们的欲望。给他们一块糖果，他们又会想要下一块。佛经将那些内心被贪婪所支配的人描述成虚荣、不满足、狡猾，喜爱金钱、美食和锦衣（Conze，1959b）。

嗔。被嗔念所支配的人脾气暴躁，容易生气。对他们来说，生活就是不断地与敌人战斗，对敌人做出真正的或想象中的打击，并保护自己不受攻击。被嗔所支配的人常常心怀怨恨，蔑视别人，他们因傲慢、妒忌和心眼狭窄而痛苦（Conze，1959b）。

痴。痴指的是一种迷惘、犹豫不决和缺乏觉知的状态。那些被痴念所支配的人难以做出决定或承诺。他们的看法与所作出的反应并不是出于自己的内心，而是来自于别人。被痴所支配的人常常草率和马虎地对待事情。他们的行为特征是懒惰、固执、慌乱、忧虑和激动（Conze，1959b）。

最坏的情况就是这些倾向有可能演变成西方人所称之为的神经症或精神错乱。但是在佛教教义看来，即使精神错乱也只不过是这其中的某个倾向在临时爆发而已。这个状态只是暂时性的，就如其他所有的精神与身体状态一样。

图 14-3　见牛

见牛（First Glimpse of the Ox）是精神成长过程的第三个阶段，这是探寻者第一次直接体验到自己身上的佛性。见到了牛表示探求者第一次有了真正的精神体验。首次见牛只会持续极为短暂的时间，只是来去匆匆的一次领悟。为了促进与稳定这种体验，还需要进一步的训练。

图 14-4　得牛

得牛是成长过程的第四阶段，这也是开始进行自律的阶段。在此之前的牛还没有接受过训练，因此还很难控制。探求者的目标就是把对佛性的觉知渗透到日常活动中的方方面面。这里的牛代表的是佛性中的原始能量和力量。为了让这些能量和力量不消散，就需要进行训练。

图 14-5　牧牛

牧牛阶段的牛是温顺的，已经不再挣扎。这也是精神训练的高级阶段。每一个行动、每一个思绪都开始反映出了真我。个体寻求能够不受阻滞的随时随地展现自己的佛性。现在，探究者与牛之间只残留了一丝薄薄的幻象。

图 14-6　骑牛归家

骑牛归家阶段不再有挣扎。学徒已经转变成了智者。虽然仍然将牛看作独立的个体，但它已经成了一个精神伙伴，成了承载智者度过尘世的工具。智者已经不再需要将注意力放在牛走向何方上。生活变得简单、自然。正式的外部训练已经不再那么必要了，因为智者开始变得能够稳固地将意识集中在佛性上。曾经被视为是负担的训练，如今也被视为获得真正自由与满意的源泉。

对于这三个妨碍成长的障碍，人是可以战胜它们的。贪可以转变成慈悲，嗔可以转化为爱，而痴也可以转变成智慧。根据佛教戒律进行的修炼与自我修行为人们克服与控制贪婪提供了机会。强调慈悲与尊重别人的佛教教义，则提供了克服嗔的方式。认识到万物皆是佛则为战胜痴提供了良药。世间万物都值得我们付出最深切的关心与照顾，因为世间任何事物都是佛性的表现。

> 彼于战场上，虽胜百万人；未若克己者，战士之最上。（*The Dhammapada*，Lal，1967）

图 14-7　忘牛存人

忘牛存人探寻者已经回到家中，而牛却被遗忘了。精神与俗世之间的差异已经消失；现在万物都被视为身具佛性。训练、修行也融入到了日常生活之中；冥想成了下意识的活动，就好像是走路、呼吸一样自然，不再需要专门进行或内心存有动机。世间万象都是神圣的，悟道与无知也没有什么不同。

傲慢。傲慢是个体成长过程中的另外一个主要障碍。它使你对导师缺乏尊敬，扭曲教义。禅宗导师会努力鼓励学徒，让他们认识到自身的傲慢与自大。有位禅宗先贤对此说道：“如果你听到的教义与自己的看法不同，那么这位师傅很可能是位好的禅宗师傅；但如果你一开始听到的教义和就你自己的看法没什么不同，那么这就是一个不好的兆头”（Dogen in Kennett，1976，p. 111）。

> 看到自我就是对自我不满意，不满意自我就是想要对自我做些什么，做与自我有关的事就是在学佛。（Dogen in Kennett，1976）

实际上，傲慢可能会在修行中的任何一个时候出现，即使在见性开悟之后也是如此。通常来说，学徒对开悟的直接体验就确认了他对佛的认识，使他坚信佛教教义是有效的。但是，这个阶段的许多学徒可能会认为自己已经学会了一切，认为自己充分认识了佛，觉得自己不再需要导师。对此，一个好的导师会坚持要求学徒继续进行日常修行和训练，以确保傲慢与抱负不会影响他们最初对佛的深刻认识。如果这一阶段出现了痴念，那么就很难克服，因为学徒的信心是牢牢扎根在他们的实际体验基础上。如果继续进行训练，那学徒就可以克服这些必然会出现的傲慢，克服觉得自己已达到至善的感受，也就是有些禅宗大师所称为的“开悟的味道”（the smell of enlightenment）或“禅的气味”（the stench of Zen），参见图 14-8 的评注。因此必须提醒学徒，让他们明白世事无常、修行无止境这一事实。

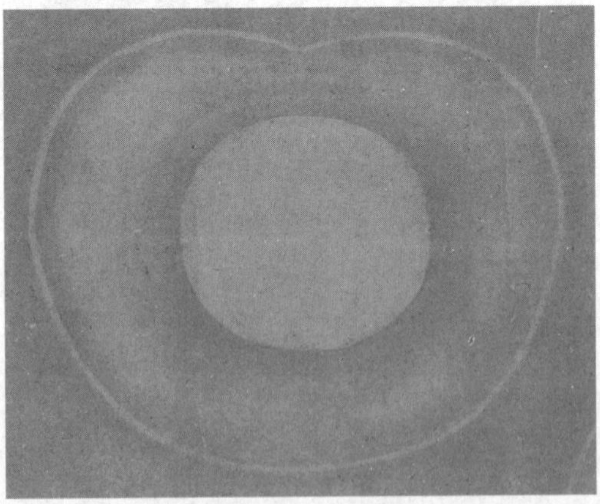

图 14-8　人牛俱忘

人牛俱忘（Both Ox and Self Forgotten）表示的

是空无体验，众生皆无的本质。上一阶段是超越了自我本性和佛性，而本阶段则是对悟道本身的超脱。如果第八个阶段反映的是绝对真理的静态一面，那么第九个阶段（本书未提供该阶段图片）的返本还源（returning to the source）就让修行者以动态的角度来感知世界。自然不只是虚无或神圣，它就是它。如果仔细点看，那么世界中的任何一个方面都可以被当作一面能够显示出我们自己的非常好的镜子。不过，对于那些还存有痴念的苦难民众来说，显示出的真理与其外部表现之间仍然还存有一丝小小的差异。不过这一水平最终会深化，从而使我们回到现实。

理论结构

身体

佛教对于身体的核心态度是中道思想。它是指既不放纵在自己的欲望中，也不进行极端的禁欲或苦修。禅宗寺庙里进餐时的唱诵仪式就说明了这一点：

> 第一口是放弃一切邪恶；
> 第二口是让我们能进行精妙的练习；
> 第三口是为了帮助所有的人；
> 我们祈祷，众生都能悟道。
> 我们必须深入思考做出这些食物的方法。
> 接受它的时候，我们必须想想自己的功绩。
> 我们必须消除内心中的贪婪以免自己犯错。
> 我们吃饭是为了不让自己瘦弱与死亡。
> 我们接受这些食物，是为了使我们能够悟道。
> （进餐时的唱诵仪式，in Kennett，1976，pp. 236.237）

在一篇关于禅宗信徒进餐的说明中，有位禅宗大师写道：

> 如果在吃饭时能够唱诵佛教教义，那么你是非常地幸运……如果早餐能够使你的身心向佛、朝向宇宙，那么你是多么地幸运啊。使你的身心向佛就是使你的身和心达到了空无，换句话说，就是去纯粹感受人类的行为。（Katagiri，1988，p. 9）

中国的百丈禅师（Hyakujo）是禅宗僧侣生活的创始人，他总是与其他僧人一起从事体力劳动，即使在 80 多岁高龄也是如此。尽管他的弟子试图不让他那么辛苦劳作，他仍然是坚持，说道，“我已经习惯了不认为自己有资格得到别人的服务，那么如果我不做事，我就没有权利吃饭”（Ogata，1959，p. 43）。

> 需要尊重与爱护你的身体与生命，因为真理的践行和佛性的显示都要借助于此。（Dogen in Kennett，1976）

身体是给他人提供服务和追寻真理的工具。从这个角度上来说，应该好好照顾它。

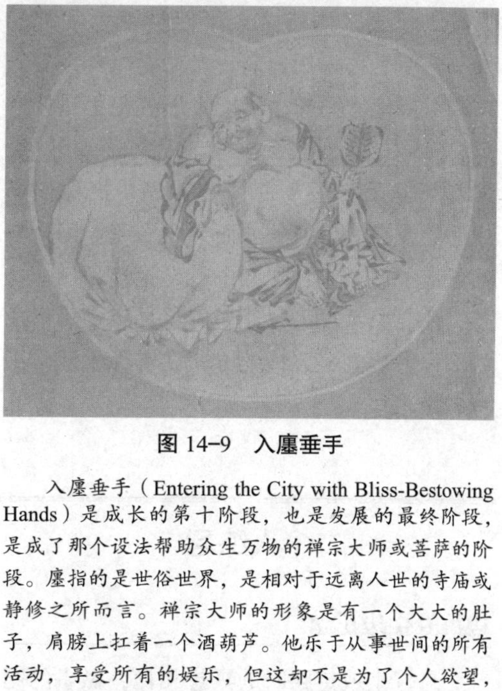

图 14–9　入廛垂手

入廛垂手（Entering the City with Bliss-Bestowing Hands）是成长的第十阶段，也是发展的最终阶段，是成了那个设法帮助众生万物的禅宗大师或菩萨的阶段。廛指的是世俗世界，是相对于远离人世的寺庙或静修之所而言。禅宗大师的形象是有一个大大的肚子，肩膀上扛着一个酒葫芦。他乐于从事世间的所有活动，享受所有的娱乐，但这却不是为了个人欲望，再次入世只是为了教化其他人。

社会关系

一个常见的错误观念是认为在整个冥想训练过程中都需要保持清净无为（quietism），

> 不为恶，尽行善，利众生[1]。（*The Three Pure Precepts*[2] in Kennett，1976）

或者是为了不干扰冥想时的内心安宁而需要尽力去超脱世俗世界。相反，佛教教义强调的是责任，而不是逃避。

冥想本身并不是目的。人们可能会投入一段时间去进行冥想修习，在此期间认识到劳作的需要，并最终去帮助别人。因为每个人都有佛性（相对而言），我们应该把其他的所有存在都看作佛，对自己说："这就是佛，我怎么才能帮助他 / 她呢？"佛并没有超脱出这个苦难的世界，也不是不需要帮助和慈悲。

社会交往为践行佛教思想与教义提供了重要的机会。酒醉之人可以被视为喝醉的佛——不是去打扰他们，而是要以尊重的方式来对待他。同样，可以将那些犯了错或有不良企图的人看作婴儿佛。个体需要教导，但却不能因为报复而惩罚他们，把他们当成恶棍或没有价值的人而弃之如履。因为如果赶走了这个人，那么也就是拒绝了佛。此外，社会关系也可以让人们将冥想中所形成的那种平静觉察事情的方式在实际生活中进行实践。

个人练习

边搞卫生边正念

与打坐或走路时的冥想相比，做事的同时进行正念训练是一个更具挑战性的冥想方式。也许，最有挑战性的是在做那些我们不喜欢的家务时，也仍然保持冥想。当我们做一些自己不想做的事情时，常常是不好好地去做，或者是不上心。此时，我们的思想常常会开小差，或者是希望这段讨厌时光快点过去。对大多数人来说，搞卫生通常都不是一件令人愉快的事。

现在，找一件家务来让你练习正念，比如给房子搞卫生。首先，将工作划分为几个阶段，比如可以区分为整理东西、除尘、拖地。给每个阶段的任务都安排足够的时间。做慢一些，最好是比平常速度慢 3 倍。将注意力完全集中在自己做的每一项任务上。比如，在把书放回书架上的时候，眼睛盯着书，看清它是什么书，知道自己把它放在书架上的哪个具体位置。记住，不要有快速或急切的动作。始终把意识集中在自己的呼吸上，尤其是当你走神的时候。（改编自：Hanh，1976）

意志

道元禅师写道："正是借助我们的意志，我们才能了解意志。"（in Kennett，1976，p. 170）意志是通过意志训练而得到发展的。要获得意志就需要真正投身于训练，要对自己的行动负责；要认识到除了自己，没有人能够替代自己进行训练。

> 然而对所有人来说，要马上摆脱无知和偏见的枷锁，并不是一件容易的事情。这需要有非常坚强的意志，而且还需要一心一意地专心于探求内心的真实自我。在这一点上，禅宗认为要进行刻苦的训练，而且还不能采取轻松、方便的方式。（Shibayama，1970，p. 31）

① 即摄律仪戒、摄善法戒、摄众生戒。——译者注
② 即《三聚净戒》。——译者注

佛教教义的一个基本原则是认为日常活动应该与内在的思想和价值观保持一致。训练不仅仅是达到目标的手段，训练本身其实也是目标。道元写道：

> 有且只有一件事，那就是刻苦训练，因为这才是真正的悟道。（Evening Service[①] in Kennett，1976，p. 290）

> 如果认为训练和悟道是各自独立的，那么这就是一种离经叛道的看法，因为佛教认为这两者是一体的、同一的……正因为禅宗导师教导弟子不要在训练之外去寻找悟，因为训练就如同镜子，能够反映开悟。由于训练就是悟道，所以悟是无止境的；因为开悟就是训练，那么也就不存在开始所谓的训练。（In Kennett,1976，p. 121）

有位当代的禅宗导师警告他的一个门徒说："如果你变得懒惰、不做进一步的训练，那么你就很容易忽视你的悟。即使你已经悟了道，你也会停留不动——你不会再有新的所得，不会变得更博大"（Kapleau，1965，p. 231）。

> 佛啊，一直在提升，提升，提升，一直都是在提升着，始终都是即将成佛。（The Scripture of Great Wisdom[②] in Kennett，1976，p. 224）

训练是一个不断进行着的过程，因为对佛教教义的认识没有尽头。那些不再努力、满足于最初开悟体验的人，很快就会只剩下美好的回忆。

情绪

佛教训练的一个重要目的就是让人学会控制自己的情绪，而不是被情绪所控制。只有很少的人能够恰当地或适当地体验到自己的情绪。一些鸡毛蒜皮的小事就会让人们生气或愤怒，他们会压抑自己的感受，或者会将这些情绪带到其他不相干的情境中。

通过训练，禅宗学徒能够慢慢地学会在所有的日常活动中保持冥想式觉知（meditative awareness）。随着学徒能够越来越多地觉知到各种情况下的情绪反应，那么情绪就会慢慢失去它们的支配性力量。有位禅宗导师曾经指出，如果一个人表现出了愤怒，那么这种表现就需要像一个小规模爆炸或一声霹雳那样；只有这样，愤怒才能够被充分地体验到，随后也才能被完全排除（Suzuki，n.d.）。

佛教中的理想情绪状态是慈悲，这可以被认为是一种超越式情绪，它是一种与其他所有存在，即世间万物都融合在一起的感受。

理智

佛教修习之中的第一个重要步骤就是要研究佛教经文和理解佛教教义，就如前面牧牛图中所注释的那样。然而，如果仅仅是依靠理智，那么这也将成为真正觉悟的一个阻碍。阿难尊者（Ananda）是佛门中最聪明、最博学的门徒，但是他却花了别人近五倍的时间才悟了道。在佛祖走后，其他弟子都走到他身边，他的记忆力非常好，甚至能逐字重复佛祖说的所有话。但是他对辩论的爱好，对自己学习的自负，以及对导师的依恋，却妨碍了他的悟道。

纯粹的理智和抽象推理确实有用，但仅仅依靠理智和推理并不能使我们真正了解自己以及自身所处的世界。在满足我们最深切的需求时，从本质上说，理智是无能为力的。"禅的目标并不是探究是否合乎逻辑，而是让人们知道合乎逻辑并不是终点，让人

① 即晚课的意思。——译者注

② 即《大智度论》。——译者注

们了解到还有个只依靠聪明才智是无法达到的超越状态”（Suzuki，1964，p. 67）。

虽然只有博学并不是特别有用，但从本质上说，既需要学识上的理解，还需要将该理解进行实践应用。理想上，通过冥想和日常生活中的训练，可以使学识上的理解变得更加深化和明晰。例如，一个只是看到过慈悲这一概念、但还没有实际为他人提供服务的人，对慈悲的理解就只能是在浅层的抽象层次上。佛教教义的目的是要成为活着的真理，需要在日常生活中积极地表达。

> 当你做到了真正的禅坐时，那么大地就会透过苍穹。（Dogen in Kennett，1976，p. 140）

自我

佛教认为存在着小我（the lesser self）与大我（the greater self）之分。小我就是自我（the ego），是对自己心灵和身体的意识。小我关注的是个体的有限性，是自己与他人或世界的分离感。为了建立与其他存在以及自然世界的同一感，就必须超越这一水平的意识。

小我是被创造出来的，部分原因是因为人的无力感。也就是说，我们越是感觉到不安全或觉得自己能力不足，那么所感受到的自我疆域就会更大。当我们成为一个圆融、统一的个体时，小我的强度自然也就会变得越来越小了。但是，我们无法摆脱自我，成熟的人只会控制自我，而不是受其摆布。

认同自己的自我是完全可能的，这个大我可以大到整个宇宙，乃至包含世间万物。这一水平的理解是悟道体验中的一个基本要素。

不过，对大我的认同并不意味着必须消灭小我。训练可以帮助人们超越小我，使人不再受其支配。涅槃也不是灭绝自我，或灭绝小我，而是对自我中心的超越。文殊菩萨（the Bodhisattva Monju）是代表聪明智慧的菩萨，在佛教艺术中被描绘成坐在一头凶猛的野兽上。虽然这只狮子双目圆睁、眼露凶光，但是文殊菩萨却宁静地坐在它上面冥想。野兽代表自我，代表着一个有用的而无需消灭的工具，只需要看管和坐稳而已。

> 成佛之道（the Buddha Way）就是要了解自我，了解自我就是要忘记自我，想达到忘我境界就需要从无数事情中悟道。（Dogen in Maezumi，1978）

有些学者将禅宗对自我本质的分析与西方心理学理论（Claxton & Ageha，1981）以及霍妮的真实自我概念（Morvay，1999）进行了比较。

导师

一位真正的佛教导师是一个谨遵佛教教义的人。如果导师没有达到这个标准，他/她也会承认这点。学徒们将他们的导师视作理想榜样来追随，将他们看作活着的佛陀。然而，真正的禅宗导师能够意识到自身的局限，通过把自己置于最底下的位置，以防止自己与学徒隔离。虽然学徒们必然会看到导师人性中的弱点和不足，然而他们会不顾这些不足，仍然看到导师身上的佛性。

最初，佛教寺院中没有佛像，只有佛的足迹。这是给那些学习佛教教义者的提醒：“你必须一个人走，佛只是指明了方向。”此外，如果学徒看到了具体的图像，可能会认为导师应该看起来与佛像类似，会认为只有

> 如果你遇到一位传播真理的禅师，那么就无需考虑他的社会地位、他的外表、他的缺点或行为，而要因为他的伟大智慧以及从不做使他自己烦恼的事向他鞠躬。（Dogen in Kennett,1976）

那些类似像佛的人才是导师。佛像是诸如智慧和慈悲等精神品质的象征。这些佛像的意义不是为了要成为让我们崇拜的图标，而是要提醒我们，在我们自己身上就具有这些品质。

》》相关研究

冥想

传统上，佛教的冥想是在佛教的宗教背景下进行的，尤其是佛教僧人所进行的冥想。然而，如今佛教的一些冥想方法在西方的医疗机构和心理社群中变得非常普遍。有篇文章对 1956 年到 2005 年所发表的 400 篇与冥想有关的临床试验进行了系统的评述（Ospina et al.，2008）。虽然大多数研究都报告出了一些积极的结果，但这些研究在方法论上却表现得质量欠佳，不过随着时间的推移，已经获得了显著的改善。有研究者对佛教冥想和心理治疗文献中所测量到的结果进行了评述（Anderson，2005），认为治疗师的共情是疗效出现变化的实质性因素，认为自我指引式共情的发展是修习佛教冥想的一个重要结果。

正念减压法。西方最为流行的冥想形式就是所谓的正念减压法（MBSR）。这是建立在佛教内观的冥想方法上，类似于坐禅。然而，正念减压的特性既不是佛教的，也不是精神的。减压程序（stress reduction program）是乔·卡巴金（Jon Kabat-Zinn）于 1979 年所创立的，广受杂志文章和全美电视节目的重点推出。有 18000 多人完成了为期 8 周的正念减压疗法（Kabat-Zinn，1990）。最初，卡巴金发现他所创立的为期 10 周的正念减压疗法对 51 个用传统医疗方式无法改善的慢性疼痛患者的效果很好（Kabat-Zinn，1982）。总体来看，整体疼痛评估分数下降了 44% 的病人有 65%，而评估分数下降了一半以上的病人有 50%。病人的心理征状也得到了显著改善。如今，正念减压疗法已经在癌症病人和慢性疼痛病人，以及市内医疗机构的西班牙语和英语病人的身上得到了有效应用（Baer，2006）。正念减压法还能显著地降低焦虑和抑郁分数，以及显著地减轻惊恐发作的严重程度与发作次数（Miller et al.，1995）。

神经病学研究发现正念减压法能够增加大脑灰质的密度，这个区域同学习和记忆，以及情绪控制和观点的采择有关（Hölzel et al.，2011）。另外一项神经病学研究发现正念减压法能够导致大脑和免疫功能出现显著的变化（Davidson et al.，2006）。

正念认知疗法。正念认知疗法（MBCT）是以正念减压疗法为基础的。最初是被用来治疗抑郁病人的（Barnhofer et al.，2009; Felder et al.，2012; Segal et al.，2002）。最初的正念认知疗法是一个为期 8 周的团体干预技术，由每周一次 2 小时的会面和一次为期 1 天的课堂活动组成。参与者还要参与每日的引导式冥想以及在日常生活中练习正念。

正念认知疗法认为存在着两种主要的心灵模式、“行动”模式（“doing” mode）和“存有”模式（“being” mode），这是建立在马斯洛的行动心理学与存有心理学的基础上。通过对消极的想法和感受进行觉察以及使自己不受它们所影响，来访者就能够避免抑郁（Herbert，Forman，2011）。

正念认知疗法还能够有效降低抑郁的复发率（Kuyken et al.，2008; Ma，Teasdale，2004）。如今发现，正念认知疗法能够有效地治疗广泛性焦虑（Evans et al.，2008）、处于恢复期的双相障碍病人的焦虑（Miklowitz，et al.，2009；Williams et al.，2007）。它还被用来治疗进食障碍（Baer et al.，2005），儿童的注意缺陷多动障碍（Semple et al.，2010）和自杀病人（Williams et al.，2006）。有研究者写了一篇非常好的文章对正念认知疗法的理论与应用进行了概述（Dimidjian et al.，2010）。有部正念认知疗法选集收录了将该疗法应用于抑郁、焦虑、饮食障碍、慢性精神疾病、边缘性人格障碍的文章，治疗对象包括儿童、成人和老人（Baer，2006）。此外，还对正念认知疗法在伴侣咨询和配偶虐待方面的应用进行了讨论。对于正念认知疗法方面的通俗性论述可参看威廉姆斯及其同事们的著作（Williams et al.，2007）。

理论点评

佛教中一个令人兴奋和好奇的地方就在于，它能培养一种重要的辩证思维，那就是既重视现实又重视理想，还需要认识到存在于这两者之间的冲突。比如，佛教冥想据说就能够让人们觉察到自我接纳与挣扎之间的冲突（Anderson，2005）。学徒除了对佛教理想世界的渴望以外，也会承认现实世界所存在的局限。人们必须了解、且必须赖以为生的思想就是："我是佛，我不是佛，我是佛"（Kennett-roshi，personal communication）。事实上，这种辩证思维方式体现在佛教徒的所有生活与想法中。它使人们有了创造的压力，需要立即应对现实中的局限，并努力迈进理想世界。

直截了当地说"这样那样都是对的"，那是无视了无常这一准则。这样的说法有误导作用，但反过来说同样也有误导作用。比较好的说法是，"它是这样，它又不是这样，它是这样"。事实上，几乎每个说法、每种情况都最好是采用这种辩证思维来理解。

佛教的辩证思维也可以用来说明导师的作用。正如前面所提到的，理想的佛教导师能够认识到他或她自身的局限，并向学生承认自己有这些局限。这一点与传统的印度瑜伽形成了鲜明的对比，在传统的印度瑜伽里，大师往往被认为是身具所有美德的完美化身。

然而从理论上说，很多人可能已经接近了这些理想人物的标准，但无可否认，所有教派的导师都是人，他们也有缺点和不足，也不是完美的人。如果要在弟子面前努力维持一个神圣的完美形象，那么不可避免地就会表现出一定程度的造作与虚伪。除非导师能够承认他们自身的局限，否则他们就很可能变得自负，并且会为自己的小小错误而进行防御。

那些把导师看作完美人物的弟子，不会为自身的发展承担责任。因为他们不能够将自身的不完美与导师看似的完美联系起来。由此他们不是继续进行刻苦的自律与训练，而是会让自己认为导师是一个"大师"，能够做到自己做不到的所有事情。所以他们甚至是无需努力。

禅宗所认为的"修行就是悟道"具有很深的内涵。持有这种态度的学徒不会追求那些无法实现的理想。为将来的目标或回报而不断努力，也就意味着个体永远无法全身心地投入当下。如果走的路与目标不一致，那又怎可能达到目标呢？

道元禅师曾经指出："由于佛教学徒做事几乎从不会为了他们自己，他们怎么可能会在做事的时候为了名利呢？一切只是为了成佛，必须在成佛中修行。"（in Kennett，1976，p. 107）

在禅宗里，佛教徒的修行不会与日常生活分离开来，它们被看作是一体的。禅宗强调的是实际的、不起眼的日常体验，而不是那些深奥的、神奇的经历。有位禅宗大师曾经说过："我所做的奇妙之事就是，饿时吃饭，渴时喝水。"（Reps，Senzaki，1998，p. 91）通过接受并完全按照日常生活的要求来活着，由此就能对此保持充分的觉察。有个刚出家不久的僧人问禅宗的赵州禅师：

> 赵州："你吃早饭了吗？"
> 僧人："已经吃了。"
> 赵州："那么去洗你的碗。"

僧人突然领悟了禅宗的本义。

许多学者对佛教与西方的心理学理论进行了比较（Katz，1983; Molino，1998）。拉马斯瓦米和谢赫（Ramaswami & Sheikh，1989）对佛教心理学进行了如下的总结：

> 佛教心理学是建立在没有分离自我、世事无常，以及众生皆苦的基础上。人类的苦难源于自欺欺人、源于欲望，以及努力想得到那些必然会消失的东西。佛祖并不是仅仅看到了这点。他宣称，解脱之道就是要达到一个更高的存有状态；在那里，自知已经根除了妄念、对世俗事物的追求和欲望。（p. 120）

佛教的心理学意味非常浓厚，特别重视对感觉与思绪的内部觉知。心理学家丹尼尔·戈尔曼（Daniel Goleman）在其著作中写道，"从公元前 5 世纪的释迦牟尼以来，对精神及其运作的分析就始终是其追随者修行中的核心工作。"（Goleman，2004，pp. 72-73）

佛教没有最终的教义或教条，因为佛教的无常观认为一切都只是暂时的，因此不存在绝对的真理，甚至也没有绝对的佛。佛教教义强调的是人间世。他们的目的是要消除人类因为自私和自身局限而产生的不满足和无力感。佛陀告诫他的弟子们不要因为导师的名望或妙语而追随他们，而是要依赖自己的判断和体验。禅宗的终极要求就是去体验。那些能够促进人的发展、成长、圆融和增强责任感的教义与训练，就是好的佛教教义。

最新动态：佛教思想的影响

佛教对心理学的许多领域都产生了非常重要的影响。冥想极大地提高了心理治疗的效果。有学者对精神分析和冥想技术如何才能有效地结合进行了探讨（Carrington & Ephron，1975; Engler，1986，1993）。弗洛姆（Fromm，1970）认为，禅宗与精神分析有着相同的目标，都认为要认识自我、摆脱无意识的束缚，都认为要认识现实。弗洛姆还指出，禅宗与精神分析的基本思想也一样，都认为知识可以带来转变。还有学者对日本佛教与精神分析的交叉之处进行了讨论（Shingu，Funaki，2008）。禅宗冥想技术已被认为是一种非常有价值的治疗辅助手段（Boorstein，1988; Claxton，1986; Fuld，1991; Kornfield，1988）。深受禅宗影响的东方心理治疗思想，如今在西方国家也变得越来越普及（Reynolds，1980，1984，1993）。斯托拉罗夫认为（Stolaroff，1999），致幻剂如果使用得恰当，那么就能够有效地加快和促进佛教冥想，即使致幻剂和其他的类似药物在佛教中是被禁止使用的。此外，还有一些学者对禅宗里面所蕴涵的转变心理学思想（the psychology of transformation）进行了深入的考察（Benoit，1990; Manne-Lewis，1986），甚至有学者从现代量子物理学的角度对佛经进行了解读（Soeng，1991）。

格式塔疗法和佛教思想之间同样存在共同的基本原则。两者都强调活在当下的重要性，都强调觉知是达到转变的主要工具。佩尔斯认为（Perls，1969），我们的敌人不是无意识，而是意识。同样，佛陀也指出，正是人的意识才执着于欲望、执着于分离性自我（separate self）里面的错误观念。

有许多心理学家已经开始将冥想中的领悟（insight）与认知心理学结合起来进行了探讨（Brown & Engler，1986; Goleman，1988;

Shapiro，1980; Shapiro & Walsh,1984）。实证研究也表明，禅宗冥想对神经和生理都有显著的影响（Fromm，1992; Hirai，1989; Murphy & Donovan，1988）。此外还有研究表明，坐禅和其他的东方冥想训练与更好的健康、更能有效应对压力和应激有关（Claxton，1986; Dalai Lama et al.，1991; Kabat-Zinn，1990，1994; Sheng-Yen，1987）。

在美国，佛教中的两个流派，即藏传佛教和南传上座部佛教，已经变得越来越流行，并颇具影响力。藏传佛教中的一些导师已经移居到西方，并成功建立了佛学中心，培养了大批学生和撰写了许多重要著作。其中一位颇具盛名的大师是已故的邱阳创巴仁波切（Chogyam Trungpa，又称创巴仁波切），他在科罗拉多州博尔德建立了那洛巴学院（the Narop Institute），他的著作也影响了许多对藏传佛教感兴趣的人（1975，1988）。

其他一些产生了重大影响的作品主要有伊文思 - 温慈（Evans-Wentz，1951，1954，1958，1960）和戈文达（Govinda，1960）的著作。

有许多研究对南传上座部佛教进行了探讨。丹尼尔·戈尔曼是一位著名的超个人心理学家，曾就南传上座部佛教中的冥想和意识状态进行了著述（Goleman，1988; Goleman & Davidson，1979）。另外一位重要人物是杰克·康菲尔德（Jack Kornfield，1987，1993），他既是超个人心理学家，又是佛教冥想导师。南传上座部佛教里的一个基本练习方式是内观，或称“开悟式冥想”，如今已经变得越来越普及（Dhammadudhi，1968; Goldstein，1976; Sayadaw，1972）。

从20世纪70年代起，佛教在美国的传播有了相当大的进展（Kabat-Zinn，1999）。圣雷利对工作场所中练习正念所带来的作用进行了探讨（Santorelli，1996）。与其他的东方生活方式相比，佛教更容易被人们所接受，因为它被人视为一种心理学，而非一种宗教。然而，有位禅宗大师警告说，将佛教当成心理学是一种不全面的看法，佛教徒需要引导、需要进行宗教训练：

> 从某种意义上说，佛教和心理学一样，也是人类文化的一部分，具有一定的影响，但是还没有完全渗透进美国人的生活中。为了能够渗入美国人的生活，佛教必须被当作一种宗教来接受，必须把坐禅本身当成是目的来练习……在19世纪，西方人没有将佛教当作宗教来接受，是因为它似乎不需要进行祈祷，它不是所谓的启示宗教（revealed religion）……虽然佛教徒不做祈祷，但他们需要进行禅那（dhyana，即禅），禅那就是指坐禅（冥想），它完全等同于祈祷。释迦牟尼说佛法（Dharma）是可以依靠的光，自我也是可以依靠的光，这种自我是以佛法为基础的自我……或真理本身。因此，佛教并不是一种启示宗教，而是一种唤醒宗教（awakened religion）——它唤醒的是自我或真理。（Katagiri，1988，p. 98）

与禅宗有关的英文文献越来越多。其中具有较大影响的主要有一行禅师（Thich Nhat Hanh，1976，1987，1988，1992，1993，1996，1998，2001，2010）、片桐大忍禅师（Dainin Katagiri，1988）、弟子丸泰仙（Taisen Deshimaru，1985，1987，1991）、洛里（Loori，2004，2008，2009）、铃木俊隆（Shunryu Suzuki，1997，2002）等的著作。美国的神经病学教授詹姆斯·奥斯汀（James Austin）写了一部《禅与脑》（*Zen and the Brain*，1998），该书对禅宗冥想体验时的意识状态中的神经学过程进行了考察。此外，他还写了两部续集，那就是《禅 - 脑反思》（*Zen-Brain Reflections*，2006）和《无我的开悟》（*Selfless Insight*，2009）。

原始手稿

◆选自《荒野，白鹅》

以下内容节选自肯尼特禅师（Jiyu Kennett，1977）的《荒野，白鹅》（*The Wild*，*White Goose*）日记。肯尼特禅师是一个在日本一所大型禅宗寺院中学习了许多年的英国妇女。她在加州沙斯塔山（Mount Shasta）建立了一个禅修寺院——沙斯塔修道院（Shasta Abbey），并撰写了几本优秀的禅宗著作。

1 月 11 日修订

今晚，哈吉米（Hajime）叫我早点到他的房间去，这样我们可以在休息铃声响起之前有更多的时间来翻译……

“释迦牟尼[①]和我是一体的。所有的佛教徒都和你、和我在一起，不仅仅是所有的佛教徒，还有所有的人，所有的有生命和无生命物质都与你、与我在一起。没有人可以对释迦牟尼做什么。”我停了一会儿，以便他可以彻底消化我所写的内容。然后我继续写道：“此刻，释迦牟尼并不重要，因为释迦牟尼永远与我同在。”

他不吭声，只是深深地看着我的眼睛；然后他轻声说：“你应该问问禅师大人（Zenji Sama）关于传承（Transmission）的事情。”

肯尼特说道：“如果你说的传承是我所认为的，那么我就不明白你了。就我所知，传承只有在弟子，完成所有训练、即将外出执教时，导师把印章给弟子表示自己同意弟子外出执教时才会进行。我还没有为此准备好。”

哈吉米说道：“这是一个常见的误解。无可否认，导师把印章给那些他认为已经了解了自己本性的人。但只有当导师肯定弟子将训练作为生命中每一分钟的开始而不是结束时，导师才会给出印章。换句话说，并不是在弟子认为自己已经悟道了、没有什么可做的时候才会给他。《心经》（*Hannyashingyo*，即摩诃般若波罗蜜多心经，简称心经）里面的‘揭谛’（gyate）的意思是‘去经历、去体验’，而不是‘经历完，体验完’。”

肯尼特说：“是不是在没有达到一定的开悟前，就不会有传承？在十月份的时候，我觉得自己能做的就是每天不断地训练，觉得自己是所有学员中那个最差的人……”

1 月 16 日

……我身上没有可以被去掉的地方。所有的情绪、感受、想法、语言、行动，都是出自佛心。我将这个告诉了（尊敬的哈吉米），然后继续说道：“那么，性行为也是佛性的一部分，也反映了佛性，因为它本身是洁净的。是我们的内疚与不当使用才使它变得肮脏。”

“你说得对。”

“吃饭、上厕所、洗衣服、擦地板都是佛性的反映。”我停了下来，惊讶于自己所说的话。

“继续，”他说道。

“……太阳、月亮、星星、地球，以及地面的坑、流动的水，这些也是佛性的表示；我现在用来说话的舌头、吃的食物、不同的味道，也都属于佛性的表示；‘通过比较它们’——是！这就是经文的意思。‘通过比较，你就可以辨别它们，’——然而，它们都是完全相同的东西；它们都是佛性的表示，无法将它们分离开来；你没有办法将它们从任何人、任何生物或任何存在中分离出来……”

“……这就是为什么戒律如此难以坚守的原因，也是为什么我们只有在能够坚持、并且只有在将它们融合到骨子的时候才能获得真理的原因。我们不愿意知道自己可能会出现恶念，因此不知道为什么还需要戒律？所以，除非一个人诚心成为一名教徒，否则就不可能领悟到佛教的真理，因为他很可能会出于不良目的而运用这些永远不灭的知识。他将会了解到他自己真正的自由，在与他人在一起的时候不会在意他人的嘘声。”

“完全正确。你最终理解了‘和’（with）。你看，从现在开始，你就能获得它们了，在理解它们的时候就不会再有困难了，你还会知道你必须将每件事情都看作‘和’佛性有关，能够认识到不管显示的是佛性的哪个方面，自身都需要坚

① 在梵文中，释迦牟尼的意思是“释迦族的智者”。这个术语常常用来指代佛陀，即释迦族王子乔达摩·悉达多。

守戒律。”

“那么，让这些戒律成为我骨子里的一部分就意味着它们会最终消失，因为我将会变成它们的实际化身。”

“难道你还没有意识到你已经有了初级的道德水平？你的道德水平已经超越一般水平之上了。”

“我认为它们……哦，亲爱的，铃响了。我们要去参加仪式了。我们可以晚一点继续谈吗？”

“明天吧，晚上我还要出去。”

我们互相鞠躬，这还是他第一次对我深深地鞠躬，然后我离开了房间。

章节重点

- 每个人都可以成佛，都能够发展成为一个完全成熟的、圆满的人。
- 正式的佛祖传记可以被视为关于佛教理念和思想的格言。生为王子，乔达摩却认识到即使是生活得最幸福、最富足的人，也要面对疾病、衰老和死亡。
- 乔达摩探究的核心问题，就是人类苦难的必然性问题。
- 佛陀在亲身体验了宗教的自律修炼后得出了中道的观点，也就是需要进行有用且健康的自我控制，而不是走入极端，也就是既不要进行自我折磨，也不要在感官上完全放纵。
- 佛教认为存在具有三个主要特点：无常、无我和不满足。
- 四圣谛的基本原则是：（1）不满足是必然的；（2）不满足是欲望或渴求的结果；（3）消除渴求就可以消除苦难；（4）消除渴求的方式是八正道。
- 八正道包括正语（正确的讲话）、正业（正确的行动）、正命（正确的生活）、正勤（或正精进，即正确的努力）、正念（正确的心灵）、正定（正确的精神专注）、正思（正确的思想）和正见（正确的理解）。
- 禅宗的冥想方式主要有两种：一是在坐着的时候保持意识集中；另一种是在打坐时将意识集中在公案上。
- 禅宗的临济宗强调要通过公案来获得悟道。索托宗强调的主要有两点：日常生活与悟道之间没有差别，正确（恰当）的行为就是佛的体现。
- 在索托宗里面，每个人的日常生活就是每个人的个人公案，是个人训练中最重要的方面。
- 冥想不仅仅是借以达到目标的技术，它本身就是一种修习。
- “顿悟”，即“直觉式理解”、“见性”，也就是“看到自己的本性”，在禅宗里面常常被用来表示悟道。这两个术语都是指将佛教教义体验为一种动态的状态、而非体验为一旦达到就永远存在的静止状态。
- 罗汉就是指脱离了世俗世界，不再受家庭、财务和享受所羁绊的人。罗汉追求的是精神完美，脱离世俗世界、关注自我发展。
- 菩萨发下宏愿誓要度尽众生，方证菩提，即只有众生都脱离了苦海，才愿成佛。将别人的苦难当作自己的苦难来感受，使得他能悲悯一切众生。这一理念强调的是为他人服务。
- 世界不会因悟道而被超越，但悟道却可以超越自私的自我。
- 十幅牧牛图形象地描述了禅宗的精神成长道路。牛象征着佛性，而找牛的过程则反映了禅宗学徒的内部探索和精神发展过程。
- 贪（贪婪）、嗔（仇恨）和痴（妄念）被视作人生苦难的主要来源，或称为佛教的“三火”。每个人都有这三个苦难之源，只不过在不同的情境中它们各自的表现也不同而已。

- 佛教不仅强调要珍惜理想世界，还强调要珍惜现实世界，并且认识到存在于这两者之间冲突。这种辩证思维使人产生了创造的压力，提供了一种既强调现实局限、又强调向理想世界迈进的方式。

关键术语

罗汉（arhat）：罗汉指的是“消灭了敌人的人”，或在严酷精神修炼中克服了所有爱欲的人。是南传上座部佛教的理想人物，也就是成为一个完全摆脱了家庭、财物的束缚，完全超脱世界的人。

菩萨（bodhisattva）：是“开悟了的人”，是大乘佛教的理想人物。菩萨具有最为彻底的慈悲心怀，发下宏愿誓要度尽众生，方证菩提，即只有众生都脱离了苦海，才愿成佛。

痴（delusion）：指的是一种迷惘、犹豫不决和缺乏觉知的状态。被痴念所支配者的特征是懒惰、固执、迷惘、忧虑和激动。如果认识到众生都有佛性、值得我们给予最深切关怀和照顾的话，那么痴就可以转化为智慧。痴是“三火”之一，属于成长的障碍因素。

不满足（dissatisfaction）：佛教的不满足认为，人类的不满足或苦难，不是来自外部世界，而是来自每个人的有限自我；认为只有通过自我转化，才能体验到满足感；包含生、老、病、死以及存在本身的不满足，是佛教教义的基本思想之一。

八正道（eightfold path）：是佛教的“中道”思想，包括正语（正确的讲话）、正业（正确的行动）、正命（正确的生活）、正勤（或正精进，即正确的努力）、正念（正确的心灵）、正定（正确的精神专注），正思（正确的思想）和正见（正确的理解）。其基本思想就是认为某些特定的思维和行为方式能够给自己或别人带来伤害。

开悟（enlightenment）：开悟是一种动态的、渐进的精神状态，需要自我训练、冥想和认识到无我才能达到；它可以让人体验到佛教教义的真理。另外一种说法是，“它就是完全的平和与安宁。”

贪（greed）：贪是一种欲望，是指我们想要的总是超过自己需要的或拥有的。这是大多数人都存在的一个主要问题。那些被贪婪所支配的人虚荣、不满足、狡猾，极为喜爱金钱、美食和锦衣。贪婪可以通过自我训练、遵守戒律而转化为慈悲。它是“三火”之一，会阻碍个体的成长。

嗔（hate）：嗔是一种脾气急躁与容易生气的状态。受嗔所支配的人心怀怨恨，蔑视别人，他们因傲慢、妒忌和心眼狭窄而痛苦。通过遵守强调慈悲和尊重别人的佛教教义，可以将嗔念转化为爱。它是“三火”之一，会阻碍个体的成长。

无常（impermanence）：无常就是认为没有什么是永久存在，任何事物都处于不断变化之中。在佛教看来，没有最终的权威或永久的真理。无常观是佛教对存在所持的三大要义之一。

相互依存（interdependence）：佛教将世界看作一个流动的、相互交织在一起的过程。它与人们习惯于将世界看作静止、分离的观点相反。

公案（koan）：公案是一种无法只借助思考或逻辑推理就能解决的问题或练习。禅宗通过相互矛盾的谜语，来迫使人们超越逻辑思维以及习惯，将事情分成两个极端的固有局限。公案的目的是为了诱使学徒超越抽象思维，让他们看到自己的无知，以及去探求存在于他们自己身上的真理。

傲慢（pride）：傲慢是一种会使学徒缺乏对导师的尊重、以及扭曲教义的心理状态。为了克服傲慢，必须提醒学徒，让他们明白世事无常、以及修行无止境这一事实。傲慢也可能会阻碍个体的成长。

无我（selflessness）：指的是没有不朽的灵魂或永恒不变的自我。无常也会被用来表示一个人的内心自我。

坐禅（zazen）：禅宗的冥想形式，被说成是“只管打坐”。

推荐阅读

Conze，E.（1959a）. *Buddhism: Its Essence and Development*. New York: Harper & Row.

本文概述了佛教的主要思想。

Conze，E.（Trans.）.（1959b）. *Buddhist Scriptures*. Baltimore: Penguin Books.

本书是各种佛教经文的优秀汇集本。

Kapleau，P.（Ed.）.（1965）. *The Three Pillars of Zen*. Boston: Beacon Press.

本书包含有当代一位禅宗导师关于训练和冥想的讲义，还有对禅修体验的亲口描述。

Kennett，J.（1976）. *Zen Is Eternal Life*. Berkeley，CA: Dharma.

本书是一本优秀的介绍禅宗思想的著作，其中还包括禅宗的主要经文和仪式，有2篇最新翻译过来的经典禅宗著作。比较适合有志于禅学的人。

Kennett，J.（1977）. *How to Grow a Lotus Blossom*，*or How a Zen Buddhist Prepares for Death*. Mount Shasta，CA: Shasta Abbey.

本书是一位禅宗导师的神秘体验报告，包括对过往生活的体验，以及关于心与身的深度转变问题。

Lal，P.（Trans.）.（1967）. *The Dhammapada*. New York: Farrar，Straus & Giroux.

本书是一篇禅宗重要经文的优秀译本。

Reps，P.，& Senzaki，N.（Eds.）.（1998）*Zen Flesh Zen Bones*. Boston：Tuttle.

本书是一本优秀的禅宗故事和公案集子。

第 15 章

苏非与伊斯兰教

知道吗，亲爱的，人不是因为玩笑或是随便而被创造出来的，而是因为某些重要目的才被奇迹般地制造了出来。（Al-Ghazzali[①]，1964a，p. 17）

苏非派[②]通过探讨那些我们所有人都没有发展起来的方面，从而考察人类经验的广度与深度问题。他们从进化的角度来看待人的发展，认为我们从无机物进化到了植物，然后是动物和人类，我们也能够继续进化到更高级的精神状态（spiritual state）。然而，人类又被各种相互冲突的力量所围绕（非常类似于弗洛伊德与另外一些学者的描述）。我们既具有一些朝向更高层次进化的基本动机，但它们又会被我们的动物本能、驱力和自我中心式动机所对抗。大多数人意识不到这些内在的冲突。他们借助药物、酒精，或电视、网络等其他可以让他们分心的娱乐来进行逃避。有位苏非大师对苏非主义中的精神再生（spiritual rebirth）过程进行了描述："苏非包括两步：一步是从自我中踏出脚步，而另一步是迈向真主。"（Arasteh，1980，p. 50）。

苏非主义的修习方式有很多种。它的神秘式修习通过数百位苏非大师的经验，已经发展、传承了一千多年。在世代传承的过程中，苏非派的修习方式也进行了一定的调整，以适应世界各地的社会和文化传统，比如阿拉伯国家、伊朗、印度、中国、印度尼西亚、非洲、欧洲，以及其他世界各地。

苏非（Sufi）这一术语在阿拉伯语中的原意有多个，意指"纯净"（purity）和"羊毛"（wool）。所有的苏非主义者都追求外在与内在的纯净。早期的苏非教徒不是穿着漂亮的衣服，而是披着粗糙、打了补丁的羊毛斗篷。此外，还有"行"（row）的意思，这一内涵是来源于虔诚的穆斯林一行行坐在先知穆罕默德在麦地那[③]的房子前面这一场景。这些虔诚的穆斯林不管是在什么时候，只要他们可以，就会随同着穆罕默德。据说这群人从先知那获得了秘传，由此成为了首批苏非主义者。

有好几个词语都可以用来描述那些修习苏非的人。除了苏非一词外，他们还被称为德维旭（dervishes）[⑤]，这个词来源于波斯语，与

> 苏非教徒是指那些将真主置于一切之上，因此真主也将他们置于一切之上的人。（Dhu-I-Nun[④] in Fadiman，Frager，1997，p. 36；）

① 阿尔－加扎利，1059—1111，苏非派的拥护者。——译者注

② Sufi，国内有些文献翻译为苏非派。——译者注

③ 麦地那是沙特阿拉伯西部的一座城市，位于麦加以北。穆罕默德自 622 年逃离麦加后就住在这儿。建有穆罕默德陵墓。——译者注

④ 左农，《古兰经》中记载的古代先知优努斯的别称。——译者注

⑤ 源自波斯语，意指托钵僧。——译者注

波斯语中的“门”（door）有关。托钵僧站在物质世界与精神世界之间的门槛上，努力寻求进入更为充实的精神世界。第三个术语是费可（fakir[①]），在阿拉伯语中的原意是“贫穷”（poverty），指的是苏非教徒所践行的简单生活方式。许多早期的苏非教徒像乞丐一样云游四方，靠行乞为生，借助他人的善意来获得食物，被他人留宿。还有一层意思是指“内心贫穷”（inner poverty），或是指那种将内心依恋放在除了神之外的其他事物上。

在心理学领域，如果承认对人类行为了解得还很少、还需要对此进行大量研究的话，那么这种态度既时髦，又很符合实际情况。然而苏非教派却明确声称已经存在着许多睿智、获得了高度发展的导师，他们知道最重要的是什么——也就是说，他们知道怎么去教育学生重新把他们自己引入到自然状态，成为一个真正的人类。苏非教派的目标不是去对所有的行为进行解释，而是要传播阿尔－加扎利所称之为的有用知识（useful knowledge）那些能够帮助我们理解自己，理解自己的人格、局限，以及有助于我们体验在我们身上存在的神性火花的知识。

在苏非派的教义中，不存在一个单一的、系统化的方法，其教义也不是都能够用语言来传递。苏非派的智慧似乎有很多种表现形式，包括故事、诗歌、仪式、锻炼、阅读与学习，以及祈祷和仪式活动。

精神病学家阿拉斯特（A. R. Arasteh）与阿尼斯·谢赫（Anees Sheikh）也是苏非教派的信徒，他们对苏非教派的基本修习原则进行了总结（Arasteh，Sheikh，1989，p. 148）：

1. 追求真理（或真主）的方法有很多，所有的方法都包括自我的转变以及为造物主的创造物服务。
2. 只要我们内心形成了公正感，那么就能与别人和谐相处。不过，这只会在我们减少了内心的自私与自大之后才会出现。
3. 爱是道德其中的一条基本原则。爱来源于自我工作（self-work），并且体现在服务他人的过程中。
4. 最重要的真理就是自我认知（self-knowledge）。对自我的认识能够促进对神的认识。

历史简介

历史学家常常将苏非派看作伊斯兰教中的神秘主义派别，并且将该教派的出现时期追溯到了公元 7 世纪，也就是在伊斯兰教成为世界上主要教派之一的 100 余年后。苏非派在中东地区，以及其他信奉伊斯兰教的国家非常知名，但是其思想、修行、导师却在印度、欧洲、美洲都有所发现（Shah，1964）。实际上，几乎世界上的所有国家都存在有苏非主义。作为一个名副其实的神秘主义教派，苏非主义也进行了一定的自我改变，使之更适合那些地区的社会和文化传统。由于盛行苏非主义的文化地区要多于其他任何一个精神传统，因此也就有了更多的外在表现形式。

伊斯兰教

伊斯兰（Islam）来源于阿拉伯语中的“和平”（peace）或“顺从、投降”（submission），主要包括三层内涵：（1）所有创造物对造物主的顺从；（2）人类对真主启示的顺从，就好像是由伟大先知来揭示一样；（3）穆罕默

> 苏非主义与其他所有宗教的神秘主义并没有什么不同……一道河流能够流经许多国家，而每个国家都声称这是他们的河流。但事实就是，河流只有一条。（Ozak，1987，p. 1）

① 源自阿拉伯语，意指苦行僧。——译者注

德的追随者对真主指引的顺从，就好像是由他在启示一样。穆罕默德首次发布他的启示是在公元 610 年。穆斯林时代是从公元 622 年开始，也就是穆罕默德逃离麦加、进入麦地那的那一年。在伊斯兰教的圣经《古兰经》（*Koran*）中，伊斯兰教被描述成神论教派，认为宇宙只有一个真主，而其教义也在不断地传承给那些诸如亚伯拉罕（Abraham）、摩西（Moses）和耶稣此类的先知们。

从某种意义上来说，伊斯兰教提供了一套外在的、或外部修习方式，以支撑苏非派进行内在的修习。"没有伊斯兰教的苏非派就好像是一支没有灯罩、在空旷地方燃烧的蜡烛，一有风就可能会吹灭。但如果有了玻璃灯罩护住火焰，蜡烛就能不断地燃烧"（Ozak，1987，p. 63）。伊斯兰教提供了一种强调正直、仁慈、服务和其他美德的生活方式，为精神修炼提供了坚实的基础。

主要思想

苏非派被描绘成一种认识方式，也被描述成一种爱的方式。与所有的神秘主义教派一样，它也是一种对人类极限和清醒状态之外的精神状态进行体验的方式。那些体验过这种状态的人认为自己有了更丰富的认识，认为自己是联结终极真理的纽带。

苏非派修行的 4 个阶段

伊本·阿拉比（Ibn 'Arabi[①]，1165–1240）将苏非派的修行与认识分为 4 个阶段：沙利亚（sharia，宗教戒律）、塔里卡（tariqa，道门）、哈奇卡（haqiqa，真理）、玛瑞法（marifa，灵知）（Ozak，1988）。后面三个阶段都是建立在第一阶段的基础上。

第一个阶段是沙利亚[②]，它是后面三个阶段的基础。宗教戒律是由所有宗教中与道德、伦理有关的教义组成。它为人们采取恰当的方式在这个世界进行生活提供了指南。修习苏非却不遵守宗教戒律，就好像是在沙滩上建房子一样，缺乏基础。没有哪个神秘主义教派不是先在坚实的伦理和道德基础上建立起了有序生活，就能够盛行的。在阿拉伯语中，沙利亚的意思是"路"（road），指的是一条有清晰轨迹、任何人都能够沿之行进的路线。

第二个阶段是塔里卡[③]，指的是苏非派的修行。塔里卡是贝都因人（阿拉伯、叙利亚、努比亚或撒哈拉沙漠的游牧部落中的阿拉伯人）从一个绿洲到另外一个绿洲时所经沙漠中那些没有痕迹的路。这条路没有明确的标示，甚至看不清楚。要在没有道路的沙漠中找到自己的路线，你必须非常熟悉这个区域，或者是找到一个知道目的地、熟悉该区域地形或路标的向导。由于宗教戒律指的是宗教的外在修炼，那么道门就是指苏非派中的内在修炼。你为了辨识路线而需要找的向导就是苏非导师，或者说谢赫。宗教戒律使得我们的外在变得纯净、有吸引力；而道门则使得我们的内在纯净而纯洁，它们是相互促进、相互支持的。

第三个阶段是哈奇卡，或真理[④]（truth）。真理指的是对宗教戒律的内在意义，以及道门修行与指导的个人认识。没有这些认识，我们注定只能在黑暗中摸索，只能机械地模仿那些我们所认识的已经达到了哈奇卡状态的人。达到哈奇卡还是对前面两个阶段效果的确认，具有巩固修习的作用。在达到哈奇卡阶段之前，所有的修习都只是模仿。

① 伊斯兰教苏非派神秘主义哲学家，被后人尊为大长老。——译者注

② 为便于理解，后文中直接称为宗教戒律。——译者注

③ 为便于理解，后文中直接称为道门。——译者注

④ 为便于理解，后文中直接称为真理。——译者注

第四个阶段是玛瑞法，或灵知[①]（gnosis）。这是一种高水平的内在认识，是哈奇卡之上的阶段。它是关于真正现实（reality）的知识，只有少数人才能获得——即使者、先知、圣人与智者。

伊本·阿拉比还从以下角度对这4个阶段进行了解释。宗教戒律暗示着“你的和我的”。也就是说，宗教戒律为个体的正确性和人与人之间的伦理关系提供了保障；第二个道门阶段，意思是“我的是你的，你的是我的”。苏非派要求教徒把其他教徒当作兄弟姐妹——教徒之间彼此向对方打开家门、钱包和心门；第三个真理阶段的意思是“没有我的，也没有你的”。教徒认识到所有的一切都是来自真主，我们只是我们“所有物”的看管者而已。我们要用这些真主给我们的资源来为那些真主的创造物造福。那些达到真理阶段的人通常已经超越了对财物、对外部世界的关注，包括名誉和地位；而达到第四阶段即灵知阶段的人，则会体验到“没有我，也没有你”。先知和圣人已经认识到所有的一切都是真主，没有什么是与真主分开了的。

第一个阶段代表着所有修行方式的外在形式，是一个人实际所做的。在许多宗教中，学徒常常被简单地告知要做什么，而没有被告知为什么要去做。结果，学徒的修行常常是浅薄、机械的。

第二个阶段包括修习的内在意义与作用。一个苏非派导师曾经说道：“任何一个人都可以在短时间内就学会祈祷的外在形式，但是苏非派的修习目标是建立起一个能够祈祷的心。”

第三个阶段代表了在修行过程中所形成的体验，这种体验可能需要花费多年时间才能得到深化。这种体验能够为修行带来意义，使生命的水平得到深化。

第四个阶段是对修行的充分理解，因为个体已经获得了转变，已经达到了认识与智慧的状态。

在苏非主义中，适合某个理解水平的规则不一定也适合其他水平上的理解。例如，宗教戒律阶段只要求禁食这个外在修习；然而在道门阶段，禁食的实质原因是要进行自我训练，以及控制无法满足的自我。在宗教戒律阶段，能够给禁食者带来自豪的一次禁食可以看作完全合格的，但是在道门阶段却会被看作失败。

苏非派的修行方式

苏非派的修行并不是只有一条道。就如先知所言：“人心有多少种，通往真主的道路就有多少条。”苏非派最常见的修行方式包括奉献、服务、追思和社群。这些修习方式是相互交叉在一起的，每种修行方式都能够对其他修行方式产生促进作用。

奉献（devotion）。苏非派被称之为“通往心的路”。伟大的苏非派诗人就描绘了动人心魄的爱以及对真主的向往。一位苏非派导师对这种爱进行了如下的描述：

> 一个内心真正有爱的托钵僧，他的眼睛里除了真主看不到别的东西；他的心里除了真主，就再也不知道别的。神就是他的眼睛，由此他能看见；神就是他的手，由此他能拿东西；神就是他的舌头，由此他就能说话……如果他内心没有爱，那他就会死去。如果他的心只是偶尔没有爱，他也没法活着。爱就是托钵僧的生命，是他的健康、他的慰藉。爱，使他破落、使他哭泣；圆满结合（union）使他兴盛，带给他生命。（Fadiman，Frager，1997，p. 15）

伟大的苏非派诗人鲁米（Rumi）将爱（love）看作唯一一种可以超越理性的力量，并且认

① 为便于理解，后文中直接称为灵知。——译者注

为这种力量还可以超越知识与知识之间的差异，超越人与人之间的分离。他所体验到的爱，不是感官上的愉悦；可能说是对所有事物、对所有创造物的爱更恰当。爱具有不断延伸的力量，在认识到所有存在都有爱心、都在被爱的时候，爱就能够达到它的顶点。

自从听闻到这个爱的世界，
我就这样付出了我的心、我的生命，
还有我的眼睛。
起初，我认为爱
与被爱不同。
现在，我知道它们都一样。（鲁米[①]）

个人练习

光线与钥匙

在本章中，我们将通篇都采用说故事的方式来进行阐述——这些故事是由苏非导师讲述，但这不仅仅是为了娱乐。下面就是一个著名的故事，以及一些对此的处理方式。（改编自：Ornstein，1972）。

有个男人看着毛拉•纳斯鲁丁（Mulla Nasruddin），他正在地上寻找什么东西。

“你掉什么了，毛拉？”男人问道。

“我的钥匙，”毛拉回答道。

因此他们俩都蹲下来找钥匙。过了一会，这个男人问道：“你在什么地方掉的？”

“在我家房子里。”

“那你为什么在这里找啊？”

“这里的光线比我家亮。”

这个笑话在美国的杂耍表演中也很常见，在苏非派同样如此。如果你能够认真思考一下，那么它就不仅仅是一个笑话，也不仅仅是一个关于傻子的故事。

再反复阅读几遍这个故事。现在，想象你正在不顾一切地寻找什么东西。然后思考下面的几个问题：

1. 你在找什么？（可以在头脑中想出一个答案，不管这个答案多么罕见。）你在什么地方找？这里的光线强吗？这些问题让你产生了什么联想？你现在的感觉怎样？

2. 现在，想象有一把钥匙。这是什么钥匙？现在，开启你生活的钥匙是什么？（现在你又可以用几分钟的时间去构思一个答案，可以是图像，也可以是想法。）

3. 现在你对自己说：“我丢了我的钥匙。”这个说法让你产生了什么反应？

4. 现在想：“我的钥匙在我自家的房子里。”你有什么想法和感受？

5. 然后将整个故事放到一起：“我在找我的钥匙——我清楚地记得它是在我自家的房子里——在一个我知道它不在的地方寻找，不过是因为这个地方的光线更强。”多花点时间在这个故事上。

这个故事除了会引发你的个人联想外，还有另外一个……心灵中有两个相互对立的区域——光与暗，或“白天”与“夜晚”。钥匙在房子里面，在黑暗中，是在我们的房子里、科学中、心灵中没有被探察的地方。通常，我们被白天的光线、被更容易寻找的物体所吸引，让它迷惑了我们的眼睛。但是我们所寻找的东西可能不在那里，我们常常不得不放下身段到黑暗中去寻找它们。一旦我们能够到黑暗中去寻找，那么我们就能将它带到光线下，能够在心灵中营造出一个综合这两者的区域。（Ornstein，1972，pp. 174–175）

把神灵看作至爱，这是苏非教派与基督教的一个共同点，而这也是来源于神秘体

① 本书作者的翻译。

验。当你将能量导向所爱的真主时，似乎也得到了被爱的回报。正如人与人之间的交往一样，爱能够引起或唤醒对方的爱。苏非派的古老格言说，如果你花两步走向真主，那么真主就会跑向你。

当代一位苏非大师在其著作中说道："真主的本质是爱，苏非的修行道路就是爱的路……爱就是发现一切事物中的善与美好。它是从世界万物当中学习，是在万物中看到真主的恩赐与真主的慷慨；是对真主施舍的感激。"（Ozak，1987，p. 7）

苏非教派认为，当我们在爱的道路上走到一定程度的时候，真主就会伸出他的手，开始帮助我们，把我们拉向真主的所在。当这一刻出现时，我们不要挣扎，要顺从，要让我们自己能够被帮助，能够被带走。

服务（service）。在苏非派中，服务等同于奉献，可以说是奉献的姐妹。当我们带着对真主的爱而打开自己的心时，我们就能认识到所有的心都在渴望真主，而真主也隐藏于我们每个人的心中。一旦我们认识到每一个心都包含有真主，那么，由于精神之旅的本质，我们就只好为他人服务。

最伟大的服务就是帮助他人把受伤的心愈合。有位苏非导师教导说："每一句善意的话或每一个善意的目光，都能够温暖你的行为；而每一句伤人的话或每一个伤人的行动，都会让你的心关闭，或者变得冷酷。"忽略他人心中的真主，就是把我们自己排除在极度渴望的圆满结合之外。

> 如果有人坐在我身边
> 和我一起探讨至爱，
> 如果我不能让他的心舒适，
> 不能让他感觉更好
> 对他自己和这个世界，
> 那么，哈菲兹（Hafiz），
> 马上跑到清真寺祈祷——
> 为你刚刚所犯下的
> 我所知道的唯一罪孽。（Hafiz[①] in Frager，1999，p. 187）

苏非派有个广为人知的故事，哈伦·拉希德（Harun al-Rashid[②]）有一次穿过一个果园时，看见一位老人在种枣椰树，于是拉希德向他致意，并问道："您在做什么啊，老人家？"

"你看到了呀，我在种枣椰树。"

"枣椰树多长时间才会结果呢？"

"十年、二十年、三十年，有些甚至长达一百年。"

"那么你是吃不到你种的这些树所结的果子了。"

"我可能活不到那一天了，"老人说道，"但是我们能吃到祖先种的树所结的果子。因此，只要我们去种，那么我们的后代也能吃到！"

这些话打动了哈里发，然后他给了老人一袋金币。

老人拿着袋子，大声喊道，"感谢主，让我在这儿种下的树立即就结出了果子！"

哈里发对此非常感动，于是他又给了老人一袋金币。

老人说道"感谢主！通常树木一年才结一次果子，而我一天就收获了两次！"

再给了一袋金币后，哈里发转身对侍卫说道："快走，在这个老人使我们身无分文之前，我们先离开这儿。"

追思（remembrance）。对神的追思能够为我们的奉献与服务提供燃料。苏非派要求信徒不断地进行追忆，永不忘记我们处在真

① 哈菲兹（Hafiz）是波斯诗人，其诗多为押韵华美的两行诗体，其中有许多描写爱情、美酒和大自然，苏非派穆斯林因循传统地对它们作了寓言式的阐释。——译者注

② 哈伦·拉希德（约 766 ~ 809），阿拉伯阿拔斯王朝第五任哈里发（786 ~ 809 在位），在任期间为王朝最强盛的时代。——译者注

主的荣光之下，不断地去感受真主就在我们的心中。就像《古兰经》中真主所说的："我离你们的距离要比颈静脉离你们的距离还要近。"祈祷是追思的实践方式，就好像冥想、精神唱诵和精神学习一样。

> 因为一切东西都要擦亮，那么心的擦亮就是对真主的追思。（穆罕默德）

苏非精神修习的一个基本方法就是都希库鲁拉（Dhikrullah），或者说是追思真主。这种修习方式在苏非主义的不同派别中有不同的做法，但通常都包括重复一遍或多遍真主的名字，甚至是多达 99 遍。在苏非派的许多教派中，追思还会有身体的动作，简单的动作是头部的左右摇摆，剧烈的可能是毛拉维托钵僧（Mevlevi dervishes）的快速转动[①]。有些派别是默默地重复，而还有些则是大声地反复唱诵。

社群（community）。苏非派的学徒群体就好像是一个家庭。导师是父母，托钵僧（即学徒）是兄弟姐妹。一个理想的苏非社群并不会像许多真实家庭那样经常出现兄弟姐妹之间的竞争和不良的养育方式，而是大家都有同等的机会修习，有同样的机会感受到耐心、爱和服务。托钵僧就好像彼此的镜子。当我们在别人身上看到自己的不足时，我们就能够学会对自己的不足给予耐心；同时我们也能够学会越来越多地去关注每个人的优点和美好一面，而对彼此的不足却关注得越来越少。

当托钵僧在困苦的旅行中结伴而行时，他们常常考虑的都是对方。有人曾经询问一位著名的苏非导师："在这个时代，真正的伙伴很少见。我到哪儿去找一个神的伙伴呢？"导师回答道："如果你想找一个伙伴为你提供服务，为你承担任务，这样的人确实很少见；但是，如果你想找的神之伙伴是他的负担你愿意担着、他的痛苦你愿意承受，那么我有一大把介绍给你。"（Fadiman，Frager，1997，p. 61）

自我（纳夫斯）

纳夫斯（nafs）在阿拉伯语中的意思是自我（self 或 ego）。它是一个动态过程，而不是心灵中的一个静态结构。"纳夫斯并不是指一个事物。它与阿拉伯语中的'呼吸'（breath）、'灵魂'（Soul）、'本质'（essence）、'自我'（self）和'本性'（nature）等词有关。它指的是一个过程，这个过程产生于身体与灵魂的相互作用"（Ozak，1987，p. 31）。

当处于最低水平时，自我只是自我中心意识的产物——自恋性自我。自我必须经过转变，才能达到理想状态。就好像一匹野马一样，一开始的纳夫斯很强烈，实质上不受控制。当自我经过训练或者已经转变时，它就变得能够为个体服务了。

> 纳夫斯本身并没有什么不好。永远不要责备你的纳夫斯。苏非修行中的一部分工作就是改变你的纳夫斯状态。最低水平的纳夫斯就是你完全被自己的欲望所支配。下一个状态是你同自己作斗争，以便让自己可以在理智与更高理想信念的状态下行动，并在自己失败时批评自己；更高级的纳夫斯就是不管真主给了你什么，不管你喜不喜欢、是否满足了你的生理需要，你都能够满足。（Ozak，1987，p. 32）

下面所介绍的自我种类主要是建立在弗雷格（Frager，1999）和另外一些资料的基础上（Al-Ghazzali，1964; Arasteh，1973; Nurbakhsh，1992; Ozak，1981，1987; Shafii，1974; Trimingham，1971）。

狂暴式自我（tyrannical self）或自恋式自我（narcissistic self）。这种水平的自我也

① 在西方称为"旋转"（Whirling）；有时被称为苏非旋舞。——译者注

被称为“命令式自我”（commanding self）或“导向邪恶的自我”。狂暴式自我会企图对我们进行支配，控制我们的想法与行动。处于这一水平的个体，会表现出不受控制的自私，缺乏道德感或同情感。这个水平的自我还包括自恋式自我或更低级的人格特征。它是由一些强烈的、常常是无意识的冲动或驱力组成。这些驱力支配了人们的理智或判断力，被认为是人类本性中需要受到控制的力量。它们会阻碍个体的修行。

对这一水平的描述就好像是精神分析理论对本我的描述。这两个概念都与欲望和攻击有关。阿尔－加扎利将狂暴式自我中的驱力称为灵魂中的恶狗，也就是表现得像恶狗一样的感官式自我（sensual self）、像凶恶的狗或狼一样的野蛮式自我。愤怒、贪婪、感官欲望、强烈的情绪、妒忌都是这一阶段自我的表现。它是生理与内在欲望的领域。我们可能都会随时被这些冲动所支配，但绝大部分人都会有看清它狂暴一面的短暂机会。

处于这一水平的人就好像是对拒绝上了瘾一样。他们的生活被消极冲动所支配，然而他们又拒绝去相信自己有问题。他们没有想到要改变自己，因为他们认为没有改变的需要。

愧疚式自我（regretful self）。在自我的最初级水平上，我们是无意识的，觉察不到。但是随着信仰之光的增长，我们开始看清自己，也许这是第一次。我们开始了解自我中心做法的消极后果。本阶段类似于弗洛伊德的超我结构，它具有审判和自我责备的特点。

在本阶段，个体仍然被欲望与需要所支配，但是，会不时地感到愧疚，会努力使自己遵循更高级的动机。这个内部挣扎的阶段非常类似于禅宗的“得牛”阶段（见图 14–4）。

> 在纳夫斯，低级自我与灵魂之间，存在一场战斗。这场战斗将会持续人的一生。问题是：谁教育谁？谁将会成为谁的导师？如果是灵魂成为了导师，那么你就是一个信徒，成为一个拥抱真理的人。但如果是低级自我成为了灵魂的导师，那么你就会成为一个背弃真理的人。（Ozak，1987，p. 4）

本阶段的自我等同于精神分析理论的超我。它可能会有过多的自我责备、自我贬低或自我辩护，这可能会以一种极度自负的形式出现。典型表现为永不知足地追求赞扬、认可，或控制别人。本阶段个体最强烈的倾向之一就是会表现得虚伪。由于只是部分认识到了更高层次的理想，因此，他们常常会假装自己还没有获得成功。

本阶段的个体还没有能力让自己的生活产生明显改变。然而，随着他们对自己的不足看得越来越清楚，他们的内疚以及对改变的渴望也会逐渐增强。他们就好像是上了瘾一样，开始想了解自己上瘾的程度，了解自己给他人以及给自己所带来的痛苦。由于这种瘾头仍然很强烈，那么要进行改变就需要更强烈的药物。

启迪式自我（inspired self）。达到本阶段的个体能够在祈祷、冥想或其他宗教活动中感受到真正的愉悦。只有到了本阶段，个体的行为才能被诸如同情、服务和道德价值观等理想式动机所驱动。本阶段标志着开始进行真正的苏非修习。而此前那些更早期的阶段，即使是做得再好，那也只是表面上的理解，只是在机械地拜神而已。

> 分成好与坏两个极端可能是人的精神出了问题。（Erikson，1964）

虽然本阶段的个体还不能不受欲望与内在本我的强烈影响，但它们的力量第一次受到了新水平动机削弱。人们需要按照这些更高水平的价值观来生活，否则就会衰弱、死亡。启迪式自我的常见行为包括有亲切、怜悯、创新，以及其他合乎道德的行为。总之，被启迪式自我驱动的个体看似情绪成熟、可敬和被人敬仰。不过，本阶段也可能是最危险的阶段。因为如果本阶段的启迪和能量被输送到了内在本我中，那么个体就可能变得傲慢和自负。这就如同于荣格所说的神力人格（mana personality）。那些接触过强大力量原型的人可能会获得巨大的能量或神力，但这些能量不是给了自我、而是被灌输到了内在本我中。因此，对于本阶段的人来说，导师的指引就显得特别重要。

安宁式自我（serene self）。到了本阶段，个体的内心平和，之前的挣扎也基本结束。原来的那些欲望和对事物的依恋也不再具有束缚作用。本阶段类似于早前曾经提到过的满足与信任阶段。安宁式自我与禅宗的“骑牛归家”相对应（详见图 14–6）。此时，本我与自我之间的通道开始打开，使得个体可以更加接近真主。

本阶段的自我会让个体表现出慷慨、可喜、可信任的特征。那些能够把困难当作利益一样进行冷静的接纳的人，可以说是达到了这一水平。从发展的角度来看，本阶段是一个转变时期。自我开始“解体”，并释放了此前那些对自我界限（self-boundary）的关注；但是，它又能够“重新整合”，就好像它原本就是整体自我的一部分一样（Arasteh，1973）。

满足式自我（pleased self）。本阶段的个体不仅对自己的命运满意，甚至对生活中的困难与磨难，也能表现出满意，把它们都看作来源于真主。满足式自我与我们日常的世俗体验完全不同，通常我们都是在努力追求快乐、避免痛苦。有个苏非派故事就清楚说明了这一点。

嘉治那[①]（Ghazna）的苏丹玛穆德[②]（Sultan Mahmud）曾经与他的忠心仆人阿亚兹（Ayaz）共同分享了一根黄瓜。阿亚兹非常开心地吃了半根黄瓜，但是当苏丹吃他自己的那半根时，感到很苦，于是就马上就吐了出来。

“你怎么能够吃这么苦的东西呢？”苏丹大声说道，“它的味道就好像是白垩[③]或者是苦的毒药！”

“我亲爱的苏丹，”阿亚兹回答道，“我从你的手中享受了那么多的恩惠和慷慨，不管你给我吃什么，在我吃来都是甜的。”

那些热爱真主以及对真主感恩的人，就像阿亚兹爱他的苏丹一样，已经达到了满足式自我的阶段。

取悦真主式自我（the self pleasing to God）。那些达到取悦真主式自我的人，认为所有的行动力量都是来源于真主，认为他们自己什么都做不了。他们不再害怕任何事情，也不再要求什么。

> 苏非主义的修习之路就是将任何横亘在个体与真主之间的东西进行消除的路。（Ozak，1987，p. 1）

这些人已经达到了真正的内心整合与圆满。伊本·阿拉比将本阶段说成是内部结合阶段，或自我与灵魂的融合阶段。人们在世界中挣扎，是因为体验到了“多重性”（multiplicity）。一块破碎的镜子会对一个图像做出千百个不同的映射。如果镜子能够复原，那么它就又可以只映射出一幅完整的图像。愈合人们内部的多重性，就能够使我们成为一个完整的、圆满的人去体验世界。

① 嘉治那是嘉治那王朝（Ghaznavids，公元 977–1186 年）首都，是一座山城，位于阿富汗中部山区。——译者注

② 苏丹，伊斯兰教中的头衔。——译者注

③ 白土粉，中药，味苦。——译者注

纯粹自我（pure self）。只有非常少的人能够达到纯粹自我这个最终水平，达到了本阶段的人都是完全超越了自我。个体不再残留有内在的本能欲望或分离性自我，只有与真主的结合。本阶段的个体已经认识到了“万物非主，唯有真主”这一真理。他们现在认识到，只有真主，除了真主就没有其他任何东西存在；个体感或分离感，都只是幻觉而已。这等同于下文将要阐述的法纳阶段[①]。

> 由于有人造出了“波浪”（wave）这个词，那么我能把它与水区分开来吗？（Kabir，1977，p. 29）

寂灭与回归

苏非教派描述了两个高级的意识状态，那就是寂灭（annihilation）与回归（return）。第一个是结合状态，或者说寂灭，即法纳，此时，个体同一性似乎完全融合到了完整实在中（whole of reality）。本阶段的个体在自我与真主之间已经不再有障碍，因为那儿显然就不存在障碍。人意识到自我是海洋的一部分而变成了其中的一滴水，或是意识到了自我是风的一部分，而变成了空气中的一部分。

第二个是回归状态，或者说永存，即巴卡[②]，本阶段的个体把自己看作世界的一部分，但不再关心自己的世俗地位或利益。他们认为，万物都有真主的成分，以至于他们觉得相比于真主的其他创造物，个人事务只能排在次要位置（Arberry，1966，pp. 131–145; Ibn ‘Arabi，1981）。但是个体处于世俗中，并不与其中的任何事物分离。

从某种意思上来说，苏非派实质上是一种进行自我改变的方式，其目标是法纳和巴卡，即寂灭与回归。阿拉斯特与谢赫（Arasteh，Sheikh，1989）从心理学角度对法纳和巴卡进行了阐述，认为法纳是狭隘的自我概念、社会自我和有限智力的解体，而巴卡则是自我的重新整合，或者说是再生成一个圆满的、充分整合了的人。

> 当我听到水中的鱼会渴时，我笑了。（Kabir，1977，p. 9）

动力论

心理发展——个体发展阶段

对于个体的发展阶段问题，许多苏非派导师都给出了各自的看法。每个阶段都会训练或暴露修习者的性格或知觉中的不同方面。下面，我们将会对各个阶段分别进行讨论，但是，并不存在一个单一的线性模式可以用来表示苏非派修习者的实际体验。

初步觉醒（initial awakening）。当个体发现外部世界不能令人满意，决定重新评估自己生活的时候，本阶段就开始了。这种认识常常是出现在个人危机之后，有时候还伴随着对存在意义的强烈困惑。因此，初步觉醒是每个追寻者走上精神之路的第一步。

阿拉斯特（Arasteh，1980）在其著作中认为本阶段的主要特征是渴望改变。追寻者会对自己的生活进行重新检视，这项任务需要“严格的训练、不断的辨认，以及将不合宜的价值观、兴趣、举止、思想、语言和行为进行转化。这里的不合宜（undesirable）指的是会阻碍追寻者进步的任何方面”（Arasteh，1980，p. 53）。第一步就是要宽恕所有那些让追寻者感到被伤害了的人。在苏非教派中，同情式宽恕被当作能够引发内心改变与变得纯净的有力方法。宽恕之后会产生悔改，或抛弃原来那些不恰当的旧习惯。

① fana，寂灭，阿拉伯语，伊斯兰教苏非神秘主义的哲学概念，意为“无我”、“寂灭”。——译者注

② baqa，永存，阿拉伯文，永存、残存的意思。——译者注

忍耐与感恩（patience and gratitude）。本阶段的个体认识到自我发展需要时间，并培养起了忍耐心。忍耐包括坚持，以及即使在努力没有获得立即回报的情况下、仍然能够坚持努力的意愿。本阶段个体会慢慢地改造自己的人格，由此，就会对修行之树进行不断的改造、施肥、修剪，使之越来越茁壮。

忍耐被认为是最伟大的美德之一，也是生活在当下的必要条件。没有忍耐，精神发展就不可能出现。一个缺乏耐心的人只会关注将来，但是祈祷与冥想都要求以当下为中心（present-centered），要求高度集中的注意力。

忍耐也是个体将自身信念付诸实践，并坚持不懈直到成功的关键。阿拉斯特曾说道："心灵不会在一夜之间就变得纯净：随着从熟悉变为不熟悉，抛却也是慢慢地发生。"（Arasteh，1980，p. 68）

感恩与个体认为一切都来源于真主的认识有关，这里的一切就包括了智力、健康和生活本身。最高水平的感恩就是感谢所获得的一切，而不管它是令人愉快还是令人痛苦，不管给它自己带来的是损失，还是收益。

恐惧与希望（fear and hope）。在苏非主义中，对真主的恐惧并不是指害怕受到惩罚，或害怕被打下地狱，而是有爱心的人害怕自己所爱的人不再爱自己。苏非派导师施布里（Shibli）说道："每当我克服恐惧的时候，知识与领悟的大门就向我的心门敞开。"（in Shafii，1985，pp. 183-184）。

希望能够使个体清楚地看清自己，而又不会使自身受到伤害。"苏非主义的本质就在于希望"（Shafii，1985，p. 184）。这是一种期待真主会接纳我们所做的祈祷、服务等小小努力的希望。虽然精神道路极其漫长，苏非教徒仍然希望自己能够越来越接近真主。

下面这个故事就对希望进行了很好的说明。有个男人步行穿过沙漠去麦加进行朝拜。他看到有只蹒跚而行的蚂蚁，然后问这只蚂蚁要去哪儿。蚂蚁回答道："我去麦加，我想去朝拜。"这个男人感到很吃惊，问道："我去麦加都要走好几个月的时间，何况我的腿比你长得多。而且你的腿还跛了。你还可能有希望到麦加吗？"蚂蚁回答说："如果真主旨意如此，我就可以到麦加，此外，即使我到不了那儿，至少我也是在路上。"

自我克制与空无（self-denial and poverty）。自我克制的意思就是要抑制不良行为，回避追寻者认为不符合精神修炼的一切方面。追寻者会发展出自我觉察能力，能够学会监视自己的欲望与冲动。这就会有助于个体摆脱世俗世界，或对欲望不再执着。

无执（nonattachment）也被说成是内心空无的一种状态。追寻者可能贫穷，也可能富有，但是却不再将金钱和财物放在心上。"当心被清扫（除了真主以外的所有东西），那么贫穷就不比富裕好，富裕也不是好于贫穷"（Hujwiri，1959，p. 24）。这里的意义就在于，除了真主以外，不再对其他任何东西抱有欲望。"空灵的心（是）比空着的手更重要"（Rice，1964，p. 42）。追寻者建立了一颗已清除一切的心灵，进入到一个质朴而又超然的状态。

从另外一个意义上来说，苏非教派追求的是放弃对名称与概念的依赖，由此变得空无。阿拉斯特在其著作中写到，苏非的目标是追求"达到一个'空无'状态，追求一个零点，以便他们能够与任何存在状态发生关联，达到'万事万物'（everythingness）"（Arasteh，1980，p. 64）。

另外一个可用来描述苏非教派的词语是法吉尔，它来源于阿拉伯语词根"faqr"，贫穷之意。精神空无（spiritual poverty）指的是心不执着于这个世界，把心门打开、以便让真主填充进来。

信真主。那些信任真主的人从真主那里追寻一切，而不是从所处世界中寻求。苏非派明白现实努力的必要性，但却认为成功只是真主的恩赐。比如在治疗疾病的时候，虽然吃了医生开的药，但是我们知道这并不能确保一定会好，痊愈只是真主的礼物而已。

阿尔－加扎利认为存在三种水平的信任：首先是对专业技术人员的信任，如对好的医生或律师的信任；其次是儿童对母亲的信任，儿童会完全信任父母；第三种信任水平是完全顺从于某人的意志，就好像一具尸体可以让人随意摆弄一般。它指的是个体不对所发生的任何事情进行抗拒，也不会有任何期望。

> 比苦行更高的境界就是指你不受贫穷或富有所影响。得之，不喜；失之，不悲。（Al-Ghazzali，1972，p. 206）

> 这不是儿童依靠母亲的那种信任，而是儿童清楚地知道，即使他不叫，母亲也完全了解他的情况、会照看他。这也是信任真主的最高水平。（Al-Ghazzali in Shafii，1985，p. 227）

本阶段的特点是行动，而不是懒散、被动或依赖。修行者需要在为自己做事与信任真主之间取得一个平衡，而这点在穆罕默德语录中也有明确说明："相信真主，但首先要拴好你的骆驼。"这种信任来源于个体觉得自身的努力只是自己还尚未觉察的更高级存在中的一部分而已。

爱、向往、亲密与满足。本阶段的个体内心只有一个欲望，那就是对真主的爱。苏非教派认为这个欲望就是永远存在的唯一欲望。阿拉斯特在其著作中写道：

> 人，生存在被爱的领域中，并且在'爱'的作用下展现自己。如今，苏非派能够践行那存在于心灵深处的爱……苏非派思想所具有的伟大贡献正在于此，这不同于达尔文、弗洛伊德的学说都是建立在冲突的基础上；苏非派是从体验出发，发现与证实了个体身上理性与非理性之间的冲突以及社会与历史之间的最大媒介都是爱。（Arasteh，1980，p. 98）

弗洛伊德告诉我们，人的心灵永远是处于冲突之中；而苏非派则声称，心灵完全可以做到充分整合。阿拉斯特对这种整合说道："超我、自我和本我（如果健康人身上确实存在这种分类的话），最终会转变成一个有创造力的胜利者。"（Arasteh，1980，p. 121）

满足源于个体意识到，不管是令人愉快还是不愉快的一切事物，都是始于真主。苏非信徒能够享受爱、感受到与真主的亲密，然后他们会满足于发生在他们身上的一切。

意图、真诚与真实。著名的哈迪斯圣训[①]说道："意图给行动赋予了意义。"

谢赫·穆扎法（Sheikh Muzaffer）曾经讲述过一个案例，有个人走在远离城市的贫民区，然后大声宣称："这些穷人非常需要一所医院。如果我有一百万美元，我马上用它来在这里盖一所医院。"如果这个人是真的有这种意愿——假如他有了一百万，那么这笔钱就会马上作为医院的建设资金——那么，这种慷慨意图的声明就等同于实际上建了一所医院。不过，这取决于意图的真诚性。不管一个人的行动是否成功，那都是真主的意愿。正是个体内心的意图给所有行动赋予了意义。

思考与自省（contemplation and self-examination）。在洁净心灵这一方面，苏非派与瑜伽和佛教的看法类似。在著名的哈迪斯圣训中，穆罕默德教导说："一个小时的自省抵

① Hadith；哈迪斯，穆罕默德之各项传统，穆罕默德言行录。——译者注

得上一年的祈祷。”

有位苏非派导师去拜访另外一位导师，被拜访的导师正处在深深的思考当中，以至于拜访者都感觉不到他的呼吸。过了好长一段时间，被拜访者回过神来，于是拜访者问道：“伟大的导师，您从这次惊人的思考中获得了什么呢？”被拜访者简单地回应道：“一只盯着老鼠洞的猫，这只猫比我更能集中精神。”

思考死亡（recollection of death）。对死亡进行思考，能够使它成为帮助人们摆脱不良习惯与态度的有力工具。思考自己的死亡问题，也是一种练习，能够让我们越来越清楚地觉察到现在的体验。这也是开始个人成长的一种方式。

阿尔－加扎利认为做下面这个练习，可以让人们对死亡的觉察更为深刻，或者是将思考死亡刻入到意识中：

> 回想那些跟你同一时代或同龄人当中已经去世的人。然后再想想，他们获得过什么荣誉和名声，获得过什么职位，有着怎样的漂亮长相。然后再想想，如今他们都已经归于尘土，那么他们死后留下的孤儿寡母怎么样了，想想他们死后财产是怎么被浪费了、房子是如何地破败了。
>
> 如今他们没有留下任何记号，已经躺在了地下的黑暗洞穴中。
>
> 在你想象的时候，记住要让他们的脸孔浮现在你的心中。
>
> 别把你的希望寄托在财富上，也别笑着消磨人生。想想他们原来是怎么走路的，如今他们的关节已经断开了，原来他们用以说话的舌头已经被虫子啃噬光了，牙齿也受到了侵蚀。他们愚蠢地为这些准备了20年，而如今一天之内他们的生命就已不再存下。他们从来没有想过，死亡会在这样一个从没想过的时间里就降临到了他们头上。（Al-Ghazzali，1972，pp. 378–379）

阿尔－加扎利把人们对待死亡的过程看作一个周而复始的过程，开始是转变（conversion），然后是悔悟（repentance），最后是以思考死亡（reflection on death）来结束。它也很容易转化成另一种形式：对死亡的思考会使个体又回到转变之前的心理状态。不过，近年来西方心理学对死亡这个话题采取了回避的态度，这可能是因为我们的文化是一个害怕死亡的文化。

个人练习

思考死亡

对大部分人来说，死亡是一件很遥远、很遥远的事情。对死亡进行思考有助于唤醒我们对死亡的意识，让我们剩下的日子变得更真实。

现在，想象你已经死了。你乞求死亡天使，希望他让你重生，你还有许多事情要做。死亡天使答应了你的要求，但是只让你再活一天，没给你更多时间。

想象明天早上就是这个额外一天的早晨。你会做什么？你打算怎么度过这一天呢？在意识到死亡马上就要降临的情况下，你会怎么安排自己的生活呢？

然后想想，本练习让你想到了什么。是否让你产生了强烈的感受？是不是让你学会从一种新的角度来对待生活？

发展的障碍

苏非教派认为，个体成长的主要障碍是低水平的自我（即纳夫斯），另外一个因素就是不留心（heedlessness）。

个人练习

你知道自己喜欢什么吗？你喜欢自己做的事吗？

下面这个练习可以帮助你了解自己的不留心情况。你是否能够经常意识到自己所做的选择和决定呢？

当你早上醒来打算起床的时候，问问自己，是否真的想起床，记得要如实回答。

你洗了个澡——是因为你喜欢，还是只要有可能、你就不洗呢？

你吃早餐——这真的是你喜欢吃的食物和分量吗？你是在吃你的早餐吗？还是仅仅因为这是社会所认为的早饭？你是真的想吃吗？

你去办公室……或者做家务或做社会服务——你去的地方是你自由选择的吗？你正在做的事情是自由选择的结果吗？现在假设以上问题你都做了肯定回答。那么，你是在做自己喜欢做的事情吗？你说的话是为了讨好别人吗？你是真的喜欢，还是假装喜欢他们？（记住，这不是在问这个活动你是喜欢还是不喜欢，而仅仅是查明它们到底是什么。）

你度过了一天，这天的每个阶段都会给你新的反省机会——你真的喜欢这个反省吗？晚上到了，你空闲了——这时你内心想做什么呢？什么事情可以让你开心：戏剧、电影、聊天、读书、听音乐、玩游戏，哪个特别让你开心呢？

我们再重复一遍：苏非教派认为，做自己喜欢做的事情这种状态，通常出现得都比较晚。事实上，这个问题可以不管，重要的是你要知道自己喜欢什么。（Orage，1965，p. 112）

不留心（或健忘 forgetfulness）。不留心这一习惯会使得我们身上的其他局限变得更严重。

> 人，就好像是一个会突然在某个寂静无人小道上“醒过来”的梦游者，通常也不清楚自己从哪儿来、到哪儿去。（Shah，1972，p. 133）

那些受苏非教义影响的人指出，首要的任务就是要将人们唤醒，让他们充分意识到自己所处的困境。奥雷吉在其著作中如此写道：

> 我们当下的觉醒状态根本就不是真正的觉醒……按照传统的话来说，它是睡眠的特殊形式，类似于被催眠的恍惚状态……从出生的那一刻起，甚至是在出生之前，我们都是处在一种暗示着我们并不是完全觉醒的氛围中；此外，通常在我们的意识中，也被暗示着我们必须要梦想着这个世界的梦想——就如我们的父母、朋友在梦想的那样……就好像是晚上做梦一样，醒来后的第一个反应就是怀疑自己是否在做梦；从觉醒状态醒来后的第一个反应——宗教信仰的第二次觉醒——同样是怀疑现在的觉醒状态是否在做梦。觉知到自己在做梦就是我们正要觉醒的时刻；而觉察到我们只是部分觉醒，正是使我们能够更完整觉醒的首要条件（Orage，1965，p. 89）。

正如哈尔曼所总结的：“我们都是从婴儿期开始就在被催眠……那么明显的必然结果就是，我们没有把自己和世界当成它们原本的样子去认识，而是按照被告知的方式去看待。”（Harman，1967，p. 323）

克服不留心的第一步就是首先要学会对它们进行觉察。就好像著名的控制论创始人诺伯特·维纳（Norbert Weiner）所说的：“它可能平常得就好像将眼镜放错了地方，

> 睡着的人，在醒之前他会死吗？（穆罕默德）

但也可能会像一场事故那样麻烦。”有一天他走在麻省理工学院的路上，遇到了一个同事。他们聊了几分钟，当他们要分手时，维纳问他的朋友，他们相遇的时候，自己正往哪个方向走。维纳说自己想不起来是准备去吃午饭呢，还是已经吃完了。

理论结构

身体

阿尔－加扎利曾说人们应该把身体看作货车，而把灵魂看作赶车人。“灵魂应该关心身体，就好像朝圣者去麦加的路上需要照顾自己的骆驼一样；但如果朝圣者将所有时间都用在喂养和打扮骆驼上，那么大队伍就会把他丢下，然后他也会丧生在沙漠中”（Al-Ghazzali，1964，p. 49）。我们要有一个健康的身体，因为它不仅可以让你为别人服务，还可以让你的内心发展不受阻碍。

不管是伊斯兰教还是苏非教派，都提倡对身体的关注，但是又都要求不要被对身体的关心所控制。他们提出了一条介于苦行与享乐之间的中间路线，这非常类似于佛教的做法。“困时睡觉，饿时吃饭，冷时加衣”（Ibn ‘Arabi，1992，p. 7）。

苏非主义的许多派别都采用练习来使身体和心灵获得“精细调整”（fine-tuning）。比如最为世人所知的托钵僧旋舞，就是不断地转动身体。“目的是要建立起一种仪式化的入迷状态，使信徒的心灵与宇宙意识联系起来，在信徒看来，自己只是这一宇宙意识的一部分”（Burke，1966，p. 10）。苏非派的练习包括有运动、随着音乐运动，或者仅仅是听音乐。

> 身体也是一个非常重要的必要条件，没有它，任务就会失败、目标就不能达成。（Rumi，1972，p. 31）

伯克对能够引发神秘意识状态的舞蹈和运动的作用进行了阐述：“这种舞蹈是一种身体运动，在运动的同时，与某个想法、某个声音或某组声音相联。这些身体动作能够促进身体的发展，而想法可以使心灵得以专注，声音不仅可以为身体与心灵提供能量，还可以使它们与神灵意识发生联系”（Burke，1975，p. 49）。有研究表明，这种舞蹈与运动与个体的总体幸福感和健康相关（Ravelin et al.，2006; Ward，2008）。

社会关系

伊本·阿拉比非常重视与他人的交往在精神修炼道路上所起到的重要作用：

> 你最好是离开那些所做事情、所拥有信仰与你不一致的人，还要离开那些对你的信仰持反对意见的人。但是，你不应该因为他们的所作所为而觉得他们不好，或者是谴责他们。你忽略他们的目的应该是你更喜欢拥有信仰上的伙伴。（Ibn ‘Arabi，1992，p. 10）

苏非教派认为同伴之间的关系在修行过程中具有非常重要的作用。在苏非教派中，“并不存在什么宽容，你无需去宽容别人，因为你并不比别人强，他们只是与你不同而已，而所有这些不同也只不过是一种幻象”（Rahimi，2007，p. 419）。

阿尔－加扎利（Al-Ghazzali，1975）在其著作中提到，真正的友谊需要满足以下 8 个条件。

1. 物质帮助。给同伴提供食物、金钱或其他任何他们所需要的帮助。

> 除非你有坚定的信仰，否则就进不了天堂；若要让你有坚定的信仰，那除非你爱上了别人。让我给一个让你们能彼此相爱的建议吧：向身边的所有人致意。（穆罕默德）

2. 个人支持。“如果他们病了，去看望他们；如果他们很忙，就帮助他们；如果他们忘了事，提醒他们”（p. 33）。
3. 尊重。你不应该向他们或别人抱怨他们的不足；你也不应该提出一些自己都觉得人们做不到的建议。
4. 表扬与关心。表扬同伴身上的良好品质，让他们知道你在关心他们。
5. 宽恕。宽恕他人的错误。
6. 祈祷。为同伴的幸福祈祷，就好像是在为自己的幸福祈祷一样。
7. 忠诚。坚守你们的友谊，如此你才能使自己成为那些信任你的人的依靠。
8. 让别人舒服。别让你的陪伴使别人为难或尴尬，也不要成为别人的负担。

意志

苏非主义的目标就是使我们的意志能够调整成与神灵意志（divine will）一样。

神灵意志。神灵意志不同于自由意志（free will），它被认为是基本的自然法则。石头会落地，那是因为它遵从于表现为重力作用的神灵意志。圣徒（saint）指的就是那些“所有行动都是符合了神灵意志的人”。伊斯兰的意思是“屈从、投降”（surrender），或者说个人的有限意志屈从于神灵意志。伊斯兰的词根是“salam”或“和平”（peace），这个和平就是来源于因为信任神灵那无限的爱和仁慈而产生的安全感。

> 愿你的旨意行在地上，如同行在天上。（Lord’s Prayer）[①]

作者的苏非导师用空中旅行的比喻方式对神灵意志与个人意志进行了解释。作为一个旅客，对于飞机的抵达时间，你其实做不了任何能够使之改变的事情。你既没有能力、也没有那个力量来影响飞行。但是，你可以自己决定是否睡觉、是否写东西、吃东西、看电影，等等。简而言之，你在飞机上可以用你的个人意志来娱乐、来工作。但是，在任何情况下，飞机几乎都是在相同时间到达目的地。

自由意志。自由意志被认为是人类本性的一部分。遗憾的是，人类经常利用他们的自由意志去做那些与他们的生理、心理和精神健康不相吻合的事情。与其他动物不同，我们经常放弃了那些最大的利益。

> 依靠注意我们使自己专心在一个观念上……就是意志的秘密。（James，1899，p. 91）

情绪

一个特定情绪与其对人们的行为所造成的影响相比，其重要性相对较低。阿尔－加扎利回忆了那些非常痛苦与非常快乐的时光，认为这两者在他的内部发展中都很重要（Al-Ghazzali，1968）。

> 人生三大害：愤怒、贪婪与傲慢。（穆罕默德）

对个体来说，能够觉察到自己的情绪具有非常重要的意义。最近弗利兹·珀尔斯（Fritz Perls）以及其他一些心理治疗师发现，这种觉察本身就是一种转化。“对你来说，重要的是要随时留心，要注意你的精神与心灵中出现了什么；要对这些想法与感受进行分析与思考……要意识到你内心的需要，好好处理它们”（Ibn ‘Arabi，1992，p. 7）。

理智

阿尔－加扎利（Al-Ghazzali，1964）关于理智的论述对皮亚杰的发展理论形成具有一定的启发意义（Inhelder，Piaget，1958;

① 主祷文是耶稣教给他的门徒的祈祷词。——译者注

Piaget，1952）。阿尔－加扎利提出了理智发展的 4 个阶段：首先是认识需要（drive for understanding），也就是西方心理学中的好奇心（curiosity）或能力需求（White，1959）；其次是规则智力（axiomatic intellect），也就是理解逻辑关系的能力；再次是经验性知识（empirical knowledge），是从外在事情或事件当中获得的；最后是最终阶段才会出现的成熟智力（developed intellect），这是认识需要这种原始动机的高级形式。

这种成熟智力既包括心，也包括头脑，

> 如果你的想法是一朵玫瑰，那么你就是玫瑰花园；如果它是荆棘，那么你就是浴室炉子的燃料。（Rumi in Helminski，1992，p. 34）

是一种认识自己、认识世界和精神知识的综合方式。杰拉拉丁·鲁米（Jelaladin Rumi，1207–1273）就是拥有这种综合智力的一个典型人物。鲁米是世界上最伟大的神秘主义诗人之一，也是一位才华横溢的哲学家，毛拉维教派的创始人（Mevlevi Order[①]），这个教派中的成员在西方因旋舞的托钵僧而知名。

阿尔－加扎利常常批判他之前的学术同行，说他们不愿意用自己的学识去超越经验和获得真正的知识（Watt，1971）。他认为，他需要以一种入迷的状态和饱满的激情去不断地突破自己的学术训练，直到自己的认识足够到可以保持理智。

自我

苏非教派从两个方面来描述自我：第一个方面是将自我看作由社会所界定的角色集

> 只有那些认识了自己的人才能够认识真主。（穆罕默德）

合，即社会自我。第二个方面是将其看成是真实自我，认为它是个体的核心，具有自己的独特性，但又是伟大存在（larger entity）的一部分。苏非派的教义鼓励学生在进行个人认同的时候，需要将其从社会自我上转移到真实自我上（true self）。当学徒能够越来越多地对他们的真实自我进行认同时，他们就能够接纳自己是怎样的人，就能够从一个新的角度来看待自己人格的外部特征（他们怎么说、怎么吃，等等）。这些特征反映了他们人格整体中的本质方面。

精神导师

阿拉斯特与谢赫认为（Arasteh，Sheikh，1989），虽然苏非教派的导师与学徒之间的

> 如果你不了解自己，怎么可能了解他人呢？（Sanai，1974，p. 10）

关系外表看起来似乎是一种等级与权威式的关系，但实质却完全不同。实际上，导师与学徒之间的心灵是相互交流的。一个是进行启发与提供高级水平能量的渠道，而学徒则接受、并得到发展。学徒进步得越快，那么所需要的指导就越少。最终，学徒自己的心灵就能够为自己提供所需的全部指导。

苏非教派的修行被认为是一种精神疗法，而谢赫（Sheikh，即导师）被看作精神医生。中国医学认为，当我们的身体失去平衡时，就会生病。同样，苏非派修行的目标也在于达到一个健康的精神平衡，以便内部智慧与精神能够得到自然发展。

苏非教派将导师看作心灵医生。由于绝大部分人的精神没有足够的能力去正确地诊断自己，并且很少有人能够自己治疗自己，我们就必须求助于导师。苏非导师能够为每个学徒制订具体的修行方式，以便帮助学徒进行精神修习。

曾经有个年轻人在一个苏非导师那做学

① 苏非教派中的一个团体。——译者注

徒，导师给他分派了清扫厕所的工作。他母亲是一个富有的医生，请求导师给她儿子安排一个更合适的工作，并给导师送去了12个埃塞俄比亚奴隶以便打扫厕所。这个导师回应道："您是一名医生，如果您的儿子胆囊出现了炎症，那么我是不是不把药给您的儿子，而是给埃塞俄比亚奴隶呢？"

我们可以为自己的伤口缠上绷带，但是我们不能给自己做手术。同样，苏非学徒可以做一些独立的自我反省和自我训练，但主要的转变却需要指导、支持与建议。导师的外部帮助是我们超越自身极限和获得真正转化的必要条件。

苏非导师最重要的作用在于他们能够为每个学徒都营造一种充满爱与信任的氛围。精神导师对学徒精神成长能力所给予的无条件关爱与信任，是苏非修行的核心基础。在这种氛围中，学徒开始治疗他们在生活中体验到的内心痛苦与创伤。导师使他们有信心度过艰苦的转化过程，让他们相信自己具备进行精神修炼的能力，使他们相信自己的价值，从而去追求与寻找真主。

指导的必要性。为什么苏非教派认为必须要有指导呢？通晓苏非传统的精神病学家穆罕默德·沙非（Mohammed Shafii）给出了以下理由：

> 苏非教派认为，独自一人并不能获得成熟。他们认为需要对学徒进行指导与训练。修行的路未知，光线很暗，路上充满了危险。这些危险包括内心被自私占据，出现不正确的幻想，对神秘状态的错误解释，痴迷于成长，固着于某个特定状态，迷上用各种药物来制造出错误的神秘体验，经常焦虑和神经紧张等。（Shafii，1968，p. 11）

精神导师已经对他们自己的内心本性进行过探查，有能力引导他人探索内心的精神世界。这样的导师是根据自己的经验来进行指导，正如下面这个故事所说：

> 纳西鲁丁（Nasruddin）是一名著名的苏非导师，也是一名地方法官。有个女人带着自己的儿子来找他，抱怨说她的儿子特别喜欢甜食、无法控制。她请求纳西鲁丁让她儿子不要再吃甜食。纳西鲁丁答应了她，并让她隔两周再来。当她再次来的时候，纳西鲁丁只是简单地说道："小伙子，别再吃甜食了，这对你没好处。"

这个母亲问道："你为什么让我们等两个礼拜？难道你不可以在我们第一次来的时候对我儿子说这些吗？"

纳西鲁丁回答道："两个礼拜之前我不能对你儿子说这些。现在，我已经不再吃甜食了！"

这个故事看起来很有趣，因为我们常常习惯于谈论一些自己没有经历过的事情。苏非导师应该具备的一个必要条件就是他们必须先经历他们所教导的东西。空洞的话是帮不了别人的。

相关研究

苏非的都希库鲁拉，或者说追思真主这种修习方法与萨满教以及其他神秘教派的击鼓修习非常类似。都希库鲁拉的大多数版本都包括了节奏性击鼓。有研究显示，这种击鼓可以诱发脑电活动中的 θ 波（Maxfield，1994; Neher，1961）、积极情绪和免疫性反应（Bittman et al.，2001; Harner，Tyron，1996）。击鼓也被用来作为治疗成瘾的有效补充手段（Winkelman，2003）。有项对萨满教击鼓过程中的体验所做的现象学研究表明，除了有视觉和听觉上的体验外，领悟也获得了显著的增长（Kjellgren，Eriksson，2010）。

都希库鲁拉的做法中还包括了唱诵。现在刚刚开始对唱诵的效应进行研究，这也被称为“语音冥想”（Avery，2004）。精神唱诵似乎能激发自然的愈合过程，能够使心脏病得以反转（Tomatis，1991）。唱诵还能够阻断应激激素的释放，增强免疫系统的功能（Diamond，1988），使抑郁症状（Kenny，et al.，2005）、心率、血压（Kenny et al.，2005）得以缓解。

苏非作为一种深奥而又有效的精神修行方式，与西方的心理治疗有许多共同之处（Dwivedi，1989; Ismail，2008; Nurbakhsh，1978）。

》》最新进展

有篇文章系统地综述了伊斯兰心理学中实证类研究的发展（Abu-Raiya，Pargament，2011）。如今我们知道伊斯兰心理学在穆斯林的历史早已出现，这也是建立在穆斯林关心人性与自我认识的基础上（Haque，2004）。

关于苏非主义与心理学之间关系的文献仍然在不断的增长中。陶斯欧利（Toussoulis）是一位实践心理学家，同时也是一位苏非导师，对苏非教派中对自我的控制与减弱进行了一项设计非常精细的研究（Toussoulis，2010）。弗雷格同样也是一位身兼心理学家和苏非导师双重身份的学者，他把他对西方托钵僧所说的话整理成集进行了发表（Frager，2012）。

有一本关于伊斯兰教和心理分析的论文集对穆斯林病人治疗中的家庭、人格形成、性、宗教认同等问题进行了讨论（Akhtar，2008）。另外一本苏非主义选集包含有大量的作者和取向（Michon，Gaetini，2006）。经典的中国苏非经文如今已被翻译成了英语，使得在世界上许多国家和地区都可以获得与苏非有关的资料（Murata，2000）。而对伟大的苏非智者伊本·阿拉比的分析与转译，也使人们更容易获得他的研究（Coates，2002; Ibn‘Arabi，2001）。关于鲁米的译文仍然是英文中最受欢迎的诗句，而与鲁米有关的新著作也每年都有所出现（参见：Barks，2007; Chopra，Kia，1998; Demi，2009; Lewis，2000; Rumi，2006，2007; Williams，2006; Wines，2000）。有本致力于出版鲁米著作的新杂志《毛拉纳·鲁米评论》（*the Mawlana Rumi Review*），也在 2010 年开始发行。

原始手稿

◆选自苏非语录：一位美国苏非导师的教导

问：当我第一次来到这个中心的时候，我希望这里的每个人都很完美，因为这是神灵之地。然后我发现这里的每个人也都存在着问题。因此，我很失望。我曾经希望身边的人都是圣人般的人。因此那就是我的教训。我认为，期望精神修炼社团（spiritual community）中的每个人都获得了高度的发展这是完全错误的，因为我们都是因为同样的原因才来到了这里。

答：你说得很对。重要的是我们表现自己的方式不要让那些客人觉得我们是特殊的，而他们不是。那些客人来的时候可能会有这种想法，但是我们要消除他们的这种想法，让他们觉得我们也同他们一样。我们没有什么特别。我们不比来的客人更好。我们的自我可能喜欢我们表现得比别人好。那些客人的自我也会做这种比较，因此他们可能把我们看得比原本的我们更好、或者是更差。我们需要尽量诚挚地欢迎他们、爱他们，以平等的态度对待他们。

在每个人进来的时候，如果我们这么对自己说可能会比较有帮助：“为我们尊贵的客人感谢真主。”为什么他们会到我们这来呢？每个人的到来都是一份精美的礼物。这是我们的光荣。能够为他们服务是我们的荣幸。

我们不知道进来的会是谁？他们又为什么来这里……他们可能对我们在这的所作所为不大了

解。他们可能不知道怎么去祈祷，可能不是穆斯林。但那又怎样呢？只有真主才知道谁的祈祷才会被接纳。但是我们却不知道。我们真的认为，那些不知道怎么去做正式祈祷的人的单纯、真诚的祈祷可能比我们的祈祷更容易被真主所接受。

诚心敬拜（sincere worship）。对条文中的字词过于关注常常使我们忘了其中的精髓。在一个著名的苏非故事中，有位学者在一个大湖上划船。他来到了一个小岛旁，听到一位托钵僧不断地诵读伊斯兰中的经典语句“真主是伟大的”（其字面意思是真主比世间万物都要伟大得多）。然而这个托钵僧的阿拉伯语发音很差，导致他实际上说的与此意不符！这位学者感到无比地震惊，于是他马上划到小岛上去纠正他。毕竟，他受到的教育告诉他，这条神圣的语句甚至能够给真诚的信徒带来在水上行走的能力。这位学者纠正了托钵僧后就划走了，为自己能够为这个可怜、无知的人提供服务而高兴。

几分钟之后，这位学者听到身后传来一个声音。那个托钵僧大步踩踏着水走过来并大声喊叫道：“麻烦再说一遍正确的阿拉伯语发音吧。我怕我念不准，因为我已经那么错着念了好长时间了。”这位感到惊讶的学者谦虚地回答道：“我的朋友，请还用你原来的方式念吧。真主肯定能够收到你的敬拜的！”

这个故事让我们也对自己的敬拜进行了思考。我们所有人都必须关心如何去提高自己的敬拜。这也能让我们更加地愉快。但我仍然在询问自己，是否太过于关注祈祷的形式而没有对敬拜的精髓给予足够的关注。

有些早期的穆斯林为了比拉尔•哈巴什（Bilal Habashi）而苦恼，他是伊斯兰教历史上第一个宣礼员[①]，因为他召唤大家做祈祷的发音错了。他是非洲人，说阿拉伯语带有很重的口音。阿拉伯的穆斯林说道：“他召唤的发音太差了。意思都被扭曲了。我们需要一个能够正确发音召唤大家做祈祷的宣礼员。”

先知说道：“你们并没有真正明白他在说什么。”但他们仍然坚持召唤大家做祈祷的发音应该准确。因此先知最后同意了：“如果这就是你们所想要的，那么就找另外的人来召唤大家做祈祷吧。”第二天，召唤大家做祈祷的是个阿拉伯穆斯林。

当天晚上，麦地那中的每个人都做了一个同样的梦。有位天使过来对他们说道：“为什么你们昨天没做你们的祈祷呢？”他们回答道：“我们做了呀！”天使回应道：“我们没有听到祈祷的声音啊，因此，我们不认为昨天有人在做祈祷。”然后先知说道：“你们看，我们还让比拉尔来召唤大家做祈祷吧。真主听见的是心，而不是声音。”……

要做一个优雅的主人并不那么容易。对我们来说这是一个很好的练习。热情好客可以学来。酒店员工、侍应生能够学会怎么去为客人提供服务。为什么我们就不能呢？意图是最为重要的。真主看的是我们意图的诚意，而不是结果。我们在这里是为我们的客人和真主的子民提供服务的，而其中最重要的一项服务就是帮助别人去追寻真理。

（Frager，2012，pp. 172–173）

章节重点

- 不是所有的苏非教义都可以用语言来表达，也没有一个唯一的、系统化的修习方式。苏非教派常常被说成是一种修行道路，一个反映人生起源与终点的象征。
- 苏非修行的四条基本原则是：（1）就像人有很多种一样，追求真理（或真主）的方法也有很多种，但都需要进行自我的转变和为真主的创造物服务；（2）要与别人和谐相处就需要我们内心公正，必须减少自私之心与傲慢自大；（3）道德的潜在基础之一是爱，它来源于自我的运作，以及出于真心为他人服务；（4）自我认知是最重要的真理，它能够促进对真主的认识。
- 苏非教派常常被认为是伊斯兰教中的神秘

① 在伊斯兰教清真寺宣礼塔上按时召集信徒做祷告的人。——译者注

教派，可追溯到公元 7 世纪时伊斯兰教成为世界主要教派之一的时期。

- 在伊本·阿拉比看来，苏非教派的修行与认识发展可分为四个阶段，每个阶段都是建立在前一阶段的发展基础上。这四个阶段依次是沙利亚（宗教戒律）、塔里卡（道门）、哈奇卡（真理）和玛瑞法（灵知）。
- 苏非教派认为存在两种高级意识状态：一是寂灭或结合（法纳），另外一个是永存或回归（巴卡）。
- 苏非与基督教一样，把神灵看成至爱的原因都是因为直接的体验。据说，如果你花两步走向神灵，那么神灵就会跑向你。
- 个体的心理精神发展包括以下阶段：初步觉醒，忍耐与感恩，恐惧与希望，自我克制与空无，信神，爱、向往、亲密与满足，意图、真诚与真实，思考与自省，以及死亡思考。
- 不留心于纳夫斯，或低级自我，是苏非教徒成长过程中的主要障碍。纳夫斯是我们身上大多数消极特质的根源，比如傲慢、贪婪、愤怒与虚伪。将纳夫斯转变为积极的特质是苏非教派的伟大目标之一。
- 纳夫斯是一个动态的过程，由冲动或驱力组成，为了实现欲望的满足，纳夫斯会支配个体的推理或判断。这个过程起源于心灵与身体的相互作用。
- 可将纳夫斯分成以下不同水平的自我：狂暴式自我、愧疚式自我、启迪式自我、安宁式自我、满足式自我、取悦真主式自我，以及纯粹自我。
- 苏非派将导师看作心灵的医生。

关键术语

阿尔 – 加扎利（Al–Ghazzali）：他是伊斯兰教神学中最重要的人物之一，他建立的理论框架将病理、正常和神秘行为与一个统一的人类经验领域联系在一起。他还将个人发展与超个人体验重新纳入到了伊斯兰教领域。

巴卡（baqa）：是指回归或永存状态，处于这一状态中的个体虽然是世界的一部分，但不再关注自己在世俗世界中的地位与利益。巴卡是个体重新整合为一个整体自我的过程，或者是个体达到圆满状态的活动。

都希库鲁拉（dhikrullah）：字面意思是“追思真主”。这种修习方式在苏非主义的不同派别中有不同的做法，但通常都包括重复一遍或多遍真主的名字，甚至是多达 99 遍。在苏非派的许多教派中，追思还会有身体的动作，简单的动作是头部的左右摇摆，剧烈的可能是毛拉维托钵僧的快速转动（在西方称为“旋舞”）。有些派别是默默地重复，而还有些则是大声地反复唱诵。

神灵意志（divine will）：与自由意志相对，是基本的自然法则，它会影响世间一切事物的行为，从自由落地的石头到已经开悟了的圣人。苏非主义的重要目标之一就是让人们的个体意志听从于神灵意志。

法纳（fana）：是指一种寂灭或结合的状态，这时个体的同一性似乎完全融合到了完整实在中。法纳是个体有限的自我概念、社会自我和有限智力的解体。这时个体的体验就好像意识到自己只是汪洋大海的一部分而变成水珠。

哈奇卡（haqiqa）：是苏非教派修行的第三个阶段，即真理阶段。这个术语指的是个体对前面两个阶段中宗教戒律的内在意义，以及道门修行与指导的认识。在达到本阶段之前，所有的精神修炼都只是模仿。

不留心（heedlessness）：或健忘，是苏非主义成长过程中除了纳夫斯，即自我之外的另外一个妨碍成长的主要因素，指的是个体没有能力集中注意力以及没有能力生活在当下。不留心会使人们身上的不足与心理病理症状变得更严重。从根本上来讲，我们身体的固有本性会使我们对自己的神圣起源（divine origin）视而不见；甚至是在我们记起来的时候，也会马上去忘记。

初步觉醒（initial awakening）：是指个人基本价值观重新定向的开始阶段。它通常是在个人遇到危机之后出现，而在此之后，个体会觉得外部世界并不是如曾经那样看起来令人满意。

启迪式自我（inspired self）：是纳夫斯或自我的第三个阶段。本阶段的个体首次被诸如怜悯、服务和道德价值观等理想所驱动。欲望与自我的力量有所下降。本阶段标志着苏非教派修行的真正开始。

玛瑞法（marifa）：即灵知，是苏非教派修行的第四个阶段。它是处在真理阶段之上、认识已经达到了很深水平的阶段，是真主使者、先知、圣人与智者所处的阶段。

纳夫斯（nafs）：即自我（self 或 ego），也与呼吸、灵魂、本质和本性等词有关。这是一个动态过程，而不是心灵中的一个静态结构。当纳夫斯处于最低水平时，自我只是自我中心意识的产物——自恋性自我。苏非主义修习的目标之一就是使它获得转变。

满足式自我（pleased self）：是纳夫斯或自我的第五个发展阶段。处于本阶段的个体，对所发生的一切事情都会感到满意，会将所有的一切都看作来源于真主，即使是痛苦与磨难。

纯粹自我（pure self）：是纳夫斯或自我发展的最后一个阶段。等同于法纳阶段。个体已经不再有“我”（I）感，即无我。本阶段的苏非教徒认为只有真主存在。

思考死亡（recollection of death）：是指一种强效的修行方式，能够使个体更好地觉察到当下的体验，同时也是一种可以有效帮助人们摆脱不良习惯与态度的工具。

愧疚式自我（regretful self）：是纳夫斯或自我的第二个发展阶段。本阶段的个体被欲望与需要所支配，但由于自我中心所带来的消极后果变得明显，个体会不时地感到愧疚，会努力使自己遵循更高级的动机。本阶段的自我水平类似于精神分析理论中的超我。

取悦真主式自我（self pleasing to God）：是纳夫斯或自我的第六个发展阶段。本阶段的个体认为所有的行动力量都是来源于真主，认为如果没有真主的帮助，就什么都做不了。本阶段是真正的内心整合与圆满阶段。

安宁式自我（serene self）：是纳夫斯或自我的第四个发展阶段。本阶段的个体内心平和，原来那些欲望和对事物的依恋也不再具有束缚作用。

沙利亚（sharia）：即宗教戒律阶段，是苏非教派修行四阶段中的第一阶段。包括道德、伦理以及外部行为等方面的教义。“沙利亚”这个词语在阿拉伯语中的意思是“路”（road），指的是一条每个人都能够走的路。

塔里卡（tariqa）：即道门，阿拉伯语中的原意是指沙漠中从一个绿洲到另一个绿洲之间那些没有痕迹、看不见的路。它是苏非修行过程中的第二个阶段，指的是教义的内在修行。

信神（trust in God）：本阶段的个体从真主那里追寻一切。它是一个主动的过程，而不是被动或依赖。这种信任来源于个体觉得自身的努力只是自己还尚未认识到的更高级存在的一部分而已。

狂暴式自我（tyrannical self）：是纳夫斯或自我的第一个发展阶段。它类似于精神分析理论中的本我，寻求对自己的想法与行为进行支配。处于本阶段的个体，会表现出不受控制的自私、自恋，没有道德感或同情感。它是个体发展过程中发展程度最低的狂暴一面。

推荐阅读

Al-Ghazzali，M.（1964）. *The Alchemy of Happiness*（C. Field，Trans.）. Lahore，Pakistan: Muhammad Ashraf.

本书是阿尔－加扎利《宗教科学的复兴》（*The Revival of Religious Sciences*）一书的精简版。本书是一本简短、生动的著作，不过对纯粹的伊斯兰教思想提及极少。

Al-Ghazzali，M.（1971）. *Ghazzali's Ihya Ulum-Id-Din*（Alhaj Maulana Fazlul Karim，Trans.）. Dacca，Bangladesh: Mission Trust.

本书是现在能找到的阿尔－加扎利《宗教科学的复兴》一书的唯一一本全文译本。

Al-Ghazzali，M.（1972）. *The Revival of Religious Sciences*（B. Behari，Trans.）. Farnham，Surrey，England: Sufi.

本书是阿尔 - 加扎利研究工作中最重要部分的翻译。内容主要选自于阿尔 - 加扎利《宗教科学的复兴》（*Ihya Ulum-Id-Din*）一书的后半部分。

Bakhtiar，L.（1987）. Sufi: *Expressions of the Mystic Quest*. New York: Avon.

一种不同的方法。包含有丰富的象征、几何图形与美丽的插图。

Fadiman，J.，Frager，R.（Eds.）.（1997）. *Essential Sufism*. San Francisco: HarperSanFrancisco.

本书从许多角度对苏非教派的宝贵遗产进行了探讨。包含有 300 多个漂亮而又具有启发意义的苏非式作品，涉及的人物远有千年之前的祈祷者，近有当代的苏非派诗人。

Frager，R.（1999）. *Heart，Self，and Soul: The Sufi Psychology of Growth，Balance，and Harmony*. Wheaton，IL: Quest Books.

本书是西方心理学家将苏非教派作为一种人格发展方式来进行讨论的第一本著作。书中包含有大量的故事、诗歌、冥想、练习和有趣的日常事例。本书可以帮助你打开心灵、壮大自我、推动心灵的成长。

Frager，R.（2012）. *Sufi Talks: Teachings of an American Sufi Sheikh*. Wheaton，IL: Quest Books.

本书是一本对话录，是一位美国出生的苏非导师与西方苏非团体所做谈话与对话的合集。

Ozak，M.（Al-Jerrahi）.（1987）. *Love is the Wine*.（Edited and compiled by Sheikh R. Frager al-Jerrahi）. Putney，VT: Threshold Books.

本书来源于当代一位苏非大师在美国所做的讲演。它以一个让人容易理解的现代方式展现了苏非教派智慧中的高深一面。

Ozak，M.（Al-Jerrahi）.（1988）. *Irshad: Wisdom of a Sufi Master.* Amity，NY: Amity House.

本书是一本苏非主义的演讲集，包括该教派的哲学基础与实践。较为适合对此有兴趣的学生。

Shah，I.（1971）. *The Pleasantries of the Incredible Mulla Nasrudin*. New York: Dutton.

本书是一本有趣的、关于毛拉（Mulla）的短篇故事集，毛拉是许多苏非故事中的主人公，是一位传说中的英雄。

北京阅想时代文化发展有限责任公司为中国人民大学出版社有限公司下属的商业新知事业部，致力于经管类优秀出版物的策划及出版，主要涉及经济管理、金融、投资理财、心理学、成功励志、生活等出版领域，下设“阅想·商业”“阅想·财富”“阅想·新知”“阅想·心理”“阅想·生活”以及“阅想·人文”等多条产品线，致力于为国内商业人士提供涵盖先进、前沿的管理理念和思想的专业类图书和趋势类图书，同时也为满足商业人士的内心诉求，打造一系列提倡心理和生活健康的心理学图书和生活管理类图书。

《极简个性心理学：破解人格基因》

- 诺贝尔生理学或医学奖获得者埃里克·坎德尔，美国精神病学会主席约翰·奥德汉姆，哈佛大学神经生物学教授史蒂文·海曼联袂推荐。
- 深入浅出的识人科学体系，发现人内心深处最真实的一面，在人群中找到更适合自己的存在方式与相处方式。

《为什么我们会上瘾：操纵人类大脑成瘾的元凶》

- 一本关于诱惑、异乎寻常的快乐，以及头脑中那个虚幻又真实的世界的书。
- 所谓成瘾，不关乎道德，而是大脑在作祟。
- 世界知名神经科学家、艾迪终身成就奖获得者用科学为你解开成瘾之谜。

《决策与判断：走出无意识偏见的心理误区》

- 决策与判断的失败往往比成功更有启发性，而决策的质量通常比决策本身更重要。
- 从心理学层面揭示决策的过程，发现那些看似理性的非理性行为背后的认知偏见与陷阱，帮助我们避免做出错误的决定。

《勇气：直面恐惧与不安的惊人力量》

- 当面对生理上的痛苦或死亡威胁时，你是否有勇气面对？
- 当面对公众反对、羞辱或阻扰时，你是否有勇气做出正义之举？
- 如何才能获得勇气？到哪里去寻找勇气？如何教育下一代要有勇气？

《好奇心：保持对未知世界永不停息的热情》

- 《纽约时报》《华尔街日报》《华盛顿邮报》《图书馆期刊》《科学美国人》等众多媒体联合推荐
- 一部关于成就人类强大适应力的好奇心简史
- 理清人类第四驱动力——好奇心的发展脉络
- 激发人类不断探索未知世界的热情

《思辨与立场：生活中无处不在的批判性思维工具》

- 风靡全美的思维方法、国际公认的批判性思维权威大师的扛鼎之作。
- 带给你对人类思维最深刻的洞察和最佳思考。

《失控的大脑：操纵人类异常行为的元凶》

- 南京大学社会学院心理系主任周仁来教授倾情翻译。
- 对人类大脑与各类精神和心理疾病之间的关系进行抽丝剥茧，揭秘人类异常行为背后的大脑奥秘。

Authorized translation from the English language edition, entitled Personality and Personal Growth, 7 Edition, 978-0-205-25478-1 by Robert Frager and James Fadiman published by Pearson Education, Inc, Copyright © 2013 by Pearson Education Inc.